上海史

（全三卷）

[英]兰宁（George Lanning）
[英]库龄（Samuel Couling） 著

张新 李燕 徐新华 等 译

石磊 马长林 等 审校

THE HISTORY OF SHANGHAI

上海社会科学院出版社
SHANGHAI ACADEMY OF SOCIAL SCIENCES PRESS

翻 译 前 言

马长林

　　在外国人撰写的有关上海历史的著作中，兰宁、库龄所著《上海史》，可谓是叙述上海从古代到近代开埠，及至 1920 年代发展历史最为权威的著作，为历来研究近代上海的学者所重视，现今许多重要的有关上海史研究著作，所引用的史料有不少都来源于此书。从某种意义上说，这本《上海史》，可视为了解近代上海开埠以来发展历史的百科全书。然而尽管此书是上海史研究非常重要的参考资料，多年来因为其翻译难度较大，一直没有中译本出现。2010 年，上海人民出版社原资深编审朱金元同我沟通，打算策划出版此书中译本，希望我组织原来参加编纂《上海租界志》的一批同仁来进行翻译。对老朱的建议，我一开始是很犹豫的，主要是担心我们人员的翻译实力，我知道翻译这样一部历史著作，不是一件容易的事情，要不然此书的中译本早就问世了。然在金元兄一再鼓励下，在征求我以前同事的意见后，我接下了这项艰巨的任务。经过我们团队人员近 7 年的努力，60 多万字的译稿终于完成。

（一）

　　这部二卷本的《上海史》，是由当时上海公共租界当局工部局委托兰宁负责撰写，从 1906 年开始，到 1923 年第二卷印成，前后经历了 17 年时间，第二卷由第二位作者库龄完成，但印刷后没有公开发行，其过程可谓漫长曲折。

　　此书主要作者兰宁（George Lanning），1852—1920 年，英国人，较早来到上海并在上海工作和生活了 40 多年。他 1875—1889 年任上海英华书馆总教习，1889 年开始任上海西童书院院长。次年，因学校的学生从 54 人增加至 94 人，公共租界纳税人会决定给予该校 1 000 两银子的资助。1892 年，资助增加到 3 000 两。1893 年，工部局以为 4 名共济会儿童提供免费教育为条件，从共济会学校基金会手中接了对该校的管理权，将此校改名为西童公学，仍以兰宁为校长，直至他 1907 年退休。在兰宁退休前夕，1906 年，他以在上海租界居住生活时间较长和上海发展见证人身份，受工部局聘请，撰写上海租界史。

一开始兰宁撰写的进度比较缓慢，4 年后，1910 年 1 月，他向工部局董事会提交了他撰写《上海史》进度的报告（以下内容资料来源均为工部局董事会会议录，1910 年 1 月 19 日）。1911 年 2 月，兰宁开始向工部局借阅旧的会议记录以作写作参考，工部局董事会规定的出借条件十分严格，明确每次出借不得超过一至二本，并且要求兰宁须将这些会议记录保管在防火保险箱内。（1911 年 2 月 8 日董事会会议录）1914 年 4 月，兰宁完成草稿，即将开始撰写。他写信给工部局董事会，对撰写《上海史》提出了一些询问，他不清楚的是：工部局所要求的是否仅只是对事实的叙述。工部局董事会在议论此信时觉得此项撰述是兰宁自己建议并请求承担的工作，经过多年来准备，迄今未完成，深表遗憾；并且认为兰宁所写的上海生活关于商业的一面，不能令人满意。会议形成了工部局予以答复的备忘录，与会董事们还表示，希望来年此项工作取得可观的进展。（1914 年 4 月 22 日董事会会议录）

1917 年 2 月，兰宁在答复工部局董事会询问他撰写《上海史》进展情况时称：第一卷的大部分资料现已准备就绪，因而将邀请出版商投标。（1917 年 2 月 14 日董事会会议录）1918 年 7 月，有几家印书馆对出版《上海史》第一卷进行了投标，工部局董事会经过研究，"认为最好将整个工作交给一个公司，因此，应接受别发印书馆的投标"，并就该书的印刷册数及出售价格等问题作了商量。（1918 年 7 月 17 日工部局董事会会议录）

正当《上海史》第一卷出版进入校对环节时，1920 年 1 月，传来了兰宁逝世的消息，工部局董事会在向兰宁的遗孀表示慰唁的同时，决定由《中国百科全书》编辑库龄详细阅读兰宁遗下的摘记与资料，完成《上海史》撰写工作。

（1920 年 1 月 14 日工部局董事会会议录）

库龄（Samuel Coling 1859—1922 年）也是英国人，生于伦敦，毕业于爱丁堡大学。他 1884 年来华，1905 年来到上海任亚洲文会名誉干事和编辑，创办过《新中国评论》，自任编辑，1919 年代理上海麦伦书院院长，同年获 1918 年度法国儒莲汉学家纪念奖金。在工部局总办同库龄几次会面后，库龄答应准备着手此项工作，工部局董事会则表示：除了每月发给他 300 元，库龄所需的其他书籍与报刊费用将由工部局支出。（1920 年 2 月 25 日工部局董事会会议录）1920 年底，《上海史》第一卷经库龄处理后交工部局董事审阅，董事会同意在新年过后即交别发印书馆出版。（1920 年 12 月 8 日工部局董事会会议录）

第二年 10 月，库龄将《上海史》第二卷交别发印书馆准备付印，别发印书馆希望就印刷册数给予指示。工部局董事会研究时提到，该书的第一卷印了1 500 本，准备印刷第 2 版，但到目前为止，只售出 217 本，因此董事们认为，出版这本历史书并没有取得显著的成功，决定推迟对预定印刷第二卷和第三卷的本数作出决定。会议希望在对此问题进行研究以前，代理总办应按惯例首先仔细阅读此书，因所有工部局的出版物，首先须通过总办处认可。①（1921 年10 月 19 日工部局董事会会议录）在总办审阅此书之后，工部局在 1922 年向别发印书馆订购了 1 000 本，印刷工作在 1923 年完成，但事情却到此为止，没有下文了。四年之后，即 1926 年 7 月，当工部局董事会讨论此事时才想起去询问当事人，是什么原因搁置了此事。四年前担任审阅此书事务的工部局代总办鲁和回复说："这卷书出版从 1922 年起一直拖到现在，原因是书中某些内容从政治观点上看是不适宜出版的。"尽管鲁和此时"认为目前政治形势较为平静，出版该书不会有什么妨害"，（1926 年 7 月 7 日、9 月 15 日工部局董事会会议录）然 1926 年 10 月 13 日召开的工部局董事会仍决定不出版已经印刷成书的《上海史》第二卷。（1926 年 10 月 13 日工部局董事会会议录）由此，《上海史》第二卷的出版发行被工部局阻止，其流向社会的数量，可想而知。

---

① 工部局总办利德尔 1923 年 2 月在第 2 卷前言中说："库龄先生于 1922 年 6 月去世，本卷由其好心的遗孀接续并接近完稿。"实际情况表明，第二卷在库龄去世前已基本完成。

（二）

这部兰宁花了近 14 年时间撰写，由库龄续完的著作，内容丰富，涉及面广，同其他几本屈指可数的外国人所写的上海史著作相比较，具有许多特点。

此书第一大特点是对近代上海历史发展进程中的一些重要历史事件，作了比较全面深入的叙述，史料翔实，比较符合当时的实际情况。作者对鸦片战争时期吴淞之战，英国军队初次进入上海，早期上海"青浦教案""泥城之战"等著名事件的发生和经过，均作了较详细的描述，包括清军将领陈化成对入侵英军进行的坚决抵抗，也作了客观描述：

> 有关陈化成的事迹流传不少。显然，他是极少数以勇气、克己、清廉而名留青史的楷模，这样的人在明哲保身、贪污腐败的官场黑暗中凤毛麟角，却熠熠生辉。尽管英军舰队"帆樯高耸，过我城头，船烟蔽日，举国皆惊"，他并未被吓退。（第一卷第 17 页）

上海的对外贸易是此书重点叙述的内容，作者描述了在上海开埠后 6 周内外商船只到达上海的情况：

> ……自 11 月 17 日至 12 月 31 日，共有 7 艘商船入港。船只的平均载重量 281 吨，平均船员 25 人。其中最大的是 423 吨的"伊利萨·司图亚特号"（Eliza Stewart），最小的是 171 吨的"马济伯号"（Mazeppa）。这些船只装载的进口货物总价 433 729 元，出口货物总价 146 072 元，共支付进口税款 16 564.80 两白银，出口税款 7 537.19 两白银。船舶吨位税为每吨半两白银，总共缴纳吨位税白银 985 两，与广州课税的"压榨"状况形成鲜明对比。（第一卷第 33 页）

此书记录了 1845 年进出上海港外国船只的情况和早期来到上海外国船只的特点：

当年有 87 艘船只入港，89 艘离港。其中英国船有 62 艘入港，66 艘离港；美国船分别是 19 艘和 17 艘；余者是西班牙船 2 艘，瑞典船 2 艘，另有 1 艘船来自汉堡，1 艘船来自不来梅。（第一卷第 164 页）

至于美国的鸦片飞剪船，有 90 吨的"盎格鲁那号"（Anglona）和"精灵号"（Ariel），150 吨的"西风号"（Zephyr）。而在上海历史上曾出现数次的"羚羊号"（Antelope）最引人注目。"羚羊号"350 吨，适合沿东北季风锋面经过台湾海峡进行袭击，而这只有少数双桅方帆船可以做到。它有低矮褐色的船体，长而潇洒的桅杆，2 门侧舷炮，船中部还有 1 门加农炮，连同巨大的登船长矛和充足的枪支和刀剑供应，在远东没有什么海盗在速度和火力上可以与之相提并论。（第一卷第 131 页）

此书花较多篇幅对"海关外籍税务司制度的设立以及最初数年遭遇的激烈抵抗"作了叙述，包括海关早期外籍税务司同英国驻沪领事之间的分歧和争执，早期担任税务司的李泰国等人的行事风格和在当时外商中引起的激烈反应，以及上海道台、英国领事等对一些海关违章处罚的不同态度等。这些叙述，为我们深入了解上海开埠后到上海的外商船只，以及海关税务司建立初期所发生的情况，提供了丰富的资料。

此书对上海租界形成，《土地章程》产生以及公共租界管理机构等，均作了叙述。其对英国领事来沪后最初的《土地章程》形成所作的描述，让我们知道了这份《土地章程》的由来：

历时两年逐条议定的法规条款于 1845 年汇集颁布，被称为《土地章程》。这是道台与巴富尔上尉，或者说是与麦华陀不断密切商讨的成果。实际上，这是涉及土地、所有权及租金等问题双方来往函件的提炼与汇总。这些条款都经过两江总督首肯，由道台以中文颁布。因此，条款的形式及其思想模式都很中国化，外侨首次读到的稿本由麦华陀翻译。（第一卷第 39 页）

　　由于当时中方参加商定《土地章程》洽谈的官员没有留下任何文字记载，兰宁的这段叙述，便成为《土地章程》产生概况的权威叙述。

　　对英租界租地人变为纳税人后选举外商代表时的情况，此书也叙述得很清楚：

　　　　根据新的《土地章程》，"纳税人"一词代替了"租地人"，从此土地不再是选民的唯一资格标准。根据旧的《土地章程》，共有340位选民，大多是身在他乡的业主，根据新章程，共有467位选民，多为当地居民。（第二卷第300页）

　　作者描述了租界不同时期的发展变化，如最初向外商出租土地的租费以及押金如何商定，最早的英国驻沪领事馆所在地块如何租下来的经过，等等。又如讲到太平天国失败对上海租界繁荣的影响："读者们要知道由于太平天国失守苏州，造成大量华人难民从上海返回原籍，所以1863年至1865年间年景不佳。他们将欣然逃离此处烦人的卫生要求，奔向'肮脏自由的苏州'。本地人口从50万跌至10万，因此上海房产价格大跌。租界内1.2万栋华人房屋三分之一空置，原先华人蜂拥的街市上荒草丛生。"（第二卷第307页）

　　道路变化是租界城市面貌最大的变化之一，作者叙述了一些后来成为著名道路的变化情况。如现在的南京西路，当时称静安寺路，最初是一条专供跑马的道路，在初步铺设后的第二年，"因为这条路被滥用，设立了收费处并要求每年收取捐助费，行人收取10两，骑马者收取20两，马车收取30两。但捐助费及通行费并没给道路的养护提供足够的资金，尤其当'马车飞快地通过以逃付通行费'。1866年，股东们决定将这条路或这些道路转让给工部局。"工部局接管前的1865年，人们开始在静安寺路居住，而到了"1868年底，这儿'到处'都是房子"（第二卷第452—453页）。

　　桥梁变化也是租界面貌变化之一。韦尔斯桥是外商在苏州河上建造的第一座桥梁，后因收过桥费等矛盾，1872年10月，工部局以4万两银子的价格买下韦尔斯老桥和坍塌的正在建造的新桥，书中记载了工部局最后买断此桥的过程：

> ……但转让直到次年 4 月才全部完成，因为必须取得全体股东委托（该公司并不只有一家公司），而收到的授权书大多都有瑕疵。不过，最终公司就好像他们的大铁桥一样从历史舞台上彻底消失，只不过留下一堆废墟。11 月 1 日停止收费，收费亭拆毁，工部局终于可以放开手脚行事。社会公众对通行费申诉十年，而公司坚持一直收费，并最终以原价 3 倍售出。桥梁终于可以免费通行，但这桥花费了近 5 万两白银，因为还要为偿债基金提供利息，而且还要造一座新桥。怪事就在于这桥一文不值，人们都说其中也没什么权利可言，公众付了 4 万两白银，等于一无所获。（第二卷第 468 页）

此书对早期来沪外侨的文化和休闲生活也作了详细叙述，如记载了外国侨民在上海的早期戏剧活动：

> 首场演出是在 1850 年 12 月 12 日。那时演员的社交生活明显比现在更为空闲，因为通常情况一次会表演两出戏，甚至有时演三出。因此首次演出的剧目是《棋逢对手》和名为《梁上君子》的滑稽荒诞歌剧。这显然是根据最近一匹同名小马的表演而创作的演出。此后"我们小巧精致的剧院"还上演了《爱情、法律和药品》《疯狂的庞巴斯》。《法定继承人》和《地下室的高雅生活》演了两场。几个月后剧院修缮完毕，上演了《筋疲力尽》和《温特利之龙》。其中一次演出中曾有位"丘比特先生"参演。此后为庆祝"干净小巧"而舒适的"帝国"剧院开业，《筋疲力尽》和《拒绝》联合上演。（第一卷第 190—191 页）

对于早期外国侨民进行的赛马比赛，书中也作了叙述：

> 1854 年，即发生"泥城之战"那一年，秋季赛马举行了两天，每天进行五项比赛。十项比赛中的四项仅限中国马参赛，两项比赛不限马的产

地，一项比赛仅限进口马参赛，还有三项比赛仅限成年马参赛。赛事中一匹澳大利亚马击败阿拉伯马轻松获胜。次年举行了首次跑马厅舞会。（第一卷第 194 页）

1858 年 4 月 22 日星期二，上海第一场有记录的板球赛"在虹口的土地上"举行。比赛的双方是皇家海军"高飞号"的船员和上海 11 位侨民。（第一卷第 198 页）

此书对近代上海自开埠以来各方面的发展都有涉及，如对于租界公共卫生的发展，叙述了早期上海卫生防疫的情况：

道台张贴布告禁止在租界内施行人痘接种，并倡导采用牛痘接种。为此批准从预算中拨 1 000 两白银。1870 年 8 月，亨德森开设了南京路诊所并委派詹美生协助。但接种并非强制。（第二卷第 551—552 页）

在经济方面，作者记录了上海开埠早期时候的物价。"1849 年上海的物价情况是：牛肉和羊肉，107 文铜钱一斤；鸡蛋 6 至 7 文一个。1850 年我们看到如下报价：牛肉 1 元 18 磅，羊肉 1 元 12 磅。肥羊 4 元一头。红糖 4 元一担。面包 1 元 12 条。"（第一卷第 196 页）记录了开埠早期外来的西班牙、墨西哥银元与中国铜钱的比价以及引起上海货币市场变化的情况，特别有趣的是，叙述了因为不同货币比价问题引起兑换时的贬值，有固定收入的英国领事馆官员和传教士在生活上遇到困境的情况。

此书的第二大特点，是记录上海史发展，许多翔实的记载和细节都很可靠，这同作者撰稿时查阅了不少报刊资料，特别是原始档案密切相关。作者在书中提到："通过阅读大量关于如何取得英国领事馆现址的卷宗，我们可以对土地制度的程序有所了解。"（第一卷第 35 页）在写到上海的英国商会初现时作者写道："1847 年，上海商会初现身影。在档案文献中我们找到一封写于当年 6 月 21 日的信函，信中写道，为了收集商业信息、便于数字统计，八名英国商人宣布成立商会。"（第一卷第 127 页）早在 1906 年兰宁刚开始着手为撰写上海史收集资料时，他就提出要查阅英国驻华公使馆档案的要求，经工部局联络，英国公使朱尔典表示：在一定的条件下，英国外交部同意兰宁按所提的方式利用公使馆档案。（1907 年 1 月 23 日工部局董事会会议录）正是因为兰宁在撰写过程中查阅了现在我们无法看到的许多原始档案，才使此书有关上海历史细节叙述的史料价值极高。

此书的第三大特点，是作者知识渊博，特别是有关世界历史方面，根底深厚，大概正是这个原因，作者在写作时喜欢引经据典，并就相关事情的历史背景展开议论，如在叙述世界纺织品生产时，对近代以来欧洲的科技发展作了详细叙述。在第一卷第 40 章叙述"东西方贸易变迁"时，作者实际上回顾了欧洲各国来中国贸易之前发展的曲折情况，包括英国国内贸易保护主义同贸易开放主义的争论、行会组织的出现等，指出当代表新时代经济思想的亚当·斯密《国富论》问世和机械发明在世界上涌现后，"生产制造的新纪元如何最先在英国土地上建立起来，并出于这个缘故，也由于其他地方政治、社会和经济条件的影响，两个英语国家的民众成了这一成果的最先享用者"（第一卷第 117 页），英、美两国由此优先于其他法、德等欧美国家来到上海。

此书的第四大特点，是作者在书中流露的对其母国忠诚和热爱的感情色彩十分浓厚，例如作者对英国用武力打开中国的通商之门，始终充满了赞美，称之为"怀着最善良、最美好的愿望。虽然身着战争的外衣，在其内心深处却是和平的念头"（第一卷第 27 页）。当然，作者在重视母国的同时，也对中国古代历史上一些领先世界的事物表示推崇，如在叙述上海银行业时说道："一个清楚的事实是，中国类似银行业的出现至少可以追溯到唐代（公元 618—905 年），而欧洲最早的银行出现于 1401 年。由此可知，就像许多其他事情一样，中国总是走在欧洲各国之前。"（第一卷第 185 页）

出于作者本身的阅历和立场观点等方面的原因，作者对上海租界历史所作的一些评价并不正确，其中也包括对外国侨民本身的一些评价。如作者在第 2 卷序言中说到：外国侨民"来到上海，其中有些大发横财，随即转身离开，没有留下什么纪念或善行，保佑这个使他们发家致富的地方"（第二卷第 243—244 页）。其实在来上海的外国侨民中，有些人因人生的大半生在上海居住生活，所以对上海颇有感情，如早年作为建筑师来到上海的英国人雷士德，在上海生活了六十年，靠经营房地产致富，1926年去世时留下的遗产达1434万两，雷士德在他的遗嘱中明确用他名下的全部产业成立雷士德基金会，用于发展上海的教育、卫生和慈善事业。

（三）

此书第一卷前二十八章叙述古代上海的人文历史，考虑到这些内容都是发生在上海开埠之前，并不是作者所亲身经历的，主要是根据一些文献而撰写，其史料价值不高，为节省译稿的篇幅，便于读者集中了解近代上海历史发展，故本译稿将此二十八章略去。此书原本有附录，主要为工部局董事会成员名录、法租界公董局组织章程和1898年工部局报告摘录，考虑到这些内容有的可在《上海租界志》中查检，有的参考价值不大，故本译稿也予略去。原著编有索引，因其中不少是主题概念索引，且在本译稿中无检索意义，故也略去。

因作者知识渊博，喜好引经据典，在叙述相关事情时引用了不少世界历史和人文的典故，同时或许因为作者撰写或排版印刷的关系，书中有语焉不详和明显错误处，为方便读者阅读，对以上问题我们在翻译时适当作了注释。同时，此书中涉及大量人名、机构名等，因翻译时查照的参考工具不全等原因，对个别人名、机构名的翻译可能同常规翻译有异，为方便读者查检，我们另外编辑了人名、机构名、路名、地名等译名对照，对一些相同的人名，对其身份作了标注。

参加各章翻译、审校人员的具体分工如下：

第一卷翻译

李燕：第29—40、第42、第45—50章。

张新：第30—31、第36、第43—44、第53章。

徐新华：第51章。

曹胜梅：第52章。

第二卷翻译

李燕：第1—6、第8—9、第13—15、第17、第23、第26—28、第30—

31、第 40、第 42、第 44—45、第 50、第 52—53、第 55、第 57 章。

胡劼：第 7、第 33 章。

何兰萍：第 10—11、第 13、第 36 章。

徐新华：第 12、第 16、第 20—21、第 25、第 35、第 41、第 43、第 46、第 56 章。

邱志仁：第 19、第 24、第 29、第 32、第 37、第 47、第 54 章。

李雪云：第 22 章。

徐非：第 34、第 38、第 48—49 章。

方华：第 39 章。

陈蓉：第 51 章。

张新和石磊负责组织各章翻译和进行审校，马长林负责总审校和统稿。

参加本书翻译和审校的人员，有些是原来参加《上海租界志》编纂的撰稿者，也有在上海市档案馆长期从事租界档案翻译的工作人员，他们对上海租界历史有相当的了解，有丰富的租界英文档案翻译经验。尽管如此，由于此书涉及上海历史的面太广，作者又喜好引用世界文化典故，故对有些内容的理解翻译，有相当的难度，翻译中有错误和不当之处，谨请行家批评指正。

目　　录

―――――――

①　此书第一卷前二十八章叙述古代上海的人文历史，考虑到这些内容都是发生在上海开埠之前，并不是作者所亲身经历的，主要是根据一些文献而撰写，其史料价值不高，为节省译稿的篇幅，便于读者了解近代上海历史发展，故本译稿将此二十八章略去。——译者注

第 二 卷

第 一 卷

前　言

　　现代上海自其诞生已近一个世纪。近年来，一部综合论述上海外国人租界所在地历史、政治、商业各方面情况史书的需求经常被提出。由于这一领域现有的优秀出版物中尚无此种著作，鉴于其浩大的体量，应该向这种私人的事业提供公共的帮助。为此，工部局在 1906 年以自身名义委托兰宁先生承担本书编纂，他为这项使命奉献了超过 13 年的时间，并在收集、梳理、编撰史料过程中查遍了一切可用的资源，以至于本卷，也就是三卷中的第一卷大部分在今年 1月晚期出版时，他竟非常可悲地去世了。幸运的是，为了接续并最终完成兰宁先生献身多年的工作，工部局已得到库龄先生的帮助。

　　尽管可以理解，许多有趣的事件不可避免地被省略了，工部局仍然希望本书是对上海有记载历史的有益补充。

　　工部局对所有在史料和信息方面提供善意帮助，向兰宁先生和库龄先生的研究提供便利的人们表示由衷的感谢。

上海公共租界工部局总办　利德尔

1920 年 8 月

图 1　18 世纪广州的洋行

图2　1839年威廉·颠地从东印度公司退休时广州帕西社团赠送给他的烛台

图 3　1839 年威廉·颠地退休时东印度公司赠送给他的银盘

图 4　1842 年，中英双方全权代表璞鼎查、耆英和伊里布在英国军舰"皋华丽号"上签署《南京条约》

第29章

古代上海及其历史沿革

凡我们所知的三角洲，土地都很肥沃，其肥沃的程度只因当地的气候条件及土壤的化学成分而有所差异。当然世事总有例外，以渤海湾和山东地区冲击形成的盐碱地而言，就因土壤含盐量过高造成土地贫瘠。然而只要历数尼罗河、底格里斯河和幼发拉底河、恒河、密西西比河以及广东的西江（Si-kiang）① 这些河流的名字，就足以让人想起三角洲地区土地肥沃这个普遍正确的观念。人类最初文明的出现首要归功于这些地方物产富饶，因为文明最根本的基础在于富足的食物，这些食物可能是海枣、玉米、大米、小米，香蕉或面包果。因此正是埃及、美索不达米亚、印度和中国，给我们带来了目前所知的最早人类文明。

在人类文明发展的萌芽时期，这些初生的文明之间是否曾有过联系？这是一个饶有趣味又十分重要的问题。我们确实发现，它们之间存在着各种相似性，然而如何解读这些相似之处，却让人争论不休。我们还需耐心等待进一步的研究发现，而且或许得有像萨伊斯（Sayce）② 与翟理斯（Giles）③ 这样的人互

---

① 西江是中国南方大河珠江的主干流，位于中国广西东部、广东西部。——译者注

② 萨伊斯，疑为萨义德（Archibald Henry Sayce），1846—1933 年，英国著名东方学学者，著有《古埃及宗教十讲》等著作。——译者注

③ 翟理斯（Herbert Allen Giles），1845—1935 年，英国著名汉学家，曾任剑桥大学中文教授。著有《华英字典》《中国文学史》《中国绘画艺术历史导论》等书，翻译《庄子》《洗冤录》《聊斋志异选》等中国古典文学作品，并修订威妥玛拼音法，合称"WG 威氏拼音法"，是以拉丁字母拼写和拼读汉字的方法。此法被广泛应用于汉语人名地名的英译，影响较大。——译者注

相协作，方能调和如今彼此矛盾的理论，或者要筛去许多推测，才能显现出事实真相。近代中国历史上赫赫有名的李氏家族创始人李太郭先生（G. Tradescant Lay），他曾很肯定地说汉字与埃及文字有许多共通点。而且据说古埃及使用的船只和中国平底帆船也很相似，甚至它们的"船眼"都有异曲同工之处。

上海所在的地区历史传说很丰富。古时候这里是吴国，都城是距苏州以北约 16 英里的梅里（Mei-li），如今就在长江边几英里处。直到公元前 513 年，当时位于太湖岸边的苏州，据说由于地理位置十分利于建造船只而被选为新都城。当然现在的太湖已萎缩了不少。然而，40 年后邻国国君越王勾践带兵征服了吴国，此后吴国国君便失去了原先"霸主的称号"。① 当时越国的领土主要是浙江及其周边地区，部族也并非汉人。② 在此后几个世纪，楚国吞并越国后，又于公元 223 年被那个焚书坑儒、建造长城而恶名昭著的秦始皇所消灭。

从此以后，汉人的统治才逐渐扩大，同时与"蛮夷"的接触也逐步增加。之后的汉朝在中国历史上延续了很长时间，从公元前 2 世纪直至公元 2 世纪的东汉时期。公元 221 年著名的三国鼎立的时代开始了。三国即占据中原中部和北方地区的魏国，位置相当于现今湖南、湖北、江苏和浙江的吴国以及四川的蜀国。此时，"蛮夷"都已置于汉人的统治之下，三国所使用的语言也很接近汉语了。历史小说《三国志》③ 就是以这个时代为蓝本，在史实的基础上运用丰富的小说手法创作而成。此书无疑是有史以来中国同类小说中最杰出的作品。然而三国的时代转瞬即逝，仅仅存续了 44 年便被晋朝取代。吴国最终败于湖南洞庭湖上的一场水战。④

吴国毫无疑问曾是出类拔萃的水上霸主。如前所述，据记载苏州正是因其

257

---

① "霸主的称号"，"霸主"可以在英语中翻译为"盟主"。它是指封建诸侯国中的霸权，是对于皇权孱弱而不能依靠国家的一种官方或非官方的称谓。——原作者尾注

② "部族也并非汉人"，这是说越国的原住民是野蛮人，但其国家是由中国的移民远征者建立并统治的，他们的主要优势在于有一门书面语言。——原作者尾注

③ "《三国志》"，这是这段历史正史的名称。此处所提到的通俗故事名称是《三国演义》。——原作者尾注

④ 作者原文如此。一般认为，三国鼎立时期大约有 60 年。晋灭东吴之战也并非在洞庭湖。——译者注

造船业的优势而被选为都城。此时，我们再次看到中国与英国在确定最终领土分配的进程中有着十分相似的经历。两国都有大部分的原住民从东部被驱逐到西部及西南部的山区，他们必然都有相似的遭遇。中国有黄河、长江和西江等大面积的三角洲地带可供征服与同化。当诺曼人登陆英格兰时，他们也占据了一片三角洲区域，当然就面积大小而言不可与中国的广阔疆域相提并论。但由于这片土地水域丰富，这里的人民几乎无法征服，只能依赖长期和平的影响渗透。金斯利（Charles Kingsley）① 曾创作了《觉醒者赫里沃德在伊利岛》② 一书，其中描写了英国的一位沼泽英豪。当时在吴国广阔的领土上定然有过成百上千这样的勇士。如今在上海的各条水系中依然生活着人们熟知的"船民"，他们在自己的族群中通婚，过着与岸上人隔绝的生活，似乎历来无人追溯他们的历史。如果有朝一日能证实他们是古代吴国人的后裔，那会是十分有趣的发现。

如今，我们都习以为常地认为上海最主要的水道是黄浦江，苏州河（以前称为"吴淞江"）则是它的支流。但如前章所述，以前并非如此。历史记载，松江以南有 18 条江，都是长江的支流。有史学家称公元 620 年的唐朝时，吴淞江江面宽 20 里（约合 7 英里），到 300 年后的宋朝，江面已萎缩至 9 里，然后由于自然原因逐渐缩小到 5 里、3 里、1 里。上海租界成立后，修筑堤坝之举更迅速侵占了水面。在一幅现存的水彩画中，我们还能看到第一座美国教堂救主堂（St. Saviour's）就立于河堤边。然而这所教堂现在的位置处于百老汇路（Broadway）和文监师路（Boone Road）交错的西北角。在笔者的记忆中，如今俄国和德国领事馆的所在地，那时还在水底，外滩边的浅滩也尚未填没，涨潮时潮水会淹没人行道。上海开埠初期，黄浦江的宽度粗略估计大约在半英里至四分之三英里。

258

---

① 金斯利（Charles Kingsley），1819—1875 年，英国作家、牧师，曾参与发起基督教社会主义改良运动。著有《酵母》(*Yeast*，1850）、《阿尔顿·洛克》(*Alton Locke*，1849）、《水孩子》(*The Water Babies*，1863）等作品。——译者注

② 此书英文名 *Hereward the Wake of the Isle of Ely*，是金斯利的代表作之一。"觉醒者"赫里沃德（Hereward the Wake），1035—1072 年，11 世纪坚决反抗征服者威廉的一个盎格鲁—撒克逊的民族英雄，是诺曼人和英格兰人许多传奇中的主角。伊利岛位于英格兰中东部，曾是赫里沃德抵抗运动的根据地，现为剑桥郡的一部分。——译者注

由于中国一向有准确的编史工作，所以上海的政治历史很明晰。我们已经了解秦始皇帝统治了越国的领土及其周边地区。据说他将此地设为县，命名为"娄县"（Lu 或 Lau），但直到始于公元 960 年的宋朝，才出现了上海这个名字。公元 1075 年，始设上海镇，那是英格兰经历诺曼征服 9 年之后。在此之前上海的名称花样繁多，据我们所知就有"沪渎"（Hutu）、"华亭海"（Hua-ting-hai）、"海上"（Hai-Shang）、"上洋"（Shang-yang）、"申江"（Shen-kiang）和"信义县"（Sin-i-hsien）。沪渎可能是上海最早的名字，意思是一条能捕鱼的河流。然而也有早期传统显示上海曾是士兵的驻营地。本土作家后来也称之为"芦城"（City of Reeds）。

公元 1264 年，上海设为县镇已有两个多世纪，上海县城还未筑起围墙。这或许表明两个问题：第一，这个地方不太重要；第二，当地相对比较太平。直至 1554 年左右的明朝，上海县城方获准修建城墙，由于当时倭寇时常侵扰中国沿海，亦如 500 年前丹麦人对英国海岸线屡次突袭，故此举实有必要。最初的围墙极单薄，外侧砌以砖块，内侧以泥土支撑，20 英尺至 24 英尺高，3 至 3.75 英里长，共有 20 座箭塔，6 座城门。天然的河流绕城而过，设有水门方便出入。随着时间的推移，东部围墙逐渐以砖石加固，最终形成 15 英尺厚的防御工事。护城河 ① 极佳地实现了防御的目的。直到 19 世纪上半叶，护城河对抵御进攻依然十分有效。

上海历史上最早的地标之一是涌泉边的静安寺。据说它的历史可以追溯到公元 250 年左右，相当于罗马人统治英国的中期。静安寺香火兴盛无疑得益于有着"天下第六泉"之称的涌泉，此泉会冒出沼气与碳酸气体混合的易燃气。上海另一处胜景是龙华塔 ②，其塔身端庄优雅，是中国众多宝塔建筑中的优秀代表。宝塔无疑源自佛教，据说最早出现于公元 3 世纪。有一种说法认为龙华塔最早建于公元 3 世纪的后汉时期 ③，但也有人认为此塔为公元 9 世纪建成。上海自然流传着许多与龙华塔和涌泉有关的传说。

徐家汇，即徐氏家族的聚集地，也是上海地区极有意思的地方。利玛

---

①　此处护城河指今天的人民路、中华路。——译者注

②　"龙华塔"，根据徐家汇神父们的研究，现在的龙华塔建于 1411 年，但其最早的建筑可追溯到我们纪元的 3 世纪。——原作者尾注

③　一般认为龙华塔始建于三国吴赤乌十年，并非作者认为的后汉时期。——译者注

窦（Ricci）的学生和朋友徐光启，于 1562 年出生于此。对于少数几个当时在中国的外国人而言，他叫"保禄徐"。利玛窦是唯一在中国编年史中留名的外国人，据说徐光启是唯一公开承认皈依天主教的中国高级官员。徐光启学识渊博，撰写了许多著作及译作。伟烈亚力（Alexander Wylie）① 在《中国文献录》② 中对他的一些著作有过介绍。徐光启在《崇祯历书》(*New Mathematics*)中引入了西方天文学的托勒密体系。此书的修订由三位中国学者和四位欧洲学者协助完成，汤若望（Schall）是其中之一。徐光启殁后，其巨作《农政全书》60 卷经皇帝颁令发行。然而他最广为人知的文章是写于 1616 年维护其宗教信仰的《辩学章疏》。徐光启官至礼部尚书，然他虽身居高位，据说"其身后所遗竟不敷丧葬之用"。他在明朝灭亡 10 年之前逝世，并未目睹故土遭满洲蹂躏。 260
但在辽阳（Laouyang）陷落后，徐光启曾奉召入宫，协助抵御外敌，此时他积极主张铸造使用西洋大炮。徐光启有女取名甘第大（Candida）③，因常行善事、救济他人，人称现世的"多加"（Dorcas）④。徐光启于 1634 年结束其光辉的一生，葬于出生地徐家汇。

大约 30 年后，康熙继承皇位。他在一次南巡苏杭途中，曾特意到本地的凤凰山⑤ 一游。据说他驻足之处还留有一处石堤。从他此次巡游可以推想，上海当时可能已经有了长足的发展，成为一处富庶之地。然而，在建立起系统完善的海塘江堤前，上海频遭灾害性洪涝侵袭。14 世纪初至 19 世纪初，上海共遭受大灾 40 余次，其中半数源于海水决堤或由台风等原因引发的洪水泛滥。

---

① 伟烈亚力（Alexander Wylie），1815—1887 年，英国汉学家、伦敦传道会传教士。1846 年来华。伟烈亚力在中国近 30 年，致力传道、传播西学，并向西方介绍中国文化，在这几方面都有重要贡献。1877 年返回伦敦定居，1887 年 2 月 10 日逝世。——译者注

② 《中国文献录》(*Notes on Chinese Literature*)，是伟烈亚力 1867 年在上海出版的作品，书中介绍了两千多部包括古典文学、数学、医学和科学技术等方面的中国古典文献，对东学西渐作出了重要贡献。——译者注

③ 此处系原作者笔误。据考，徐光启仅有一子，甘第大系徐光启的孙女。甘第大是其教名。——译者注

④ 多加（Dorcas），基督教《圣经》故事人物，约帕的女基督徒，制衣周济穷人，广行善事，死后由彼得使其复活。——译者注

⑤ "凤凰山"，松江以北数英里处的一座小山丘。——原作者尾注

如果我们对吴国和日本帝国①之间一度存在的联系略而不提，那将是个不可原谅的疏忽。幸好我们有博学的大隈重信（Okuma Shigenobu）②侯爵可做不容置疑的权威来佐证我们的观点。他在其巨著《日本开国五十年史》③（*Fifty Years of New Japan*）中为我们充分论述了这一观点。从此书中我们可以看到，无论传统知识如何构建其上层建筑，日本确实从吴国学得甚多，奠定了其发展的基础。大隈重信在书中写道：大约15个多世纪以前，据信是秦始皇及后来汉朝吴王后裔的中国贵族，带着不同地区的人迁移至日本。他们带来了养蚕业、编织、文学和政治体制等各种知识。其后代称为"秦人"（Hata-bito）和"吴人"（Aya-bito）。他们在各地繁衍，似乎并未引发种族矛盾。另外，朝鲜难民也进入日本。据说汉字是经由一位朝鲜王子首次传到日本，时间可以追溯到公元前290—前215年，但依据大隈重信认可的说法，认为是公元前97—前30年。据信日语所采用的发音可能是经朝鲜人改良后的吴音，也有人认为是汉音先传入日本，而后吴音随着佛教进入日本。尽管观点各异，但大家普遍相信在语言等各个方面，吴国的影响奠定了基础。编撰于公元712年的日本《古事记》④（*Kojika* 或 *Record of Ancient Matters*）中多用吴音，出版于公元720年的《日本书纪》⑤（*Nihongi* 或 *Chronicles of Japan*）吴音与汉音并用。然而，无论吴音、汉音或唐音，日本人讹用了传入日本的汉语，就如同我们英语吸收了传入英国的法语一样。这是一个自然发生的过程，也是东西方文化发展中存在许多共同点的又一例证。

261

---

① "吴国和日本帝国"，在公元前，中国的王族逃难到日本就有悠久的传统，但却少有证据。下面提到的"秦""吴王"和"吴国"之间没有任何关系。——原作者尾注

② 大隈重信，1838—1922年，明治时期政治家、财政改革家，早稻田大学创立者，曾为日本第八及第十七任内阁总理大臣。——译者注

③《日本开国五十年史》是一部全面叙述日本自1854年开国后的五十年内，政治、思想、经济、军事、外交及工业、商业、农业、矿业、传媒业等领域各产业，如何通过内部强有力的改革，步入世界强国之路。该书由大隈重信主持，由众多日本学者撰写而成。——译者注

④《古事记》，为日本最早的历史和文学作品。此书记载了日本开天辟地至推古天皇（约公元592年至628年在位）期间，凭记忆记下或数代口口相传的传说与史事。全书分"本辞""帝纪"两个项目，分上、中、下三卷。——译者注

⑤《日本书纪》，是日本留传至今最早的正史，六国史之首。书中记述神代乃至持统天皇时代的历史。全书三十卷，采用汉文编年体。——译者注

第30章

攻占吴淞

迄今为止，我们对战争的记录都小心避免描述其细节，然而考虑到我们记述的主要目的，如今有必要密切关注上海战况，其中吴淞的战事首当其冲。占领乍浦打开了通向杭州、上海、苏州三个城市的大门。这三个城市对于抵抗进攻都没有必胜的信心。与林则徐意气相投的积极主战派刘韵珂（Liu-Ko）[1]，极其排外。他曾就乍浦失守一事上奏皇帝，称当地已军心涣散，无力抵抗，并依照惯例请皇帝降罪。两江总督牛鉴（Niu-Kien）临危受命扼守长江，以筑坝或用其他手段则不甚明了，因为据说当时他可能还受命封锁台湾海峡（Fonmosan Straits）。他信誓旦旦必使长江牢不可破，并确实竭其所能，以期解此危局。

然而他对战场的查勘很快表明现有的防御手段很有限。长江岸边有一座旧石堡，位于吴淞村对岸，内有40余门大炮。然而显然其主要的防御面还在吴淞一边，所以加强防御也集中于此处。长江下游的拐角就是宝山，此时蕰藻浜与宝山之间的3.33英里都筑起了土塘。他们还搜罗了大量的旧制火炮以武装自己，据说有些已有200多年的历史。但根据奥特隆尼（John Ouchterlony）的描述[2]，当时他们曾在上海发现大约16门"精确仿制的现代130毫米口径卡罗

---

[1]　刘韵珂，时任浙江巡抚。前期刘韵珂属主战派，随着战争扩大，刘韵珂投向妥协派行列，其向朝廷呈送的"十可虑"奏折，列举了他对与英军作战焦虑的十个方面，使道光帝受到很大震动。——译者注

[2]　"根据奥特隆尼的描述"，奥特隆尼，英军中尉，著有《对华作战记》（ the Chinese War ），1844 年伦敦出版。——原作者尾注

纳德短重炮（18 pr. carronade）"。因此中国被打了个措手不及，并非由于其缺乏能力或知识。它对战争防范不足，只能归咎于统治者的腐败与失职。即使他们使用与我方 140 毫米口径（24 prs①）大炮不相上下的武器装备，依然难挽颓势。这些大炮长约 10 英尺，内膛为锻制金属，再覆以浇铸的外层，是现代铸炮技术的早期实践。多数炮身为铜铸。炮膛已历经岁月侵蚀，炮身置于樟木炮架上，可通过枢轴左右转动炮口，但"看来还未运用能调整炮口俯仰的楔子"。

263　　记录此事的克宁汉（Cunynghame）②上尉似乎对中式防御系统中塔楼所起的有效作用甚感惊讶。他写道："一座高塔正对着英国皇家海军舰艇'皋华丽号'（Cornwallis）的停泊之所，它抵御了英军的利炮攻击，实在令人诧异。这主要是因为他们在塔楼外墙前 2 码③处设置了一道竹篱，中间地带填以杂物。炮弹未受骤然冲击，便埋于其中，大多未对后方建筑造成破坏。"显然，"利炮"未使用烈性炸药。整体而言，吴淞的防御工事在战术上略逊于厦门、舟山或镇海。此地工事以壁垒一字排开，完全没有侧翼防御。

　　谈到当地部队的表现，我们有中方记述为证。据说他们都是"老弱之辈，民间组织的武装皆是如此"，这便意味着当时根本没有有效的地方部队，尽管有些清军部队及其他各色人匆忙赶来此地，搜罗了附近村镇的无用之物，妄想借此抵御入侵。他们组织了百余艘渔船，以应对英国海军中队和武装舰队。然而他们似乎将更多希望寄托于一种大胆的本土发明。那是一种模仿西方汽船的中国平底帆船，配有两对明轮，最初的设想是由船舱中制造的蒸汽推动！这种尝试无疑以失败告终，但他们寻来更合用的苦力，引入原来运用于田野灌溉装置中的横向曲柄原理，在帆船前后各装一副横跨船身的曲柄。帆船上直径约 5 英尺的桨轮真的转动了起来。据有关人士的观察，尽管此船挺笨拙，却能在平静水域顺利工作，也是快速转移部队的有效方法。清军还配备崭新的黄铜、青铜炮。水陆两处共集结大炮 200 余门，人员四五千人。以上就是两江总督牛鉴及

---

　　①　18 pr 相当于 5.16 英寸，约合 131 毫米。24 pr 相当于 5.68 英寸，约合 144 毫米。——译者注
　　②　克宁汉（Cunynghame），英军军官，著有《中国服役记》（Service in China）。——译者注
　　③　码，英国计量单位，1 码 = 3 英尺，约 91 公分。——译者注

其部下为决战之日所能做的全部准备。

1842 年 5 月 28 日，由汽船、战舰和运输船等组成的英国舰队从乍浦出发。他们在海上悠游慢行，次日在崎岖列岛（Rugged Is.）外停泊，直到 6 月 5 日才起航。此后 6 月 7 日又在危险礁（Dangerous Rocks）稍作停留，6 月 13 日最终在吴淞口外 4 英里处下锚。行程如此缓慢有两个原因。第一，英军认为舰队进入的未知水域满布暗礁和流沙，必须进行初步勘测。第二个原因就是英方体量较大、载重较沉的都是帆船，因此从乍浦到吴淞，航行 15 天也就有了充分理由。其间，小型汽船"阿里阿德涅号"（Ariadne）确实撞上了礁石（这块礁石就以该船的名字命名了），若不是有水密舱室，当时就会沉没。不过，该舰勉强维持驶到了舟山。

英方至少有一艘船"伯兰汉号"（Blenheim）专门改装成了勘测船，"伯兰汉号"的指挥官柯林森（Collinson）上尉（后升任上校）受派与凯利特（Henry Kellett）① 司令官一同去勘测英方军舰将要停泊之处，位置正在清军炮口前。如德庇时（John Davis）② 爵士所说，"这项重要而又危险的工作得在清军炮口下进行，所幸他们并未开火"。两江总督牛鉴给皇帝的奏报证实了此事。眼看英舰驶近，他"令军监视，然逆夷未犯，退回本营。……臣未敢疏虞，恐敌突袭，然我防固，彼不敢内犯"。当时清军中对汽船流传着一种奇怪的看法：英船若冒黑烟，则无害；若起白烟，则危险将至。英方的勘测船一路行来，冒的必是黑烟，故岸上只是叫骂挑衅，并未开火。经过 14、15 两日的筹备工作，英舰在最危险的泊船之处都拉起了浮子网。当时沿岸战舰中最大的是"皋华丽号"和"伯尔莱号"（Belleisle），吃水 24 英尺，都是英军三级军舰。此时已是 6 月 15 日晚间。

16 日清晨，船上岸上一片忙乱。这个早晨孕育着一系列事件，将永远改变上海的命运。4 英里浑黄的江水外，乃是英舰停泊之处，清兵看到有东西正蠢蠢欲动。虽然几艘最大的舰船还泊于原处，一些船只已在悄悄移动，包括战斗

---

① 凯利特（Henry Kellett），英国海军军官，第一次鸦片战争时以"硫磺号"舰长任英军舰队副司令。后升任海军少将，并被册封为爵士。——译者注

② 德庇时（John Francsi Davis），1795—1890 年，英国人，18 岁到广州，在东印度公司任职，1833 年任英国驻华商务监督，1844 年任香港总督，兼任英国驻华公使。在华时间达 35 年之久，有"中国通"之称。——译者注

264

舰和随行的汽船，其中"复仇女神号"（Nemesis）、"狱火号"（Phlegethon）和"麦都萨号"（Medusa）最为人熟知。他们的任务是将战舰推进至距离清军战线不足 500 码的预定位置。如今在我们看来，如此近的距离简直离谱。整个行进过程中，英军一弹未发。对另一方而言，清军首轮炮击是抵抗中最有效的一次。英方多艘船体受创，护卫舰"布朗底号"（Blonde）上一名海军军官、两名士兵阵亡，"狱火号"测深员重伤。然而，舰船一旦就位，英军炮手对阵未经训练、纪律散漫、装备落后的清军，良莠立分。两个多小时的炮火对阵，英方记叙寥寥。事实上，其间并未出现英雄事迹，而中方的记述则更为详尽。两江总督牛鉴亲自督战，其所见所闻有据可考。他生动描绘了无数炮弹横飞，纷纷落于身前身后的景象。他见"敌樯耸立如山，逆夷勇不可当。我将弁多有殉职，然难阻敌夷，退兵乃不得已而为之"。

这位总督，当时英人口中的"牛弹琴"（New Tajin），干劲十足，这一点得到各方认可。他自然也公布了双管齐下的训令，宣布重赏勇者，责罚怯懦。尽管有英国作家轻蔑地写道"这位积极备战的牛大人头一个开溜了"，但我们有理由相信，事实并非如此。我们都知道他向宝山撤退，但从英方的记述中可知，英军正是在宝山之外遭遇了当天唯一的阻击。一支登陆部队在接近宝山处，可能本打算包抄左侧的清军据点时被击退，这一股阻击队直至卡梅伦高地兵团（the 26th Cameronians）向宝山进发时，才最终撤退。英军舰炮之精准实令清军军心涣散。然而，在这种情况下，还需经过两小时炮击，表明清军已尽其所能竭力抵抗。据说其中一些部队作战极为勇猛。

然而这天的荣耀应归于一个人——陈忠愍。陈化成（Chin Chang-min）①，福建人，有 50 多年海战经验，在各种记述中，有人认为他是水师或陆路提督，抑

---

① 陈化成，1776—1842 年，同安丙洲人。行伍出身，历任参将、总兵、提督等职。道光十年（1830）任福建水师提督，驻节厦门，1840 年 12 月调任江南提督。1842 年 6 月英军大举进攻上海吴淞，67 岁高龄的陈化成亲率官兵坚守西炮台，发炮千余门，击伤敌舰七艘，最后在腹背受敌的情况下，与 81 名官兵同时战死在炮台上。为表彰陈化成的忠勇，道光帝先后诰封陈化成"振威将军""建威将军"，谥号"忠愍"。1842 年 10 月，陈化成遗体被运回厦门安葬，清廷赐"祭葬"。——译者注

或他当时身兼二职。有关陈化成的事迹流传不少。显然，他是极少数以勇气、克己、清廉而名留青史的楷模，这样的人在明哲保身、贪污腐败的官场黑暗中凤毛麟角，却熠熠生辉。尽管英军舰队"帆樯高耸，过我城头，船烟蔽日，举国皆惊"，他并未被吓退。但情况却不容乐观。首先逃散的是匆忙招募来的后备军，这些人即使有武器，显然也不知如何使用。其他人自然随之溃散。对此陈化成大怒。他虽已 67 岁高龄，却始终英勇指挥作战，直到最后他亲上炮台点炮。克宁汉上尉在《中国服役记》一书第 127 页叙述阵亡将士时，提及的可能就是这位老将。他写道："其中有一人特别引起我的注意，他作战勇猛，显然是有官阶的将领，……他一直积极指挥并鼓励属下作战。……我们无法确知他戴着何种颜色的顶珠，但在受到致命重创后，有人看到他将顶珠摘下，投入了一池深水中。"有当地传闻说陈化成往往会给自己裹上数层棉絮，认为这样就能坚不可摧。事实上，据说在吴淞战役中陈化成起初受伤并不严重。在遭受最后重创后，他转身朝北，"向皇帝宫殿的方向叩头后，溘然长逝"。26 日，他的遗体葬在上海关帝庙①，皇帝追授其封号，松江乩坛还占卜出陈化成受封为"振威将军"。两江总督牛鉴以简练的语言呈报了当天的战果，他写道："敌夷挺进吴淞，陈将军阵亡，宝山失陷。"

然而，就目前所知，此役双方伤亡数字都很小。英军阵亡 3 人，伤 20 余人。伤者中有当时任英军翻译的李太郭先生，即后来成为上海滩要人的李泰国（Horatio Nelson Lay）先生的父亲。奥特隆尼记述了沿着前线躺着不足 30 具清军尸体，但未提及伤者，当时也没有俘虏。然而我们从其他渠道了解到，当时可能有相当数量的伤员自行离去，估计清军伤员大约不足 200 人可能比较合理。对于英军微小的伤亡数字各方尚存争议。

炮击进行的同时，运输船自然在长江外停泊，只能耳闻目睹战事进展。汽船一旦将战舰护送至停泊点下锚后，就以信号示意返回，再将运输船护送上前。在这个过程中，"谭那萨林号"（Tenasserim）受令改变航向，与护卫舰"北极星号"（North Star）会合。"北极星号"此时刚刚加入，扯满了风帆以尽快抵达炮

① 陈化成死后，遗体最初被收殓在当时嘉定县关帝庙。此处可能系作者误解。——译者注

击现场。在"谭那萨林号"协助下,它很快在炮击结束前加入了战团,并有幸成为最先让水手登陆的战舰之一。然而,部队登陆后,除了占领据点已无事可做。如前所述,宝山是最后屈服的地方,是在卡梅伦高地兵团向其进袭时守军方才放弃。是日晚,英舰"戴窦号"(Dido)抵达吴淞,从印度载来了 2 500 人的增援部队。

以上就是吴淞之役的全部经过,这一切使和平占领上海成为可能。

第31章

占领上海

吴淞及其周边的抵抗力量都撤退后，通往上海的道路就此敞开。英军统帅认为他们不会遭遇激烈抵抗，事实证明他们的预想没错。1842 年 6 月 17 日，两艘参加了各地战役的汽船"复仇女神号"和"麦都萨号"，沿着海军司令巴加（Parker）[①] 描述为"十分壮美的"黄浦江溯流而上先行侦察。他们一路行来未遇抵抗，直至半途，在后来被称为"炮台浜"（Battery Creek）的一带地方，受到江上对岸而峙两座堡垒的炮击。土堡中的炮手发现炮弹未能射中汽船，他们并未坚守阵地，反而一把火把自己的营地点燃之后即刻逃散。英方经过仔细探测，发现航道走向更靠近黄浦江右侧，即浦东一侧，过了陆家嘴又靠向江的另一侧，与多年之后的现状相差无几。

19 日清晨，水陆各方都已准备完毕，开始向上海进发。马德拉斯炮兵团（Madras Artillery）的蒙哥马利中校（Lt. Colonel Montgomerie）担任登陆部队的指挥官。他率领第 18 和第 49 团及马德拉斯第 2 步兵团士兵以及部分乘骑炮兵，共约 2 000 名"棒小伙子"。根据所有占领上海的记载来看，直到英方 23 日撤离，上海没有下过雨。因此，我们可以说这次出征恰逢天赐良辰，6 月天气晴好，正是最愉悦的季节，也是一年里万物生长的最佳时机，处处可见生活的希

---

① 巴加（William Parker），1781—1866 年，英国海军将领。1793 年加入皇家海军，曾在英国本土及西印度群岛等地服役。1841 年以海军少将任中国舰队司令，同年底升任海军中将。1845 年任地中海舰队司令，1852 年升海军上将。——译者注

望与欢愉。这样的早晨，从吴淞登陆一路步行去上海，必定如一场令人愉快的野餐的开场，更增添了少许令人胃口大开的调味。

村庄里的人们从未见过这般景象。此前他们从未见过这样的马队和大炮，恐怕做梦也没想到过敌人部队会如此纪律严明且性情温和。当时的英军统帅很有可能采取了一些措施，以使村民了解他们此行并无恶意。无论如何，他们当时并未引起恐慌。全村男女老幼纷纷拥在自家屋前，争睹这难得一见的场面。荷枪的战士排成一列纵队，长长的队伍沿着他们的田边行进。炮队也沿着后来的吴淞路勉力前行。

269　　对炮队而言，沿路的河流是唯一的难题。先行者有时只得填没一些小河，炮队方能通过。有些村民跑来，一边说笑一边殷勤地帮忙拉拽大炮。这支部队的和蔼宽容，由此亦可见一斑。

部队经过新种的水稻田或刚长成的棉花地，偶尔会惊起一两只雉鸡。不久，他们来到苏州河岸，当时人们还称之为吴淞江。沿着河岸一路行来，不一会就到了"新闸"①石桥。跨过石桥，很快就看到了上海县城的近郊。大约就在此时，他们惊讶地听到左方传来交火声，接着几发炮弹碎片落于左近。他们瞥见一小队当地武装力量正欲逃离，便向着他们的背影开了一两枪，射了几枚炮弹。这是迄今为止唯一的交火。隔着不远距离，先头部队已能望见县城城墙，墙头零星地射来几发火绳枪弹。大部队循着大路从新闸桥直奔县城北门，途经之地正是以后的租界。

最先抵达城门的部队并未遭遇抵抗，有人透过城门的缝隙窥见两门大炮正对他们。几人攀上一座依墙而建的房屋，借此爬上城墙，很快进到城里。城门洞开，部队便一拥而入。他们发现焦急的人群正从其他几扇城门蜂拥而出，而城乡市郊的宵小无赖正趁火打劫，随心所欲地抢掠财物。英军很快制止了这种行为。蜿蜒的城墙之上，占领部队不久就望见英军战舰高耸的桅杆逆流而来。

由此，我们把注意力转向水路。是日晨8点，他们从吴淞出发，形成一幅

---

① "新闸"，威妥玛拼法为"hein cha"，意为新的水闸。——原作者尾注

迄今为止最为壮丽的景象，即使是历史悠久的黄浦江上也从未出现过如此阵势，因为这支舰队除了 4 艘战舰"北极星号"、"摩底士底号"（Modeste）、"哥伦拜恩号"（Columbine）和"克里欧号"（Clio），还有拖曳战舰的 4 艘汽船："复仇女神号"、"冥王号"（Pluto）、"狱火号"和"谭那萨林号"。另外第 5 艘汽船"麦都萨号"上载着海军司令巴加、郭富（Hugh Gough）爵士 ①、凯帕尔（Henry Keppel）舰长 ② 及其他军官。17 日在半途炮击"复仇女神号"和"麦都萨号"的两处土堡此时已遭废弃，他们一路驶来，直到舰队前方船只行至正对现在的虹口码头处，一阵炮击从如今的英国领事馆草坪位置射来。这里是设立堡垒的绝佳地点，正扼守在船只前往县城的必经之处，因此是扫射舰船极佳的机会，可在拥挤的甲板上造成严重伤亡。然而远距离的一阵单发过后，那些炮弹连英军的船舷都没擦着。这支驻军没有造成任何损失，英方一人未伤，炮击已归于平静。英方的回击虽瞄准不佳，有几颗炮弹甚至在新闸附近开了花，但对那些炮手而言已是威力十足。多年后，其中一位炮手还向巴夏礼（Harry Smith Parkes）爵士 ③ 回忆起这次炮击。巴夏礼当时还是个 14 岁的孩子，但在此次远征中却也不是微不足道的角色。全权公使 ④ 允许他出席了《南京条约》的签订，在"皋华丽号"签订条约的历史性画卷上，我们还能找到他从一群高阶军官魁梧的身形间窥看的身影。巴夏礼是郭士立（Gützlaff，Karl Friedrich August）博士夫人的侄子 ⑤，年少时学习中文自然有得天独厚的优势，中文流利加上天资聪

270

---

① 郭富（Sir Hugh Gough），1779—1869 年，或译卧乌古，1815 年以功赐封爵士，1830 年晋升少将。鸦片战争爆发后，他被任命为英国侵略军陆军总司令。《南京条约》签订后，被封为男爵。最终授予爵位，并任陆军元帅。——译者注

② 凯帕尔（Sir Henry Keppel），1809—1904 年，出身于英国贵族世家，后任英国海军上将。——译者注

③ 巴夏礼（Sir Harry Smith Parkes），1828—1885 年，英国外交官，第一次鸦片战争时任璞鼎查的翻译。1858 年任英国驻上海领事。——译者注

④ 此处指璞鼎查。——译者注

⑤ 巴夏礼应为郭士立夫人玛丽·郭士立（Mary Wanstall Gützlaff）的表弟。郭士立，Gützlaff，Karl Friedrich August，1803—1851 年，又译郭实腊，德国基督教路德会牧师，汉学家。早年在东南亚传教，1831 年到澳门任英国东印度公司翻译，曾七次航行中国沿海口岸，1832 年随"阿美士德勋爵号"进行情报活动，同时散发宗教书刊。1833—1837 年（转下页）

颖，令他很受大家喜爱。多年后巴夏礼任上海领事时，有一位地保向他坦承当年从英领馆处射炮，自己曾是其中的一位炮手。这些炮手没有留下来再次填炮。这便是蒙哥马利中校所听到的炮声，他还向这些人射了几发炮弹。

舰船继续前行，发现前方水量充足，便在 9 英寻① 的水中下了锚。有些人的登陆地点已离县城很近。克宁汉上尉和一群人上了岸，来到一处"他们认为是海关大楼② 的台阶前，那是一幢漂亮的建筑，极有特色"。门前有两根柱子，柱子上各有一个类似"水手称之为桅盘"的装饰物。他还对建筑内的混乱状况做了生动描述。里面的"佛像"颇受了一番蹂躏，因为有人相信佛像里藏着钱。然而，对于 19 世纪登陆上海的西方人来说，最有意思的是，事实上这幢他们描述为海关大楼的建筑，实际却是一座庙宇，而多年后它确实充作海关大楼之用，直至 1893 年现在的海关大楼建成。这一点应可确知，因为讲述者又说他们如何"在逼仄的街巷间穿行了近 1 英里，最终来到一座有茶室的公共花园，花园中有座大建筑物，已由郭富爵士及其随员占用"。那里，自然是县城的中心地带，县衙就在左近，而那座著名的茶社，便是我们所知的湖心亭。

271　　大多外来客对他们见到曲桥、门洞、石窟、壁龛、大灯笼等诸如此类的景象颇感欣喜。假山和垂柳、合欢树以及其他的花草树木，都很吸引人。德庇时说英军在供奉城市保护神的城隍庙周围设立营地，"城隍庙有些像罗亚尔宫，比巴黎的还略大些"。

占领军的首要任务便是恢复秩序。1842 年 6 月 19 日，上海县城的所有政要都已出逃，生活在社会底层的人肆意妄为，这番景象无须描绘，随便哪个

（接上页）主编《东西洋考每月统记传》（月刊），该刊除传教文字外，还刊载政治、科学和商业方面的文章。1834 年与裨治文共同组织益智会。1835 年继马礼逊任英国贸易监督的首席翻译。鸦片战争期间，随英军到定海、宁波、上海、镇江等地，参与签订《南京条约》。1843—1851 年任香港英国当局汉文秘书，同时从事传教，1844 年在香港设立汉会，又名福汉会，意为汉人信道得福。该会又被称为郭士立差会，专门训练中国传教人员到内地布道。他是德国教会传入华南的开创人。在华曾参与圣经汉译工作。1851 年病故于香港。——译者注

①　英寻，是海洋测量中的深度单位。1 英寻合 6 英尺或 1.828 8 米。——译者注

②　"海关大楼"，此处建筑并非海关大楼，根据第 331 页的记载，若干年后海关大楼迁到此处。——原作者尾注

"中国通"都可想见。大多数官员和乡绅此时都不见踪影，暴民们可随心所欲，抢劫是家常便饭，人们还担心他们纵火烧房子。然而到傍晚时分，英军加强巡逻，多少恢复了些秩序。那时当地人已经很快觉察到这些入侵者并无恶意。其中典型一例即为在占领上海当日，留下的民众就以漠不关心的态度在这些军人身边穿行，依旧做着日常的生活琐事。一两天之后，有体面的人也安坐于四周，啜着茶，抽着烟管，恍若什么都未发生。从公共粮仓中开仓放粮无疑有助于安定民心。

当铺自然很受人关注。有一队士兵驻扎于一家当铺，他们得把店铺打扫一番方能宿营。那个晚上，这些士兵穿着富丽的长袍，戴上了官帽，满身绫罗绸缎和各式寄存于此的精美华服。印度兵团中有人从当地抢匪手中购买了不少赃物。一时间，县城的码头边、城墙外贩卖赃物的买卖很是昌盛。然而部队里的士兵去抢劫却很少见。现存的记录都交口称赞这支部队纪律严明，秩序井然。有一项发现极受众人欢迎：有人找到了冰窖。由于当时天气闷热，能喝上一大杯加了冰块的饮料就是让人赞叹不已的"奢侈享受"了！

部队在上海驻扎的同时，"麦都萨号"和"复仇女神号"以及几艘吃水较浅的船只对河流上游进行了一番勘查。他们驶到了离苏州很近的地方，在苏州上空都能瞧见船只喷出的烟雾。21日海军上将巴加和几位军官去了松江。

23日，驻军如占领上海时一样，分水陆两路撤离上海。在英军驻扎期间，一位当地人称其为"白千总"（Corporal White）① 的人曾来试图议和。此人首次为人所知是1840年琦善派其为信使，此次前来受伊里布派遣，但此事并未成功。德庇时告诉我们当时在吴淞集结，准备沿长江北上的共有15艘战舰、10艘汽船和近50艘运输船，还有3 000名训练有素的水手、9 000名步兵。7月1日，英军又增加了436门大炮。当时英军只有一个真正应当惧怕的敌人，但那时谁都不曾想到——疾病这个魔鬼，或许早已与那冰饮结了盟！

272

如今，我们对医生能够战胜疾病颇感自豪，然而1840年代早期，卫生学或者说预防疾病的科学，还未真正起步。英国指挥官对于明矾可以净化长江水

---

① 此人疑为白含章，原是直隶督标里一个千总，是琦善的心腹。1840年英军军舰到达大沽口外，琦善曾派白含章登上英舰收取英国照会。——译者注

都不甚明了。直到英军最大的舰船"伯尔莱号"驶离长江时，船员们才发现他们本可不必饮用长江中的生水。船队从南方一路北上，不少船员罹患坏血病，或有患病之虞，而且为了获取新鲜食物，英军还向崇明派遣了登陆小队，哈维（Harvey）中尉和一名海军士兵因此丧生①。那里称为哈维角（Harvey point）就是为了纪念此次事件。战斗结束后，对食物消耗不再设限，我们读到克宁汉上尉记录的以下文字："我知道有人曾一天吃下6.8磅②猪肉，还要外加生蔬菜和西瓜。"那时中国正值七八月间，喝着未净化的长江水，里头还要"奢侈地"加上当地的冰块！结果得出的统计数字便不意外。疾病使"伯尔莱号"上的650名船上人员只剩下500名，其中只有不到120人还能坚守岗位。仅船员就从250人减员到70至80人。由此一例可推知其他舰船上的情况也大抵如此。如果清军能再坚守两三个月，英方若没有强大的人员补给，此次出征定然以撤退告终。然而，清朝官员们放弃了，《南京条约》为新时代的到来铺平了道路。

---

① "哈维中尉和一名海军士兵因此丧生"，此事发生在1840年9月，两人都是"康威号"（Conway）的船员，随登陆分遣队搜寻给养，遭枪击身亡。他们是战争中最早的丧生者。——原作者尾注

② 6.8磅约合3.08公斤。——译者注

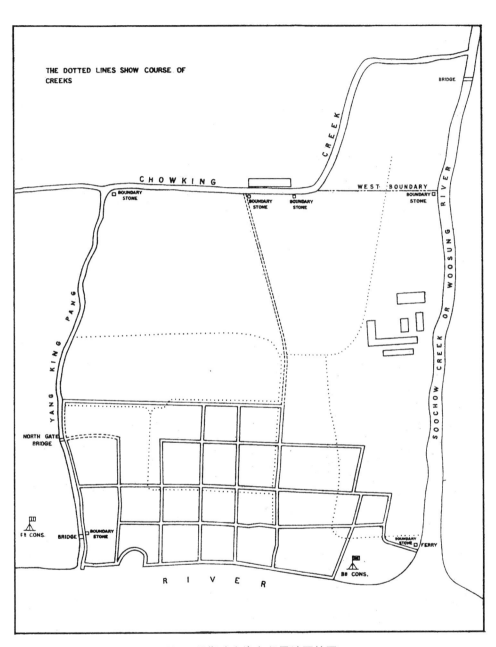

THE DOTTED LINES SHOW COURSE OF
CREEKS

图 5 早期（上海）租界地图简图

第32章

租界开端

我们已经知道 1842 年 6 月 16 日英军如何攻破吴淞，19 日又是如何占领上海县城，23 日撤出上海后，一位清军指挥官"重新占领"了上海。然后英军溯江而上，驶向南京，一路遭受的病魔袭击远胜于战争伤亡。最终双方于 8 月 29 日签署了《南京条约》，开放五个通商口岸，以便东西方文化可以自由交融。相比在中国所进行的较小规模战事而言，许多历时更长、伤亡更惨重、造成更大物质损失的战争，也没能达成有如此重大意义的成果。在过去几千年进行的千万场战争中，有些是最终一事无成的。克里西（Creasy）① 的经典著作中所记录的 15 场战役，从公元前 490 年的马拉松战役到公元 1815 年的滑铁卢战役，跨越了约 2 300 年的历史。我们不妨问问这位博学的作者，若他要继续此项研究，是否会考虑把攻打吴淞或占领镇江（Chinkiang）之役也收录进他的著作？而正是源于这两场已被人遗忘的战役，才有最终达成的协议，敞开了此前一直令千百万勤劳、智慧、能干的中国人闭关自守的国门。"15 场决定性战役"中有哪一场的战果比这个更有意义？即使我们无法否认克里西某些逻辑的说服力，但至少也可心存怀疑。而且，此地战事所产生的逐渐扩大的影响力，不仅反映在我们自己的日常生活中，它对整个文明世界政策与实践活动的影响也日益显现。圣女贞德（Joan of Arc）取得的胜利可能改变了英法两国的历史进程，尽

---

① 克里西（Edward Shepherd Creasy），1812—1878 年，英国历史学家，其代表作之一是《15 场世界经典战役》（*The Fifteen Decisive Battles of the World*）。——译者注

管这一点尚存争议。但滑铁卢之役无疑影响了之后的整个欧洲历史。而且，我们所列举的这两场战事，或许从战争的角度而言确实微不足道，但其影响的却不仅是两个大国，甚至不仅是某一方大陆，而是包括欧洲、亚洲、非洲、美洲和澳洲在内的整个世界，影响着全球约四分之三的人口，且问题尚未全部解决。在 15 场战役中有哪一场能与之匹敌？那些"决定性战役"可能解决了一些问题，而吴淞与镇江之役开辟了一系列崭新的政治格局，我们现在正目睹其进一步发展。独立的举措即将来临。

274

　　对于中国来说十分幸运的是，把她从沉睡中唤醒的童话王子怀着最善良、最美好的愿望。虽然身着战争的外衣，在其内心深处却是和平的念头。于是战争的甲胄立刻被抛弃，指挥官让位于领事，和平的商人取代了军舰。丝绸换下了刀剑，形似弹药的中国珠茶 ① 替代了"邪恶的硝石"，很受欢迎。

　　当时人们对上海所知甚少，远不如宁波和厦门。在东印度公司 1756 年的一份报告中，曾提及上海是通商的理想之地，但直到 1832 年东印度公司才派遣"阿美士德勋爵号"（Lord Amherst）从广州一路北上，探寻与上海有关的新业务 ②。林赛（Hugh Hamilton Lindsay）③ 作为商船上的货物经管人，是东印度公司此行的代表。随行的郭士立博士不仅于数年前乘坐本地的平底帆船到过上海，那次行程甚至远至天津（Tientsin）。林赛受到了当地热心贸易人士的热情招待，也明显遭到官员的冷遇。然而在随后的报告中，他极具说服力地论述了上海作

―――――――――

　　① 中国珠茶（gunpowder tea），起源于浙江省绍兴县平水镇，是搓成圆形颗粒的绿茶。珠茶颗粒细圆紧实，色泽绿润，香味醇和，有"绿色珍珠"的美誉。早在清康熙年间，已有少量珠茶出口欧洲。――译者注

　　② "与上海有关的新业务"，"阿美士德勋爵号"到上海后还远至山东、朝鲜和琉球群岛。――原作者尾注

　　③ 林赛（Hugh Hamilton Lindsay），1802—1881 年，英国商人。其父为东印度公司董事。1820 年，林赛随东印度公司商船到中国。1830 年任东印度公司驻广州秘书。1832 年 2 月，东印度公司租用"阿美士德勋爵号"载着棉布和棉纱等货物起锚北行，调查中国沿海市场情况。当时林赛，化名"胡夏米"随"阿美士德勋爵号"经南澳、厦门、福州、宁波、上海、威海卫，一直到达朝鲜沿海。他身负的使命是查明中国可以渐次对英国商业开放最适宜的北方口岸有多远。1841—1847 年任下议院议员，属托利党人。1851 年任东群岛公司董事。――译者注

为新港的可能性。如果他不曾看见 400 余艘载重从 100 吨至 400 吨不等的帆船，每日载着日用品从吴淞口入江，如果不是预测每年的利润可达成本的一至两倍，上海的命运会截然不同！

1835 年，麦都思（Walter Henry Medhurst）① 博士曾到过上海，他的经历与郭士立博士与林赛受到的待遇相类似。参与这两次远征的成员都发现上海官员对于广州发生的事务十分熟悉，这或许是由于这两个港口城市的贸易十分频繁。然而，当时谁也没想到，上海会在远东贸易中独树一帜，更没人想到，其他三个依条约开放的港口完全不能与上海相媲美。

璞鼎查（Henry Pottinger）② 爵士从马德拉斯陆战队（Madras Field Force）看中了巴富尔（George Balfour）上尉，即后来的巴富尔爵士将军，任命他为上海的首任英国领事。虽然巴富尔上尉当时年仅 34 岁，却有着近 20 年兵燹征伐的经历。到任之初，他并不打算为了中国的领事一职而放弃在印度的前程。尽管如此，在任三年他恪尽职守，这一方面应当归功于其个人的品德，另一方面也要感谢他的两任翻译——麦都思父子的高尚品质和积极协助。其中麦华陀（Sir. Walter Henry Medhurst）正式任职为领事服务，但在其生病期间，其父麦都思曾临时代理其职务。这一期间由于麦都思在传教活动方面经验丰富且语言流利，故英国在上海的事务进展顺利，连美国全权代表都获益良多。最幸运的是，时任道台宫慕久是个温文尔雅、思想开明的人，丝毫没有广州官员那些最终导致

---

① 麦都思（Walter Henry Medhurst），1796—1857 年，英国传教士，自号墨海老人，汉学家。早年在东南亚传教，并帮助编辑《察世俗每月统计月传》。1843 年麦都思代表伦敦会到上海，是第一个到上海的外国传教士。同年与美魏茶、慕维廉、艾约瑟等传教士在上海创建墨海书馆，印刷出版中文书籍。他在山东路一带建立了伦敦会的总部，包括墨海书馆、天安堂和仁济医院，被人称为"麦家圈"。1848 年 3 月，与雒魏林、慕维廉擅自去青浦传教，与船民发生冲突，英领事借此挑起事端，激起中国近代第一件教案青浦教案。1854 年，当选为工部局第一届董事。1857 年在伦敦逝世。——译者注

② 璞鼎查（Sir Henry Pottinger），1789—1856 年，英国军人，殖民官员。1804 年加入驻印英军，累功至上校，曾担任信德、海德拉巴行政长官。1839 年回到英国，获封男爵。1841 年接替义律任驻华代表及商务监督，1842 年代表英国与中国签订《南京条约》，1843—1844 年任英国驻香港首任总督。后任英国驻开普及马德拉斯总督。1856 年卒于马耳他。——译者注

战争的恶劣秉性。

巴富尔上尉乘坐火轮船"维克森号"（Vixen）从广州出发，在东北季风中逆风而行，经由舟山转乘"麦都萨号"，于 1843 年 11 月 8 日晚间抵达上海。次日，巴富尔上尉拜会道台，并引见了船上的军官及其随行人员——翻译麦华陀 ①，外科医生和助手海尔（Hale）医生以及职员斯特拉钦（A. F. Strachan）。这几位便组成了上海首任英国领事简朴的随员团。随英军驻扎定海（Tinghai）的英国伦敦会（London Missionan Society）雒魏林（Lockhart）博士 ② 已于几天前抵达上海，他的夫人是巴夏礼先生（后来称为巴夏礼爵士）的姐姐，也是目前所知首位踏足上海的西方女性。雒魏林夫人比她丈夫长寿，于 1918 年 1 月 2 日以 95 岁高龄与世长辞。由此，给我们留下深刻印象的是，这位令人尊敬的女士，她的一生见证了上海成长发展的巨大变化！

事后道台到"麦都萨号"船上回访。有意思的是我们注意到，在他的随员中有一位年轻官员陈福勋，这位陈先生于 1864 年成为会审公廨（Mixed Court）的首任会审官，并在任近二十年之久。当时有不少人担忧在上海的住宿问题。有人说若没有官方批准，没人胆敢把房子借给"洋鬼子"住。巴富尔上尉对这些蛊惑人心的传言不以为然。他说自己是个军人，若有必要住帐篷都行。然而，此事竟丝毫不费周折。这位领事首次拜访道台之后，立刻有人提供了可租住的房屋，这个提议自然一拍即合。当月 12 日，他在给璞鼎查爵士的信中以这样的口吻写道："我已在上海县城租到一处房屋，位置极佳，一年租金 400 元。若能做好设立领事馆的准备，我打算明天就搬去。" ③

---

① "翻译麦华陀"，传教士麦都思之子，后为驻上海领事。——原作者尾注

② 雒魏林（William Lockhart），1811—1896 年，1838 年被伦敦会派驻中国。在华期间主要在澳门、上海等地活动，时间长达 20 年。一开始在澳门、广州传教施医，从事医务传教活动。鸦片战争期间，在舟山开设医院。1844 年在上海老城门外开设上海第一家西医医院——中国医馆（今仁济医院前身）。1857 年底离开上海返回英国。——译者注

③ 1843 年 11 月，巴富尔到任后，首次拜访上海道台。关于领事馆选址的问题，宫慕久要巴富尔到城外居住。巴富尔不满此举，表示他将在城内自寻房屋。离开道台衙门后，有一位姚姓粤商主动上前表示愿出租房屋，年租金 400 元。1844 年 2 月，英国人又从顾姓士绅处租得西姚家弄的敦春堂，才是下文记述的住处。——译者注

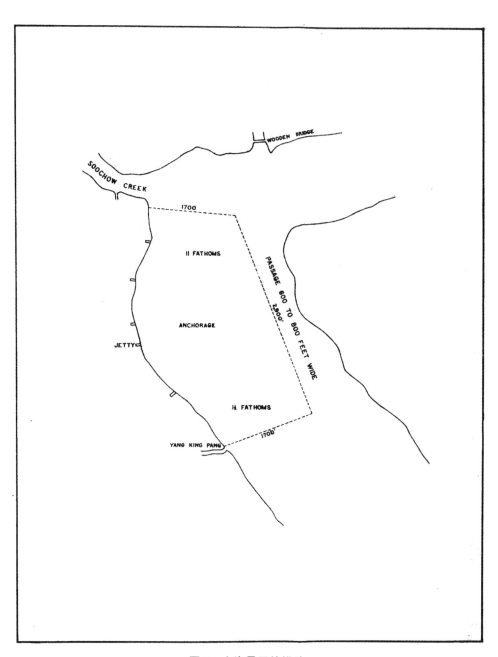

图 6　上海最早的锚地

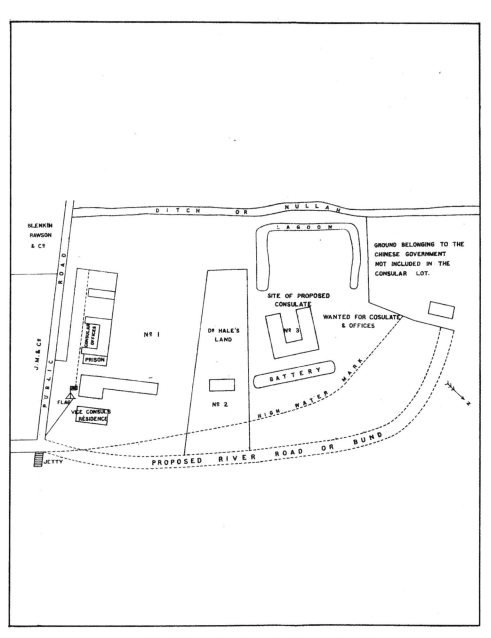

图 7　最初的英国（驻沪）领事馆建筑和占地平面图

276 　　现存两种租约译本中，巴夏礼的译法不太准确，另一译本由郭士立翻译。由现存的租约可知，"英国领事是在西姚家弄从一位顾姓业主手中租得敦春堂（Tun Chun Tang）。这个院落坐北朝南，四栋楼房，楼上楼下共 52 间，院后水井和仓储库房井然有序"。此房需付押金 640 两，一年租金 640 两。在日后追加的条款中又约定，如遇闰年需加付半月租金。巴富尔上尉是个军人，又是单身汉，他不会特别关注房屋住宿这些小事。但后来我们发现用于领馆和住处布置及配备家具，他花费了 1 300 元。在他三年后离任时，业主同意买下这些财产，并向新来的阿礼国先生（Alcock）①（后称阿礼国爵士）加收租金。据记载，巴富尔上尉若有家人随行，便不会一直居住在县城内，但直到阿礼国夫人来沪后，我们才了解这处住宅到底是何模样。楼上的房间没有壁炉，而且这位西方女性发现，无论如何布置，这地方"总像是破败或尚未完工的军营，实在不是适合欧洲人居住的处所"。然而，英国政府有规定，英国领事馆房屋只能租用，不得作为公共财产购买。之后我们将看到，这项规定引发了不少麻烦和大量信函往来。

　　除了为自己找到住所之外，巴富尔上尉的首项要务看来是要摸清上海海关税收事务的来龙去脉。他的发现以现代人的眼光看来前景黯淡。在黄浦江与县城围墙间设有一处"银号机构或叫盘验所（Shroff Shop），收取关税"，而且道台表示他已选出"六位诚实可信的商人"代表海关监督人办理课税事宜。

　　接下来的事务便是划分港区范围，圈定洋船停泊区域。港口的范围划定为从上海县城延伸至黄浦江右岸吴淞对面的旧战场到左方"宝山角"（Paoshan Point）划定的一直线，如此便包括了从上海到黄浦江出海口的整条江面。洋船停泊区，如图 6、图 7 所示②，长 2 900 英尺，宽度在 1 700 英尺以上。这片区域仅在苏州河到洋泾浜的河口之间。当时洋泾浜汇入黄浦江，即在今天爱多亚路（Avenue Edward VII）的终点。这里对于最初的少数船只来说有充足的空

277 间，然而十年后航运激增，这段江面"供 50 艘以上船只停泊，转向已不可行"，故必须修订泊位。当时黄浦江靠近浦东一侧还留出一条通道供中国平底帆船航

---

① 阿礼国（Rutherford Alcock），1807—1897 年，英国人，1846 年接替巴富尔任英国驻上海领事。小刀会起义后，在 1854 年 7 月策划成立租界管理机构工部局。——译者注

② 原文右侧有示意图见图 6、图 7。——译者注

行，可容纳两三千艘帆船，宽度在 600 至 800 英尺间。由此可见，当时在外滩一带黄浦江最大宽度约为 800 码。那时人们认为，将船停靠于苏州河以北十分"不便"。

此时还未立即划定租界的界线，只知东起黄浦江，南至洋泾浜。西界完全未界定，北面最初以现在的北京路为界。那时北京路以北的地块，一部分是清政府的土地，还有一部分是李家厂（Li Chia Chang）或李氏族地，有好一段时间它们都在租界之外。总体而言，那个时候的租界与本地其他地区无异。租界里大部分地方是耕地，茂盛地种着庄稼，也有些低洼地，更有些地方早已荒芜。这片土地缀有无数的小溪、沟渠和池塘，夏日里低洼处便长满芦苇。而且此地人烟稀少，首批外侨到上海数年之后，一旦去到现在四川路（Szechuen Road）以西的地方，就算"到了乡下"。外滩还是纤道，有几码宽的浅滩随着潮汐的涨落时隐时现。

1843 年 11 月 14 日，巴富尔上尉发布了设立英国领事馆的首张官方告示，开头这样写道："我在此向全体英女王陛下的臣民宣布，临时英国领事馆已在上海县城内设立，地点位于东西城门间靠近城墙的街上。"巴富尔同时宣布，上海于本月 17 日开埠通商，各项条约条款同时生效。船只如有必要可抛首尾锚。后来又添了一条规定，未获英国战舰指挥官同意不得更改洋船停泊区的位置。授权"盘验所"的六位"仁兄"征收进出口税费及船舶吨位税。船只报关结关的领事费设为 5 元，但不久降为 1 元。早期还欲引入保税货物存入堆栈的做法，但因钦差大臣反对，最终此计划未能实施。

以上都是当时与贸易相关的点滴小事。有意思的是，仅在上海开埠 6 周内，即自 11 月 17 日至 12 月 31 日，共有 7 艘商船入港。船只的平均载重量 281 吨，平均船员 25 人。其中最大的是 423 吨的"伊利萨·司图亚特号"（Eliza Stewart），最小的是 171 吨的"马济伯号"（Mazeppa）。这些船只装载的进口货物总价 433 729 元，出口货物总价 146 072 元，共支付进口税款 16 564.80 两白银，出口税款 7 537.19 两白银。船舶吨位税为每吨半两白银，总共缴纳吨位税白银 985 两，与广州课税的"压榨"状况形成鲜明对比。

在上海再建始于广州人和福建人的垄断贸易制度并无多少挫折和困难，但

278

这种垄断贸易方式此前曾在南方不断造成矛盾。只有同意遵守垄断者强制宣布的规定，这些商人方能取得特殊经营执照，因此其他自主商人的经营便受干涉。巴富尔上尉以其勇气成功解决了这种并非出自道台，而更多来自其下属的威胁。起初由于这些本质问题的摩擦要求双方颁布一些简要的规则，后来便形成了《土地章程》(Land Regulations)，这是首次将大部分当地惯例汇成习惯法，自此具有十分重要的地位。

租界辟设后不足两周，就发生了悲惨的意外事件。有英国人上岸打猎，不幸误伤两个本地男孩，事后肇事者偷偷溜回了船上。对此中英双方都表示十分遗憾，特别是其中一个孩子伤至双目失明。巴富尔上尉接手处理此事，数量极少的侨民社区慷慨捐款，共筹得 200 元交予道台，购买一处田产以资助受伤较重的孩子。当时这一款项可在郊区购买 8 至 10 亩耕田。这次意外事件的解决虽未引发严重冲突，却在相当一段时间里消耗了英国领事馆不少经费，并成为产生摩擦的源头。此事之后也订立了最初的狩猎规则，大意是猎手行猎须由本地捕快陪同，此人会"非常有助益"！为了这桩因"粗心大意"而导致的意外还张贴了措辞激烈的告示，告示末尾警告若再有任何此类事情发生，领事将采取措施，"有效防止此类人再度危害公共安全"。

当时的土地极便宜，但只能"租用"不得直接购买。法律就是如此规定，禁止土地让渡，法律拟制时也回避这种情况。因此，外侨是直接从中国臣民处获得土地使用权，而用巴富尔上尉的话来说，"经过我的安排，中国业主只是名义上向中国政府缴纳土地税"。实际分拨给外侨商贾的土地从 6 亩至 25 亩不等，只有经英国领事之手，或经其同意，方可购置。当时这位英国领事确实是上海滩唯一的外交掌权人，因此他肩上担负的大量公务责任，十分微妙却又异常重要。

自然，按这种规定的方式获取土地很快就完全被视为购买，因为正如巴富尔上尉所言，"只要按照章程每年支付固定数额的租金，这就是永租。英国公民可随时放弃租约，将土地归还业主。然而中国业主不得随意收回或取消土地租约，也不得以任何方式干涉土地上房屋建造等一切安排。唯有中国当局有权干涉此事，但须通过领事方能行事。获得土地之前，土地上的全部房屋须按当地价格买下。"

在巴富尔上尉的报告中清楚地显示，上海的土地税——这是我们现在的说法，当初称为"租金"，是如何评估为每亩 1 500 文这个高价的。协议的形式十分有利于中国业主，无疑我们也可以将中国官员添入受益的行列，因为实际由他们收取税费。这位领事表示，"协议是为了确定较高的年租数额，并且立即支付一笔相当于一年租金的费用。这笔费用称为'押租'"。

> 为避免将来因高租金引起误解，保证有效租用土地，我同道台议定，外侨占用的所有土地应交付统一的租金，因中国政府的土地税约为每亩 1 300 文钱粮，故我以每亩 1 500 文（1 200 文相当于 1 元）取得了 7 260 平方英尺土地。

> 根据中国业主提出的年租金额，租金减少，押租增加为租金减少数额的十倍，这个价格相当于十年租金。根据《土地章程》第九条规定，外侨中止租约时，可收回押租。

领事对所有租金或土地税负责，并授权海关官员收取税款。1846 年巴富尔上尉离任时对自己的辛劳成果并不十分满意，然而他认为"对中方当局及民众进行严格监督"可维护事务正常运转。而"测量土地，绘制平面图，规划道路，确定地块边界等事宜"由副领事罗伯逊（Brooke Robertson）负责。在讨论《土地章程》过程中，由麦华陀任翻译，成功消除了不少猜忌，解决了一些难题。

280

通过阅读大量关于如何取得英国领事馆现址的卷宗，我们可以对土地制度的程序有所了解。之前我们已提及原先这块土地并不在英国"地块"范围之内，而且英国政府的政策是租用领馆，并不购买或建造。然而，过往的经历很快表明，住在县城中可能方便了领事与道台密切接触，却同样造成领事与租界里的商人联络不便。于是我们便看到巴富尔上尉欲找寻一方适合建立领事馆的处所。随着航运增多，水手们不服管束，也得有一处不同于县城大牢的地方，另外对于建立这个新领馆还有些其他原因，这些原因十分明显就不用提了。

1846 年 4 月 28 日，在他向阿礼国卸任的 5 个月之前，巴富尔上尉谈到了自己已购买李家厂的打算，他说，这块区域大约占地 100 亩，但潮位高时约一半土地会受淹。他已经准备按时价"租下"此地，土地以及地面上的房屋总价大约 17 000 元，希望获得这处理想的选址，不要出现任何阻碍。然而，当时的英国全权公使德庇时爵士只能告知巴富尔上尉，这样的行为直接违反规定，未获伦敦首肯他不能预付款项，但他会将此事呈报。与此同时，巴富尔上尉已经自掏腰包，支付土地"租金"及其他费用约 4 000 元。之后巴富尔上尉离任回国，委托宝顺洋行（Dent & Co.）的比尔（Beale）做他的律师。阿礼国先生到任后，尽管阿伯丁勋爵（Lord Aberdeen）① 明确反对，此事仍在进行之中。此间事务纷繁复杂。其中一小块土地已由海尔医生购下。另外一部分土地，即北面现在新天安堂（Union Church）所在的位置，为中国政府所有，其余土地分属多个小业主，有些人还需官员"劝服"。阿礼国最终说服了德庇时爵士，使巴麦尊（Palmerston）勋爵 ② 也即后来的巴麦尊首相回心转意。最终与中国政府达成交易，中国政府的土地以及船坞连同 1842 年 6 月 19 日向英舰开炮的炮台，以及 30 多位个人的私人土地，最终尽归英国政府。土地总面积 126.967 亩，土地与房屋总价 17 708 420 文。后来巴夏礼爵士告诉我们，仅地价为每亩 52 171 文，约合 30 两白银。英方支付每亩 1 500 文的常规"租金"，英国政府何时愿意放弃，业主可收回土地，但业主没有同等权利。1849 年 7 月 21 日领事办公处迁往新址。

正是经由当时人们的艰辛努力，才获得了这块宝地。当时此地东临开阔的黄浦江，公家花园（Public Garden）还未修建，西边现在的博物院路（Museum Road）那时还是"干枯水道"，北临苏州河，南面与怡和洋行隔着"一条大路"。在这里我们要插一句，不然人们会以为英国政府对于在中国建领事馆的态度十分吝啬。阿礼国先生在他的一封急件中写道，他当时正装修一幢"漂亮宽敞的大楼"。要知道这栋崭新的上海领事馆建筑，已经是他 8 年里要求装修的第

<hr>

① 阿伯丁勋爵（Aberdeen, George Hamilton Gordon），1784—1860 年，英国托利党人，著名诗人拜伦的堂兄，1841 年取代巴麦尊担任外交大臣。1852—1855 年担任英国首相。——译者注

② 巴麦尊（Henry John Temple Palmerston），1784—1865 年，曾任英国首相。——译者注

5 栋领馆了！来上海接任之前，他也曾在其他地方任职。还有一次是领事在办公室里安装布屏风扇的要求遭到拒绝，然而仅茶叶税收一项，英国政府每年就可收入约 300 万英镑！可以充分解释此事的理由是，可能是英国政府正在努力清偿因拿破仑战争以及其他战事导致的巨额债务。1845 年英国每年财政收入仅 5 300 万英镑，只比 1918 年一周的战争支出稍多一点！

为了表明当时英国领事的地位如何微妙，我们来回顾一些早期遇到的困境。开埠三周之后，第一艘美国船只来到上海。这艘船为一家英国公司运货。然而那时还没有美国领事，即便有他也不会愿意对一位美国船长施加压力。在当时的情况下，道台要求巴富尔上尉指示这位船长管束他的水手。这显然已经超出了任何一个英国官员的职责范围。然而，当时还有一条合法渠道可行，那是一种间接的方式，通过受托公司的契约进行管理。在这个特定的事例中，难题根本没有出现，因为这位美国船长十分愿意遵守当地的规定。然而在此后数年，有些我行我素的人多少引发了一些矛盾，这些人他国领事不能管，而中方当局不愿管。在这样的情况下，英国领事为了公众的利益，承担起了章程所能允许的一切责任。

截至 1843 年 12 月 31 日，登记在册的驻沪英国侨民已有 25 人。除了我们早已提及的麦都思和雒魏林博士，最早的商人名录中还有义记洋行（Holliday, Wise & Co.）的怀逸思（John Wise）、仁记洋行（Gibb, Livingstone & Co.）的吉布（John D. Gibb）、J. 麦克里尔 · 史密斯（J. Mackrill Smith），宝顺洋行的比尔和怡和洋行（Jardine's）的达拉斯（A. G. Dallas）。

在早期的租地人名录的前十位中有：

第 1 号租地，怡和洋行；

第 3 号租地，仁记洋行；

第 4 号租地，义记洋行；

第 5 号租地，森和洋行（Wolcott, Bates & Co.）〔吴利国先生（Wolcott）① 是

①　吴利国（Henry G. Wolcott），生卒年不详，美国人，1844 年被美国驻广州领事福士派至宁波任美国驻该地副领事。1845 年来到上海，为第一个在上海租地的美国人。后成为旗昌洋行合伙人。1846 年 7 月任美国驻上海代理领事。——译者注

282

首任美国驻沪领事〕；

第8、第9号租地，宝顺洋行。

巴富尔上尉认为土地所有权在外侨之间转让应在领事馆登记，收取中方地契只是作为中方所有人交出对土地的权利，并将其赋予外国侨民的证明。然而后来阿礼国设计了一种契约作为土地转让的证明。

外滩的地块与江水之间有一片浅滩，按照常规这里划归离它最近的土地所有人，然而由于自古以来，这里便有"纤夫"拉着庞大笨重的帆船输送漕粮，所以附近的业主不得使用这块土地。根据《土地章程》第二条，外滩由中方当局保留原用途，经广州海关测量确定其宽度为两丈五尺，约等于30英尺。由于沿江地块已被占用，从每块土地的外墙量出距离打下桩柱，中间分隔的空间由各家业主占满，由此奠定了外滩西洋的风格。然而不久之后，雨天已经不用穿着高筒靴就能在外滩行走了，因为1846年12月道路码头委员会（Committee of Roads and Jetties）成立了。

第33章

早期立法成果

只有对租界成立最初十几年时间里地方法规形成的成果有一番记录，才能最好地阐明当时上海所处的特殊状况。这些法规将使丰富多彩的侨民社区更为平安和谐地生存、发展和壮大。最初在此地掌权的只有两个人：道台与英国领事。从他们二人的所作所为来看，他们的理想是在融合西方法律与东方习俗的基础上，按照条约的指引和专家的建议，建立起一个仁慈的专制统治。宫慕久道台作为中方官员自然习惯于中国的温和的民主专制统治，而巴富尔上尉曾是驻印军官，思想上自然与他同样出身的许多同事不谋而合。实际上这两人之间极少产生摩擦。在各自的行事规则和新条约条款的规定范围内，他们毫无约束，完全可以自行其是。我们早已看到道台按照当地的常规做法，自行安排了海关事务，确定港区范围，圈定洋船停泊区域，以及划定租界最初的边界。

历时两年逐条议定的法规条款于1845年汇集颁布，被称为《土地章程》。这是道台与巴富尔上尉，或者说是与麦华陀不断密切商讨的成果。实际上，这是涉及土地、所有权及租金等问题双方来往函件的提炼与汇总。这些条款都经过两江总督首肯，由道台以中文颁布。因此，条款的形式及其思想模式都很中国化，外侨首次读到的稿本由麦华陀翻译。以今日的眼光来看，这些条款都显得十分粗陋且不专业，其施用时间之短也不会令读过它们的人感到惊诧。该章程仅有二十三款，直至1847年出于特殊原因增补了第二十四款。

现在让我们来粗略浏览一遍条款内容，以便对上海立法工作这些最初的简单尝试作出公正的判断。

章程第一款载明外侨租赁土地须报明中英当局。第二款保证外滩依然通行，外滩码头可装卸货物。第三款标明了四条由东向西的大路，分别是如今的北京路、南京路、九江路和福州路①。道路"标准"宽度为两丈，即23英尺6英寸。其他则是南北向的道路。第五款保留了华人在外侨承租的土地上祭扫墓地的权利。第六、七、八、九款规定如何划分地块边界，制定了购买土地、支付年"租"（或称土地税）以及不准转租盈利等条文。第十款界定了外侨租地后合法与非法的用途。后续两款涉及承租人可随意兴建墓地以及进行某些市政建设。由于外滩"新"海关南边地价远高于偏北边的地价，故第十三款建议"由四至五名诚实正直的中英商人"组成委员会，为位于"新"海关南北的房屋和土地估价。第十四款内容很快引起了不小的纷争。此款载明不论哪国之人，若有在界址内租地建房，"须先向英国领事申请，问明能否议让，以免歧异"。作为实际的操作程序，该条款规定仅仅出于管理的目的，因为从未有哪位体面人物，有机会购置土地却被拒之门外。这里并没有将租界变为英方独占的愿望，尽管有部分商人确实希望租界中能有这样一方保留地。这款规章的目的是希望所有进入此地的人普遍都能遵守《土地章程》中的条款，而入住的大门是通行无阻的。

第十五款限定了"每家"租地不得超过10亩，但该条规章在实际履行中时有违犯。我们发现租地的面积都在6亩以上，更有一次划出的土地足有25亩之多。不管怎样，可以预见随着时间的推移，区域扩张势在必行。第十六、十七、十八款涉及兴建市场、雇用船夫和苦力、开设店铺的执照，以及危险或易燃物品的处置。第十九款要求每年向领事报明所有土地数目及用途。第二十款涉及道路与码头维修事宜，可预先选出"正直商人三名"组成委员会管理此事。第二十一款写明居于界址内的所有非英籍居民，"应与英人一样"遵守各项规章。第二十二款规定以上规章的解释，如需更正及增补，须经"双方会同商定"。

章程的最后条款有必要毫无删节的全文引用。第二十三款原文如下：

嗣后英国领事若有发现违犯上述章程，或商民告知，或地方官员知

---

① "福州路"，或许应为汉口路。——原作者尾注

照，应即查明其如何违犯章程以及应否罚办。领事将视同违犯合约章程，一律审办。

尽管章程中并无直接要求管理和惩治非英籍居民的条款，但仅仅要求他们声明遵守以上土地章程后方可入住这个事实，已足以让其中一些人提出质疑，并如我们后来所见的那样对章程持保留态度。这样的章程或许适用于香港，然而上海的英租界并非英国殖民地。而且当有人向巴麦尊爵士提出，大英帝国是否将此地的法国人视若英国公民一样给予保护，他十分明确地回答：不，他们应当向本国政府寻求保护。

而美国人首先对章程中某些条款在当时情况下的适用性提出异议。当地的行事方式只有得到民众长期普遍地接受，方能获得法律效力。这个章程却在最初订立时便遭遇挑战，而且整个过程前后长达 10 年之久，成为令老上海外侨极感兴趣的焦点。

1843 年 11 月，巴富尔上尉初到上海时，此地根本没有一个美国商人，更遑论领事。直至 1844 年 8 月 26 日，美国首任驻华全权公使顾盛（Cushing）[①]任命了广州麦克威克洋行（MacVicar & Co., Canton）的亨利·费信登（Henry Fessenden）为首任美国驻沪领事。然而这位先生"并未到任"，直到 1846 年租界里才有了首位美国籍的官员，这就是吴利国先生。大约在 1844 年底，吴利国到上海之前已是一名商人，来到上海租界后也如众人一般，同意遵守章程的条款，但却坚持认为自己有权反对其他国家干涉美国权利的行为。吴利国在新住处安顿下来后，立刻向当时的美国全权公使璧珥（James Biddle）海军准将[②]提出申请，请求他任命自己为美国领事。他的信写得十分直白，说他是租界里唯

---

① 顾盛（Caleb Cushing），1800—1879 年，1843 年作为美国首任驻华专使，签订《中美望厦条约》。——译者注

② 璧珥（James Biddle），1783—1848 年，美国海军将领。1800 年以见习军官身份入美国海军，参加过 1812 年第二次美英战争。并在墨西哥湾、南大西洋和地中海等地服役。1845 年底以专使身份率美国海军"哥伦布号"（USS Columbus）和"樊尚号"（USS Vincennes）来中国就《望厦条约》换文。换文后又率舰前往日本，企图与日本德川幕府签订类似《望厦条约》的条约，遭拒后返航。——译者注

一的美国人，他承认自己已"很受当局关照"，而他希望得到领事的职位，既是
"为了自己处理商贸的便宜，也是为了维护美国的利益"。很快，他便获准任代
理领事。1846 年 6 月，巴富尔上尉给美国全权公使写了一封长信，其中一部分
是解说当时的情况，另一部分却是向这位公使抗议。英国领事在书信中以礼貌
的措辞表达了多个要点。他将吴利国与上海租界相关事宜之原委，完整叙述了
一番，包括他在英国领事的协助下获得了现有的土地，进入租界应"与任何英
国商人一样遵守同样的规章"，他有权在会议中投票表决，也拥有《土地章程》
所赋予的其他所有特权，而道台以及英国领事都认为他应当遵守章程的条款规
定。他不能同时享受利益却逃避责任。

起先出现的难题源于获取一块土地的复杂过程，但最激烈的争端焦点却在
于吴利国是否有权在租界内升起本国国旗。公司的旗帜当然允许悬挂，但道台
和英国领事都反对悬挂任何国家的国旗。虽然当时对此并无规定，但还是要求
吴利国等待英国和美国全权公使抵埠，将此事提交他们处理。吴利国对此建议
置若罔闻，任由他的国旗继续飘扬。而在相当一段时间里，美国国旗实际上是
第一面，也是唯一在租界内升起的国旗，因为英国国旗只在县城的领事馆上空
飘扬。

实质上，这是个很简单的问题，各国不同的做法或许可以很容易地解释
这个现象。除了历史上的某些特定时期，英国人从不是喜好悬挂国旗的民族。
1899 年时，一千个英国人里也没有一个能正确描述英国国旗的图案，十万个人
里也很难选出一个，能说出国旗的演变历史，或描述出如何在不同场合使用国
旗。英布战争（第二次布尔战争）推广了英国人在这方面的认知，至此之后，
人们开始意识到，每个英国人都有权利挂起一面国旗，只要他想这么做，尽管
到现在都很少有人能一眼就分辨出国旗是正着挂的，还是挂倒了。美国却截然
不同。我们发现出于充分的理由，他们对国旗有着强烈的狂热情感①。国旗不仅
在每个村庄的学校和其他自愿悬挂国旗的机构上空飘扬，更是随时随处可见。

---

① "对国旗有着强烈的狂热情感"，且不论升国旗是否属于个人自由——这是已经被质疑，
对国旗的尊重至少能防止它被滥用。在国家或官方建筑上看到国旗是正当的，在学校的教育
中看到其实物也是值得称赞的，但它不应当成为水手喝上一杯的地方的标志。——原作者
尾注

因此，对于一个美国人，特别是一个美国官员，不准他悬挂星条旗，就像不准 287
他呼吸一样。在中国沿海的璧珥准将和华盛顿的布坎南（Buchanan）[①] 都认为
悬挂美国国旗不会损害英国的任何合法权益，而上海以外的英国官员也持同样
观点。

1846 年 10 月 7 日，巴富尔上尉卸任领事，由阿礼国接任。不难想象，新
到任者会以更开阔的眼光看待整个问题。他没有独自处理这个领土问题，很可
能对如何以恰当的方式来打破僵局还心存疑虑。他详细记录了一次与吴利国的
谈话，后者在巴富尔上尉离任后不久也离开了上海。巴富尔上尉当时认为美国
领事馆不应设于"英国地盘"，而且据说吴利国也同意这个观点，并打算迁往虹
口。对于之前所描述的困局，巴富尔上尉坚决反对任何人违反《土地章程》，并
称之为一种领土权，且进一步认为已分配给英国船只的洋船停泊区，是由英国
人掌管的。离港前夕，吴利国承认根据章程的规定，中英双方有权按照《土地
章程》第二十二款，进一步增补条款。在离开上海的前一天晚上，他降下了国
旗，而且在相当长一段时间里这面国旗没有再升起。

璧珥准将认为治外法权使得在华美国人不必遵守中方的一切法规，只需遵
守本国法规即可。然而，问题是美国人或者其他国家公民若自愿接受《上海土
地章程》，是否就意味着将自己置于英国的规章之下。中国放弃了管理，却把权
力全给了英国人。当时还曾让美国人自选其租界位置，事实上，那时还有把后
来成为法租界的那块土地划给他们的提议。在当时情况下，阿礼国认为他对洋
船停泊区及岸上的美国人都有管理的权力。可以肯定的是，当时美国法律并未
向领事授予权力，以限制约束自己的同胞，所以吴利国没有这个权力。因此，
英方的选择是，要么由他们来管理，要么便是形成不负责任的多语种混杂社区
的无政府状态。这时曾有明确报告称，之前提到的打伤两名中国男童[②] 一事，

---

① 布坎南（James Buchanan），1791 年 4 月 23 日—1868 年 6 月 1 日，民主党人，美国第
15 任总统，当时任国务卿。布坎南平民出身，当过律师，后在州议会和美国众议院工作。
1831 年任驻俄公使，1834 年当选参议员，1845 年任国务卿，1853 年任英国公使，1857 年至
1861 年出任总统。——译者注

② "打伤两名中国男童"，见第 278 页。——原作者尾注

是由一位美国船只上的猎手粗心所为。而对于此事，阿礼国再精确的陈述都会让人疑窦丛生。世事往往如此。香港官员曾这样写道，"英方政府官员是否能对外国公民行使刑事审判权，这很让人怀疑"。在这种情况下，"悬挂国旗这一行为就显得不那么重要了"。

1847 年，根据章程第二十二款，道台颁布了一项新条款——第二十四款。他的信中有这样一段话："在特许英商租地范围内，除悬挂英国国旗外，任何国人不得悬挂他国国旗。"当时认为这样便可解决争端，而此事确实平息了一段时间。1852 年，吴利国因癌症在纽约去世，不久后他的公司也倒闭了。

1848 年，另一位美国商人祁理蕴（John Alsop Griswold）接任领事一职。对他而言，争端中如何获得土地的方式是首先要考虑的问题。只要现存规章与他作为美国公民的权利和义务并无冲突，他也同意遵守这些条款，而且那时华盛顿方面认为他们悬挂星条旗的权利已无可辩驳。1849 年 12 月，祁理蕴决心迫使道台同意直接商洽土地问题，而毋须经英国领事同意，但这样做违反了章程第十四款的规定。在这件事情上他至少取得了部分胜利，英国领事保留了名义上的投票权。而直到 1852 年 3 月，此事方最终解决。1851 年回国的祁理蕴任命了美国旗昌洋行（Russell & Co.）的金能亨（E. Cunningham）为代理副领事，掌管领馆事宜。1852 年，与祁理蕴一样，金能亨经过与道台一番角力之后，在《北华捷报》上刊登了一则公告，大意是通过美国领事购买土地同样有效，"他国政府不得以任何形式进行干涉"。由于原先订立的《土地章程》依然有效，阿礼国不得不对美国同事所行使的权力表示抗议。但当时知晓内情的人都明白，这些不过是"掩人耳目"罢了。阿礼国与金能亨都很清楚，第一份《土地章程》寿终正寝之日已不远矣，他们在往来的私人函件中是十分友好的。阿礼国在给金能亨的信中写道："我绝不主张任何一个国家应该拥有大片地区的专属权，甚至否决他人享用闲置土地的权利。在我看来最重要的是，这里应该由中国政府颁布一些规章条款，根据这些条款所有外侨可以平等地寻求共同安全，维护良好秩序与和平。对于这一点，我想你是会认同的。"

英美全权公使经过多次协商，对此也达成了类似的共识。巴麦尊爵士在任外交大臣期间曾表示希望能搁置这个问题，而继任的约翰·罗素（John Russell）

爵士希望有了《土地章程》之类的规章能避免"麻烦的商讨"。因此，金能亨将事态逼入绝境的做法，对英国政府来说并非不能接受。他所采取的手段可以看作是一位美国官员采用巴麦尊式方法的一个例证。1852 年 3 月，他向吴道台 ①（此人我们将在后面几章多次提及）呈送了三份地契，要求他钤印发还。道台答复，"所述区域土地事宜，须经英国领事许可，并由其办理"。金能亨对此答复，美国高层政府官员认为这一说法"完全非法且与条约不符"，他"准备采取极端措施"。24 小时内，地契务必钤印发还。

最后通牒未达目的，金能亨又向道台致信如下：

> 本领事正式通知贵道台，今后不复与贵道台往来：本领事认为中美间在此地之依约行为，已经停止。在贵道承认所争议之权利以前，敝国船只不复缴纳任何出入口税。本领事当即请敝国驻广州之专员即派战舰来此。未到以前，敝国侨民当组织军力以自卫，盖认中国政府已无可望其保护也。

这份最后通牒只给出 48 小时时限。然而 24 小时已足够，次日金能亨给道台的信中有这样的字句："我已收到昨日书信，以及三份您已用印的地契。"正是基于这次成功，才在《北华捷报》上刊载了声明。这位代理副领事向当时的美国驻华代办（American Charge d'Affaires）伯驾（Peter Parker）医生报告了此次胜利。伯驾医生回复道，此次举措可称"'极端'，因为这无异于一次敌对宣言，通常只有一个国家的最高掌权者方能行使这种特权"。然而，正如我们之后所见，金能亨不过是仿效了英国同行的做法而已。

因此，废止旧的《土地章程》订立新章程，已成当务之急；讨论与起草章程条款，刻不容缓。两年之后，新章程付诸实施。

与此同时，让我们来浏览一番租界其他早期立法的成果。有意思的是，在上海召开的首次西人公众会议与现存历史记录中最早的公众会议，在性质上、

290

---

① 此处道台指吴健彰。——译者注

内容上竟是如此相似。人类首次公众会议记载于《圣经·创世纪》第 23 章，描述了发生在亚伯拉罕、赫人以及其他一些人，"甚至是在城门出入的人"之间的一场会议。亚伯拉罕的妻子去世了，他祈求："请把麦比拉（Machpelah）的山洞给我……我好埋葬我的死人，让她不在我眼前。"上海首次公众会议于 1844 年 4 月 12 日在县城里的英国领事馆召开，会议的目的同样是购买一块墓地。据说共有 11 人出席会议，其中一些人的名字至今依然熠熠生辉。会议由领事巴富尔主持，与会者有麦都思父子、英国伦敦会的雒魏林博士、麦克里尔·史密斯（他的女儿如今依然是租界中的风流人物）、商船队的威妥玛（Wade）上尉、仁记洋行的吉布和义记洋行的怀逸思。

公墓的地址选在"海关大楼背后水道的西边"，10.5 亩土地，建筑篱笆及其他所有费用共 712.62 元。也许选择这个地点建造公墓，是能说明早期外侨办事目光短浅的最佳例证。未满一年半，他们就发现这块墓地处于"租界的中心位置"，于是就把"这块 10.5 亩篱笆歪斜的土地"换了一块 14 亩的土地。这块地"围墙高筑，大门、停尸所、小教堂都齐备，原先广隆洋行（Messrs. Lindsay & Co.）大约花了 2 500 元买下"。这就是现存的①山东路公墓。第一处公墓由英国政府资助部分资金，其余由外侨认购股份。第二处公墓资金由外侨自愿捐助。

租界成立三年后，人们才发现需要对道路、码头和桥梁进行公共维护。根据《土地章程》第二、第三条款，外滩路面铺设和四条东西向主要道路的规划都由毗邻的土地所有人负责。如同在其他事务中的表现一样，这些人对此事也各执己见。因此，1846 年 12 月 22 日在礼查饭店召开了一次公众会议。会议由麦肯齐（K. R. Mackenzie）主持，以下是会议决议的要点：会议决定由土地承租人负责建筑的道路必须于合理的时间段内完成；征收税费用于各种因尚未填没的溪流和"干枯的河道"而需要建造的码头、桥梁以及维修道路；税费则按照租地亩数，每亩按一定比例缴付；授权三人组成委员会，负责执行会议的决议；并决定每年一月召开租地人大会，聆听委员会报告，选举新委员及处理有关地产的其他事务。

---

① "现存的"，但现在已停用。——原作者尾注

三年后，即 1849 年，以上决议经各种方式强化或修改。当时由阿礼国担任主席，而新任美国领事祁理蕴提出了不少建议后来形成决议，体现了英美双方共同管理租界的特点。这些决议授权道路码头委员会为"英租界"内所有土地估价，税费不超过每亩 5 元。他们决定租地人若不铺设自己应修筑的道路，委员会有权代为铺设，并向有关责任方收取费用，如有必要可向英国领事法庭提起诉讼。道路一旦建成，将用公共款项进行养护。他们还提出委员会以 10% 的利率筹募 6 000—7 000 元，用来支付建造 5 座 12 英尺宽的石码头所需费用，装卸货物征收的捐费用于支付利息，另外每亩地征收 1 元钱建立偿债基金。总体而言，以上建议都付诸实施。当时还存在一个疑问，早已建有私人码头的业主是否需要支付公共码头的开支，香港律政司（Attorney-General）认为答案是肯定的。当时有 6 座以所属公司中文名字命名的私人码头，其中只有怡和码头（Ewo）至今依然为人熟知。至 1850 年，除了这些码头以外，已建成 4 座公共码头，并计划建第 5 座。

早期记录表明广州时期的走私习惯对华洋双方都产生了一定影响。有关这个问题我们将在后文中详述。这里有所提及只是为了解释领事与租界社会中某些人产生摩擦的部分原因。巴富尔上尉，作为一名军人和一个正人君子，不太愿意对条约签订之前形成的财务"便利"睁一眼闭一眼。他十分认真地对待自己的职责，有时甚至不辞辛劳地维护中方的税收。由于当地政府不想惹麻烦，非英籍商人便无人管理，他们在这方面更是我行我素。有一回，一个英国公民与一个中国人共同勾结偷运鸦片，此事提交领事处理。这个英国人毫不犹豫地承认自己的行为不当，却仍然"昧着良心"，厚着脸皮装作自己没错。此事牵涉到一个广东人，还有各级官员。巴富尔上尉十分恼怒，费尽苦心彻查此事，结果却从他的被控同胞那里收到一封满纸污言秽语的来信，信的末尾这样写道："……我向您保证在 24 小时之内，除了我自己，没有人会知晓此信内容。而您除了是一位领事，还是一个战士，不必多言，今晚我将约好一位朋友在家等候您。"此事发生在 1845 年。有意思的是英国领土上最后一场决斗发生于两位法国人之间，决斗以其中一人身亡告终，时间是 1852 年 10 月 19 日。这场发生于上海的挑衅结果是，犯事者被勒令遵守治安法令，他本人及两位担保

292

人（其中一人是雒魏林博士），被罚款1万元。不久之后，又发生了第二桩性质类似的事件，裕记洋行（Dirom，Gray & Co.）一位怒气冲天的职员欲与海尔医生决斗，原因是海尔医生根据上级的指令，退回了他言语粗鲁的信件。巴富尔上尉命令将此人收押入监，如果可能不许其以罚款代替，然而当时的监狱只有清朝官府的大牢！因此最终的惩罚只有罚款100元和一篇四大页纸的冗长训话。

最初，仅有几个当地更夫划归领事馆管辖。但在1848年1月，阿礼国领事对其进行重组，增至更夫20人，设更长2人，从此位于李家厂的新领事馆区域便有人日夜巡逻。在往昔岁月中，更夫巡夜时敲打手中竹梆，"咚咚"之声彻夜长鸣，租界之内远近皆闻。

领事与当地政府首次冲突发生于租界刚辟设十个月。此事起于信函中言语无礼，此类状况以前在广州时常发生，但紧接着冒犯进一步升级，中方抓走了领事馆翻译部门的一位中方助手。晚上8点，麦华陀受命登门，要求中方于一个小时内放人，否则英国领事将登舰离沪。中方立即放人，道台宣称此人行为不轨。次日清晨6点，巴富尔上尉亲自拜访道台，对中方扣押人员和信函中言语冒犯再次表示抗议。中方承认确有措辞不当，但表示此事与道台无涉。同时英方要求中方"承认所犯错误"并修改公函。晚上9点信函准时送到，却并无承认犯错之语。午夜，麦华陀先生再次受派向道台传递书信（双方住处距离不远），信中声明将关闭领事馆。凌晨1点，道台以私人信函请求领事"切莫匆忙行事"，此外别无他语。英方再次宣布怡和洋行的快船"维克森号"将驶往舟山，联络高级军官。中午，道台到访。重新准备的公函中收信人一栏依然有差错，这是事实。这次又重复了前次冒犯之语，降低了英方人员的头衔①。此处改正后，事态就此平息。这一切事端的责任由两位低级官员承担。而提拿那位助手只不过是希望他前来解释一些地产方面的事务！为了"永久的和平与友好"，信函都按英方要求改正了。

---

① "降低了英方人员的头衔"，中文竖式书写，为表示对某人或某头衔的尊敬，书写时必须另起一行，并比其他行高出一字、两字或三字。如此，抬头较低或未达到合适的高度便是不敬或侮辱。——原作者尾注

还有一次，知县 ① 对于领事馆雇用的当地人大发雷霆，结果立了一条规矩，受雇于洋人的当地人若要进城，领事馆须派翻译陪同 ②。知县当然不是此地唯一反对洋人的官吏。在苏州、杭州两地还有身居要职的官员，运用自身的权力对商贸一事百般阻挠，直至英方向钦差大臣发出官方抗议，方始罢休。

也有不少人对缔结婚姻的法律忧心忡忡。或许只有维多利亚主教（the Bishop of Victoria）清楚以何种方式才能缔结真正合法的婚姻。他无疑认定正式举行教堂仪式的婚姻为合法。而有些人则认为由领事证婚的民事契约方式才能符合合法条件。奇怪的是，尽管据我们所知，在上海缔结的婚姻从来没有被推翻的事例，但这些早年的争议一直持续到 20 世纪初依然余音不绝。不信奉英国国教的基督徒特别可能面临这个难题。

《南京条约》希望将洋人限制于五大港口，故根据条约规定，"四处游行"是遭禁止的。然而问题很快就出现了，如何界定"四处游行"？外侨在邻近上海的地方散步，觉得遇到的都是温和守礼的农人，便会延长自己的旅程。有时官员们对此有怨言，于是最终双方同意外侨在外活动的合法距离，以不在租界之外过夜为限。然而，这条规定肯定不久便逐步废弃。因为在早期记录中，当地政府从没有根据条约规定，在上海周边地区捉拿过一个人并将之送归领事馆。麦都思有一次曾打扮成本地人在外"游行"很长时间，公使下令，若他因此事被诉，将对他严加责罚。然而当地政府一如既往，并未提出正式指控。会引起麻烦的事都可置于一旁，而方便操作的事慢慢形成惯例，之后这些惯例便逐渐演变成了习惯法的雏形。

294

---

① "知县"，此处的知县为同知，是与人民接触最为密切的司法官。——原作者尾注
② 原文如此。——译者注

第34章

艰难时期

阿礼国以其权威身份的叙述表明，1848年间上海本地的平民百姓与来沪的外侨之间已经达成了和睦融洽的相互谅解，其中是有缘故的。绝大多数英国人是为贸易而来，他们十分乐意以善价购置各种物品，这一点在首次土地交易中可一览无余。《南京条约》赋予外侨获取土地在华居住的权利，但若地主不愿出售也不可强逼。虽然我们发现偶尔也有借助当局出面，进行官方"劝说"的情况，但这并不意味着英方未按条约所示，公平友好地解决这些问题。因此，我们看到在当地人之间交易，空地的价格大约在每亩一万五千文至三万文。当时租界内几乎都是空地，而外侨买下这些土地一般价格在四万至八万文。我们得出的结论是，就当时情况而言，双方谁都未占大便宜。

在贸易中也是如此。随着商业的发展，当地商人财富的迅速增加以及金钱流通的快速增长，工农阶层的生活改善也越来越明显，这便是为何上海百姓总体而言对外侨十分友善的首要原因，当然他们的本性也的确如此。有时候，我们容易错误地认为早期的上海外侨仅是临水而居的寥寥数十人，忘了港口停泊的船上还有船员，他们使外侨人口迅速增至一千多人，在之后几年里人数可超过两千。这些人大部分的日常补给都在本地采买，因此花钱很是豪爽。

再者，人们很快发现，上海人与上个世纪来华外侨唯一熟知的广东人，实际上几乎分属不同的种族。大多数上海外侨很幸运，他们对吴国的历史一无所知，但他们很快便看出吴国后人与作为南越国后人的广东人之间的差异。非但

两者的方言如两种欧洲语言一样迥然不同，其天性也大相径庭。广东人逞勇好
斗，上海人则和平殷勤；南方人是激进派，吴地人是保守派；长久以来，上海
一直安心顺服于当地政府的统治，而广州却随时酝酿着策划阴谋和叛乱。说到
反对洋人的态度，广东人若表现冷淡便算好的了，特别在鸦片战争之后，他们
曾在多种场合对洋人表现出强烈的厌恶；而上海人虽并不主动亲近洋人，但至
少愿意在友善交往的过程中跨出半步。

因此，当我们发现最初与本地人在租界内外发生的各种纠纷，大多是由福
建人或广东人引发，这便是意料之中的事了。有些广东人来到上海，无疑也打
算在这里施行那些原先在广州惯用的做法。这些广东人主要出自商界和官场，
而福建人的社会地位较低，多数来自贩运蔗糖或其他远洋的船只。

当新公园委员会（New Park Committee）试图购买土地，筹建一处比原先
更好的娱乐场所 ① 之时，便给了福建人闹事的机会。最早的娱乐场地就像规划
第一处公墓和最初的洋船停泊区一样，表示出早期的外侨多么缺乏长远的眼光。
它仅占地 81 亩，部分位于现今的河南路与四川路。新公园的西界原计划设立于
周泾浜（Chow-king Canal）②。在蜿蜒的周泾浜以北开掘出延伸至苏州河的河道
之前，周泾浜的南段形成了五十年的护界河（Defence Creek）③。如今在地图上，
弯曲的湖北路 ④ 依然清晰可见，那里曾是跑马的弯道，而其"直道"部分则与
西藏路平行。在获取这个新公园土地的过程中，委员会伤害了福建人的感情，
他们便煽动农民多次聚众闹事，以致谈判持续多年才达成最终协议。也正是这
些骚乱触发了组织万国商团（Volunteer Corps）的最初构想。最终，福建人愿意
将争议的土地出让给委员会，条件是委员会以高昂的价格购买。这便是在此次
抵抗活动中结党营私的明证。

迄今为止，新生的外侨社区所面临的最大危难出现于 1848 年。这年 3 月 8

---

① 此处娱乐场指第二跑马厅，即新公园。——译者注
② 周泾浜（Chow-king Canal），即今西藏南路处。——译者注
③ 即泥城浜，又名新开河。后被填没，成为西藏路，今西藏中路。——译者注
④ "弯曲的湖北路"，北海路的曲线也清晰地显示了跑道南侧的弧形。跑道的北侧曾超越南
京路，现在已被新的道路抹平。——原作者尾注

日，麦都思医生、雒魏林医生和慕维廉（Muirhead）牧师这三位传教士"漫步"乡间，远至青浦①。此前他们也曾去过那里。他们总是"凌晨一两点"出发，以便赶在法律规定的 24 小时时限内返回。这次到了那里，他们发现一群刚被漕船解散的船工，大约 1.3 万人集聚此地。在他们交谈和分发传单的过程中，人群越聚越多。据记载，在人潮推搡间，雒魏林医生的"手杖无意间碰擦到了最前排一人的脸上"。这个意外倒是平息了，但很快另一群手持撑篙、短棍和铁链的船工发起了一场凶残的攻击。记录中形容，三人之中的麦都思医生是位"头发灰白的老者"。其中描绘的细节表明此事未出人命实属奇迹。不过在此命悬一线之际，县衙门的衙役及时赶到，将此三人救出，"并将陷入困境后浑身是血的三人引出了拥挤的街道"。这是衙役还能及时救人于危急的极少事例。知县行事果断有礼，很快备了轿子，派人将三位受害者护送回上海。

距此事发生仅 4 个月前，6 位英国年轻人在周日外出，到广州乡间漫步，被当地人抓获并杀害了。因此，发生于青浦的暴行显然不能姑息。当然，阿礼国并未获得上级关于如何处理此事的直接指示。他的上司远在南方，而当时还没有电报。若去信请示再等候答复，无论航运如何迅速，总要几个星期，到那时漕船可能已经载着肇事者远走他乡了。

10 日，上海道台为了尽力开脱自己，来函宣称传教士远至青浦，违反规章在先。但函中还补充说，他已发出捉拿凶犯的命令。阿礼国将此信退回，并附言若不公正处置将危及双方的友好关系。13 日，道台处尚无消息，于是阿礼国通知道台限 48 小时之内捉拿祸首，此事未获圆满解决，所有英船一律停止缴税，并禁止漕船离埠。其他各国领事官员都一致赞同此举，而英国兵舰"奇尔特号"（Childers）恰于此时到港，给予了必要的支持。

此时，即将发生百姓骚乱的流言甚嚣尘上，而且我们应时刻谨记在这整个危机过程中，阿礼国和他的妻子家人还在县城中居住。对于 48 小时限期，当地政府要求宽限 10 天，结果英方只同意再延长 24 小时。此间纠葛无疑错综复杂。知县没有武装力量，军队将领又不受道台指挥，而 13 000 名被解散的船工集聚

---

① "青浦"，上海以西 25 英里的一个小镇。——原作者尾注

于此，很可能正饥寒交迫，必然群情激愤。而且，当时道台还受到广东帮意见的左右，吴爽官 ① 便是其中之一，他们认为漕船受阻是船工最为乐见之事。18 日，凶犯还未就擒，道台报称漕船准备于一两日内离港，还说"领事先生，本道恳请您无论如何莫要阻其通行"。此函得到的唯一答复是："本领事唯有再次重申，所犯暴行未得惩处，漕船不得离开。"若不得不诉诸武力，实乃道台之过。

此后道台又否认有让漕船离开的意图，暗中却吩咐这些船只迅速三三两两地离开。阿礼国发布公告，警告他们切莫妄动。19 日，阿礼国让"奇尔特号"留驻本埠，派遣"爱司匹格号"（Espiegle）驶往南京，将此事直接送报两江总督。21 日，据称两名主犯被带到上海，但事实上两人都未参与暴行。此时漕船以各种伪装欲偷偷开行，都被一一拦回。事件结果表明派出的"爱司匹格号"才是制胜的王牌。"爱司匹格号"沿途搁浅 3 次，耗费 10 天时间方抵南京，因为 1842 年夏季所录航行日志，至 1848 年春时已毫无用处。随兵舰前往的副领事罗伯逊受到热情款待，但据他所言，此事圆满成功应归功于巴夏礼先生。随即有 10 人被捉拿归案，其中两人无疑是行凶主犯。三位传教士指认此 10 人都曾参与袭击。于是惩处立行，此 10 人于江海北关——外滩的寺庙前被枷号示众 ②，罚款 200 元赔偿损失。漕船随即开释，一切事务重归旧序。封锁共持续了 15 天。此事证明当地官员缺乏的并非权力，而是行事的意愿。事后道台咸龄（Heen Ling）革职，任命"吴爽官"，或按其正式名字吴健彰，代理上海道。青浦知县也遭免职。

一如众人所料，首任全权公使德庇时爵士对于阿礼国大胆行事并不鼓励。在其最后发出的一封公文中，他写道，"以其有限的权力和责任，事前未向英国驻华全权公使请示"，阿礼国便"采取了如报告中所述之举措"，他感到十分遗憾。然而众所周知，领事为坚持和捍卫侨民的权益所作出的努力，肯定应该往最好的方面去诠释。有一人对此坚决反对，此人便是钦差大臣耆英。他直接向

---

① 吴爽官（Woo Samqua），即后来任上海道台的吴健彰，小名"阿爽"，洋人称其为"爽官"。——译者注

② "被枷号示众"，枷（Cangue）是一种固定在脖子上的木制方框，属颈手枷，有多种规格。如果日夜戴着，是一种酷刑，但并不常用。Cangue 一词来自葡萄牙语。——原作者尾注

阿礼国表示"十分惊讶和诧异"。当然他只得到领事礼貌的答复，一个英国领事只有接受全权公使的指示才能行事。在接到青浦教案首份报告前一天，刚刚接替德庇时爵士任全权公使的文翰（Samuel George Bonham），同样对未经请示而擅自采取行动表示遗憾。虽然他派遣了英国兵舰"狂怒号"（Fury）传送公文，并指示若有需要兵舰可多停留几日，但是他严厉禁止发起任何进攻行动。

所有这些都发生在获悉此事圆满解决之前。此后公文的语气彻底转变，含蓄的威胁变为公开的祝贺，对此案如此了结深表满意。阿礼国的大量公文被送往外交部，以便外相了解处理此事的"得力方式"以及罗伯逊在南京行使其职责时的圆滑与机智。巴麦尊爵士当时恰在外交部，此事最终获其认可自然在预料之中。然而，此事的来往信函以全权公使的告诫信而告终。以往任何一位领事都未承担过如此重大的责任，但不论事情看来多么紧急，违背规定程序擅作主张的行为都是不能容许的。

我们已经知道，1852 年美国代理副领事金能亨如何援引英国领事的行事先例，以战争之势虚声恫吓，为其美国同胞争得独立买卖土地的权利。除此之外，直到 1853 年再没有发生什么严重的冲突。此时，发端于 1851 年的太平天国叛乱，其广泛的影响开始在沿海一带显现出来。中国的叛乱运动往往具有一种倾向，它不仅向其他各个地区传播，也会鼓动起一些与运动首倡者目的截然不同的民众。当时三合会（Triad Society）攻占了厦门，但他们却为太平天国所鄙弃①，此便是一例。更不必说此时"长毛"占领汉口（Hankow），攻占南京，闹得江苏人心惶惶。当时有谣言传称，"上海约有 8 万广东人和 6 万福建人，人们认为他们都是叛党的支持者"。美国传教士晏玛太（Matthew Tyson Yates）②博士对此说法深信不疑。但即使在他们初次行动大获胜利之后，我们也未能找到任何证据足以证明，上海一带有如此众多的叛党支持者，不过其数量相当可观是无可辩驳的事实。

---

① "为太平天国所鄙弃"，人们常常忘记，占领县城的叛乱者同太平天国并无关系。太平天国要到若干年后才影响上海历史。——原作者尾注

② 晏玛太（Matthew Tyson Yates），1819—1888 年，美国人，美国南浸信会传教士。1860 年在工部局及美国领事馆作翻译。——译者注

他们的首次起事在 1853 年 9 月 7 日早上，当日正值举行半年一次的祭祀孔夫子大典。凌晨时分，官员以及各色人等都早早起身，准备向这位全国崇敬的人物献祭。所幸有西方人士目睹当时事件发生，并将其记录在册。因为晏玛太博士居于县城城墙附近，当日他也同样早起，以期一睹祭典盛况。但他所目睹的是一幅截然不同、出人意料的景象。城门一开，藏匿于附近的 600 余人一拥而入。知县是当时唯一立即遭杀害的官员，只因此人与叛党有仇。至凌晨 4 点，各处衙门已由叛党掌控，道台虽得活命，也被拘禁。县城之内有大量叛党支持者，他们将成捆的红布投入街道，三合会或称小刀会的人便将此制成头巾，因此当地人称之为"红头"。如此，在极短时间内，20 万人口的上海县城便落入这支队伍手中，他们的人力最初连一条街上分配一个人都有困难。

在县城内这一场景进行过半的同时，外滩的江海北关也上演了类似的情景。十分幸运的是我们有另一位目击者的证言，这也是一位美国人魏德卯（Wetmore）先生。一听说早先出事的消息，他便出来察看究竟，结果看到一群农人和苦力正将可以搬动之物尽数搬走，还心中称奇"这些人怎么这么快就得知城里出事的消息"。人群中杂有"二十多个头缠红巾、面目狰狞的人"，将存于江海北关的枪支劫夺而去。

当日稍晚，魏德卯为交涉一批落入叛党之手的丝绸货物，不得不入县城与叛党一番理论。最终唯有以各国领事将联手报复为威胁，方使他此行未空手而归，因为曾做过糖业掮客的福建人首领李咸池坦白相告："我不怕那个美国领事！"

起事成功的叛党从一开始就分为两派：福建人以李咸池、陈阿林等人为首，其中陈阿林最有胆魄，他曾在仁记洋行斯金纳（Skinner）先生的马厩做过马夫；广东人则以刘丽川为首。刘丽川形容瘦削，吸食鸦片。当时美国公使恰在上海，刘丽川曾致函公使，称起义是为了反抗满人统治，洋人不必畏惧。起事成功不过数小时，起义的两派便扬言要相互殴斗。据说福建人在 20 万两白银中得了多数，连同之前劫夺的其他财宝，准备装船潜逃；而广东人扬言对方若敢如此行事，他们将即刻将船弄沉。如此人口众多的县城竟会屈服于寥寥几个叛党，确实令人诧异。然而，这不过是众多同类事件中的一桩而已，个中缘由一位上海文人说来最一针见血、切中要害，他问道清廷官吏有何作为，"值得富人

300

301

出金银，穷人耗膂力"。

然而，当时外侨认为还应设法营救吴道台。于是租界内的海尔医生和史密斯（Caldecott Smith）两人一同入城，将这位原先经商的官员装扮一番，虽然他们在县城街巷中一时迷途，最终还是来到了城墙上，如同约书亚派出的探子 ① 一般从城中缒下，只是这里多用了一个篮子将吴道台放下。最初他们将道台引至附近晏玛太博士的家中，后又来到了美国全权公使马沙利（Humphrey Marshall）上校所在的旗昌洋行。吴道台也曾向英国领事求援，阿礼国本需派一名武装警卫来实施营救，但同时经商的美国副领事，却以我们所见的方法轻松将其救出。

这位道台很清楚，北京若得知上海县城陷落的消息，等待他的将是怎样的命运。惩处的上谕最终来临，除了其他惩罚之外，还要将他流放北国寒地。但与此同时这位前广州商人竭其所能，在不到一个月时间内，一支清兵在新闸桥以西的苏州河畔建起了大营。而原来南方的经历也给了他颇多助益，在打算尽快歼灭叛党的爱国志士中，还有一伙令人生畏的西海岸海盗！新闸营里"无数锦旗招展，一派生机勃勃景象"。若非租界一直开放一处缺口向城内供应各种必需品，清兵早可将县城一举攻陷。

1854 年初，清兵在满人官员吉尔杭阿（Keih）的率领下，从董家渡（Tunkadoo）沿着县城西面，直到四明公所（Ningpo Joss-house）筑起一道土塘，在四明公所处还有一座坚固的土堡。从那里开始，土堤、营房等一路向北延伸，直到如今跑马厅的位置。除此之外，他们还占据了浦东和县城附近的黄浦江面。然而，虹口地区为叛党提供了很多物资，这些物资违反规定，通过租界向县城内输送。租界内的各国官员都大声疾呼严守中立。但对这个弹性极大的名词如何定义，却各执一词，而且随着清朝官兵在租界的帮助下获得了各种物资，不得同叛党贸易这一点恐怕是不能指望了，尽管他们确实要求租界不可与叛党有商贸往来。"生意照常"是上海的格言，而其所谓中立并非与双方都断绝生意来往，而是两边的银子都要赚。

---

① 约书亚的探子，出典于圣经《旧约·约书亚记》第二章。约书亚派两名探子到耶利哥窥探，探子找到一名妓女的家作为藏身之所。女人冒生命危险藏匿二人逃脱追捕，并于城门关闭后，从位于城墙上的家中将两名探子从窗户缒出城外。——译者注

　　叛党占领县城的 17 个月内，双方战事频繁，有些真枪实弹，有些则虚张声势。晏玛太博士在起初 16 个月里，一直住在邻近城墙的家中，目睹了不下 68 次短兵相接。清兵常聚集在他家屋后，向城墙开火。但最激烈的交火都在其他地区进行，其中一次就发生在黄浦江沿岸。吴道台买下了一艘名为"康普敦爵士号"（Sir Herbert Compton）的船只，一般更多地称其为"康普敦号"，将其装备后用于战事。"康普敦爵士号"率领几艘小型战船逆流而上，向黄浦江畔叛军的土堡发起攻击。这座土堡以西方人的眼光看来已经有些破落，但对于奉命攻打的官兵而言还颇难对付。"康普敦爵士号"上锦旗飘扬，锣声喧天，一路行进，然而协同作战的战船中仅有两艘给予了积极配合。两船奋勇作战，直到其中一艘被击沉。然而，有支部队登陆成功，纵火焚烧了城外整个南市（Nantao）区域。"康普敦爵士号"始终停于不远处，船上炮声隆隆，直到夜幕降临，才在城头叛军尖刻地冷嘲热讽中缓缓退去。此次战事发生在 1853 年 12 月。

　　但在此事之前一个月左右，租界内发生了一桩更为严重的军事冲突。清军获悉，一家英国洋行正要将一批枪械运送给叛党，他们决定若有可能就劫夺这些武器为己所用。为此，他们突袭租界，经过教堂，直到江海北关。吴道台称，正当他们夺取这批枪械时，受到"一伙打扮成洋人的叛党"袭击，被迫撤退。不消说，这伙"叛党"正是英国兵舰"斯巴达号"（Spartan）上的士兵以及协助作战的租界义勇队 ①。最终清兵被赶回大营，计有 3 人阵亡，14 人受伤。

　　在小小的外侨社区中发生这类事件，自然会激起极大的骚动。叛党与清军的部队有时会开进租界西部地界，他们的炮火也时常落入租界地面。雒魏林博士的医院，其位置就是现在的山东路医院 ②，在战事初期，常处于危险之中。然而随着时间的推移，各方达成谅解，医院随时都向双方伤员敞开了大门，就此成了一处避难之所。1854 年 4 月 3 日，在新公园附近，即现在的劳合路（Lloyd Road）③ 上，清兵袭击外侨，第二次重大危机来临。然而，这仅是泥城之战的序曲，此事我们将分章另叙。

303

---

　　①　即万国商团，详见后文。——译者注
　　②　即今仁济医院西院。——译者注
　　③　即今六合路。——译者注

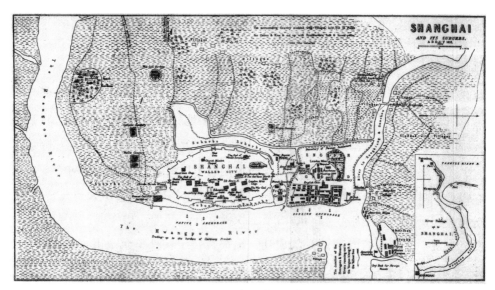

图 8　1853 年上海及其郊区

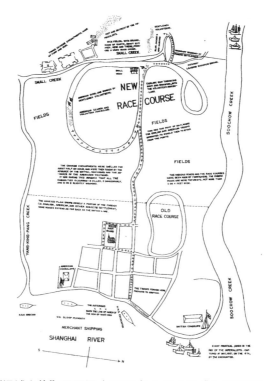

图 9　"泥城之战"平面图（1882 年 4 月 4 日《上海差报》印刷）

第35章

万国商团的诞生与泥城之战

研究军事史的学者都知道，每一场大会战或许都能从久远的过去找到其最初的原因。就那次战场规模有限的泥城之战来说，若充分运用想象力刨根究底，这世界上最年轻与最古老的两个大国——美国与中国兵戎相见的部分远因，或可追溯到中国的唐代或汉代。

然而我们还是要收住探求的欲望，仅将我们回溯的目光落到洪秀全的出生为限。此人声名狼藉，是太平军的创建者与领导人。他的出生可以视为这场本地战斗的远因。洪秀全生于 1812 年，这一年拿破仑初尝败绩，美英两国之间最后的战争刚拉开序幕。洪秀全未满 25 岁时便从广州美北浸礼会（American Baptist Missionary Union）罗孝全牧师（Rev. Issachar J. Roberts）口中得知了一些基督教的教义。① 这些知识后来是否得到进一步扩展，我们尚存疑问。慕维廉牧师曾亲赴南京，与此人有过接触。笔者从他口中得知，洪秀全坚信自己是耶稣基督的兄弟。据说此人领导的起义断送了两千万中国人的性命，从他自述的身份来说，理智的世人便可判断其精神状态。然而，当时大量传教士对于这个将大批中国人聚集起来反抗统治者的号召的神性 ② 十分信服，也并非所有的

---

① 此处作者的描述有错误。洪秀全与罗孝全的相识要在 1846 年，即他 32 岁时。——译者注

② "号召的神性"，这种表述或许过于夸张，许多传教士和其他人相信叛乱领导人的真诚，认为他们的成功将有益于国家。——原作者尾注

领事官员或新闻记者都对这一信仰提出反对的证言。当时《北华捷报》的一位编辑便是坚决反对皇帝，支持叛党的。极少有人像宁波的玛高温（Macgowan）医生 ① 那样具有洞察力，他很快看出太平天国的参加者"拥有的一点虔诚与真理，很大程度上也为狂热与野心所挤占"。1853 年，美国公使马沙利上校论及传教士时曾说："这些人为了传播福音而去，他们的心却支持着叛党的事业。"

1850 年，这位半疯狂的伪基督徒领导人，为官方的攻势所迫，开始了攻城略地的生涯。他一路向北进发 ②，成就惊人，捷报频传。一个个村镇归于他的旗下，一座座城池落入他的掌控。到 1853 年初，他已攻占汉口和武昌，在长江边安营扎寨。同年 3 月 11 日，又打下南京。此战大捷，就连上海外侨都看清了他的运动战能力。照吴道台所言，此时叛军总让清军赶着跑，但人们注意到他们如愿以偿地一路向东而来。一个月内，上海外侨举行了多次会议，自此租界第一次有了自己的正式防御部队。县城里也尝试设置了一些军事设施，沿着城墙和街道设了路障，正对每扇城门的入口处架起一门炮。

在此我们有必要强调，这个 1853 年成立的组织具有某种官方的性质，一方面这与我们之后将要谈到的问题有关，另一方面侨民早在 1851 年就自发组织了一支队伍，彼此宣誓，如有必要将以武力抵抗之前提到的一些福建人的挑衅行为。有一天晚上，在位于现南京路与河南路西北转角的抛球场（Fives Courts）和目前还在的滚球场（Bowling Alley）旁边，发生了一次危机，由此形成了这个小小组织的核心力量。然而福建人的挑衅慢慢变了味，逐渐向更有利可图方面发展，而此后这些上海最早防御力量的情况，我们再也没有耳闻。

1853 年 4 月 8 日，就是离南京失陷一个月还差三天时，上海租界举行了两次会议，一次由英方主持，另一次由美方主持，商讨正式组建防御部队。这里各位需留意，那时逼近的危机，是此类事件中的头一回，却与此后发生的历次严重威胁具有同样的特征，即这种威胁并非来自本乡本土的本地人，而总是来

---

① "宁波的玛高温医生"，读者务必不要把宁波的玛高温医生与另一位同名的仍然健在的英国传教士搞混。宁波的玛高温医生是美国人，是当地的第一个传教士，后在海关服务。——原作者尾注

② "向北进发"，指从广西到扬子江。——原作者尾注

自外人。本地也曾多次发生过摩擦。有人可能会以 1897 年的独轮小车夫闹事和 1918 年的人力车夫闹事为例，但这些事件与首次发生于 1853 年，继发于 60 年代早期，1870 年天津大屠杀 ① 之后又再次出现，并最终导致 1900 年义和团运动的 90 年代各种宗教骚乱相比，其性质完全不可同日而语。对于上述那些纷争，热爱和平的上海人与客居上海的外侨一样清白无辜。

然而，万国商团 ② 诞生之初，似乎并未引发众人极大的热情。战火还远着呢。英国人在首次会议中确立了部队的大致框架，不过还要在三天后再举行一次会议，以取得新任命的协防委员会（Committee of co-operation）的支持。该委员会由威廉·霍格（W. Hogg）、金能亨、斯金纳、甘纳迪（Kennedy）和比尔五人组成，负责侨民与官方、领事、海军的联络，因为当时还未设立工部局。 306 美国方面也任命了委员会。12 日，侨民举行了一次全体大会，英美法三缔约国都有领事与海军军官出席。会议由阿礼国主持，这样整个程序便具有正式的官方性质。侨民即将取得武装中立的权利，尽管他们是生活在中国的土地上。会议同意了目前为止所实施的所有举措。会议发言阐述了行动的必要性，并建议采取一些措施以最大限度确保安全。据说开挖护界河便是其中之一，然而我们之后将会说到，这么做是个失误。

新成立的商团在指挥官的选择上深得其人，被任命的是印度孟加拉第二步枪军团（2nd Bengal Fusiliers）的屈隆荪（Tronson）上尉，此人十分讲求效率，商团很快便进入积极训练的阶段，此情此景也使上海声名远播。商团所需枪械军火由"孟买号"（Bombay）运来，但在当年年底，商团配备了更好的步枪，并将刺刀换成长剑，此乃明智之举。用一个言语风趣者的话来说，这样"切割"起来更顺手。

成立不久的商团在有限的训练中练就的本领，也没什么遗忘的机会。只要叛党还在县城之中，而清军想把他们赶出来，"军事操练"就是商团每日的常规工作——有时他们也在夜间进行。几乎从一开始，租界当局就与清朝当局有摩

---

① 指天津教案。——译者注

② 万国商团，最初名 Shanghai Local Volunteer Corps，即上海本埠义勇队，后改名为 Shanghai Volunteer Corps，一般译为"万国商团"或"上海义勇团"，又被中国人俗称为"洋枪队"。本书为行文一致统称为"万国商团"。——译者注

擦。这倒并非是清军的统帅满人官员吉尔杭阿之过。作为江苏按察使与巡抚①，吉尔杭阿受命担任此地清军的最高统帅。美方翻译、美国驻华代办伯驾医生，当时与中方官员多有接触，足以对他们有所品评，他认为此人可列为中国三大公众人物之一，吉尔杭阿的举止态度也证明对他的评价名副其实。然而吉尔杭阿属下至少有两位排外的官员：吴道台与在广州销烟的林则徐次子②——此人无疑受其父亲的爱国精神影响，反对洋人。许多迹象表明，清军中的普通士兵只要稍稍给予暗示，便可挑起他们的排外情绪，在随军的乌合之众里，这种情况更为明显。举例来说，大家注意到一旦军队需要设立靶子进行枪械演练时，靶子放置的方向总使得子弹正可横穿外侨的娱乐场。外侨每以为安全步行经过此地时，却常遭到军营的随行人员攻击。对于这种种状况的抗议，中方都以军队无法管束实施此种恶行的暴徒作为挡箭牌。

1854年4月3日，这些野蛮的攻击达到了顶峰。清军的大营位于新闸桥过去一些，而从跑马场直到县城南面的董家渡，一路都有清军的营房及其他军事工程。整个租界的西面除了几处村庄外都是开阔地，因此清军可从西北方侵入租界，而叛党也可从县城里攻来。4月3日，清军发起了攻击。先是一伙盗贼被侨民以左轮手枪开火击退。而后麦都思独自骑马经过，受到清军士兵攻击，他快马加鞭得以逃脱。第三件事情是当晚亨利·利夫（Henry Reeve）在自家门前几码处，遭到三四个人向他开火。最严重的袭击发生在祥泰洋行（Birley, Worthington & Co.）的阿瑟·史密斯③（Arthur Smith）身上，该洋行现已更名为"Scott, Harding & Co."④。史密斯与一位女士在新公园附近散步时，受到武装人员的袭击。为使同行的女士得以逃脱，史密斯奋力反击，以致身受多处剑

① 据查，泥城之战后，时任巡抚许乃钊革职，吉尔杭阿才任为巡抚。——译者注

② 林则徐次子为林聪彝。林聪彝，1824—1878年，当时应两江总督怡良之邀，以内阁中书身份在江浙办理团练及赈抚事务。——译者注

③ 据《上海军事志》（《上海军事志》编辑委员会编，上海社会科学院出版社1994年版）记载，是祥泰洋行的乔利夫妇遭到袭击。——译者注

④ 据查，祥泰洋行名为"Rathbone Worthington & Co."，是1843年创办于广州的英国贸易商行，同年上海设分号。1853年1月该洋行原合伙人拆伙，洋行改组为"Birley, Worthington & Co."。1898年，由施高塔与哈丁接办，改名"Scott, Harding & Co."。——译者注

伤，伤势严重，一度生命垂危。当时碰巧还有其他外侨在附近，其中便有已故的魏德卯先生。这些人再加上几名从一处岗亭赶来的海军陆战队员和水兵，在接近宁波路与六合路交会口的一处坟山，暂时牵制了逐渐聚集的清军。租界中增援的人员赶来，其中有奥加拉汉（O'Callaghan）舰长率领的"恩康脱号"（Encounter）上的船员，开利（Kelly）舰长指挥的美国兵舰"普利茅斯号"（Plymouth）上的小分队还带了一门榴弹炮。曾任中尉的英国领事馆官员威妥玛（后称威妥玛爵士）当时也在场。在屈隆苏上尉离开后，他接任了万国商团指挥官一职。当阿礼国也赶到现场时，发现威妥玛正忙于战斗。开利舰长告诉我们，这支英美联合部队将清军赶了回去，接着"我们便攻打营房，攻占后点火烧毁了营房"。这处土木工事就是那些袭击事件的源头。我们从其他渠道得知，这次破坏行动是当时由阿礼国当场提议，他历经数月的漫长等待，知道单纯抗议毫无作用。开利舰长估计所有营房中约有 2 万人，但据说在这附近的清军总数有 3 万。然而外侨估计 4 月 4 日实际参加战斗的人数不超过 1 万。

次日早晨，阿礼国与同事就当前形势商议一番后，给吉尔杭阿发去了最后通牒，要求撤离紧邻跑马场的兵营——跑马场当时位于西藏路以东。若他们未能在下午 4 点前全部迁出，外国部队将实施攻击。3 日晚，他们加倍小心布置了岗哨，然而当夜平安无事。次日清晨天气晴朗，"恩康脱号"首先采取行动。老船澳 ① 附近停泊着数艘原隶属于声名狼藉的阿北（A-pak）船队 ② 的西海岸海盗船，如今被清廷招安，效忠于清军，以期从那些与他们一样贪得无厌、以诈骗劫掠上岸水手为业的人手中夺回县城。奥加拉汉舰长派出武装船只，将这些船暂时扣押。因此这些船只大多未能参与当天的行动，只有几艘船欲逃入苏州河。尽管"恩康脱号"上火炮齐发，还是有一艘船侥幸逃脱。当时魏德卯恰巧立于现在公共花园所在位置的江滩上，目睹了这一行动的全过程。

对于早已群情激奋的民众而言，如此紧张危险的小事件正是最有效的刺激。

308

---

① 老船澳（Old Dock）是 1852 年美国人杜那普（Dewsnap）经营的船坞，位于苏州河口附近的虹口江岸。——译者注

② 阿北（A-pak）是一个广东海盗，宁波官方雇用他的船队作为周围区域的护航队。——译者注

这天随着时间慢慢流逝，人人都得知了最后通牒的事，个个都摩拳擦掌，随时准备全力支持官方的行动。大家都知道，那时上海有大量船只入港，船上的船员形成了当时庞大的流动人口，如此一来此地有时可集聚多至 2 000 人。如我们所见，当需要集合人员展开攻击之时，这些人志愿组织了一支小分队 ① 参与其中。

时间定于下午 3 点，一时间各种队伍齐集于小教堂门前，此处现在是圣三一教堂。当日的主力部队在今日圣公会学校的位置列队。日前笔者找到一封美国兵舰"普利茅斯号"开利舰长所写私人信函的复制件，根据此信我们可以得知参与此次行动的确切人数。此信写于 4 月 12 日，战事发生之后的第 8 天，他写道："下午 3 点，我们登陆，英国人登陆约 200 人，本舰 75 人。商团都是英国人，加入了他们同胞的队伍。而美国侨民带着两门野战炮，尽归我指挥。这样我方队伍增至 100 人，英方人员增至 250 人。"之后，他又补充道："我方才忘了说，我方还有来自美国商船的大约 30 名水手。"如此算来总共大约 380 人。魏德卯也认为美方部队总共 100 人，但他估计英方部队"大约总数 200 人"。奥加拉汉舰长有乐德克中尉（Roderick Dew）为副手，负责指挥英国部队，阿礼国偕行。商团由前中尉威妥玛率领。开利舰长以格斯特中尉（Guest）为副手，指挥美国部队，美国领事马辉（Murphy）偕行。

下午 3 点半，部队全副武装，桴鼓扬旗，沿着花园弄开始进发。花园弄现在已成了南京路或叫大马路。在如今人流最为密集的十字路口——南京路与浙江路拐角处，当年是跑马场的一角，队列在此稍作休息，以便指挥人员了解前方事态。前方传来如经纪人行话一样简洁的两个字——"不变"，与此同时有消息传来，对于最后通牒的答复就是拒不接受。魏德卯说，于是"部队行进时的高昂情绪显著下降"。开利舰长告诉我们，是他建议部队分头行动，由他带领美国部队沿跑马场的弯道向左进发，奥加拉汉舰长带领英国部队尽可能笔直前进。如此一来，美国部队可从正前方袭击清军营房，英国部队则从侧翼进攻。而且，他们已悄悄安排了县城中的叛军也来参与此事。有许多外侨与叛党的头领熟识，已故的雷诺（Reynolds）便是其中之一，有人向他建议战斗至关键时刻，应让县

---

① "一支小分队"，这支志愿者小分队中威妥玛指挥的侨民是"绅士志愿者"，其他的则是"非正规志愿者"。——原作者尾注

城与跑马场之间的开阔地带遍布"红头"。而这一行动的时机拿捏得恰到好处。

魏德卯留下一段文字，记录了他在美国部队中的经历。他们带着两门炮（据《北华捷报》报道有三门炮），在距离营房前方几百码的坟山中占据了有利地形。魏德卯位于最左方，靠近洋泾浜，那里地形开阔，视线极佳。4 点整，开利舰长首先开炮，英国人也从他们的据点以仅有的一门炮开火射击。根据魏德卯的记述，炮声一起，"我看见坟墓与土堆的荒芜地带，有猩红色的斑点闪现，他们在复杂的地形间飞快地来回移动"。这些便是从县城中涌出的叛党。"猩红色的头巾越来越稠密……，他们离我非常近，几乎能轻易地与离我最近的人交谈。"半个小时之后，"显然清军正在全线撤退"。

美国部队接到了冲锋的命令。开利舰长这位"英勇的老指挥官"，显然对于他的部队与敌方营房之间还隔着一条周泾浜完全不知情。周泾浜宽 15—20 英尺，浜中有"4 英尺深的泥水"，几年后也是护界河的一部分。当时对岸是营房六七英尺高的护墙，周泾浜便充作战壕。到此时为止，魏德卯既未见到一个敌人，也没听到敌方一声枪响。然而，魏德卯说，他们刚到河岸边停下，"砰砰的枪声使气氛顿时紧张起来，我转头去看其他人的反应，发现就在我背后，一个穿蓝色夹克的人已蜷作一团"。他的同伴说了句"可怜的家伙没命了"。与此同时，又增加了两名伤兵，其中之一是旗昌洋行的格雷（Gray），双腿都中了一弹。坟山的土丘又成了大家的掩护，从魏德卯所占据的土丘上方，可以望见对面营房的护墙，他只看到一个本地人，再没有其他了。子弹的呼啸声一会儿就停了，对于美国部队这边，战斗实际已经结束。不过，一会儿之后清军还抵抗了一阵英国部队从新闸方向发起的威胁性佯攻。

我们再来看看英国部队的情况。南京路和西藏路路口的南面一点，当时有一丛叫作"林荫道"（Paddy Bird Grove）的小树林。英国部队在那里安好炮，开始轰击。周泾浜在这附近向西北方蜿蜒而去。部队留下大炮和一组后卫人员后，跨过不远处的一座桥，拐个弯向左前进便到了第一座大营的侧翼，他们即刻开始进攻。部队遭遇了一门营前大炮的轰击，"恩康脱号"的登陆部队死 1 人，伤多人，一位商团成员头部遭重创。然而，英国部队蜂拥而上抢攻营房，乐德克中尉一马当先，头一个冲入营房。在之后的推进中，几乎没怎么战斗，火把造

310

成的破坏比滑膛枪和长剑更甚。实际上，英国部队几乎与美方同时发现，敌方正全面撤退。

现在我们来看一看开利舰长于战事结束后不久的记述和魏德卯约于 35 年后写下的回忆，将两者进行一番比较会十分有意思。开利舰长写道："炮台没有反击，于是我停止了炮火，命令冲锋。英国部队也照样行事。我们刚一接近河堤，大约在手枪射程一半距离时，他们冲我们开了火。头一阵火力便打死我方 1 人，伤了 4 人，但我方人员不断射击，他们便逃走了。此时英国部队带着火炮赶来，战斗大获全胜。我方为数不多的队伍击败了他们自称有 2 万人的军队。"

311

我们无法说清到底何时开始魏德卯产生了另一种想法，他在记叙中多次重申："尽管我离清军的工事很近，但我没听到一声枪响，也没见到一点他们开火扬起的硝烟。子弹一定是从远处飞来，因为我看到不少弹头击中地面，在我们中间激起一股股烟尘。这些子弹要么是撤退的士兵开了火，要么就是我们实在不走运，受到了英方部队的枪击。他们正从营房的后方包抄，因此正在我们前方。很有可能他们从西面接近时，士兵的伤亡是由我方开火造成的。"然而，请大家注意，就我们所知，英方部分人员的伤亡并不能如此解释。如果当时对造成英美双方士兵伤亡的枪弹都做一番检视的话，那么这个问题可能早就解决了。目前看来，在这一点上我们找到的唯一证据是，晏玛太博士曾清楚地表示，使格雷失去一条腿的子弹出自一把抬枪①。魏德卯认为胜利主要归功于"叛党出人意料地合作"，我们相信这一观点是有根据的，虽然"出人意料"这一点他判断错了。他认为吉尔杭阿看到外侨们真的进攻了，便下令部队撤退。这一点也是有可能的，即使可能性不大。无论如何，目的达到了，对于绝大多数战役来说，也不过如此而已。

清风助火势，营房一经点燃便熊熊地烧了起来。外侨方面的伤亡情况，共计阵亡英美水兵各一名，两名商团成员"玫瑰墨盒号"（Rose Standish）的皮尔森（Pearson）船长和布莱恩（J. E. Brine）身受重伤，后来不治身亡，另外还有 13 人伤势较重。中国方面的伤亡情况，开利舰长在营房里清点出有 30 人阵亡，

---

① 抬枪，gingal 或 jingal，原泛指大口径的火绳枪，19 世纪后专指中国抬枪。抬枪是一种放大的单发步枪，当时在清军各级部队中广泛使用。——译者注

当地人报告营房外还有其他死伤者。英国部队发现了两名中国伤员，并将他们带进营房给予医治。整个战斗过程不足两个小时。在返回途中，外侨部队发现他们又遭到炮火袭击，这次是来自苏州河上的战船。开利舰长写道："第二天早上，我们再次登陆，着手拆毁（营地）炮台，将之夷为平地。"

对于"泥城"（Muddy Flat）这个名字，我们要在这里多说一句。我们有魏德卯的证言，说 4 月 4 日天气晴好，地面干燥，落下的子弹可激起尘土。因此，并没有穿过"泥城"。然而当时有传言，有个水兵在过沟渠或河浜时，确实沾湿了脚，他就建议这场战斗应称为"泥脚之战"（Battle of Muddy Foot）。报刊上的一个印刷错误造成了历史性的改变，我们认为很有可能正因如此，这个错误的名称永远留在了人们的记忆里。

312

现在我们把眼光转向另一个重要问题：此次事件中外当局之间的文书往来。晏玛太博士说，战事发生后的第二天早晨，中方指挥官前来"恳请原谅"。若博士指的是吴道台前来拜访阿礼国，并表示希望不要再起战事，那么他所说的确实不错。因为我们看到阿礼国如此写道："……今早吴道台来我处，且吉尔杭阿表示希望不要再发生敌对行为。"吴道台声称，攻击行为乃由营中的流氓所为，并非正规部队的行为。不过他也承认对此他无法管束。从其他来往函件中，我们得知叛党又于 7 日单独向清军发起攻击，被清军狠狠击退。与此同时，清军主力部队转移到了县城以南，4 日战事的结果超出所有人的预料。作为当时奇特状况的一个例证，我们在此记下这样一件事，清军请求通过外侨知会叛党，请他们在清军建造新营房期间停止攻击行为。外侨如实转告，叛党也履行了这个约定。同样，阿北船队的海盗船也在取得担保后被释放。不过，他们不再受吉尔杭阿的管辖。

4 日的最后通牒中，阿礼国通知吉尔杭阿说，英国海军当局"将暂时扣押清军船队，以防清军士兵再有挑衅行为"。吉尔杭阿的复文含糊其词。他在后来的公文中写道："我……诚挚地希望阁下深思熟虑，恳请您切莫仓促动武。"此函约于下午 2 点半发出，外方将其视为拒绝撤退。对于一个中国官员而言，所谓"深思熟虑"究竟该作何解释，时至今日也无人能弄个明白。有一位法国外交官曾在广州为一次会面直等了大约十五个月，而对于清军的无礼行为，阿礼国也已经"深思熟虑"了半年有余。

　　在阿礼国 4 日晨发给吉尔杭阿简短的官方公文中出现了一处错误，这个错误是否改变了事态的进程，我们不得而知，然而毋庸置疑的是，错误确实存在。该函刊登在 1854 年 4 月 8 日出版的《北华捷报》上。这封匆忙写就的简短公文，要求吉尔杭阿将不断闹事的营房向东南方向迁移两至三里。当然如此一来，清军实际上就进入了租界的地盘。而这在之后行文稍长的公文中表述得很正确，是向西南方向。因此，在战事开始之前，吉尔杭阿明白外侨的真正意图，然而他的官方复文可能是基于他对第一份公文的印象写就，当他说到他"无以言表地震惊"时，这很可能十分忠实地表达了他的真实想法。他写道，"我们相处一直十分友好"。接着他斥责了"那群伪装成士兵的无赖"行为。"切莫仓促动用武力。"他还写道，"……若非得迁移营房，请在我与威妥玛会面后再做定夺"，搅扰了外侨的射击靶子一定移除。

　　我们有其他证据足可证明，这位清军指挥官确有与上海外侨友好相处的愿望，所以我们十分愿意接受他在这封公函中所表达的诚意。还在泥城之战远未发生之前，他就和威妥玛及李泰国（这位李泰国先生就此走上了上海的历史舞台）讨论过上述攻击外侨的问题，正是吉尔杭阿首先提出修筑护界河的建议。他建议"应该修筑一条宽阔的沟渠，费用由我们（中方）负担……这样部队官兵便不能跨入租界，也免得我们双方卷入不愉快的商讨"。他以实际行动表达的善意是最好的证明。威妥玛无疑意识到了这一建议的实际价值，答应此工程应立即着手进行。不知出于什么原因，事情毫无进展，租界西界的北部一段，除了一小段水沟，仍然没有防御性的水界。直到太平军逼近①，才令人们感到此事乃当务之急。

　　然而，上海并非经由泥城之战，便可摆脱一切困境。全权公使和卡灵顿爵士的批准文书都及时到来。但奥加拉汉舰长警告上海外侨必须认真采取措施，确保防御工作井井有条，否则就打包回家。因为在法律上，海军并不负责地方安全，而且除了租界两侧盘踞着交战的双方，上海周边还游荡着许多铤而走险的匪盗，常常伺机而动，滋生事端。

　　随着时间的推移，有一点已十分清楚，唯有切断叛党从租界获得的供给，

_____

① "太平军逼近"，太平军逼近发生在 1860 年。——原作者尾注

才有可能迅速夺回县城。而当时采取模棱两可中立态度的租界正焦急地观望着，以寻求双方的矛盾空隙，在这样的情况下如何能做到这一点，引发了众人多次讨论。上海所遭遇的并不得不克服的独特困境，或许这次的情况是最为突出的例证。我们曾说过，吉尔杭阿不能管辖中国方面的水上部队，而英美双方的公使和领事对于他们的水上部队也没有管辖权。我们以后还有机会将谈到这个话题，因此现在只需说，一边是英美的外交官，另一边是英美的海军军官，双方的观点存在重大分歧。双方都接到采取中立的指示，一方来自外交部，另一方来自各自的海军部。但在 1854 年秋，当各方认为应当在租界与县城之间建起一道界墙，以有效阻止供给流出，结果却看到以英美外交人员为一方，英美海军势力为另一方，双方对峙的奇观。领事们宣称必须建界墙，而海军人员直截了当地拒绝给予保护。稍后，美国公使说服了美国高级海军军官接受了他的观点，但英国海军将领却始终保持漠不关心的态度，法国方面则一直坚决反对叛党。

　　最后，界墙终于筑成，从现在法租界外滩一直延伸到以前跨过洋泾浜的河南路桥，从那里延伸到河浜的另一边，直到周泾浜。叛党曾有一次毁坏了部分界墙，但在 1855 年 1 月，界墙终于牢固地矗立起来。接下来，在 28 天之内，它胜利完成了之前 16 个月也不曾完成的事业。2 月 17 日晨，人们突然发现县城里的叛党都撤空了，正如 1853 年 9 月 7 日晨，人们突然发现县城被占领一样。许多叛党安全地向西转移，有人认为他们加入了太平军。陈阿林扮作乡民，手提竹篮油瓶，在租界中寻求庇护，不过他的许多同僚都遭到杀害。有些人企图粉饰清军入城的所作所为，但晏玛太博士十分了解情况，他说县城遭三日劫掠，东半部几乎全部付之一炬。因此，不幸的当地民众遭受着两方的蹂躏。巧取豪夺搜刮了他们 17 个月，严刑律法又来把剩下的一点一滴盘剥干净。我们在 1918 年也见到了相似的情景，由此让人忆起陈阿林的一封信。陈阿林此人是一个奇怪的人物，尽管他之前只是个马夫，却在给阿礼国的信中雄辩地阐述宗教与贸易的道德之美！他说，他和他的同伴发动的是反对"恶魔"的正义战争，而驱动他的信念是"天条"。当然清军的主张更是满口仁义道德。对于二者，我们只能确定地说，在现实生活中，他们的理念与行动表现出相似的特点。

314

第36章

设立工部局

　　莎翁曾说："那邪恶的事物里头，也蕴藏着美好的精华。"世事若非如此，叛党占领县城的 17 个月里所发生的事，会令上海外侨社区的公众心头阴云密布，当然对那些擅长浑水摸鱼的人来说自然另当别论。事实上，与其说商贸受到了实际影响，不如说是受到了威胁。这种威胁既来自叛党，也来自清军。所有能够离开这个城市的人都走了，留下来的人大约不足原来人口的三分之一。太平军正在长江沿岸扩展其恶劣影响，不同社会阶层的外侨对他们的看法也有尖锐分歧，这与在华人之中的情形如出一辙。人们天天嚷着保持中立，但在县城被占领后期，阿礼国在外侨社区召开的一次大会上说："每天都有人以各种行为不断公然地破坏"中立，租界成了一个贩售县城中的掠夺财物并将所得收益用于购买物资的公开市场。在这样的情况下，对于西方法律的应用，规避比坚守更易行。然而正是在这次大会上，通过了一项支持三缔约国代表更为严格执行中立的决议。这一事实值得我们格外留意，原因有二：其一，这表明外侨们开始厌倦县城中上演的悲惨闹剧；其二，这是一个征兆，显示了分裂的国家政权就有可能让上海政府在其中运行自如。

　　事实上，正是在这段时间里，各种变化的大致框架逐渐成形，随后很快形成我们后面将要讲述的历史的基本格局。每日必行的实践经验最能凸显理论的谬误，在政治和生活的其他各个方面都是一样。正是如此，人们发现第一份草就的《土地章程》的缺点与不足。该章程的各项条款确实是当时困境中的产物，但如今已时过境迁。我们也应该看到该章程的废除与 1853 年至 1854 年以及之前发生的各类事件都不无关系。旧章程把责任仅置于英国官员，而取而代之的新章程把责任转交给各缔约国，他们对本国国民具有无可争议的管辖权。阿礼国在写给金能亨的信中写道："在原先仅划给英国人的土地上组成一方世界公民的租界和自治区域，这样的变化指日可待。"

叛党长期占据着县城，完全打乱了海关的日常工作，这对于最终建立由外籍人员带领的海关税务司起到了进一步的推动作用。"邪恶事物里的美好精华"，这句话在中国或许从未像此次表现得这样淋漓尽致，因为事情最终表明中国的税收部门经过管理，也可以做到所有收入直接上缴财政机关，而其支出并不会超过收缴税费所需的成本。

但就目前而言，我们最为关注的是当时的时事所引发的第三大改变。我们之前已经谈到过道路码头委员会的运行，或许有人以为道路码头委员会慢慢演变，就自然出现了正式的工部局。然而，事情并非如此。要找到上海自治政府产生的真正源头，我们的眼光得落到人们做梦也想不到的地方：一个两方产生的分歧，其中以英美领事与公使为一方，英美海军当局为另一方。这事说起来挺有意思，而道路码头委员会与此全无瓜葛。

为了把事情说个明白，我们有必要了解其中的概况，故事要追溯到事情的源头——英国与美国。大家只要知道，《南京条约》使五大港口向世界贸易敞开了大门，英国政府派遣来两组代表以维护英国的利益：公使与海军。前者还包括领事，后者则是海军高级将领以及他们统领的下属。两者各自独立，互不相干。领事不接受海军官员的指令，海军军官也不会听命于领事。领事通过全权公使接受外交部的指示，海军军官则服从海军部的命令。如我们所见，有时候事情还更为复杂，因为香港当局归英国殖民部管辖。我们不时在公函中读到辛辣的言语，表明在这种情况下自然会产生的意见分歧，偶尔会在信函往来中以一种激烈的方式交锋。举例来说，海军舰队司令也许会下令撤回一艘战舰，而此时领事以及外侨公众都认为当时的情势十分需要这艘战舰在港。但遇到这种状况，最后的决定权在海军一边。然而，应该坦白地说，到 1854 年为止，双方的意见分歧还未严重到足以影响外侨公众的长远利益。

316

317

美国机构的情况与英国十分相似，两者也各自独立，但双方的摩擦则比英国更甚。在全权公使马沙利上校短暂的任职期间，这种情况特别引人注目。他的任期仅有一年还不足三天，但那一年是 1853 年，在远东地区这一年因为各种原因而令人瞩目，特别值得一提的是当年 7 月，美国海军准将佩里（Matthew Galbraith Perry）打开了日本的国门。佩里的前任，海军准将奥利克（Aulick）作为海军高级军官，根本无法和他的外交官同事见解一致。他是一位年长的斗士，倾向于使用在中国土地上更为有效的军事武器，而非诉诸软弱无力的笔楮。公使和绅士派头的彼利相处得也不好。1853 年 9 月，公使离开上海赴南方时，他乘坐的是大英轮船公司（P. & O.）新开的航班"玛丽伍德夫人号"（Lady Mary Wood），他说，坐此船航行"是为了寻找一种更为合适的交通工具"。

当时的状况就是如此，1854 年秋这种状况引发了具有深远影响的事件。那时，缔约国领事们都认为租界不能继续让叛党的物资供给通行，那是当时唯一敞开的大门。阿礼国、马辉和爱棠（Edan）分别代表英美法三国，在这一点上意见一致。法国舰队司令辣厄尔（Laguerre）也支持他们的观点，打算出兵保护已筑成的界墙，从而有效阻断供给品流出租界。

正是此时意见出现了分歧。法国外交官员与海军官方见解一致。事实上，根据一位美国公使的说法，只要法国全权公使在场，法国的海军军官对任何商谈都没有发言权。然而率领英国舰队的司令赐德龄（Stirling）对于上级的指令有不同解读，这使得他与公使、阿礼国以及整个外侨社区的公众都产生了对立。他立论的最大依据是大英帝国在这场纷争中采取中立态度。对于他来说，修筑界墙旨在使县城内的叛党垮台，为了阻止他们推倒界墙，命令武装力量登陆，将是一种战争行为，英国皇室可以单独宣战。他之所以同意奥加拉汉舰长在泥城之战中的所作所为，并非出于领事官员的要求，而是基于当时实际情况的需要。总之，他接受的命令禁止他对外国领土上的公民采取敌对行为。他认为，保护外侨社区安全的责任首先在中国政府，其次则在于外侨社区本身。他批准海军卫兵继续在岸上驻守，原因之一是基于情况可能会出现此种需要，其二则是希望政府会逐步采取措施，以使海军方面可将这种行为合法化。

起初美国海军官员的态度与英国海军的态度十分一致。然而 1854 年末，新任美国公使麦莲（McLean）说服了他们，与法国军队一同保护界墙。因此，英国方面有一支警卫队在岸上驻守，然而对于封锁县城的行动则冷眼旁观，这种状态一直维持到事态结束。大家应当看到，后来形成两大租界分治的最初契机便产生于此时。法国方面苦于缺少海军增援，进攻县城未果，而岸上有些援兵却袖手旁观。事实上，当时正在进行克里米亚战争（Crimean War），英法双方在那个战场上并肩作战，使得舰队司令赐德龄此时置身事外的做法更显怪异。然而这位仁兄固执己见，他深信唯有上海自治政府的召唤，方能卸除他参与地方争斗的包袱。

由此一个上海自治政府产生了。

上海工部局诞生于 1854 年 7 月 11 日。这是由外籍人士管理的海关税务司在报刊上发表通告宣布成立后的第五天。好似上海一朝分娩，诞下了一对双生子。阿礼国主持了正式设立自治政府的公众集会，而他在这次会议上的演讲也是一份十分有意义、有价值的历史文件。这似乎是他最后一次以驻上海英国官员的身份出现，因为他即将被调任至广州。演讲伊始，他就提到了新的《土地章程》，这一章程使得组建外侨公众期待已久的自治政府成为可能，而且人们希望这一机构可以确保将此前难以融合的各种共有元素紧密结合起来，这是大家最大的愿望。尽管这块土地原先出让给英国人使用，但他们从未将其独占。然而，以往的经验表明，英国人行动的原则不仅涉及国际法，还涉及条约中规定的权利。现今的《土地章程》经三缔约国公使首肯，上头还有道台钤印。该章程的基础就是大家都有一样的责任和义务，这是仅凭英国一方筹划无法达到的目标。新章程对所有人都有一样的约束力。

道路码头委员会的卸任，意味着需要设立一个新机构。近期的事态已经"完全改变了租界的性质"。1853 年初，租界内很少看到本地的房屋。是年秋冬，"大批无家可归的难民"一船船进来，蜂拥于外滩沿路，也阻塞了码头。而如何解决这些问题，并通过租地人大会实行自治，这是新成立的自治政府的责任。

接下来，就是无可回避的防卫问题。阿礼国表示，仅仅依靠领事一方的行动无法提供保卫租界的长久措施，他个人也有些并不愉快的经历。这里需要的不是道路码头委员会，而是一个防卫组织。此前海军当局的行动不具备合法性。外侨

319

社区的安全，主要责任在于中国政府，这一点固然不错。但近期的经验表明，外侨们只有两种选择，要么自己配备防御措施，要么就卷铺盖离开。他们选择了前者——武装中立，然而随着清军的进驻，这么做更不具合法性。他们最近的这场战役，实际上是和中国的皇帝开了战。没有哪个高级海军军官会把对付紧急情况的安排日常化。"根据条约，不论英国、美国或法国都不曾在中国的领土上保护本国公民。根据条约，在得到中国政府首肯之前，他们这么做也不合法。"

然而，工部局出于自我保护，可以这么做。他们可以请求所有人——任何人的帮助。在相当一段时间里，中国政府似乎无力为外侨提供保护，外侨不得不通过在社区中征税来支付警力以及其他开支，本地的居民和官员也需负担部分费用。新章程的第十项条款给予了他们所有需要的权力。而对于征税的估价包括土地、房屋的价值，再加上即将通过的码头捐。阿礼国在演讲结尾处表示，他相信这一变化必定会"长久地为外侨社区造福"。

以上就是自治政府自由宣言的大致内容。阿礼国并未夸大这一引发意见纷纭的状况。分歧有三重，最大的分歧是英美法及其他各国之间的国家差异。事情十分明显，除非英国政府将整个租界据为己有，令其成为英国领土，当然这么做不论从条约的权力还是国家的政策来说都是不允许的，不然以联合政权为基础必然会产生职权分裂。美国副领事金能亨对上海的事务贡献颇巨，对此，他睿智而简练地说出了这样一句话——"设置共同的法律更优于任命共同的领导"。这一改变之后，国家间的分歧就没有那么尖锐了。

然而，除了这些之外，还有其他矛盾。社区中有不少外侨与本国领事存在意见分歧，不论是英国人、美国人或法国人，这类事情屡见不鲜。外行人对于条约的解读往往与官员的说法有出入，在涉及条约中十分常规的条款时，这一现象就更不足为奇。接着又出现了新的海关，由此产生的摩擦，一些较为敏感的领事官员都可以感觉到，从一些商人很渴望回到"可以商量"的过去也可见一斑。这些我们以后再慢慢细说。最终，外侨之间对诸如货币等问题产生了激烈的纷争，起因是有人提议将交易货币从西班牙银元（Carolus dollar）换为银锭或墨西哥银元，货币问题在当时是个亟待解决的问题。所有这些分歧在上海历史的知识宝库——《北华捷报》中都有忠实反映。

阿礼国话音刚落，会议就开始运转，通过了多达 16 条决议。其中一条决定每年改选工部局董事，第一届董事当场选出，分别是凯威廉（Kay）、金能亨、金大卫（King）、费隆（Fearon）和英国伦敦会的麦都思。[①] 工部局废除了原先的纳税机制，还打算向华人居民征税。工部局有权使用自治政府的资金，但在未获租地人特许前不得举债。他们打算马上组织一支由他们一手掌控的警力，并要求海军当局暂时继续提供支持。别忘了，县城还在叛党手中。会议最后呼吁虹口应与租界合作，但这个愿望在将近十年时间里都毫无成果。

工部局的早期经历十分有意思。1854 年 7 月 17 日，工部局举行了首次会议[②]。为了更好地执行职责，董事会在设立两个委员会之后，继续讨论之所以需要他们成立的特殊事务：保卫租界。此时距离泥城之战仅三个月，还有安全防卫的需要。各方局势都很紧张，为了外侨社区的和平与良好秩序，确实需要在水陆两处配备武装力量。因此，工部局正式以官方名义，要求英美法三国海军当局在租界的西面边界保留一支武装力量作为警卫，对此三方都表示赞同。正是基于这种共识，中国默许了工部局的建立。

321

在第二次会议上，工部局任命了一位文书，即工部局首位秘书，月薪 50 元。工部局还下令从外滩沿着花园弄到抛球场铺设一条人行道，由此划出了现在到河南路为止的南京路的雏形。抛球场就在南京路河南路交叉路口的西北角。他们还制定了新税制，并致信香港，请来了首任捕房总巡克莱夫顿（Clifton）。克莱夫顿是位退伍军人，他的女儿和孙辈至今还是上海的居民。他曾在香港任警方高级职员，并受命尽量罗致优良警员同来。他的月薪是 150 元，以当时的兑换汇率来算，一年超过 500 英镑，相当可观。工部局投票决定给予在泥城之战中受伤伤重致残的两位英国海军士兵 1 000 元，并为该款项筹得一张 312 英镑 10 先令的汇票。有人问及在租界内向华人出租房屋或贩卖土地的合法性问题，工部局拒绝发表意见，但他们表示将逐步取缔赌场和鸦片烟馆等场所。华

---

① 据工部局董事会会议记录记载，第一届工部局董事共 7 人，还有白朗（W. S. Brown）和金能亨（Edward Cunningham）。——译者注

② "首次会议"，那是工部局第一次会议，据记载曾由一次公众集会选举工部局并通过这些决议。——原作者尾注

人要为所占用的房产支付 8% 的税费，这笔税额当时看来也十分合理，因为主要是由于他们才需要配备警力。工部局的首次预算，注定会遭受严厉批评，总计 25 000 元，支出方面，仅巡捕一项就至少需要 15 000 元；收入方面，预计码头捐可收到 14 000 元。

工部局最初的决策很快就令他们与领事官员发生了冲突。工部局决定董事们依照姓名首字母的排列顺序，轮流讯问所有被巡捕拘捕的人员情况。每位董事负责一个星期，所有逮捕的犯人都被带到当值的董事面前，董事查问逮捕理由后决定将其释放，或解送相关责任官员处听审。

10 月间，召开了一次租地人大会，会议以 18 票对 15 票的微弱多数通过工部局"以尽可能优惠的条件"借款 12 500 元，用于建造巡捕房。这次的投票表明，对于这个还梦想着一年可支出 25 000 元的工部局，反对的情绪正在逐步滋长！之后又于 11 月 10 日召集举行了一次会议，通过以下主要决议：未得许可，"工部局对本埠侨民及国际贸易所征税款总数不得超过 6 000 元"。会议还决定凡纳无论何种税捐达 50 元者，可有选举权。

322

工部局董事概未出席这次会议，足以表明当时普遍存在的矛盾。主持会议的阿礼国对其中一些程序的合法性表示十分怀疑，于是将会议延期至 24 日。这次工部局董事出席了会议。至此，阿礼国宣布，巡捕费用将由中国官员负担三分之一。他还在会上强调了《土地章程》的约束力，而工部局总董① 则发表了一番颇有男子气概的坦率讲话，宣布了工部局无论成败的应对原则。会议仅通过了一项决议，投票的结果是 31 票赞同，27 票反对，该决议在某种程度上凸显了当时的分裂状态。决议内容如下："工部局董事会得继续行使其职权，至任期届满为止，——惟须完全遵照 7 月 11 日及 10 月 17 日在英领馆举行的租地人大会所通过之决议。"

工部局人事变动十分频繁。凯威廉先生辞去总董职务，由费隆先生接任。金能亨也将司库之职交卸与金大卫先生——当时工部局没有会计。首任秘书布赖（Brine）由麦克安德鲁（Macandrew）接替。

---

① "总董"，凯威廉。——原作者尾注

然而最大的麻烦在于巡捕一事。在 1854 年 11 月 20 日的第十次会议上，工部局正式决定，任何领事官员无权对巡捕房的警务职责指手画脚。各位董事对各自领事负责，合法行使其职权。管理警力的十七条规定，如今有些读来颇有趣味。举例来说，捕房总巡除了其正式的警务职责外，还要兼顾道路的清洁和照明，取缔有碍公众之物及移除障碍。他还得奉工部局之命，协助领事监管武器进口，解除华人武装，此外还要协助征税、筑路。其职责范围不仅包括英美租界，还涉及法租界。

随着 1855 年 2 月叛党从县城撤退，清廷官员恢复职权，领事们告诫工部局，巡捕并非"正式宣誓的警察"，不应将枪械交予其使用，且巡捕不得干涉在租界中的清廷官员。中国犯人一经逮捕，应立即报知高级领事官员。"惟地方官始得行使合法的逮捕与审判。"工部局董事正在行使此种非法权限，而领事们则以为巡捕早点解散为好，他们尚未准备好履行其受雇之职责。不过若外侨们认为有必要保留"少数几名巡捕"，那么"为使此种巡捕成为有效且合法之工具"，须令其"直接受命于领事，并对领事负责"。工部局置枪械于巡捕之手，此举乃"违法行为"，对此，领事"不能坐视不管"。

此后一日，工部局总董又收到阿礼国的一封公函。工部局第 17 号巡捕理查·亨利·豪（Richard Henry Hall）——在此有必要记下此人的名字，因事实上他是首位此类事件的申辩者，这一案例后来改变了地方法律。此人在界门（Barrier Gate）执勤时，竟贸然拦下政要吉尔杭阿，并耽搁了他相当长一段时间。阿礼国的信中写道："余已将该巡捕逮捕，以非法阻挡过路、侮辱清国官员之罪，亲加审问；今罪已证实，并经判决拘禁三日。如彼确如其辩辞所云，不过奉命行事，则惩罚之反加诸其人之身而未及于发命出令之徒，余殊以为憾。然时至今日，工部局董事亦应遽尔省悟，工部局之命令或工部局之职员，俱不足以利用为非法行为之辩护，彼等自当身受及之；工部局董事亦宜因此而知所谨慎，勿再发出足使彼等于其属下代理执行时须受法律制裁之任何命令矣。"

随着中国政权在上海恢复统治，是年 3 月，众领事张贴布告，认为"自本日起，处于现行组织状态下之巡捕，应即认为事实上已经停止，原有巡捕官员非得中外当局签署允准之正式训令，不得执行职务"。4 月允准之训令签发，我们找到了该文件，内有阿礼国的签名，瓦彻（W. W. Vacher）① 的签名上加盖了工部局的印章。巡捕们正式宣誓，并受命"冷静慎重"地行使职权。

从涉及纳税问题的来往函件中，可清楚地看出当时的怪异状况。1855 年 3 月，宝文洋行（Bowman & Co.）来函说，他们估价为 20 000 元的土地，实际仅值 5 000 元。"若能作此更改，我们将十分乐意结清账款。"另有一位信件作者由于不愿"显得不肯通融"而付了税款，但他表示，"请谨记，我这么做……并非由于我对此负有责任"，最后还加了一句"法律是站在我这边的"，为此事下了结论。还有 1856 年 2 月，利名洋行（Remi, Schmidt & Cie.）致函工部局司库："法方当局尚未承认工部局，我们十分抱歉将未付之码头捐票据寄回。"此类文件不胜枚举，不过仅从我们列举的这些事例，足以看出早期的市政机构是怎样地风雨飘摇，而最早的董事们必须以怎样的好脾气来应对这个暧昧不明的职位所面临的考验。他们的境遇和他们所请的巡捕一样，"并不令人愉快"。据说在如今的 1918 年，牯岭（Kuling）也有类似的情况发生。

从一些互无关联却颇有意味的小事，可以看出 1850 年代的上海自治政府与我们所知的现状存在鲜明的对比。工部局以 500 元年薪聘请了首位工部局会计，因为审计员不通过第一任非专业会计提交的账目！有几年时间，工部局的银行经理就是旗昌洋行的买办，工部局开出的都是他家的汇票。之前我们说过，工部局受命以尽可能优惠的条件进行他们首次借款，有意思的是图书馆以 15% 的利率贷得 1 200 元！由于当时没有燃气和电力，街道照明是点油灯，从此项每月耗资 12 元，由此可揣度当时街道的明亮程度。卫生工作的支出也是每月 12 元。那段时期最重要的创新成果是成立了会审公廨，其时间可以追溯到 1856 年 7 月，当时的英国领事罗伯逊声称，他有知县的准许，可以判处带到他面前的中国犯人做一点道路苦役，而且为安全起见，可以用铁链把犯人拴在一起劳动，只要工部局给他们饭吃就行。乞丐的处置则采取一种成本低廉的方式，将他们摆渡到浦东了事。

我们不能对英国政府对待此事的态度只字不提，就匆匆结束本章。赐德龄司令与阿礼国都在函件中以激烈的措辞维护各自的行动方针。两人都认为自己忠实地执行着上峰的命令，双方的主旨都是中立。阿礼国的观点与几位公使以

---

① 此人在《上海租界志》工部局董事表上的名字是 W. H. Vacher。——译者注

及其他同他一起在上海任职的领事同行们的观点一致，因此相比一位将主要精力放在战事上的海军官员，他似乎可以对于事情的进展做出更为准确的判断。而这位海军官员在战事中的成就也微乎其微，以至于为自己赢得了"措手不及赐德龄"的诨名。这不免让人猜想这位勇敢的绅士可能是出于维护自己的体面才这么做的。他指责领事"在某种程度上擅用皇家特权"，信誓旦旦地认为该计划将获得海军的支援，然而海军司令并不赞成如此行事。赐德龄的踌躇不前很大程度上促成了工部局的建立，而他又默许工部局的要求，此举或许可以视为是他对领事先生的个人态度。

在英国伦敦，相对于上海小小的中立问题，大家更多关注的是克里米亚的局势。然而，海军部还是挤出时间与外交部商讨了这个问题。他们的结论是，奥加拉汉舰长未参与法军进攻县城的举措是正确的，但若租界遭到攻击，他应援手防御，而赐德龄司令在上海的行动方针得到了极大的支持，连外交部的卡灵顿（Clarendon）爵士都对此表示赞同。然而大约两周后，外交部单方面同意全面封锁县城。三周后，即 1855 年 1 月 23 日，又表达了对阿礼国"十分满意"。或许英国当局懂得了这位海军将领是怯于承担责任之人，而认同了这位从不逃避责任的领事。

更为严重的是外交部对待自治政府的随意态度。英国政府打算严守条约约定的强烈愿望在此事上表现得十分明显，不亚于对待我们之前讨论过的中立问题。根据条约，中国政府有责任保护外侨。赐德龄司令采取的立场便是基于这一事实。英国本土的官员也是如此。他们承认外国居民有权联合起来自我防卫，但是他们认为，不论公使还是领事，都不该参与其中。因此，包令（John Bowring）爵士和阿礼国的意见暂时都未获批准或首肯。在阿礼国讲话中所预示的"一独立自治国"的愿景，即使允许其带有东方式的夸张，也不能得到英国政府的认同。数月后，英国本土的官员听说上海的自治政府"确实"将撤销的消息，对此他们并不感到遗憾。1855 年 5 月，英国政府批准包令爵士给予阿礼国训令，嘱其通知中国当局，英国并不支持此种"志愿组织"，即上海工部局。

随着我们故事的展开将会表明，当地实际情形的需要，确胜于远在半个世界之外那些无可指责的愿望。

第37章

走私者的天堂（上）

以物易物可使双方得益，是早期人类社会的一大发现，好比慈悲，有着双重的福佑。其中并不存在现代意义上的利润，因为那时还未使用衡量价值的尺度，交易只为使双方满意。在如今预备学校的低年级班中，当汤普金斯用自己不想要的旧笔套和小琼斯换一把觊觎已久的断头刀时，便可知古人易物之乐。因此便有山上的猎人，下山到更为文明的平原地区，以毛皮换取武器和其他生活必需品。只有当价值尺度进入人类生活后，这才产生了利润，并随之出现了中间人，即职业商人。也正是从此时开始，社会分化为拥有权力的上等阶层以及臣服于他们的下等阶层。在这种情况下，一旦"心胸狭隘的暴君"得悉有些商人利润丰厚，比他这个中间人赚得更多，便会要求从中分一杯羹，而这一份通常会占很大的份额。

由此便产生了最初的走私者。他的罪行本质上都是为法律所迫。一个封建领主有什么权力要求享用人类工业的最初成果，有什么权利对男人和女人们施以侮辱人格的奴役？但现在才提出这些疑问已为时太晚，唯一的答案是惯例习俗，它使法律得以表述和实施。随着时间的推移，一个人的贪欲逐渐演变成了许多人的"权利"，最终统治者不仅提出欲从下层人民中取得各种补贴的要求，而且他们的要求还得到了认可。然而惯例习俗极少完全单向而行。当权者得了特权，人们便开始想法避税。最初获取暴利的商人一接到需要交纳钱款的号令，便开始盘算如何将这笔钱款降至最低限度。掠夺者越施压，被剥削者便想出谎言、诡计、欺诈和其他一切防卫的办法。人民为了规避一项不得民心的法令，便运用各种手段欺诈、诡骗和曲解，对于这些手段的宽容随之而来的是品性的堕落，没有哪一块土地能逃脱如此的命运。由此，人们很快也形成一种习惯，将走私者视为违犯法律的爱国者。他是自由贸易主义者的直系后裔：穷人的朋友、压迫者的仇敌。走私者早期胡作非为与冒险奇遇的历史，自始至终就是一部罗曼史。

　　时至今日，还有很多人否认向纽约走私钻石、向中国贩卖鸦片，以及随着战争的延续把违禁品带入德国，都是违反道德的。这在很大程度上取决于立法者的目的，以及这些财政收入的用途。我们已经回顾了历史上首次税收是如何出现的，现在我们有必要追随中国的历史进程，再来看看此后事情又如何发展，如同首次占有这些钱款是为了统治者自身的财富积累，这种做法在这片土地上一直延续着。中国的税款征收，并不是为了中国民众得益，更多是为了中国官员的利益。从那些受封的领主延伸到他们的朋友，不过是一步之遥，而且正如我们在广州所见，垄断与保护性税收很快产生了前所未闻的巨额利润。在西方，尽管常常遭到误解，但法律的本意是好的。法律是为了维护本国的工业，如此便对法律提出了双重要求，不仅要维护国家的财富，也要保护本国的工人。为以上目的设立的赋税政策方能持久。在战争时期为了削弱对手而征收关税自然是名正言顺之举，并且还将持续收取，直至强制执行国际法而必须进行仲裁。为了征收合法收入或者为了港口改善、海滩照明等，需要筹集专项基金，这些税收项目只接受一切有助于改进税收方案的批评。逃避此类税收自然与我们所说最早期的走私者所犯的罪行不可同日而语。

　　一个人竭力不让自己的货物落入残酷暴君的魔掌，这种行为在任何文明的土地上都不会被认定为道德犯罪。在早期生活中，许多人成为走私者的原因与一些人成为偷猎者的原因一样。他们寻求刺激，违犯毫无民意支持的法律，做那些与天怒人怨的暴君意愿背道而驰的事情，同时感受到极度的乐趣。这样的人是民众的英雄，不会比当时的罗宾汉（Robin Hoods）与迪克·特尔宾（Dick Turpin）① 这样的人更臭名昭彰，十之八九的普通民众会给予他们美好祝福。直

---

　　① 迪克·特尔宾（Dick Turpin），18 世纪的英国公路劫匪，喜好恐吓独居农场的女性，逼迫她们交出贵重物品。很多研究显示特尔宾是个极端暴力分子。1739 年在约克被判处死刑。——译者注

到近现代，这些走私者欲以低价与对手竞争，欺骗对手自身的交易数额，斑斑劣迹不胜枚举。

走私者有许多共同之处。他们可以是英国人、美国人、法国人或中国人，在人种上各不相同。但他们是同一类型的人，而他们之间的差异可以追溯到各国关税、海关官员的性格品质以及人种、地位背景之间的差异。巴克尔（Henry Thomas Buckle）① 描述了在英国以往的岁月中，曾经有过这样一帮武装起来的亡命之徒，一如当今中国的情形。这些人"以违犯无知统治者所制定的法律为生，因惧怕惩罚而孤注一掷，惯于犯下各种罪行，使其周围的人群都深受毒害"。马蒂诺（Harriet Martineau）② 认为，英法两国中"与这些交易相关的道德彻底沦丧。欺骗与谎言在整个活动中必不可少；酗酒寻醉结伴而来；对一切法律的蔑视暗暗萌生；诚实经营的企业逐渐消亡；此等行径可冠之以谋杀之名。"说到法国拘捕的走私者，汤森（Joseph Townsend）③ 写道，"他们有些人受绞刑，有些上了锉骨轮 ④，也有些人被活活烧死"。

再回头来看中国，朱进（Chin Chu）博士在其著作《中国关税问题》（*Tariff Problem in China*）第一章中，概述了中国的关税历史。他将其划分为四个阶段，第一阶段至 1843 年，第二阶段至 1885 年，第三阶段至 1906 年，第四阶段延续至今。就我们目前叙述内容所涉及的还只是第一阶段，在 14 世纪的元朝，中

---

① 巴克尔（Henry Thomas Buckle），1821—1861 年，英国 19 世纪著名的早期实证主义史学家，以其 1857—1861 年间所著《英国文明史》（*History of Civilization in England*）而闻名于世。全书共两卷 20 章，分别论述英国、法国、西班牙和苏格兰文明的发展过程，从中说明他对"历史一般原则"即历史哲学的见解。后面的引文出于此书第一卷第五章"探询宗教、文学与政府的影响"。——译者注

② 马蒂诺（Harriet Martineau），1802—1876 年，英国女作家、经济学家、社会学家。她一生书写了数百本书、文章和评论，题目涉及文学、儿童文学、历史、宗教、政治学、经济学和社会学，是维多利亚时代舆论界的重要人物。后面的引文出自其作品《和平时期英国史》（*The History of England During the Thirty Years' Peace*，1816—1846）。——译者注

③ 汤森（Joseph Townsend），1739—1816 年，英国牧师、地质学家。引文出自其 1791 年出版的《西班牙游记》（*A Journey Through Spain in the Years 1786 and 1787*）。——译者注

④ 锉骨轮，中世纪时的一种残酷刑罚。将受刑人绑在大型车轮上，四肢分别伸入轮辐间隙，慢慢转动车轮，借以绞断肢体。——译者注

国的海岸线上便已有了海关。康熙时期（1662—1722 年），江苏、浙江、福建、广东都从航运中收取税费，海岸线一度曾全部向西方船只开放。1736 年，乾隆帝有感于民间对于官府压迫过重的谏言，下令减免 10% 的附加税。然而，正如朱进博士所述，后来广州的关税分为常规税与非常规税。非常规税指高于法定税率的征收，而它唯一的限制在于不能超过某个转逆点，否则商人们宁愿停止贸易也不愿缴税了。如我们所见，这种制度成了孕育普遍走私的肥沃土壤，此时道德上的过错已微不足道，或许当地的官员才应担此罪责。

现在我们将目光转向上海的走私问题，这里的情况同样如此，只是程度稍逊。我们知道巴富尔上尉已见过"银行机构或叫盘验所"的"六位诚实可信的商人"，他们被委托代表道台收取关税。在我们这场剧目中，这些人在舞台上走了个过场便再没有露面，尽管他们下属的身影时不时充当着跑龙套的角色。到埠三个月之后，巴富尔上尉忙于建立一种保税货物存入堆栈的做法。此事道台十分赞同，却遭钦差大臣反对，同时美国人的条约签订也减少了这一需求。因此，此事搁置，但此后又发展出一种转口商品税费转移的做法，保留了保税货物存入堆栈的某些好处，还省去了建立保税堆栈的麻烦与开销。到任一年之后，巴富尔上尉自愿证言海关征收关税程序之文明友善，同时向他的同胞及其他外侨发出了针对性的警告——原则上不允许本地职员利用洋行之名瞒骗海关官员。如今应当看到，我们在依条约开放的港口不期而遇的尽是和善好意，而在内陆城市，如苏州、杭州，便会遭遇预料中的排外情绪。布料丈量的方式不同、银锭上"加盖的印戳"有异，都能成为杭州"排挤"外商的机会。巴富尔上尉建议应对此等事宜采取措施，以免商贸停滞。

大家还记得《南京条约》赋予了英国领事们一项职责，这一点在以后签订的条约中各国都尽力避免承担，这项职责便是竭其所能维护中国的关税收入。在租界形成早期，这项条款的作用十分明显，当时目光锐利的英国领事如鹰一般逮住犯事的英国商人，然而他国商人无领事管辖便可任意妄行。上海开埠不足三个月，就发生了一桩鸦片案。双桅横帆船"亚美利亚号"（Amelia）的运货单上写明载有一箱土耳其鸦片。领事指称这是"一个严重的差错……一个最致命的失误"，并建议由于该船入港未满 24 小时，应将该箱鸦片抛出船外。第二

329

天，"梅恩吉号"（Maingay）到港，有人发现两船都将所载鸦片转驳至即将离港的"威廉四世号"（William the Fourth）船上。领事出面阻止其离埠。然而此后领事应如何操作却并不明朗。鸦片在中国法律中是违禁物，然而英国法律并不禁止。该运用何处的法律呢？巴富尔丝毫未作犹豫，显然军旅生涯使其惯于果断决策。因此，尽管他也向上级申请指令，但他即刻对犯事船只采取了措施。正如他在报告中所写，鸦片确实在街头巷尾公然贩运和售卖，鸦片船可公开通关而不受干扰，最高级别的官员们对这些事都心知肚明，却熟视无睹。领事虽欲禁止然未成功，其出于道德的本意已可显见。

对此案的全面调查表明，"亚美利亚号"运货单上仅有的一箱鸦片，实际上总数为 128 箱。三船因私自转驳或卸载货物各被罚款 500 元。"亚美利亚号"与"梅恩吉号"因申报不实各再罚 500 元。"梅恩吉号"又因擅自开舱罚 500 元、单证不清罚 200 元。鸦片由中方政府罚没，"威廉四世号"被押送广州，其余两船扣押上海，听候公使发落。巴富尔上尉显然对此事以及自身在此事中的职责十分重视。他在一则公告中说道，违犯条约"对于我们本国的品德与利益同样危险"。巴富尔上尉从两位估税员处听说，诸如此案的情况，中方政府有规定，鸦片在英国船上则适用英国法律，一旦卸到岸上或由中国人购买则适用中国法律。道台与两江总督都对英国领事所作所为表示赞赏，然而除了这敷衍了事的表态之外，没有任何迹象显示他们确实欢迎这位英国军官的热心之举。全权公使的答复指出，与走私相关的一切事宜，应由中国政府负责处置；由领事出面扣押船只似乎不妥，领事可提出建议，由道台采取措施禁止犯事船只贸易则更为妥当。于是"梅恩吉号"其中一项 500 元罚款被取消，其余处罚依旧执行并移交中国政府。

然而，中国政府也很清楚贩卖鸦片的船只何止三艘，在吴淞口外停驻的鸦片船常有六艘之多，仅半年时间便售出鸦片 8 000 箱，价值 600 万元。有些船只也在外售卖非违禁物品，有一艘"汤玛士·克里斯普号"（Thomas Crisp）船曾在入港之前进行了一个月的非法贸易。对于此事道台曾有怨言。领事答复的主旨是："您为何不有所行动？"所有中方政府官员都十分清楚，英国并不维护走私者，而尝试通过自己的巡逻船——如果确实有的话——维护中国的关税，将走私贩子归入英国不法之徒的行列。而中方实际毫无举措。当时有一种普遍的官方言论，赞成对鸦片进口睁一眼闭一眼，他们认为若禁止鸦片进口，"中华土地上便会大量种植罂粟，其数量之大即使不引起饥荒，也会导致粮食匮乏"。

　　我们应当看到，官方对走私的纵容直接扩展到了茶叶、丝绸和其他商品。我们也见证了基于英国签订的条约，英国领事们已竭其所能地维护中国的税收，而他国的商人无人约束便可我行我素。但现在我们再来瞥一眼"盘验所"的情况，会有什么发现呢？阿礼国将几个人逐一描述了一番，看来这些人也已无可救药。我们所见的是"两三个睡眼惺忪的仆从，每月只收取 5 元至 6 元"。而为了中国国库的利益着想，这些人每年大约应当收取 100 万两白银！英国官员正是通过这些渠道，与这样的中国"政府官员"协作，来维护中国的关税！我们不禁要问，海关的"做法"是否都是有弹性的，官商勾结是否已是常规而非特例，有史以来商人们是否从未享有过这么多的"便利"，而进出口的商品是否利用官商勾结提供的便利就可自由来去？ 1847 年春，为了进一步给托运人提供便

331

图 10　1850 年代上海海关

利，除了原海关码头，又另外开设四处码头用于货物查验与通关。英国领事希望随着新制度的启用能消除之前的延误与危机，满足各方需求，诈骗与混乱都能就此绝迹。可能正是此时，巴富尔上尉说服道台将海关大楼从南市迁到外滩的寺庙，这栋建筑持续多年一直充作海关之用。我们未能找到确切的搬迁日期，但我们了解到搬迁的主要目的是保证领事和道台能共同监督下属的工作，只有如此方能保证《南京条约》条款的执行。事实已越来越清楚，"允许哪国的商人最无视条约与关税税则，哪国便最得实惠"。最好的商机都青睐了道德品行低下之人。

上海开埠五年之后，美国领事才享有充分的权力。不少其他国家的领事都由英国商人充任，当然这些领事都没有专业级别，但能使当地官员听取他们的意见，是当时人人都垂涎的特权。有些外侨根本无人为其代表，那么中国政府只需拒绝承认他们，便可迫使他们尊重《土地章程》的规定。

第38章

走私者的天堂（下）

让我们跨越到 1850 年，来看看一系列臭名昭著案件中的头一桩。在这一系列案件中，当地政府允许出口货物装船付运，既不努力拦截货物，也未试图征收税费。此案所涉船只为"玛丽伍德夫人号"，大英轮船公司的一艘小型蒸汽船，是该公司为上海首次开辟远洋航线的航班。各家公司对它运送的丝绸都十分感兴趣。当事情正式报知阿礼国时，调查发现：其所涉走私丝绸价值约 24 万元；而运输"活动乃公开进行，并无故意逃避合法税收的意图"；其装船运货已获海关认可；此后该船也依此法运输其他货物，目前为止无人对此提出异议；所有装运货物的细节已全部告知海关；此事已经众人皆知，影响颇坏。因此货主有权要问"未能对所有人一视同仁地征收税款"，英国公司是否"对此负有责任"？而声誉良好的公司"根本不愿偷逃哪怕一丁点的常规税费"。

领事的答复是出口商品税款应依法征收，一家逃税并不能成为他人不受惩罚的理由，但对于海关操作不当的传言，领事并未获得确实证据。公司应当补缴税款，而它们也立即依此行事。但在他们的答复中，有一家公司告知领事，涉及此次运货的其他各方向海关缴纳各自税款时被拒。方才提到的这家公司已承认运货的事实，并无藏掖之处，但接下来的事态又如何呢？这个问题是关键。阿礼国不能对他国的国民发号施令，但他也确实这样做了。他在一份涉及非法货运的告示中指出，"由于海关政府官员的*极度慷慨*（extreme liberality）导致特权滥用"，大规模的利益正遭到损害，最终受害的是中国政府和诚实的商人。

我们已在上文中将两个词用斜体字标出，这两词在 1850 年是无须注解的。而今天则不然，为便于读者理解，我们在这里加入一些解释。在远东地区大多数人都了解现在中国的税收制度实际上是外包的。正是这一众所周知的状况，显然使上述上海海关政府官员的行为，看来令人难以理解。上面提到的公司无非告诉了我们这样一个事实，他们想交税却被拒绝了。当时大多数人可能都明白其中缘由，一个当地官员拒绝了数千两白银，其中的一大部分或许还能放入自己的腰包。但对于现代读者来说，出现如此怪异的现象，自然要求给个解释。这可以用几句话来说明。

是不是当时及此后多年，上海的税收还未由外人把持，因此道台毫无扩大收益的个人动机？事实上情况完全相反。1843 年五口通商之时，中央政府决定五处口岸的税收应"以簿册登载，每月封存送检，所得收益也依此送往北京"。采用这种违背常规的做法，是因为当局并未如对待之后的包税人一样，确定一个必须上缴的最低数额。因此，通商口岸的道台们发现自己还得负担一笔始料未及的开支，首先收来的银子得精炼，而后银两运往首都的开销也得由呈送者承担。这是压低税收款项的两个主要原因。第三个原因在于，事实上运往北京的银量越少，以后在这个职位上必须上缴的数额也越少。此项规定第一次有效期暂定为三年，但此后又有所延长，一直延续到海关税务司（Imperial Maritime Service）成立，税务由洋人监管。

因此，上海的走私活动中有一个因素是在其他地方罕见的：走私者的天性自然要交得越少越好，正遇上收税人也想收得越少越好！这是寓言《不义的管家》（《路加福音》16：5—6）在现实生活中的演绎。"你欠我主人多少？……他说，一百篓油。……他答道，拿你的账，快坐下，写五十。"巴夏礼爵士告诉我们，这里除了有一处差别之外，其余部分与广州的做法如出一辙。100 吨货物入关记作 50，但商人按 70 赋税，因此，商人获利三成，贪官拿了两成，而政府整个损失一半。这在一定程度上证实了阿礼国的估计，他认为英国的贸易量可能比官方的报告多出三分之一。但正如他所说，这只有通过查点进出英国的运货单，方能获取证实此事的证据。

有些道台认为英国领事不仅要承担惩治逃税的责任，也有防止走私的职责。

333

事实上，只要对国际法稍有了解就能明白，英国官员仅对本国公民有管辖权，即 334
使对于英国公民，道台若协助其走私，领事也无力阻止。而英国领事坚持英国商
人必须毫厘不差地缴纳税款，其他国家商人的缴款额却可有商量的余地，这在现
实生活中，更是天方夜谭。恐怕有些商人领事还与当地官员勾结。据我们所知就
有一个实例，有一位英国公民也是教会的热心赞助人，他以葡萄牙领事的身份，
运用职权掩盖了"一系列违规行为和相关的协商活动"。还有一次，此人放行了
一批确凿无疑的走私物品。因此，1852年包令爵士通知英国领事，英国政府希望
未来所有保护中国税收的行为都应停止，此举就毫不令人惊讶了。英国政府坚决
反对走私，但也不能容许有任何高压政策只针对英国商人，而不涉及他国商人。

现在我们要来看看此类走私案例中最臭名昭著的一两件，它们使依条约开
放的口岸都变得声名狼藉。1851年初，英船"约翰德格代尔号"（John Dugdale）
为英国运送茶叶。据查它载有货物458651磅，阿礼国告诉我们，他当时"已
拿到由道署签发的船只出港证，表明货物已通过检查，并宣布其关税都已付
清。"然而，根据"收到的消息"，"约翰德格代尔号"非但未获准继续航行，反
而被要求卸下全部货物，以验证其报关数额。结果发现船上除了458651磅货
物之外，至少还有257251磅货物并未报关！该船实际上是停驻于江海北关门
前，在光天化日之下将全部货物装船的！在确凿的事实面前，道台承认手下官
员失职，同意放弃没收货物，并对货主处以两倍于走私货物税款的罚金。所有
犯事者都是英国人，并无他国人参与其中。他们其中一人还试图为自己的行为
辩护，声称"假设中英当局疏忽未察，在此基础上的走私应视为合法"。此事之
后有一段时间，即使在非英籍商人中，也对条约的条款更为尊重了。有个事实
是显而易见的：若仅是英国人全额缴税的话，他们的生意注定死路一条。

当时的道台是臭名昭著的吴健彰，人称"爽官"，之前是广州商人，捐资买 335
的官职，他发出的文书都缺乏文化修养。吉尔杭阿和怡良曾指责他"与几家洋
行的商人过从甚密"，这一点可能确有其事。而正如我们所见，在之后几年里，
在天地会和小刀会占领县城的许多密谋中，他就是其中的中心人物。有人说：
"有了商人领事和商人道台，诚实的商人会成什么样？"其中的"道台"指的便
是他。1854年，美国全权公使麦莲曾写道："我拒绝了他的客套，实是因为他

就是上海一切麻烦的祸首。"这里说的也是吴健彰。

为了避免出现哪怕是表面的垄断现象——英国官员常因此受责难,当时主要由英国商人组成的上海商会(Shanghai Chamber)①,直至1850年方得到领事和公使认可。1851年上海商会提出,海关应立刻实施普遍公正的措施,方能令人满意。无疑商会成员的舆论共识是希望严格公正地执行条约的条款。他们甚至采取了一些防止走私扩大的措施,然而有吴健彰这样的官员当权,他们的影响自然微不足道。

然而,1853年9月7日,由于县城被占领,道台的营生戛然而止。从此日起直至1855年2月17日,上海没有清政府认可的政权。如我们之前所见,上海周边驻有清朝军队,但其权力并不完整。江海北关遭洗劫,尽管吴健彰复职后,曾三次试图再建海关,都未能取得长久的胜利。很多外侨都认为,在这种情况之下一切条约责任都已结束。但英美政府都不赞同这一观点。他们表示一帮当地强盗的胜利,并不能攫夺中国政府的权利。因此,当时商定应由英美领事收取本国公民缴纳合法税款的保单。尽管这样做不合法,但若当地一方也有同样的诚意,这个计划可能会很成功。然而当地政府并无此诚意。香港律政司宣称此临时措施缺乏合法性,尽管公使并不同意,但也未能否认这一点。然而两年多来,"临时税则"问题一直是驻沪西方官员争端的根源。而真正的过失方是海关官员以及那些协助和教唆他们贪赃枉法的人。当英美领事收取本国国民全额纳税的保单之时,海关官员们却允许有些船只仅缴纳部分税款甚至全不缴税便可离港。这样的事情一再发生。因此仅英国领事在半年中便收取临时税款达40万两白银,与此同时,共有四艘船,其中一艘普鲁士船,一艘奥地利船,两艘美国船,并未交出要求的纳税保单便已离港。在这种情况下,英美政府得出了相同的结论,即因缴税不公,故整个临时税则都应停止履行。

吴道台曾试图在现今公共花园对面的黄浦江中设立一处水上海关,但其施行时间很短。他未能获准回到外滩原址的江海北关办公,原因很简单,这样做需要派出卫兵保护,使其免遭叛党侵扰,不论由清军或外侨担此责任,都将违

① "上海商会",直到1863年,这个商会依然是英国的。1915年世界大战期间又重建为英国商会。——原作者尾注

反租界的中立身份。不过，1854 年 2 月 14 日，各方商定在苏州河的虹口岸边设立海关，如此就在租界范围之外了。这标志着临时措施的终结，英国政府希望之前英国官员无责的做法能尽快恢复。美国政府官员使上海成了自由港，无领事管辖的他国商人更是坐收渔翁之利，如今不必赋税便可进出口货物还引发了反对清偿原先赋税保单的呼声。在苏州河海关开始办公之前，中方当局表示若不能达成满意的解决之法，会通过阻碍内陆运输，以便从内部截断出口货物汇集。人们希望苏州河海关的建立能切实改善这一状况。在临时措施施行期间，共计出口约 1 800 万磅茶叶和 27 000 包丝绸。

新的开始自有其试行阶段，然而新海关成立不过两月，一艘不来梅（Bremen）船"阿里斯蒂德号"（Aristides）入港，卸货装货后离港，"既不遵守海关或港口的任何规定，也未获道台认可批准，更未缴付分文税款"。面对各种指责，道台解释他们错将"不来梅"看作"缅甸"（Birmah），而缅甸是中国的附属国！一艘英国船要求同享此等待遇，得到的答复是除非得到特许否则不能接受，而且条件是美国领事绝不能知晓此事！于是原先走私的做法又卷土重来。条约的条款如同一纸废文。本应维护庄严法律的人却公开地徇私舞弊，如此即使是最诚实的商人，也别指望他能尊重这些法规了。船只离港都有了这样的共识，他们只需"如'阿里斯蒂德号'一般纳税"，履行付款保证的前提已成为一场闹剧。然而，吴道台的殷勤好客也是有限度的。对于一位英国商人的无理要求，他曾写道："此商贾之不诚，令人发指！"

然而，在诸如此类的档案堆里，我们突然发现一份阿礼国的报告，证明当时上海商贸中的骨干还是以诚实忠厚者居多，这确实令人耳目一新。报告显示仅仅在重建苏州河岸的海关大楼之后一段时间，"违规离港的船只超过了尽职完税的船只数量"。在此之前，就偷逃税款一事而言，违规者不超过总数的百分之十。132 艘离港船只中仅有 27 艘违规，58 965 吨货物中仅 8 649 吨未完税。

至此我们已不必再继续讲述走私之事。以上所述已足以表明当时的情况是多么特殊，而这些都为最终催生海关税务司提供了坚实的基础。上海有名誉有节操的文人都愤懑地斥责西方贸易者的走私习性。希望我们在此已充分阐明该受指责的并不仅仅是西方商人。整个世界都承认，走私可以根据具体情况分为

337

情有可原的轻罪或是十恶不赦的大罪。倘若不是我们所揭露的中国官员的默许与腐败，根据《南京条约》的条款，这些走私行为无疑应当归入后一类中。若关税能如条约所规定的以适中为度，便不会有人试图逃避全额税款；若有人逃税，则应将他们广而告之，使之蒙受由此带来的耻辱。

对于临时税款最终是否缴纳的问题，在此尚需做些补充说明。1854 年 5 月，威妥玛有关此事撰写了一份 30 页纸的报告。直至那时，吴道台还假装认为英国领事有责任防止及惩戒英国人的走私活动，尽管这其中有他本人失职的原因，而且事实是 1851 年英国政府就因其未能尽职，已拒绝就此事继续履行责任。威妥玛追溯了各方商定临时税则的前因后果。此事仅与英国和美国有涉，因他们两国在 20 桩贸易中占了 19 桩。英国人的缴税保单只有经本国政府核准方能兑现，而美国人并无此种限制。当他国商船可不付税金便离港时，美国领事宣布美国商船也将视上海为自由港，而英国人则依旧支付缴税保单，直到 1854 年 2 月海关重建。然而，吴道台被告知，如果各国商船都一视同仁地纳税，这些保单方才有效。1854 年 3 月，马辉担任美国领事之时，他坚持应按条约规定，以银锭支付全部关税。不过，一旦他获知"阿里斯蒂德号"得到的待遇之后，他就要求美国人也同享特权。

我们已经说过，华盛顿与伦敦基于驻上海领事所言得出的结论，两国都完全拒绝偿付欠税。然而由于当时未有电报，信函来往历时数月，致使美国的做法与英国产生差异。美国全权公使麦莲当时正在上海，调停道台要求全额支付欠税以及商人要求全额拒付的争议。双方都同意遵行公使的决定，调停的结果便是应当缴纳拖欠海关税款的三分之一。这一数额裁定之后，华盛顿的命令方才抵埠，决定全额拒付。因此必须再次请示本国政府，结论是由于公使的裁决先于本国政府的决定，所以裁决应当先行生效。与此同时，马辉已回国，并将美国商人应当缴纳的 118 125.841 两白银兑换成了黄金。尽管在兑换中稍有损失，但该笔金额最终全部用于支付所欠税款。此事直到 1856 年才最终解决，而此时道台还在努力 ①，希望也能与英国政府达成类似协议。

---

① "道台还在努力"，他没有成功，英国商人的欠税仍未支付。——原作者尾注

第39章

海关税务司

在以往的岁月中，中国给一位非常贪婪又十分典型的海关官员提供了怎样的发展前景，现在我们可以对此做一番较为全面的检视。公平地说，我们认为：他就职机构的制度助长了投机行为；他会将一切上司和下属未能强夺而去的东西尽归己有，这一点大家已心照不宣。而且，由于他任职期限仅三年，可以预计他会在这段时间里竭其所能中饱私囊，特别是在任期最后一年。一般来说，他第一年的俸禄用来偿还为获取该职位所耗费的开销；第二年用于贿赂，以保此官职；第三年的俸禄在某种程度上便是他的纯收益了。我们已经看到，各个通商口岸的做法比这个公认的惯例更为变本加厉，特别是在上海，仅几年时间已比广州更胜一筹。很明显，中国的官员不仅惯于"压榨"洋人，也乐于欺骗自己的政府，然这种状况并没有受到充分重视，由此也使我们可以了解这种独具特色的中国行事方式的根源。世上若真有一个完善的乌托邦政府，我们无疑会目睹以税收方式从人民手中收取的每一分钱，都会在保护人民的生命财产以及维护公众利益的各项事务中，给予民众充分的回馈。乌托邦的公务员"理应得到报酬"，自会拿到分配给他的钱款，仅此而已。让我们回顾以往，来看看中国的做法与此如何背道而驰。

据我们所知，广州的首任粤海关监督①（Hoppo）任命于1684年。官方关

---

① 粤海关监督的全称是"钦命督理广东沿海等处贸易税务户部分司"，统管海关全部事务，充任者多为内务府满员。——译者注

税，所谓"皇家海关"，本是最合理的形式，理应获得英国自由贸易主义者的充分肯定。粤海关监督一年的俸禄是 2 500 两白银，以当时的物价水平而言，即使作为高层公务人员，无疑也足以维持生活。然而，若要满足贪污腐败的需要，那就捉襟见肘了，所以首次出现了向洋人征税的大胆尝试。"压榨"一词直到 1702 年才出现在东印度公司的报告中，然而这种做法几乎伴随着第一任粤海关监督的到来就出现了。向航运课以重税始自 1687 年，而且赋税之后毫无回报。当日粤海关监督曾要求两艘小船分别缴纳 1 250 两和 1 073 两白银的测绘费，另收 18% 附加税归测绘员。此事经船主抗议，税额有所降低，但仍收取了 1 500 两白银"进贡皇帝"，另收 300 两归他。此后一直以此为例收税，直到 1728 年，粤海关监督厚颜无耻地要求每船再加收 1 950 两白银作"规礼银"，与此同时，在之前征收 4% 进口税的基础上，又额外增加了 10% 的出口税。然而，这笔"规礼银"和 10% 的税费实属横征暴敛，1736 年由乾隆皇帝颁令废除。此举很可能是由于东印度公司坚决抵制，1734 年仅派出了一艘船以示抗议的结果。若非该公司依靠垄断专营，否则绝难承受如此高的税率。中方还假惺惺地在一则依惯例张贴的公告中唱高调，说什么"欺弊洋人乃于法难容之罪行"，又抱怨东印度公司的大量货物"逐年侵蚀我方，致使此地贸易愈加艰难。"

我们眼见一位每年薪俸达 2 500 两白银的官员，还要向每艘到港船只收取 1 950 两白银的"规礼银"，知道此项进益不过是他众多额外收入之一，其"压榨"本地商贾毫不逊于洋商。下属目睹如此肆无忌惮地敛财之举，自然心生艳羡，于是也各施所能，起而仿效。爱莫斯（Bromley Eames）在写于 1909 年的《在华英人》（*The English in China*）一书中提到当时的粤海关监督，"常谋划着在几年之内敛聚一笔可观的财富。"不过在对此事表示严厉指责之前，我们最好也记住以下事实：英王乔治二世（Georg II）在位期间，就经营葡萄酒和烟草征收的 75 万英镑中，也仅有 16 万英镑入了国库。

让我们再回到 1854 年。在之前各章中，我们已经见识了南市"盘验所"中"六位诚实可信的商人"和外滩江海关中"两三个睡眼惺忪的仆从，每月只收取 5 至 6 元"，我们已一一记述他们的所作所为。我们也见识了"江海北关"被叛党和暴民劫掠后，由英国兵舰的一支登陆部队占领，而且只要县城还在叛党手中，出于租界的中立地位便不能归还海关大楼。而吴道台多次欲重建海关，先于江上建流动海关，又设内陆屏障——即在租界之外设立路障，后经领事们同意与协助，在苏州河的虹口岸边设立了海关，而这些努力由于之前所述之原因最终都成了竹篮子打水。因此，在叛党占领县城的 17 个月内，中国政府损失了大部分本应收缴的税款。所有这一切都为后事的发展铺平了道路。此外还有人提出了令事态进一步发展的初步提议。

早在海关税务司设立之前，我们可在璞鼎查爵士的言谈中找到其诞生的萌芽，但首先将此提议形诸笔端的，是阿礼国先生。他撰写于 1850 年 10 月 9 日的一份公文中，指出条约条款载明英国领事将"在合理范围内为中方税务官员履行职责、提供便利"，而他认为唯有领事当局有权在海关管理中建立起预防机制，方能保证完全杜绝走私行为。然而此举若只针对英国船只，货运便都移去别家船上，而各方合作在当时是万难施行的。不过显然同样的想法也时常在另外一些人的脑海中浮现。

1854 年初，美国全权公使麦莲写下如下文字："若三缔约国能作为海关管理的执行者，而税收一事可以任何形式置于其有效管理之下，我还未完全放弃此事能获成功的希望。"他认为，其他举措都将徒劳无功。威妥玛在其关于临时税则的长篇备忘录和有关海关的著作中都曾作过暗示，他的结论是一个意味深长的建议：中国政府应向上海派遣一位可靠的官员，并配备一批合适的下属。他写道："这样的官员，为了自身着想，可能也会任用一批外籍人员。"现在看来最初的萌芽已结出了硕果。

仅数月后，阿礼国论及此事，说事已有成。用他本人的话来说，"为确保未来上海对外贸易税款征收的公平和效率"，此前有人向包令爵士提出的建议，基于此，缔约国的领事们与道台达成协议。困难之处在于将以何种方式把正直警醒的外籍人员嫁接在现有的机构设置之上。有两个事实或可解释当地官员为何对于这个建议能如此坦然接受。一是道台此时的处境。他因获得枪支弹药和钱财的慷慨供给以助其剿灭太平军而受到北京的高度赞扬。我们已知晓他如何取得这些钱财。况且，他自知让小刀会叛党占了县城，实际上等于是摘了自己上海道的乌纱帽。二则是按察使吉尔杭阿的品性。吉尔杭阿无疑是当时本地官员中较为正直可敬的。对于自己的同僚——这位前广东商人道台的名声，他自然心知肚明，故十之八九也十分愿意建立一个管理诚信、工作高效的海关。他十分清楚在旧制度之下，最好的结果不过是"洋人商贾欺瞒哄骗，中国官吏腐败懒怠，两方相互妥协罢了。"

最初"改进海关管理以公平征税的提议"取中庸之道，拟设外籍司税一名，"以他为三缔约国代表"，配备几名精干下属，华员理文书，洋员跑外务。一年开销预算 1.2 万元，预计增收的税款数额可为开支的十倍。然而精明的领事们占了上风，从附录中誊抄的文件可知，实际上任命了三位司税：威妥玛、麦莲的秘书贾流意（Lewis Carr）和法国公使馆的译员史亚实（Arthur Smith）。这个三人组合意味着三位通晓两国语言的专家、三位作家、三位外籍海关港口稽查，以及一位可指挥六名水手的缉私巡逻艇船长。该机构一年开支约 3 万元。三位司税分别宣誓，将"忠实地"履行自身肩负的职责。1854 年 7 月 6 日，阿礼国、马辉和爱棠分别代表英、美、法三国，发表了一份联合通告，告知本港商船船长及承销商，自当月 12 日起，须"自与海关大楼联系，并遵守海关司税提出的各项规定"。临时缴税处设于苏州河边的一幢大楼内，但我们从魏德卯处得知，不久该机构便迁入位于南京路上的一家大堆栈，位置靠近现在的江西路路口（Kiangsi Road）。外滩的江海北关此时还一片狼藉。在如此简朴的形式之下诞生了世界上最成功的国家机构。

由此所引发的激烈抵抗是其执业有成的最好佐证。此前税收之混乱无序我们已在前文备述，而对于新机构的描绘，据我们所知，数年后在额尔金（Elgin）勋爵给外交副大臣（Under Secretary of State for Foreign Affairs）的一封书信中说得最切中要害。他写道，税务司的建立有赖于阿礼国先生之力，"其目的是终结原先违规和欺诈的行为，此类行为已将税赋变为赌博投机之举，其中暴力与欺诈无所不用其极，"这位爵士又补充道，"税务司运行成效卓越，无出其右。"该机构运行数年的成果也证明了他的论断。新机构运行 6 个月后，阿礼国在论及时曾用寥寥数语评价："十分高效，令人欣喜。"美国驻华代办伯驾医生在一年多后致信华盛顿时说："外籍司税制度出人意料地对华人的政治、道德产生了极大的影响，于中华有益，也为其所代表的三国政府赢得赞誉，并无损于商业利益。"连邸报——《京报》(*Peking Gazette*)① 都悲叹原先税收制度效率低下，并于 1857 年 4 月刊载"所幸上海的洋司税征税计两百万两白银"。事实上，新成立的海关税务司运行头一年，仅出口一项收税就超过一百万两白银。

我们可以想象，这样的成功让上海的走私者们多么失落（沮丧），被迫"全额赋税"是他们打心底里深恶痛绝的事，他们渴望回归以往放纵的岁月，故对新赋税制度的指责谩骂愈演愈烈。阿礼国已预见到谩骂抨击即将如飓风般向新建的税务司袭来。威妥玛亦有此先见之明。在三位司税中，唯威妥玛曾有过领事工作的经验，可算此中权威人士，故海关税务司中以他为马首是瞻。然而，任职一年已足矣，此后他又回任英方职务。不久后他的两位同事也离职，三人的职位由李泰国、余飞（Fish）和爱棠接任。

新任英方代表李泰国，我们已在泥城之战中介绍吉尔杭阿时有所提及。他是李太郭的长子。李太郭的英文名或许是取自著名的博物学家约翰·特拉德斯坎特（John Tradescant）。这位博物学家生于荷兰，后来成为伊丽莎白女王诸多庭园的主管。李氏家族中有多人袭用此名。而李太郭正是因其博物学家的才能，于 1825 年至 1828 年随比奇船长（Beechey，后称比奇少将）② ，赴太平洋和白令海峡探险，方在远东地区为人所知。他曾在琉球（Loochoos）、小笠原群岛（Bonin Islands）、澳门和广州进行收集工作。1836 年，受英国及海外圣经公会（British and Foreign Bible Society）③ 委派，李太郭再赴中国，在鸦片战争中任璞鼎查爵士的翻译，之后分别在广州、福州、厦门任领事，1845 年在厦门逝

344

---

① 《京报》是清朝在北京出版的半官方中文期刊，也称"邸报"。由官方特许经营的报房投递。《京报》以登载政府公告为主，常常被近代中国外文报刊翻译转载。由于《京报》只是从政府专设机构中誊抄官方拟向公众传递的资讯，只能起到公告版的作用。清末逐渐被《政治官报》（1907）及《内阁公报》（1911）所取代。——译者注

② 比奇（Frederick William Beechey），1796 年 2 月 17 日—1856 年 11 月 29 日。英国海军军官及地理学家。曾参加北极和非洲北岸探险。1825—1828 年奉命对白令海峡进行航行探险。——译者注

③ 英国海外圣经公会，1804 年在伦敦成立，是不分教派的基督教慈善组织，主要从事《圣经》的翻译、出版和发行，以使世界各地的信徒都能买得起翻译成本地语言的《圣经》。——译者注

世。他的儿子取名"Horatio Nelson",是由于其妻子正是英国最伟大的海军将领霍雷肖·纳尔逊①的侄女。李泰国深得吉尔杭阿赏识,除了他所具备的其他品质之外,其卓越的汉语能力无疑是原因之一。两人常在不同场合聚谈,当威妥玛辞去司税职务时,这位满族官员极力推荐李泰国出任。李泰国还曾与威妥玛合作编纂了一册北京语音词汇书。英方当局因这位副领事过于年轻还心存疑虑,然吉尔杭阿心意已决,故此任命下达。

如此,酝酿了一年之久的侮辱谩骂的洪流,在李泰国及其新同事的头上炸开了花。马士(Morse)②在《中华帝国对外关系史》(*The International Relations of the Chinese Empire*)第 522 页写道:"如今李泰国先生颇有脾气。"这话若真是我们通常所理解的意义,那么他在海关任职最初半年所遭遇的事最可磨砺其性情。李泰国于 1855 年 6 月 1 日上任,是最后一位被提名的司税。代表英国政府的卡灵顿爵士反对继续提名的做法。他坚决支持英国官员对中国海关事务持置身事外的态度。而新成立的税务司本质上是一个中方机构,三位司税则是中国政府的仆从,不受他人领导。华盛顿对此项政策十分赞同,并正式颁布了相关法令。从此时起,李泰国可自行选择下属,中方当局也同意这些人员未经其批准不得解雇。

在将笔锋转向惯常走私者对新机构异议纷纭之前,我们需在此说明,即便诚实的商人对于海关税务司仅将眼光圈定上海一地,无疑也颇多微词。在"模范租界"的商人被迫"全额赋税"的同时,在其他港口却还可以"有个商量"。因此,商贸便流向利润更为丰厚的地方。缔约各国也认为此项异议提得合情合

---

① 霍雷肖·纳尔逊(Horatio Nelson),1758 年 9 月 29 日—1805 年 10 月 21 日。英国著名海军将领及军事家,被誉为"英国皇家海军之魂"。他在 1798 年尼罗河战役及 1801 年哥本哈根战役等重大战役中带领皇家海军胜出,在 1805 年的特拉法加战役击溃法国及西班牙组成的联合舰队,但自己在战事进行期间中弹阵亡。自去世以后,纳尔逊被国人普遍视为伟大的军事人物,其英雄色彩在 19 世纪中叶开始得到宣扬,令他在第一次世界大战以前成为大英帝国与英帝国海上霸权的象征之一。——译者注

② 马士(H. B. Morse),1855—1934 年,原籍美国,后改入英国籍,1874 年从哈佛大学毕业后来到中国,长期在中国海关任职。1888 年加入亚洲文会北华支会,不久担任该会秘书,1906—1907 年任副会长。晚年定居英国,以退休后出版的学术著作闻名。——译者注

理，很快得出结论，认为海关税务司若要继续存在，必须对各通商口岸一视同仁。而在另一点上，正直的商人与一些不法商贩也有某种程度的共识。司税们上任，不仅带着正人君子的诚实廉正，也带来了统计学家的聪明才智。摈弃了官僚机构办事拖沓的繁文缛节，他们要求获取各种必要的信息，以便正常开展业务，并汇编出实用的统计数据。这正是引发强烈不满的症结所在。

在吴道台掌权时期，海关所需的货运单不过是苦力或船工递来的一张小纸片，上书船名和船只所载包裹数量，不必写明收货人，也不罗列货物清单。当新的制度运行起来，司税们要求上报条约规定的所有信息时，由于给运货人带来"极大不便"，引得众人一片哗然，于是纷争立起。商人常在申报中略去一些必填的项目，若有人前去查问，便会遭到断然拒绝！

经过一段时间，心怀不满者发现这些司税与原先的当地官员截然不同，他们无法用武力威逼，正直廉明，也无法以金钱买通。于是一场公然的毁谤开始了。新机构所面临的困难重大而庞杂。条约中措辞模棱两可，为引发无数争端敞开了大门，这些摩擦不仅爆发于税务机构与商人之间，也在税务机构与领事部门之间发生。就以如何定义"船用物品"为例，有了这一条款是否就意味着一艘船可运载十倍于自身船员所需的大米，却无须赋税？我们再看一个例子，由于砖头、砂浆等建筑材料可免除关税，那么商人是否可以运载一整船的木材、石膏等物，而获免税通关？诸如此类的问题悬而未决，可供讨论，直至新条约产生或对旧条约给予权威的解读，方能一劳永逸地解决各种疑点应如何理解的问题。

但是这里对于走私绝没有商量的余地。有时船只入港申报一半货物将再出口，如此便可逃避一半合法税收，而海关人员和奸诈的进口商都心知肚明，所谓再出口不过是将货物分装到当地小船上，驶入黄浦江或苏州河，而新机构对这些行为绝不姑息。他们也不会明知进口的鸦片箱里藏着硝石，或以类似方法藏匿当地特产出口，却视而不见。旧制度之下可大量申请退税的做法也经过严格修订。原先吴道台盖发进出口许可的戳记都一般无异。船只没有书面的订货单便开舱卸货，他也从不反对，提供虚假运货单的事更是层出不穷，事实上单证也仅由他的下属查验。有一回，按照条约规定，一艘俄国船被严令禁止在各

346

通商口岸贸易，然而它十分清楚此事还有"商量"的余地，便满载一船毛皮及其他货物入港。如此，便上演了一场如何遵行条约规定的戏剧。该船无论如何未能获得在上海港内开舱的许可，结果便在吴淞的港区范围之外，与另一艘船只转换了货物后，便满载出口物资扬长而去，整个过程丝毫未受阻拦。这般行事曾经屡见不鲜。新司税上任之时力阻此类事件重演，便引发了商人们怨声载道，指斥新机构收税太过"精明狡猾"。

数年后，李泰国撰述了不甚诚实的商人如何与海关打交道。他写道："此事行来全无章法。商人们仅付极少的税款，甚至完全不缴税，便可于顷刻间大发横财。由于官员软弱腐败，借着贿赂或威逼的手段，如何舞弊都可得逞。商人可走私一批棉布入港，然后在货箱中将棉布换成茶叶，再将这些货物以棉布出口销售，还可获取一笔从未缴纳的进口棉布退税！"

所有这些令人称奇的灵活操作之法，都换作了毫不通融的严格法律，由此激起众人怒火爆发也就不足为怪了。即使满腔怒火的抗议者遇上心怀同情的领事，得到的答复也差强人意。领事常说："我很遗憾，但我没有权力帮你们。"于是他们便诉诸报端，在《北华捷报》的"读者来信"专栏里，抗议和辱骂风行一时。一位怒气冲天的读者这样写道："如今崛起了一个凌驾于所有领事之上的掌权人物。"难道"无论道台选了如何顽劣之人坐上海关主管的位置"，洋商们便只能惟命是从，任其摆布？如今社会公众全听凭一人发落，而此人"对海关事务一无所知，还妄自尊大不愿下问"，公众又该何去何从？有位运输业务办事员表示，一年可赚6 000元，"这个年轻人必定是趾高气扬，自命不凡"！这场毫无正当理由的谩骂的洪流，差点令李泰国及其同事遭受了灭顶之灾，而其中对李泰国的怨恨也属人之常情，但这很有可能在某种程度上更使仅上海一地遭"洋司税"蹂躏的"不满"加剧。

李泰国于1855年6月1日接管海关税务司。与他有些许个人恩怨的《北华捷报》给他取了个绰号，称之为"年轻的独裁者"（Junior Autocrat），此话或许也有些道理，正如马士所言"李泰国先生颇有脾气"。但我们发现他从未任由自己的脾气干扰其严格执行财政税收的公务。而正是这脾性使得他在上海社会最恶劣者的诽谤中伤之中，屹立坚守，令人十分钦佩，至此才使租界的良好声誉

未受那根深蒂固的污行所累。对其不利的诸多控诉中有一项，指责他不能分辨
简单的书写错误和刻意伪造的欺诈。这一指控我们并不接受。我们曾翻阅大量
处理此类"书写错误"的来往函件，但从无一例对犯错之人产生什么不利影响。
1914 年，劳合·乔治（David Lloyd George）① 先生在一次演讲中说道，有人问
英格兰银行（Bank of England）的一位董事，如何能判断汇票有无问题，回答
是："闻味便知！"对于我们所说的"书写错误"问题也可依此裁夺。历史学家
的嗅觉似乎即刻便能断定这是欺骗的诡计还是无意之过失。考虑到这其中有明
显的差异，故不可能不觉察。在这半年的争斗中，多数时候李泰国是正确的，
而诋毁他的人则完全错了。

但是，在这其中也确有可商榷的问题。这些问题在领事的函件中曾一再提
及。上海的阿礼国卸任后，由罗伯逊接任领事。我们发现罗伯逊对海关的新举
措十分抵触，其目的并非袒护走私者，这自不消解说，他所提出的都是原则性
问题。司税是否可以既做原告，又做法官？缔约国的领事是否有否决权？一旦
双方发生直接冲突，谁更占优，是司税还是领事？这不过是诸多难题之中的几
个。但提出这些问题足以说明，新体制尚未完全适应环境。公使运用其智慧尽
可能地缓解矛盾。争端中的一方认为海关税务司应视为一个外籍机构，其建立
的目的是维护外籍人员的利益，而司税的行止应"与领事的行止相一致，而并
非与道台一致……这样他们便与领事站在一边，而不是像如今这般，与领事对
立"。因此这些人认为，在领事与中方官员之间又插进了第三方权力机构，所以
诸事不顺。另一方面，英国高层官员则自始便坚定地认为，这个新成立的机构
明确属于中方，而包令爵士清楚地向罗伯逊先生表示，应当避免发生双方的直
接冲突，除非触犯条约规定，否则领事毋须干预。而且包令爵士坚持认为，这
旨在保护诚实商人的制度，可在完全不危害领事机构的权力、地位，或是影响
力的情况下，得以维持。

到 1855 年 9 月末，这股反对财政税收的恶毒风潮开始慢慢减退。我们在此

---

① 劳合·乔治（David Lloyd George），1863—1945 年，英国政治家，于 1916—1922 年担
任英国首相。1919 年他出席并操纵巴黎和会，是巴黎和会"三巨头"之一，签署了《凡尔赛
和约》。——译者注

记下一事，可使这一时期的事态发展有迹可循。有一家著名的洋行（如今这家洋行在租界已不复存在），试图争取其他洋行支持，以书面形式抗议政府打算为海关部分职能享有绝对控制权制定法律条文。此事闹得沸沸扬扬，然而30家英国洋行中仅有6家愿意在该文件上签字。另一方面，10家洋行自发组织起来抵制嚣张的反对意见，公开抗议一切欲废止新制度的想法。9月29日，《北华捷报》的一篇社论强调，在这场正确与错误、正直与腐败、真理与谬误的伟大战斗中，正义的一方占了上风。这位社论作者写道："退回到旧制度，就是回到烂泥潭……我们认为外籍税收机构令上海港受益无穷……为了我们自己，为了上海所有诚实正直的人，为了上海现在以及未来的利益，我们主张维持现有政策，谴责任何旧制度的复辟。"于是，持异议的人也开始改变说辞。有人这样写道："我深信，所有商界人士，无一例外都十分渴望中国能够公正平等地征税——但并非经外籍司税之手。"由于除任用外籍司税之外，要在中国实现公正平等地征税实无他法，故此人的说法也颇有必要进行一番"嗅觉测试"。

邪恶的台风已尽展其威力，新建立的海关却仍然屹立不倒，注定将成为中国发展中的楷模。我们将在后文中描述其发展进程。目前，如众人所知，李泰国先生坚定不移，经受住了考验——可能是租界有史以来最为强大的国内外联盟，从上海到北京、从北京到西方各国首都的联合阴谋，最终被挫败。赚取不义之财成为泡影；喜爱疏懒怠惰的人希望破灭；诚实的商人时来运转；大门适时敞开，完全正直清廉的精神正可入驻；而中国的文职官员开始成为这个国家的荣耀而不再是耻辱。

第40章

东西方商贸变迁

　　如果胡子花白的历史学家能够上火星超人（Martian Superman）专为他们开设的幼儿园，他们提出的诸多孩童般天真的问题中，可能会有这样一个问题：什么是革命？可以想象超人老师感动于提问人的纯真热忱，便以地球作家对待这个问题的方式开始讲述一个激动人心的故事，为聚精会神的听众上了一堂如何正确理解"革命"的课程。因为即使对于并非火星人也非超人的普通人而言，有一点是十分显见的，在与革命运动相关的诸多因素中，一直以来人们常视而不见一个最关键的因素——这说来令人痛心，这就是我们所说的经济因素。

　　极少有人充分意识到这样一个事实：另有一场革命风起云涌，兴起于法国大革命之前，一直延续到大革命之后，由其引发的后果连这场铁血盛宴都相形见绌。对于早期的正统历史学家而言，革命仅仅意味着一段时期的战争、谋杀与暴毙。大屠杀与革命结伴而来，饥荒与衰败如影随形。我们已经看到，并且正在见证，革命的负面影响席卷俄国，其恐怖程度比法国大革命有过之而无不及。但我们也留意到，在目前已有了一些建设性的措施，这些举措迟早会覆盖欧洲土地上灾难性的破坏，如同自然之母仿佛羞于自己偶尔发作如台风般的暴怒，便赶紧以一片欣欣向荣来掩藏自己破坏的结果。

　　这场和平的革命进展过程，大致在本卷后几章所涵盖的时间阶段。这场革命涉及新思潮和新发明，而更多的则是这两者相互结合对于人类政治生活，特别是社会生活的影响。这种影响并非囿于某一个国家，而是遍及整个世界。总体而言，这场革命孕育于英格兰，而后传播至全人类，而且其影响还在继续传播，并未停止。其起止时间或可认定为自 18 世纪中叶至 19 世纪中叶，因为在此期间出现了三个具有划时代意义的突破：经济学思想、人类第一次发明了复杂的机械、发现了利用蒸汽和电力的方法。三位一体总是在宗教及其他各个领域以各种形式反复出现。这里的"三位一体"是人类的才智、道德和力量，无人会对此吹毛求疵。凭借此三者的结合，随着时间的流逝，人类的生存条件将日臻完善。这场革命是人类精神战胜物质，逐步掌控自然力量所结出的最初成果，能够和平地利用这种力量，将使人类进入一个更具创造力的世界，从而更为珍视和平与繁荣。

350

19 世纪的后 50 年，对于上海的人们而言更有裨益，所以需要给予密切的关注。由于我们的租界是一个五方杂处的大都会，故将各个主要国家工商业的重要发展，尽可能言简意赅地记录下来，是我们义不容辞的责任。我们本地的朋友自然独占鳌头。西方国家中，英国近一个世纪来在远东事务中名列前茅，美国位列第二，而其他欧洲国家如法国、葡萄牙、荷兰等，则或多或少占有一些份额。

据我们所知，中国工业与贸易的现状与几个世纪前相差无几。而西方国家的状况亦是如此，因为若没有各种便利的交通工具，贸易便只能禁锢于最初的范围之内。而除了东印度公司的船只这一项出色的进展之外，西方各国在道路、载货工具以及运输条件等方面都与东方不相上下，并无可炫耀之处。贸易并非中国历史学家钟爱的话题，这在我们国家也是如此。庄延龄（Edward Harper Parker）① 教授在他的著作《中国》（*China*）一书中，简略勾勒出一个引人关注的现象，"自古以来，（中国）商人的地位似乎与我们的放债人不相上下"。这一点在中国史书中也有所提及。这一论述十分关键，证明了西方国家后来的发展，

---

① 庄延龄（Edward Harper Parker），1849—1926 年，英国领事官、汉学家。1869 至 1871 年间任英国驻华公使馆翻译学生。1871 至 1875 年间先后在天津、大沽、汉口、九江和广州等地的领事馆任职。1883 年代理驻温州领事。1889 年至 1894 年任福州、海口、琼州领事。1895 年回国后任利物浦大学中文讲师。1901 年任曼彻斯特维多利亚大学中文教授。译著有《道德经》《中国和宗教》《中国宗教研究》，后者附有从 1788 至 1903 年的道教研究文献目录，有较高的学术参考价值。庄延龄还在《中国评论》和《都柏林评论》等杂志上发表了《道德经还活着》《道教宗教》和《道教》等文章。——译者注

在诸如贫富关系、施行贸易法和节约法令、试图调控价格等问题上，与中国的情况有着惊人的相似之处。然而不论东方或西方，其贸易的本质都可由公元前2世纪一位国王以一言蔽之，即"吾欲以吾所有易所无"。当然，这并不是中国的历史记载中首次提及贸易的真谛。翟理斯博士曾引用了理雅各（Legge）翻译的大禹箴言："吾促其互通有无，处置所藏。"大禹生活于大约公元前 2200 年，该书中描述了他如何开渠引流，播种耕作，并教人食素可强身健体。在贸易航线问题上，庄延龄教授也指出，"无论陆路或水路，除了有一两处例外，人们常走的路线与两千年之前几乎无异"。

东西方各国本质上相似的又一重要标志，在于他们所给予商人的地位。远古以来，无论在何处，统治者和他们的走卒总是不忘羞辱和掠夺一切与银钱或货物打交道的人们。这种做法全球通行，值得简略提及一下事情的起因。我们最早了解这个出现在史前时代迷雾中的人，其战斗的天性要胜过和平的倾向。他可能纯粹就是个战士，也可能是游牧部落的一员，有时放牧，有时打猎，情况需要的时候就是战士——那时常有这种需要。这样的社会必无孱弱者的立足之地。只有等人类渐渐过上安定的生活，非战斗人员才有可能找到安身之所。而当人们再次踏上征途，不能战斗的人便充当随军杂役或军中小贩。如此一来，由于可从他那里以各种战利品换取补给品，便也让他在此容身，但他也常遭到野蛮士兵的粗暴对待，因为他们瞧不起所有没有武器的人。在这种情况下，若不是创建了辎重兵团，特别是指挥官，认为他还有利用的价值，不然商人根本没有生存的机会。所以正是在国王或统帅的庇荫下，商人才免于彻底湮灭的命运。然而，不论是国王还是统帅，都会毫无顾忌地掠夺积累了一些财富的商人。因此，商人不得不在这恩威难测的境地中艰难求生。一旦确定受到皇室或爵爷的青睐——有时这得用钱买来，商人便可对普通百姓随心所欲地大敲竹杠，结果便是民众对他的怨恨随着其"牟取暴利"的能力一起与日俱增。为了获取并保住他的财富，他得交替运用各种面具，肆无忌惮与狡猾奸诈、严辞苛责与低眉顺眼、专横傲慢与卑躬屈膝，他得一会儿是"暴君"，一会儿是"弄臣"，成了最令人反感的卑鄙小人。他不具备，也不可能具备人间圣人所具备的高尚品德。这样的商人，在现代的波兰、罗马尼亚、俄国的社会底层，依然屡见不鲜。他们如同千百年前的同行一样，之所

351

以成为这样，是他们的不幸，但错并不在他们。

因此，早期世界各地的商人、放债人或是银行主都处于社会最底层，就不奇怪了。西方国家如此，在中国和日本亦如此。而西班牙衰落的原因之一便是驱逐了本国里仅有的商人：摩尔人和犹太人，气派的西班牙贵族再也不想象其他国家的贵族那样，让污浊的贸易弄脏了手。直到亚当·斯密（Adam Smith）①证明，以诚实正直的方式做交易也可以是体面人的正当职业，而且在这些交易中蕴藏着国家的财富，此时我们的英国显贵们开始发现贸易的真实面目。住着封建城堡、拥有大片土地、过着骄淫奢侈生活的英国最高傲的贵族，与以前广州一些中国官员所表现出的傲慢自负，颇为意气相投。当然并非所有中国官员都是如此，因为其中有一些人自己也正待价而沽呢。时至今日，中国官员的手已很少离开商人的钱箱，若偶尔可得幸免也并非出于成文法律的规定，而是得益于商人协会的庇护。

这里我们要谈到行会这个问题，对此我们十分感谢马士先生和历任海关税务司在这方面的研究。欧洲大地上有关行会的信息十分丰富，却散存于各地，马士在其著作《中国行会考》(The Gilds of China) 中搜集了与中国相关的最有价值的信息。此书以大量篇幅阐述了中国人的日常生活，不经意间也向人们展示，中国与西方的劳作方式是多么相似。马士并未述及普鲁塔克（Plutarch）②所描绘的古希腊古罗马时期的古老欧洲行会，否则他或许会发现，大部分中国与英国的行会，在形成之初都与宗教团体有关，罗马形成的行会也是一样。工人与商人团体将墨丘利（Mercury）③奉为保护神，以此寻求庇护。若要解释这

---

① 亚当·斯密（Adam Smith），1723—1790 年，英国哲学家和经济学家，经济学的主要创立者，古典政治经济学的代表人物之一。代表作为《国民财富的性质和原因的研究》，简称《国富论》。此书的首次出版标志着经济学作为一门独立学科的诞生，是现代政治经济学研究的起点，被誉为西方经济学的圣经。——译者注

② 普鲁塔克（Plutarch），约 46—120 年，生活于罗马时代的希腊作家，以《希腊罗马名人传》一书留名后世。他的作品在文艺复兴时期大受欢迎，蒙田对他推崇备至，莎士比亚不少剧作取材于他的记载。——译者注

③ 墨丘利（Mercury），罗马神话中为众神传递信息的使者，是医药、旅行者、商人和小偷的保护神。他的形象一般是头戴一顶插有双翅的帽子，脚穿飞行鞋，手握魔杖，行走如飞。——译者注

些现象，或许可以提出各种理由。僧侣是当时唯一受过教育的人，而他们的寺庙宽敞空旷。因此，目不识丁者既可以在此找到聚会的场所，也可由经文抄写员为他们执笔。而且，寺庙里的社团组织声誉较好。至今，英格兰许多社区俱乐部的年度庆典还在教区教堂举行。同样，上海的城隍庙现在依然是大约 18 家行会的聚会中心。

但如今城隍庙里不再产生各种行会，教区教堂里也不再是英国乡村俱乐部的发源地。世界各地行会的产生，并非源于崇高的精神追求，而是源于勇气，反抗暴君的勇气，特别是我们之前提到的那些以掠夺商贸为宗旨的暴君。与征服者威廉的妻子，佛兰德（Flanders）① 的玛蒂尔达（Matilda）一同迁移而来的佛兰德织布工，组成了英格兰最早的行会。此后好几个世纪，英国的修道院与制造业休戚相关，就像现在徐家汇的天主教堂也与中国的生产业关系密切。值得注意的是，英国较早的两个商业联合会，一个成立于 14 世纪，另一个成立于 16 世纪，二者的成员都是鞋匠。到了 18 世纪，技术娴熟的裁缝师傅也联合了起来。然而直到 19 世纪上半叶过了大半，反对组织行会的不公正法律方才废止。"提供庇护"的行会的成立时间，可以追溯到诺曼征服之前，其公开的目的是保护彼此。这在其他行业，不管是宗教、商贸或手工业都是一样。他们的目的在某种程度上接近垄断，这么说也对，中国的代理商也是如此。然而，大家不要忘了，在西方国家，行会同样代表着以公道的价格提供优良诚信的服务，同时不允许不讲原则的激烈竞争。依然处于行会阶段的中国，令已经历过这个阶段的人们十分感兴趣。在中国悠久的历史进程中，中国政府从未以直接的方式承认过行会组织，然而，行会又是一个仅次于政府的管理机构。通常来说，刑法案件只能由政府官员处理，民法则是行会管辖的范围，而行会的导向影响着绝大部分传统习俗的形成，这些习俗有别于成文法，是平民百姓行事的基本准则。这一点在世界各地都一样。中世纪英格兰的武装力量，大部分来源于镇

353

---

① 佛兰德（Flanders），中世纪欧洲一伯爵领地，包括现比利时的东佛兰德省和西佛兰德省以及法国北部和荷兰西南部的部分地区，是 13—14 世纪欧洲最发达的毛纺织中心之一。英、法两国为争夺佛兰德，引发了 1337—1453 年的"百年战争"，最终以法国胜利告终。除加来港外，英国在法国的领地与佛兰德被法国收回。——译者注

民的民兵团，他们与行会也不无关系，可以毫不夸张地说，如今中国的行会成员是这个国家的中坚力量。

在早期主要的商贸同业公会中，我们要提到的是汉萨同盟（Hanseatic League）①。13世纪时，汉萨同盟与伦敦及其他英格兰城镇关系密切，其范围从英国一直延伸到俄国的诺夫哥罗德（Novgorod）。早年上海租界有一位英国商人霍格曾是其领事代表。马士追述了汉萨同盟在伦敦建立商站的一件趣事。1666年汉莎同盟的"厂房"毁于伦敦大火②之后，这块地皮仍属同盟产业，充作货栈使用，1852年英国大东铁路公司（Great Eastern Railway Company）买下此地，现在这里是景隆街（Canon Street）火车站。所有这些中世纪同业公会的成员，他们的目的就是与一切能够进入的地区"贸易中心"建立联系，如同西方人将广州作为中国的"贸易中心"。12世纪时，苏格兰人曾在佛兰德有一处主要贸易城镇。英格兰的商会法（Statute of the Staple）可以追溯到1354年。我们以前在佛兰德也有代理人，1363年占领加来（Calais）之后，这个港口城市成了我们极好的主要贸易中心，直到1558年被法国人夺回。而英格兰本土的贸易中心城镇在各个时期都有变化。

东西方国家的行会组织如何不公平地对待国门之内的外侨，在各国的历史中都可看得一清二楚。他们让外国人都得交特别进口税，其自由也受到限制。与在广州一样，他在英格兰也得找一位"东道主"或叫担保人，这位担保人在收取一笔酬金之后，就成了他的保证人。他留居的时间和居住的地点都有限定。

---

① 汉萨同盟（Hanseatic League），是14—16世纪北欧诸城市之间形成的商业、政治联盟，以德意志北部城市为主。"汉萨"（Hanse）一词，德文意为"公所"或者"会馆"。13世纪逐渐形成，14世纪达到兴盛，加盟城市最多达到160个。1367年成立以吕贝克城为首的领导机构，有汉堡、科隆、不来梅等大城市的富商、贵族参加，拥有武装和金库。同盟垄断波罗的海地区贸易，并在西起伦敦，东至诺夫哥罗德的沿海地区建立商站，实力雄厚。15世纪中叶后，随着英、俄、尼德兰等国工商业的发展和新航路的开辟，转衰，1669年解体，当时上海的英国商人霍格实际负责处理汉堡、不来梅和吕贝克三个城市在上海的贸易事务。——译者注

② 1666年伦敦大火，是英国伦敦历史上最严重的火灾，火势自9月2日开始蔓延，连续烧了4天，至9月5日才扑灭。火灾造成欧洲最大城市伦敦大约六分之一的建筑被烧毁，损失包括13 200户住宅、87座教区教堂、圣保罗大教堂以及多数市政建筑，估计造成城市8万人口之中的7万居民无家可归。——译者注

广州名义上允许他待 "一季"。在英格兰有时他只能住上 40 天。

在中国，没有人真的会对行会的权势提出异议。行会的权势偶尔才有表现机会，不过也仅是偶尔而已，因为很少发生与行会的严重冲突。尽管 1912 年经历了改朝换代，行会组织却依然充当着普通百姓争吵时的仲裁人，在情况需要时用自己的武器罢工或抵制进口。他们有权制定和左右价格，可以修改贸易规章，如有必要也会胁迫官员。行会规矩的约束力似乎要远远高于成文法律，这也是一件令人吃惊的事情。中国官员早就发现与行会发生冲突是他们最不想看到的，因为作为最终的抗争手段，当地行会将号召起一股难以抗拒的力量，面对他们即使最激烈的进攻势力也乐意妥协。乞丐们把这一点运用得淋漓尽致，因为即使是他们，也有自己的行会组织。

另一方面，英格兰政府最近才找到可以削弱行会组织活动影响的方法。早在公元前，中国的分封制度便告终结，而这种制度在英格兰一直盛行到都铎王朝（Tudors）时期，时至今日依然可见其踪迹。分封制度不能公然实现的事，可以通过其他方式——一个腐败的议会来取得。威斯敏斯特（Westminster）① 的街上不再响起武装步兵的口令声：不再有武力的威胁，而是在其他时间，以其他方式进行。早期商贸组织发现，自身的意愿与普通法背道而驰，于是以 "抑制贸易" 为威胁，迫使一切为工人争取缩短工作时间、提高薪资待遇的努力，付诸东流。任何组织都会如此行事。不仅普通法暂时为其所用，连爱德华一世（Edward I，1272—1307 年）至乔治一世（George I，1820—1830 年）② 统治期间形成的三四十项法令，也都是以加强压迫为目的。英国的工人名义上是自由的，生活却如农奴一般。而在多数欧洲大陆国家，工人的境遇甚至更为糟糕。

情况的改善始于英格兰，源于物质文明的兴盛且无可抑制。差不多与此同时发生了两场决定性的社会巨变：美国独立战争和法国大革命。二者对于传播自由与人权的火种起了极大的作用。我们毋须细察这些战争的杀戮，就可以找到我们所搜寻的目标。工人与勇士一样大获全胜，脑力与体力工作者都高奏凯歌。1776 年美国签署独立宣言，同年亚当·斯密的划时代巨著《国富论》出版。

---

① 威斯敏斯特（Westminster），指威斯敏斯特宫，又称国会大厦，是英国国会（包括上议院和下议院）的所在地。——译者注

② 1820—1830 年，英国应是乔治四世在位。——译者注

355　　　古代文献表明，巴比伦人既会放贷也会去抵押借款，腓尼基人已很熟悉汇票的使用，希腊人充分意识到劳动分工的好处。然而随着罗马帝国的衰亡，西方世界陷入野蛮愚昧，很长时间几乎都没有进步。一切有待于通晓哲学的经济学家开始从事演绎逻辑研究，并将之应用到实际生活中去。每天工作的工人在生活中习惯运用归纳法，他们轻视创新，时至今日也是如此，他们对创新举措半信半疑。然而从 16 世纪最初几十年起，重商主义 ① 开始流行，归纳法和演绎法在经济学科中展开了一场拉锯战，然而它们得出的结论却远未能得到普遍地认可。我们已经了解，建立贸易中心的做法在东西方都十分普遍，但我们并未明说，它们的主要目的也一样，都是基于重商主义对于贵金属巨大价值的坚定信念。我们曾说过广州的"皇商"如何得到任命，但我们并未述及他的对手——"国王的货币兑换商"，如何在英格兰算计着，确保使贸易差额始终对英国有利！（罗杰斯，《历史的经济解释》，第 96 页）

　　　重商主义者希望通过此种方式来实现他们的目标。他们的伟大目标是外贸出超，以使金银滚滚而来。目前这种信念在中国也还未消亡，即一个国家在贸易中赚了多少，另一方就亏了多少。然而，其实是战争，让人一直心存恐惧，它使人们相信，为了自身的利益，尽可能地损害自己的对手总是好的。也是战争，再加上完全缺乏信任，才使人们长久以来过高估计了贵金属的价值。有了充足的货币储备，一旦战争来临，政府便可提供大量军需用品。1840 年前后，银锭在中国大量流通，便是这个原因。满族人正动用积储的钱财支付战争开支。

　　　德国的重商主义表现为官房主义 ②，除了经济之外，政治和技术工艺也在

----

　　① 重商主义（Mercantilism），指 17—18 世纪流行于欧洲的一种经济学说和政策体系，认为唯有金银才是一国真正的财富，只有外贸出超和顺差才能使更多的金银流入本国，是封建主义解体之后 16—17 世纪西欧资本原始积累时期，反映商业资产阶级利益的经济理论和政策体系。该名称最初由亚当·斯密在《国富论》一书中提出。——译者注

　　② 官房主义（Kameralism），又称作重商主义的官房学派，是重商主义的一种形式。官房，在欧洲中世纪原指国家的会计室，中世纪以后指国库或泛指国王的财产。该学派在 16—18 世纪流行于德国，当时德国各大学设官方学一科，包括财政学、国民经济学、私经济经营学和产业行政学等，主要培养财务行政官吏和君主的财政顾问，故名官房学派。该学派以重商主义的经济思想，阐明财政与国富有不可分割的联系，与英法重商主义不同，其基本思想是用政治权利谋求国家的经济统一，增加财政收入和增加国家经济实力。——译者注

这一学派中占有一席之地。此时科学还未摆脱其源头宗教的特点。法国重农主义 ① 者将农业视为国家财富的主要来源。到了 18 世纪中期，也是我们此次研究划定的起始时间，重商主义的影响力已大为减弱。这些都为亚当·斯密的横空出世铺平了道路。在他的巨著出版之前，三种截然不同的经济观念占据着人们的思想。第一种观念源于希腊罗马，是有关天赋人权的思想；第二种观念从基督教教义衍生而来，相信仁慈的上帝；第三种观念，是为了维护个人权利，反对公共干预，由此逐渐产生自由放任政策。除此之外，亚当·斯密提出了第四种观点。他认为人类最大的驱动力是利己主义，对这一思想的系统完善产生了巴克尔所谓的"经济学的基石"，也是此后被称为古典学派的坚实基础。亚当·斯密理论的追随者甚众，其中最值得尊敬的莫过于威廉·皮特（William Pitt）②。但在《国富论》出版 7 年之后才有人在英国的下议院提及此书，尽管伯克（Burke）③ 早年也是个自由贸易派。还有报道称，查尔斯·詹姆斯·福克斯（Charles James Fox）④ 表示不能理解亚达·斯密的理论。

356

---

① 重农主义（Physiocracy），起源于法国的经济理论，在 18 世纪晚期非常流行，是最早的、较为完整的经济理论。重农主义者认为国家的财富决定于农业生产的盈余。其他的经济活动，如制造，被看作是利用农业产品的盈余部分，将其转化为另外的产品形式，用盈余的农产品养活从事制造的工人。亚当·斯密在法国讲学期间深受该理论影响，卡尔·马克思在《资本论》中也大段引述重农主义观点，将其发展为现代的劳动价值论。——译者注

② 威廉·皮特（William Pitt），1759 年 5 月 28 日—1806 年 1 月 23 日，因与其父同名，被称为小皮特。是 18 世纪末到 19 世纪初英国政治家，1784—1801、1804—1806 年两度出任英国首相。他是英国历史上最年轻的首相，首次任职时为 24 岁，也是英国历史上任期最长的首相之一，两任任期相加将近 19 年，仅次于第一位英国首相的任期。他信奉亚当·斯密的经济理论，在首次任首相期间，实行了财政和税收改革，降低了关税，增加新税种，改善了政府的财政状况。——译者注

③ 爱德蒙·伯克（Edmund Burke），1729—1797 年，爱尔兰的政治家、作家、演说家、政治理论家和哲学家。他曾在英国下议院担任了数年辉格党的议员，经常被视为英美保守主义的奠基人。他对当时的经济思想也有极大的影响，是自由贸易和自由市场体制的坚定支持者，坚持着"自由放任"的经济原则。亚当·斯密还曾说："伯克就我所知是唯一在与我相识之前便已经与我有完全相同的经济思想的人。"而在托利党的威廉·皮特执政时期，伯克则一直扮演着反对派的角色。——译者注

④ 查尔斯·詹姆斯·福克斯（Charles James Fox），1749 年 1 月 24 日至 1806 年 9 月 13 日，英国辉格党资深政治家，自 18 世纪后期至 19 世纪初任下议院议员长达 38 年之久，是皮特担任首相期间的主要对手。——译者注

新学说最初的实践运用之一，便是为推翻英格兰原有的贸易保护措施提出建议，此举的影响也波及"英国东印度公司"的垄断经营以及它在广州设立的商馆。此事与产业主义的发展联系有多么紧密，从事件发生的时间可见一斑。1776年，亚当·斯密的巨著发表。1764年至1784年的二十年间，以下这些发明为一个崭新的世界奠定了基础：哈格里夫斯（Hargreaves）的多轴纺织机、阿克赖特（Arkwright）的纺丝机和梳理机、克朗顿（Crompton）的走锭细纱机、蒸汽机车、瓦特（Watt）对蒸汽机的重大改良、第一艘铁船、复式蒸汽机以及蒸汽机在机械工业中的运用。同一时期，独立的美国崛起，英国在贸易上建立了世界霸权。

自由贸易与贸易保护之间的战争一旦展开，跨越式飞速发展的工业就将英国农业视若仇敌，而非同盟。当时谁都不曾料到会出现此种状况，但"工厂还是农场"之争，可能对于双方而言等于是战斗的号角。封建制度站在农场一边，城堡、领主的宅邸、谷仓，还有更为常见的教堂，都是它的根据地。这些建筑周围住着立法的议员，这些人长期以来主要是出于自身利益的考虑来制定法律。正是他们制定了那些禁止人们联合起来的法律，使得全体英国人民，尽管拥有我们引以为豪的自由，却过着半奴隶般的生活。1771年至1780年的十年间，英格兰的生产与人口增长尚处于较为平衡的时期，当时1夸特① 小麦的价格为34先令7便士② 。然而，由于拿破仑战争、人口增长以及其他各种原因，1801年，小麦的价格一度猛增至180先令。在1811年至1820年的十年间，小麦的价格仍然高达87先令6便士。贸易保护主义者的谷物法③ 却将他国的粮食

357

---

① 夸特（quarter），谷物等的容量单位，约等于8蒲式耳，相当于1/4吨。——译者注

② 1971年前，英国货币单位1英镑等于20先令，1先令等于12便士，即1英镑等于240便士。——译者注

③ 谷物法（Corn Laws），也称"玉米法"，是1815年英国制定的限制谷物进口的法律，规定国内市场小麦价格低于每夸特80先令时，禁止谷物进口，目的是维护土地贵族的利益。实施该法后，谷物价格骤贵，工人要求提高工资，外国也提高英国工业品进口税，从而损害了工业资产阶级的利益，也损害了农民的利益，因此谷物法成了工人阶级、工业家与土地贵族冲突的根源。1846年该法废除。英国谷物法的变革是保护贸易制度向自由贸易制度过渡的一个典型事例。——译者注

拒之门外，而这原本可以有效缓解贫苦百姓面临的悲惨境遇。平民百姓忍饥挨饿，却养肥了地主贵胄，他们对任何一项改良计划都拼死抵抗。国内议会与新闻界的冲突比对抗拿破仑的战争更为激烈。经过众人付出了巨大努力，1824 年反对组织行会的法律废除。然而次年，凭借更强烈的反对力量，这点可喜的进展又遭撤销，在此后 30 多年，这块土地上依然执行着原来反对组织行会的习惯法。

这场较量还牵涉到其他问题。这次是围绕 1832 年英国议会的选举法修正法案 ① 激烈展开。1839 年爱尔兰发生了更胜于往年的严重饥荒，此事助了自由贸易者一臂之力，使得皮尔（Peel）② 能够开放港口以允许粮食进口。然而直到 1846 年，谷物法才废除，况且废除此法要到 1849 年方才生效。自此以后，英国人民不仅从负担沉重的双肩上卸除了玉米的税收，而且从 1840 年至 1860 年间，分别取消了 938 项税收，削减了 615 项。在这过程中，仅保留 48 项课税物品，其中一些费用也略有下降。所得税的征收可为补救。值得注意的是，在平民百姓的粮食问题上，英国与中国的做法有着天壤之别。在我们的封建统治者坚持执行他们自命的权利，维持着几乎要导致饥荒的法律之时，广州的中国官员为稻米的进口提供各种便利，有时甚至放弃了一些他们的压榨手段，而且同时严格执行当地的法律，防止粮食出口。

19 世纪尚未过半，采取明智的政治经济学与机械动力合理运用相结合的措施，使得英国人开始从中受益，他们毋须多言已信服自由贸易的好处。而大西洋的另一头，在完全不同的条件之下，此时独立的美国人毋须他人引导，则开

---

① 这是英国在 1832 年通过的关于扩大下议院选民基础的法案，该法案改变了下议院由保守派独占的状态，加入了中产阶级的势力，是英国议会史的一次重大改革。该法案使旧有地主及旧有南部城市商人的势力受到打击，增加了因工业革命而兴起的中北部城市，如曼彻斯特、利物浦等地商人的参政机会，群众对下议院的影响力上升，同时此法案也开创了日后各议会改革法案的先河。——译者注

② 皮尔（Robert Peel），1788—1850 年，英国政治家，于 1834—1835 年、1841—1846 年任英国首相，被视为英国保守党的创建人。他在担任内政大臣期间（1822—1827 年、1828—1830 年）改革了英国的刑法，组建了伦敦第一支训练有素的警察队。第二次担任首相时，征收所得税，改组英格兰银行，在爱尔兰发动改革。经济上支持自由贸易原则，主张降低进口关税，并废除了谷物法。——译者注

始了贸易保护的历程。1790 年，亚历山大·汉密尔顿（Alexander Hamilton）①开始努力说服同胞必须自行发展工业，他并未遭遇多少波折，因为只要对美国殖民地时期的历史稍有了解，便足以明白英国政府在其德国国王②的影响之下，并不是美国人民的祖国，而只如同继母一般。

以上诸事对于对华贸易而言十分有意义，因为这从某种程度上可以解释为何英美两国在广州以及之后在上海所采取的措施有些差异。此外，同一时期中国大地上的贸易状况也发生了最根本性的转变。在东印度公司 1834 年于广州关门之前，美国同中国的贸易已经占了相当比例。至 1840 年战争之前，则更是快速增长。最初的条约签订后，美国在广州和上海两地的商贸同英国一样持续发展。1860 年，英法联军进京，可以看作中国与西方国家之间交往的第二阶段的终结。1861 年的内战使得美国人无暇顾及发展与"天朝大国"的商贸往来。

广州的早期对华贸易，一部分使用现金交易，还有一部分则是以物易物。之后我们将谈到的上海商贸，则逐渐偏向于采用以物易物的方式，并在相当程度上受到英国工业生产快速发展的影响。这个过渡阶段在东西方都引起了相当程度的混乱。英国国内生产体系急速发展，而中国从封闭到自由贸易的转变几乎于一夕间就完成了。这两个事件所引发的事态发展，一时间造成了严重影响。英格兰一跃成为世界的生产工场。而中国则从仅有一口通商的封闭之国，转而向世界敞开了五个港口。这对于双方而言都不啻是一场革命。

法国、德国、荷兰以及其他欧洲国家，对中国的兴趣不如两个英语国家。1815 年，随着法国那位伟大领袖的退位，拿破仑战争宣告结束。然而法国还不适合远离故土外出冒险。再次落在它头上的是波旁王朝的重负，此后多年时局动荡，连远征阿尔及利亚也无法令之平息。占领阿尔及尔③的那一年，查理十

---

① 亚历山大·汉密尔顿（Alexander Hamilton），1757—1804 年，是美国的开国元勋、宪法起草人之一，财经专家，美国的第一任财政部长。他是美国政党制度的创建者，在美国金融、财政和工业发展史上占有重要地位。——译者注

② 1714 年，英国安妮女王驾崩无嗣，议会为了寻找一位新教徒国王，请了安妮的表兄、德国汉诺威选帝侯乔治·路德维希·汉诺威到英国即位，史称乔治一世，是英国汉诺威王朝的开始。美国独立战争期间，英国由汉诺威王朝的乔治四世摄政。——译者注

③ 阿尔及尔（Algiers），阿尔及利亚的首都。1830 年 7 月 5 日，阿尔及利亚的统治者未作重大抵抗，就把首都阿尔及尔城交给了法国人。——译者注

世（Charles X）逊位，奥尔良公爵路易·菲利普（Louis Philippe）登基。即便发生了这样的变革，国家依然不得安宁。阴谋、密谋、未遂的起义叛乱，警报之声此起彼伏，几乎从未断绝。1846 年之前，分别发生了七次针对新国王生命安全的袭击，这一年那桩西班牙婚姻引得国际社会一片哗然。两年之后，发生了第三次革命，路易·菲利普逊位，路易·拿破仑（Louis Napoleon）上台领导共和国。在这整个过程中，我们可以想象，法国对于中国发生的事件意兴阑珊，而且这些事也应该根据在欧洲同一时期发生的事件来解读。因此，我们发现尽管中国发生了种种变化，东印度公司撤出，鸦片战争打开了中国的国门，从此加大开放的机会逐步增多，但法国也没有条件好好利用这些机会，该国仅于1844 年由剌萼尼（M. de Lagrene）谈判签署了一纸条约，1849 年在上海取得了一方租界。此后多年，租界里仅有一幢法国领事馆和一家法商的零售商号，此外别无进展。

359

德国是如何被剥夺了一切涉入远东事务的机会，差不多用一段话便可解说。那场名为三十年战争①的可怕政治宗教斗争令其元气大伤。此后，西班牙王位继承权之争②、腓特烈大帝（Frederick the Great）③与玛丽亚·特雷莎（Maria

---

① 三十年战争（30 years' War），1618—1649 年，是由神圣罗马帝国的内战演变而成的全欧参与的一次大规模国际战争。这场战争是欧洲各国争夺利益、树立霸权以及宗教纠纷剧化的产物，战争以波希米亚人民反抗奥国哈布斯堡皇室统治为肇始，最后以哈布斯堡皇室战败并签订《威斯特伐利亚和约》而告结束。由于德意志是三十年战争的主要战场，其经济遭到极大破坏，而且战后诸侯国各割地盘，其内部分裂变成不可逆转，间接令神圣罗马帝国变得名存实亡。这场战争使日耳曼各邦国大约死去百分之十五至三十的人口，其中男性更有将近一半死亡，十分惨烈。——译者注

② 西班牙王位继承之争，1701—1714 年，是因为西班牙哈布斯堡王朝绝嗣，法国的波旁王室与奥地利的哈布斯堡王室为争夺西班牙王位，而引发的一场欧洲大部分国家参与的大战。当时的西班牙除了其本土外，还有意大利的大部分、西属尼德兰（今比利时），以及遍布美洲、亚洲、非洲的辽阔土地。由于法国可能得到西班牙的王权继承，英国、荷兰、奥地利以及德意志境内的普鲁士群起反对，结成同盟对法作战。——译者注

③ 腓特烈大帝（Frederick the Great），1712—1786 年，腓特烈二世，普鲁士国王（1740—1786 年在位），史称腓特烈大帝，军事家、作曲家。其统治时期普鲁士军事大规模发展，领土扩张，文化艺术得到赞助，使普鲁士成为德意志的霸主。他是欧洲历史上最伟大的统帅之一，在政治、经济、哲学、法律甚至音乐等诸多方面都颇有建树。——译者注

Theresa）① 以及他们各自盟友的七年战争 ②、1776 年洛林地区 ③ 转让给法国，以及之后的法国大革命战事纷纭，所有这些都使得这片土地长期动荡不安，贫穷加剧。一直到滑铁卢战役发生三年后的 1818 年，建立了除奥地利之外所有德意志邦国组成的著名关税同盟（Zollverein），为其前途似锦的未来打下基础。在 1830 年这个革命的年代，德意志动荡不安，1848 年的革命更使德意志深受影响。因此，在我们所涉及的整个变革时期，德意志人对国内事务尚自顾不暇，频繁的战事令他们疲惫不堪且贫苦困顿，因此无力在外部世界留下他们的足迹。所以，在马士先生的《中华帝国对外关系史》一书涉及 1834 年至 1860 年的第一卷中，没有一处单独的索引论及德意志，仅在第 58 页的以下句子里提到过一次德国人："不同时期曾在广州进行贸易的其他沿海国家，还有瑞典、丹麦、普鲁士、汉堡（Hamburg）、不来梅、奥地利（也即比利时 ④）、意大利、秘鲁、墨西哥和智利，但这些国家的贸易并不重要，早期也未发生需要评论的事件。"直到 1861 年，北京才来了一位德国公使艾林波伯爵（Graf zu Eulenberg）⑤，尽管如我们所见，1853 年上海就有一位领事代表汉堡、不来梅和吕贝克，然而即

---

① 玛丽亚·特雷莎（Maria Theresa），1717—1780，奥地利女大公、匈牙利和波希米亚女王，哈布斯堡家族的神圣罗马帝国皇帝查理六世之女，哈布斯堡王朝最杰出的女政治家，在任期间与其子约瑟夫二世皇帝实行"开明君主专制"，奠定了奥地利成为现代国家的基础。——译者注

② 七年战争（Seven Years' War），1756—1763 年，由欧洲主要国家组成的两大交战集团（英国—普鲁士同盟与法国—奥地利—俄国同盟）在欧洲、北美洲、印度等广大地域或海域进行的争夺殖民地和领土的战争。这次战争对于 18 世纪后半期国际战略格局的形成和军事学术的发展均产生了深远影响。由于参战国家众多，英国首相丘吉尔认为这才是真正的第一次世界大战。——译者注

③ 洛林地区（Lorraine），位处法国东北部，与比利时、卢森堡和德国的交界处，是欧洲几条大道的十字路口，在几个世纪内，一直被称为战略要地。据查，洛林地区于 1766 年并入法国。——译者注

④ 1713 年比利时由奥地利的哈布斯堡家族统治，1789 年和 1792 年爆发反对奥地利统治的起义，1794 年奥地利在弗勒吕斯被法国击败，比利时割让给法国。——译者注

⑤ "德国公使"，艾林波被称为"特使"（speial mission）。——原作者尾注。
其实当时德国尚未统一，对外交往由最强的普鲁士政府出面，因此确切地说，艾林波伯爵是普鲁士外交使团团长。——译者注

便是他，手下也没有一位"臣民"!

在其他较小的国家中，则由比利时为先锋。该国于 1845 年派出由兰瓦（M. Lannoy）带领的特别使团，谈判签署了条约。1847 年，瑞典与挪威也依此行事。中国与西方其他国家签订条约则要更晚一些。俄国分别于 1689 年、1727 年、1768 年与中国签订过三次公约，但其首份现代条约签订于 1851 年，十年之后才签订了第二份条约。之后，葡萄牙、荷兰、西班牙以及意大利也很快接连与中国签订条约，不久其他各国也纷纷依样而来。

我们已在本章中浏览了全世界范围从中世纪向现代主义变革过程中，经济以及一些政治发展的历程，也部分展示了中国以及美国和欧洲如何受其影响。然而，中国还未从自以为是的国际霸权和天朝大国的奇异美梦中被唤醒，还和西方世界头一次发现它的时候一样，既专制又民主，两者混沌不分。它还施行着自己特殊形式的重商主义，依然处于行会阶段，同时却完全没有意识到自己正在为了今日所呈现的面貌打下基础。我们看到商贸和商人还保留着从英国金雀花王朝（British Plantagenets）和中国周朝残存的分封制度所带来的理念。我们阐述了英国与中国的行会如何在数百年前各有其源头，然而却演化出类似的行事准则和相同的操作方式；新时代的经济思想和机械发明如何在世上涌现，而英国首当其冲，深受影响；之后生产制造的新纪元如何最先在英国土地上建立起来，并出于这个缘故，也由于其他地方政治、社会和经济条件的影响，两个英语国家的民众成了这一成果的最先享用者；以及新上海如何开放、规划、引导并主要由这两个国家的人们来管理。对这些事做一番总结十分有必要，因为若对这些缺乏了解，那么许多现代上海的历史极易遭到误解。

第41章

领事们

"领事并非天生比其他人缺少通情达理之心。"这是 1869 年罗伯特·赫德（Robert Hart）[1] 所写下的。这位前领事官员，时任大清海关总税务司，同中外官方都有良好的兄弟关系，他的看法，对于早期为了我们的目标而行事的领事们而言，可谓是经典的描述。尽管领事们在许多场合被捧上天，但更多地是时常被严厉批评，有时这些批评有道理，但大多毫无根据。

早在十三行时代就有所谓的领事，但彼时他们并不被官方所认可。中国人把他们看作是大班，并相应地对待他们。有时候领事虽有权驱逐本国国籍的违法者，但很少可以像古代苏格兰监狱的看守或欧洲大陆的市政官员那样执行公务。条约时代前很少听闻他们，随即他们几乎消失了。

语源学家研究"领事"一词的来源，众说纷纭，斯基特（Skeat）博士 [2] 倾向于是从拉丁语"consulere"演变到"consult"，其他学者认为是从拉丁语词根"sed"演变到"sit"，或是从"sal"到"go"。而中国学者则认为来自汉字"搜"，意思是"查询、调查"，特别是以官方方式；或者说来自"司"，意思是掌控、管理及负责，如旧时称主管军事的长官为"大司马"。但对心存不满利用一切机会违反条约的商人来说，他时常被警醒的领事官员管教着，于是有了第

---

[1] 罗伯特·赫德（Robert Hart），1835—1911 年，英国人，1854 年来华，1861 年任上海税务司，1863 年起任中国海关总税务司，至 1911 年离任，达半个世纪之久。——译者注

[2] 斯基特（Walter William Skeat），1835—1912 年，英国语言学家。——译者注

三种来源——"唆"，意思是挑动别人做坏事。从现代语义来说，"领事"一词基本被认为出自公元前 5 世纪的罗马，指国王被驱逐后的执政官或审判官。这一用法一直延续到 1799—1804 年间的法国共和国执政者。人们应该记得伟大的拿破仑就是首席执政官。

"领事"的现代用法是指负有促进贸易特殊使命的官员，早在 15 世纪，法国就向埃及和的黎波里派出过领事。1485 年，有个意大利人在意大利代表过英格兰的利益。1633 年，第一位英国籍的领事被派往葡萄牙。在那个年代，亘古不变的是战争后贸易的介入，当时法国具有领先地位。1604 年开始，法国独享在土耳其的领事权，至 1675 年，英国也获得同样的权利。真正的领事制度则要晚得多，英国始建于 1825 年，德国始建于 1867 年，而从 19 世纪 80 年代早期开始（原文如此），法国的领事事实上在其严格的领事事务以外，还是外交机构的一部分。根据 1873 年的法律，德国领事既要通过特殊的基础课程，还要被训练为法学家。巴富尔上尉，英国在上海的第一位领事，也是租界里唯一领薪的专职领事，但他仍不是职业领事，因为他还保留着返回其所属英印军队的权利，而事实上在服务了三年之后，他确实这样做了。此后一段时间，上海的外国领事都是商人 ①，第二位职业领事是法国驻上海领事敏体尼（M. Montigny）。

在中国的职业领事有时观察问题的基点与其本国的同行有所不同，在那儿治外法权并不为人所知。如果我们把英国领事做实例就能够很好地了解领事们的职责，除了某一方面，英国领事与他国领事并无太大的不同。其不同之处源于条约的条款，它规定了领事的责任在于"令英人清楚交纳货税、钞饷等费"。② 该条款按照马士的说法是"由怀着公正之心及帮助中国的意愿的英国领事执行"。其他国家的领事并无此项职责，但监督及保护本国人员的贸易确是共通的。因形势需要，在此特殊场合英国领事每年要通过公使向外交部作出年度报告。如我们所见，因本地形势的发展，英国驻上海领事成为西方唯一的官方代表。他负有与宫慕久道台交涉和起草首个《土地章程》文稿的职责。但总体

362

---

① "上海的外国领事都是商人"，指除了英国外的其他人，因为巴富尔被阿礼国取代了。——原作者尾注

② 该条款见中英《南京条约》第二条。——译者注

来说，他的职责还是在于大量的领事业务。除了监督贸易，领事还要监督航运法规的执行，如有必要，还需对相关事务展开调查，甚至还要扣押有违法及过失嫌疑的外国船只，直到其本国领事视事。领事还要为船舶证书做背书、保护海员的劳工权益。他还要承担许多公证人的工作，确认船籍、商人及土地交易等。治外法权还赋予领事司法权及行政权，早期领事的权责更是模糊不清，在租界初成的 50 年代，由于叛乱者的行动及难民的流入，调查本地人在租界中的犯罪，导致了现行会审公廨制度的发明。此外，还有许多杂七杂八的事务需要英国在华领事使用技巧去解决。旅行者需要领事提供意见和建议，领事也会提供相关信息。领事要为婚姻祝福、为新生儿注册。他成了心忧"身在远东某处"游子的故国母亲的国民求助对象，领事自然会找到这些游子并予以劝诫。最后，我们还需记得，早期的领事是集建议与裁判两种职责于一身。

当然，领事作为外交官的职责尤应引起注意。我们曾看到英国领事阻止过上海本地贸易整整两星期。我们也曾看到过美国代理副领事以其商人身份，主动向道台递交了战争的最后通牒。① 阿礼国毫不犹豫地派英国军舰去南京与总督会面，虽然此前他不过是仅与道台官位对等的领事。所有这些表明，在中国，说领事们是绅士只是推测，早期更是如此。总之，在有治外法权之地，一位领事的有效任命，取决于政府委任其为领事的全权证书。这份证书既是形式上的领事使命的证明书，又是授予者可在任何时候撤回的官方文件。中国政府从来没有退回过任何一份领事证书，却有本地官员因外国人的要求而被撤换的例证。当然，人们有理由相信，这个被特别挑选的官员是持倒退的态度，他被免职绝不等同于降职②。

被派出的英国领事隶属于外交部一个特别的机构，因为贸易委员会并没有扩及国外，我们有时注意到，领事与其他英国官员的指令并非总是绝对一致的。

---

① 指 1852 年 3 月 16 日，美国代理副领事金能亨为美国人在英租界租地威胁上海道台的事件。——译者注

② "被免职绝不等同于降职"，从几个案例看，官员因外国人要求被免职后不久又被升职。山东的满族巡抚毓贤对义和团谋杀第一位外国人（传教士布鲁克斯）负有直接责任，尽管英国人要求他去职，他仍然被提任为山西巡抚。——原作者尾注

海军掌管着军舰，殖民地部管理着香港，外交部是领事服务的首脑机关，所有
这些机构都想在远东分一杯羹，却又对远东极度缺乏了解，使他们的判断比较
随意，这在当时足以使他们产生不同的看法。当领事与舰长对岸上事务都发生364
兴趣时，他们的观点有时就可能产生冲突。领事还有可能与在香港的总检察官
在法律事务上意见相左。某次，我们发现阿礼国抱怨在对于涉及条约事务的解
释上，王国政府、全权公使及殖民地法院的法官都没有定论。

英国领事拥有足够的权限及支撑这种权限的力量，除非得不到战舰的支持，
而这种情况在当时经常发生。在 1848 年及以后一些年份，这种力量是必需的，
虽然当时租界名义上的居民在 200 人左右，但码头上却有 2 000 名商船上的海
员。一旦违法者摆脱租界的限制，领事对他们的威慑力就会丧失殆尽，除非中
国官方选择使用条约赋予它们逮捕及引渡的权力，但中国官方很少使用这种权
力。远在 1847 年时，我们看到罗伯逊副领事 ① 抱怨吴淞就像一个声名狼藉的
殖民地。毫无疑问，匪徒中的大部分人都属于无条约国家，没有人能够控制他
们，而唯一能控制他们的中国政府又几乎不做任何事情。当然，其中也有没有
任何忠诚观念的英、美、法三国人员，他们分享条约带来的利益，却无视条约
对他们的约束。例如，一个来自美国的无赖移民，无论其是否归化，都可以凭
其英语能力而被当做是美国人、英国人或是欧洲大陆其他三四个国家的人，像
这种毫不顾忌后果的世界主义的混合物，加之从 1850 年代早期到 1864 年太平
天国彻底覆灭时中国海岸的状况，都会使其成为一个卑鄙的无政府主义者。对
于那段岁月，蒲安臣（Anson Burlingame）② 说："美国的权威受到嘲弄，我们的
国旗成为中国所有坏蛋的保护伞。"（见马士《中华帝国对外关系史》第二卷第
130 页）

确实，与他们的英国同行相比，早年上海租界的美国领事有更多的不利因
素。如我们所见，他们是商人领事。但这并不是他们唯一的弱点。美国在华法

---

① 罗伯逊（Daniel Brooke Robertson），1810—1881 年，英国外交官。曾任英国驻上海副领
事、领事。后被封为爵士。——译者注

② 蒲安臣（Anson Burlingame），1820—1870 年，美国外交官，1861 年任驻华公使，是第
一个在北京任职的美国公使。——译者注

院法官罗炳吉（Lobingier）博士最近（1919年）写了一本小册子，回顾了美国在华领事法庭的历史。在书中，他指出在治外法权之下，"每位领事因其职务而成为法官"，以及60多年来领事法庭"是在中国唯一的美国法庭"。然而对于法律事务，领事们也是门外汉，"不要指望他们成为法律专业的行家里手"。更有甚者，直到上海开埠5年后的1848年，美国国会决定"在刑事与民事案件的审判中，任何情况下都应与美国法律相一致，据此，根据条约，只要它是必需的，审判就可以延伸到在中国的所有美国公民"。我们发现在英国的记录中，这一决定受到热烈欢迎。在当年以及之后的某些情形下，租界中的英国公民发现自己处于令人不悦的窘境中：如果他自己犯罪或者冒犯了其他西方人，他会被立即带到他自己的领事面前受审并问罪；而假如他被别人冒犯了，可能得不到任何补偿。根据1860年的条例，美国国会又进一步明确了（美国人的）法律地位，虽然罗炳吉指出的问题依然存在，美国人如同英国人一样，热爱正义，尊重常识，要超过单纯地掌握法律技术。在很长一段时间里，在没有自己的牢房前，美国领事事实上并不能做到"安全羁押"。英国人的监禁有时存在，但起初所有值得自夸的英国领事馆的房子只是"三间坚实的屋子"，而在此之前除了县城衙门的脏屋子外几无他物。1850年，美国驻华专员德威士（Davis）① 完全依靠他自己的智谋和"有限的有关法律和制度的知识"草拟了有关的章程和规定。不仅"全中国、香港和澳门，而且包括菲律宾"，在那里"除了拉吉和肯特对美国成文法的注释外，只有一位美国律师或一册美国法律书籍"。1854年，麦莲专员进行了完善工作，但最大的进步是在1864年，时任公使为蒲安臣。即使如此，在此后及更有经验的审判官如赛耶（Thayer）法官眼里，许多规章仍有"严重的缺陷"。

此时，一些在中国，特别是在上海的英国公民却很想利用不确定的法律地位，避免面对本国领事，质疑他对条约的解释，向香港申诉以寻求支持，甚至作为美国人，逃避他们应该承担的租界所要求的责任。有鉴于此，历次《土地

---

① 德威士（John Wesley Davis），1799年4月—1859年8月，美国外交官。1821年毕业于美国巴尔的摩医学院，曾在印第安纳州任法官及州议员。后多次任联邦众议员和参议员。1848年—1850年任美国驻华专员。——译者注

章程》只不过是尽责的有抱负的意见集合，它们并不是被当做法律来强制执行的。直到洪卑（Edmund Hornby）[1] 到来，建立大英按察使署[2]，这些策略才被最终击败。我们早已说过，当大清海关首次运行时出现的困境。我们同样也注意到，1850 年代，有效处理漂流在水面或冲到岸上的船只残骸或货物是有困难的。所有这一切都聚集到"虹口的沃平"[3]。这座"竹子城"直到 19 世纪 70 年代还可称得上是"半座阿尔塞夏（Alsatia）"[4]。1863 年前，会审公廨尚未成立，虽然 1853—1855 年间巨大的难民潮使得英美领事必须——尽管有条约的规定以及公使的不满——采取措施对付违反租界章程的本地罪犯。他们所做的与相邻的清朝地方官府完全一致。我们注意到，在 1855 年英国领事至少听审了 500 件案子，其中 4 件是凶杀案，103 件是重罪，13 件是绑架。重案犯被送到县城，其余的被判锁起来服苦役。作为条约产物的会审公廨，我们应注意到，当初的设想与现状是完全不同的，很早开始它就失败了，当初会审公廨的职责是裁决贸易争端。

十三行时代的商人领事行使职责时有多重动机，英国商人代表瑞典、比利时或其他欧洲国家，可以将其从其他处在东印度公司控制下的普通人中抬高出来，不仅是官方地位，而且可以获得只能通过归化的中间人贸易的无领事国家的贸易特权。我们随处可见英国商人为此原因而加入葡萄牙或其他国家国籍的情形。

《南京条约》签订及上海开埠后，取得领事职衔的渴望依然强烈，因为对于商人来说，这样可以获得接近本地官方的无可置疑的特权，否则就只能通过本国领事。第一个事例出现在 1846 年，一个叫卡尔德（Calder）的英国商人应邀担任丹麦领事。这一事件被提交到德庇时处，他有权决定是否接受这样的请求。

366

---

① 英国法官。1865 年来华任英国在中国及日本高等法院（British Supreme Court for China and Japan，华人俗称"大英按察使署"）法官。该法院根据英中、英日间条约对享有治外法权的英国公民进行审判，同时它还是英国在中国及日本领事法庭的上诉院。——译者注

② "建立大英按察使署"，这是 1865 年 9 月的事。——原作者尾注

③ 沃平（Wapping），是英国伦敦的一个地名，当时以垃圾成堆而著称。——译者注

④ 阿尔塞夏（Alsatia），英国伦敦一地名，14—17 世纪曾是欠债人及罪犯的聚集地。——译者注

在此情况下，既然卡尔德受到足够的尊敬，而且他也不希望抛弃对自己政府的忠诚，公使也就无从反对，但英国领事却出于其职责反对这种弊端。在道台的赞同下，这一任命得以通过，以后又有很多。卡尔德执行此职务仅一年，他就辞职并将职务转移给英国领事馆的罗伯逊，他担任此职直到 1855 年，然后被要求转移给怡和洋行的柏色伏（Percival）。这一阶段的其他商人领事，还有比利时领事约翰·斯图亚特（John Stewart）、俄国领事金大卫（D. O. King）、美国领事吴利国及祁理蕴、荷兰及葡萄牙领事比尔、汉萨城市同盟领事霍格，以及临时担任此职的霍锦士（James Hogg），这些商人领事必须是亲自任职，且不能转让，此事是经过官方正式公告的。到 1857 年，在此期间任职的商人领事还有美国副领事 W. 科纳普（W. Knapp）、另一位担任瑞典及挪威领事的美国人金能亨。

　　花费长时间来讨论商人领事和他的职业同伴在职位及处理公务上的不同是没有必要的。对本地政府而言，这种区别也足够明显。例如，在他们眼里，英国领事就是条约利益的守护者而非受惠者，他的每一个立场都是出自他的职责，他的言辞有着举足轻重的分量。中方官员特别能感受到英国领事在处理本国事务时的力量，他们尤其欣赏英国领事既没有个人利益，也完全不会利用中国的软弱。我们早已说过巴富尔上尉如何处理最初的鸦片走私，我们也可以看到在"吴爽官"任道台期间那些非职业领事的表现。除非碰巧遇到特别排外的道台，英国方面与中国衙门的关系通常是相互信任的。大多情况下，我们为了简洁起见而称为"习惯法"的很多东西，事实上对租界而言是十分有利的。其中许多是基于共同的目标，谦恭妥协的结果，因为并非强迫，所以它们具有强大的支撑力。当然，从记录下的案子中我们也可以看到非职业领事有时会有非职业的行为。例如我们发现，一位英国领事曾经记下这样一段话："它的确是与女王陛下政府的意愿相反的，并对普遍的利益非常有害，任何一位英国公民被授予官方职位，如其装腔作势或不顾环境，其造成的影响总会存在，并且……并不总是具有合法性。"时光飞逝，职业领事毫无例外地成为主角，而且在可见的将来，他们的行为将主要基于他们所接受的指令以及他们的个人气质。

第42章

商 会

　　1834 年 8 月 25 日，广州的英国商人建立了中国第一家商会。值得注意的是，同年 4 月 22 日，东印度公司的垄断结束了，除了留下几个商业代表让私人商家大为恼火，东印度公司的专营已彻底解体。而且，就在一个月前，英国驻华商务总监律劳卑（Napier）勋爵抵达十三行。在调停的一个月里，英国商人更意识到联合的重要性。当地政府不接待律劳卑勋爵还只是当时的难题之一。当时在侨民圈里盛行个人主义，他们难以效忠一方。因此大家希望商会至少是中立的。在此之前，任何事情都由东印度公司的代表们牵头。无政府状态持续了四个月，也该吸取些教训了。

　　世界上最早的商会出现在法国，有意思的是它的出现是劳动力分工的必然结果。那是 1599 年，比东印度公司的成立还要早一年。此前，马赛的市政府管理着该市的一切事务，包括商业活动。那年，人们认为成立一个独立组织十分必要，由此世界上第一个商会产生了。我们在第四十章中已述及，此后其他国家相继成立了商会。英国的第一个商会于 1768 年成立于泽西岛。如前章所述，在最新版的《大英百科全书》中可以查到英国首个海外商会于 1873 年成立于巴黎。这个记载是错误的。广州商会的成立时间比它要早 39 年，上海商会也比它早 20 年。然而，不论广州还是上海的商会，它们的成立都基于同一理念：维护各自的利益，与劳动力分工无关。

　　马赛商会的成功非同寻常。商会成立约 50 年后，法国颁布《商法》，认可了马赛港的做法。《商法》中"委托马赛商会管理地中海东部的法国领事馆并可委任领事",商会可以"配备舰队远征打击海盗,向北非国家派遣大使",及组织商团等。"曾有一时,商会的普通预算高达一百万里弗尔以上。"(《大英百科全书》第二十七卷,第137页)随着环境的变化,如此辉煌的地位自然无法永远延续。我们略过中间的历史,直接看到1802年拿破仑时期的法典,发现法律赋予法国商会的权利大体与现代的状况类似:仅在商务部长的授权下可成立商会,其职责是管理和咨询。1873年,巴黎的英国商会使政府和商人都意识到了海外商会的益处,尽管法国政府对此并不乐见。此时法国政府允许三种形式的商业组织:商会、艺术与生产协商会、工商业理事会。

德国商会也有三重分级,分为商会、半官方协会、自愿或自由协会。中世纪德国分裂割据的政治格局,同样影响着商业社会。1665年,衰落的汉莎同盟已名存实亡,此时正是西欧商业觉醒的时期,汉堡商会成立了。而汉堡现代意义的商会直到1860年才组成。在第一次世界大战之前,德国商会都由国务商务部长(State Minister of Commerce)管理,然而这位部长并不是帝国的部长(Minister of the Empire)。德国没有在欧洲其他国家中设立商会,其他国家也没有在德国设立商会。战前南美洲成立的少数几个德国商会都是纯自愿性质的。在19世纪最后30年,这些自由协会极大地促进了德国贸易。

比利时商业协会效仿英国模式,比欧洲大陆上其他国家更甚,但有一点区别,由于政治因素的介入,比利时要求成立自由党商会和保守党商会。

美国商会运作原则与英国相似。美国最早的商会成立于纽约,成立时间与英国泽西岛相同——1768年。

让我们再回到广州商会。熟悉那里情况的人毫不惊讶地看到,在律劳卑勋爵死后,商会成员很快就抛下了其政治与国家利益的幌子。首任商会主席是英国人,第二任就换了美国人华地码(W. S. Wetmore)。这位华地码就是以后在上海滩颇受尊敬的魏德卯先生的叔叔。商会委员会在首份报告中表示,他们不想列出一套商会守则,将根据事情本身的是非曲直来裁断每桩事务,并力求每桩皆成。其中需要谨慎处理的一桩事务就是,尽管他们已买下原东印度公司的大钟,但鉴于中国人反对建高层建筑,恐怕难以建造一座能让当地人都看见的钟楼。现在走在上海滩的马路上，就能看到中国人对于高层建筑的观念发生了怎样巨大的变化。《南京条约》签订后，商人回到了广州，要求恢复"广州外侨总商会"。然而，当时仅有四位非英籍会员加入商会，不久以后随着他们的退出，1847 年起商会里就只有英籍会员了 [①]，由大卫·渣甸（D.Jardine）任主席。

同样，在 1847 年，上海商会初现身影。在档案文献中我们找到一封写于当年 6 月 21 日的信函，信中写道，为了收集商业信息、便于数字统计，八名英国商人宣布成立商会。然而这一宣告还为时过早，因为领事阿礼国立刻浇上了一盆冷水，称此事还需充分考虑。不久前，道台要求领事禁止外侨商人成立商会，并称英方若成立商会，中方也将效仿。因此，领事认为组织商会是"不智之举"。此事悬而未决六个月后，时间已是 1847 年 12 月。英国驻华全权公使德庇时爵士与上海领事的意见一致，他认为中国一个港口城市的英国管理当局不该与它辖下商人的秘书直接联系。商人欲与清朝官员商洽事宜，需按既定程序，任何想独立于或对等于领事地位的尝试都需防止。怡和洋行的达拉斯（Dallas）代表商会就这些有争议的问题作了答复，但领事阿礼国仍为此种垄断形式而忧心忡忡。一旦英国商人联合起来，中国商人也会如法炮制。其结果就是上海商人早就打算联合起来征收先前在广州已经废除的"行用" [②]。就组织协会而言，上海的英国商人和其他殖民地的英商享有同等有利地位。如果他们能早一些组织起来，近期的中国破产案 [③]——义升行（Esang Hong）倒闭案 [④] 引发的诸多恶果

---

① "就只有英籍会员了"，1834 年，律劳卑勋爵在华时英国商人组成了第一个商会。1836年 11 月成立了总商会，1839 年义律交出鸦片时被解散。——原作者尾注

② 所谓"行用"，即原文称"Consoo fund"（公所经费）。"行用"是行商所拥有的对外贸易垄断经营权的产物。由于外商来华贸易，必须与行商交易，行商便利用其对外贸易的垄断经营权力，强制性地规定按贸易额向外商抽取一笔款项，用作"公行"的经费。一般对列入征收项目的进出口货物征收 3%—6%。——译者注

③ "近期的中国破产案"，见第 404 页。——原作者尾注

④ 义升行（Esang Hong），道光二十四年（1844 年）由阿林（Allum）等人开设。阿林向洋行借了 8 000（西班牙）元开始营业。每一家洋行都把货物交给阿林，他成为内地商人和洋行交易的中间人。道光二十五年（1845 年），由他经手的买卖至少占上海全部进出口贸易的四分之一。同年末，英国棉纺织品盲目超量涌到，市场存货积压，货价暴跌。次年，义升行亏损倒闭。——译者注

就会有所缓和。

此事一直搁置到 1849 年 12 月,由于广州建立了商会,上海方面也提出要求,希望领事认可。对此,领事阿礼国的答复是,中国商人多次要求"建立官方批准的行会",领事都反对。但如果广州官方已经认可了行会,那情况就不同了。对于英国商人来说只有两条路可走:要么坚持反对行会,那么自己的商会也建不成;要么支持商会也赞成行会。但此时领事和驻华公使都已不再反对,于是 1850 年 2 月 23 日,上海的商会也得到了认可,而且如广州的做法一样,领事也加入其中以向地方当局保证,英国商会不搞垄断。此时上海的商会亦如广州商会,是上海外侨总商会的形式。此后商会的发展我们不在此展开了,有意思的是 1851 年《北华捷报》刊载文章,文中指出商会若更积极努力,或可阻止走私活动。现在大家都明白,清政府官员对持续走私多有兴趣,这样的声明就显得很可疑了。如此说来可以看出,商会干事除了收取会费,根本无事可做,委员会从不召集会议,在与领事激烈争斗三年成功的赞歌背后是无所事事。然而三年后,商会强烈反对地方当局违反条约规定,强征赋税,证明商会至少还是意识到一些自身的责任。

第43章

上海船运（上）

我们早在第 14 章中就了解到广州水域的英国船运，现在我们有义务阐述一下上海船运业的发生与发展。我们的读者在纵横交织的租界故事中会发现它所扮演的角色，它开始于半非法的环境中。毫无疑问，最初时的锚地是仅打算给英国使用的，但是其他国家的船只也常去。很快，港口出现这样的景象：地方当局只能管到自己的船只，而英国当局也不能做主。良好的共识与公平的展示需要克服许多困难。我们可以看到，这最终并不是取决于法律，而是公平与各自的目的。

但是除了犹豫不决的法律制定者外，还有其他对此感兴趣的人需要关注。航标灯制造者、早期的引水员、第一个船只建造者、海员和他的随从，无处不在的海盗，以及其他人都需要关注。同时那些与码头、海关及其他与船运相关事物的各种活动也不能停止，尽管没有记录，但仍可约略知晓。

当巴富尔上尉于 1843 年 11 月 12 日乘坐"麦都萨号"到达上海后，他的最初职责之一，就是与上海地方当局一起界定港口的范围及查勘锚地。从上海县城到吴淞长江口的第一次测距为 13 英里，从洋泾浜 ① 口到苏州河口之间的距离为 1 700 英尺，在靠近浦东一侧留出宽度在 600—800 英尺的沙船航道。据记

---

① "洋泾浜"，洋泾浜将公共租界和法租界隔开，1915 年被填没，为爱多亚路所取代。——原作者尾注

载，道光（Tao-Kuang）年间（1820—1850 年）① 上海有本地及宁波帆船两三千艘，当时上海港的容量在 2 000 艘，大部分船只停泊在县城。早期对上海港外国船运数量的估计在 35 000 吨，由于缺乏预见性，这一估计困扰着我们早期的全部侨民。1854 年，海关税务司和工部局诞生了，仅英国船只半年的船运量就回升至 34 999 吨，其他国家的船运量达 32 663 吨。

当码头变得拥挤，可以想见的困难随之而来。首先，当时的港口 15 艘船只进出港被认为是合适的容量，有时会有些起伏。而当 15 艘变成 50 艘，起伏已不再是问题。船只首尾相连，当时使用的船只长度不超过 145 英尺。查看《北华捷报》的船只名录，英国驶往上海船只的平均吨位是 500 吨，美国船只要更大一些。超过 1 000 吨的船只都是美国的，最大的"浪漫之海号"（Romance of the Sea）重达 1 782 吨，位居第二的是旗昌洋行的"大卫·布朗号"（David Brown），1 718 吨。在军舰方面，美国还是处于领先地位，"萨斯奎哈纳号"（Susquehanna）的 2 500 吨远超过英国"温切斯特号"（Winchester）的 1 487 吨。

人们无须惊讶早年上海怡和洋行及宝顺洋行使用"快速汽船"装运货物，当时这些引为骄傲的汽船马力只在 200—800 匹之间，两个洋行的快速船只都是鸦片飞剪船。即使是中国人的海盗船队之前也能快过它们！从技术上讲，鸦片飞剪船是在走私。事实上，走私行为在大部分中国官员和鸦片船主中盛行，也有少部分公众许可这种行为。作为惯例，他们的箱子中装着鸦片和白银，这并不需要很多空间。这些船中只有一艘"猎鹰号"（Falcon）装备齐全，其他都是双桅帆船、纵帆船及少数三桅帆船。所有船只性能优越。351 吨的"猎鹰号"是为皇家游艇队队长（Commodore of Royal Yacht Squadron）而非为鸦片走私建造的，它配备有 11 门侧舷炮，它的主人曾带它参加过希腊独立战争②，并在 1827 年纳瓦里诺战役中获得过荣誉。该船后来在加尔各答被卖给怡和洋行。它的 2 个 24 马力发动机被卸下，经改装用于新的用途。在巴兹尔·卢伯克（Basil

---

① 原文如此。实际上，道光时期是从 1821 至 1850 年。——译者注

② 指 19 世纪初希腊摆脱奥斯曼土耳其统治的战争。1821 年希腊爆发反土起义，后英、法、俄先后卷入。1827 年，英法联合舰队在希腊纳瓦里诺大败土耳其舰队。1830 年，希腊获得独立。——译者注

Lubbock）的《中国鸦片飞剪船》（*The China Opium Clippers*）一书中用了 10 页
描述它的美丽与表现。它的船员们称它"除了说话，什么都能做"。它航行时
像鸭子，操控起来像条鱼。它快速而利落、活泼又严肃，乘员也与其十分相配。
它被描写为"劈开海盗船队的恐怖杀手"，有记载表明，它曾与 2 艘姐妹船在帆
船的包围中胜利凯旋。

374

至于美国的鸦片飞剪船，有 90 吨的"益格鲁那号"（Anglona）和"精灵
号"（Ariel），150 吨的"西风号"（Zephyr）。而在上海历史上曾出现数次的"羚
羊号"（Antelope）最引人注目。"羚羊号"350 吨，适合沿东北季风锋面经过台
湾海峡进行袭击，而这只有少数双桅方帆船可以做到。它有低矮褐色的船体，
长而潇洒的桅杆，2 门侧舷炮，船中部还有 1 门加农炮，连同巨大的登船长矛
和充足的枪支和刀剑供应，在远东没有什么海盗在速度和火力上可以与之相提
并论。它的 17 个船员每月挣 80 卢比（rupees）。最后一批美国鸦片飞剪船建于
1851 年，这是在《南京条约》签订 9 年以及中美《望厦条约》签订 7 年之后。

120 吨的"埃蒙特号"（Eamont）属于宝顺洋行，由来自怀特岛 ① 的瓦尔特
（White）用柚木和桃花心木建造，比同尺寸用橡木建造的船只要多花费 10 倍。
林赛·安德森（Lindsay Anderson）船长的《鸦片飞剪船航行记》（*A Cruise in an
Opium Clipper*）一书中有该船于 1859 年停泊在英国领事馆前的图片，它完美、
船体缠满了登船网，大炮脱去炮衣，在阳光下熠熠生辉。该船载重量达 200 吨，
吃水 15 英尺。它有 4 门 18 磅的侧舷炮，船头有 1 门 18 磅的加农炮，在船的中
部和中轴线上各有 1 门 68 磅的大炮。两侧各 6 人操纵 40 英尺的船桨，航速可
达每小时 3—4 海里。它的主帆杆有 110 英尺长，工作状况良好，系索栓清洁。
如这幅图片稍作修正，就会使它成为同级船中的佼佼者。此书对它的记述很有
价值，不仅在于鸦片运输方面，还在于远东普遍的环境。有关它的其他事情，
还有它在离厦门不远处的台风中幸存下来。对于这些船只，公众的看法各式各
样。有的敬佩他们的大胆进取，有的认为他们不过是一群海盗，应该接受最严
厉的法律制裁。

---

① 怀特岛（Isle of Wight），英格兰南部的一个岛屿。——译者注

第一艘美国茶叶飞剪船是"彩虹号"（Rainbow），它设计上的新特点备受老航海者的嘲笑，然而在 1845 年，它用了 92 天时间从纽约航行到广州，回程用了 88 天，批评让位于赞扬。不幸的是它在 1848 年沉没，其教训值得汲取。另一艘快船"海巫号"（Sea Witch）建于纽约，可装载 1 100 吨货物。它长 170 英尺 3 英寸、宽 33 英尺 11 英寸，高 19 英尺，船头有一条镀金的中国龙，被认为是当时最漂亮的美国船，并以它的表现赢得持续的尊敬。我们并不打算在茶叶飞剪船上多花笔墨，它们的繁荣期于数年后到来，其余的故事一直留下，直到其荣誉到达顶点。或许我们应提及布里奇斯（Bridges）海军上将在他的《回忆》（Recollections）一书第 164 页中所说的关于 1854 年 6 月 17 日"詹姆斯·贝恩斯号"① 的精彩"表演"："当它在 24 小时内航行 420 英里，在晚上 8 点半张着主要的第三桅上帆，被记录下来的航速达 21 海里。"该船由美国建造，但属于英国黑球航线（Black Ball Line）。②

1849 年美国加利福尼亚淘金热在太平洋船运上值得一提。淘金狂潮也适时地蔓延到中国，英国海员故意抗税被带到领事面前受审关押，然后再释放，这已成为通病。阿礼国挫败了他们，把他们送到香港。在 1849—1850 年间，据拉伯克所说，光从美国出发，绕过好望角的 760 艘船就带回了 27 367 个人。到达旧金山后，有些船就搁浅并被立刻遗弃，再用舢板把中国人运上岸。

中国海岸的汽船运输开始于南方。我们早已说过"渣甸号"（Jardine）的故事，拉伯克说一艘名为"詹姆森号"（Jamesina）的汽船最早访问了广州，但他没有提到具体日期，我们没有独立的证据支持他的观点。我们已知 1835 年"渣甸号"准备从澳门带客到广州，却没法说服广州地方当局放其入港。另一艘我

---

① "詹姆斯·贝恩斯号"（James Baines）是英国同名公司著名的全木制飞剪船。它在美国波士顿建造，1854 年下水，在完成其从建造地到英国利物浦的处女航后，投入英国利物浦到澳大利亚墨尔本的航线。文中提到的一天航行 420 英里就是在这次长达 69 天半的航行中创造的。——译者注

② 黑球航线（Black Ball Line）原为 1817 年以美国纽约的贵格教派教徒为主的商人创立的经营英国利物浦到美国纽约跨大西洋航线的企业，以公司红底黑球的旗帜得名。1851 年，英国詹姆斯·贝恩斯公司也以同样旗帜和航线名称经营相同航线。本文所说的是后一家公司。——译者注

们了解深刻的在中国海岸的汽船是"复仇女神号"，它的船长豪（Hall）留下了该船构造和表现的最有趣的记录。它为东印度公司建造，并经历了绕过好望角到中国的冒险旅程。在第一次鸦片战争中它获得过荣誉，同样也成为当时人们普遍反对铁壳船的理由，因为修理很困难。在广州，人们却发现"复仇女神号"修复穿孔没有什么困难，而同时代的木制船却必须送到孟买去修理。在第一次鸦片战争时期，共有大约 20 艘铁壳汽船，其中以"狱火号"、"普洛塞尔皮娜号"（Proserpine）、"冥河号"（Styx）、"麦都萨号"、"冥王号"和"喷泉号"（Geyser）最为知名。

1844 年，美国汽船"弥达斯号"（Midas）开始定期行驶于香港广州之间，它由螺旋桨推进。次年，大英轮船公司也首次参与进来。该公司始于 1837 年，很快就在东方航线上享有盛誉。也是在那年，劳埃德公司（Lloyd's）注册了它的第一艘铁壳船"天狼星号"（Sirius），该船建于伦敦，船主在法国马赛。1844年 12 月，大英轮船公司与政府敲定了在苏伊士和香港之间用汽船运输邮件等货物的合同，它是著名的跨大陆航线（Overland Route）①的东部。航线从苏伊士出发，经亚丁、加勒、槟榔屿、新加坡到香港，需 37 天又 2 小时。当时航线还未延伸至上海，从香港出发到英国的单人票价为 898 元，双人票为 1 796 元，并且不包括从苏伊士地峡开始的路上旅程。同样旅程的货运价格为 40 立方英尺每吨 120 元。该航线的所有船只都像其他船只一样配备武器，1849 年的一个实例证明蒸汽机加武装的组合是十分管用的，当时"广州号"（Canton）汽船拯救了 1 艘因无风而无法行动遭海盗袭击的英国单桅帆船，并俘获了攻击者，转败为胜。当年的"炮手"现在仍是大英公司轮船的官员。

当香港通了汽船成为既定事实后，上海的眼光立刻转向香港。在 41 天内完成从伦敦经巴拿马到上海航程注定要失败，这一失败被归咎于大英公司在原航线上有"巨大的利益"，虽然新航线要快一点，信件送达要 50 天，但经苏伊士的原航线也只要 51 天。

我们已经知道，大英轮船公司香港上海航线上的第一艘船是 296 吨的"玛

376

---

① 跨大陆航线是经欧洲大陆到远东的航线。——译者注

丽伍德夫人号"，该船不符合租界的标准。1851 年 1 月，大英公司暂停运营了这艘船，除非租界付给公司每月 1 000 元，这在商界引起了不安。此举又勉强维持了一年，在汽船不是"每月可能来一次，而是每周必来一次"的时代，人们对其行为都感到悲观。导致该船撤航的原因之一是所谓的走私案件，"玛丽伍德夫人号"曾被连人带船罚款 200 元。它一直不习惯进港而是停泊在港外与接受鸦片的趸船交接。除此以外，它还被命令在以后到上海时要补偿吨位及其他损失，如其所抱怨的，那些仍留在港外的竞争者们确保留着原有的特权。详情请看"走私者的天堂"。但困扰并未持续太久，"玛丽伍德夫人号"不久后就如平常一样恢复运行了。

377

对于小型船只而言，"吴淞沙"听说的较少，但它确实使大型船舶受到影响，但当时船舶受阻也不是什么大事。另一方面，缺少引水人员的帮助却使人感同身受，一艘接一艘的船只因此遭到不幸，许多著名的礁石是由撞上它们的船只而命名的，如阿美士德礁（Amherst Rocks）、阿里亚德娜礁（Ariadne Rocks）。1846 年，柯林森上尉起草了一份合理的单子——在铜沙（Tung-sha）或者叫"东沙"（East sands）配备一艘有浮标、航标、旗杆及石柱灯设备的中国航标船，从少于 2 000 元的估价看，这是非常合适的，道台同意了此建议，海关监督同样同意，于是一些标志建立了起来。1847 年 8 月，第一个重要的航标灯在危险的北滩 ①（North Shola）建立了。为什么选择在一年里最危险的季节进行这项工作尚不清楚，但是这样做，就没有人会诧异于第一支派出去的探险队无功而返，人们"因病而无法工作"。因受需求的压迫以及因发现不可能保证本地水手留在由舢板改建的航标船上，航标被宣称没有问题，它们的锁链在一周内被偷掉，外国监督只得再做一次。我们的副领事罗伯逊"对航海及水上事务十分熟悉"，所以他自愿前往，与他同行的是巴夏礼。他们有 4 艘舢板和 1 艘大船装运航标设备。汹涌的涨潮阻碍了第一天的工作。次日的大风又把他们赶回了吴淞。1 艘舢板损坏了，其余 3 艘又回去工作。有一场大风使他们处于数小时的危险之中，但他们继续着工作，8 月 25 日，在他们离开上海的第九天，他

---

① "危险的北滩"，其位置在郭士立岛西北偏北 3/4 处，阿美士德礁西偏北 3/4 处，阿里亚德娜礁偏北 1/2 处。——原作者尾注

们满意地看见了工作的成果。在潮汐中，航标安装于 4 英尺深的水中。它位于
郭士立岛（Gutzlaff Island）① 西北偏北 3/4 处，阿美士德礁西偏北 3/4 处，阿里
亚德娜礁偏北 1/2 处。离此处不远是"哈里特号"（Harriette）失事的地方，2 英
里外尚可看见沉没的"康沃尔号"（Cornwell）的船头。航标有 35 英尺高，红、
白、蓝色互相交织 2 道。它由装有 40 吨巨石和石片的坚固的框架固定，这种桩
基在流沙强烈情况下是合适的。

378

听闻此项工程完工，阿礼国对罗伯逊和巴夏礼"无畏的人生"举动大加褒
扬。中国海岸如今像世界各地一样一片敞亮，但事实上这样浪漫的业余行为再
也没有重复出现。

在广州十三行时代以前，人们没有听说过测量的事情，唯一被记录下来的
是霍士堡（James Horsburgh）船长，《广州记事报》称之为"杰出的水道测量
家"（第 10 卷第 1 号）。他先在东印度公司任低级官员，后为测量员。正如歌颂
他的人所说："他从锚链孔钻进去，在客舱窗户边出来。"他的地位在 1836 年
11 月 22 日广州外侨举行的公共集会上表露无遗，在会上威廉·渣甸先生带头
贡献了 500 元，一共收集了不少于 4 191 元的捐款，"新加坡海峡白礁岛（Pedra
Branca）的灯塔 ②"可能就是为了纪念他建造起来的。我们并不知道霍士堡船长
水文探测的详细情况，或许它被限制在东印度公司船只的航路上。有一些人们
熟知的 1830 年代或更早期的中国海岸的航海图，在这些航海图上，以当时的精
确程度，镇海的位置要相差 4 度！

《中国丛报》以人们熟知的拉丁语来记录霍士堡的成功："Nullum quod
monstravit non tetegit."（无所不及。）除了霍士堡船长外，还有其他航海者在航
行中发现了礁石。在官方记录中，有 1842 年探测长江水深的记录，当时长江的
洪水冲毁了稻田！第一幅长江下游的水文图或许由麦都思完成于 1852 年。1855

---

① 今大戢山岛。——译者注
② 白礁岛位于新加坡海峡与南海的交汇点，在国际航运线上的地理位置十分重要。"白礁"
在葡萄牙语为 Pedra Branca，意为"白色的礁石"，因礁上终年都被白色的鸟粪覆盖而得名。
英国殖民地政府在 1840 年代占领了白礁岛，并于 1851 年在岛上建造了一座灯塔，称"霍士
堡灯塔"（Horsburgh Lighthouse）。——译者注

年早期，《北华捷报》抱怨说许多船只在河口处搁浅，需要有 1 艘航标船以及指示航道的浮标，最重要的是要重开引水服务。引水员应又多又好，他们应驻在河口以外。因缺少引水员，"阿尔戈号"（Argonaut）不得不在河口外等待了 4 天。保险业者与商人一样对此很感兴趣。

船长们一次又一次地各自报告着他们发现的礁石与暗沙，而如今英美两国海军官员们进行着更重要的官方沟通。1855 年 12 月 8 日的《北华捷报》记载，美国海军上尉普莱贝尔（G. H. Preble）① 撰写了接近三栏的《扬子江等处航行指南》（"Sailing Directions for the Navigation of the Yangtsze kiang, etc., etc."）一文。他劝告在西北季风中到马鞍岛（Saddle Island）② 以及在西南信风中到威迪欧岛（Video）的船只说，在从马鞍岛经查尔德斯礁（Childers Rock）、阿美士德礁及阿里亚德娜礁的航线上有隐藏的危险，在坏天气里即使有经验的引水员也难以发现暗礁会撞上它们。他提到航标灯"建于三棵树（Three Trees）南岸"，锁定航道到木屋岛（Block House Island），随即可以到达吴淞。从吴淞到上海的航向读起来也很有趣，他写道："过了吴淞标记后，与西岸保持好距离直到过了吴淞村，上溯至东岸第一个岬角，或者看到东岸离吴淞 1 英里的第二条小溪，过了这条小溪并紧靠东岸一直向前，那儿有个舢板经常系泊的村庄，这条航道可以使你避开吴淞的拦门沙，拦门沙处的航道在某些地方仅有 1 锚链宽。在下一个河段航向基本是正南，要保持在航道的中央，当过了东岸的半途角（Half-way Point）后，上海的外国租界就会映入眼帘，这时就可以停靠在东西两岸了。"

低潮位时，拦门沙外的水深有 21 英尺，拦门沙处的水深是 12 英尺。"由此到上海的最深吃水为 21—22 英尺，黄浦江上的船只需等待潮汐。"

普莱贝尔上尉所做的风向及气温表连同他的气象观测一起，贯穿全年，仍

---

① 普莱贝尔（George Henry Preble），1816—1885 年，美国海军军官。1835 年进入美国海军，1843—1845 年随美国海军圣路易斯号环球航行时到过中国。1853 年在圣劳伦斯号护卫舰服役，随彼理参加日本开埠，并测量了远东地区众多港口。后参加美国南北战争。1876 年任海军少将，1878 年退役。在海军生涯以外，他还是著名的海军及历史题材作家、海军档案收藏家及家谱学者。——译者注

② 马鞍岛即今嵊泗列岛，后文中的威迪欧岛即今黄兴岛，阿美士德礁即今鸡骨礁，阿里亚德娜礁即今牛皮礁。——译者注

然或多或少地保持着准确性。我们知道，船长们的精密计时仪的快慢差率经过"上海泰兴行（Messrs. Kupferschmid & Dato）的调教"。美国军官告知我们："能干的外国（英国和美国）引水员夏季会在马鞍岛附近，冬季则会在郭士立岛外的河口巡航。如果没有他们的帮助，外来船只不可能保持正确的航向，船只的安全极大地依赖于对潮汐的正确认识。"

现在正式介绍以前间或出现在我们记录中的引水员们，他们的故事可以追溯到早期广州时代，那时的引水员全是中国人。有一个关于引领第一艘汽船到广州的引水员的故事，他按自己的喜好给舵手下达指令使船只进入风浪之中，但他远不是最令人惊讶的中国人。根据他的说法，曾几何时，进入汽船时代，中国人便被弃之不用。在上海，最早的引水员也是本地人。一艘英国战船的船长曾拒绝支付从吴淞到上海的 5 元引水费用，理由是引水员不能胜任。而领事基于"必须要学习"的理由，支付了这笔费用。很快，引水费对于保护引水员的权利变得微不足道起来，到 1847 年，我们可以看到外国人开始进入引水行业。虽然本地人也拥有资格，但却无事可做。1849 年，梅瑟·福格公司（Messrs. Fogg & Company）的美籍船长贝莱士（Baylies）开始以港务长 ① （Harbour Master）和引水员身份行使职责。在船舶到达时他负责使其停泊，离港时负责让它们离开。但第一个我们熟知的外国引水员是 1852 年出现的汤姆斯·林克莱特（Thomas Linklater），似乎他服务过好几次。不幸的是，他在 1854 年 5 月的最后一天在郭士立岛附近被海浪冲下甲板，时年 28 岁。1855 年，领事和道台发布了第一份《引水章程》，它们提出组织一个考试委员会来负责引水员的考核与执照发放。引水费用从郭士立岛开始到上海为 5 元，从航标船外开始为 4 元，从航标船以内开始为 3.5 元，从吴淞开始为 3 元，出港费用相同，但引水事务对"任何国籍人员"开放。5 年后，密迪乐（T. T. Meadows）报告说引水事务已今非昔比，考试变得多少有些闹剧色彩，他拒绝为某些已通过考核者签发证书。船主们对他们也敬谢不敏。一个纪律严格的新体制旨在仅仅排除本地人。怡和、宝顺和广隆洋行（Lindsay's）作为保险代理人，有权"事实

380

---

① 据《上海港志》等中文资料，贝莱士任上海港务长时间为 1851 年。——译者注

上强迫所有船只雇用它们所指定的引水员。"他们指派 3 名测量员作为考官，领事们则强化纪律。对于中国人严格的考试和强化的纪律是不可能的，例如，他们中经验丰富的人会把自己的证书转给后来者，然后回家坐享其成。

新的引水章程于 1859 年 12 月 23 日由英国的密迪乐、美国的史密斯（Smith）和法国的爱棠签署，引水员的范围限制在"欧洲血统的条约列强臣民及公民"，一个重要的原因是考虑语言及教育。虽然船公司并不赞成把引水员限制在条约列强的人员之内，但纪律确实重要，如果不受控制的其他欧洲人也从事这一工作，就不能把本地人排除在外。引水费用上涨至从郭士立岛开始分别为每英尺 5 两、4 两、3.5 两及 2 两。随后几年又有了其他进步，而且被视为正当行为记录下来。在早期引水行当中常听到两种抱怨：某些华人与海盗结盟；某些欧洲人成为酒鬼。

许多著作都对中国海岸的海盗活动有所描述，在远东地区首屈一指的要算马来人和中国人，很难给他们授予奖励。但必须记住的是在任何地方、任何时间海盗行为多少都被视作令人尊敬的，即使不太名誉，但也是职业的。当"陌生人"或"敌人"具有同一含义时，海盗行为就是战争的一部分，中国人和马来人在这一行当里声誉卓著，很难把他们与西方同道区分开来，"在这边是对的，在那边就是错的"。早在 1856 年，叶名琛总督就说过"中国早就有海盗了"。

海盗行为在很大程度上要依赖于合适的海岸线，对于窝赃人和代理人而言，在岸上存储货物的必要性与战士们在海上守卫货物一样。一系列的岛屿或者这众多入海口的大陆海岸时常是海盗的大本营。英伦诸岛也曾在这方面有不值得羡慕的恶名。希腊、西印度群岛及印度洋诸岛同样如此。有时候我们责备中国人在现代战争中的海盗行为，却忘记了这些行为同样在不久前也出现在我们身上。一个臭名昭著的名叫摩根（Morgan）的海盗曾做过英国在牙买加的总督，1688 年以骑士身份去世。我们还曾雇用过著名的基德（Kidd）船长 ① 管理东方

---

① 基德船长（Capt. Kidd），17 世纪英国著名海盗。据称他于 1645 年生于苏格兰，早年随家庭移居美洲。1695 年在英国国王威廉三世的许可下开始对印度洋中的海盗及法国船只发动私掠。1698 年因袭击英国人担任船长的船只被指控为海盗。1701 年被判处绞刑。——译者注

海域的海盗，他比摩根多活了 13 年。

在中国沿海，海盗行为最早源自珠江三角洲及附近地区。在 1835 年《中国丛报》第 436 页有海盗袭击内河的记录，同一页上在有关"怡和号"汽船到达及航行的故事中，可以发现广州官员对于管制海盗与鸦片走私的愿望微乎其微，也没有采取有效的对策。这艘汽船管理和武器装备良好，并有英国和美国船员，在 6 个月内扫清了三角洲地区，那时当地人认为汽船是无用的。1840 年，我们获悉一艘海盗船"每边都有 50 支桨"。1843 年，璞鼎查爵士向中国政府提出 6 条建议来镇压海盗，其中有阻止几乎所有本地海关向海盗代理人支付勒索，这是中国政府不胜任的铁证。他提议由英国方面购买并使用本地的舢板做诱饵，再将被俘海盗移交给中国政府惩罚。这一建议很好，1849 年，文翰爵士写信给清帝国官员，称只要中国海盗停止攻击英国船只，他就无权干涉。但英国船只仍旧受到攻击，我们在当年 5 月至 10 月间摧毁了不下 57 艘海盗船，海盗伤亡约 1 100 人，并驱逐了约 2 000 个海盗。1850 年，广州官员在大鹏湾（Mirs Bay）受到海盗袭击时，接受了英国轮船的援助。

但在同一年的上海，海盗却没有受到本地船员的限制。武装帆船或其他船只组成的护卫船队大大增加，众所周知，有些船只可不惮于强硬地使用自身的防卫装备。间或有报道指控横帆船会涉及不法运输，其中一例就是"斯柏克号"（Spec）。它是一艘 105 吨重的纵帆船，以袭击本地舢板的罪名被皇家海军"奇尔特号"所抓捕。"斯柏克号"辩称自己是在抓捕海盗，但船上的文书和航行日志却显示它惯于违反海洋法。"迪多号"（Dido）是另一艘有罪的船。"斯柏克号"被押至香港后逃脱了处罚，因为唯一的一个目击者做了有利于"斯柏克号"的供述。后来，这艘船转手到了老实人的手中，但最后还是被一伙老巢在温州（Wenchow）的海盗俘获了。

当时据称一支阿北船队 ① 曾巡航之长江口外，到了 1855 年，有一支英美联合探险队被派出到北方以打击海盗。这支船队由皇家海军"麻鸭号"（Bittern）、

382

---

① "阿北船队"，阿北是著名的广州海盗，宁波当局与此达成协议，因为发现他比承担护卫的葡萄牙船队更便宜更温和。阿北当了官，但他的同伙接管了船队，消灭了葡萄牙船队。见密吉《在华英人》第一卷第 304 页。——原作者尾注

美国海军"马其顿人号"（Macedonian）以及"孔夫子号"（Confucis）和"宝顺号"（Paoushun）两艘蒸汽拖船组成。这次行动很成功，虽然"孔夫子号"因缺煤而被迫返航。而海盗们卑鄙行为的一个例子是在牛庄（Newchwang）抓了一些人，并为表达对一些船只逃脱的愤怒，他们拘押了一名下级官员，杀害了他并把他肢解成四块，还把他的尸体送到岸上，称除非给他们 10 万元，否则还要同样对待被俘者，据说他们得到了赎金。

383　　　　一个月后，"麻鸭号"再次在石浦（Shihpoo）遇险，这次它又得到"宝顺号"的帮助，顶着危险的大浪被拖进港口。此时海盗们不出预料地正等着它，超过 20 艘的西海岸小船装备了共 200 门大部分为欧洲制造的大炮及最好的伦敦造火药，在离"麻鸭号"900 码的地方率先发难。"麻鸭号"迫近了 500 码，然后在上午 11 点下锚开火。不久后，海盗船的炮火就停息了，他们的船有的沉没，有的爆炸，幸存者游向岸上的大本营。但此时，在英军登陆分队的协助下，他们的大本营已经被包围者摧毁。"麻鸭号"的特纳（Turner）军士长在战斗中受重伤，另有数人死亡。11 月，"麻鸭号"的范西塔特（Vansittart）舰长因石浦事件在上海获赠一个奖盘。在此战斗中，他摧毁了不下 45 艘海盗船，"宝顺号"在他的大副布劳克（Brock）中尉的指挥下也工作出色，赢得当地官员的尊敬。《北华捷报》上有范西塔特舰长受奖的报道，丁韪良（W. A. P. Martin）医生写了两栏的来信详细叙述了在他到普陀山（Putoo）旅行时被海盗绑架的情形，当时他和他的朋友正乘一艘宁波船驶向海盗的老巢，结果他们保住了性命及部分财物，但他们的船却被霸占，他们自己也被转移到另一艘船上。一位同时被劫者告诉丁韪良，"海盗下海为寇也是没有办法，广州的叛乱者 ① 使他们没有其他活路"，这种临时性犯罪的一个真实原因可能要归结于清政权的缺点。海盗在中国海岸仍然猖獗 ②，不名誉的历史仍将继续。

----

① 　指太平天国起义军。——译者注

② 　"仍然猖獗"，这在外国人中间并未引起多少关注，除非外国人是受害者，但外国人经常是受害者。——原作者尾注

第44章

上海船运（下）

在上一章中，我们不止一次地提到"孔夫子号"和"宝顺号"，然而它们都不是上海水域最先出现的汽船，汽船在上海首次出现这一荣誉要归于"麦都萨号"，它与同伴们一起经历了1842年对上海的占领。此后，如我们所见，出现了许多属于不同国家海军的汽船以及属于大英轮船公司的"玛丽伍德夫人号"。租界设立7年以后，在一次公共集会上决定应该拥有自己的蒸汽拖船。但直到1853年，旗昌洋行才有了"孔夫子号"并获得名声。"孔夫子号"容量430吨，但必须小心地把它和当时也航行在中国水域的一艘英国511吨的同名船只区别开来。1856年，"孔夫子号"被卖给中国人，以协同英国皇家海军的"大黄蜂号"（Hornet）一起对抗海盗，但同年，它的任务被另一艘拖船"冥王号"所取代。

很少有人会想到在当时的黄浦江可以建造汽船，但此项工程的确完成了。它的主人，或许也是它的设计者就是贝莱士船长。这艘船在吴淞由宁波木匠建造，船身使用中国橡树和樟木。它于1856年7月17日下水，船长68英尺，吃水2英尺8英寸，有2个12匹马力的引擎，重40吨。船命名为"先锋号"（Pioneer），很快它又有了一艘相同尺寸的伙伴，因此被认为或多或少是成功的。

这些小尺寸的船只是在"船坞"（dock）里建造的，当然，与此同时那些相同尺寸的本地船只也在建造。第一个引起我们关注的外国船坞是在1852年，当时船坞进水引起人们的注意。这个船坞叫"新船澳"（New Dock），人们有理由相信在它的位置上曾有过"老船澳"（Old Dock）。它属于一位名叫杜纳普（Dewsnap）的美国绅士所有。1852 年 9 月，"新船澳"再一次沥干，但却给杜纳普先生带来 2 万镑的损失，因为"玛格丽特·米歇尔号"（Margaret Mitchell）卡在了船坞口，我们迄今没有明确的证据表明此后该船坞仍旧在上海。从现有的证据看，我们知道这个船坞仅仅是一座泥坞，即在河岸上挖一个空槽，连拉曳船只进出坞门的绳索都没有，谁都不认为它是一个安全便利的修船处所，最多也不过是使船只比顺流簸荡安全些罢了。此船坞的情况使得坞主对船只的损失可以不负责任，除非预先订立特殊的合同。"船坞口有一道泥坝"，这个缺陷"如此明显"。由于没有证据表明存在疏忽、预谋或事先签订的特殊合同，此事不了了之。据说在 1858 年，该船坞关闭。1862 年，上海船坞公司（Shanghai Dock Co.）的主席洛伦索（Loureiro）关闭了"老船坞"并继续扩建，同时建立了"新的下游船坞"（New Lower Dock），准备接受 280 英尺长、吃水 14 英尺深的船只。此事令人关注，但 5 年后我们却发现"新船坞好久没有接受船只"，可以加上屋顶用作游泳池了！这就是上海最早的船坞兴衰史。在我们看来，租界内最早的西方修船厂家是伯维公司（Purvis & Co.），它出现于 1852 年。此后，莫海德（Muirhead）以自己的名字命名了莫海德船坞，尼克尔森（Nicholson）和博埃德（Boyd）设立了祥生船厂（Boyd & Co.）。

在 1850 年《北华捷报》创刊前，航运规章都是由领事张榜公布的。1850年后，则在报纸上定期广而告之。锚地最初设立时仅供英国船舶停泊。除英国外，上海没有其他国家的代表，在船舶方面，最先到达的也只有英国船舶，没有什么国家会多管闲事。其他国家的船只随后而来，曾要求当地政府豁免税收，而事实上是处于无政府状态。由此一度造成的结果是在海上有些许的混乱。最终上海道台和英国领事同意出台一些简单的规章，但在执行时仍有一些问题。英国领事仅对自己国家的人拥有权力，而道台的权力除了针对中国人外，不涉及其他任何国家。最初，英国船需付 5 元用于报关和清关，但很快就减为 1 元。在贝莱士船长被指定为港务长时，非条约国的船只如不结清费用，道台就拒不

盖印 ①，这是唯一可靠的收费方式。

当美国和法国领事获得足够的权力后，小小的摩擦便消失了，上海租界开始显示出了更多的合作精神，特别是在港口规章方面。1854 年，一桩古怪的冲突事件显示了锚地的拥挤状况。英国皇家海军"冥河号"在汽船的拖曳下首先进入锚地，接着又有 2 艘船只也进入锚地，4 艘船糟糕地混在一起，其中 2 艘是英国船、1 艘是美国船，第 4 艘是丹麦船。阿礼国发出了对"冥河号"不利的指令，而赐德龄将军则要求该舰舰长个人对所有损失负责。但一段时间内船运和走私难以区分——获得最惠国待遇的国家，良心是最灵活的。人们还记得六年前美国人受到控制 ②，那时德国、葡萄牙和西班牙的船运业在很长一段时间内甚至没有政府的正式代表。

英国官员经历了更多的困难——因为那时只有他们——通过吴淞进出港口都受到限制。鸦片船在当地政府的默许下毫无障碍，但是其他船只如果复制这种方式，有时则会受到官方的阻碍，除非作出某些"安排"。这些船只会成为中国收税的借口，英国领事也会介入。我们看到"玛丽伍德夫人号"因违反规定而受到罚款。1855 年，"冈比亚号"（Gambia）因同样理由被罚款 700 元，而其辩称是"其他船所为"。同年，有关这种非正规行为的辩论很多，如英国船只"怀纳德号"（Wynand）。继阿礼国担任领事的罗伯逊拒绝按照海关监督的要求抓捕该船，于是在此事件中收税船首次出动，把"怀纳德号"拖回锚地。"怀纳德号"出清了压舱物装载稻米。另一件丑恶的事情是关于"宝顺号"的，它属于宝顺洋行。它又引起了新任领事与海关监督之间的一场激辩。事关对条约的认知，海关监督自认掌握着事实，坚持裁决。在此事件中有直接的证据表明宝顺洋行任由其雇员的走私行为，远多于 20 世纪新鸦片规章颁布后。旗昌洋行则在声名狼藉的"斯柏克号"和另一艘美国船"快步号"（Quickstep）的粮食运输中掺杂走私。前者是故意违反规章。其他困难在于指派船运代理人为这些船只提供合乎需要的海员。1856 年指定了一人，但是克拉兰敦（Clarendon）

386

---

① "印"，印指印记或标记，盖印的文书称"红单"，即海关发出的清关单。如此称呼是因为文书上盖有红色的大印。——原作者尾注

② 指美国正式向上海派驻领事。——译者注

387　勋爵 ① 却认为此事关乎英国政策，指派人员因违背航运条例而被废止。无论如何，专卖权都遭到反对，费用 5 元，然后是 22 先令 6 便士被认为是过高了。

因为其所代表的国籍原因以及当地的环境，海员问题又是一个相当棘手的难题。海员的遭遇在那个年代人人皆知，毋庸赘言。海员很自然想摆脱那样的遭遇，然而他很快就发现一旦细致入微地观察租界的相关限制，海员实际上是自由人。就我们所知，只有在很少的情况下才会发生越过边界抓捕逃亡人员的事情。对于租界来说，主要的限制在于居所和食物的需求，而这些东西全由人贩子、本地人和外国人提供，他们在当局的监管下把人藏起来以获取他们报酬中最大的份额。水上和岸上都有海盗和骗子。上海第一个有记录的"海员之家"坐落在浦东，它具有重要意义，它首次进入人们的视线是与一桩可能是谋杀的印度人死亡事件有关。海员之家的创建人是罗伯特·F. 斯科特（Robert. F. Scott），那是 1855 年的事情。次年，海员之家迁址浦西，它被三个条约国家的领事批准，负责人是一个叫皮尔森（Pearson）的美国人，他以 3 000 元作保。那时，上海港大约有 70 艘船，2 000 名海员，对船员的虐待有所限制，特别是在有两家海员之家相互竞争的情况下。尽管海员之家运行得不错，但因皮尔森是船东，对他的指派被克拉兰登勋爵认为是不合法的。

在林赛·安德森船长于 1859 年所写的《鸦片飞剪船航行记》（*A Cruise in an Opium Clipper*）中有更多有关海员之家的情形，书中描写了一个由鲍勃·艾伦（Bob Allen）开设在浦东靠近英国领事馆的美国海员之家，"鲍勃的密使在夜晚把人从船上带出，第二天又向同一艘船只提供他长期控制的人员，在这种交易中获取利益"。他的海员之家小心地避开领事、军官和船长们，"没有船长可以永久地得到从这里逃离的人的回报"。安德森船长在书中还提到一个位于法租界内由一名叫"胖杰克"（Fat Jack）的本地人开的海员之家，而业主本人却住在城里另一家海员之家。所有这些绅士都精于人口贩卖的门道。

当然，在那时对病患也有较好的措施，例如人们提到的最早开设于 1847 年的海员医院（Seamen's Hospital）。雒魏林医生和海尔医生是医院的缔造者，前

---

①　指乔治·维利尔斯（George Villiers），1800—1870 年。第四任克拉兰敦伯爵，时任英国外交大臣。——译者注

者得到伦敦会的资助，后者是英国领事馆的一员。雒魏林医生主要在本地人
中工作，海尔在行医的同时还是领事馆的官员。第一批独立的从业者是科克 388
（Kirk）医生和艾隆斯（Irons）医生，随后又有莫特雷（Mottley）医生加入。对
于前两人计划成立的海军医院，有提议称一定的领事管控是必要的，二人对此
感到厌恶；但当局的提议自然也有道理，因为商船船长和商人领事并不总会如
预期中那样，对海员抱有强烈的责任心。海员在医院就医的费用是每天 1 元，
军官的费用是每天 1.5 元。1850 年代，斯巴尔德（Sibbald）医生接过了部分原
由雒魏林负责的工作，比如到领事馆监狱出诊。第一个墓地靠近现在的海关，
不久就关闭了，并迁至山东路，直到数年后，在浦东设立了一个专门给海员用
的墓地。

　　海盗盛行导致的一个结果，是中国商人强烈希望把他们船上的货物转移到
外国人的船上以保安全，或让外国船为自己的船只护航。毋庸讳言，当地政府
并不完全认同这种做法。要维持上海本地和平，江上的两三千艘船只就必须处
于运行状态。也就只有这种紧急的事项才会让官方把钱花在"孔夫子号"和
"宝顺号"等船只上，而这种突然爆发的官方效率并不能长久持续。船主依然得
为勒索买单，护航行为又有所扩大，到 1848 年，我们可以发现外国船只为中国
船只装运货物的情况，特别是糖。困难与抗议大量存在，1856 年，这种港口间
的付费贸易中断了，因为这种行为不符合条约权利。但是因为海盗的存在，这
种被条约禁止的行为仍然存在，如同其他事情一样成为一种习惯，而这种与条
约相违背的本地习俗被证明是对所有条约国家有利的。

　　另一起类似的事情是向本地或半本地船只发放航海证书。事情源于宁波的
瓦德曼（Wadman），1852 年他为他的船只申请在宁波和上海间航行的执照，这
艘小船名叫"企业号"（Enterprise），是一艘 69 英尺长、14 英尺 6 英寸宽、单
层甲板的三桅船。它载重约 50 吨，在宁波、上海两地航行中很有用处。此后又
有很多船只，其中部分变得不受欢迎，因为它们被用于放纵之事。

　　船运开始时多灾多难，也一直没有摆脱这样的结果。我们已经叙述了够多
的海盗的影响，也提到了外国竞争的开始，但还有第三个有关本地航运衰退的 389
原因——当局与叛乱者的直接碰撞。这导致了当局征收任何有用的船只为政府

服务，人们很难讲到底是非官方的海盗还是官方对航运的衰落影响更大。在上海，受官方行动影响更多，由于大运河北方航道阻塞，漕粮也改为海运。

关于海上船运值得多说几句。1852年，上海的进出口贸易额估计不少于1 400万两，进口额与出口额的比例为8∶5。每船的运量在400—1 600担，大约有1 300条北方的船只在航线上每年跑两个来回。与此同时，南方航线上的船只约在1 000条，每年能跑三个来回。每条船的船员在7—24人，每人每年的注册费是16—30元。少量年税代替了按吨位收费。在向北方的长距离航运中，每担要支付6钱①的运费。当时保险并非不为人知，却少有尝试。年税按照"议定"承担。据说各自的比例是皇帝35%，道台25%，区域内的当地官员40%。由上海的广东人和福建人结盟与其他人强烈对抗，他们是这方面的高手，特别是在1853年县城被占领前。

东海的船运贸易非常普及，但似乎或多或少受官方的限制。因此我们发现每年有三成的船去暹罗，三成去新加坡，从以上两地进口的货物分别价值5万和10万两白银，其余船只则到印度群岛的其他港口。但令人惊讶的事情发生在一条每年一次去马尼拉的船上，它装载了2万担的货物！船只回程时装满了金、银、铜、锡和象牙，估计价值在600万到800万两！与此相比，每年有4船贸易量的日本简直不值一提，只有马尼拉的十分之一。这些航线的终点都不收税，尽管如此，官方的"抽成"却终将毁了贸易。

早期上海并不知道设立装卸货物的码头以便船舶靠岸和离岸。所有这些装卸工作都由本地小船完成，驳船在从外滩延伸出来的堤岸间来来往往，怡和洋行的码头还用的是旧名称。最初码头都是私人的，由它们的主人经营。旧时的海关码头是在1846年时移交给英国商人，并另建一座用于查验货物。1847年，4座公共码头就建起来了，在那儿，货物可以接受检查并通关。1848年，道路码头委员会在外滩沿线建成了其他公共码头。1849年，需求进一步增加，码头建设迅速发展。委员会为了建造公共码头需要贷款，开始征收一种每亩5元的志愿税收，与之一起的还有小额码头捐，香港的总督裁定私人码头的业主也必

---

① "每担要支付6钱"，这些银两相当于4先令，约每吨2镑。——原作者尾注

须与其他人一样缴纳码头捐。读者们或许记得当时的外滩远不如现在这样宽阔，滩地也不像现在这样拥挤，但潮水会淹没除去东边小径的整个堤岸。

这就是租界前二十年迅速发展的船运业的简要历史。

下面的列表和日期是西方人眼中中国开始与西方交往时船运业的重要发现，有助于我们了解这些章节中的重要事件。

1735 年	A. 达比（A. Darby）发明焦炭炼铁。航海天文钟发明。
1767 年	第一本航海年鉴出版。
1769—1782 年	詹姆斯·瓦特改良蒸汽机。
1777 年	第一艘铁制船在约克郡的福斯建成。
1790 年	救生船第一次使用。
1802 年	第一艘实用汽船在福斯河与克莱德河 ① 上航行。西印度码头公司在伦敦开业。
1804 年	混合蒸汽发动机设计完成。
1807 年	蒸汽船第一次成功投入商业运行。富尔顿的蒸汽船在哈得孙河下水。
1815 年	第一艘蒸汽船在泰晤士河航行。
1816 年	第一艘客运蒸汽船渡过（英吉利）海峡。
1819 年	蒸汽机辅助动力船"萨凡纳号"（Savannah）首次横渡大西洋，用时 26 天。
1825 年	蒸汽辅助动力船"企业号"首航印度，并获得 1 万英镑奖金。
1830—1850 年	鸦片飞剪船建造时代。

---

① 福斯河（Forth）、克莱德河（Clyde）均为苏格兰地区的河流。

福斯河是英国苏格兰地区的主要河流之一，发源于史特灵郡的山区，东流约三十公里后经过史特灵市区，继续向东至法夫郡后，形成福斯湾，最后注入北海。福斯河流域也是苏格兰重要的人口聚居地。

克莱德河是英国苏格兰境内的主要河流之一，发源于南拉纳克郡，流经苏格兰第一大城市格拉斯哥市中心，汇入克莱德湾，注入连接爱尔兰海和大西洋的北海峡，是苏格兰的第三长河。——译者注

	1836 年	实用螺旋桨技术获得专利。
	1837 年	大英轮船公司建立。
	1838 年	军用蒸汽船建于英格兰。大西洋上的常规蒸汽船航行需要17 天。
391	1840 年	用于中国航路的"复仇女神号"与"狱火号"建成。
	1846—1860 年	美国茶叶飞剪船建造时代。冠达（Cunard）邮轮公司 ① 的汽船开始航行。
	1850 年	科林斯（Collins）邮轮公司和英曼（Inman）邮轮公司 ② 开始商业航行。
	1851 年	多佛与桑加特之间的海底电缆铺通。
	1850—1875 年	英国茶叶飞剪船建造时代。
	1860 年	第一艘蒸汽铁甲舰下水。
	1861 年	"远东号"（Far East）双螺旋桨汽船在米尔沃尔（Millwall）③ 下水。

---

① 冠达（Cunard），世界著名的邮轮公司，以其创立者塞缪尔·冠达（Samuel Cunard）的名字而得名。1840 年冠达设立轮船公司经营利物浦—哈利法克斯—波士顿航线。1879 年，公司增资扩股，并以冠达命名。19 世纪时与白星邮轮与英曼邮轮同为经营北大西洋航线的三大公司。至今仍在国际豪华邮轮业中占有一席之地。——译者注

② 科林斯（Collins）、英曼（Inman）均为 19 世纪有影响力的轮船公司。——译者注

③ 米尔沃尔（Millwall），英格兰城市，今属大伦敦市。——译者注

第45章

上海的货币

　　涉及中国货币的论著汗牛充栋，因为和其他事物一样，中国人在这个问题上是整个人类的佼佼者。这里我们就不一一检视其古钱币，或历史稍逊一筹的钱庄系统。诸君对此若有兴趣，可参看艾约瑟（Edkins）、马士、骆任廷爵士（Stewart-Lockhart）、魏格尔（Wagel）等人的著作。此处仅将上海开埠前的情况做一简约概述。

　　马士在其著述《中朝制度考》（*Trade and Administration of the Chinese Empire*）第五章中提到中国古代曾将以下物品用作货币：刻画兽皮、龟甲、贝壳、斧、铲、臂钏、环。他说："据记载几乎各种可能的物件都在不同历史时期充作货币使用，但在信史阶段，除了金属和纸币之外，我们知道的仅有玉帛与贝壳。"公元前 6 世纪，流通的是刀币和铲币，还有带圆孔的圆形钱币。方孔钱币则可追溯至公元前 221 年。因此，马士说："中国人使用铜钱已有 2 500 年，而今日我们所知的钱币形状已经用了 2 100 年，此间未有中断。"这种钱币我们俗称为"钱"，根据艾约瑟博士 1647 年至 1655 年内 7 条连续条目的平均数估算，每年发行量接近 20 亿文，过去几个世纪的发行总量由此可以想象。20 亿文这个数字标志着当时发行量较高的水平，而 1723 年和 1726 年则分别为 499 200 和 675 160 串，代表了发行量较低的年份。

　　中国的纸币以铜钱为基础，古已有之。纸币是客观需要或为使用方便的产物，而且很可能与其他地方一样，纸币在中国起先也是私人所用，并非官方行为。而它起于何时已无人知晓。首次官方发行纸币始于唐代，公元 618 年，比英格兰银行建立要早一千年。

在更长的时间段内，金、银、铜三种金属既定的比价为 1:10:1 000，理论上一两白银等于一千文铜钱。然而，除了大约公元 1183 年南宋孝宗统治阶段有短暂出现，中国直到现代才开始使用银元。其白银货币化是依重量计。这在商业交易中碍手绊脚，从马士的书中第 145 页的说法，我们可略窥一二。"中国的数百个商业中心，不但有各自的银两，而且往往多个标准并行；且银两需要称重，即使仅只一地，也有各种成色不同。"

为了能完整地分析上海两（Shanghai tael）及其同类各种银两，我们再次向读者引用马士的论断。第 159 页中，他说："上海两的价值由三要素决定——重量、银子的成色以及行规。重量是漕平两①，即 565.65 格令②。成色以库平两③为 1 000 纯度基准，上海两成色的标准降低为 944。行规是 98 两此分量标准和成色的银子，可抵偿 100 两'上海规元'（Shanghai convention currency）。"上海官方都用这种当地货币结算，它与政府财政的银两——库平两的兑换比例是这样计算的：

库平两 100 两 = 漕平两 101.800

加银锭④ 升水　　　　　　　　5.600

两项相加

　　　　　　　　　　　　　107.400

除以"行规"0.98　　109.592

加熔费　　　　　　0.008

　　　　　　　　　　　　　109.600

---

① 漕平两（Tsaoping tael），清代称量银两的砝码之一。为漕粮改征银两所用的衡量标准，后来逐渐为民间所采用。因各地标准不一，一般均冠以地名。如苏漕平、申漕平等。申漕平（即上海漕平），一两约合 36.65 克，在上海市场用以计算宝银及标金的重量。漕平银两属于虚银两，只是价值符号而无实银。——译者注

② 格令（grain），英美制最小重量单位，等于 0.0648 克。——译者注

③ 库平两（Kuping tael），是清朝国库收支使用的标准货币单位。起于康熙年间。1908 年清朝农工商部和度支部拟定了统一的度量衡制度，规定库平一两为 37.301 克。——译者注

④ "银锭"，是一种浇铸的银块，约重 50 两或 50 盎司。——原作者尾注

由此得出固定的比率，100 库平两等于 109.600 上海两，以类似方法可算出，支付关税时，商人付 111.40 上海两相当于 100 海关两。

现在我们随着历史变迁来到现代。1759 年，卡洛斯三世（Carolus III）继承了西班牙王位，其统治期间铸造的银元流入中国，其继任者卡洛斯四世（Carolus IV）和斐迪南七世（Ferdinand VII）统治时期也是如此。如我们今日所见，这些银元的价值与后来流入的其他银元仅略有差异，但他们获得了公众的支持，特别是在茶叶和丝绸产区。在此之前，当地人从不知道银币可以如此使用方便、易于收纳、完全可靠。西班牙君主在位期间，只要贸易需要，这些银元的供给并无限制。一旦大自然发威，卡洛斯三世去与他的祖先们聚首，这些带有他的头像和题名的银元——广州的"老头"（Old Heads）便不可再用。卡洛斯四世的银元取而代之，却不如前者受欢迎。这些"新头"（New Heads）不那么受人喜爱，因为人们对它不熟悉，自然缺乏信任。斐迪南银元的境遇更是如此。但这三者比墨西哥银元、南美银元以及其他地方的银元出现早得多。下文显示在东方购买 100 两纯银锭所需要各种银元的精确重量，显然人们不该如此倚重。

394

100 两银锭等于	110.622 两卡洛斯银元
	110.720 两卢比
	111.255 两玻利维亚银元
	111.957 两秘鲁银元
	112.110 两墨西哥银元
	113.150 两法国银元

相对于其他货币，卡洛斯银元占有绝对优势，这并非由于其内在价值，更多在于当地人对它的偏爱，继而只想用它而不选其他，这便是明证。供应有限且不断增长的需求使得受人喜爱的卡洛斯银元——因其设计中有一对赫拉克勒斯之柱，故又称"双柱银元"，几乎能以双倍价钱售出。远在 1843 年上海开埠之前，这些卡洛斯银元在宁波和内陆的丝绸、茶叶产区，已为人熟知。巴富尔上尉撰写首份报告之时，卡洛斯银元的价格才刚开始上涨。1845 年，一两白

银从 1 650 文升至 1 720 文，墨西哥银元从 1 150 文升至 1 200 文，斐迪南银元也称"商业西班牙银元"，从 1 180 文升至 1 240 文，而"老头"卡洛斯银元从 1 280 文升至 1 300 文。卢比从 480 文升至 520 文。

早在广州时便有惯例，钱庄发出银元要在上面加盖戳记①。读者可不要以为这是什么橡皮图章。相反，这个戳记深深地打入银元，留下擦不掉的痕迹，而经过反复多次錾刻，最终银币中央会完全打穿，成为"烂版"。当然，未有戳记的"干净"银元会单独计算，所有烂版按重量计算价值。除了卡洛斯银元和其他珍贵币种，余者再投入熔炉铸成银锭。

中国的钱币兑换商们是摆弄银元的能手，他们对经手的各种钱币仔细分类，方法巧妙有趣，不过精细的管理提升了银元价值，有些人也难免食其苦果。一般来说，所有银元都称"洋钿"或"番饼"。边缘有花瓣装饰的银币叫"花边"。各种西班牙银元都有各自俗称，而其他钱币被称为"混铜"、嵌铅、轻币、脆声、锈色、样币、大块、小块，多少也简单易懂。据说某位苏州巡抚曾让人做过一次试验，将两只银锭拿去换银元，经过几十家钱庄兑换，最后换回白银。最初值 100 两的银锭，最后换回时只剩 17 两。

上海本地几次遭遇银荒，原因很多，比如白银用于支付购买鸦片，乡民乐于囤积卡洛斯银元，再加上因叛乱激发的需求等。有一次银荒出现于 1845 年底，巴富尔上尉说当时"账单几乎无法兑现，那时我才觉得要那么高的溢价并不合理"。信誉良好的账单，一个银元可兑 4 先令 9 便士。然而那不过是悲剧的序曲。上海的创造力在克服银荒的难题中也表现无遗。贸易借助"封存订单"来进行，它实际上充当了纸币的角色。此举是建立在鸦片、布匹与丝绸、茶叶以物易物的基础上。唯有良好的信誉方能构想和维护如此的运作系统，因为彼此信赖是唯一的支撑。最早出现在以鸦片换丝绸贸易上，某位商人有价值 76 000 元"封存订单"分存于 7 位当地商人手中。但实际不可能拿出价值五万到十万的丝绸，一次结清如此巨额的鸦片，于是绸缎商或将之分为几个独立的

---

① "加盖戳记"，这个戳记是商行的标记。被这样处理过的银锭很快变成碗形并最终被戳穿。这一习惯一直保持到最近。——原作者尾注

订单见货即付，或按交付当日的市场价结算订单。由此出现将"封存订单"用作流通的媒介，其价值也随价格涨跌而波动。这些流通媒介还可享受可观的折扣。下面便是实际的范例，此处人名仅保留首字母：

McM... 上尉：

请向金格沃（Kingwo）或持信人马尔瓦（Malwa）支付 2 000 元。

签名 A. G. D...

1845 年 12 月 3 日，上海

此信经发信洋行封缄，收信人是吴淞码头"福克斯顿号"（Folkstone）指挥官。

3 000 元

我答应在两个月内向金格沃的下属马尔瓦支付 3 000 元，我已收到两倍价值的茶叶与丝绸。

签名 A. G. D...

1846 年 2 月 28 日，上海

起初这些信函并未缄封，但后来都是封口后用铅笔在信封外注写内容。

396

1847 年，我们看到领事人员抱怨，从香港转寄的零钱和带有戳记的银元都视为银条使用，损失了 5%—8%。1848 年，南方当局得到通知，如他们转寄卡洛斯银元来替代墨西哥银元或卢比，则可节省 10%。1850 年，我们注意到政府与圣三一教堂的财产受托人在财务关系上发生了一些摩擦：前者是以墨西哥银元测算，后者使用的是卡洛斯银元。1851 年，我们又看到转运的南方货币：英国金币、墨西哥银元、卢比、半个卢比、四分之一卢比，这些都不是在上海流通的货币。墨西哥银元兑换成卡洛斯银元仅值 88 分，而其他货币则要打 7%—20% 的折扣。如为建筑房屋要花费 5 000 英镑，就会损失 600—1 000 英镑。那时"两位重要英国商人"证实，面值一镑的英国金币仅值 3.78 元。用英镑支付的商人都开始感到囊中羞涩。若受政府雇佣，可享受所得税减免 8%，但在货币兑换中要损失 15%、20%，甚至更多。无怪乎他们大力抨击"这种对过时钱币的莫名偏爱"。

但更糟糕的事情还在后头。1855 年 1 月 1 日，3 个卡洛斯银元换成英镑，"购买力并未相应增加"。同年 7 月，英国领事罗伯逊和美国领事马辉开始行动起来。两年前，罗伯逊曾在广州采取措施，使银元价格在市场上保持均等。上海为什么不行呢？商会愿意支持任何可行的提议。马辉则更进一步。他认为卡洛斯银元体系"不健全且有欺骗性"，并打算就此现象采取行动。根据条约规定，中方政府的钱庄应当将所有银元按其自身价值兑换。他发现卡洛斯银元的价值比墨西哥银元要高出 1.198%，而卡洛斯银元溢价高达 41%！因此，他要求道台在 20 天之内将此实情公之于众，而后美方将有所行动。道台并未同意。他也曾提出以墨西哥银元作为税收货币但遭拒绝，于是马辉亲自收税，放行美籍船只。

古板的英国官员提出疑问，不知如此行事是否合法，但不管怎么说，事情渐渐有了进展。9 月公告发布，自中国新年始，各国银元各按其自身价值一律流通。然而可以想见，必然有人会提出异议。让卡洛斯银元保持高价位，才符合很多人的利益，其中包括鸦片贩子，更不用说那些囤积了上百万卡洛斯银元的茶商、丝绸商以及与他们有生意往来的人。年初《北华捷报》申明卡洛斯银元或墨西哥银元，报社都愿收取。后来该报撤销了这一申明。1856 年 11 月，由于白银短缺，眼见一场金融危机已迫在眉睫。读者们别忘了，这些事情发生的同时，叛军正占领着上海县城，而太平天国以惊人的速度发展壮大。人们开始大声疾呼要求使用英国货币，连美国商人也在其中，但尽管这一要求得到包令爵士的热情支持，英国政府却置若罔闻。中方钱庄庄家前去面见罗伯逊，希望取得他的支持，允许有轻微戳记的银元继续流通。但罗伯逊表示，去年的行动未得到他们支持，如今的苦果也只好他们自己吞咽。卡洛斯银元的溢价已达 54%，半年的期票（six months' paper）价格稳定在 7 先令 4 便士至 7 先令 7 便士。当年银元的兑换均价保持在 7 先令。有人提议将银两作为记账单位，但商会认为银两本身价值的波动太大。不过，当地官方试验性地铸造了一些

银元 ①。马辉提出使用加利福尼亚州金块的想法，但此事未有下文。1857 年卡洛斯银元兑换波动可见其价值变化，1855 年一个卡洛斯银元可兑 1 870 文，到 1857 年跌至 1 050 文。当地官方采取了一些措施确保墨西哥银元的使用，其中一项是以墨西哥银元发放部队饷银，这样既增加其流通，也免得兑换人出现过多抵制。曾有一短时期，有些洋行以墨西哥银元作为记账单位，但 1858 年采纳了银两作为记账单位，人人使用，除了某些银元囤积者。

当时以英镑支取薪酬的人是怎样焦虑，亲身遭遇过相似困境的人很清楚当时状况，但我们还要举出一两个实例来说明当时处境如何艰难。与其他国家相比，英国政府支付其公仆的薪水也不算吝啬。领事一年领 1 500 英镑，在英国也不算富足，但在战前也可衣食无忧，轻松维持家计。若将他置于 1850 年代的上海，当时一英镑兑换 3 个卡洛斯银元——有时仅兑得 2.5 个，他的月薪仅 375 元，再减去 8% 所得税，要维持其地位的体面便捉襟见肘，如此便不得不调动其个人资源。没有个人资源的基层职员情况就更糟了。1850 年，一位助理通译的支出情况如下：寄宿和膳食费，87 元。仆人和洗衣费，12 元。按当时比价，每月收入 90.90 元！到了 1856 年，更是雪上加霜，助理通译的薪水每月只有 45 元至 50 元。现代有人如此感怀："一位绅士又是一介官员，要如何凭此生活，对我来说简直匪夷所思。"下面是一位英国领事馆人员的真实遭遇，时间上要更晚一些，当时年薪 450 英镑。领事馆的房间都住满了，所以他只得另谋住处。出租房屋本来就稀少，这事自然不易。但最终他找到一处有四个小房间的寓所——租金 500 英镑一年！

398

传教士如何在这样的环境下生存，现在的人简直无法想象。在戴德生（J. Hudson-Taylor）牧师撰写的《戴德生回忆录》（*Retrospect*）第 47 页有如下描述：

> 收入只有一年 80 英镑，我被迫搬去租界花 120 元租房，再将一半住处转租。尽管伯驾博士到来之后，中国布道会（Committee of the Chinese Evangelisation Society）更了解我们的境遇，增加了我的收入，但在此前则

---

① "试验性地铸造了一些银元"，对这种银元的描述见于《皇家亚洲文会北华支会会刊》第一卷上伟烈亚力所著《大清的货币》，另见骆任廷的《远东货币》第 1237 号。——原作者尾注

少不了经历诸多苦难。几乎没人意识到，对于一个未经世事磨炼的年轻人来说，当时情景是如何凄惨，而先行者又面临怎样极度地孤独，因为遭遇困境也无人可诉，甚至哪怕一点暗示都会被认为是无声地求助。

一年 80 英镑，戴德生牧师的月收入可能只有 17—26 元！

1843—1858 年，这独特金融时期的来往函件中涉及一些细节，由此可窥见中方以及各外方当局的态度。首先必须指出当时的情况十分特殊。中国多以银锭支付战争开支，尽管大量白银源源东流以填补贸易逆差，但其中大部分又用于鸦片贸易。另外当时有两次叛乱：1853 年的小刀会起义，以及始之于前、绝之于后的太平天国运动。两者都对金融市场影响甚巨，纸币变得一文不值，铜钱开始铸造。最后，本地人对卡洛斯银元赋予了过多的虚拟价值，使得上海及其周边地区成为主要甚至是唯一的受害者。英国政府认为这些问题是暂时的，他们不能保证向上海提供卡洛斯银元。香港接受所有合法货币——广州也是如此，他们收到什么货币便支出什么货币。因此，有一次要给上海寄 2 000 英镑，它转来的资金是：4 800 墨西哥银元、4 000 卢比、4 000 个半卢比和 450 英镑，没有一样是租界里流通的货币。1852 年，包令爵士通过丽如银行（Oriental Banking Corporation）转来 15 000 银元，费用仅 2%，但他表示下不为例。"议员们"有时深表同情，有时的想法却截然相反。他们意识到领事职位上的艰难，也提出各种缓解措施，但财政部行动迟缓。香港对各种钱币有相对固定的汇率，而且香港以英镑记账！不论何种银元，都兑换 4 先令 2 便士。东印度公司的卢比可兑 1 先令 10 便士，而一个先令兑 280 文。英国金币应该在哪儿都好用，但在 1852 年，841 个金币转往上海，损失了 178.14.3 英镑。无怪包令爵士认为逼迫英国领事们接受这样贬值的货币是"苛刻而不公平的"。尽管卡灵顿爵士认识到此中艰难，但财政部拒绝承担损失。对于 1855 年美国领事的积极行动，我们并不知他深入何种程度或持续了多久，但卡洛斯银元疯狂涨价的局面将不再继续。

1856 年，上海县知县黄芳在 10 月 25 日发布通告：

399

以卡洛斯银元日缺，银价日涨，吾观庄家囤积银元，损害他人利益；其不实之钱店，只为自身得利，随意将银元赋予各种名目，如此人等实令人厌恶。当务之急，应速根治庄家钱店之弊端，以救民众于水火。

而知县所说采取之措施，是"待墨西哥银元成为流通货币后，可以之支付税捐"。这也证实了"议员们"的见解，解决难题之道在于采用墨西哥银元。但我们也看到，这不过是其中一部分，最终是由银两与墨西哥银元结合使用才解决了问题。

第46章

早期贸易经历

在目前阶段检视中国签订条约之后的对外贸易，留意一下 1844 年罗伯聃（Thom）向璞鼎查爵士提交的报告乃是上佳之选。这份报告旨在讲述他们所处的无条约时代后期的经营情况，以及对于未来贸易的预期。读者须谨记，可靠的统计数据十分罕见，即使杰出的权威人士——罗伯聃先生便是其中之一，也不得不依靠推算和估计。

首先，他罗列了出口物品的清单，对于熟知如今冗长关税表格的人士而言，最先注意到的便是名单上仅罗列了 61 种物品，各类茶叶和丝织品归为一项计算。此表中有一栏列出清廷的关税和收费，另有一栏列出实际税金和收费，第三栏是对条约签订后的收费预计。还有其他栏目显示各种物品的年平均出口量、均价、实际出口物品的价值、以估价为基础的税率、估算的税费。如此大量细节我们无法一一追溯，但下表引用了一年的总结，看来十分有意思。

单位：元

船费和吨税	500 000
茶叶	9 450 000
生丝、丝线和绸缎	2 747 000
糖和冰糖	370 000
肉桂	240 000
各种其他货物	532 750
珠宝，免税	1 1160 250
	25 000 000

罗伯聃列出了过去和将来的船费，此中强烈对比标志着所谓"压榨"与合理收费的差距。他以广州平均一年120艘船只为例，每艘船平均收费2 000两白银，而为150艘船只估价，每船平均500吨，一吨5钱。得出的结论是"压榨"的情况下240 000两白银，但合理收费则是37 500两白银。

罗伯聃在进口清单中罗列的物品不超过49项，各类广州制品、金属物、皮草和羊毛制品分别作为一项计算。表格中也有相似的各列细节，还有类似的一组注释说明每一项单独的物品各代表什么，总结如下：

401

单位：元

鸦片、米、珠宝和珍珠，走私免税或违禁品	15 594 630
人参，两种，多数为走私	65 000
原棉	5 000 000
各种棉制品及棉纱	2 090 000
羊毛制品	1 047 000
各种金属物，共计	261 650
其他各种物品，共计	941 720
	25 000 000

评论这些数字已无必要，我们再来简单翻看一下冗长的1847年蓝皮书，近600页内容包括逐字记录的细节证据、委员会的会议记录及报告等。蓝皮书与上海有着多么紧密的联系，从见证人名录中可见一斑。吉布、法布里齐（Farbridge）、丹拿（Turner）、罗森（Rawson）、马地臣（Matheson）、克劳福德（Crawford Kerr）、包令、巴富尔、福钧（Fortune）均名列其中。调查涉及的年份为1843年至1847年，从中可总结出当时贸易的特点。

委员会发现有一段时间，贸易状况不尽如人意。长时间通商并未达到预期的效果。对华出口量下跌，布匹和茶叶生意都遭损失。原因并非是缺乏需求或他国竞争，"唯一的问题是难以提供回报"。英、美、印三国占据对华贸易的大部分，英美两国几乎包揽了全部茶叶和丝绸生意。贸易很大程度上取决于这些英语国家人民的消耗量。中国仅靠这些就足以支付其进口的货款。委员会指望着"大量削减出口"能恢复贸易平衡，而等待他们的结果自然是"损失与失望的惨痛教训"。从中国出口的丝绸量正在上升，他们希望通过茶叶贸易来解救，而英国对普通品质茶叶收取 200% 的税款，最差的茶叶收税超过 350%！他们自然大声疾呼要求削减。茶叶税收总额从 1814 年至 1815 年的 342.8 万英镑升至 1846 年 511 万英镑。当时的想法是希望削减税收能促进消费，同时避免在华茶叶价格上升的不利影响，而在华茶叶是否会限制栽培尚是未知数。值得注意的是，对华贸易"本质是直接的易货贸易"，因此进口与出口货物必须保持平衡。

该报告预测，大部分对华贸易必将集结于上海，其他港口宁波、福州、厦门的早期历史便已清楚表明其未来发展。香港十分令人失望，对它也没什么指望。香港由殖民部管理，而其贸易事宜又由外交部管辖，有人建议简化职责。还有建议涉及法规、上诉法院、中英文教育以及过境税。涉及过境税当时还没有很多不满。这里首次出现了之后反复投诉的问题："在英国公民与华人的交往中保护英国公民利益"，对此英国官员似乎态度不积极。但与之针锋相对的是，官方强烈建议商人的行为举止应当温和有礼以改善商誉，坚定维护双方的权利才是健康明智的做法。报告签署于 1847 年 7 月 12 日，但以问答形式提供了大量专业证据，才是蓝皮书的真正价值。

之前论及的一项事宜早就引起各方注意——易物贸易问题。从根本上说所有贸易都是以物易物，但在很多其他地方，因为有体现精确价值的货币介入，这一事实便很大程度上隐身幕后。之前我们已经讨论过中国的白银问题。如我们所见，出口白银换取鸦片成为引发第一次鸦片战争的起因。《南京条约》并未涉及鸦片问题。战后，有绝大部分当地官员的纵容和默许，鸦片依然像战前一样进口，不过是通过走私渠道，结果白银源源不断流向印度。在汇报 1847 年上海贸易情况的报告中，阿礼国的估算如下：

从中国出口到英国的物品，价值大约……2 000 万元

从英国进口到中国的物品，价值大约……1 000 万元

中国贸易顺差……………………………1 000 万元

据说与美国的贸易情况也类似，数据差额是 300 万与 900 万，中国贸易顺差 600 万。但再来看与印度的贸易，情况如下：

单位：元

鸦　　片	23 000 000
原　　棉	5 000 000
	28 000 000
出口印度的丝绸等	2 000 000
中国贸易逆差	26 000 000
减去与英国贸易顺差	10 000 000
减去与美国贸易顺差	6 000 000
	16 000 000
中国净亏损	10 000 000

　　之前章节中反复提及的白银短缺，我们在这里便找到了部分解释。其他原因可能是，大多以卡洛斯银元收取货款的茶商和丝绸业主有囤积的癖好，另一方面太平天国和其他起义引起大范围动荡，使得人们囤银更胜平日。

　　因此，近乎最原始的以物易物形式，几乎成为无可避免的选择。阿礼国在 1847 年的报告中说"最近引入了以货易货的做法"，其中以鸦片为多。他说"目前这里的贸易几乎完全是以物易物，只要我们进入中国的商品能推向市场，鸦片、棉制品与丝绸、茶叶交换，因此多余的鸦片就需要中国消费者花白银来买。主要是鸦片与丝绸、茶叶与布匹互相交换，当然并不完全排除布匹换丝绸或茶叶换鸦片。这里最好以实例来说明吧。以 300 包生丝为例：

	元	元
从 A.B. 处以每担 370 元购入		88 800
以 620 元向 A. B. 卖出 50 箱公班土 ①	31 000	
2.50 元的灰色布料 25 匹	62 500	93 500
结余		4 700

如此便须再提供一批丝绸，或者商人也愿意接受茶叶。"如我们之前所说，在这

---

　　① 原文为 Patna（帕特纳），印度鸦片主要产地，那里产的鸦片英文名 Bengalopium，中文名公班土。——译者注

样的交易中，鸦片会充作临时货币。商品以物易物与现金价格之间的差价，根据 1847 年报告中第 372 号问题的回答："市场通行惯例是 12%—15%"，但上海方面的证据显示实际数字要高得多，义升行破产案中的阿林（Allum）说差额要到达 20%—30%。因此整个贸易或近乎整个贸易都是物物交换，以金钱来衡量价格，虽然并无钱财易手。

举出一次交易的细节便可看出当时贸易损失的严重程度。利物浦生产价值 886.19.8 英镑的一打衬衫，到上海以 4 先令 4 便士兑换一元的汇率计算为 717.4.9 英镑，损失近 170 英镑。但将收益投于茶叶，茶叶在英国售出可得 470.15.4 英镑，将货物运送到中国再贩运茶叶回国，总共损失 416.4.4 英镑。据说这样的损失"并不罕见"。通过统计数据可清楚看出，这盛行一时的难题是因为过度贸易，因此有时商人不得不换一些他们原不想买的货物回去。

1833 年的统计表显示，出口到中国的英国制造商品总价值不过是 63 万英镑，这是东印度公司垄断经营的最后一个完整年度。到 1836 年增至 132.6 万英镑，不料次年跌了一半。1838 年又升至 120.4 万英镑，但此后直到 1843 年五口通商、香港开放，才再次升上 100 万英镑。然后贸易额达到 145.6 万英镑，而各方抢着致富将这个数字推到了 239.4 万英镑。亏损又给了他们一通教训，直到 1851 年才再次达到 200 万英镑，此后又有一次下跌。

巴富尔上尉曾对上海 1845 年贸易激增加以评论，但当时人们并未意识到，数量增加可能意味着削减利润而并非增加利润。起初上海的贸易确实十分有利可图。然而 1846 年贸易突遇停滞。当时上海商人依然沿袭旧时广州的惯例，将仓库的存货都交给本地人经营，义升行在其中占据了绝大份额，经理是广东人阿林。有人说上海开埠之时，他为开办商行不得不向洋人借了 8 000 元钱。之前他在广州曾破产倒闭。但对广州的垄断经营记忆犹新，他有把握可以在上海大胆尝试。人人都将货物存在阿林处。他成了华洋商贸间不可或缺的中间人。出于自身利益考虑他既做现金生意也以货易货，据说 1845 年他所涉及的生意至少占整个港口贸易的三分之二。事实上，他当时忙着准备"囤积居奇"。正是由他开始，将大量当地商品带入上海市场。如果他具备必要的知识，或许能预见那即将灭顶的危险。他在高价位上大量投机。市场上商品充斥，造成供过于求，价格猛然下跌。阿林血本无归，其负债达到 90 万两白银，从此销声匿迹。道台不得不在阿礼国的协助下前来维持秩序、收拾残局。涉及此事的信函堆积如山，其中多是本地人和外侨的赔偿要求，形成几乎无法收拾的混乱，多少也能折射出当时的社会状况。坏事慢慢转变为好事，在此类事例中也不罕见。外侨们开始自己仓储货物，获得比之前更确切的信息了解茶叶和丝绸的生产价格，也更清楚中间商赚取的利润。其结果是，混乱过后的市场状况远比之前健康很多。由此总结出当时三件亟须解决之事：进入初级市场、商品自由流通、增进相互了解。

我们曾说旧时广州的魔咒依然笼罩着上海侨民。他们在十三行内屈居一隅，使他们感到初临此地获得的狭小租界，已是一望无际而用之不竭。相比十三行8—12 英尺的道路，上海路面宽度有 20 多英尺。有了广州的经历，上海的"压榨"也不算什么。相对广东人的仇恨态度，此处本地人的漠不关心，也算友好。事实上，诸事的相对自由多少蒙蔽了众人的双眼，无法认清现实，对某些他们原本会提出抗议的事也欣然接收。阿礼国曾说"即使赢了战争，我们的境况依然不能让人满意"。但租界面积稳步增长，地位也愈发重要。上海花了 8 年才超过广州，于 1852 年实现了这一壮举，尽管一路行来如波涛般跌宕起伏，但上海一往直前，从不回头。

另一件与贸易相关之事，在同类事件中颇具典型性，不应视而不见。1852年，发生了一起与丰裕洋行（Fogg & Company）雇用本地人有关的纷争。丰裕洋行是一家美商洋行，从事装卸货物及其他商贸活动。此事的争端，条约中并未预见。条约授予本地官员对国民享有充分管理权，但在当地人为洋商服务的案例中，条文并未清楚划定这种权力的界限在何处。道台打算要由政府垄断货船装卸货物服务。丰裕洋行的业务便很碍事。因此，他寻了一事由，禁止当地人进入该洋行或为其服务，还抓了一些人在海关大楼前鞭笞。事态十分明显，若允许如此威胁恫吓的行为，外侨将再次如鸦片战争前一样任由当地官员摆布。洋人的旗帜必须如庇护洋行大班一样庇护诚实劳作的苦力。1845 年在厦门、1847 年在福州，阿礼国都曾成功维护了这一原则，但巴麦尊爵士就外侨雇用本地人而言，更偏向于中方诠释条约的观点，要求英方官员屈服。然而眼前涉及

406

的乃是美国人，人们希望美国官方能站稳立场。如果仆人能被胁迫，那通过他们也能威逼雇主。此事自然移交更上层官员处理，随着之后各种新事态层出不穷便不了了之，但道台的垄断愿望从未实现，而外侨雇请当地人从事合法职业也未再受干扰。

1845 年的航运统计表可反映出早期的情况。当年有 87 艘船只入港，89 艘离港。其中英国船有 62 艘入港，66 艘离港；美国船分别是 19 艘和 17 艘；余者是西班牙船 2 艘，瑞典船 2 艘，另有 1 艘船来自汉堡，1 艘船来自不来梅。

折算成英镑，同年的合法进出口额如下：

国　　籍	进口（英镑）	出口（英镑）
英　　国	1 082 207	1 259 091
美　　国	93 518	59 949
瑞　　典	5 890	14 876
汉　　堡	30 088	0
西班牙	7 521	7 384
不来梅	4 885	3 350

1850 年 8 月 3 日《北华捷报》创刊，为人们了解当时的情况提供更多线索。此时租界已经 7 岁。首张报纸上刊登了包括暂时回国者在内的 157 位外侨居民名单，其中 37 位携有家眷。报纸还得意地刊载了"海巫号"到港的消息，这是一艘美国飞剪船，从伦敦出发航行 98 天，已是当时最佳表现。文章还报道英国造船业蓬勃发展，是"最近废除航海条例后十分鼓舞人心的成果"。在一堆广告里还有以下文字："待售。森和洋行出售伦敦开出的 90 天期票，6 个月内有效，保兑。"该行的吴利国是首任驻沪美国领事。

早先丽如银行已在上海开设分行，时间大约是 1847 年，但 1852 年有涉及这家银行的信函一封。"他们（这些银行家）只经营国际汇票，这不过是一个商人的合法业务，远不是银行家的职责。一家银行的合法功能包括为客户维护现金、储蓄账户、发行票据——贴现票据和有价证券、提供贷款。这些业务在上海的丽如银行都没有。"兆丰洋行登载广告说，将每月举行一次拍卖会，或者拍卖会的时间间隔将按实际需要确定。由于行入黄浦江有难度，有些船只还是避免驶入上海港，但两周内有 17 艘帆船办理了入关手续，其中 6 艘进港，另有"玛丽伍德夫人号"汽船 1 艘。大约有千万英国资本投入了合法的对华贸易，另有 500 万英镑用于鸦片买卖。1851 年，出现了"Kin-tee-yuen"的丝绸广告，可能是在华中地区首次出现。1852 年，11 家英国洋行联名向巴麦尊爵士请愿，希望将两月一次运送到香港的邮政服务，延伸至上海。请愿书中还预见了上海的发展将很快越出其边界的局限。相比于广州依然保持印欧混合贸易，上海已是纯粹的西方贸易，他们自夸上海正要赶上广州。广州的贸易及其重要性，"得自过去纯粹人为的影响，其特点也属于过去；而上海之本源发自自然，指向未来。上海将来的命运已脉络清晰，商业发展及其政治影响力都是前途无量"。

现代上海痛心疾首于我们的先辈有如此先见之明，却未想到为我们"划定充裕的边界、留下宽敞的空间"，以实现与政治、经济状况相称的地理扩张。如果他们有此举动，那么如今现代街道上人口稠密的问题就不会这么早到来。

第47章

三种主要贸易商品

迄今为止，我们所用的"Staple"一词，取其"贸易中心地"这个废弃少用的古旧词义，现在我们将转而用其更为现代的词义，指主要贸易商品。对于上海而言，主要出口商品是丝茶，进口则是布匹。在过去中国贸易还带着贵族气派的时期，当巨商豪贾不仅是传奇故事也是现实生活的时候，除了以上这些物品之外，其他一切都"微不足道"，不值一哂。仅茶叶税一项，英国财政部不是就收取了几百万英镑？坦白说，其中大部分是出自英国中低阶层百姓的口袋。丝的进口不是使得英国市场能够独立于欧洲大陆的丝织业，并为经营和织造这些来自遥远中国的光滑细线的人们带来了财富？而对于西方幸运之岛 ① 上蒸汽机正不断产出的精美织物，还有什么限制着 4 亿人口的需求吗？在《南京条约》签订后十年的头一两年里，以上这些问题有人欣喜地问，有人热情地答。然而，如我们所见，同样这十年也注定将验证，不论在中国或是其他任何地方，经济规律不能随意打破而不受惩戒。朝气蓬勃的上海，对于过去的经验教训毫不在意，同时也受到了相应的惩罚。当你读到本章的末尾处，一切都将昭然若揭，你也会看到一地的贸易失误，会怎样紧密地影响着远在千里之外国度的人民。我们首先要谈到最主要的贸易商品，是声名远播的灌木叶子。早先曾诋毁

---

① 西方幸运之岛（the Fortunate Isles of West），此处指英国。——译者注

香港的马丁 ① （R. M. Martin）在其著名的茶叶调查报告中，将其称为"没有营养的草"。

茶叶久远的历史，我们就不涉及了。从植物学方面来说，这种产出茶叶的常绿灌木，与山茶是近亲，至少有四个品种，但仅有两个品种可以产出商用茶叶。和长在中国的山茶一样，这些茶树若任其生长，可以长成小树。阿萨姆（Assam）② 茶树可以长到 30 至 40 英尺高，其叶片可达到 9 英寸长，2—3 英寸宽，因此可制出大量碎叶。茶作为一种温和的兴奋剂，少有匹敌。茶的嫩叶中茶碱较为丰富，老叶中则含丹宁酸较多，所以头次采摘同末次采摘的茶叶价格相差甚巨。在中国，采茶约于四月中旬开始，往日此时茶司 ③ 便在他们熟悉的茶区聚集。第一次摘下的都是叶芽，风味极佳。两到三个星期后进行第二次采摘，之后第三、第四次采摘相隔的时间长短不一，第四次采摘的茶叶价格最低。摘下的茶叶要经过各种工序才能上市。简单来说，这些工序大致包括杀青、揉捻、发酵、炒制或干燥、分级和包装，其中发酵是最重要的一个步骤。

红茶与绿茶都是出于同一种植物，其中的差别在于制作的方法。苏格兰植物学家福钧 ④ 最早证实了这一点。此人曾受雇于爱丁堡植物园，进而为英国皇家园艺学会（Royal Horticultural Society）效力，1842 年战争结束之后，受该学会委派赴中国从事植物采集。他在上海十分出名。1848 年他再次来到中国，这次受东印度公司派遣，目的是茶。在第二次旅程中，他研究了养蚕和"宣纸"制造等事项，并向西方世界引入了许多东方树木、灌木和花卉。在其著作《漫游中国》（*Wanderings in China*）中，他惊讶地发现，福建红茶山上的茶树与浙

409

---

① "马丁"，他是 1844 年香港库政司，但他强烈地认为香港毫无价值，为此他辞职回国并告诫政府，因此结束了自己的政客生涯。他出版有《中国：政治、商业和社会》一书，并在附录中收录了他与政府的通信。——原作者尾注

② 阿萨姆（Assam），是位于印度最东部的一个邦，北部与中国藏南地区接壤。历史上，这里是继中国以后第二个商业茶叶生产地区。——译者注

③ 此处原文为 chaszees。有些地方将茶叶收购商人称为"螺司"，他们深入茶山，向零星茶户（茶叶生产者）收购毛茶，然后卖予茶行商人。——译者注

④ 福钧（Robert Fortune），1813—1880 年，苏格兰植物学家，其亚洲之旅为西方世界引进了许多树木花卉，最为人传颂的事迹是将茶自中国引入印度。——译者注

江绿茶山上的茶树是完全一样的，都是绿茶。他观看了将绿色茶叶变为上市红茶的各种生产工艺。从此彻底纠正了认为绿茶与红茶是出自两种植物的古老错误概念。

在英国国内市场上出现的各种茶叶品种的旧名，多源于广州。我们将主要的名称罗列如下：

武夷（Bohea），此名源于福州腹地两座山丘的名称。最初所有茶都称为"武夷"，是以上两个汉字的不标准英语读音。

工夫（Congo 或 Congou），意为辛勤劳作。据说此名是用于那些在制作过程中特别费工夫的茶叶。

拣焙（Campoi），仔细挑选准备烘焙，或是精心焙制，是工夫茶的一种。

熙春（Hyson），明媚的春天。熙春又有多个品种，如雨前茶（Young Hyson）和皮茶（Hyson Skin）等，后者是较高品质熙春的废料或副产品。

白毫（Pekoe），意为白毛，由一种带有白色绒毛的极嫩芽叶制成的茶叶。

小种（Souchong），意为较小品种，广东人将很多不同品种的茶都称为"小种"。

屯溪（Twankay），以其出产的安徽城镇名字来命名的茶叶。

珠茶（Gunpower），当然不是它本地的名字。这是一种经过挑选的小巧滚圆的熙春茶。本地人称为"芝珠"。

乌龙（Oolong），意为黑色的龙，产自台湾的茶叶，广州的货单上不用这个名字。

如今又出现了各种新名称。武宁（Moning）红茶有 6 个品种，界首（Kaisow）① 或称"红叶"也有 6 个品种。绿茶里熏白毫（Scented Orange Pekoe）有 3 个品种，此外还有其他名称。尽管橄榄色的珠兰茶（Caper）冲泡出深绿色的汤汁，但从专业上讲，珠兰茶并不归在绿茶之列②。

"茶"，作为一个众人熟知的名词，已在西方语言中找到了安身之所，然而它是否能像在它的东方故国一样，在我们的文化中占有一席之地，这很令人怀

---

① "Kaisow"，中文为界首。下一行 Caper 中文为珠兰茶。——原作者尾注
② 珠兰茶是一种花茶。——译者注

疑。中国是一个品茶的国家 ①。对于中国人来说，在西方人到来之前，茶是最主要的非酒类饮品，咖啡、可可、巧克力以及各种汽水饮料，即使并非一无所知，也十分少见。在中国，茶杯的名称五花八门；喝茶有特制的茶桌；衙门里有专人司茶；特别受宠爱的人，会给他"酒头茶尾"，那是最好的一杯。一位女性一生中可能要喝好多次茶，但有一个场合叫"受茶"，便是受聘。"茶点"在中国有时会说成"茶酒"。

在写作此书的今天，茶叶品种已十分丰富，但它们都来自第一个产茶的辽阔国家：中国。我们之前提到的福钧先生来到中国最主要的目的，就是获取种子和树苗，以期在印度培育茶树。我们知道一个他在上海时为了达到这个目的所采用的方法。当时在华的日本人为数不多，他雇用了租界中一位日本人去拜访茶场。此人中文说得极好，胜利完成了任务。中国的茶农可能还十分朴实，并不反对出售，甚至赠送茶树种子或树苗。那些掮客、商人和官员则更为警醒。尽管我们没有看到中国曾采取在南美防止他人谋求金鸡纳树那样有力的措施——此事玛克汉姆（Clements Markham）爵士 ② 的著作《生活》（*Life*）第十一章中有描写。但中国人会玩些小把戏，所以得采取一些相应的措施。宁波首任领事罗伯聃曾以几十块钱的价格买下一担茶籽，但后来发现这些茶籽没有一颗 411 能发芽。所有茶籽在交货之前都仔细炒过了！

茶叶掺假，就如同任何其他中国产品掺假一样，可以追溯到很早以前。不过这种活动绝不仅限于中国。翟理斯博士告诉我们，我们本地的"马龙混合（Maloo Mixture）"是"茶叶渣、各种其他植物的叶子和各种垃圾的大杂烩，在上海生产，然后当作茶叶运往英国"。他还说，我们的"假茶（Lie Tea）"就

---

① 同那种泛泛而谈，认为在中国出版一本书就会有 4 亿读者的轻率言论相比，这是比较真实的。但也必须指出，千百万中国人并不知道茶叶的滋味。比如，在交通不便的内陆山东，对于穷苦阶层来说，茶叶过于昂贵，他们满足于当地生长的替代品，并将其作为茶叶。——原作者尾注

② 玛克汉姆爵士（Sir Clements Markham），1830—1916 年，英国地理学家、探险家、作家。1893—1905 年曾担任英国地理学会会长。由于原产于南美洲安第斯山脉的金鸡纳树树皮可以提炼制取奎宁，治疗疟疾，1859—1862 年间，玛克汉姆带领了一个约 10 人的团队，前往南美，最终取得金鸡纳树的树苗到印度栽培，但其间曾遭到秘鲁人的阻拦。——译者注

是"把柳树叶及其他假叶子与真茶叶混合,然后以欺骗的手段当茶叶买……但其真正的品质,品茶者一尝便知"。在茶叶中加入如普鲁士蓝和石膏之类的染色材料,这种做法仅用于打算运往西方世界的茶叶中。中国人十分明智,不会以这种对人体有害的方式来处理他们自己的茶叶。那时英国的法规汇编中还没有《食品和药品销售法案》(Sale of Food and Drugs Act)。

当大家想到早期英格兰对茶叶课以沉重的财政税收时,可别忘了英国在一个多世纪以来一直债台高筑,拿破仑战争最终结束时,其国债更达到史无前例的 8.48 亿英镑。以仅有 1 400 万人口的国家而言,税收是很高。再说了,高额税赋古已有之。查理二世 ① 曾对当时仅由富人消费的巧克力、果子露和茶叶每加仑征收 8 便士消费税。1698 年,取而代之的是茶叶每磅征税 5 先令。在之前提到的马丁的报告中,涉及了 1669 年至 1846 年间茶叶贸易的数量、税额、财政收入和价格的大量细节信息。从中我们可以看到,自 1728 年至 1828 年间,茶税从每磅 4 先令,相当于茶叶价格的 14%,上升到了 100%。签订《南京条约》的 1842 年,各种茶叶统一按每磅 2 先令 2.25 便士缴税。这对于品质较低的茶叶来说,相当于售价的 200%—300%,甚至更多。

至于价格,马丁的报告表明,1678 年至 1846 年间英国的茶叶价格每磅最高 60 先令,最低 8.5 便士。从 1825 年到 1829 年间,定价最低的武夷茶为 1 先令 6 便士,价格最高的珠茶为 6 先令。1835 年到 1846 年,他仅记录了工夫茶的价格,根据品质高低从 9.25 便士至 2 先令 9 便士不等。当时自然有很多人讨论,若降低关税,从而降低茶价或财政收入,这样一来政府会是输家还是赢家,通常是经销商还是消费者能够从中得益?然而,没人确切知晓中国的茶农到底能从每磅茶叶里挣得多少钱。毫无疑问的是,这一部分钱少得可怜。

从阿礼国 1848 年 3 月在上海写的第一份详尽报告中,我们能获取很多信息。茶叶出口从 1844 年的 155.8 万磅跃升至 1847 年的 1 331.3 万磅。不过,其价值也发生了明显变化。1846 年,1 007.3 万磅茶叶价值 422 263 英镑,而 1847

---

① 查理二世(Charles II),1630—1685 年。斯图亚特王朝的苏格兰及英格兰国王,1660—1685 年在位。——译者注

年时，1 331.3 万磅茶叶仅值 382 019 英镑。价格变化的部分原因可能是由于阿林 ① 的生意失败后，洋商们直接向茶农收购茶叶了。英国商人包揽了大多数的红茶生意，美国商人则购入了当时大约三分之二的绿茶。早期上海茶叶贸易的缺陷之一是，茶商们感到将自己的资产托付给（当地）的行商或掮客十分不牢靠，后者就是"一伙人数不多、能通洋语的广东商人，他们除了自吹自擂、利用茶商的无知，此外别无资本，而且见利忘义，常短斤缺两"。不过，阿林一事的实例教训倒是很有用。

1856 年 7 月 12 日《北华捷报》的统计数字表明，1854 至 1855 年一年从上海出口到英国的茶叶多达 80 481 577 磅，是当时的最高出口数。出口美国的茶叶量从不足 200 万磅升至超过 2 000 万磅。在这一时期能有这样的交易量是十分可观的，大家要想到此时是小刀会占领上海县城末期，也是太平天国运动发展最显著的两年。贸易受影响微小，或许可以归结为两个原因：其一是不论掌权者或叛党都具备中国人固有的常识；其二是他们不敢得罪海外商人，这种担忧十分在理。

现在我们来看丝，同样可以看到在这方面的交易量快速上升，就与广州的贸易竞争而言，上海很快控制了市场。生丝的主要产地位于上海的腹地，上海刚一开埠，人们就预见到这里必将包揽生丝贸易的大部分。但生丝最早的名称也是来自广州。七里（Tsatlee）②，这个名字跟丝毫无瓜葛，意为"七华里"，与这种丝出产地的位置有关。1856 年，七里有五个等级。大蚕（Taysaam），意为"肥大的蚕"，也有五个等级。园花（Yuen-fa 或 Yuen hwa），意为"园里的花"。这是三个主要品种。这三种称为"南京丝"（Nanking silks）。广东丝（Canton silks）可以分为五个品种，其品质逊于南京丝。1856 年时，双林（Shuhing）丝和溧阳丝（Laeyung silks）在上海也有出售。

以下图表摘自阿礼国的报告，由此可以看出生丝贸易数量增长以及其价格波动。

413

---

① 阿林（Allum），参见第 42 章的注释。——译者注

② 七里丝，又名"辑里丝"，产于浙江湖州南浔辑里镇。——译者注

包数	**1844 年**	**1845 年**	**1846 年**	**1847 年**
七里	2 896	7 518	8 525	13 426
大蚕	1 394	3 630	6 321	3 887
园花	792	990	508	511
其他	5	431	816	334
总计	5 087	12 569	16 170	18 158

是年 12 月 31 日生丝价格，单位：元。

	1844 年	**1845 年**	**1846 年**	**1847 年**
七里	390—480	330—420	280—390	210—380
大蚕	300—365	270—320	105—295	200—260
园花	280—470	205—375	170—275	150—250

1843 年 9 月 24 日及 1847 年 9 月 24 日，这些生丝在伦敦的税额分别是：

	1843 年	**1847 年**
七里	19 先令—23 先令	11 先令—16 先令 6 便士
大蚕	16 先令—18 先令 6 便士	9 先令—11 先令 6 便士
园花	12 先令—20 先令 6 便士	7 先令—13 先令

公众十分希望，价格如此回落可使消费者"免受过去（大陆战争时期）价格高涨之苦，那时生丝的价格已与白银相当"。同时人们还希望稳定的原料供应能令英格兰"在生产（丝）织品方面，取得如同我们早就在棉织品方面获得的卓越成就"。不过，高水平的加工方式是意大利蚕丝业的强项。大概无人确切了解第一笔蚕丝买卖到底是发生在欧洲还是中国，但世人皆知在伦巴第（Lombardy）① 及其周边地区桑蚕培育获利颇丰，据估计其本国的消费量就高达 18 万包。大家自信地认为"中国向欧洲的出口量翻倍，也不会在这个市场引发成本或价值的巨大增长"。对于茶叶贸易，人们也怀有同样的信心。杭州、湖州（Huchow）、嘉兴是浙江三个主要的生丝产区。这些地方与广州的距离是与上海

---

① 伦巴第（Lombardy），意大利北部州名。——译者注

的 10 倍。这也是广州垄断贸易时英国消费者还要多付 35%—40% 税费的部分原因。

由于无法接触一手市场且中国的缫丝加工不佳，使当时在华的西方丝商生意受阻。有人认为若能方便地进入产区，不仅能够降低原始成本，并且可以保证对缫丝的程序给予更多关注和监控。专业人士以为，中国丝本身的"耐受力"相比目前的任何其他产品而言，即使不说更为出众，至少也是不相上下，而要达到与法国、意大利缫丝厂的产品一样水平，唯一需要的是具有专业技能的监督管理。中国丝有许多不足之处，其根本原因在于缫丝不精。运抵上海的生丝以 80 斤为一包，"每包里又分为 12 小包，一小包里有 9 或 12 绞。而每小包或各绞丝之间的分量各不相同，且常有不合规矩的做法，几小包之间最高数与最低数一般可相差 10%，有时是 20%"。柞蚕丝在早期报告中很少提及。根据《南京条约》，上海是最北面的开放港口，英国船只若再北上，便要冒无人保护的风险。

以下表格摘自 1856 年 7 月 26 日的《北华捷报》，由此可见 1844 年至 1856 年间生丝出口的发展。

年　份	包　数
1844—1845	6 433
1845—1846	15 192
1846—1847	15 972
1847—1848	21 176
1848—1849	18 134
1849—1850	15 237
1850—1851	17 243
1851—1852	20 631
1852—1853	28 076
1853—1854	58 319
1854—1855	54 233
1855—1856	57 419

绝大部分生丝都运往英国，销往美国数量最多的是 1855 年至 1856 年，共计 1 188 包。如上表所示，交易数量飙升的三个年度，正如我们之前曾强调的，是叛党占领上海县城的时期，那段时间太平天国运动进一步向西发展。中国亟须用钱，而丝茶就像银矿。

丝绸的历史十分浪漫。西方古人说的 "Ser"，转化成了拉丁语中的 "sericum"，还有希腊语中的 "seira" 和英语中的丝绸（silk）、系列（series）等无疑都与中国的 "丝" 字（Ssu）同源。这个字的意思不仅指生丝，还包括丝线、丝织品等。但其来源成疑，斯基特（Skeat）博士则认为这个字源于中国。在其他方面，我们也有充分的证据证明古代中西方的联系。古希腊人将中国人称为 "赛里斯"（Seres），他们的土地叫 "丝国"（Serica）。在中国，蚕丝织造早在基督纪元的几个世纪之前就为人所知，而且隶属于蚕蛾科的家蚕这种本不起眼的昆虫，以其奇特本能造福人类至少已有 4 000 年的历史。至于生活在公元前 27 世纪的帝妃西陵 ① 为鼓励发展养蚕业做出诸多贡献；这门技术传入古代朝鲜与日本；中国公主将丝绸的知识带到了印度；两个曾居住在中国的波斯僧人，熟知了丝绸生产各环节后，将蚕茧装入竹筒一同带回了西方，从而使这一技能逐渐向西传播。这些传说人们都耳熟能详，我就不必复述了。

你若希望了解丝绸传播的具体过程，可以在各种技术著作中找到答案。皮特曼（Pitman）的 "日常商品"（*Common Commodities of Commerce*）丛书中胡珀（Hooper）编写的小册子 ②，以浅显易懂的方式向非专业人士提供了不少有关丝绸的有趣而可靠的资料。由此我们或可一窥世界的其他各国应该如何向中国致谢，不仅仅因为她发现了丝，她还发明了织机、手工提花织机，而且早在 12 世纪中国就使用了复合提花织机，从那时开始源于中国天才的技术改良将世界

①　西陵（Si-ling），中国古代有传说黄帝元妃西陵氏为 "先蚕"，即最早养蚕的人。——译者注

②　据查，此书名为《丝绸：生产和制造》（*Silk, its Production and Manufacture*），作者胡珀（Luther Hooper），1919 年艾萨克·皮特曼爵士父子有限公司（Sir I. Pitman & Sons, Ltd.）出版，为皮特曼的 "日常商品" 系列丛书中的一本。——译者注

抛在了身后。著名的法国人贾卡（Jacquard）^① 对提花机进行了革命性改良，其厥功至伟，只有织布工心知肚明。值得注意的是，此人活跃的时间段与我们之前提到的发明的伟大世纪正好吻合。中国丝绸垄断贸易结束的那年，这位贾卡提花机的发明者与世长辞，此人对于中国丝在欧洲的普及做出了重要贡献。

卫三畏（Wells Williams）^② 博士在他的《中国商业指南》(*Chinese Commercial Guide*) 第五版第 138 页中提到这样一个事实："这些工人能织出其他国家视为最昂贵奢华的织物，但贫困潦倒似乎总与他们的生活形影不离，中国的丝织工人也逃不脱这样的命运。与里昂（Lyon）^③ 和斯毕塔菲尔德（Spitalfield）^④ 那些地方的工人一样，中国的绸缎或织锦工人也是由生至死都生活在穷困潦倒肮脏污秽中；能生出美丽精致织物的织机就放置在简陋的茅草屋里，他在屋里地上掘了个洞，只要踏板能运行自如就行。"当时的描述在今日中国依然适用。

丝绸大约是在 13 世纪传入英格兰，而丝绸生产大约还要再过两个世纪之后才开始。世人皆知 1685 年路易十四（Louis XIV）的宗教迫害将胡格诺派（Huguenot）的丝织工人赶到了斯毕塔菲尔德，但很少有人了解德比（Derby）^⑤

---

① 贾卡（Joseph Marie Jacquard），1752—1834 年。法国著名的织机工匠，纹板提花机的主要改革家。18 世纪初，法国工匠布雄根据中国古代挑花结本手工提花机的原理创制纸孔提花机。1799 年，贾卡综合前人的革新成果，制成配置更为合理的脚踏机器提花机，只需一人操作就能织出 600 针以上的大型花纹。这种提花机在 1801 年巴黎展览会上获青铜奖章。1860年以后改用蒸汽动力代替脚踏传动遂成为自动提花机，后来广泛传播于全世界并改用电动机发动。为了纪念他的贡献，这种机器被称为贾卡（提花）机。——译者注

② 卫三畏（Samuel Wells Williams），1812—1884，美国基督教公理会传教士兼外交官，美国最早来华的传教士之一，也是美国早期汉学研究的先驱者，主持耶鲁大学首先开设的中文课程。著有《中国总论》《简易汉语教程》《中国地志》《中国历史》等书，其中《中国总论》对中华帝国的政治、经济、外交、文化、历史、地理、教育、艺术，以及宗教等方面做了系统的论述，是当时美国研究中国最早最具权威的著作。——译者注

③ 里昂（Lyon），法国东南部大城市，自 16 世纪起成为法国的丝绸之都，到 17 世纪是全欧洲最重要的丝绸产地。——译者注

④ 斯毕塔菲尔德（Spitalfield），位于伦敦东城区。在伊丽莎白时期，法国的丝织工人迫于宗教原因搬迁至此，在当地形成纺织产业，到 18 世纪，此地已聚集了来自全世界的织工，纺织业一直兴盛到 19 世纪结束。——译者注

⑤ 德比（Derby），英国英格兰中部城市，18 世纪后期发展了丝织工业。——译者注

的第一家丝绸织造厂是源自意大利的技术。然而，英国丝绸即使想在本国市场
与法国货竞争也殊非易事，就算明令禁止也挡不住走私偷运。18 世纪，欧洲大
陆的织造方法不仅比英国高明，速度也更为快捷。1826 年，技术进一步改良，
英国设备投入使用，打开中国市场，垄断被打破。1852 年，英国向法国出口了
价值 25 万英镑的丝织品。

棉织物的历史和丝绸一样源远流长。公元前几个世纪，印度就形成了棉布
的主要贸易地，并由商人带到了埃及。奇怪的是，在欧洲和中国，棉布的使用
都比较晚，棉布传入两地后，一直到公元 14 世纪之后才开始棉布的生产。《中
国百科全书》(*Encyclopaedia Sinica*)①中提到在中国自己生产之前，棉织物是从
爪哇（Java）、婆罗洲（Borneo）、印度、波斯（Persia），甚至小亚细亚（Asia
Minor）等地进口。无独有偶，早在公元 10 世纪摩尔人就将棉布引入了西班
牙。英国大概是西欧土地上最晚接触这种新织物的国家了，直到 17 世纪初才由
安特卫普（Antwerp）②商人从西西里岛（Sicily）、黎凡特（Levant）③和里斯本
（Lisbon）把棉布带入英国。威尼斯在这一行业中发展迅速，16 世纪时已有棉布
出口。然而有很长一段时间，欧洲棉织物精致美观的程度远不及印度。独占东
方贸易的企业成为形势的掌控者，借此机会大发横财。

有意思的是，我们看到 1775 年爱丁堡成立了一个协会，其目的和如今中
国成立的协会如出一辙：努力减少使用国外原料，鼓励购买本土产品。爱丁堡
不喜欢印度棉布，而偏爱佩斯利（Paisley）和格拉斯哥（Glasgow）的产品。不
过当时曼彻斯特（Manchester）出产的棉布已闻名英伦三岛。上海的居民若不

---

① 《中国百科全书》(*Encyclopaedia Sinica*)，英国汉学家库寿龄（Samuel Couling）著，上
海别发洋行 1917 年出版，16 开本，共 633 页。作者"撰写此书的目的在于向外国读者解释
和介绍中国，增加东西方的尊重和了解"。库寿龄因此获得 1919 年度的儒莲奖。——译者注

② 安特卫普（Antwerp），比利时省份。——译者注

③ 黎凡特（Levant），是一个不精确的历史上的地理名称，指中东托鲁斯山脉以南、地中海
东岸、阿拉伯沙漠以北和上美索不达米亚以西的一片地区。它不包括托鲁斯山脉、阿拉伯半
岛和安那托利亚。历史上，此地在西欧与奥斯曼帝国之间的贸易担当重要的经济角色，是中
世纪东西方贸易的传统路线。阿拉伯商人通过陆路将印度洋的香料等货物运到这一地区，威
尼斯和热那亚商人从这里将货物运往欧洲各地。——译者注

嫌其烦，可以到周围的乡村里走走，时至今日这里还可见识到早期曼彻斯特的机械是如何工作的。古老的纺车依然旋转 ①，老旧的织布机还是几百年前从最后的改良者手中出现的样子，照旧在农民家中运转着，一如两百年前在兰开夏（Lancashire）② 的乡村。你若想拓展研究的领域，比较古代中国茶叶贸易与古代英国棉布贸易的经历，又会进一步发现它们的相似之处。在东印度公司的贸易时代，安徽的茶叶部分走水路，部分用驮马苦力运到广州。而在利物浦发展起来之前，曼彻斯特的棉布也是如此，一路以驮马或其他方式翻山越岭运到布里斯托尔（Bristol）③，从那里出口海外。

要想知道这个古老世界的原有秩序如何首先在英国，之后在世界其他地方发生了革命性的剧变，我们很有必要粗略了解这一系列令人惊叹的发明。这些发明始于经济革命时期，奠定了世界进步的基础。而对此各位需谨记，纺织品的生产并不仅依靠纺纱与织布方面的发明，也和金属制造以及蒸汽机的使用息息相关。我们先来将这些发明浏览一番，除非确有必要，具体的日期这里就略去不提了。

从 1735 年开始，出现了用焦炭炼铁。这项发明的重要性在于，当时英国的森林资源已几近枯竭，炼铁的成本也随之提高，而丰富的煤炭资源还原封未动。五年之后出现了浇铸钢锭，之后是铁轨，然后是道路蒸汽机车的发明，之后有赖于瓦特对蒸汽机的所有重要改良，很快出现了复式蒸汽机。接着建造了第一艘铁船，蒸汽成为各种机械设备的驱动力。到 1802 年，我们已经有了实用的蒸汽船在福斯河与克莱德河上游弋，两年后第一辆蒸汽机车行驶在轨道上。1816年，第一艘载客蒸汽轮船横渡英吉利海峡。1819 年，距今整整一百年前，蒸汽

---

① "古老的纺车依然旋转"，若干年前，一位山东的传教士进行了一项有趣的实验以改善家用纺织机。他在《教务杂志》第 30 卷（1899 年）上对结果作了充分的说明。——原作者尾注

② 兰开夏（Lancashire），位于英格兰西北部，是英国工业革命的发源地。16—18 世纪，该地区亚麻、毛、棉纺织工业迅速发展，成为当时全国最大的纺织工业区。——译者注

③ 布里斯托尔（Bristol），英国西南部港口城市。自中世纪起布里斯托尔已是一个重要的商业港口，地位一度仅次于伦敦。13 世纪布里斯托尔是造船中心，直到 18 世纪 80 年代才被利物浦、曼彻斯特、伯明翰超过。——译者注

动力船首次横渡大西洋。这些都是当时在蒸汽、钢铁领域的重大进展。

与以上所述的这些事件交织在一起，纺织业方面的发明也可以列出一张斐然的成绩单。1738 年，约翰·凯伊（John Kay）发明了飞梭。三年后出现了怀特（Wyatt）的滚纺机。1745 年，法国人雅克·德·沃康松（Jacques de Vaucanson）对织布机进行了重要改良。不过，哈格里夫斯的珍妮纺纱机才是其中第一个划时代的发明。之后，阿克赖特改进了机械，使之由马匹或水力驱动，还发明了梳理机。哈格里夫斯和阿克赖特纺纱机以及克朗普顿的"走锭"细纱机使纺纱产量大大提高，远远超出了之前手纺车的水平，导致纱线供过于求，手工织布机的生产相形见绌。显然，织布机的改良迫在眉睫。1787 年，卡特赖特（Cartwright）发明的动力织布机，缓解了这一困境。然而，这项发明成熟缓慢，在实践中大规模推广更是举步维艰。直到 1801 年，首家可容纳大约 200 架动力织布机的织造工厂开始成功运转。此时将蒸汽动力运用于纺纱与织布正逐步普及。

按照时间顺序以及重要性而言，接下来是美国的伊莱·惠特尼（Eli Whitney）发明的轧棉机（简称"轧机"），可去除原料中的棉籽。这项发明大大降低皮棉的成本，同时缩短了生产出口的耗时。之后十年，我们在上文提到的贾卡改良了织机，促使其运作方法发生了革命性的变化，这才使织布工与纺纱工能一较高下。当时仿佛有一股灵感风潮席卷全球，就是为了能飞速而低廉地生产出完美的织物。1830 年代初，市场上已经出现了缝纫机，但它们和现在完善的设备相比还有很大差距。

那么说到这里，我们以鸟瞰的方式浏览了一个世纪里部分机械的发展。我们眼见只有一双手、身体易疲、动作迟缓的人类，在很大程度上被不知疲倦的自然力量驱动、有百万手指的钢铁机器所取代。这些变化的结果鲜明地展现在英国统计数据中也不足为奇，因为英国人民是运用这些新发展最主要的人群。大多数发明者都是本国人。他们周边的环境并未受到当时战争肆虐的影响。与铁器制造息息相关的煤炭，已是整装待发，而兰开夏又提供了特别适宜棉纺织业的气候。况且，他们还能使用成本低廉的运输方式，使廉价商品增值。我们来看统计数据，18 世纪头一年英国进口原棉仅有大约 100 万磅；至该世纪最末一年，这个数字已经达到 5 600 万磅；十年后变成 1.36 亿磅。从 1836 年至 1840 年，棉花的平均消费量如下：英国 4.057 亿磅、欧洲大陆 2.084 亿磅、美国 0.969 亿磅。1851 年至 1855 年，以上数据分别为：英国 7.501 亿磅、欧洲大陆 4.514 亿磅、美国 2.814 亿磅。在 18 世纪最后四十年里，英国对外贸易额几乎翻了三倍。

从植物学来说，能产出棉纤维的棉属植物种类繁多。帕克斯顿（Paxton）[1] 的辞典里提到了 11 种，其中最早的草棉（G. herbaceum）于 1594 年引入欧洲，而巴西海岛棉（G. acuminatum）则是 1822 年才发现。如今在利物浦报价的棉花已有近 50 个品种。棉株可粗略地分为亚洲类和非亚洲类。亚洲类包括草棉和亚洲棉（G. arboreum），而非亚洲类则包括陆地棉（G. hirsutum）和海岛棉（G. barbadense）。检验各个品种棉株的标准，在于其纤维的质量，即纤维的长度和细度。纤维在技术上称为"切段纤维"，在其他条件相同的情况下，纤维越长，棉的质量越好。最好的海岛棉，切段纤维长度在 2 英寸以上。埃及产棉次之，大约是 1.25—1.5 英寸，美国产棉是 1—1.125 英寸，印度产棉在 0.375 英寸以上。中国和朝鲜最好的棉，其纤维长度可与美国出产较差的棉并列，大约是 1 英寸，中国和朝鲜较差的棉则与印度产棉相当。不过，纤维的强度也可说明一些问题，在这方面印度棉名列榜首。印度棉直径最粗，抗拉强度为 163.7，而海岛棉只有 83.9。

然而除了长度和细度，其颜色与光泽也很重要，而且各种长度的切段纤维，甚至每一磅棉籽都各有其作用。曾有一段时期，我们现在称为"废料"或叫"副产品"的东西，那时真是废弃不用的。当时由于猪有时会误食棉籽中毒，所以棉籽常遭焚毁或弃置河道。现在人们知道棉籽富含蛋白质、脂肪以及有利于骨骼生长的营养，结果便是一盎司的棉籽也不能浪费，而棉农的收入也节节攀升。

以后我们有机会将在适当的时候说说，从过去到现在，中国人为了改良中

---

[1] 帕克斯顿（Paxton），1803—1865 年，英国园艺师和建筑师，以设计 1851 年首届伦敦世博会展示馆水晶宫而闻名于世。曾出版《帕克斯顿植物学辞典》，书中历数英国所有已知植物的名称、历史和文化。——译者注

国种植的棉花所做的努力，就像有很多当地土产还等着我们以各种方式一一评说。以棉花而言，切段纤维的长度是第一位，不过产量也不可忽视。还有切段纤维长度的均匀性也是要考虑的因素。但是最重要的是经过改良后的植株应有适合的成熟期，能够适应环境、土壤和气候。植株若在成熟之前便遭遇霜冻，比之完全无用更为糟糕。此外，植株还要经受得住当地植被易发的各种疾病。而对这些销路不错的植物如何运用当地的浇灌手段则全在棉农自己了。

现在来说说早期英国产品进口的情况，在罗伯聊罗列出运往广州的棉制品清单中，我们看到如下物品：白色、灰色或原色的平纹细棉布（Longcloths）；白色、灰色的斜纹织布（Twilled cloth）；细麻纱（Cambrics）和平纹细布（Muslins）；扎光印花棉布（Chintz）和印花布（Prints）；手绢、色织格子布（Ginghams）、染色手巾（Pullicates，一种染色的方格手帕，部分由丝绸制成）、染色棉花、仿天鹅绒、丝棉混纺，棉纱和棉线，还有其他各种千奇百怪的物品。1844年，是上海开埠之后第一个完整年度，巴富尔上尉在其报告中记录了从上海进口的英国棉制品数量，大约价值35万英镑，而罗信（C. Rawson）1847年提交给调查委员会的证据中，提供了当年灰色衬衫衣料交易的事例如下：

420

4批货物在曼彻斯特的每件价格	9先令9便士	11先令	10先令6便士	10先令
销售价	3.75元	3.50元	3.50元	3.50元
售价按1元合4先令6便士折成英国货币	16先令10.5便士	15先令9便士	15先令9便士	15先令9便士
包括一切费用及税费的净汇款	14先令3便士	13先令2.25便士	13先令2.25便士	13先令2.25便士

从1847年报告的第445页可看出，以上交易数据所产生的效果。1845年，利物浦运往中国的棉质衬衫衣料为112 372 365码。1846年，出口量仅为76 188 949码，报告中写道"贸易的巨大损失造成交易数额减少"。

再多观察一年的情况便足以看出形势的逆转。1848年，文翰爵士的报告显示，贸易量有所萎缩，不过盈利却有增加。他将贸易量下跌的原因归结为欧洲正处于革命年代，各个港口时局不稳，不过我们认为之前贸易过度的影响也是原因之一。1848 年上海进口的灰色衬衫衣料仅为 673 069 件，而 1847 年是 796 620 件，但是 1847 年的价格为 2.25—3.05 元，而 1848 年均价稍高，为 2.40—3 元。在这两年里，白色衬衫衣料进口稍有增加，1847 年为 213 541 件，1848 年为 252 647 件。不过两年的销量不相上下，截至当年 12 月 31 日，存货分别是 46 839 件和 70 496 件。除了临近年底之时，价格方面并没有出现明显涨幅。

在中国，毛织品从一开始就是英国纺织品中的"灰姑娘"，这一状况可能有多方面的原因。首先，广州位于北回归线以南，与加尔各答（Calcutta）处于同一纬度。因此，广州人大约五十年左右能见到一次雪花，所以，他们不太可能需要大量毛织衣物。他们也不太可能甘冒风险将这些物品运去北方，尽管在那里确会有用武之地，但那里的人穿棉衣或裘皮衣服。同时，当东印度公司刚开始业务之时，羊毛原料或其制品是英格兰出口的主要商品之一。英国的羊毛适合制成高档衣物，其优势甚至超过西班牙的出产。它是我们中世纪时期财富的主要来源：和平时期它是储备，战争时期用它应付开支。起初，我们将原料出口到欧洲大陆，然后收回制成品，不过经过一段时间，英国人民也开始从事织造，在爱德华三世（Edward III，公元 1327—1377 年）统治时期，羊毛原料出口一度遭禁。1660 年再次执行羊毛出口禁令，直至 1825 年。与此同时，16 世纪中叶西班牙在尼德兰的迫害活动，将众多技艺娴熟的佛兰德织工赶上了英格兰的海滩。不过 1660 年的政策由于干扰了自然交换的过程，也自食恶果。生产超出消费价格下跌，将羊毛走私出国门成了一桩有利可图的生意。工业一片混乱。采取极端手段增加羊毛织物的使用，举例来说，连裹尸布也用羊毛制成。敦促各殖民地竭尽所能地使用羊毛，而在爱尔兰，羊毛织造遭禁。

最终，东印度公司迫于法律规定至少要出口一定量的羊毛制品，在此英格兰与中国联系在了一起。如我们所知，由于该公司的主要业务是与印度和中国的贸易，我们不必深究也可想见这种压力造成的难题。在 1822 年广州大火中，东印度公司的洋行被焚毁。此次他们的损失达 50 万英镑，据说其中五分之三是未能售出而囤积于此的羊毛制品。不过到了 19 世纪初，由于我们之前说到的机械发明的革命，英格兰开始进口羊毛，织布机对于原料的需求简直是贪得无厌。

1800 年时，进口的数量仅为 42 440 包。20 世纪的头十年，这个数字已经上升到 250 万包。

罗伯聃 1844 年的报告中，提供了在第一次鸦片战争前不久羊毛制品输入广州的一些细节，他估计的流量如下：

物　品	数　量	上报或估计价值 （1 元合 4 先令 2 便士）
各种毯子	1 000 条	每条 5 元
细平布、西班牙条纹边薄呢、英国优质呢绒等，1 丈相当于 141 英寸	400 000 码	每码 1 元
粗斜纹呢	75 000 匹	每匹 7 元
沃利呢、法兰绒等	2 000 码	每码 0.50 元
荷兰毛呢	1 500 匹	每匹 30 元
英国毛呢	3 000 匹	每匹 20 元
小羽纱、邦巴塞特呢等	500 匹	每匹 5 元
旗布（窄）	500 匹	每匹 2 元
未计数毛织品、丝毛混纺物、棉毛混纺物	不详	不详
毛线	100 担	每担 75 元

上海巴富尔领事报告 1845 年的收益，正可以和之前广州的估计数做个比较，在第二个完整年度，租界的实际收益——各位读者谨记，这并非全部贸易的数字——如下：

422

物　品	平均一年进口	平均价格（英镑）
英国优质呢绒、西班牙条纹边薄呢等	297 976 码	127 215
粗斜纹呢	7 981 匹	13 858
英国毛呢	4 057 匹	18 872
荷兰毛呢	100 匹	792
毯子	747 条	500
未计数毛织品		2 368
棉毛混纺物		3 802

从 1847 年英国政府蓝皮书这个丰富的宝库中，我们可以收集到各种确凿的信息，显示中国以及部分惯于为中国市场提供货品的英国地区的贸易状况。我们发现在斯特劳德（Stroud）附近，特别是在佩恩斯威克（Painswick）和豪斯利（Horseley）地区，失去中国的贸易就意味着破产。1842 年，佩恩斯威克地区开始出现人口流失，豪斯利地区则大约于 1844 年出现这一现象。豪斯利地区还拆毁了无人居住的空屋，"差不多成了农业区"。这些地区原先每年专为中国市场供应 10 000 码至 26 000 码布匹。1844 年的数字是 10 000 码，至此之后的数字是 0。他们的特产是一种薄布料，一种很好的法兰绒，大约 60 英寸宽，染成红、绿、黑、蓝、紫色，在英格兰约值 4—5 先令。这种法兰绒原先由西班牙羊毛制成，后来换用了澳大利亚羊毛。其价值的三分之一在于织造。这种布料极好，手工织品更胜机械产品。随着中国需求减少，有成千上万的织工失业。佩恩斯威克地区有十几家工厂，为中国市场劳作已有五十年的历史，到了 1847年未再向远东地区输出一码布料。不过之前他们的布料总能获利颇丰，如今只要能保证获取合适的盈利，还能得到圆满处置。一次，有人执意要代理商和记洋行（Rawson & Company）的先生们寄送账款，如此"我们还可得个不错的平均利润"。然而后来洋行得知这么做都是因为一位中国商人以茶叶与羊毛以货易货，自担了茶叶在英国市场处置的风险，却在交易中损失了 30%，结果英国的羊毛制造商被告知，他得承担后果，要不生意便不做了。之后又冒出了多付的茶叶税问题。

罗信本人也说"最主要的贸易品灰色衬衫衣料，不论在上海或广州，都能有利可图"。举一个例子就够了。一批货物的发货清单总额为 1 279.19.5 英镑，货物售出，以当时 4 先令 5 便士的汇率计算，赚得 1 401.2.10 英镑。但承销商发出的并非货款，却是茶叶，并受命出售换取现金。得经过相当时间的耽搁，才能把这下一批发货清单总额为 807.3.10 英镑的货物都处理完，然后变卖的纯收益是 2 813 元，汇往英国仅为 609 英镑，如此便损失了大约 200 英镑。这样的事例还有很多，正如我们所见，其缘由全是在中国——特别是在上海，根本不可能以货物换取现金。

俄国的羊毛品质较为粗糙，很大程度上无法与英国较好的产品竞争，但德

423

国的产品也开始占据一席之地。到1845年，德国的机械发展已经在一定程度上赶了上来，而他们的工资更为低廉。在东印度公司贸易期间，因广州的美国商人在英国羊毛一项上获益颇丰，所以每进口一匹毛呢东印度公司的职员便会被罚去一个几尼。而那时中国对每匹毛呢征税高达17—18元。《南京条约》的签署将这款项降为1.50元。这便是此后毛呢销售毫不费力的原因。罗伯兹（Robberds）说道，诺里奇（Norwich）十四五家为东印度公司生产毛呢的工厂中，他的厂是唯一生存下来的，然而出于机械设备原因，如今诺里奇地区的生产价格不及东印度公司贸易时期的一半。库存过多和以物易物是1845—1846年时期贸易的弊端。不过棉花生意的激增也对羊毛贸易有一定影响。

第48章

银行业

在我们目前讨论的时期，银行业的活动甚少，所以这方面的内容寥寥，评议也很有限。一个清楚的事实是，中国类似银行业的出现至少可以追溯到唐代（公元618—905年），而欧洲最早的银行出现于1401年。由此可知，就像许多其他事情一样，中国总是走在欧洲各国之前。在银行业的发展中，中国是否可能从古巴比伦王国得到可供借鉴的经验，尚无法证实，但这种可能性是肯定存在的。据说早在公元前700年，古巴比伦王国就有银行业务了。而两国在不同的时期都有过交往。据信，山西的票号甚至曾和罗马帝国做过生意。①

不过我们略过这些古老的历史，来看看东印度公司在广州的经营。在广州十三行的贸易活动中，我们几乎没有听说有银行家存在。"所有商家都是低价买进，高价卖出，这就是规则，也省了我们许多麻烦。"由于中国商人诚实守信，"我们既没有收据也不用支票本"。[亨特（Hunter），《广州番鬼录》（*The Fan Kwae at Canton*）第97页] 但是每家商行都有花岗岩造的大金库并安装了铁门，在金库之外，付账是按重量称的。没有银行，借贷的月利率在1%—5%之间，"一般情况下没有过高的"。

然而，福建、浙江的茶叶，还有安徽、江苏的丝绸，运到广州出口到西方，其中定然有银元流通和信贷往来的机构，这无疑就得借助山西票号了。魏格尔

---

① 此处原文如此。山西票号最早创设于清初，应该无这种可能。——译者注

（Wagel）撰写的《中国货币与银行业》①第 160 页中记述了一次丝绸交易。东印度公司向一位广州行商订了一批货。这位行商先把钱存入本地钱庄，钱庄将订货信息传递给山西票号，票号会与其在上海或南京的分号联系，购买货物运至广州。整个过程山西票号的收费不会超过 3%。这种做法之所以可行是因为一桩生意是用另一桩生意抵偿，实际没有银子的进出，尽管在各省间运送银条要比在欧洲各国更能获利。这一点过去如此，现在也是如此。更早以前，广州十三行贸易里面，白银交易必定很常见，因为每一艘船只的到来，都带来了或多或少的白银。

由于没有充足的货币支持大规模贸易，中国常把稀有金属视为商品，价值依其纯度而定。因此每桩生意都包含两部分：确定货物的价值，以及确定交易媒介的价值，这媒介可能是金、银、铜，甚至可能是丝绸。我们甚至看到过在上海货币紧缺时期，为权宜之计将密封的鸦片作为交易媒介。这样中国的银行家们与贸易活动的联系实际上比在西方国家更为紧密。

一般地方钱庄很少存有十万两以上的白银。在以往的岁月中，中国人很少在钱庄里存钱，他们通常把钱财埋在地里或放在铁箱子里，所以钱庄进行更大规模操作的空间也很小。山西票号通常接手政府资金为己所用，还有地方官员的资财，票号有时也向他们支付可观的利钱。山西票号发行的庄票，类似于西方的支票，在几个世纪前就出现了。

《南京条约》的签订把广州十三行对外贸的垄断彻底打破，东印度公司的专营也已经结束。鸦片输入在数量上还是越来越多，因为这项商品可以直接换成白银，这也是它要"强行"打入中国市场的主要原因。1784 年，美国的第一艘商船"中国皇后号"（Empress of China）到达中国时，其中主要的货物就有人参，从那时起人参就是美国出口计划中的重要货品，目的是给美国省下白银。当后来的商人们让人参充斥市场后，他们又运来了檀香木、皮毛和海参，任何货品只要有交换价值，就能把银子留在本国。在广州贸易期间，银行业的活动是通过英国银行实现的。巴林银行（Baring Brothers）是当时特别著名的一家，

---

① 魏格尔：《中国货币与银行业》，北华捷报，1915 年。（Srinivas R. Wagel. *Chinese Currency and Banking*, Shanghai：North China Daily News & Herald Ltd., 1915.）——译者注

甚至也受中国行商的景仰。我们发现 1853 年美国驻华公使马沙利上校在他短暂在职期间曾说，在远东地区，英国就是美国的"银行家"。

在上海租界初生的几年里，根本没有独立的外资银行机构。直到 1853 年小刀会起义前，本地钱庄发行的庄票是主要的货币。尽管鸦片的存量不断减少，但白银仍处于输入地位。丽如银行在上海设立首家银行分支机构的精确时间已经无从知晓。① 我们没有找到确切时间的记录，但 1852 年"太平洋行（Messrs. Gilman & Company）诉丽如银行案"让我们了解了一些当时的状况，此案涉及谁来支付全部货物的费用。最后银行赢了官司，判决是太平洋行未遵守银行的规定，而洋行方面的辩解是这不符合本港的一贯做法。我们已经说了银行是如何出现的，或者说是它们经营业务的一整套做法，但它们的出现遭到一些侨民反对，这些人显然是受了某些私商的挑唆。

1854 年丽如银行在上海有了竞争对手，有利银行（Mercantile Bank of India，London，and China）在上海开设了分行。同年，阿加剌银行（Agra Bank）也在上海设立分行。此外，这个时间段里没有留下其他记录。19 世纪60 年代，银行业发展的程度 ② 出人意料，前所未有。那时，经纪人（掮客）首次变成一种"组织"，也增加了交易中的风险。也就是在那时，悲惨事件发生的部分原因是在中国大地上发生的事情，还有部分原因是在西方世界发生的事情所产生的国际影响。我们将适时地把这些事的始末一一道来，仔细分析。好了，现在面纱已经揭开，我们就等待以后的事情上演吧。

然而同时，商人们读到了我们这些记述，看到以前生意人以及他们做生意的方法和我们现在所熟悉的商人们存在着各种不同，他们或许会评论说："以前那些都是商人，如今我们都只是——或者说几乎都是——代销商。想象一下如今要是没有银行怎么做生意啊！"一声轻笑结束这个话题吧。

---

① 据查，丽如银行于 1847 年在上海设立分行，为外国设在上海的第一家银行。——译者注

② "60 年代，银行业发展的程度"，1864 年 8 月，汇丰银行成立。——原作者尾注

第49章

社会生活

在一个人的生活里，是工作更重要，还是爱好更重要？是他在办公室里做的事，还是在办公室以外做的事？如果一个人的生活只在办公室里，只有工作，而没有业余生活，这样的日子是不是根本不值得活下去？谚语已经告诉我们只干活不娱乐的杰克会有怎样的命运①。所以当我们看到社会大众在卖力工作之外，同样乐意尽情玩耍，这是合理而明智之举。到目前为止，我们的故事仅限于记录工作轶事，现在来说些轻松的，但同样也是重要的另一面。如果忽略了这一面，我们想要描绘的这幅独特的社会生活图景，将缺损某些最具个性的独特之处。我们已经看到了上海侨民在追逐财富中大权在握，我们也将看到他们如何追求纯粹的享乐。我们已经看到早期困于一隅的广州侨民，如何在十三行及其紧邻的几亩土地上自娱自乐，我们还将看到在这里他们的后继者有无垠的土地可漫步，他们又是如何将上海的生活变成世上最享乐的日子。

但是首先，为了从一开始就能充分了解侨民的处境，在描述我们的先驱之后所获得的种种享受前，读者最好先明白他们是怎样从一无所有的境地起步的。让我们同第一批来到这里的人们一起踏上上海的滩涂。这一天是1843年11月17日，上海正式开埠的日子。眼前是一片乡村景象。这幅图景无须描绘，

---

① 西方谚语 "All work and no play makes Jack a dull boy"，即"只干活不娱乐，聪明杰克也变傻"。——译者注

因为在江苏某条河边的小镇上，这样的景象依然随处可见。脚下是纤道——那就是现今的外滩！村落星罗棋布，哪里看得到西方建筑的影子！南面是县城，城郊一览无遗，江岸舢板层层叠叠。北面和西面都是广阔的田野。东面的黄浦江比现在要宽些，再往东看去是遍布田地的浦东。随着向导，我们四周走了走，或许还思索着在这样的地方可干些什么。然后穿过臭气弥漫的小巷，我们来到同样气味难闻的县城某个角落。现在这里就是我们的家了！除了偶尔可见的独轮车，街上的交通工具只有官家或富人乘坐的轿子。要说有任何照明工具的话，也是最便宜、效果最糟的那种。除了最原始的方法，更没有卫生设备可言 ①。

428

不过但凡我们的向导有些办法，总不会让我们在这样的环境下长住。然而，要知道 19 世纪最初的 25 年里，伦敦的居住环境与中国城市的生活状况亦不相上下。医神阿斯克勒庇俄斯（Asculapius）的女儿，健康女神海吉雅（Hygeia）②，那时恐怕还未能像现在这样完全发挥其父的家学。不过我们很高兴终于可以搬出原住地，在一栋房子里安顿下来。这栋房子是遵照买办的要求定制，按当时西方的舒适理念建造的。我们最初的发现是居住区周围几乎没有所谓的道路。首先学到的共识是土地所有者须对与其私产接壤的路段负责。外滩的土地所有人负责的街道就有 25 英尺宽，其他的街道都很狭窄。所有的街道都是泥地，此后多年都是如此。因此早年唯一的交通工具——轿子，直至 1870 年代有些太太们还在使用。

如今的主妇恐怕对当时人们如何生活颇为惊奇 ③。那时没有自来水，水都来

① "除了最原始的方法，更没有卫生设备可言"，今天，人口已经过百万，其中大部分是中国人，卫生是最严峻的问题，对于大多数人来说，其状况依然是"最原始的"。这在几年前曾被提出并引发热烈的讨论。见 1915 年 7 月 3 日和 17 日《北华捷报》。——原作者尾注

② 海吉雅是希腊神话中医神阿斯克勒庇俄斯的女儿，此处意指当时的上海没有基本的卫生设施。——译者注

③ "如今的主妇恐怕对当时人们如何生活颇为惊奇"，笔者记得有一位老居民曾说过苦力是如何偷懒的，他们去黄浦江打水时是沿着阴沟走的，在阴沟水排入江中的入口处放下水桶！听者说："我很惊讶你们没有死绝！"答复是："我们做过许多诸如此类的事。"但是，似乎并没有上海曾是肮脏污秽之地的记载。——原作者尾注

自池塘、小溪与河流；不知市场为何物，也没有商店；唯一可用来照明的是本地的油，煤块都不常有；哪怕一盎司的生活必需品——蔬菜，都需从本国运来；离家最近的药店在新加坡或加尔各答；而且没有一个佣人能说哪怕是"洋泾浜"英语。

商人可能也难以想象当时的生意怎么做。那时的人都以墨粉自制墨水，不用信封、没有邮票、没有邮局，也没有货栈。至于电报电话这些现代发明都还在发明者的脑子里。船员在没有码头的港口工作，如同他们进港时没有灯塔、浮标等现代辅助设备导航，也没有引水员，只有中国人，这些人有时也不太稳当。尽管有些船主很需要管束，却没有港务监督负责使港口事务运转自如。岸上也没有警察，入港的水手很容易惹上麻烦，偶尔还会被关进县城大牢。当时有传教士，但最初没有"随军牧师"告诫上岸的水手该如何行事，所以也不能怪他们初到这里时常惹上麻烦，然后便等着路过的好心人来解救。开埠初期的情况就是如此。这些状况如何逐渐好转，我们之前已经谈及了一些：有些追溯了改变的过程，有些描述了如何改变的事实。寸积铢累，租界状况改善的过程，说来也兴味益然。

其中第一个需要解释的问题是剧院，这个问题可能会令当今读者读到早期《北华捷报》的报道而心生疑窦。这份提供了不少上海珍闻的《北华捷报》第一卷第一期出版于 1850 年 8 月 3 日，此时上海开埠不足 7 年，在上海登记在册的外国侨民还不到 150 人。然而同年 12 月，我们就读到了"新"皇家剧院（"New" Theatre Royal）的大名，大约 6 年后读者又发现它的名字被"帝国"（"Imperial"）剧院等场所取代了。人口如此少的社区怎么能一再造起这种大型建筑呢？其实答案很简单。如同经常进出剧场的业余演员，他们的日常身份就是商人，剧院也一样有分身术。"帝国"剧院可能有时会闻到一些不合其名的廉价茶叶味。"新"皇家剧院可能头天还在演出，第二天台上的国王就换成了苦力，原来台下放长条软凳的位置堆上了成捆的货物。简而言之，早年的"剧院"就是生意人最可靠而珍贵的朋友——货栈。

首场演出是在 1850 年 12 月 12 日。那时演员的社交生活明显比现在更为空闲，因为通常情况一次会表演两出戏，甚至有时演三出。因此首次演出的剧目是《棋逢对手》（*Diamond Cut Diamond*）和名为《梁上君子》（*Roofscrambler*）的滑稽荒诞歌剧。这显然是根据最近一匹同名小马的表演而创作的演出。此后"我们小巧精致的剧院"还上演了《爱情、法律和药品》《疯狂的庞巴斯》。《法定继承人》（*Heir at Law*）和《地下室的高雅生活》（*High Life below Stairs*）演了两场。几个月后剧院修缮完毕，上演了《筋疲力尽》（*Used Up*）和《温特利之龙》（*Ye Dragon of Wantley*）。其中一次演出中曾有位"丘比特先生"（Mr. Cubitt）参演。此后为庆祝"干净小巧"而舒适的"帝国"剧院开业，《筋疲力尽》和《拒绝》（*Turned Down*）联合上演。①

　　1853 年不能忘却的事件是小刀会叛军占领了县城，商贸也一度暂停。"天呐，奥赛罗的事业已经完了！"业余戏剧社（Amateur Theatrical Corps）发出如此悲叹——那时上海西人爱美剧社（Amateur Dramatic Club）还未成立。销不出去的衬衫布料堆积如山，他们觉得再也不会有"演出季"了，对戏剧评头论足的人都喝工夫茶去了。然而第二年情势逐渐好转，共有各种演出 7 场，其中一部戏是《鲍克斯和考克斯》（*Box and Cox*）。② 1856 年在剧社广告中刊载，将在克兰普顿货栈（Crampton's Godown）演出。这次演出吸引人之处在于，它将首次使用可升降的舞台布景。布景展现了日内瓦湖的湖光山色，或许是受了拜伦长诗的影响，布景中还有西庸古堡。③ 但此时的《北华捷报》言辞苛刻，对此剧的评价是服装与音乐都有待提高，剧中角色极度缺乏个性。该报对下一场

430

---

　　① 　本段有多部戏剧名称，《爱情、法律和药品》（*Love, Law, and Physic*）为英国剧作家詹姆斯·肯尼（James Kenney）1821 年的作品；《疯狂的庞巴斯》（*Bombastes Furioso*）为英国剧作家威廉·巴恩斯·罗兹（William Barnes Rhodes）1810 年的滑稽剧；《地下室的高雅生活》（*High Life below Stairs*）为英国剧作家詹姆斯·汤利（James Townley）1759 年的闹剧；《温特利之龙》（*Ye Dragon of Wantley*）是英国剧作家约翰·弗雷德里克·兰普（John Frederick Lampe）1734 年的讽刺剧。——译者注

　　② 　《鲍克斯和考克斯》（*Box and Cox*）为英国剧作家约翰·麦迪逊·莫顿（John Maddison Morton）1847 年的喜剧。——译者注

　　③ 　西庸古堡（the Castle of Chillon），位于瑞士日内瓦湖东端的小岛上。1532 年至 1536 年，日内瓦独立主义者博尼瓦曾因禁于此城堡监狱中，被铁链锁在石柱上长达 4 年之久。1816 年英国著名诗人拜伦参观此处，听闻这段历史，写成了著名长诗《西庸的囚徒》。城堡因此闻名天下。——译者注

演出的苛责更甚，就"音乐"来说，评语是："台前的盒子里发出的嗡嗡声就是该剧的音乐，坐在 10 英尺以外已不可闻！"

1857 年 2 月，我们有机会更近距离地了解戏剧生活中的些许琐事。那时的演出晚上 8 点准时开始。剧院位于花园弄，即现今的南京路。第一排的座位预留给英、美、法三国领事和战舰指挥官，还有些座位留给女士及其同来的男伴。剧院座位有限，演出被视为"客厅里的娱乐会"，故要求盛装出席。到 1850 年代末期，情况有了一些变化。此后又有魔术师出现，军舰上的乐队演出，或是像"弗吉尼亚黑面人游艺表演"那样用滑稽动作抛弄烧着的软木的杂耍，然而这些表演都缺乏艺术性。我们本阶段回顾的最后一幕是个悲剧结尾。1858 年 11 月，剧院及其过往的荣耀历史都在拍卖槌下烟消云散。剧社的道具小屋、庞巴斯的木棍、船长考普的小酒馆都被劈毁后露天堆放着。有人担忧西人业余剧社将"一去不复返"！然而这样的担心是多余的，上海戏剧演出将有更辉煌的未来。它为热爱戏剧的人们提供了无限的施展空间，也静待着鉴赏行家的溢美之词。

早期上海生活中极少提到纯粹的音乐活动。仁记洋行的斯金纳先生向圣三一教堂赠送了一架加利和戴维森 ① 制作的管风琴，有人说对于建筑而言，这架管风琴的声音太震撼了。此事发生在 1855 年。现在这架乐器就摆在上海共济会大楼（Masonic Hall），有兴趣的读者可以去看看是怎样的音乐水准让当时的侨民认为它"熠熠生辉"。更有趣的是董家渡天主堂里的管风琴。这架琴于 1857 年 8 月 15 日首次演奏。徐家汇的教士和教友花了好长时间才制作完成。他们成功地将一套 4 英尺长的竹筒制成精美的音管，这本身就是管风琴制作史上的一件奇事了《北华捷报》对此事的报道透露了以下细节：此琴共 9 个音栓，高音部有两个半八度音，16 英尺的低音管有两个八度音。为了找到这么大的竹子还颇费了一番功夫。这架管风琴声音洪亮，气势雄壮，但据说声音效果还十分柔和细腻。这架琴起初并没有装设音量调节器，那是后来加装的。此琴与圣三一堂的管风琴优劣相较，也在伯仲之间。

---

① 加利和戴维森（Gray and Davidson）是英国著名的管风琴制造商。——译者注

对于户外运动，早期侨民热衷于打猎、跑马和英式墙手球。有不少证据可证实这三项运动很早就在侨民中流行。我们先来关注跑马活动。为骑手特别规划建造的第一个公园，在或许可以被称为"史前时代"——在我们的第一张报纸发行之前——就已经有了。公园的范围包括80多亩地，东临河南路，现在已延伸的宁波路几乎从当时的公园中心穿过。整个公园位于现在的南京路以北，那时南京路称为"花园弄"（Park Lane）。要知道公园及其周边道路建成之时，还未成立工部局，这些全都是私人出资建造（静安寺路就是这样来的），所以财产所有者有权就如何使用其财物立下规章。早期侨民就在这窄小的跑马厅里跑起了马。然而令人惋惜的是，与很多其他事情一样，此事做得缺乏远见。骑手很快发现从阿拉伯和澳大利亚进口的马匹在狭窄的场地里施展不开，于是又有了建新公园的要求。不过在第一个跑马厅里举行了最早的赛马会。一个人得见识过现代外埠如何举行类似的活动才能明白上海的首场赛马会是如何景象。那是一场扩大了规模的郊外野餐，外加打一点小赌以刺激良性竞争。

1850年跑马总会董事会由霍格、吉勃（T. D. Gibb）、兰利（Ed. Langley）、帕金（W. W. Parkin）和韦布（Ed. Webb）组成。有人希望新公园于次年春季就可开场跑马。那次赛马会进行了为期一天的比赛，只有7个比赛项目。马匹须测量身高估算负重，规定12手宽负重9英石①，此外每高出半手加半英石，即13.5手宽需负重10.5英石。有一场比赛，一匹马尼拉马额外负重7磅参赛。骑师应穿着赛马服，有三名以上参赛者方可开赛。

为了得到兴建新公园②的土地历经了不少波折。农民一如既往提出异议，福建籍的反对者更制造无尽的麻烦和忧患。在这一切行动中潜藏着两个始终存在的摩擦缘由：排外情绪和"敲诈勒索"。他们对土地提出了令人望而却步的高价。上海地方政府在此事上对居民几乎全无管束，故直至1852年，赛马会还在旧公园举行。当年春季赛马进行了为期两天的精彩比赛。秋季赛马时，《北华捷

① 手宽，即一手之宽，用来量马的高度，一手宽约4英寸。1英石等于14磅或6.35公斤。——译者注
② "新公园"，其位置见第296页。——原作者尾注

报》宣布获胜奖金都超出了马匹的价值，而赛道状况十分糟糕，仅凭着一群美女的出现才让赛会没有完全陷于失败的境地。其中一项人与马比赛 50 码折返跑，由人赢得了比赛。1853 年的春季赛马由于邮船离港而推迟。大看台——说它"大"完全是客套话——此时已破败不堪，出席的女士们就好似闪亮的珠宝镶嵌在低劣的底座上。有人评论说："除了在广阔的商业领域，我们实在不像是热爱赛马的群体。"由于小刀会占领县城，时局不安定，故当年秋季赛马取消。但 1854 年，即发生"泥城之战"那一年，秋季赛马举行了两天，每天进行五项比赛。十项比赛中的四项仅限中国马参赛，两项比赛不限马的产地，一项比赛仅限进口马参赛，还有三项比赛仅限成年马参赛。赛事中一匹澳大利亚马击败阿拉伯马轻松获胜。次年举行了首次跑马厅舞会。1856 年，有人讽刺香港侨民，建议他们下回得运一匹马，而不是驴子来上海参赛！同年上海产生了首个奖杯。该奖杯价值 70 几尼，① 由宝顺洋行的比尔（T. C. Beale）提供。取笑香港侨民的玩笑也非无中生有。香港侨民到上海来赛马从无斩获，但从上海南下香港赛马，一位上海侨民亲自驭马在 6 座奖杯中赢得了 4 座。1858 年，《北华捷报》报道："本次赛事于预定日期成功举行。这次没有香港选手参赛，也不会看到代表'妇女银袋赛'② 的散漫骑手了！"新公园跑道有一弊端：场地内一直留有一个村庄。1860 年代初，在规划现在的跑马厅时，董事们就留意不仅需买下整块土地，还应包括土地上的房屋，这样跑马总会以后清理阻碍视线房屋的权利就有了保障。此后，怡和洋行与宝顺洋行在上海大赛马会上豪赌 1 万英镑的日子，上海"德比马赛"最繁盛的时期，将要来临。

早期生活中，在狭窄的街道和 25 英尺宽的外滩跑马都会滋生是非。不少男士都曾因违反这类规定而被英国领事叫去问话。而第一辆马车则要到上海租界成立 10 周年后才出现。这辆"极时髦的敞篷马车"为史密斯（J. C. Smith）所

---

① 几尼，旧英国金币，1 几尼等于 21 先令。——译者注

② 妇女银袋赛（Ladies' Purse）是香港赛马中历史最为悠久的一项赛事，据说于 1848 年首次举行。根据当时的传统，名媛淑女盛装出席，胜出马匹的马主、驯马师及骑师均可获得由名媛担任颁奖嘉宾颁出的纯金金币作奖励，骑师则会回赠给该颁奖女士一个名贵手袋。"妇女银袋赛"由此得名。该赛事香港现在仍然每年举行。——译者注

有，伦敦制造，由两匹精神的小马拖拉，靠着那技术熟练的驾车者，座位上可有其"女伴"相随。同年末，《北华捷报》报道外滩进行的马车赛对行人十分危险。直到那时最灵活的交通工具还是轿子。

在之前提到的意外发生后，已很少听闻打猎的活动。除非自己乐意冒险，一般侨民不允许"到各处闲逛"。一位猎手说，出了闵行便没有狩猎场①，这可能仅是狐狸与葡萄的现代版演绎吧。或许由于那时太平天国还未在大运河附近造成大片荒野，所以 1850 年代与 60 年代末 70 年代初的情况完全没有可比性。但麦都思博士证实，冬季的太湖上野禽成群，而且它们对他所乘坐的小船毫不在意。防波堤边还能见到雉鸡、野鸭和丘鹬。是由谁先兴起驾帆船的念头，现在已经无从考证，但我们看到 1859 年有一则广告告示出售一艘名为"瞪羚"的小帆船。直到 1860 年代帆船的数量才足以组织一次帆船比赛，1870 年才组成游艇总会（Yacht Club）。

同样，划船运动也发展缓慢。1852 年举行了一次赛船会，但当时划船比赛和一些帆船比赛的参与者主要都是商船船员。1857 年的比赛中，赛艇、划艇、快艇都出现了。1859 年有三艘小船加入业余比赛。事实上，在 1863 年以前，划船运动并未取得突出进展。众所周知赛船会有多么枯燥。在黄浦江上举行帆船比赛，那是如何景象大家或许都能想见。还是国际赛事第一次为上海划船运动带来了生机。

我们发现在早期的社交生活中，安静的活动比激烈的体育运动更有意思。之前在广州，那时侨民的阅读量一定不少，他们的图书馆里超过 4 000 册的图书书目充分说明了他们的修养和品位。在这方面，上海侨民也不甘人后。上海图书馆的历史至少可以追溯到 1849 年。1854 年，图书馆已有 1 276 种图书，订阅报纸杂志 30 多种。曾有一时上海图书馆与国际象棋会（Chess Club）联盟，每年汇出 200 英镑用于购买新书。1854 年，上海图书馆原先每年 25 元的会费降至每人 15 元。

1857 年上海文理学会（Literary and Scientific Society）成立，艾约瑟、纳尔

---

① "出了闵行便没有狩猎场"，闵行是黄浦江左岸的一个镇，在松江以东，距上海 25 英里。——原作者尾注

逊（Nelson）、雏魏林、耆紫薇（Keswick）① 和汉璧礼 ② 等人参加了成立大会，选举裨治文 ③ 博士为第一任会长，艾约瑟博士任总办。学会的首次公众集会在共济会会所（Freemason' Lodge）举行，学会首篇文章是《论飓风》(Cyclones)，由皇家海军尼克尔森准男爵（F. Nicolson，Bart. R. N.）撰写。学会的通讯秘书和会员中有卫廉士（Wells Williams）博士和伟烈亚力。1859 年学会出版了第一期学报。同年学会更名为"英国皇家亚洲文会北华支会"（North China Branch of the Royal Asiatic Society）。

在图书馆曾开过各种会议，其中一次是讨论成立上海总会。这个话题已经谈了至少七年，但直到 1860 年 6 月 15 日在上海图书馆的这次讨论才有了实质性进展。会议对建造上海总会大楼和配置家具设备所需的费用作了初步估算。当时谨慎的估计需耗资 55 000 两白银。经过几番努力，总会终于建成。然而总会此后几年常遭遇经济危机，不过这是后话。

在早期生活中最重要的事还是饮食。就一般必需品而言，以现今的合理需求为度，食物从不匮乏。1849 年上海的物价情况是：牛肉和羊肉，107 文铜钱一斤；鸡蛋 6 至 7 文一个。1850 年我们看到如下报价：牛肉 1 元 18 磅，羊肉 1 元 12 磅。肥羊 4 元一头。红糖 6 元一担。面包 1 元 12 条。偶尔浏览《北华捷报》中的广告栏还可以发现，有些公司以相互出售葡萄酒和烈性酒为生。有传教士证实绍兴黄酒经过加工，可以制成"美味的甜酒"。若冬季寒冷，夏天可从当地的冰窖中取得冰块。若气候温暖，则有时向北方购买，但有一回船运中发现 4 000 担冰块在途中溶化了 1 900 担。我们所知的第一家商店位于现在礼查饭店（Astor House）的位置。1858 年时，那是礼查洋行（P. F. Richards &

---

① 耆紫薇（William Keswick），1835—1912 年，英国人，1855 年来华，1859 年任怡和洋行经理。1865—1866 年任公共租界董事会总董。是怡和洋行的核心人物，与怡和财团的形成有密切的关系。——译者注

② 汉璧礼（Thomas Hanbury），1832—1907 年，1865 年当选为上海公共租界工部局董事。——译者注

③ 裨治文（Elijah Coleman Bridgman），1801—1861 年，第一位美国来华传教士，1830 年到广州，《中国丛报》创刊人和主要撰稿人。1847 年移居上海，创立上海文理学会，后改名为皇家亚洲文会北华支会。1861 年在上海去世。——译者注

Company）的产业。可以确定的是，1858 年礼查将饭店出售给一位史密斯先生时，当年的礼查饭店只不过是一幢普通老商行式的寓所，直到 1870 年代都基本维持原状。1855 年，日后盛名不衰的史密斯菜场（Smith Market）开始形成。市场位于河南路南段，靠近洋泾浜，即现在的爱多亚路（Avenue Edward VII）。市场的创始人是 E. M. 史密斯（E. M. Smith）和熙德（C. H. Head）。当时新建的道路叫经纪人路（Brokers' Road）。当然本地人对于哪种动物肉可以食用有自己的观念：狗太可信，马太忠诚，羊太本分，牛则是农民最好的伙伴，即使青蛙也能灭蝗虫。然而这都不能阻止那些外来的野蛮人热爱牛排、羊肉，甚至有很长一段时间，咖喱蛙肉是出现在很多西方人餐桌上的佳肴。当时的生活过于奢侈，这似乎令某些现代文人都颇为恼火。有位船长在 1852 年写道，他对商人们在软垫沙发和美国摇椅上的"奢华欢宴"十分反感，他的船离港时有两位官员已无力工作，一半船员病倒了。但从他的怨言中我们也可想见这个港口对船员的吸引力。

之前我们已经说过有建立海员之家（Home for Seamen）的必要。1858 年此事方时机成熟。1859 年，在由海军上将沙德威尔（Shadwell）① 主持的一次会议中决定建立海员之家，发行 140 张每张价值 100 两白银的债券以筹集资金。1860 年 3 月 3 日，海员之家开业，共有 200 位英法海员共坐聚餐。除了这里和礼查饭店，我们所知当时唯一体面的公共娱乐场所只有唐纳森商务会所（Donaldson's Commercial House）。1855 年圣约翰日，② 共济会曾在那里宴请聚会。

现存上海最早的共济会会所苏塞克斯会所（Royal Sussex）不是上海最早的共济会所。苏塞克斯会所早在 1844 年先建于香港，1845 年首次集会，1848 年迁移至广州，存在 10 年。此后大约蛰伏 5 年，1863 年在上海复苏。与此同时，共济会中国北方会所（Northern Lodge）于 1849 年在上海建立。他们的首次集会地点是一所中国人的宅子，就像最近威海卫兄弟会（Weihaiwei Brethren）的集会也是如此。共济会中国北方会所的第一座西方建筑建于花园弄，即现在的

435

---

① 原文为 Admiral Shadwell，照字面是海军上将沙德威尔，但据考证，此人应是 Vice-Admiral Charles Frederick Alexander Shadwell，为中将，时任英国皇家海军驻华司令官。——译者注

② 圣约翰是共济会古典派的守护圣人，每年 6 月 24 日为圣约翰日。1717 年 6 月 24 日也是近代共济会的正式成立日。——原作者尾注

南京路。我们找到了出售这栋建筑的广告，故可确证建筑的具体位置在抛球场与滚球场 ① 之间，占地 2 亩 2 分，建筑名称仍沿用原名。在公共租界里，这栋建筑的外观十分破败，但建筑内部却是第一流的高级会所。1860 年时，北方会所没有了固定的会址，只得在日耳曼尼亚音乐厅（Germania Concert Room）举行共济会内部聚餐。科尔内留斯·索恩（Cornelius Thorne）是共济会地区总导师，现任者是曾经的郡级大导师罗森。

余下的社交乐事中，还有一两项值得关注。跳舞不受时人偏爱或许是因为当时上海的男女人口比例失衡，一支华尔兹得三四个男士分享。第一场单身舞会——也是我们所知的租界里第一场舞会——举行于 1850 年 11 月。1855 年有了第一场跑马厅舞会。不久之后侨民社区里出现了一位舞蹈教习，可能当时确有急需！ 1864 年共济会会员举行第一次舞会时，出席者的男女比例为十比一。

第一个做时尚女帽的女裁缝大约出现于 1859 年。在众多从业者中，前捕房督察克莱夫顿的太太于 1861 年开设了一家女帽头饰公司。

上海的第一场板球比赛在虹口开球，确切的比赛场地已无从查考。1858 年 4 月 22 日星期二，上海第一场有记录的板球赛"在虹口的土地上"举行。比赛的双方是皇家海军"高飞号"（Highflyer）的船员和上海 11 位侨民。此时英国国内各郡已经有了板球俱乐部，但还没有郡际赛事。富勒·皮尔奇（Fuller Pilch）已经 55 岁，自然雄风不再。不过，英格兰最伟大的击球手之一，理查德·达夫特（Richard Daft）当时才 23 岁，正将迈入职业生涯最辉煌的时期。30 岁的优秀投球手威尔舍（Willsher）已在板球场上威名远扬。在上海，"高飞"队海员不敌上海侨民，侨民以 129 比 23 和 19 胜出。上海队的参赛者中有比尔、吉布和泰特（Tate）。第二年同一赛场上，"坚韧"队（Inflexible）与"萨姆森"队（Samson）对垒，后者以 71 比 34 和 37 获胜。此后很长时间未听闻有此类比赛。首场与香港的埠际比赛始于稍后时期，在此仅简述概况：比赛于 1866 年在香港举行，南方队有北方的投球手出场，以 41 记歪球得分 430 分，上海队投球失误，两次成绩分别是 107 分和 59 分。同年，定期猎纸会开幕，详情容后再叙。

---

① "滚球场"，在河南路以西的南京路北侧 49 号。——原作者尾注

第50章

宗教与教育

我们在第五章中曾提及，17世纪的天主教传教士在中国颇具影响力，而且那时还有一位十分出名的中国绅士，他约于1560年在徐家汇出生，后随著名的利玛窦皈依天主教，并接受洗礼。作为中国高官中唯一的天主教代表人物，他的名字在诸多文献中流传了几个世纪。此人的教名是"保禄徐"（Paul Zi），中文名字便是徐光启。① 此人以满腹经纶、刚正不阿著称。在他仕途顺利时，各个高等行政机构都向翰林出身的他敞开了大门。徐光启曾在多个府衙任职，但其政治生涯颇具中国政界的特色，出奇地跌宕起伏。他的一生已处于动荡时代。尽管生前并未目睹满人推翻明王朝，但他确实见证了最终导致这一结局的争斗开端。1644年，明朝崇祯皇帝"在自己的衣襟上写下遗诏后"（翟理斯语），与一个亲信太监一同吊死在北京城中的煤山上。在此事发生10年之前，徐光启已经逝世，埋葬在他的出生地，一个离上海租界大约5英里的村子里。那个地方以他的家族命名，现在叫"徐家汇"。徐光启一家都是天主教徒，特别是他的女儿甘弟大② 因多有慈善仁爱之举而为人熟知。

17世纪初叶，上海的主要宗教是基督教，但随着宗教迫害的出现，情况发生了变化。裴昔司（Montalto de Jesus）在其著作《历史上的上海》（*Historic Shanghai*）的导言中写道，"徐家汇的徐光启墓外原先立着两排石兽，石兽尽头

---

① 徐光启生于1562年。——译者注

② 此处系原作者笔误。甘第大系徐光启孙女，参见第1卷第11页注③。——译者注

是一座精雕细刻的拱门，一座大型建筑远远地伫立在陵墓前方，标志着神道之所在。这些都是明王朝临终前的恩赐。离上海县城南门 1 英里处有徐光启的旧居'柳荫堂'，现在是天主教耶稣会神父的公墓。那里曾发现一个石祭坛，是在卫三畏的《中国总论》(Middle Kingdom) 中提及的一种雕刻，还发现刻着徐光启为基督教辩护文章的石碑。这些物品都迁到了董家渡的天主教堂。在徐光启的资助下建起的上海第一座教堂，之后改建成了关帝庙。"①

438

最初的条约签订后，在法国领事来到上海之前，南京的罗类思主教(Monseigneur de Besi) 曾通过英国领事和丹麦领事要求将此教堂古迹归还，恢复原本的用途。尽管这一请求在当时遭到了拒绝，但 1860 年，借孟斗班将军(General de Montauban) ② 的手段，教堂回到了神父手中，被称为"老堂"(裴昔司语)。1848 年，徐家汇奠定了其成为如今蓬勃发展的天主教中心的基础，这既是为了纪念徐光启，也为了他所坚持的信仰。如果我们不愿记录新教传教士对他们的罗马同行所持的态度以及天主教神父与这些其他教会"异教徒"的互动交流，那么我们将遗漏这个时代中极独特的印迹。美魏茶(W. C. Milne) ③ 是米怜(Milne) 博士之子、马礼逊(Morrison) 的同僚、《圣经》委办译本(Delegates' Version) 的译者之一，在他的《在华生活》(Life in China) 一书第 472 页中写着："早在 1600 年，天主教会就因上海在中华帝国境内热诚努力产生的影响，而选中它。"之后，文章描述了徐光启及其女儿的轶事以及罗马教堂在中华大地上的独特兴衰变迁。导致这一变化的部分原因应归咎于"中国政府政治上的诡诈多端，道貌岸然的傲慢态度及其政令前后分歧引起的异议"。为了恢复原有地位，天主教"任何工具、任何手段无所不用"。最终在 1845 年，大清皇帝签发了归还天主教教堂地产的命令。美魏茶写道："1846 年末，我第一

---

① 此处提到"上海第一座教堂"即原名世春堂后改名为敬一堂，在今上海市梧桐路。——译者注

② 孟斗班(Charles Guillaume Marie Appollinaire Antoine Cousin Montauban)，第二次鸦片战争期间的法军司令。——译者注

③ 美魏茶(William Charles Milne)，1815—1863 年，是米怜博士在往马六甲航程中出生的双胞胎之一。成年后继承其父衣钵，成为英国伦敦会传教士，1839 年和 1858 年两度来华。——译者注

次到上海时，城市东南角是本地一家大船厂。但1853年底我离开上海前，那里已建有一家教堂、几栋学院楼和一处宣讲人员的住所。教堂很早就建成开放了。"

接着一段叙述了徐家汇教堂的建立，尽管那时洋人是"禁止入内地传教的"。这里"有一点很重要，新教徒们要留意。罗马天主教的洋神父们得回了地产，并在租界外以他们自己的名义购置新地，建起教堂"。到目前为止，除了"罗马天主教"等词汇中稍稍隐含了贬义外，从以上引用的句子中，读者几乎看不到反对天主教的偏见。接下来发生的事更不容置疑。美魏茶亲自拜访了徐家汇的教堂。事实上，"常有洋人去参观……这使得教堂神父都十分谨慎节俭，特别是新教传教士到访，神父会表示他们没什么可藏掖的。……其中的校舍令我十分好奇，不过看他们在允许参观时的小心戒备也十分奇特。耽搁了好一会儿我们才得到允许，在这一会儿时间里有好多消息需来回传递，这些都在低声耳语中进行。这一番小心的目的很明显，要把小男孩们带走，免得被我们打量。然而，尽管他们一阵忙碌，我们一行还是进去得太早了。我们遇上了一群正要退走的孩子，各种年龄的都有，相貌都很漂亮，显然被我们吓着了"。之后文章还描述了1853年1月4日的这次特别访问在校舍中的所见。记述中还顺便提到1850年来了8位慈善修女会会员（Sisters of Mercy）。学校概要地教授天主教的教义，对此美魏茶评价："一如最近在中原大地出现的新教派，太平天国起义者和中国的罗马天主教徒们将真理与谬误、庄严与荒唐、赎罪的教义与咒骂，都混为一谈。"

此书①出版距今已有60多个年头，此间也发生了许多事。但勿需我们评论，聪明的本地人已经知晓事情的原委，可以自己得出结论。正如丁尼生②早已说过：

439

---

① "此书"，这里摘录的仅出自一位作者，这并不代表基督教两大分支当下的关系。所有新教教徒无论是在神学理论上还是教会行政上持多么坚决的反对态度，都会得益于耶稣会教士的无私奉献。——原作者尾注

② 丁尼生即英国维多利亚时期桂冠诗人阿尔弗雷德·丁尼生（Alfred Tennyson），1809—1892年。后文出自其独白戏剧诗《莫德》(Maud)。——译者注

神职人员将毁了教堂，一如教会已谋害了基督。

　　我们继续来看新教在上海传教和建造教堂的活动记录。英国和美国作为新教传播的两大国家，早期在广州就有东印度公司的小教堂和有"圣郇山角落"（Zion's Corner）之称的同孚商行（Olyphant's hong）。① 澳门早在1831年就建有一座小教堂。1837年，黄埔（Whampoa）就有自己的海员军牧。浸信会（Baptists）在香港占有主导地位，他们建成第一所小礼拜堂，只花费了不到1 000元。直到1845年，香港的殖民地牧师还在棚屋中主事。1844年，耆英给皇帝上了一道奏折，获得上谕弛禁基督教，不论是天主教还是新教。在上海，还是我们的老朋友宫慕久发布了宗教弛禁的公告。

　　上海的首次公共礼拜活动于1843年的十一十二月在县城内的英国领事馆举行。仪式由英国伦敦会的麦都思博士主持，"大体按照英国圣公会的仪式程序进行"。直到有其他牧师来到上海，该仪式才由几人轮流主持。1847年，他们决定建一座教堂，并确保有一位牧师举行仪式。不信奉英国国教的新教徒首先在上海建起了教堂。不久，隶属于英国伦敦会的教堂投入使用，1853年，伦敦会的新教堂在现在的山东路医院附近建成，雒魏林博士在其中付出了艰辛的努力。

　　官方及其他记录中有大量篇幅谈及上海第一座新教圣公会教堂。该教堂供奉三位一体，启用于1848年圣三一主日。建造教堂的土地由比尔捐出，而且一如当时其他的建筑一样，教堂以劣质材料匆匆搭就，特别是木材质量堪忧。有证据显示当时的软木非常容易腐烂。总之，建成未满两年，教堂的屋顶坍塌②，让人倍感万幸的是这一切发生在一个星期一的早晨，幸好不是礼拜日。必要的修葺工作耗资3 200元，修缮后的教堂又继续使用了十几年，当然我们也发现

---

　　① 圣郇山在耶路撒冷城外，是基督教的圣地。当时广州盛行鸦片贸易，但有一位美国商人奥利芬（D. W. C. Olyphant）是虔诚的美国公理会基督徒，他所经营的商行坚持不做鸦片生意，是广州唯一不贩卖鸦片的公司，故此人得了"圣郇山角落"的绰号。——译者注
　　② "屋顶坍塌"，此前某天有一场暴风雨，麦克莱伦《上海故事》称：修缮费用超过了原先建造的费用。——原作者尾注

在 1853 年至 1855 年战争期间 ①，有不准攀上摇晃的高塔观光的警告书。1862 年，人们决定建造一座更好的教堂，以替代这座老建筑。那所新教堂现在依然屹立，有关它的故事我们将在下卷记述。

上海的首位英国牧师是约翰·洛德（John Lowder）。不幸的是，他的任职因一场意外戛然而止。1849 年 9 月，他随英国皇家海军"海洋号"（Marine）去普陀山，在船只即将返航时，溺水身亡。

碰巧英国圣公会刚派遣了圣比斯学院 ②（St. Bees College）的嫡传弟子何勃生（John Hobson）来协助麦克开拉启 ③。这位何勃生是戈登将军（Gordon）后来的翻译、著名的海关税务司好博逊（H. E. Hobson）④ 的叔叔。他在履行牧师职务方面很受教堂会众欢迎，因此教会请他接受这一牧师职位。英国圣公会在调职令中写明送何勃生赴中国的费用，日后需偿还。但此后按照教会的要求，这笔费用再加上何勃生捐出成为牧师的第一笔收入，创办了中西书院（Anglo-Chinese School）。这所学校一向运行良好，现由莫尔（W. H. Moule）先生管理。他是慕雅德会吏长的儿子，慕稼谷主教的侄子 ⑤，这两人都在英国圣公会任职。"好人"何勃生担任牧师，直到 1862 年他出访日本，在长崎病逝并长眠在那里。

我们在"社会生活"章中已述及在"泥城之战"那年赠送给教堂的一架

441

---

① 指小刀会起义。——译者注

② 圣比斯学院，St. Bees College，全称 St. Bees Theological College。圣比斯是英格兰北部科普兰的一个村落及教区。圣比斯学院成立于 1816 年，专为英国圣公会培养神职人员。——译者注

③ 麦克开拉启（T. McClatchie），英国基督教圣公会传教士，1851 年来上海设福音堂。——译者注

④ 好博逊（Herbert Edgar Hobson），1844—1922 年，英国人，1862 年进入中国海关，先后在上海、宁波等地任职，在中国海关任职 50 年。——译者注

⑤ 慕稼谷（George Evans Moule），1828—1912 年，是英国福丁顿教区牧师亨利·慕尔（Henry Moule）的第二个儿子，1858 年来华，主要在宁波和杭州传教，曾是圣公华中教区第一任主教。慕雅德（Arthur Evans Moule），1836—1918 年，是亨利·慕尔牧师的第六个儿子，受其兄长影响 1861 年来华传教，中英文著述颇丰。此人自 1881 年起担任英国圣公会华中区的会吏长（Archdeacon）达 30 年之久，直至 1910 年退休。此处 W. H. Moule 是慕雅德的儿子 William Augustus Handley Moule。——译者注

管风琴。就我们现在所知，早年唯一的管风琴手是麦克里尔·史密斯，他是一位知名的商人，他的荣誉演出曾备受赞赏。他的女儿，霍格夫人现在还是上海社交圈中的名人。从历史记录中还可发现，要维持一个优秀的唱诗班实属不易。教堂原先每一刻钟鸣响一次的大钟，那"充满活力却不吵闹"的钟声后来又如何了呢？历史的声音是否定的。大钟似乎不愿与枪炮声同鸣，此后便有了两种截然不同的计时方式。凡人们根据每周的船只信号，信徒们则根据教士那只走不准的"钟表"。

当时在侨民社区中最受关注也最有意思的一个重要问题，是教堂婚礼的合法性。时至今日，这个问题居然还时时产生困扰，看来实在奇怪。因为1852年维多利亚教区主教就通知何勃生牧师可以主持婚礼，并授权他签发婚姻证书，1853年这位主教再次告知公众由英国领事证婚并非必须，英国公民之间在任何英国教堂或其他地方举行由英国圣公会牧师主持的教堂婚礼在普通法中都是合法的。同年，卡灵顿爵士于1853年3月17日从外交部签发的公文急件中也证实了这一点。

另一个在一开始并没有引起重视的问题，是牧师履职权利的源头。有些人对在建造教堂过程中接受英国政府的资助是否为明智之举产生了意见分歧。这些资助是根据一项议会法案，认可这些教堂就可以给予资助。现存的来往文书中有大量关于这一分歧的讨论。然而，他们还是接受了资助，每年英国政府出资500英镑，直至1858年教堂还清债务。然而在1847年，"英国政府对教堂有益地控制"是一个引起辩论的话题。如果当时侨民社区能自己承担全部费用，按照谁出钱谁拍板的原则，政府就无权干涉教堂事务。1848年2月，阿礼国抱怨政府的协作"不仅被无理拒绝，甚至已经遭到公然否定"。不过，这一观点据说是源于误解，而且如前所述，政府的资助一直持续至1858年，这笔费用起先用于建造教堂，后来用于教堂修缮。

洛德（Lowder）先生的任职是由伦敦主教签发了许可证的，但巴麦尊勋爵仅将该手续视为"相当于资格认定证书"。他说，洛德任职已经确认，但他通知洛德先生"是根据外交大臣的意愿任职，而伦敦主教授予的证书对于他履行职责并非必须，而且一旦外交大臣撤销他的职务，持有该证书也不能让他在职位上继续履行职责"。在巴麦尊爵士同意洛德任职的公文到达上海之前，这位绅士已经身亡。他留下遗孀和五个孩子，生活窘困。数年后，鳏居的阿礼国娶了洛德的遗孀。

那项议会法案影响着上海新建教堂的另一个衍生问题是牧师的薪资。法案规定牧师的最高薪酬为 800 英镑。假如上海能够保持一银元兑换大约 4 先令的汇率，那么这笔钱刚够维持中等生活。但是当银元兑换飙升到 7 至 8 先令时，很明显薪资也应随之调整，因为随着那时上海物价上涨，一个牧师收入还不足每月 200 元，只能过得比不领圣职的普通事务人员稍强些。1858 年，教堂财产受托人接管了何勃生"自建的牧师住宅"。我们有点怀疑那是否就是现在教务长的宅邸，或许就是吧。

上海港开埠之初，传教活动就开始了。实际上传教活动还要早于港口开埠，因为麦都思和雒魏林博士要比巴富尔领事稍早一些到达上海。因此，英国伦敦会的教士们第一批踏上这块土地。在其他方面，该会也同样首屈一指。伟大的先驱，广州的马礼逊博士，早在 1807 年就写下了基督教新教进入中国的历史。由于坚信教育的功效，他个人出资 1 000 英镑在马六甲（Malacca）创办了英华书院（Anglo-Chinese College），该学院 1821 年时由米怜博士负责管理。此后马礼逊博士依旧每年捐助该校 100 英镑。1843 年，理雅各博士管理该校，学校迁往香港。从那时起，仅英国伦敦会在中国教育事业中所做的努力就可写成一卷书了。麦都思、艾约瑟、慕维廉，都是英国伦敦会成员，他们三人引发了我们已在第三十四章中记述的青浦教案。①

然而早期曾有这样的说法：英国若派遣一个传教士，美国便派两个。1830 年，裨治文博士与雅裨理（David Abeel）到达广州，他们是首批美国公理会（American Board of Commissioners for Foreign Missions）的传教士。三年后，卫三畏、杜里时（Ira Tracey）来华。1834 年，赫赫有名的伯驾博士来华。众所周知，《中国丛报》（Chinese Repository）的出版主要应归功于裨治文和卫三畏博士，由此可以说他们的教育工作就如丁尼生的小溪一般"源远流长"。1847 年，

443

① 引发青浦教案的三名英国传教士是麦都思、雒魏林和慕维廉，艾约瑟系作者所误。——译者注

裨治文博士移居上海；1861 年，他逝于上海。美国公理会的先驱者中有许多贤人志士。

紧随其后的是美国圣公会（American Protestant Episcopal Mission）文惠廉（W. J. Boone）博士。他先于 1837 年到巴达维亚（Batavia）① 传教，后至厦门，1845 年到上海。他的首个华人信徒黄光彩（Wong Kong-chai），是一个在教会和社区中很受尊重的人，后被任命为教堂牧师。他的女儿后来嫁给了卜舫济（Hawks Pott）博士。在开埠初期，来到中国的第一位美国单身费女士，在教育工作中有突出贡献。多年后颜永京（T. K. Yen）牧师在教育工作上也有杰出作为。这位颜永京先生曾任英国领事馆翻译。他的几个儿子都在中国政界任高官。

美国南浸信传道会（Southern Baptist Convention）早期最著名的代表人物是晏玛太博士。他于 1847 年到上海，可能对 1853 年至 1855 年间小刀会起义的了解比任何外国人都要丰富。在美国南北战争时期，美国国内一切来源断绝时，他竭尽所能，热心高效地为上海社区服务。他的女儿约翰·希孟（John Seaman）太太曾于 1918 年访问上海。

丁韪良博士，一个很出名的在华传教士和教育家，来自美国北长老会（Northern Presbyterian Church of the United States）。林乐知（Y. J. Allen）博士，美国南方监理会（Southern Methodist Episcopal Mission）的成员，以译书、办学著称。中西书院便是他辛勤劳动的成果。

说起中国与早期英国海外圣经公会的联系，我们看到有广州的马礼逊和印度的马士曼（Marshman）。麦都思和郭士立在中国期间也从事过相关的翻译工作。李太郭先生初到中国的三年也是为英国及海外圣经公会工作。这位李先生是著名的李氏家族在中国的创始人。伟烈亚力 ②，英国及海外圣经公会的上海代理人，于 1847 年来华 ③，1887 年在英国家中去世。他至少懂得六种语言，是无可

---

① 巴达维亚（Batavia）是雅加达的旧称。——译者注

② "伟烈亚力"，他作为伦敦会代表来华。他最著名的著作是价值不可估量的《中国文献纪略》(Notes on Chinese Literature)。——原作者尾注

③ 作者将伟烈亚力的来华时间定为 1847 年，目前较多资料显示他的来华时间为 1846年。——译者注

争议的汉学家。美国圣经会（American Bible Society）的在华工作始于 1843 年。

在中国，教会印刷出版社作为教育机构的作用，甚至超过了教会学校。在这方面，我们还得再次提及马礼逊与米怜的先驱工作。他们于 1818 年在马六甲创办了首个印刷所，为了推进出版工作，使用了雕版印刷、金属活字和戴尔钢字冲模 ① 等印刷技术。在上海，麦都思博士是这项工作的开创者，但真正专业性工作还有待伟烈亚力来完成。帕罗克斯（Bullocks）给上海印刷所下了第一笔大订单，要求印刷一部分总数达百万册的 1860 年《新约全书》，为上海印刷业发展提供了动力，也是一例。

444

美华书馆（American Presbyterian Press）② 后来接替了英国伦敦会的工作。美华书馆于 1844 年在澳门创设，后迁往宁波，又迁至上海后逐渐发展，运转至今。

首个在华专门致力于教育事业的社会组织是在马礼逊逝世一年后，于 1835 年成立的马礼逊教育协会（Morrison Education Society）。在当时广州侨民社区中，所有你能想到的人物组成了一个董事会，成立了这个协会。董事会成员有东印度公司的罗宾臣（G. B. Robinson）③ 爵士、裨治文博士、奥立芬（D. W. C. Olyphant）（此二人都是美国人）以及威廉·渣甸（W. Jardine）、颠地（L. Dent）和马礼逊博士的儿子马儒翰（J. R. Morrison）。学堂以中英双语教学。在租界早期，巴富尔领事曾向香港学堂申请委派两名学生做他的助手。然而，香港学堂的一些人对侨民社区的支持表现冷淡，1849 年春，学堂停办。濒临关闭的协会勉强维持至 1869 年宝顺洋行倒闭，资金断绝。协会的图书连同钱纳利（Chinnery）所绘的马礼逊画像和一座马礼逊儿子的胸像都被一同移往市政厅。

在华实用知识传播会（Society for the Diffusion of Useful Knowledge）同样成立于早期广州。普通读者说起广州，联想到的唯一东西就是鸦片。他不知道

---

① "戴尔钢字冲模"，塞缪尔·戴尔是伦敦会代表，他为中文字的雕刻和铸造贡献了大量精力。1827—1843 年他在槟榔屿和马六甲工作。——原作者尾注

② "美华书馆"，这项工作在 1845 年转移到宁波，1860 年转移到上海。——原作者尾注

③ 罗宾臣（G. B. Robinson），1824—1897 年，又译罗便臣，英国人，原为东印度公司职员，曾任职于广州东印度公司特派委员会，英国政府驻华商务监督。——译者注

也有不少好东西都首先于广州发端，逐渐培养，慢慢成长，然后才在其他地方日臻完善。该会董事会中人们熟悉的名字有：马地臣、奥立芬、魏德卯和裨治文、郭士立博士。该会成立于1835年，创立三年就发行了六本出版物和一本中文杂志。

最后，从某种意义上说最伟大，也是在所有协会——包括传教会和教育协会中最受欢迎的组织，即我们现在要说的教士医学会（Medical Missionary Society）。这是又一个建于广州的协会。该会成立始于广州外侨总商会，这个协会可能是全世界商会之中产生的最利他、最好的组织了。它的创建人之一郭雷枢（Colledge）医生 ① 在临终前曾说："这是我一生中做过的一件好事。"他和伯驾医生、裨治文博士一同在伯驾医生于1835年创办的医院里做了不少工作。伯驾医生主持这家医院约20年，经他救治登记在册的病人有53 000多名。他甚至曾为第一次鸦片战争的中心人物钦差大臣林则徐治病。伯驾医生在文件中还记录了对渣甸先生的尊敬与感谢，因他的专业知识和技能常能为伯驾医生提供建议和帮助。

---

① "郭雷枢医生"，郭雷枢是东印度公司的医生。他担任该协会主席40年。下文提到的20年，是指伯驾医生对医院的主持。——原作者尾注

第51章

通信和交通

　　成为文明人的首要必需条件之一，是他与同类交流采取的一些方式。在人类史前的某些阶段，在我们梦寐以求的称为"文明"的东西出现之前很长一段时间内，人类已创建了一种或更多种的原始语言。或许在此之前，人类是依靠手势来交流的，经历了很长一段时期才让这些书面或雕刻的记号被人类所理解。同样，也是在很久之后，人类才发现与他人不论距离远近的交流及快捷的交通，都是非常合乎需要且必要的。

　　上文我们已提到了发明与发现的时代，而此时也正是西方与远东开始往来的时期，我们也不止一次地看到了因往来速度缓慢而导致的严重后果。上文已提及了把轮船作为通信工具的需求，而这种需求在运送书信中显得尤为突出。正如我们所知，在外国人进入中国之前，中国的私人邮队已存在好几百年了，当时通常是由私人轮船将信件从西方运送到香港或广州，然后再由其他私人商船将信件带到上海，但是运送的速度并不快。最新的有价值的消息有时往往不能及时让人获取，到了1850年代，还经常有人抱怨书信被滞留在香港或埋怨传递书信的方法不当。1852年，从南部港口向外运送书信的收费为每半盎司20元至45元不等，45元是指运送到巴西的收费。

　　1843年上海开埠时，临时的邮政代理人是英国领事机构的海尔医生。1845年，他正式被任命担任该职并一直干到了1848年，其间没有任何额外的薪酬，在工作上还遇到了很多麻烦，包括晚上要赶到吴淞去。最后终于由一位领薪官员接替了他的工作，使他能从中解脱出来。也就是在海尔医生任期之内，由于香港邮局的官僚作风，有时会把应送至吴淞的上海信件仅送至舟山，因为根据规章，从那里信件也可送至上海。我们发现1846年阿礼国一到上海就竭力反对领事官员担任邮政工作。他没有时间，没有办公地方，也没有称重器和邮票。如果开设了去香港的海上航线，那么就要由一个适合的部门来管理。一年之后出台了一个决定，即必须由一名副领事来处理邮政事务并可领取额外津贴，但罗伯逊拒绝了这项工作。我们发现，1855年，罗伯逊领事报告称此项工作过于繁重需另设一个专门部门，莫里森（G. Morrison）就将它暂时移交给了李蔚海（W. H. Lay）①。那时，大英轮船公司的邮政业务尚处于英国邮政总长的控制和管理之下，费托克（Fittock）（1856年担任该职时他的额外报酬是一年100英镑）抱怨自己与领事馆通常总要被征收很大一笔税。在信件交递时，"外国人与苦力围着邮局的拥挤吵闹声"烦扰着每个人。我们或许能从第43章中提到的"埃蒙特号"鸦片飞剪船故事②的开篇中看到信件传递方式的图示：口袋倒空了，满怀期待的收信人搜寻着他们自己的信件！费托克想要改善服务的一些尝试受到了外侨社团滑稽可笑的评论。1854年，我们可以看到至英国的邮资减到了每半盎司收费6便士，到这时为止，邮件都是一个月两次送往香港，而在1855年，送往上海的邮件一个月只送一次，但终点站不再设于香港，而是延伸到了上海。同年，一本邮费要1.9先令4便士的小册子从印度寄到了《北华捷报》报社，不用说这个小册子被拒收了。这一年，香港至上海的邮资从1先令减至4便士。1857年，众人投诉的问题之一，就是私人小邮差背着主人的邮包以极危险的速度从吴淞沿着黄浦江边滩涂地疾驰，于是在第二年，大家商定，伦敦每周的邮件须在两个月内到达香港，由此送达上海的邮件才不会发生不必要的延误。但邮资再次上涨，1/4盎司以下收费9便士，每1/2盎司为1先令，$1\frac{3}{4}$盎司为4先令。即便到那时，外侨社团还是不满意，因为一艘名叫"扬子号"（Yangtsze）的私人船只（属宝顺洋行）从香港带来消息的时间比大英轮船公司早了24小

---

① 李蔚海（W. H. Lay），李太郭之子，1876年死于英国驻芝罘领事任上。——译者注

② 此处"埃蒙特号"鸦片飞剪船的故事指的是第43章中提到的《鸦片飞剪船航行记》这本书。——译者注

时，而这种情况常常不是众人所能控制的。当时的邮费可以预先支付，也可到付。

在 1858 年铺设大西洋电缆的议案中，有人提议将其中的一条铺至香港和上海，最后却没有任何结果。毫无疑问，1860 年设立的连接亚丁和印度的电报线路是因为印度兵变①，发送到印度的任何一个电报站的费用均为 20 个字 57 先令。同年，从上海发往伦敦的电报是在 32 天内收到的，这在当时已是轰动一时的事情了。如果电报不是从印度某个港口，而是从高尔（Galle）②发出，那它可能在 20 天或 21 天内就可到达。速度的时代才刚刚开始并正在充分显示这种可能性。至今，发到上海的电报最快的速度仅为 8 天，打破了邮件传送的速度。但还是有靠不住的时候，有一次，就把一艘"尼斯宝石号"（Gem of the Nith）的船名错发成了"乔治九世号"（George the Ninth）。信件的到达时间也是同样的飘忽不定，《北华捷报》报馆抱怨它的信函到达的时间短则三天，长则三星期后才收到，巴夏礼爵士和他的同伴在北京被释放的消息两个月后才到达伦敦。设立我们定时的邮政服务及我们自己书信馆的日子正在临近，只是此时还未到来。

上文我们已提到了 1843 年时租界道路的缺乏。同样，除了那些较粗糙的可让当地人越过湍急小河的小桥，桥梁在当时也十分缺乏。洋泾浜（现福建路的尽头这处）上的泰勒桥③是第一座以人名命名的桥，它是以美国基督教监理会泰勒（Chas. Taylor）博士的名字命名的，当时他的房子与教堂紧邻法租界。1853—1854 年，由于战争的需要，此桥被拆除了。其他居住在虹口的美国传教士靠当地的小舢板渡过现在乍浦路桥附近的这块地方，老居民过去经常提到要在寒冷的冬夜叫醒昏昏欲睡的船工，然后脚底打滑地渡河上岸，这既不方便又令人尴尬，而且还浪费时间，难怪 1854 年会有人第一次提议要在苏州河上建桥了。尽管当时美租界是非正式与非官方的，但仍然在发展，而去吴淞必然会经

①　印度兵变指 1857—1858 年印度爆发的反对英国统治的民族大起义。——译者注

②　高尔（Galle），斯里兰卡南部城市。——译者注

③　泰勒桥（Taylor Bridge），由美国基督教监理会传教士泰勒于 1850 年建造而得名，旧址在今福建中路延安东路口。——译者注

过美租界。吴淞在当时的航运时代是一个重要之地，来往信函需到达那里才能被骑马的信使运送到各自的商行，为便于运送，道台很早以前就很重视对沿途河浜上的一些桥梁进行修整。

所有这些都是为了跨越苏州河做准备的。1856 年 10 月，这一目标终于被后来所知的"韦尔斯桥"① 所完成，它与现在的吴淞路连成一条直线，是一座木结构的桥，耗资 1.2 万元，长 394 英尺、宽 26 英尺，从它至虹口浜（Hongkew Creek）有 40 英尺的路程。道台贴出告示，宣称这座桥是一座获得本地官方批准建造的外国桥，本地居民若想过桥需付过桥费，每位一文。对行人、骑马者及马车的收费是不同的，而商行通常一年一次为员工付清所有的费用以方便他们的员工，英国领事馆就是这样（每年）付 5 英镑。建造者韦尔斯（Wills）与坎宁安（Cunningham）在欢呼声中被拥戴为捐助人，但没人预见到它的所有权与公共权长久以来会成为一个棘手的问题。由于桥梁高度不足以让大型船只通过，在靠近虹口一侧而非上海（县城）的一段上安装了吊桥。

有一点令人惊讶的是，作为道路码头委员会主席 ② 的阿礼国，在 1850 年的会议报告中认为道路处于一个"极好的状况"，并高度赞扬了委员会在道路及已付诸使用的四个公共码头上做出的贡献，而第五个公共码头也将建成。在那次会议上达成了两个决议：第一，决定了码头捐为每年每亩 1 元；第二，决定了所有来往公共或私人码头的货物都应缴纳码头捐。

早期租界发展的困难之一，在于不可避免地要封锁当地老旧的小路及水路。阿礼国在上海的这种做法曾被控告，而他的这种做法就是女王本人在英国也是办不到的。铺设管道与道路给人带来的种种益处才避免了危险的发生。

1850 年代早期兴起的一场运动造就了现在的静安寺路，第一次认购者会议于 1853 年 11 月 26 日召开。那时征得的道路（路面）为 $2\frac{1}{4}$ 英里长、60 英尺宽。认购的份额面值每张 50 元，预计利率为 6%—10%。当时的预期看来是实

---

① 韦尔斯桥，地处跨苏州河入黄浦江处，1854 年由英国人韦尔斯等人组建成立的"韦尔斯桥梁建筑公司"投资兴建。——译者注

② 此处作者有误，阿礼国是当时的英国驻沪领事，没有担任过道路码头委员会的主席。——译者注

现不了的，因为 1854 年时我们发现收费上升 ① 至行人 10 元、骑马者 20 元、马车主人 30 元。

　　在 1854 年工部局董事们上任后的短短时间内，我们发现他们记下了各种有关马路的事情，诸如他们想要严格地划定道路的界线，拆除所有侵占界限的墙或建筑。有时，愤怒的记者报道这种情况，宣称道路上到处都是成堆的石头与垃圾，如果晚上马路上的灯亮着的话，这种情况就会好些。不久，工部局发布了一份由阿礼国副署的通知，这份通知的大意是工部局计划建造新的道路，为此要求土地拥有者交出这些要建造成道路的土地。这些道路中有四条是位于南京路以南，都为 30 英尺宽，另一条是南北方向的道路即现在的山东路，22 英尺宽。尽管阿礼国赞扬了道路码头委员会，但我们发现在 1855 年，仍有一些抱怨者宣称"道路只是大量泥土堆高的产物，除此之外，什么也不是"。工部局早期的职责之一，就是在权力允许范围内确保将马克当 ②（距当时也就过世了 20 多年）的真正原则运用于修建道路上。意外的收获来了，1855 年的叛乱使上海成了一座空城，当大清帝国结束了他们的惩罚工作时，有那么多的废墟需要清扫，以至年轻的工部局得到了大量的碎砖块，于是大多数低注的老马路被垫高于特别高的潮汐水平线之上，尽管后来这些碎砖块被证实是粗劣的铺路材料。大多数的土地被人为地垫高了，因此每亩土地的平均价格从最早的 40 元提升到了 300 元。

　　1861 年太平军的进驻对道路的修建起了很大的推进作用。由于英法驻军将修建道路作为对付这些掳掠者的借口，官方也就没有反对征用必要的土地，自此这就成了一种惯例。1860 年特别任命了我们的第一任道路检查员，从当时有人建议从香港运送铺路材料就可以想像，那时要得到好的铺路材料是相当困难的，尽管如此，第一次有人建议修筑到佘山的道路正是在这个时候。

450

---

① "收费上升"，给出的收费是年度的，一直延续到 1866 年，此时该道路已移交给工部局。——原作者尾注

② 马克当（John Loudon Macadam），1756—1836 年，英国工程专家，以公路建设上的成就闻名世界。1819 年首创碎石路面修筑工艺和路面锁结理论，为各国公路界所接受并沿用至今，他所设计的路面类型称为"马克当路面"。他还主张道路建设应适应交通运输发展的需要，必须修筑有效的道路并进行良好的养护管理。——译者注

1862 年，麦华陀建议租界的路名应让好几万为躲避太平军而涌入租界的当地人弄得明白，结果将道路名称作了以下改动：

I . 南北向的道路

1. 滩路……………………更名为扬子江路

2. 桥街……………………更名为江苏路，后改为四川路

3. 教堂街…………………更名为江西路

4. 界街……………………更名为河南路

5. 庙街……………………更名为山东路

6. 无名路…………………更名为山西路

7. 石路（闸路）…………更名为福建路

8. 苏州路…………………更名为浙江路

9. 西克路（锡克路）……更名为广西路

451

II . 东西向的道路

10. 苏州河滩路 ……………更名为苏州路

11. 洋泾浜滩路 ……………更名为松江路

12. 领事馆路 ………………更名为北京路

13. 宽克路与老派克路 ……更名为宁波路

14. 球场弄 …………………更名为天津路

15. 花园弄与马路 …………更名为南京路

16. 纤道路（打绳路）………更名为杭州路但后变为九江路

17. 海关路 …………………更名为汉口路

18. 教会路 …………………更名为福州路

19. 北门街 …………………更名为广东路

从中可看出道路命名的变化原则是：除了外滩，南北向的道路是以中国的省名来命名的，而那些东西向的道路是以城市名来命名的。但对于上海本地人

来说，仍称外滩为"黄浦滩"，叫南京路为"马路"，九江路为"二马路"，汉口路为"三马路"，福州路为"四马路"，广东路为"五马路"。今天甚至于在电车上都坚持用一些老路名。电车司机在"新世界"① 前停下时，仍称停车点为"泥城桥"，泥城桥之名源自为戒备太平军而在护界河两岸匆匆建造的土木工事。

---

① 指新世界游乐场，在今南京西路西藏中路口，现新世界百货公司处。——译者注

第52章

法租界

在我们对上海近代历史第一阶段的研究即将告一段落时，法国在这座重要的中心港口城市所产生的影响似乎是一个绕不过去的话题。我们已在某些段落述及早先法国与中国及中国人的关系，并且特别提到利玛窦、汤若望等人 ① 在北京赢得的声望，他们为日后法国获得其独有的特权奠定了基础。这种特权因已被承认的受保护领地而产生，遍及罗马教廷的代表们（无论其国籍如何）。这项权力最初于 1454 年由教皇尼古拉五世颁布敕书给予葡萄牙，此后由葡萄牙国王将此权力扩展到整个东方，后来因同样给予了西班牙而遍及整个西半球。由于葡萄牙的衰弱，两个新教国家——英国和荷兰的势力在远东大增。法国作为一个传统的天主教国家自然继承了葡萄牙的地位。因此，在此后的数年中出现了这样的情形：在当时亚洲事务中最有影响的三个西方国家中，俄国以地理优势获得其地位，英国凭借其贸易取得成功，而法国则因与教皇的结盟而赢得了一席之地。这种状况或多或少遭到了中国方面的反抗，并且与其他列强产生了摩擦，直到 1906 年，法国政府不得不在许多场合中正视宗教问题，而后正式放弃了对所有昔日宗教受保护领地的权利。

然而，1844 年 8 月 14 日，作为国王路易·菲利普特别任命的代表，法国第一位全权专使剌萼尼抵达澳门时，法国因与罗马缔结联盟所获得的影响在与

---

① "利玛窦、汤若望等人"，这两人分别为意大利和德国人。直到 1685 年，路易十四才派出在北京具有很大影响力的耶稣会教士。——原作者尾注

中法签订的条约以及随之而来的事件里初现端倪。中国当局从先前迅速处理与大英帝国及美国的经验中获取的教训究竟有多大，我们可以看到的事实是，刺萼尼来华仅两个月零十天后，即 10 月 24 日，法国就与大清帝国签订了《黄埔条约》。

法国公使研究了英国和美国对华条约的内容后，很清楚中国与西方（国家）如何建立起国际关系。因此，法国在获得英语国家所得到的所谓"最惠国待遇" 453 方面几乎不费吹灰之力。这一"珍贵的条款"已被写进了中英《五口通商附粘善后条款》(即《虎门条约》)，以条约的形式将此固定下来，从而使后来的条约签订者法国也能享有之前的所有权利，这一条款同样适用于任何后来者。法国的条约中唯一需要说明的，是其与之前条约的不同之处。

美国的条约已经获得了在五个通商口岸建教堂、学校和医院的权利，这暗示了传教士可以在那些城市传播福音。通过对耆英施加影响，刺萼尼从大清国皇帝那里获得了那道著名的敕令，也就是皇帝 1846 年 2 月 20 日颁布的一道对天主教的弛禁令。那道皇帝敕令正式允许在通商口岸自由传教，1858 年以后传教范围延伸至中国内陆。在治外法权这一点上，尽管其原则在《南京条约》和《五口通商附粘善后条款》中已规定得相当清楚，但《望厦条约》中，顾盛的定义显然更为清晰，而到了法国的《黄埔条约》，正如顾维钧博士 ① 所言"不说更清楚，肯定也是比美国更加强调治外法权这一点"。然而，在治外法权的具体应用上，法语的措辞有别于其他国家。因为它清楚地限定惩治法国人从事违法犯罪活动仅限于"在五个通商口岸"，而英国人和美国人无论在中国哪个地方犯罪都负有法律偿付责任。还有更进一步的差别："美国公民在中国犯罪由中国地方当局负责抓捕，但涉及法国的罪犯时，中国似乎已放弃了这项权利。这种差别在后来两国签订的协议中被证实，目前协议仍然有效。"事实上，这种变化显示中国的条约大体上有一条分界线，一些国家如斯堪的那维亚、俄国、葡萄牙、西班牙和日本等仿效英美，而其他条约列强则跟随法国否认中国的逮捕权。然而，这仅涉及那些对外国开放贸易的地方。对于法国与两个英语国家之间存在

---

① 此处原文为 Koo 博士，疑为顾维钧。——译者注

的这种明显的差别，我们尚未看到对其原因的解读。或许是基于这样一个事实：无论英国或美国都没有在中国保护传教士的特殊意图。一次又一次，英语国家政府人员为神职人员获取其条约权利而奔走，原因之一就是确保中国地方官逮捕他们后，将之押解至最近的英国或美国领事处，此外不可有其他行动。他们没有要求过任何特殊的地位，可能剌萼尼的顾问也不想获得这项逮捕自己朋友的特殊权利。他们中有很多人如同此后不久徐家汇的神父们所为，居住在条约口岸之外，这或许可解释有关法国人仅可由其自己政府逮捕的法律规定。但整个问题仍然缺乏明确的解释。中法条约中还需指出两点。双方同意，在法国官员缺席的情况下，如确有需要，在华法国人可以呼请其他领事的保护，并且，法国的军舰可以停驻中国任意港口①，这一条款事后受到了质疑。

1845 年 11 月，剌萼尼及其家眷和随从，以及士思利（Cecille）将军及其副官抵达上海，距首任英国领事巴富尔上尉抵沪仅两年。法国人乘坐著名的"复仇女神号"从中国南方而来，他们受到巴富尔上尉的款待和道台的接见。当地教徒趁机提出归还老天主堂的要求，但剌萼尼经过调查之后放弃了推进此事的努力。他的一名随从悄悄去了苏州，向道台致歉。巴富尔上尉允许其尊贵的客人自由查阅英国领事档案。逗留结束之后，剌萼尼一行仍然乘坐"复仇女神号"离沪。不久，法国首任驻沪领事敏体尼在一幢改建后的中国建筑内设立了法国领事馆，之后才建立"法租界"。

1849 年，清政府上海道台发布公告称，依照法国对华条约的规定，划定一块区域供法国人居住，其他人"非经法国领事允许"不得居住于此。几年前英国和中国当局也达成了同样的协议。然而，我们并不认为死抠条约或在总督的准许下英国领事与道台之间签订的协议那些严谨的文字是可取的。此外，早年法租界的土地问题并非像后来那样成为当务之急。1854 年，英、美、法三国领事联合起草了新的《上海土地章程》，取代之前道台宫慕久和英国领事及其译员共同拟定的旧版《上海土地章程》。两租界共同协作，如我们在前章所见，没有分歧，双方意见的不同，并非如某些人所说是由于法租界的安全问题（因为没

---

① 原文如此，但《黄埔条约》有条款限定法国军舰只可停留五个通商口岸。——译者注

有提及法租界），而是如何对待城内的叛乱问题。我们已经说过意见的分歧如何
产生，仅需说明的是，法国当局似乎把我们在那种情况下未予支持视为取消先
前有关土地章程协议的行为。然而，直到 1862 年法国都没有正式退出。通过对
所有情况的全面考察，如记者所言，这项协议"搁置"了。

　　起初的"法租界"不至于大到需要争吵，其面积仅五六百亩，也就是说，
稍比我们目前的跑马场及公共娱乐场的总面积大一些。有一幅早年的地图不太
精确地显示，法租界近似梨形，位于洋泾浜南岸，从河岸到昔日河南路桥近城
墙处，然后向东再拐至护界河。条约规定，需要时可扩展租界，不久这种必要
性就显现出来了。1860 年清政府以协助清剿太平天国革命之名，以此回报了法
国曾经给予的帮助。

　　1853 年小刀会起义军攻占上海之后，法国领事以及紧挨着住在一起的"唯
一的一名法国商人"雷米（Remi）先生，发现他们的住处极其不舒服，更不要
说还时时面临着危险。此外，城里和他们的住地附近还住着不少本地基督徒。
一次，法国领事成功地解救了两名被广东叛乱军押解至城里严刑拷打的天主教
徒。一番军事交锋后，叛军的广东首领被送至法国领事馆，在一记"叩头"与
诚意致歉之后，法国领事宽恕并放走了他。然而，这只是法国和叛乱军之间摩
擦的开始，随着时间的流逝，摩擦日渐升温。由于法国领事居处的窗框和百叶
窗上弹痕累累，有人建议他应当放弃高人一等的地位，屈尊入住英租界。然而，
领事对自身的责任有不同理解，所以他始终坚持忠于职守。尽管在克里米亚战
争中英法并肩与俄国人战斗，但在上海，英国和法国互不同情。就"法租界"
的专管特权而言，英国和美国都坚决反对，英国商人比英租界当局的反应更为
强烈。英国报纸上出现各种警告共同抵制"充满耶稣会会士的法租界"，后者毫
无商业利益可言。然而，当第二次战争①爆发时，许多法国人认为他们的血汗
和财富白白为英国的利益而流失。因此，到了 1860 年时，尽管双方仍联合作
战，但两国实际上希望彼此干一仗！

456

---

　　① 指第二次鸦片战争。——译者注

1854 年末，法国驻华公使布尔布隆（Bourboulon）① 来到上海，那时显然城里的叛乱者的时日已屈指可数了。有人提议用城墙切断其从租界获得物资的去路，与此相关发生了两桩严重的事件。第一桩是 1855 年 1 月 6 日法军和清军联合攻城败退，彼时上报的法军伤亡数字各有不同，麦克莱伦（Maclellan）给出的总伤亡人数是 45 人 ②，其他人上报的数字更高。第二桩也是造成更严重后果的事件是与公共租界断绝关系，法方决定以此作为对英国军舰坐视不管行为的报复，此事在之前的第三十五章中已有记述。

这次即刻采取的行动不同于在"法国的土地"上维护法国的利益，而是为了捍卫土地注册者可以在本国领事馆登记的权利，而不限于法国领事馆。美国和英国领事强烈反对土地只能通过法国领事馆购买的裁定，汉璧礼的案例可视作一个典型。他在法租界有三块地，这三块地由于英国领事的维护，都登记在了英国领事馆。中美《望厦条约》第十七款和中英《南京条约》第二款显示，中国政府无权在总的权利让与之后再将专有权给予任何一个个人。1854 年，对此类土地出让特许权的法律认可还存在分歧，此事一直拖到 1858 年新条约签订以后才解决。

两个英国翻译在各种不同的场合诉说中法《黄埔条约》当地版本的中文表达欠精准。英国教士麦都思称之为"粗糙"，然而领事馆翻译密迪乐解释了缘由。因为这是外国人的中文，而非当地学者的中文，因此造成了对条约内容各种不同的解读。它是"粗鲁的、难以翻译的"，尽管作为一份规章其主旨是清楚的。另一个困难的例子是 1849 年关于法租界建立的告示中某些中文的准确翻译，例如所谓"上述国家的领事"有不同的翻译版本。法国坚持此谓法国领事，密迪乐坚持这指的是捷足先登之人，即"希望租借土地的其他国家的人"。麦都思与密迪乐的看法一致。后来，阿查立 ③ 读到了密迪乐翻译的文字"通过他们的领事"（亦即除了法国之外的任何领事），当法国方面读到这些文字时，他们

---

① 布尔布隆（Alphonse de Bourboulon），1809—?，法国外交官，1851 年、1852—1857 年、1859—1862 年，三度任法国驻华公使。——译者注

② "麦克莱伦等等"，见他的《上海故事》。——原作者尾注

③ 阿查立（Chaloner Alabaster），1838—1898 年，英国领事官。——译者注

给出的解释是"通过上述（亦即法国）领事"。法国方面咨询的中国人和其他人都同意这种解释。英国首任驻华公使卜鲁斯（Bruce）① 认为，法国审慎地提出自己的观点，在其眼皮底下"谋求在英租界的专有权"。他赞同分开管理，法国管一边，英美当局管另一边。

在"中国与其他国家之间的条约义务"中，刁敏谦（Tyau）博士② 的观点是认可国际贸易和居住的地方可分四类。他对"Concession"的定义是："允许永租国居民居住的一块土地，自行管理，'保留大清国皇帝的主权'。"而"Settlement"，他说是一块"为所有外国人选定的居留地，在此他们可以为了某种目的组建自己的市政府，并由其选出的代表进行管理"。自愿的"Settlement"，是"在中国的一个开放口岸为外国人提供的一块居住区域，区域内的市政管理和警务机构仍属于当地政府"。默许的"Settlement"，是指"该区域内居民未得到主权国君主方面正式同意而心照不宣地获得类似市政府自我管理的权利"。

上诉四种情形中，如果我们严格依照法律条文，目前而言只有第一种情形真正与我们有关，因为在上海无疑只有英租界当局符合第一种情形。只有他们真正对此感兴趣：只有他们与此相关，没有其他可能。因为英国领事无权为除了本国国民以外其他国家的国民作出安排。联盟之间并未开战。这完全是中英之间的事务，不可否认，巴富尔基于其自身观点而拟定的协议奠定了很好的基础。如果英国政府坚持要求，他们的第一块居留地可能已经具备 1858 年条约承认的那些租界所有的主要特征。他们并没有这么做。当时的政府及在位的领事们仍想保持昔日在广东的做法。在广东几十英亩的土地给来自世界各国的商人居住，在上海，仅英国人就获得了至少一百亩土地，那还吵什么？所以，首任英国领事毫不犹豫地允许所有人进入"英国的地方"，只是规定其他人也应像英

458

---

① 卜鲁斯（Frederick William Adolphus Bruce），1814—1867 年，第二次鸦片战争中英国侵华全权代表额尔金之弟。1857 年，额尔金率特别使团来华，他随任秘书，英政府曾授予必要时领导该使团的权力。1858 年被任命为驻华公使。1865 年，改任驻美公使。——译者注

② 此处 Tyau 博士疑为刁敏谦。刁敏谦，中国国际法专家，著有《中国国际条约义务论》。——译者注

国人一样遵守地方规章。这个"地方"于是成为半居留地而不是完全租界，且按照第一次土地章程一直保持着这种现状。直到 1854 年，英、美、法三个条约国领事阿礼国、马辉和爱棠起草新的土地章程之际，这个地方才成为国际意义上真正的租界。也是那时，才有了国际的市政委员会（即工部局）。以马士一贯正确的说法，这"不是创造出来的，而仅仅是发展"。事实上，这是刁敏谦博士列举的默许的"Settlement"类型中一个并不完善的例子。

以上我们说的都是关于法租界建立初期的情况。在第二卷中，将有一个重要的章节来讨论分裂的故事。在上海三方利益的激烈争论中，伦敦、华盛顿、巴黎和北京都密切相关：冗长的来往信件，妥协是唯一可能的解决之道。接下来会发生什么呢？让我们拭目以待。

第53章

著名洋行及人物

"看,"圣詹姆斯说,"一把小火搞成这么大的事情。"这句话的字面意思,让我们回想起1666年的伦敦大火,那场大火焚毁了400条街道、13 200幢房屋,20万人露宿街头。我们还可以将它引申到诸如毁灭芝加哥和旧金山的这类大灾难中去。抑或我们可以大致理解传道者此话的意思,把它看成1870年德国王子取得西班牙王位的事情①,或者是1914年6月28日奥地利王位继承人及其妻子在萨拉热窝被暗杀的事件②。后一件事引起的大变化,波及全球范围。

一旦幻想与抽象的领域只剩下很少的亲身体验及书面表述时,所谓的"小火"有很多种。我们的传教士朋友们不会同意把马礼逊第一次到达广州的那一天当作是一件小事情。夜晚,当他小心地扭暗灯光时,他正与一位教师一起工作,这位教师因教导"外国魔鬼"而被视为犯罪从而失去原来的生活。假如我们把这当成传道者所说的"小火苗",那么随后呈现在我们和他们面前的"大事件"则更不可忽视。在贸易统计员眼里,最初广州的贸易很微小,但如果把它当成小事情则未免太愚蠢了,如今它已影响到四亿忙忙碌碌的中国人及世界各地的贸易商,不管他们是否对其开始有兴趣。从政治家和外交官处我们或许期望得到默认,假如我们将当初广州官方和东印度公司押货员之间琐碎的争论与现今世界范围内北京与列强资本的争论比较一下,所有这些事情的"小火苗"

---

① 指1870年由西班牙王位继承问题引发的普法战争。——译者注

② 指第一次世界大战的导火索,奥地利大公斐迪南被刺事件。——译者注

导致的变化，如同时间长河一样再也不能回头。

按常理说，人们论及现今发生的事情是受控的、有时是有意识的，但更多的却常常是无意识的。雄心勃勃的俾斯麦把事情拧在一起赢得国家的最终胜利，一开始他就获得了成功。而其他人想以其为榜样，却失败了。在中国，我们早已见识了那些受控的或非受控的事情。我们要提及的人们与这些事情联系在一起，但迄今为止，其中却没有重要的人或事，出于良好及充分的理由，当时的生活及活动中仅有少数领袖人物不再服务于他们的时代及后代。我们会一而再、再而三地提到他们。本章节所要说的是在远东生活这出大戏中起重要作用的人物，并关注少数早期的洋行，它们或源于受限制的广州十三行时代，或始于早年的老上海，都以种种方式给人留下深刻印象。

当然，我们必须从东印度公司开始。一个半世纪以来，它在英国对外贸易领域保持其垄断地位，并垄断了广州的贸易通道。但与此相联系的有关能在远东编年史上留下印记的人物却相当少。17世纪末期东印度公司的第一任董事会主席艾伦·卡其包尔（Allen Catchpole）① 很少被提及，也鲜有影响。半个世纪后，我们获知该公司的雇员中，洪仁辉（Flint）② 先生声誉颇高。首先他学习了中文，其次他向北旅行至宁波，甚至到达天津，那里从没有英国人去过。随后他被广州地方当局短暂投入监狱，因为他去的宁波是明令禁止对外贸易的。1834年，当垄断贸易结束后，东印度公司的官员走向台前。部分的例外是小斯当东（George T. Staunton）爵士，他曾经以仆从身份随其父参加马戛尔尼使团，在北京他获益良多，并在路途中随两名当地翻译学习中文，并能与中国皇帝独立对话。随后他加入东印度公司，在工作中得到升迁并继续研究中文，有多部重要的翻译著作，特别是《大清律例》。他是阿美士德使团的随员并见证其被极其不名誉地驱逐。

当律劳卑勋爵作为英王威廉四世（William IV）的代表到达广州时，他的助

① "艾伦·卡其包尔"，他不仅是东印度公司的主席，还是国王的公使。他在1702年昆仑岛的大屠杀中遇害。——原作者尾注

② 洪仁辉，被认为是第一个到天津（1755年）的英国人。看起来不可能发现他的教名。——原作者尾注

理人员都是东印度公司在广州的职员，他们中至少有德庇时、罗宾臣和义律上校（Elliot）三人紧随其后担任英国驻华贸易监督①。德庇时爵士是一个汉学家，他还是阿美士德使团的随员。作为律劳卑的继任者，他无所建树并很快辞去职务。后来，当璞鼎查爵士退休后，英国的声望不再需要依靠茶叶及布匹的价格，他作为贸易监督做了四五年有益的工作直至退休安享晚年。1890 年，他以 95 岁高龄去世。德庇时的继任者罗宾臣继承了他无为而治的政策，不久也退休了。前文已经对义律上校多有涉及，但为使先前对这位先生的苛责有所软化，有些事情仍不能忽视。在琦善和于克牧师（Abbe Huc）的会谈中，琦善得知义律被免职的一些荒唐理由，他评论道："可怜的义律遭受了这么可怕的命运，他是一个好人。"牧师不太明白，琦善接着说："为什么，你知道当璞鼎查离开后义律听命于英国政府，他被免职是一个巨大的不幸，他是一个好人。"看起来在认识义律的中国官员中这是一个共识，此事记载在亨特（Hunter）所作的《旧中国杂记》（*Bits of Old China*）第 181—182 页中，伍浩官② 对此评论道："义律是天下第一诚实之人。"

璞鼎查对远东事务熟悉，但他仅在 1840—1844 年间任职 4 年，此前他曾是军校生并在高级职务上服务了 36 年。他在中国展现了卓越的军事领导才干，《南京条约》的谈判使其得到英国政府与广大英国人的认可。他个人强烈反对鸦片贸易，但在他随后担任香港总督期间并不被所有居民认可。此后他还曾担任开普和马德拉斯的总督，但很明显，政府职位并不很适合于他，他于 1856 年去世。

此后的日子我们还应提及文翰爵士、包令爵士及额尔金勋爵等英国官员，他们的活动影响已超过他们所处的年代。

1844 年，美国向中国派出了第一个使团，此前，他们仅以商人为代表，包括非正式的领事。作为中美间第一个条约的谈判者顾盛值得一提，他不是这一家族中在美国唯一出名的人物。顾盛出生于 18 世纪最后一年，活到 1879 年。

---

① "贸易监督"，严格地说，应该是首席监督，因为还有第二、第三监督。继任者同样如此。——原作者尾注

② 伍浩官，又名伍秉鉴，是广州怡和洋行的买办。——译者注

图 11　在中国广州的怡和洋行创始人和高级合伙人、珀斯郡兰克里堡的威廉·颠地爵士，
1784 年 2 月 24 日生于洛西马本教区的布罗德赫尔姆，卒于 1843 年 2 月 27 日

在他的一生中，他是数学教师、律师、国会议员、美国驻华专员、美墨战争中的美军准将、美国法律的编纂者，最后任职最高法院法官。① 我们也已经明了，在某些方面，他的成功一定程度上应归功于伯驾医生。

462　　伯驾在本篇著作中经常出现，但在此处仍需详细描述。作为在中国医学传教的先驱者，他的声誉有增无减。在他担任驻华公使之前，曾不下 5 次担任驻华代办，比任何人都适合公使这个职位。

---

　　① 顾盛确实曾被提名为美国最高法院法官，但被议会否决。——译者注

马沙利上校于 1853 年担任美国驻华公使，这一年在中国非常重要，太平军席卷范围扩大，三合会与小刀会会众占领了厦门及上海。在美国内战中，作为一个肯塔基人，马沙利服务于南方。而在中国，作为美国驻华公使，他不只是强烈反华，偶尔还露出反英倾向，他因缺少团队成员的支持与理解而愤愤不平。他与海军及伯驾争吵不休，还明显反俄。而在某些方面，他又十分理智。他对太平军观察透彻，他谴责那些受教会新闻人员误导的英美媒体对声名狼藉的太平军的报道方式。这位英勇的上校与海军准将佩里之间的争论，最为生动且不为人所知。当时佩里即将从中国海岸出发远征日本，此行最终获得了令人满意的结果。从当时的信件往来中可以看出，彬彬有礼的海军绅士驳倒了这位部队全权代表。

在马沙利上校后担任美国驻华公使的是麦莲，他是美国政治家的儿子，曾在西点军校和巴黎受教育。随后他又改学法律，并由此进入国会。他的在华使命持续了近两年，但却是他的继任者的两倍。他任职时恰逢"泥城之战"、大清海关的发端及工部局成立，麦莲度过了他短暂的对华外交学徒期。他的通信常常充满趣味。他发现美国的档案"在以往对华关系上表现出很不光彩的观点"。他表示这很难说是因为中方的"有教养的或巧妙的政策"，抑或是因为"不可救药的恶感"。在叶名琛总督 ① 看来，麦莲是一支"箭"："与他不可能平等交往，除非我搁置对他的傲慢行为的怨恨。"叶名琛这样描写麦莲："阁下言辞推脱，与维系两大国高级官员之间高贵的公正与礼貌的关系十分矛盾。"很明显，麦莲是个很敏感的人，他在"泥城之战"时用"首犯"这两个字来概括狡猾的吴健彰道台。但仅在一年前，吴道台却与马沙利上校狼狈为奸，美商旗昌洋行为从叛乱者手中逃脱的吴道台提供了庇护。在太平军手里，麦莲遭遇傲慢，他的船遭炮击，尽管太平军事后道了歉，道歉暗指炮击未经天王许可。用麦莲自己的话说，美国政策的最佳主旨或许是"只有坚强大胆的政策才能成功"。1855 年 6 月，麦莲出于健康原因辞职，卫三畏以秘书及翻译身份代行职务直至 9 月伯驾

463

---

① "叶名琛总督"，"亚罗号"事件发生在 1856 年，将在第二卷中提及。——原作者尾注

被指派为公使。1857 年 4 月，费城的列卫廉 ① 被指派为条约专员及公使以代替伯驾，列卫廉的活动在我们的研究中已属第二阶段，在此不再赘述。

让我们从政治及外交领域转到医学领域，有几位人士是不可忘却的。东印度公司的皮尔逊医生（Pearson）于 19 世纪早期把牛痘疫苗接种介绍到广东并获得成功。伯驾医生与合信 ②（Hobson）医生是最早的传教士医生。雒魏林医生的名字永存于澳门、舟山、上海和北京的历史。有"现代上海之母"美誉的雒魏林太太，她是巴夏礼爵士的姐姐，最近在上海的媒体上经常能听到 ③ 她的消息。郭雷枢医生——东印度公司的外科医生，在 1827 年成立的眼科医局中实实在在地开拓了视野，他与伯驾及裨治文一起建立了教士医学会。另一位医学人物是稍晚一些的安德森（Anderson）医生，他随律劳卑来华，是如今上海著名的达西·安德森（D'Arcy Anderson）的叔祖，还是格兰汉姆·安德森（Graham Anderson）的叔叔，格兰汉姆·安德森是中国第一个，也是唯一一个收取佣金高达交易额 50% 的掮客，买卖双方各支付 25%，他还是汇丰银行的发起人之一。

对于早年那些伟大的传教士我们已做了描述，但仍应提及郭士立医生，他于 1803 年出生于普鲁士的波美拉尼亚，在新加坡、曼谷、澳门、广州、上海，乃至天津都留下他的名声 ④。他不下 5 次沿中国海岸航行，一次是 1831 年，另一次是 1837 年，与裨治文和麦都思一起，另几次都是作为英国探险队的翻译。他与巴夏礼家族的关系毋庸赘述。⑤ 他在著作中展现出众多当地熟人，在《百年传教史》（Century of Mission）⑥ 中，郭士立诚实、公开地宣称："在他身边有

464

---

① 列卫廉（William Bradford Reed），1806—1876 年，美国著名律师，1858 年被任命为首任驻华公使，曾挑起第二次鸦片战争。——译者注

② 合信（Hobson, Benjamin），英国传教士，1839 年受伦敦布道会派遣来华传教。1857 年来上海，主持伦敦会在上海的仁济医馆。1858 年底出于健康原因离开上海。——译者注

③ "在上海的媒体上经常能听到"，这是因为她以 95 岁高龄在 1918 年 1 月去世，见第 275 页。——原作者尾注

④ "留下他的名声"，在其他方面是形象上的，而在上海是文字上的，那座著名的灯塔、电报站、郭士立岛都以他的名字命名。——原作者尾注

⑤ 巴夏礼的另一个姐姐嫁给了郭士立。——译者注

⑥ 系指郭士立著《基督教新教在华百年传教史》（A Century of Protestant Missions in China）。——译者注

五六百名原为罪大恶极的流氓皈依者。"

在广州的贸易中，独立的美国商人要早于他们的英国朋友。赖德烈（Latourette）1917 年所著的《早期中美关系史》(*The History of Early Relations between the United States and China*) 是唯一综合性的关于 1784 年至 1844 年《中美望厦条约》签订时美国在广州贸易状况的著作。从他及亨特的记录中，我们可以了解如今庞大而卓有声誉的旗昌洋行成立于 1824 年 1 月 1 日，而其前身可追溯至更早的刺素洋行，这一历史悠久的洋行自罪恶之日起至 1891 年破产，一直屹立在上海的外滩。

赖德烈第一次提及旗昌洋行是将它与一些著名的鸦片贩子，如约翰·M. 福布斯（John M. Forbes）等联系在一起的。他写道，在 1844 年前"有许多吨位相对较轻的驳船建造起来以便转运鸦片，这些驳船归福士及旗昌洋行所有，很快他们就控制了鸦片贸易"。

亨特告诉我们（见《广州番鬼录》第 156 页），该公司即当地人所说的旗昌洋行，"严格地限制在贸易领域"，直至最近，老旗昌洋行仍是"家喻户晓"。该洋行坐落于南京路屈臣氏洋行 ①（Messres. Watson & Company）的对面。旗昌洋行的某些人物仍在一些老上海中留有深刻的印象，到 1830 年，罗素与阿弥敦（Philip Ammidon）是该洋行仅有的两个合伙人。其后，我们又知道了何德（Heard）、罗先生、格林、祁理蕴、库利奇、A. A. 罗、亨特（《广州番鬼录》的作者）、罗伯特·福士 ② 等人。正是最后那一位，鼓励亨特写下了最有兴趣和最有价值的回忆。

1950 年代上海最杰出的人士之一是金能亨，在本书前几章中他一次又一次地出现，很少有其他包括美国人在内的外侨像金能亨那样对租界贡献良多。他

---

① "屈臣氏洋行"，由于该洋行在本书付印前更改了地址，最好更明确一下，现在该洋行在南京路四川路口的西南角。——原作者尾注

② 此处涉及多位旗昌洋行的合伙人。何德（Augustine Heard）还是琼记洋行的创办人，"罗先生"（Mr. Low）疑指威廉·亨利·罗（William Henry Low），早期旗昌洋行合伙人之一，本段稍后提到的"A. A. 罗"（Abiel Abbot Low）是他的侄子，"格林"疑指约翰·格林（John Green），祁理蕴（John N. A. Griswold）曾任美国驻上海副领事，"库利奇"疑指小约瑟夫·库利奇（Joseph Coolidge）。——译者注

曾多次担任美国驻沪副领事 ①，他与其同胞的交往并不总是和谐的，他们中的某些人，很不愿意在处理事务时屈从于贸易竞争者。而金能亨与阿礼国是受惠于 1854 年《土地章程》的租界中仅有的被当地官方认同的两人。当时的法国领事爱棠是起草与签署《土地章程》的另一方。我们早先曾说过，在事关美国权益的购地谈判中，金能亨毅然决然地公开反对道台的主张。

在以往的历史中没有哪一个美国洋行得到过旗昌洋行的地位，琼记洋行（Heard & Co.）、哗地玛洋行与同孚洋行（Olyphants）依旧延续了好多年，我们此后仍会述及。其余的美商洋行大多消亡或有了新的蜕变。

在英商洋行方面，第一个在广东设立的特许洋行是东印度公司。此后出现过大批洋行，它们多已不存在了，但其中仍有部分留存至今，如我们所知的怡和洋行、宝顺洋行、仁记洋行、义记洋行、泰和洋行（Reiss & Co.）及沙逊洋行（Sassoon）等。

让我们先说最后一个，我们知道沙逊洋行创始人大卫·沙逊（David Sassoon）先生于 1792 年生于巴格达，他晚年的肖像像是一位杰出的远东绅士。我们已经知晓该洋行与鸦片贸易关系密切，还拥有自己的飞剪船。在第一次鸦片战争的艰难时刻，它分享了广州的财富，并在香港"湾"和其他人一起避难。它们是最早在香港开拓的洋行。1845 年，沙逊洋行上海分行开业，洋行的合伙人依次为 R. D. 沙逊（R. D. Sassoon）、阿瑟·沙逊（Arthur Sassoon）、M. S. 加贝（M. S. Gubbay）、S. M. 摩西（S. M. Moses）、爱德华·沙逊爵士（Sir Edward Sassoon）、E. M. 摩西（E. M. Moses）、R. 加贝（R. Gubbay）、M. M. 摩西（M. M. Moses）、J. S. 以西结（J. S. Ezekiel）、J. E. 犹大（J. E. Judah）、R. M. 摩西（R. M. Moses）、D. M. 摩西（D. M. Moses）、E. 塞里姆（E. Shellim）等人。

沙逊洋行在华机构的最初成员为阿尔伯特·沙逊（Albert Sassoon）和伊利亚斯·沙逊（Elias Sassoon）。后者创立了新沙逊洋行（E. D. Sassoon & Company）。

仁记洋行的历史可以追溯到旧广州时代。亨特的《旧中国杂记》中曾提到过 J. D. 吉布，但此时已是 1852 年以后。包括 1840 年的中英贸易蓝皮书

---

① "驻沪副领事"，金能亨先生也是瑞典和挪威的领事，见第 367 页。——原作者尾注

中曾出现过 T. A. 吉布（Thos. Augustus Gibb）。T. A. 吉布在中国生活超过 12 年，而 J. D. 吉布是 1851 年上海赛马总会董事会的成员。我们对利文斯顿（Livingstone）① 的早年生涯知之甚少，但仁记洋行这么多年来从未停止过向上海的公共及私人生活贡献领袖人物。仁记洋行以殷勤好客著称，只要每月透支不超过 500 元，该洋行的账户永无问题。

宝顺洋行也是广州十三行时代的产物。在比尔加入洋行为合伙人的时代，我们发现它在早年的上海就有活动。在英国驻沪领事馆挂号的第一号道契的主人是颠地。我们此前曾描述过宝顺洋行与船运及鸦片贩子的关系。宝顺洋行曾坐落在现今大教堂的所在地，此处是洋行合伙人比尔的产业。19 世纪 40 年代的上海，《园艺记事》（*Gardener's Chronicle*），可能是福钧本人，对比尔的花园有着生动的描写。从中我们知道 1845 年时上海仅有一两幢小房子，这些房子也没有花园。此后，"一个大型的英国式城镇在黄浦江畔崛起，几乎所有房子都带有花园"。比尔的房子是一幢漂亮的两层方形建筑，在一大片花园的中间。房前是草地，有多种中国本土植物及外来植物，有美国广玉兰、日本柳杉和油橄榄。而柳杉也只是在 1846 年才被引入英国。

义记洋行早年设立于广州、马尼拉、上海等地，我们知道法布里齐是该洋行的合伙人之一，1840 年时他在对华贸易中就引人注目。而霍利迪（Holliday）这个名字又与当代紧紧交织在一起。所以对此感兴趣的人们可以在以后适当的地方找到该洋行的详细情况。

泰和洋行于战争后 ② 成立于广州，然后发展到整个远东。它的母公司瑞斯兄弟公司（Reiss Brothers）此前就成立于曼彻斯特，泰和洋行是瑞斯兄弟公司于 1846 年在广州开设的分支机构，洋行一直位于老十三行区域，1862 年迁至沙面。两年后，开设香港分行。上海分行则开设于 1849 年，老行址位于汉口路，兼作堆栈，直至 1919 年。

泰和洋行在租界纳税人年会上一直获取高位，有三位主要人物入选工部局

466

---

① 吉布与利文斯顿是仁记洋行的合伙人，也是该洋行英文名称的主要组成部分。——译者注

② 指第一次鸦片战争。——译者注

董事会，分别是 1871 年与 1872 年的齐默恩（A. Zimmern）、1873 年到 1883 年间的卡卜（Kalb）①、1884 年至 1891 年间的阿特勒（Adler）。上海总会的年轻成员应该知道，至今还在总会门厅处的漂亮的雕花花瓶是朱利叶斯·卡恩（Julius Kahn）捐赠给老总会的，他是 1859 年至 1865 年间泰和洋行的高级职员。作为一家"持续经营"的企业，泰和洋行的现在与将来一如其过去，他们的记录绝不会停歇。

广隆洋行是东印度公司广州分公司一位高级职员的直系分支，与租界早期的威廉·霍格、霍锦士及霍爱德三兄弟关系密切，最后一位是迄今为止在上海居住时间最长的侨民②。与广隆洋行关系密切的还有克劳福德。我们业已陈述了这样一个事实，威廉·霍格是汉萨城市同盟驻上海的首任领事，从那时起，霍格兄弟就在上海的社会生活及其他领域具有领先地位。随"阿美士德号"于早年访问过上海的林赛③曾为英国当局提供过在当时看来十分有益的有关中国的信息。

让我们转回早年广州的洋行，岁月变迁，有许多洋行的名字与组织形式④都发生了变化。80 多年前，怡和洋行叫作怡和股份有限公司（Jardine, Matheson & Co., Ld），渣甸是它的始创者，他于 1784 年 2 月 24 日出生在洛奇马本教区的布劳德霍尔姆，1843 年 2 月 27 日在伦敦去世。他在东印度公司的轮船上任外科医生，并由此开始熟悉广州十三行的情形。按照习惯，东印度公司允许其主要职员用自己的账户从事一定程度的贸易活动。作为其中的一员，渣甸医生利用这一有利的特权，与马哥尼亚克（H. Magnica）先生相熟。马哥尼亚克是瑞士商人的后裔，18 世纪晚期移民澳门，他代理渣甸的交易。马哥尼亚克与此前提到过的比尔的合伙关系有些古怪，怡和与宝顺这两大竞争洋行在其正式组建前居然有着脆弱的联系，马哥尼亚克成为渣甸的合伙人，如同比尔之于颠地。

---

① 此处不确，卡卜仅在 1873 年及 1883 年当选两次。——译者注

② "霍锦士及霍爱德三兄弟关系密切，最后一位是迄今为止在上海居住时间最长的侨民"，霍爱德卒于 1920 年 2 月，其时本书正在印刷。——原作者尾注

③ 本段叙述的是广隆洋行（Lindsay & Co.）的事情，提到林赛（Lindsay）可能与该洋行的创办有关。——译者注

④ "名字与组织形式"，渣甸的洋行名为怡和。——原作者尾注

至于马地臣家族的詹姆斯·马地臣，到广州则有一段有趣的故事。马地臣曾在加尔各答他叔叔的商行中做事，某天，他叔叔让他送一封信到港口给一艘将去中国的船只的船长，年轻的马地臣忘记了此事。船开走了，马地臣把信还给叔叔并坦陈此事。恼怒于侄子的粗心大意，叔叔认为侄子如此重要的事情都会忘记，还是回家的好。马地臣只好去码头想办法回英国。一位老船主跟他说："为什么不去广州试试？"于是马地臣去了广州。

468

1827 年，马地臣开始与渣甸合伙做生意，作为"特许商行"，马哥尼亚克的公司与他们合作并代理其业务。也是在同一年，被描述为"一位举止十分优雅、个性善良的绅士"的马地臣创设了英国在远东的第一份报纸《广州记录报》（*Canton Register*）。亨特告诉我们，最初时，这张报纸只比大裁①的纸稍大一点。但在说英语的人中，有不少人对其抱有巨大的兴趣，报纸在文学方面的主要支柱是一位古怪的美国天才、著名悲剧演员的儿子——伍德（Wood）②。因为办报的副业嗜好与经商的兴趣一样强烈，怡和洋行在早期广州、香港、澳门和上海的记录中广泛存在，它的每个创办者都适用泰伦提乌斯③的话语——"我是一个男人，我不会关心任何与我无关的人类的事情。"本书已记录了他们的部分活动。其余人的事情可见 20 卷的《中国丛报》。

有关洋行的事情我们仍需再说一些。我们应注意早期洋行与各式公行④有大量交易，他们中最著名的是伍秉鉴。伍秉鉴的公行还与著名的帕西商人兼慈善家詹姆塞特吉·吉吉博伊（Jamsetjee Jeejeebboy）在孟买和中国有大宗交易，后者是第一个被授予英国男爵爵位的印度本地人。在亨特的描写中，渣甸医生是"一位具有坚强性格和无限慷慨的绅士"。为提醒在公务时间拜访他的懒汉，渣甸的办公室里从来不放椅子。1834 年，当东印度公司失去其垄断地位时，正是怡和洋行的"莎拉号"（Sarah）向英国运去了第一船自由贸易的茶叶。1835

---

① 大裁，英文为"foolscap"，指 13 英寸 ×16 英寸大小的纸张。——译者注

② 伍德（Wood）是《广州记录报》的另一位创办人。——译者注

③ 泰伦提乌斯（Publius Terentius Afer），古罗马剧作家，其名字的英文为 Terence。前引他的名言出自他所著的《自责者》（*Heauton Timorumenos*）。——译者注

④ 指清朝广州具有对外贸易垄断权利的组织。——译者注

年，早就做好准备的"怡和号"汽船抵达澳门。根据 1837 年及以前的《中国丛报》上广州及澳门的居民名单，记载了渣甸及马地臣家族的其他成员：安德鲁·渣甸、亚历克斯·马地臣、大卫·渣甸，及唐纳德·马地臣等人。广州的英国医院建立时，渣甸医生毫无疑义地担当了领导人的角色，他出任主席，怡和洋行成为司库，这是 1835 年的事情。1836 年，马地臣写了一本关于中国贸易的小册子。1842 年，他与德庇时爵士被指派为律劳卑纪念碑选择一个方案。同年，马地臣回英国，他向澳门赠送了 5 000 元的礼物。《中国丛报》记载，他的离去使侨民社会失去了"一个有事业心的、有能力的及慷慨的人"。约瑟夫·渣甸资助了理雅各的《中国经典》。1841 年香港开埠时，怡和洋行购买了 3 块总计 57 150 英尺的靠海的地块，当时的价格令人惊讶——仅需 565 镑。

这些早年被记录下来的事情名声远扬，近代此类事情更多。兰伯尔德（Rumbold）在他的回忆中指出在他那个年代，一家公司在娱乐方面一年花费 4 万英镑就算了不起了。确实如此，上海的其他大洋行也是这样，它们的陈列室经营得近乎是家庭招待会，还有月薪 100 英镑的法国厨师的诱惑。男人们只要喜欢，一般来说他们也的确喜欢，就可以放纵自己。不久后，上海又建成了公共花园，有一支业余乐队在夏日夜晚演奏。怡和洋行是外侨社区中顶尖人物的娱乐中心。我们还须记录由该洋行提供的众多方面的公众服务，其中一项从 1839 年延至 1919 年，甚至今日还被提及。在 1839 年 1 月 23 日，当渣甸医生将要离开广州时，他收到人们赠送给他的表达高度敬意的许多牌匾。1919 年 4 月 20 日，当怡和洋行的代表"讷于言而敏于行"的约翰斯顿（Johnstone）先生离开租界时，上海总商会的朱葆三先生也赠送给他一个银杯，上面刻有"笃行约言之人"。这两件事相隔 80 年，但意义却是一样的。

怡和洋行早期在上海的代表人物既不姓渣甸也不姓马地臣，有代表性的人物是达拉斯和格兰特（J. Grant），前者在这一港口的发展中占有应有的地位，后者当英国领事馆建立时有着"反政府"的特质。老广州侨民向来习惯于封闭起来，但十三行的绝对自由并不乐于受到任何限制。格兰特对待他雇的马夫并不尊重，他还在外滩跑马。其中一个马夫抗议这种待遇，其他的则抗议马术练习。抗议信件送至领事处，他在领事面前受审，甚至从早期记录中间或发现他有被驱逐的迹象。但作为一条规律，事情总是平稳地按照常规发展。怡和洋行与宝顺洋行共享"租界老大"的荣誉，两个洋行在册地数量上领先，宝顺在道契数量上领先。而在公私码头方面，从外滩到其他地区，怡和独占鳌头。

此外还有一些值得一提的特殊名字。费隆家族在有关远东的记录上都留下了它们的名字。山姆·费隆（Sam Fearon）是当时少数几个汉学家之一，第一次鸦片战争结束时他被指派为璞鼎查爵士的中文秘书，随后在伦敦国王学院担任中文教授。克里斯·费隆（Chris. Fearon）在澳门的公证处工作。C. A. 费隆（C. A. Fearon）于 1840 年代来到上海，并于 1854 年担任工部局总董。当时外侨社会在租界迅猛发展，但支出短拙，这两者间近乎分裂，何去何从还未可知。在纳税租地人会议上投票结果"31 票赞成，27 票反对"继续发展，这主要应归功于费隆率直的演讲扭转乾坤。早年，J. 费隆服务公众的事迹传扬至今。而我们却不知道，费隆夫人是 1830 年代就公然藐视本地及外国法律的三位美丽女性中的一位，她们进入神圣的十三行区域，在教堂做礼拜，引发中国人的恐慌并以停止贸易相威胁。

李太郭先生 ① 与他的后代在我们的远东故事中引人注目。这里我们简述一下这一家族的历史。李泰国先生已被读者所熟悉，他的父亲于 1825—1828 年间作为博物学者参加了比奇探险队（Beechey Expedition）来到东方，随后在英国海外圣经会工作。他有关中国的知识使其在璞鼎查探险队中站在前列，他在与福州及厦门的贸易上有开拓性的贡献。1845 年，他死于厦门，他的一个儿子以该城市命名。李泰国是他的长子，与一位伟大的海军上将的侄女结婚。他的次子李蔚海于 1876 年死于英国驻芝罘领事任上。李华达和李明良都是海关监督。现在则有李蔚良，是该家族的第三代中的代表人物，他的一个兄弟在英国驻华领馆工作。家族其他成员成为美国公民，其中一个曾在美国南北战争期间任李将军 ② 的参谋。

① 李太郭（George Tradescant Lay）是李泰国（Horatio Nelson Lay）、李蔚海（Wm. Hyde Lay）、李华达（Walter Thurlow Lay）和李明良（Amoy Lay）的父亲，李蔚良（W. G. Lay）系李蔚海之子，也系海关官员。——译者注

② 指美国南北战争期间的南军司令罗伯特·李。——译者注

471　　最后要说一家商铺。1850 年秋天，我们迎来了广受欢迎的面包师和饼干师爱德华·豪（Edward Hall）。他并不是租界内第一个从事该职业的人，但却是第一个扎根于此的人。在 1855 年 9 月初，他和安德鲁·霍尔兹（Andrew Holtz）作为面包师和杂货商合伙，大约 6 年后，他们的店铺被小偷光顾，而他们其余的故事属于以后的时代。豪卒于 1886 年，而霍尔兹最晚不超过 1889 年又回到上海。在上海有很多家商铺，很少有比福利公司为租界付出得多的。在两家商铺合并后不久，发生了一个与之有关的小故事，很能体现那个时代的特点，可暂时结束我们的记录。在某个特定的时刻，这家商铺有一个马鞍要出售。一天，一位居民走进铺子并买下了它。出于种种原因，交易没有被记入账簿，当需要清理账户时，没有人记得谁买了它。经过认真思索，商铺向大约 12 位或者更多绅士递送了马鞍的账单。为了证明自己的经济能力，这些绅士除一人外都表示愿意承担费用。为了使故事能够符合《真相》杂志的《奇闻异事》栏目，而正是那个不肯付钱的人买下了马鞍，但这与历史及个性均无关系。

第二卷

前　言

　　1920 年 8 月出版的本书第一卷叙述了上海外国租界至 1850 年代初期重要的政治和商业历史。本卷叙述范围为自那之后到 1900 年。

　　第一卷前言提到了工部局有幸得到库龄先生的服务以延续并最终完成兰宁先生为之献身多年的工作。如今，工部局十分遗憾地宣布，库龄先生于 1922 年 6 月去世，本卷由其好心的遗孀接续而完稿。

　　由于大部分原始材料的关系，插图的印制非常困难，尽管时隔久远，将其收入在内仍非常有意思。

　　对于所有好心在材料、信息和图片等方面帮助库龄先生，并在研究方面给予便利的人们，工部局表示诚挚的感谢。

上海公共租界工部局总裁兼总办　利德尔

1923 年 2 月

SHANGHAI.

图1　本图所绘的建筑依次为（自左向右）：法租界、丰裕洋行俱乐部、旗昌洋行、瑞典及挪威领事馆、会德丰洋行、公易洋行、正泰洋行、海关、葡萄牙领事馆、宝顺洋行、怡隆洋行、非立士摩洋行、西班牙领事馆、丽如银行、茂新洋行、俄罗斯领事馆、琼记洋行、沙逊洋行、火轮船公司、怡和洋行、丹麦领事馆、英国领事馆、苏州河桥。

序　言

第一卷将上海的历史大致记述至 1857 年，涵盖了从《南京条约》至《天津条约》时期，因此，给我们留下整整六十年。

我们若忘了维吉尔（Virgil）①的诗句，我们的历史也走不远。

　　　建成罗马民族是何等的艰难啊。

除了其他共同点之外，上海和罗马一样，早期的官方记录都已灭失，罗马是毁于高卢人入侵，上海则由于英国领事馆大火。这里或许也会像罗马一样，生出传奇故事，并逐渐流传。叛军入侵，韦尔斯桥上的公愤，铁桥损毁，或许都会交融在一个保卫花园桥并向"领事先生"求援，类似贺雷修斯（Horatius）②的故事里。千年后，来自新西兰的风雅旅人站在大桥残破的桁架上，为汇丰银行（Hongkong and Shanghai Bank）的断壁残垣写生之时，或许戈

---

① 维吉尔（Virgil），公元前 70 年—公元前 19 年，古罗马奥古斯都时代最伟大的诗人，罗马人奉其为国民诗人，对后世许多作家产生了深远广泛的影响。作品有《牧歌集》《农事诗》、史诗《埃涅阿斯纪》。本文中的引文即出自《埃涅阿斯纪》（杨周翰译，译林出版社 1999 年版）。——译者注

② 贺雷修斯（Horatius），古罗马战士，迎战敌军时自知寡不敌众，自毁桥梁与敌人同归于尽。——译者注

登 ① 已化身库尔提乌斯 ②，巴富尔成了罗慕路斯 ③。

然而我们并未隔着世纪的烟云，眼见事物只是它们今日的模样，上海的历史定然缺少浪漫的诗情画意或戏剧性的英雄事迹，我们欲寻得令新旧世界成千城市所以引人崇敬的英雄事迹、悲剧故事、爱国斗争或华彩篇章，却徒劳无功。今后若有人编织出传奇故事，就得像迪克·斯维勒（Dick Swiveller）的侯爵夫人 ④ 一样，"过分地装模作样"才行。

上海到底是一处商业港。它的贸易和财富足以使其可与世界上著名集市或城邦——例如安特卫普、热那亚、威尼斯，或波士顿相媲美，但在我们的记录中，这里从未发生过激烈的争斗，如果和香港相比，也未因遭围城而英勇抵抗，甚至没有一磅茶叶是为了自由的缘故而投入黄浦江。虽然我们也是外来者，数量稀少，周围都是并不友善的当地人，但并没有新英格兰 ⑤ 早期移民被剥头皮之虞。我们这里绝不像日内瓦是宗教生活的中心，也不像佛罗伦萨以艺术瑰宝丰富世界。我们的历史枯燥乏味，缺乏辞藻华丽的篇章。

对于如此默默无闻的存在，除了上海是商贸中心之外，还有其他显而易见

---

① 查理·乔治·戈登（Charles George Gordon），1833—1885 年，维多利亚时代的英国工兵上将。1848 年进入皇家军事学院，1852 年，被授与皇家工兵军团少尉的职务。1860 年，第二次鸦片战争爆发，他跟随英军后续部队来到中国，在中国北方一直待到 1862 年 4 月，后因太平军开始在上海威胁欧洲人而移驻上海；1863 年 3 月，戈登在松江接任洋枪队指挥，后离开中国回到英国。——译者注

② 库尔提乌斯（Curtius），传说中的人物。据说公元前 362 年罗马城暴发瘟疫，台伯河泛滥，地震随之而来。地震将罗马广场震开一个深沟。神谕说必须将自己最为珍贵的东西扔下去才能平息神的怒火。正当大家纷纷猜测之时，一个名叫库尔提乌斯的年轻人站出来，说罗马最珍贵的莫过于她最勇敢的公民。说完他身着全副盔甲跳了深沟，深沟随之合拢，只留下一个小圆洞。——译者注

③ 罗慕路斯（Romulus），是罗马神话中罗马城的创建者，"王政时代"的第一个国王。——译者注

④ 迪克·斯维勒（Dick Swiveller），狄更斯小说《老古玩店》中的人物，最后与绰号"侯爵夫人"的女仆成婚。——译者注

⑤ 新英格兰（New England），是 17 世纪逃避宗教迫害的英国新教徒在美国东北部建立的英国殖民地。目前是美国六个州的合称，分别是康涅狄格、缅因、马萨诸塞、新罕布什尔、罗得岛和佛蒙特。——译者注

的原因。首先，租界还十分年轻。有不少人出生于英国人攻占上海前，如今还依然在世。即使是漫长的人生，对于建立一座城市并寻找到其存在的意义而言，也不过是白驹过隙。但更重要的是，从西方来的人在这里发家致富后，便返乡享乐。这里更像是克朗代克（Klondyke）①淘金区，不是新英格兰殖民地。除了极小部分官员和传教士，可以说整个社区各色人等，历来是全身心地致力于发家致富或谋生糊口。因此这里对大多数人而言，不过是一处临时居所，并非家园。有些人在这里长期留居，特别是近年为多，大多是因为已无法脱身，若说这是各人选择，则也是习惯使然，因为他们已离开太久，在故乡反成路人，已经无法回乡定居了。因此，这个城市的居民内心，并没有为之献身的热情，也并不以身居此地为傲，或许看到每年的贸易报表时除外。这里没有自然的美景捕获人心；没有显著的教育优势；气候绝不宜人，周围当地人也并非过着风景如画或引人入胜的生活。所以总的来说，家庭不会在这里扎根。而上海与故乡的关系，仿佛是商店或办公室与家的关系：这里是工作挣钱之所，却不是休闲享受、粉饰装点、让人引以为傲的地方。

读者们可以设想这样的场景：巴特菲尔德（Butterfield）和施怀雅（Swire）②在外滩携手并行，途中遇到的每位市民都向之致敬；渣甸在工部局董事会中有家族席位，而马地臣在董事会中地位显赫③，若真有所谓的城市之父们及贵族，其家族世代都为公共利益而献身，若一切真是如此，现在的情况会是怎样的不同。然而无趣的现实是，我们虽然耳闻怡和与太古的大名，也眼看其财富滚滚而来，然而这其中从未见个人的因素。如果真有这样的人——有些人似乎早就成了神话传说，这些人来到上海，其中有些大发横财，随即转身离开，

① 克朗代克（Klondyke），加拿大育空地区的克朗代克河附近曾于 1890 年代找到金矿，淘金潮的到来使附近的道森市一度成为人口数万的城市，淘金热过后该市人口迅速下降至几千人。——译者注
② 巴特菲尔德（Richard Shackleton Butterfield，1806—1869 年）和施怀雅（John Samuel Swire，1825—1898 年），在上海开办了太古洋行。——译者注
③ 渣甸和马地臣是怡和洋行合伙人。——译者注

没有留下什么纪念或善行，保佑这个使他们发家致富的地方。我们说到"最早的居民"，然我们却没有"最早的家族"。

无人扎根生活于此的结果是，我们的历史缺少世界范围内赫赫有名的人物和事迹，没有克莱夫（Clive）①，没有罗德斯（Rhodes）②，没有莱佛士（Raffles）③，甚至没有威尔·亚当斯（Will Adams）④ 和迈尔斯·斯坦迪什（Miles Standish）⑤。我们若把鹤立鸡群的戈登排除在外，上海没有真正鼎鼎大名的人物，但他与此地的联系短暂且偶然。另一个可与之相提并论的名字是戈登的前任华尔（Ward）。他也是一位局外人，但在外侨社区里留有长久的纪念，而戈登则没有。

然而这样比较与评价并无贬损上海的意思，提及这些只是为了对我们自己历史的本质有清楚的理解。商业中心对于整个世界而言，同教育中心、艺术中心、文化中心一样不可或缺。在世界现代史上，上海独一无二。其他社区没有像上海一样的问题亟待解决，也没有其他地方遭遇过如此独特的难题，并能更圆满地克服。只是读者始终不可忘记，整个社区的出色努力、各外国政府的举

---

① 克莱夫（Robert Clive），1725—1774 年，英国军人、政治家，担任首任孟加拉行政长官，建立了英国东印度公司在印度南部和孟加拉的军事霸权，通常认为他是建立英属印度殖民地的关键人物。——译者注

② 罗德斯（Cecil Rhodes），1853—1902 年，英裔南非商人、矿业大亨与政治家。罗德斯在南非靠开采钻石发家，建立了曾控制世界钻石业 90% 业务的戴比尔斯钻石帝国。1890 年任南非开普敦殖民地总理，后开拓了罗得西亚（津巴布韦的旧称）殖民地，"罗得西亚"即以他的名字命名，还挑起第二次布尔战争，积极推进殖民进程。罗德斯死后设立罗德奖学金，向英国殖民地和德国学生开放，使他们有机会在牛津大学深造。——译者注

③ 莱佛士（Sir Thomas Stamford Raffles），1781—1826 年，英国殖民时期重要的政治家。他曾任爪哇总督和苏门答腊总督，1819 年在马来亚半岛南端的一个小岛上建立了自由贸易港，即今日的新加坡，并成为新加坡总督。他对新加坡的开辟、建设、法制和长远的规划蓝图做出了相当多的努力，使新加坡从一个落后的小渔村发展成为世界上重要的商港之一。——译者注

④ 此人身份未查实，作者很可能说的是 William Adams，1564—1620 年，英国航海家，是第一位来到日本的英国人，后被赐名"三浦按针"，成为日本第一位白人武士，曾做过德川家康的外交顾问。——译者注

⑤ 迈尔斯·斯坦迪什（Miles Standish），1584—1656 年，普利茅斯殖民地清教徒的领导者。——译者注

措，甚至我们这些外来英雄的壮举，全是为了保护和促进商业利益。

尽管我们回顾历史的主要目的，是记录上海的发展，此处请大家留意这段历史的每一页都阐明我们如今称为中国人的"心态"。我们时常听闻所谓对付"东方人"之正道的浅薄论调，却把印度撇开不谈。每个学生，甚至最不热心于此的上海居民，都必须认清日本人与中国人之间存在的思想鸿沟。上海在与官方和非官方的紧密接触中飞速发展，其发展史以实例为我们展示了中国人的性格。在所有这些变化和发展中，大家会注意到这种性格或"心态"一直稳定不变。事实上，尽管有人想回避这句智慧也是老生常谈的谚语，这确是一个"万变不离其宗"的特别事例。掌握这方面的见闻应当很有实用价值。

第2章

上海管理之要素

虽然我们将会述及千百个议题，然而这个商业中心的历史显然必须包括以下事项：海关、税收、河道管理、工部局权力滋长、各国领事间的关系、工部局与中方当局、司法，以及作为商贸人士安乐居所的租界之改善。这里记录的是一系列冲突的观点、持续地入侵与抵抗，以及不断地彼此妥协。这并不是说各国间相互倾轧，也不是通常意义上说的各方利益天差地别。只是因为此地有多方权力机构，且没有一家能够独大，而这里出现的难题绝无前例，无人能轻易找出破解良方。只有不断"致知在躬行"（solvitur ambulando），然何处是最佳途径，众说纷纭。

这场决定生死存亡争斗的主角是各国领事、工部局和道台。上海受制于中外政府间签订的条约，因此领事（受公使管辖）要保证中方履行职责且华人的权利不受侵犯——简而言之，严格遵照条约行事。但一项条约如同一款议会法案，只能在逐渐运用中予以诠释。对于某一条款到底意味着什么、包括或不包括什么，总有争论的余地。道台不习惯于遵循国际条约，审视局势往往不是出于国家或爱国的角度，更多以个人升迁和利益作判断。也许因此，他不曾提出改善上海现状的建议，却常常扮演阻碍者的角色，最主要的动因是利益，其次则经常是因为他一向对洋人不屑一顾，尽管这些人令他大发横财。这些洋人有部分职责，只要依照条约力所能及，也庇护租界内的华人免遭他们自己官员的敲诈和压迫。西方政府与本地当局之间，还有租地人或称纳税人，租界正是为这些商人而存在，为了保护他们才任命了领事。他们来此地并非为了民族荣耀，也无意宣讲或征服，他们只想要一个尽可能安全的地方做生意。外国政府仿佛是规划房屋的设计师，道台可能代表想涨房租却不想维修房屋的房东，但商人是真正住在这栋房子里的，对它的缺陷心知肚明，并且不管设计师和房东心意如何，只想要让这里成为一个安乐窝。 5

住户们选出工部局，代表他们应对各国领事和道台。正是工部局的运作——也是整个社区自身的努力——使上海的历史独一无二。工部局要持续抵制华人"入侵"，自身又要不断扩张，有时遭官僚压制，只能忍耐等待，有时有所进展，还欲援引前例或规定获取更多。工部局要求执行条约重其精神而非照搬文字，它在各国领事与中方当局之间左推右挡，有时还无法得到自己选民的支持，经过耐心坚持、明智妥协，这个由无偿工作的商人组成的委员会逐渐改革弊制，获得不容置疑的权利，在这个五方杂处的社区管理中赢得主导地位。虽说它还未打造出一座完善都市，然至少在半个世纪里，创造了一个华丽繁荣、亚洲第一的商业大港。

三方势力互相牵制达到平衡，使上海的历史更加丰富多彩。有时工部局与道台有冲突，工部局只能通过领事向道台施加压力，有时又两两联合与第三者对抗。此外，还有更细节的冲突增加情况的复杂性：处于现场的领事有时与北京的公使观点不同，道台与其他当地官员有矛盾，而工部局时遭租地人诟病。因此，这里各方活动纷繁，彼此利益纠葛。

最后，还有一个极其重要的差异：各国领事代表着不同的外国政府，各国利益不尽一致，牵涉的居民人数也相差甚远，然他们共同承担着租界的管理责任。若仅有一个强国，事情又会如何进展，我们只能全凭臆测。此地由英国人的武器开辟，《南京条约》由英国与中国签署，《土地章程》由英国领事与道台拟定，租界最初也只是英国人的租界，由一位英国官员管辖着一批英国商人。或许可以允许我们在这里强调这一点，就一次吧——这点很少提及。与许多其他场合一样，英国人倾注热血与金钱，耗费巨大代价取得的成果，之后其他各国都能随意享用。英人在发现上海、管理上海中的主角地位以及在此地占有绝对比例的利益，这一点无人质疑。然而，最初的时期过后，英国领事不再是资 6

格最老的领事，有时还退居次位，甚至被代表仅占所有居民 3% 人口的他国领事所冷落。一位美国人曾写道："美国人仅享有英国人所提供的特权。所有在华美人的特权完全依赖英国政府签订的条约及其实际武力。英方随时准备为所有外侨提供保护，然而美国人和英国人一样享受着英国政府与中方角力维护下的公平与安定，与此同时却常谴责他们压迫侵略、错处甚多。"这一大度的认识，美国人曾不止一次表达，他国外侨则少有提及。英方与美方一样，被只有小部分利益的其他小国牵制，这个复杂难题源于徒有虚名的领事官阶：英国是领事，普鲁士是总领事，因此普鲁士总领事优先于英国领事，尽管普鲁士除了跟着他国的脚步来到上海之外什么都未贡献，而且代表小国的多是商人领事，他们常有自己的生意算盘。专业或非专业地代表着十几个签署或未签署条约国家的官员，在中国土地上面对中方存心作梗，努力维持舒适高效的外侨社区，却一方面被十几个国家的领事牵制，另一方面被中方的条约权利束缚，我们可以肯定地说，此种情境独一无二，能够达到目前稳定平衡的管理结果，已是近乎奇迹。

第3章

领事与领事馆

第一卷里有一章专门以早期上海的领事官员为主题，即使以领事为题，我们还是提请各位留意，尽管有些领事受过专业培训且专职担任领事职务，然其余的则是获得领事任命的商人，以代表略为次要国籍的居民。最初这里仅有一个缔约国，由唯一的领事——巴富尔上尉为代表。考虑到当时英国利益占绝对优势，英国领事在这段历史里自然更为引人瞩目。阿礼国、密迪乐、巴夏礼、麦华陀，这些是我们在相当长的历史阶段都绕不开的名字。美国领事熙华德（Seward）①也是一个值得纪念的重要人物。另一早期缔约国法国，因其冷漠疏离自成一体，也影响着英美租界。

1857 年，领事状况如下：

英国，罗伯逊

法国，敏体尼

美国，W. 科纳普（副领事）

荷兰，T. C. 比尔

费斯福尔（H. M. Faithful 副领事）

丹麦，鲍思孚（A. Perceval）

---

① 熙华德（George Frederick Seward），1840—1910 年，19 世纪美国外交官，1876 年到 1880 年担任美国驻华特命全权公使。1861 年，林肯总统任命他为美国驻上海领事，1863 年又将其提升为总领事。他亦曾担任公济医院股东大会主席。——译者注

汉堡，霍锦士

西班牙，洛雷罗（P. J. I. Loureiro 副领事）

瑞典与挪威，金能亨

1856 年 5 月，霍锦士获准接替其兄弟威廉·霍格"暂时"担任汉萨同盟城镇领事。两年后，有一位曾与广隆洋行做茶叶生意的罗（Loo）先生，因其他事宜被羁押于道台衙门，霍锦士乃广隆洋行合伙人，他致信道台：

> 我，汉堡领事，恳请您令捕快将此人带至我处，以便其亲自与广隆洋行结清账目。

然而如道台所言，英国领事才是处理广隆洋行商贸事宜的合适人选。罗伯逊曾就此事发表措辞严厉的讲话，第一卷第 367 页里曾有引用。但此类令人恼火的事也不是头一遭遇上。前一年，霍锦士曾从一艘汉堡轮船上遣下两名患病的英国水手，两人病困交加便去求见罗伯逊，后者将两人送去就医并资助他们每人每天 1 元。事后他说："这些商人领事因个人目的获取此地位，既无司法权，也无权力偿付公务开销，所以这一职务应尽的义务他们能免则免。因此，这些尊贵的领事先生未能予人便利，反而常常从中作梗。"后来汉堡官方曾要求霍锦士就其行为做出解释。

美国领事馆的重要性仅次于英领馆，工作上却远远落后。赋予美国领事们的权力超过英国领事：他们可判决离婚；在服从公使的前提下，领事有权判处死刑及其他入狱刑罚，虽然英方在香港设有高等法院的优势。但玛高温医生——一位美国人，在美国说出如下话语：美国领事"普遍是对这片土地的状况一无所知地来到中国，与初入金门的文盲华人对美国这个国家和机构的了解不相上下。他开始在这个崭新的职业领域里边干边学，成了欧洲各国领事的笑柄，也遭到中国官员轻视。当然这种工作方式有损于每一位美国人的利益"。如此犀利的语言多少带有竞选拉票的偏见。我们或要质疑有哪位美国领事，即使他很不适合这一重要职位，会成为众人笑柄。而熙华德凭其出众的智慧与才能，在众多对上海有贡献的领事中位居前列。

　　新设立的政府面临各种新情况，各国领事间的事务纷繁复杂，以下事例读来十分有意思。1862 年，一位美国人在一艘由法国政府包租的英国商船上任船长，这位船长在船上伤了一位华人。法方以谋杀未遂罪提交美国领事馆，熙华德将此事转给麦华陀。犯事者乃美国南方人，也乐意不由美方审判而服从英方的判决。采取了适当的安全措施后，此人被释放，次日宣布由美方保护。熙华德的观点是他有权在英国船只上逮捕一位美国公民，而麦华陀认为英国船只乃英国领土，只适用英国法律，此人在岸上犯案应由熙华德审理，在船上犯事就不行。双方同意将这个问题提交给两国的几位官员——这是本着友好精神相处的实例，正是这种精神，带领上海闯过了各种艰难险阻。

　　不论是对中方而言，还是在领事团内部，领事的级别都举足轻重。1863 年，法国领事升为总领事，之后美国、普鲁士和瑞典都照此行事；而英国还只是领事。巴夏礼担任领事之时，职位的高低差异影响还不大，他的爵士头衔（K. C. B，高级巴斯勋章）和个人的人格魅力足可弥补。但他一离职情况就不一样了。 9 英国利益自然令英国领事的地位凸显，但一些后来者并未对上海做出多少贡献，牵涉利益也不多，却也夸夸其谈。1866 年，温思达（Winchesters）曾说若不是熙华德十分通明事理、温和克制，他也不可能保持自己的地位。但 1869 年，麦华陀任领事时，矛盾开始变得尖锐。当时熙华德已离任，此地有 7 位领事和 6 位总领事，其中 4 位领事和 2 位总领事都是商人！

　　麦华陀将自己视为罗伯逊的临时代理人，其论点也并非针对个人，所以他坦诚地致信公使。当时的问题是由谁担任领袖领事。熙华德在离任前将档案文件交给了麦华陀，嘱他负责。

　　下一次领事团会议在 1869 年 10 月召开，有 6 人出席，狄思威（G. B. Dixwell，美国）提议由麦华陀接替熙华德，詹金斯（Jenkins，美国副总领事）附议。意大利总领事棉挐里（Vignale）表示这并非选择谁的问题，而是应该根据资历深浅而享有的权利（他是九国之一的代表，该国人口总数不足社区人口的 3%）。他记着这一原则，将支持麦华陀，麦华陀说坚持原则，但也要考虑商贸、人员等其他问题。棉挐里表示赞同，但也说"接受这一原则，而原则在实践中修正"。

11 月的会议有 11 人出席。德国领事安讷克（Annecke）① 表示由于上次会议缺席，希望将他的意见记录在案，他对上次会议通过的方法表示强烈反对，认为打破规矩会产生严重后果，在维也纳会议（Congress of Vienna）上就建立的论资排辈的规矩不应背离。"这根本不是提名或选举的问题"，领袖领事应按法律规定更替。他反对前次会议上麦华陀的论点，提议休会待奥地利领事出席。狄思威表示若有这样规定，他无意破坏，但他希望得到最高效的服务。麦华陀认为上次会议已认可这一规则，并同意酌情修改，他反对没有实际结论的争辩，准备辞职。多数人都支持上次会议的决议。然而安讷克坚持个人观点，并希望将其言论记录在案，唯有西班牙领事支持他推迟决议的建议。接着，安讷克提议由领袖领事主持会议。狄思威提出目前的安排应暂时施行，以此作为决议的修订条款。麦华陀强烈反对放任此事悬而不决，他所处的位置已十分不合规又别扭。安讷克的建议无人附议，他又提出应采纳棉拏里制订的原则作为将来行事的规则，克罗斯（Croes）表示反对区别总领事与领事，之后该建议获得一致通过。安讷克曾说，各国政府未给予本国公职人员高阶职级，错在政府。麦华陀表示若此议再起，他便辞职。安讷克表示除非出现新的选项破坏既定原则，否则他不会再提此事。麦华陀给英国公使去信，表示因此自己所处地位随时可能被其他领事取代，这些领事所代表的利益与其官阶并不成正比。他认为如此境遇已不远矣。如果某位毫无利益瓜葛的总领事或确有既定利益的商人将管理租界事务——此举将是灾难。英国居民大约占到租界总人口的 60%，接着依次是美国人、德国人和葡萄牙人。

直到 1877 年，英国才任命了一位总领事，罗伯逊，此人 1854 年便任领事。

1875 年，熙华德获任公使将赴北京之时，召集了一次会议，询问该向何人移交领袖领事的文件等资料。会议同意应根据《维也纳条约》（Treaty of Vienna）确立的原则排定优先顺序，即首先按照职阶高低，其次则是官方任职通知的时间先后。当时在任者为俄国与日本总领事，但两人表示不愿任职。接下来麦华

① 安讷克（Annecke），德国外交官，初任上海领事，1871—1873 年署理德国驻华公使。——译者注

陀（时任领事）资历最深，当选。三个月后，葛笃①（Godeaux，法国）返沪，此人比麦华陀资历更深，但碍于其本身职责不便行使此职权，故婉拒。因此，麦华陀继续任职。

1893 年同样的问题再次出现，戈比尔（Goebel，德国）辞职，由华德师（Valdez，葡萄牙）接任；而 1898 年施妥博（Stuebel，德国）归国，华德师再次任领袖领事。回国前施妥博指出，直至几年前都有一条不成文的法则，领袖领事只能在英、美、德领事中产生，此三国的利益远超其他国家，对于居然可以背离这一法则他表示诧异。《北华捷报》提出：华德师将延请何方雇员，在哪里办公？他打算使用哪国语言？有人宣称，由于妒慕猜忌，外侨社区的便利已抛诸九霄云外，而且工部局与商会都不会通过华德师与中方当局磋商。商会还提出一个意味深长的问题：华德师将长久任职，还是仅在施妥博回沪前暂时担任？有人提出，鉴于英国人利益所占的绝对优势，领袖领事应当一直由英国总领事担当，如此便于文件保管，对于中方当局和工部局也更为便利。 11

1891 年，英国总领事与首席大法官由一人担任。这一创新之举引得众人哗然——倒并非针对任用的人选，韩能（Hannen）②与哲美森（Jamieson）③领事当时都颇有人缘。大家反对的是合并举措本身。据信合并之举是由于威妥玛爵士的"恶意之举"引发，但这一建议由柯里爵士（Philip Currie）④提出，公使华尔身爵士（John Walsham）表示反对，却已太迟。此举唯一的好处是省出了一人的薪水，提出异议的理由各式各样。根本的问题是，总领事本应通过为公众服务提高工作效能，如今这位总领事在事后可能要扮演法官角色的事件中，他该

---

① 葛笃（Ernest Naopoleon Marie Godeaux），1833—1906 年，法国外交官，1872 年负责驻上海总领事馆，次年 6 月任总领事。

② 韩能（Sir Nicholas Hannen），或译海能，1842—1900 年，英国外交官。1868 年到上海执律师业。1871—1874 年任英国在华法院代理助理法官，1891—1900 年任该院院长。1891—1897 年任英国驻沪总领事。——译者注

③ 哲美森（Sir George Jamiesen），1843—1920 年，系英国驻华领事官，1891 年任英国驻上海领事兼"大英按察使司衙门"按察使，后任英国驻上海总领事。——译者注

④ 柯里爵士（Sir Philip Currie），1834—1906 年，英国外交官。时任英国外交部常务次官（Permanent Under-Secretary of State for Foreign Affairs）。——译者注

如何给出建议？

合并后的职位最初人选是连厘（Rennie），但最终由韩能爵士担任。这一安排不尽如人意，1897年这两个职位再度分离，韩能继续担任首席大法官，而哲美森成为总领事。

我们把目光转向美方及其领事馆工作，有两点立刻引人注目。第一，美国人紧跟英国人的脚步，在早期开放中国、发展上海中处从属地位，不用播种也一样收获；不用承担相应的劳作、风险或代价，就可以享受成果。第二，热爱祖国也心存愧疚的美国人对这种付出差异悬殊而受惠于另一强国曾再三表达了谢意，两大国之间几乎从未因此产生怨恨与不平。

美军舰队司令达底拿（Tatnall）高呼"血浓于水"，令这句话响彻天下①。赞誉他创造了这一说法有失偏颇，据查司各特（Scott）②的小说中就有这句话，小说的创作时间远早于这位舰队司令出世。这似乎也是种模糊的说法，其中缺乏理性，也不比说"奶酪比牛奶更实在"强多少。但这句话不胫而走，足见其表达的情感为两国人民所欣赏。美国舰队原本无事在此，只等着英国人打开局面可渔翁得利。尽管这原是有失尊严的姿态，但当危急时刻来临，同为一体的情感便占据上风，一方慨然援手，一方坦然接受，双方都不曾犹豫不决或虚伪傲慢。

12

两国一直维持着这种愉快的关系，几乎没有中断过。

早在1858年，玛高温曾说："保护我们海上的商船与岸上的居民免遭海盗与刺客袭击，这个任务交给了英国双桅军舰。我方当局默认竞争对手乃中国海域的霸主，从而将在中国海域维持治安的工作交托于英国海军。"

同年，列卫廉在批评"妒羡英法进展言论"时曾说："英国洋行所到之处，我们的洋行也紧随其后。""英国在邮政服务与维持海军实力上投入的每一块钱，也使我们得益。"

---

① 中美《天津条约》签订后，英法坚持要在北京换约，1859年6月再次向大沽炮台发动突然进攻，受到守军坚决抵抗。原本处于中立地位的美国舰队司令达底拿见英法舰队受挫，不禁高呼"血浓于水"，并称不能"坐视白种人在他眼前被屠杀"，指挥美舰向大沽炮台开炮，并援救受伤的英国士兵。——译者注

② 司各特（Walter Scott），英国著名历史小说家和诗人。——译者注

卫三畏也曾在签署公约后说（这是我们最后一次引用如此溢美之辞）："所有参与对华贸易的国家，都是受了英国政府极大恩惠，他们历经两三次战争，长期付出不懈努力，而美国是格外受益的。"

说到上海，太平天国叛军进逼上海之时，美国全权公使华若翰（Ward）曾写道，美方不会施援手，但这里已有充分保护：盟友已决心保卫此地。

我们之前说这种差异并未真正引发嫉妒或仇恨，但我们不能对双方的说辞一句不提就此揭过。1872 年 6 月《上海差报》(*Courier*) 刊出的真相，让镂斐迪 ① 写出以下文字："英国商人似乎把中国视为英国之附属地，其余居住于此的他国居民——不论其人口占比多少，皆是不受欢迎的入侵者。"

但是他自己或许也说出了其中缘由，因为同年发生天津大屠杀 ② 之时，他致信华盛顿："过去三年，我们的舰队在这些水域几乎没有实际价值。美方利益不得不依靠他国提供保护。"舰队由于大量缺乏管理人才而无法运作。

次年，他写道："美方船只很少做测绘工作，……'科罗拉多号'(Colorado) 上使用的航海图都出自英国或法国。然而美国船只掌控了上海与日本之间的贸易，垄断了长江流域，与南方做了不少生意，与北方的贸易份额更大。英国有艘船长期从事测绘工作。"

既然美方利益如此巨大，却让其他国家为之测绘海岸、保驾护航，那么他所描述的情绪或许也不无道理，这确实是个入侵者。但正如《星期六》(*Saturday Review*) 在多年前所言："美国政府利用英国在华运作成功获利，有人觉得有趣，有人觉得恼火，须视个人以何种情绪看待此事。"好在这种情绪只是坦诚的言语，并未延伸出更糟的情况。而宽厚的读者们也必能想到，当时美国南北战争所带来的痛苦，足以解释他们对远东事务表现出的冷漠。

13

可是，美国在领事馆事务中也同样表现出这种不积极的态度，引发本国国

---

① 镂斐迪（Frederick Ferdinand Low），1828—1894 年，出生于缅因州，早年在加利福尼亚州从事航运贸易，曾任美国联邦众议员，加利福尼亚州州长。1869—1874 年任美国驻华公使。——译者注

② 此处指 1870 年发生的天津教案。当时天津民众为反对天主教会在保教国法国武力庇护下的肆行宣教活动，攻击天主教教会机构而造成数十人被谋杀。——译者注

民愤恨控诉。绝大多数的公务人员都不能让人满意，不论当时还是现在都是如此。

美国海军将领司百龄（C. K. Stribling）时任美国临时代办，曾记录了两件事例。当时任命了两位宁波领事——余飞（Fish）由公使华若翰任命，华盛顿方面不知此事而任命了柏赖克（Breck）。柏赖克曾提出让余飞任副领事，两人共事，分摊薪水。但后来柏赖克受到多方指责，蒲安臣不得不撤去了其汉口领事的职务。司百龄表示，大部分领事认为自己独立于公使，因此由于缺乏官方管控，出现了不少未经官方授权的行为。他建议公使应掌控所有官方事务，所有报告应经其手，待其批示，而他应当有任命领事及令其暂时停职的权力。

1864 年，柏赖克被指责在汉口将美国国旗售予华人，赫德指控其走私，英法领事指责其在"三桅帆船玛丽亚号（Maria）事件中特立独行"，而恭亲王来函责其"各种不当与违法行为，应有尽有"。蒲安臣已责令属下不得与柏赖克有进一步往来。要不是因为涉及治外法权，柏赖克的领事证书早就被吊销了。蒲安臣有权令其停职，但无权撤销其职务。中方曾对商人领事提出反对：柏赖克是旗昌洋行在汉口的负责人，同时担任领事。

"玛丽亚号"案件充分表明长江流域上目无法纪之现状。威廉姆斯（Williams）与萨诺尔（Carroll）分别担任"玛丽亚号"船长与大副。船行至南京时，他们遇上了其他帆船，其中一艘是满载钱钞的"木星号"（Jupiter）。"玛丽亚号"实施抢劫，并肆意杀害三名华人。两个月后，一干人被捕。美方军舰缺位成为不满的焦点，而这起事件不过是众多案件之一。

1864 年，熙华德表达了"其痛苦情绪"，并说"我们标榜能管辖在华公民，却徒引人嘲笑"。穷凶极恶的罪犯在此聚集，因人们温和善良更有充分地施展余地。美国比其他国家负有更大责任。"有人以为我们的旗帜是这个国家文明的先锋，那是大错特错了。有人表示犯罪本是本国国民的特性，我曾说这些人在华犯罪而未受惩罚，数量更胜他国。"他来沪之时美方根本没有监狱，唯一设施完备的英方监狱也不可用——之前那位美国领事忘了支付费用。中方监狱根本不必指望。一位美国人私人建造了一座监狱，并以低廉租金提供，若用作他途还能赚取更多。如此，领事馆也算有了一所监狱。"但并不是有人说的那样，在这一东方大港，美国政府要依靠私人施舍方得以施行其条约规定，我的支出已超出了政府所准许的微薄资金。"但这一监狱显然并不合适。被控谋杀的三人曾从此处越狱。日本曾因有人谋杀了一位英国人而遭到战争的威胁——不愿提供当地杀人者信息，而美方任由谋杀当地人的凶手逍遥法外，还声称享有治外法权。熙华德的支出已比其限额超出 1 400 元，"但认真的劳力和经费一样欠缺。他十分后悔没有放弃这份苦差事，如此引起公愤或许还能起些作用"。事实上，他曾远赴北京决心辞职，但蒲安臣说服他耐心等待。

不必说以上写给西华德 ①（W. H. Seward，美国国务卿）的内容言过其实，我们看到蒲安臣于同日写道，如威廉姆斯 ② 之类的人 "一直能逃避惩戒，他们进而已相信自己可一辈子不受惩罚。美国当局受人嘲弄，而我们的旗帜成了一切在华恶棍的庇护伞"。熙华德尖酸地抱怨，他才知道其所在的法庭，职权存疑。律师宣称美国人应由陪审团审判——因此，领事法庭并不完善。唯一可行的办法是成立高等法院。

（1864 年）执法官霍格斯（Hughsten）死于 "令其蒙羞之事"。蒲安臣提出遇到此类情况，领事应有权将其停职，公使可撤销其职务并等待华盛顿方面正式批准。霍格斯有醉酒斗殴等的行为。

1873 年，执法官菲尼克斯（Richard Phoenix）以灌铅手杖打了一位英国水手的头，而领事弥俄礼（Bradford）③ 拒绝调查，也不肯处罚他。霍恩比（Hornby）表示此人在法庭言行无当，他若是英国人，早就该受严厉惩罚并免职。美英两国人都对弥俄礼表示反感。蒲安臣于 1862 年到任，对英国人在贸易与海关事务中占据显著优势深感忧虑。但他也写道，尽管赫德愿意，甚至希望有美国人加入其职员队伍，但他找不到了解中方情况的人可选来担任海关职务。　15

---

① 西华德（William Henry Seward），1801—1872 年，美国国务卿，任期为 1861—1869 年，是当时对华政策的制定人。美国驻上海领事熙华德（George Frederick Seward）是其侄子。——译者注

② 此人被判死刑，但在狱中自杀，因此未成为首个在领事法庭接受死刑的美国人。——原作者尾注

③ 弥俄礼（Oliver Bloomfield Bradford），1837—1905 年，美国人，1862 年来到中国，曾任美国驻上海总领事馆副领事。——译者注

他还说，英国人"得不到我们任何帮助，不得不独自保卫条约签署的开放港口，而我们则坐享其成"。

同年在卫三畏给余飞的信中提到："只有英国领事馆官员能撰写这样的（贸易）报告，因为其他人没有受过专门培训，足以研究中方的产业和状况。……没有其他人能像他们一样阅读和使用这种语言。其他国家都从他们的研究和经验中获益。……我国的领事们与这些久经考验的专家相比，判若天渊！"

然而，除了缺少专业培训，领事工作中还存在更严重的失误。1864 年，领事熙华德在给其叔叔西华德的信中说，有一种做法风气渐长，"不少人都照此行事"。"领事官员只有在任期的四分之一时间，甚至还不足的时间内居住于当地，其余时间嘱他人代劳，代劳者尚返还他们部分薪酬。这里头有极大的利益驱动。这些政府任命的任职者，一年薪酬 3 000 元。他可以在此领 3 000 元，也可以在家拿 1 500 元。因此，若（一位领事）能找人以 1 500 元为其代劳，剩下的就是纯收入，而他不用背井离乡，不用劳神费力，换得逍遥自在。"他还列举了几位如此行事者的姓名，说："像以上列举的几位热忱正直之人士都如此，足证大家认为此举完全合法。"

但正如他所言，这一做法显然于领事工作不利。正于此时，宁波领事孟恩威理（Mangum）返乡，安排了罗德（Lord）牧师代理其职。教育与经历都未必合适的人员由此踏上了行政官员的职位。但熙华德急于"在华建立一套能为国添光的领事机构，而不是如今败坏自家名声的样子"。他提出公使应对各地领事馆事务享有自由裁量权，而证明有价值的领事应层层提拔，还要完全阻止"拿政府职位讨价还价的生意"。

而在薪酬、住地和职员配备方面，美方官员至少和英方官员一样有充分理由抱怨。

1862 年，蒲安臣曾说道，迄今为止，其他缔约强国在公使馆住地和建筑上花费了 4 万元，而美国公使是"住在行李箱里的"。英方的公使馆全体成员为 13 位，不包括警卫和仆人，这些人的薪酬超过 7 万元——法、俄的情况几乎类似。"英国公使薪金（8 000 英镑）比我们的全部支出还高出几千美元。"他仿佛是一艘没有水手的船。熙华德与巴夏礼相比，在上海也是一样束手缚脚。1862 年 8

16

月，熙华德抵沪一年半后，因担心在上海负债过甚，向国内递交了辞呈。蒲安臣写道，抄写浩繁的公文、档案等，自己和熙华德都没有足够人手。他虽有卫三畏，但此人已在中方机构事务中投入了全部精力，其余再无他人。而卜鲁斯有3位译员、2位大使馆专员、10个大使馆学生，还都没闲着。说到薪酬，他表示赫德的"收入与我们总统不相上下"。英国领事有一众职员，有1500英镑以及带家具的房子。前任美国领事史密斯曾居于旅店，也没有单独出入的大门，旅馆有两支旗杆，一杆挂美国国旗，一杆挂旅馆旗帜！熙华德不得不拿出个人财产用于公共事务，仅租房一项一年就需2000英镑。副领事、译员、两位助理、执法官和监狱看守都不可缺少——支出费用从2200英镑升至7500英镑。之前低廉的运作系统表现不佳。只有像熙华德这样一心为公的官员会这么做——他的花销是国家补贴的两倍。不少私人公司一年花费1万英镑用于"日常开销"。所有主要美商洋行联名要求改进，其中包括了以上观点及罗列的数据。

1872年，镂斐迪再次对比了法国使团职员与美方成员。他们以何种程度地铺张，美国使团便是何种程度地节俭——然而，美方所涉及利益却是法方的三倍。

赫德希望应有更多美国人参与海关事务。1864年，12位税务司中有3位美国人，但无人识中文。他希望找3位年轻大学生在北京学习两年中文。1865年，有两人抵达——泰诺（Taintor）和沃德卢夫（Woodruff）。

我们再将眼光从美方转向英方领事事务，来说说英国领事馆建筑。

上海没有可一览全貌的小山，也没有一条通往内陆的大道。旅人从火车站 17 或某个码头抵达这里，都无法欣赏她的美。但假设有人初来上海，以正确的途径，可以这么说吧，取道花园桥，眼前一边是外滩公园，一边是宁静宽敞庄严的英国领事馆大院，定然令人耳目一新，赏心悦目。相比最近建成的漂亮俄国总领事馆，挤在礼查饭店与河道间，早先抵沪者还算有些好处吧。达文特（C. E. Darwent）牧师撰写的《上海》曾说德国领事馆位于租界中的最佳位置，不过也只能说这里看河道视线不错。简单介绍一下英国领事馆的庭院和建筑吧。

上卷中就曾提及巴富尔如何购下部分土地，而阿礼国买下了其余部分。所有占地面积为126.7.6亩。

1861 年，领事首次提出将部分土地出售的问题。麦华陀描述了建筑群拥挤不适、年久失修的凄惨状况，提出可将"后面"的部分土地售出。"旧牢房的土地现在一亩足足值 3 000 两白银，现在却是杂草丛生，海军借去部分牢房充作煤棚，还有一部分借给一位绅士作白菜园。"若将这些土地售出，便可有充分资金维修房屋，即使如此也会剩下不少土地令官员们照管不暇。但海军免费使用着部分土地储存海军补给品，而且英军舰队司令贺布（Hope）拒绝搬离。10 月，领事将地契交予海军方面，条件是译员楼仍属领事馆所有。卜鲁斯提出紧邻怡和洋行的土地可售予洋行作花园。由此空地便划分地块出售，收得钱款交予后勤部门官员。有人提出巴富尔将土地转移给阿礼国之时是有条件的，即不允许英国政府将土地的任何部分售出，但麦华陀查阅了档案文件，并未发现曾有此项条款。巴富尔为了英国政府财产的利益而无私辞职，这些地产本可为其赢得 4 倍的利润，"现今若这块土地依然为其所有，将是一笔巨大的财富"。

1862 年 3 月，在英军舰队司令贺布的协助下，确定了将领事馆土地权益重新调配的协议，但未留下示意图，至少我们未找到，这点有些让人不能明白。出售土地预期可以筹集 535 889.50 两白银，而重建花费估计 77 410.14 两白银，但这其中包括补偿巴富尔的 10 350.66 两白银，"鉴于其将土地以成本价 3 450.32 两白银转让给英国政府，而当时的地价已翻至 4 倍"。

有一块 11.5 亩的土地依然属于中国政府，但道台同意以河道深处、适合造船的相似面积土地置换，地价为 79 两白银一亩。当时地价已经飙升。麦华陀曾指定 9 625 平方英尺土地让大英书信馆使用，而此块土地的租金为 1 120 两白银，他担心这已经超出了邮政当局能同意的上限。

巴恩斯·达拉斯（Barnes Dallas）将担任拍卖人，他建议领事馆前面的土地和后面的土地同一天拍卖，先拍前面的，因为前面的高价能保证后面的土地有较好收益。西面的道路将稍稍向东挪一点，以保证出售区域的质量。麦华陀欣然接受，因为令人蹙眉的华人房屋、货栈步步逼近，这条道路（圆明园路）可令他们保持距离。拍卖在 1862 年 9 月 24 日举行，各方出价并不积极，9 块土地中仅售出 4 块，其余则暂时搁置。外滩 1 号、2 号地块以及北京路边一地块分别以每亩 5 900 两和 6 400 两白银拍出，位于北京路与圆明园路拐角的 3 号地块售得 4 000 两白银。现在"新天安堂"（Union Church）所在街口的 9 号地块，价值 4 200 两白银。其他土地于一个月后售出，售价总额为 180 986.90 两白银，以比价 6 先令换算，相当于 54 296 英镑 1 先令 3 便士。令人失望的是，麦华陀希望大家不要忘记巴富尔要求的同时，认为自己有权在售价中抽取佣金，因为此事由他提议并主持。卜鲁斯认为此举原则上不能接受。

共售出 44 亩土地，平均一亩 4 100 两白银，剩下 82.6.6 亩。

英国领事馆土地由此缩减了大约三分之一，日后这将令人深感遗憾。接下来关注房屋建筑。1864 年，巴夏礼就领事馆内的住房问题，或者更应该说缺少住房问题，写了一份 38 页的公文。惠特菲尔德（Whitfield）和金斯密（Kingsmill）报告称副领事处无法住人，而梅辉立（Mayers）对房屋的描述似乎是西方废墟与东方污秽的结合体。巴夏礼说屋顶漏水，房顶塌陷，也没有适合的紧固件。此时是建房的好时机，材料便宜。我们读到梅辉立没法在领事馆大院里居住，只得去礼查饭店。琼斯（Treasure Jones）拖家带口从英国抵达时，一家人不得不在租界以 500 英镑租金租用一套有 4 个房间的小房子。

然而，1865 年洪卑到达时，他意外发现房屋保养良好，十分宽敞美观。但他表示阿查立的房屋由于潮湿而且曾遭雷击，几乎无法居住。他对曾出售一些 19 土地表示遗憾，并提议拨给海军但从未使用的土地可以归还。

1867 年，房屋问题又产生，温思达出了大力保住这块土地。外侨社区的民众在这块土地上进行各种活动，海军和万国商团也在此训练。有人提出各种计划。巴富尔楼早就在那里了，有一项建议是在大楼对面建一排领事馆楼。

领事官员不仅在办公大楼方面感到不便，政府在家具配置上也十分小气吝啬。密迪乐想装一台吊顶的布屏风扇，要价 7 元钱，不获批准，想要一顶像样的轿子也有困难。1859 年，他抱怨只有 3 张椅子——1 张自己坐，2 张给访客，还有一张"放个小指头就摇摇晃晃，再加点力便散架"的写字台。他提出公使馆的中文秘书（当时卜鲁斯在上海）应当对两顶轿子的问题发表些看法，说说"根据新签署条约分别担任监督官（Intendant）和行政长官（Prefect）的两位英国官员，两顶轿子是不是他们出入城区办公时与之身份相符的交通工具"。轿子获批 18 英镑 15 先令。还有 12 张办公室地毯，7 英镑 10 先令。但也有人提醒这位领事，政府"对领事馆根据情况有任何支出增加，都眼红着呢"。领事办公室和法庭离开译员和其他人的办公室有 180 码，这就很浪费时间。助理可以有一间卧室、一间起居室，并共用一间餐厅和厨房，没有独立的房屋。副领事有独栋房屋。马安（Markham）① 建议以 600 两白银的铁铸旗杆换下现在的那一截桅杆，但卜鲁斯不能批准如此大笔开支。

文件中还有更多类似的记载，对比战后这些日子政府在各部门的奢靡花销，读来让人不安。

那个时候存在的另一个问题是人员不足，还有薪水不足。1856 年，罗伯逊表示由于西班牙银元价格的关系，他的薪水是 4 468 元，而不是 6 384 元，而一位领事在上海的生活开销很高，所以不可能存什么钱。他来时体壮如牛，离任时健康堪忧。他指出美国领事下辖 6 家洋行，其薪酬已升至 7 000 西班牙元；而罗伯逊管着 50 家洋行。他表示"最普通的贸易洋行伙食费低于每月 500（西班牙）元都无法维持"。他还要维护一幢大房子，还得艰难地维持表面风光。在答复全权公使的质疑时，他表示一年合法和非法的贸易，总额至少 1 300 万英镑，此地有 5 000—6 000 名外侨，包括水手，所以这里领事的责任大、工作重。其他领事以当地货币支付薪水。从家乡运来的物品价格翻了倍。助理译员的薪酬是 45—50 元。"一位绅士又是位官员，要如何靠它过活"，实在令人愕然。

次年，英国政府拨出小额款项——530 英镑 11 先令 9 便士，以补偿领事官员在 1853—1854 年上海遭封锁期间的损失。阿礼国和凯恩（Caine）在英国领取补偿，其他官员拿到的金额从 9 英镑至 162 英镑不等。

1862 年，麦华陀曾写到官员薪水不足的问题。只有商人的钱包能跟上物价上涨，他自己都快要背上无力偿还的债务。他提出一项 25% 的退役金，不过是找个理由提高普遍收入。副领事拿 750 英镑、译员 700 英镑、首席助理 405 英镑，然而海关的首席助理有 900 英镑，另有房屋、燃油、食用油配给，即使如此，还有人离职去一家洋行任助理记账员，那里第一年薪水 600 英镑，第二年 700 英镑，供膳宿，有伙食佣人和住处，还能参与贸易。麦华陀自己的账户都

---

① 1863 年任英国驻沪领事馆副领事。——译者注

超支 5 000 元，虽然他并未表现出其应有的殷勤待客之道。不过他还有其他收入来源。住宅支出，其中贮存的物品大多来自英国，1861 年为 2 626 元，1862 年则是 4 423 元。

官方记录中有大量此类记载，但上述内容似足以表明，为上海崛起辛勤耕耘的职员至少与 1921 年的公职人员一样境况不佳，而后者当然不会劳作更甚。

至于人员短缺，马安指出尽管大家都工作努力，迫于时间和精力有限，他们无法体会到工作圆满完成的满足感。1861 年，领事声称领事馆若要人员有效配备，必须要高级职员和初级职员各三人。领事馆的工勤人员似乎一样短缺。从有人抱怨说领事馆内仅有三名警员，可见这一困难是多么实际的问题。一人留在牢房看守，一人送交传票等，只剩下一人在领事馆应付约百来人的闹事水手。有一次，警员被打倒后，李蔚海受到了攻击，由其他领事职员将其救出。

麦华陀报告称，在战争时期，工作量急剧增加，那是 1862 年。特别是阿查立，由于军队没有口译员，更是超负荷工作。 21

因此巴夏礼就任期间，工作由五位职员分担：马安与阿查立（两位副领事），琼斯、米德逊（J. T. Middleton）、施维祺（W. G. Stronach）（三位助理）。

Ⅰ. 英人事务方面
（1）副领事办公室：　　马安
（2）助理办公室：　　　琼斯
　　　　　　　　　　　　米德逊
　　　　　　　　　　　　三位英文抄写员

Ⅱ. 华人事务方面
（1）副领事办公室：　　阿查立
（2）华人事务办公室：　施维祺
　　　　　　　　　　　　一位译员，四位中文抄写员

英人事务方面主要工作
副领事办公室：　　　　（1）法庭事务
马安　　　　　　　　　　欧洲人违法案件
　　　　　　　　　　　　船舶运输案件（商船法）

<table>
<tr><td></td><td>较次要的一般案件——接受领事指示</td></tr>
<tr><td></td><td>审讯调查</td></tr>
<tr><td></td><td>海军海事法庭</td></tr>
<tr><td></td><td>（2）常规事务</td></tr>
<tr><td></td><td>常规公证事务</td></tr>
<tr><td></td><td>船只出售与转让</td></tr>
<tr><td></td><td>宣誓就职、罢黜等</td></tr>
<tr><td></td><td>检视监狱</td></tr>
<tr><td>助理办公室：</td><td>（1）航运</td></tr>
<tr><td>琼斯和一位英文抄写员</td><td>船只入境通关</td></tr>
<tr><td></td><td>雇用、解约船员</td></tr>
<tr><td></td><td>水手遇难、逝世</td></tr>
<tr><td></td><td>船舶登记、出售与转让等</td></tr>
<tr><td></td><td>（2）会计账目</td></tr>
<tr><td></td><td>领事馆</td></tr>
<tr><td></td><td>商会</td></tr>
<tr><td></td><td>公库（无遗嘱者的遗产）</td></tr>
<tr><td></td><td>（3）领事馆钱库</td></tr>
<tr><td></td><td>收费</td></tr>
<tr><td></td><td>（4）统计表</td></tr>
<tr><td></td><td>贸易、治安、司法、出生、婚姻、死亡</td></tr>
<tr><td></td><td>（5）领事馆来往函件的急件</td></tr>
<tr><td>米德逊</td><td>与公使馆、外交部、当地机构联络及杂务</td></tr>
<tr><td>和两位英文抄写员</td><td>（6）文档</td></tr>
<tr><td></td><td>来往函件与常规文件</td></tr>
<tr><td></td><td>诉讼程序文件</td></tr>
</table>

22　华人事务方面主要工作

副领事办公室：　　　（1）法庭事务

阿查立和一位口译译员	会审公廨内华人违法及其他案件
	按领事指示处理较次要的一般案件
	英人与华人间起诉案件的初步调查
	就上述案件按领事指示与中方当局联合调查
	查验并支持针对在租界供职华人的逮捕令
	（2）土地办公室
	地块协议
	地契与登记
	转让、抵押等
助理办公室：	（3）华人事务办公室
施维祺、	与中方当局的所有函件往来
一位译员、四位中文抄写员	中文文档
	护照、过境通行证

数月后（1865 年 1 月），有报告说现在每位官员都有一间单独房间——航运部门的琼斯甚至有两个房间。会审公廨在中方当局在领事大院里建起的临时建筑中办公，位置离领事馆很近。当时各人依然是超负荷工作，但年底前温思达报告称，因高等法院开始运转，工作量已大幅减少。两位临时助理转投洪卑处，所有副领事的工作由一位法庭书记完成。航运事务十分繁琐且耗时费力，还需人协助，他推荐当时还是临时雇员的泰朴（W. Handyside Tapp）。

1858 年，领事馆建筑在安联公司（Alliance Co.，怡和洋行）① 投保 451 000 元保险，保险费为 337.50 元。三年后（1861 年 12 月），一场大火差点毁了整个领事馆，但幸好海军、陆军救援，仅有 1 000 两白银损失，而且文件档案并未受损。不过 1870 年 12 月发生了一场更大的火灾。大火于午夜前起于东南角。若消防队能及时听到警报，大火本应很容易扑灭，但消防车姗姗来迟，而且当时刮着强劲的西北风。只救出最新的高等法庭，其余皆付之一炬。"宏伟的大厦

---

① 原文在安联公司之后括注怡和洋行，该家公司可能是怡和洋行的下属公司。——译者注

23　只剩下焦黑的断壁残垣。"许多珍贵文档毁于一旦，不过抢出了外侨地产的地契和航运办公室的大多数文件。有人挪揄说，灭火龙队从大火中抢救出土地登记名录，将为其聪明才智的声誉留下永远的污点。麦华陀在抢救文件时差点出不来。

1872 年 4 月，为新领事馆挖掘地基时，找到一个旧的盘子，上面刻有："此英国领事馆奠基石于维多利亚女王执政第十五、十六年，公元 1852 年 2 月 29 日，由亨丽特·阿礼国（Henrietta Alcock）立 ①。领事阿礼国。"

新领事馆由副审判官的女儿安娜·戈德温（Agnes Goodwin）小姐奠基，大楼建造进展顺利，但溢美之词还有待时间的考验。一众人等在"最近建成用作英国领事宅邸的新房子内聚会"。旧盘子又重新置于奠基石下，并加刻了火灾与重建的文字。大楼几乎就在原址重建，但风格选择与高等法院相协调。"此石由安娜·戈德温立于 1872 年 6 月 1 日。首席大法官洪卑爵士、副审判官卡斯·戈德温（Chas. W. Goodwin）、法庭书记莫华特（Robt. A. Mowat）、领事麦华陀、副领事阿查立。"

新领事馆于 1873 年 3 月启用。1874 年大门迁移至目前位置。

1896 年 2 月，第三场大火并未发生于领事馆本址，而是在领事馆于北京路上的房产。领馆街（Consular Row）最初建造时有"泰芬娜排屋"（Tryphena Terrace）② 之称，但不久这个悦耳多情的名字便不再流传，人们称之为"饥饿街"（Starvation Row）。

领事馆建筑及土地是否需要纳税这一问题，也造成了一些小麻烦。1854—1862 年，领事馆缴纳了税费，房屋税 75 两白银、土地税 100 两白银，与外侨社区其他人缴纳的税率一样。然而，1864 年工部局要求收缴 3 年税费，包括之前的欠款。最新估价将房屋从 5 000 两白银升至 9 000 两白银，土地从 4 万两白银升至 507 000 两白银，并且与此同时税率翻番——房屋税率 1.5%、土地税率 0.25%——税费将追溯至 1862 年。因此，需要缴纳税费 2 734.75 两白银。

---

①　按欧洲人的惯例，重要建筑工程，由该工程负责人的夫人奠基。——译者注

②　"Tryphena"一词源自希腊语，有小巧、精致、奢华之意，与后文的"Starvation Row"相对应，都是形容领馆街道路狭窄。——译者注

　　这次税款激增倒引发了一个问题，领事馆是否有义务缴纳税款。威妥玛表示用于公共目的的领事馆用地，与为了利润频繁换手的其他土地不同。"参与竞争的各方并未充分尊重 1854 年的《土地章程》，使之在公平问题上具有更多权威，前提是他们都确实受章程约束，但我想他们是从不遵守章程的。时任英国公使确实通过批准《土地章程》，承认领事馆的土地承担部分公共责任。"他认为领事馆周边建排水和修路的费用，是其承担合理责任的程度。

　　他更指出领事馆之地，非但不会像私人土地一样进入市场，而且危急之时是唯一的集合场所。且法方政府在他们的租界中并不缴纳税款。

　　1866 年 1 月，事情依然悬而未决，此时需要缴纳的款项为 6 375.60 两白银。此时，阿礼国宣布了合理区分固定用于公共用途的土地与其他土地的差别。上海曾有一时地产繁荣，政府也售出土地，但并无甚优势。上海的外侨一向将政府事务放在首位（或许此处尚需存疑），需要付款也毫无异议，如今出现的问题不过是要求支付的款项陡然上升。他的指示是，只要款项能够降低到领事认为合理的数字，领事馆将支付欠款，若如此不能接受，温思达将拒绝付款，理由是基于不公平的估价将缴税价格估算过高，然后等待高等法院做出判决，如有必要将上诉至枢密院。

　　截至 1866 年 3 月 31 日，最终付款 3 439.65 两白银。

第4章

审判法庭

会审公廨，一个极重要的机构在上海的演化发展——或许该给它起个更有尊严的名称。1858 年《北华捷报》上曾说以前非条约国公民的行为令在华洋人恶名远扬：人人都声称享有治外法权，却拒绝承担责任。即使有领事，他们也是商人，并无权力。有人建议由缔约各国与中方派员组成联合法庭，即会审公廨。叛军起事的动乱时期，良莠不齐的中国难民纷纷涌入租界，还有许多各种国籍甚至没有国籍的社会底层洋人。管辖这些人职责，首先落在了各国领事馆。当然，当地人本应由中方当局负责，但基于当时的混乱状况，即使可以也别指望他们能够执法，更何况人们认为准许地方官员在租界内执法并不可取。当地犯事者会先被送至领事处，领事官员可驳回起诉，也会将犯人依其罪名押送县城，这些人或许在县衙接受惩戒，也可能无罪释放。

1865 年，温思达指出现存缺陷或可由任用专业法官来弥补。权力不足，因中方不肯将证人送去香港——这点"契约中可没有"，而让罪犯逍遥法外，此处"契约"指的是条约。这里一年有 140 万船舶吨位入港结关，需要相当于海军中将法院 ① 的管辖权。还有，要建更大更安全的牢房是一再重提的呼声。会审公廨位于领事馆中一处中方当局修建的临时建筑中。当时有四个法庭：领事法庭（Consul's Court），隔日开庭；副领事法庭；违警法庭（English Police Court），每

---

① 海军中将法院（Vice-Admiralty Court）是英国早期设在海外殖民地的司法机构。——译者注

日早晨开庭；会审公廨。1863 年审理的案件总数为 386 件，1864 年为 1 411 件。

会审公廨建立之前，所有的审判工作都落在了领事法庭，其总数可在 1864 年 7 月巴夏礼按规定提交给卜鲁斯的备忘录中查到。我们将 1863 年全年与 1864 年上半年的数量比较如下。

1863—1864 年上半年领事法庭案件统计表   26

民事案件	1863 年	1864 年上半年
1. 索赔低于 500 元的简易判决案	45	57
2. 索赔高于 500 元与陪审官同审案	64	47
3. 聆讯前和解或经仲裁撤诉案	26	17
总计	135	121
二、刑事案件		
1. 领事简易判决案（不超过一月监禁或 200 元罚款）	48	36
2. 副领事简易判决案 （1）（不超过十天监禁或 20 元罚款） （2）根据 1854 年《商船法》（Merchant Shipping Act 1854）	134 49	267 72
3. 与陪审官同审案（不超过 12 个月监禁或 1000 元罚款）	40	16
4. 海军法庭（根据《商船法》，领事官员作为庭长或法庭成员出席）	7	3
总计	378	394
三、国际案件		
1. 与中方当局协商的案件		50
2. 由中方助理法官（Chinese Assistant Magistrate）和领事馆翻译在新违警法庭（New Police Court）审理的案件		505
总计	513①	1 070

第二栏中的数字激增，部分原因在于当时的记录更为完备，但我们深信相对其工作量而言，领事官员人员严重不足。密迪乐抱怨在多数案件中，双方对他们之间的问题都没有清晰的概念。他们相信这位领事的精明，然而当他提出

① 此处原著数字有误，第二类"刑事案件"的数据总和应为 278，所以 1863 年全年案件合计数应为 413。——译者注

质询，又常觉得他偏袒对方。陪审官对法律仅有模糊概念，而领事既要裁断事实，又要依法判决。他愤愤地抱怨，任何人都能自诩为律师，宣称可以在法庭上为起诉人辩护。这里是来自世界各地冒险家的乐园，在这样的地方采取些限制措施理所应当，他建议发布公告，宣布从业者必须从香港高等法院取得执业资格。1864 年，有 5 位律师在上海英国领事法庭执业。

27   1863 年 10 月，卜鲁斯指示英国公民可以受华人雇用，以律师身份活动，诉状可以递送给领事，但法庭将依据此种雇佣关系是否允许或能证明——他并无利益涉及其中，而对被告作出判决。此外，香港的高等法院无权对领事法庭发布训令，高等法院只是受理上诉的法庭——或者说，在某些情况下，与领事法庭具有同等管辖权。

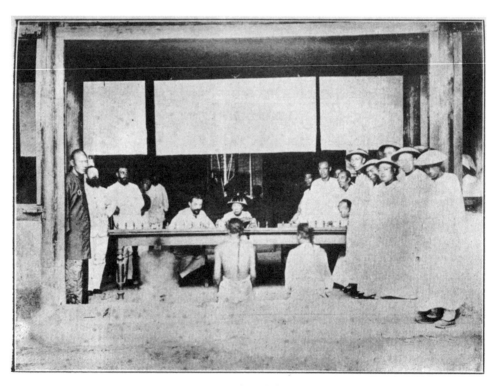

图 2　1880 年上海会审公廨
谳员：陈福勋　陪审官：哈斯　巡官：弗洛尔和威尔逊

1864 年 10 月，英国司法官员决定英国船只船长与商人的民事纠纷可由领事审理，并可判决执行扣押船长拥有的船只或其他财产，但船只若非其财产便不得扣押——除非船只本身有应扣押的理由，否则连船籍证明都不能扣留。

根据 1865 年有关在华在日英人管理的枢密令，发布了自 1865 年 9 月 4 日起英国领事馆的审判权移交给高等法院的公告。

会审公廨 ①

1864 年 4 月，英国领事致函工部局，其中附有一份建议在外国租界内设立中国法庭的章程草案。总办答复说董事会即工部局同意该方案的基本原则，并表示若此乃人心所向，他们愿意承担其中的责任。

洋泾浜北首理事衙门设立于 1864 年，由同知 ② 主持。熙华德和巴夏礼草拟的章程得到一致赞同，但该理事衙门起初并未得到巡抚（Provincial Governor）认可，道台也未正式颁布其章程。此举也有益处，在试行阶段修改章程阻碍比较小。最终巴夏礼争取到了道台特许。很长一段时间官方视此机构乃依道台意愿建立，也可由他决定撤销。这位同知常遭猜忌的同僚质问指责，不敢独立行事，而独立是法官行使权利必不可少的要素；道台时常为夸大的法庭诉讼记录所烦扰，这些夸大之词将微不足道的错失歪曲成了引发犯罪的重大诱因。

案件一般由阿查立陪审。"刑事案件试行审理十分成功，于是去年 10 月延伸到以英国人为原告的民事案件，但迄今还是以信函来往的形式进行，不能令人满意。"海防 ③ 负责民事案件，每周两个下午。道台居然乐意亲自审理受外

---

① 1864 年英美租界内设立洋泾浜北首理事衙门，由上海道台委派官员会同英国领事审理租界内发生的华人案件。1869 年根据上海道台和英美等领事商订的《洋泾浜设官会审章程》，在英美租界设立会审公廨。原文对这两个机构未作区分，都称之为"Mixed Court"。译文仅依其述及的时间先后，大致区分。——译者注

② 同知，此处英语原文为 a deputy of the Chih-hsien or City Magistrate。City Magistrate 疑为通判。——译者注

③ 海防，即海防同知，官名。知府之佐助官。清代凡沿海紧要地区之府、厅，均置海防同知，以协助府、厅长官专管海防事宜。全国共置海防同知十四人，计：直隶天津府一人、奉天营口一人、兼金州厅事一人、山东登州府一人、青州府一人、江苏苏州府二人、浙江嘉兴府、宁波府、绍兴府、台州府、温州府各一人、福建福州府二人。——译者注

侨雇用的华人为被告案件，免得雇主的仆人来县城出庭。华人被告由法庭出传票传召出庭，中方官员做出判决，外方陪审官若不同意可向道台上诉。另一外国①总领事发现有些竭力推进的事宜诉诸法庭，就变得十分便利，于是也派出一位官员任陪审官。但中外官员遇到此类情况一般都会求助于英籍陪审官。

最初，法庭仅是名义上对上庭的犯人做出判决，并建议施加某些惩罚。当时所有的案子，都由或者说本应由县城内知县或其下属重审，只有他们才有权在刑事案件中做出判决并实施刑罚。但可以想象，洋泾浜北首理事衙门的陪审官与知县对于惩罚措施意见不一。陪审官对于租界的状况耳闻目睹，富有经验，且有各种信息渠道，他秉持欧洲人的原则，将惩罚视为防止重犯的措施，建议采取能最大限度与该目的相适应的惩罚措施，所以有些犯罪行为很快绝迹。然而知县将惩罚视为对已经发生事件的补偿，很少考虑未来，若不施加相当的压力，他常不愿施行法庭的意见。显然，若能避免施加这样的压力当然更好，特别在当地官员是按照自己的处世标准行事之时。

会审公廨作为违警法庭，是地方官衙的分支，只是为了方便起见而置于租界内。然而原来预想的到庭法官应享有独立的最终审判权，因为上司时常干涉、决定经常被修改，使得原先建立会审公廨的其中一项目的落了空——在租界内发生的一切案件，外侨都要了解结果。最初希望所有违警案件要由工部局选出陪审官代表工部局出庭，但道台规定所有陪审官必须代表与中国有友好关系的尽责的政府。

1865年3月，温思达报告称，洋泾浜北首理事衙门配备领事陪审官一名，有权处理的罪犯审结定罪后送去县城接受惩戒，更严重的案件则将犯人连同证据一起送由道台处理。审理这些违警案件似乎是市政府的职责，而非领事之职，但由于巡捕实际上是英国人的部队，而且赋予工部局权力出资聘请巡捕的董事会，与中方当局并无任何正式关系，所以对他们逮捕的当地罪犯进行诉讼的所有程序，必须经由领事渠道进行。

对于以上这些做法，工部局也曾提出异议。工部局声称建议成立该机构，

---

① 此处指美国。——译者注

本想由一位工部局官员与一位中方官员联席，以保证犯人受到惩治。然而，经大不列颠国王领事提议（工部局语），由领署翻译代替了工部局官员，工部局的目的在某种程度上落了空。巴夏礼回应，造成这让人抱怨的变化，他也并非唯一原因。设立这一法庭并不取决于外方当局——外方只能提出措施建议，由中方决定是否采纳。中方有自己的观点，认为不按照条约，与领事官员之外的外人共事，那样做不合适。从政治上来说，他们认为工部局官员不能承担责任。

该法庭由同一位中方代表主持，一位领事陪审官协助，调查洋人为原告、华人及无约国人为被告的刑事案件。中方官员拥有裁判权，可以独立做出判决，但陪审官有权听审，并将案件提交上一级法院，以维护外侨的权益。

实际上，出庭的陪审官代表着所有外侨的利益。英国副领事每周出庭四次，另一位美国人一周两次，由此保证每次至少有一位陪审官出庭。其他人很少涉足。无约国外侨由两位陪审官审理。偶尔遇到较为重要的案件，会由知县代替同知出庭。

涉及外侨的民事案件由法官和陪审官审理，陪审官则最好与原告同一国籍。第一批案件之庞杂令这位法官感到不安，所以要求比他更高级的官员听审，而他只审理不太重要的案子，其余由海防审理。

上诉法院由道台和一位领事坐堂。然而，这一规则运行不佳，因为道台未能充分地行使刑事审判权，而且他也已经工作量过大。因此，实际上涉及刑事案件的上诉法庭（Court of Reference）由知县主管，领事官员陪审，在县城或租界内升堂。但也有人提出上诉刑事案件应由北京派专员来审理。

洋泾浜北首理事衙门很快将逞勇好斗的希腊、智利、秘鲁等诸国人赶出租界，但它还需要更大的权力。理事衙门的谳员至少应享有相当于地方长官的权力。在民事案件中，理事衙门应有权强制执行合理要求。目前还有外侨赢了官司，却未得到赔偿。甚至对于官员拖欠债务，海防都无权处置，最多只能象征性地将债务人关押在负债人拘留所，只要能给些赏钱，不会给他们带来任何不便。

1866 年理事衙门的统计报表显示，约有 5 万城市人口完全依靠与洋人商贸。犯罪数据方面，起诉案件 2 563 起，定罪 1 638 起；民事案件 149 起，涉案金额近 35 万两白银。日常经验表明洋泾浜北首理事衙门需要更持久、更广泛的司法审判权，以与其自身性质相称。温思达迫切要求为理事衙门找到固定的办公场所，并建议可以提高收费来解决由此增加的开支。理事衙门应当有自己的府衙——当时理事衙门还在英国领事馆大院的一栋中式建筑中办公，此处夏季逼仄不便，冬日则寒气侵人。其所在之处难免让人将理事衙门视为一处英国领事机构，并由此产生猜忌。但问题依然是那个一再出现的难题——缺少资金。一位外侨提出若能保证支付合适的租金，他愿意建一幢适宜的房屋。也有人向道台提议，应当抓住机会租赁或买下上海总会建成新海关大楼，原大楼便可改建为知县的衙门、牢房和理事衙门的办公地。道台认为这一谋划十分合理，但却苦于无法获得足够的资金。

1866 年 6 月，章程印制发布，首页印有："通知：印制随附文件以说明有关会审公廨的大致情况。会审公廨，奉命，1866 年 1 月 1 日。"其中第 1 页、第 2 页为章程第一至二十六条①，第 3 页印有收费标准。中译文占了 5 页，还有一张 1865 年的诉讼日程表。第 10 至 13 页印有在上海的外国法庭中设立中国法庭的章程草案，随后附有译文。

1866 年 11 月，温思达在信中表示，他大致同意设立一位专职中方执法官的意见，此人向道台负责，有完全区别于当地司法的管辖范围，以使工部局的协调行为、外国领事裁判权与中国政府对其公民和领土的主权可以和谐共处。他反对要求中方当局多做贡献。他说，自立应当成为我们的口号，否则外侨的管理体系早晚会土崩瓦解。

1867 年 6 月，各国领事对章程草案提出了一些修改意见。法国领事拒绝接受草案第五条，虽然其他领事都已表示接受：该条款使中方当局有权不需工部局巡捕协助，仅凭己方逮捕令便可在租界内逮捕罪犯——除非涉及洋人。法国领事坚持认为在"租界"内若不经他同意，不能逮捕任何人。我们看到此后公共租界也提出了这一问题。

但最重要的改变在于完全剥夺了知县的司法权。人们觉得若允许其行使司

31

---

① 已有资料表明，会审公廨章程只有 10 条，这里所说的 26 条章程可能是初稿。——译者注

法权，是将新法庭交给了纠纷与腐败，一旦有当地法官介入，这些因素都如影随形。当时的理念是想将外国租界设为超越于知县职权之外的一个或多个特区。

设立最初几年，洋泾浜北首理事衙门存在不少不足之处。官员们极其不作为，允许已经判决的被告逃避，甚至公然反抗判决的结果，自然最受诟病。民事案件方面，没有各方认可的商业法引发不少争端。虽曾就此事向各同业公会提出要求，但均未获答复。一位法官能超越各同业公会的权力十分有限。捎客们受同业公会商人的保护，根据市场的起落信守合同或撕毁合约。借口、托辞、虚假证言，数不胜数，被告逃避判决长达一年，甚至更久，这当然有损法庭的尊严。更让人怨声载道的是，送到知县处接受鞭笞或羁禁的被告，总是付些钱款，甚至不用钱款即可释放。如富礼赐（Forrest）① 于 1868 年所言，理事衙门最大的长处在于其快速且价廉的裁决。在陈福勋以同知一职获任会审公廨谳员时，人们希望一切都能有所改观。然而，他到来之时，却并非同知身份，而只是道台的代表。

尽管中国人因勤劳而颇获赞誉，实际上他们也不喜辛勤劳作，十分惧怕"苦役"。中国人的惩戒方式中没有苦役，但外侨认为此举对小偷小摸极有震慑作用，且比杖笞或枷惩更为仁慈还有效。这一举措早在 1857 年就已实施，那时理事衙门还未设立，我们可以在包令仔细问询与罗伯逊谨慎的答复中窥见一斑。领事说华人的牢房里人满为患，他已与知县商定，由他为华人罪犯取证，严重的案件押送知县，较轻的案子则根据他与知县的协定，或口头警告后开释，或送去街头劳作。所有违警案除非发生在他国国民的房屋内，一律送往英国领事馆处置。领事与副领事亲审案件——每年大约 500 起，这无疑意味着罗伯逊为了维持租界秩序已尽其所能。他还特意向公使保证，除了将犯人送去街头劳作，此外再无其他惩治手段，相反他倒常干预知县，让他减轻刑罚。

这里"送上街头劳作"意味着用铁链锁在一起从事艰苦的劳动，但自 1857 年 8 月全权公使对此举的合法性表示怀疑，这一做法便中止了。然而 1864 年又有人提议，因为送去县城接受惩戒的罪犯几乎马上又"跟之前一样神气活现地"

32

---

① 富礼赐（R. J. Forrest），曾担任英国领事馆翻译官，后任英国驻宁波领事。——译者注

立枷

枷

图 3

出现在外滩。这些罪犯或许根本就未送到法官处：若其处置得当，盗贼完全没有理由这样。劳役被视为最有效的惩治手段。罪犯十分厌恶，甚至惧怕劳役，花一点小钱，枷惩或杖笞都可能好过些，不用多久就抛诸脑后。但花钱可没法减轻劳作。判了锁系劳役的罪犯，一旦刑期结束便从此离开上海。

1865 年 10 月，警备委员会（Watch Committee）强烈要求罪犯在租界内服刑，这样可以监督他们在街上干活，也免得他们以钱财买通减轻刑罚。

工部局曾询问温思达，能否雇佣及如何管理理事衙门宣判服苦役的罪犯，还有能否由中方出资为这些人建造工部局牢房。他的答复是鉴于《天津条约》第 16 款 ①，让华人罪犯脱离清政府司法权的任何举措都可能引人猜忌，他认为这个问题复杂且微妙。

但 1865 年道台强烈抗议这一做法。有一人在拘锁劳役时暴毙，若是宽容对待，此人或不至身亡。这样的悲剧或许从未在中国牢房或当地的刑罚中发生，

---

① 据查，《天津条约》此条款内容为各国船只入通商港口事宜，似与此文无关，可能是作者有误。——译者注

令这位心地仁慈的道台深感震惊。他指出由外人惩治本地罪犯有违条约。他认为苦役即开沟、砸石、修路、挖泥，二三十人以铁链拘锁，遭粗暴对待，不论风雨烈日都得出工，一日三餐，每餐一小碗米饭，饮冷水。他接着说了一句典型的中国式见解："生命可贵，岂能轻忽！"此话出于一位中国官员之口未免让人笑掉大牙。 33

工部局给道台的答复有理有据：该措施对制止犯罪一向十分有效，行贿500 至 1 000 元便可免去劳役之苦，此话很可能是影射在知县衙门里这是减轻刑罚的惯常做法。答复中还对锁系劳役者和牢房里的穷人作了比较，后者还要受额外压榨，其中还提到那些压榨人的妓院老板们，当时正遭锁系劳役——一桩与知县衙门自身有关的丑闻。或许这才是引发不满的根源。

温思达、熙华德与道台会晤，承认根据条约中方对华人罪犯具有司法管辖权。以前租界犯事者寥寥，都送去县城处置，如今人数众多，令此事难行。广东人的帮派和各种无赖以租界为家，但如今他们都被劳役的惩治措施赶出了租界。他们争辩的结论是提出租界也有条约赋予的权利——获得有效保护的权利：若取消苦役，道台得找到其他有效的震慑手段取而代之。这样的提议当然毫无作用。

然后，道台便同意锁系劳作可以继续施行，但其依据的规则要修改。两位领事便开始制定规则，以期将工部局与道台的意愿折中。这便是一个清楚的例证，诠释条约重在精神而非死抠字眼，而租界的规则是建立在妥协的基础上。

但仅半年后，阿查立分别向理事衙门和领事投诉，新规章一条都不曾执行。犯人依旧被残酷地锁系脖颈，也没有医官每日检视，如此等等。于是领事通知工部局，若不遵循规章，理事衙门将不再判决犯人锁系劳作。

该项指责遭到强烈反对，并邀请领事在警备委员会陪同下进行彻底视察。由于用铁链锁系脖颈或腰间不合要求，故已向香港索取锁系脚踝的铁链式样。至于犯人所做的工作，因为犯人懒散怠工，工务委员会（Works Committee）估计其出工价值仅为每人每天 25 文，而实际开支每天 60 文，每日平均出工人数为 9 人。

1868 年，各国领事要求道台弥补该项钱款损失，但他趁此机会表明，这种

34 做法不过是为了减少向知县移送囚犯的权宜之计，而且理事衙门谳员有权对犯人施以杖责或上枷的惩治措施，中国法律并不认可苦役，且劳作在租界中施行，因此他不能请中方当局负担领事要求的开支。

至此苦役制度遭废除，但显然当年年底这一做法又恢复，而蔚为奇观的是有4名欧洲水手出现在劳役人群里，这些人因殴打大副被判关押6周。

熙华德支持道台的说法，致信工部局说道，采用苦役制度最初是由于理事衙门不能执行杖责，但既然已经允许使用杖责，也就不再需要其他惩治措施。

相应地，1870年会审公廨也不再判处犯人服苦役。

1872年5月，阿查立建议恢复苦役制度，说遵循以下规则会得到中国政府同意，即（1）仅限于顽固不化的罪犯；（2）采取预防措施以免发生死亡事件；（3）除非该做法能运作良好，否则不再将囚犯成群锁系；（4）费用由租界负担。

6月，阿查立与洪卑参加了一次工部局会议，发表了他们对恢复苦役制度的看法。阿查立表示他提出这一建议，是为废除西方人认为十分残酷的其他惩罚手段。对于中国法律而言，这种惩治方式的性质很新颖，对社会阶层稍高的犯人极有震慑作用，也让顽固不化的罪犯不能作恶，在工作中得到锻炼或许还让人学会诚实。中国人不愿意实行苦役，但渐渐也会同意西方人的观点，建议苦役制度试行一年。已有三届工部局董事建议施行。洪卑表示仅做一点工作要让人保持正直，不过是开玩笑，就应当劳其筋骨且辱其心志。次月，警备委员会报告，外侨社区希望不老实的仆役也要服苦役，中方当局则认为顽固不化的罪犯才该服苦役；但对这些人来说，苦役也吓不倒他们，工部局不过是为中方减轻了关押罪犯的负担。所以此事暂时搁置。

1875年此事又被提起，彭福尔德（Penfold）报告苦役犯一天的食物等花去42文，而他们的劳作价值70文。这些人都关押在巡捕房，中方谳员拒绝让这些犯人留在会审公廨。

35 锁系劳作启用后，枷刑便很少使用了。通常的惩罚措施是杖责，一般责打20至50下，案情较重者80至100下——这一方式难以令人满意，对于顽固的罪犯收效甚微，而且这一措施在施行中还有极大的不确定性。在县城里监禁不可能施行，因为知县根本不执行这样的判决。工部局牢房因为提供的伙食较好，对有些人反倒成了享受。收受赃物者和不老实的家仆都从罪犯里剔除，不必服苦役。中方官员反对苦役，因为这剥夺了他们的司法审判权，而他们的下属也失去贿赂的来源。根据新规则，这或许也太轻了。坐牢是场闹剧，驱逐也有名无实。公众认为罚款更是压榨，钱款都流入了法官的腰包，而且罚款数额是依据犯事者的贫富来决定。没有一种最佳的惩戒措施，有些方式有震慑作用，有些不过是刑罚，无法让人改过自新。

1875 年 1 月，由于犯罪数量增多，有人提出不仅要获得中方同意恢复苦役，还要扩大谳员的权力以改进会审公廨，或者应由工部局任命法官主持并判决现在交由会审公廨谳员与外籍领事陪审官审理的所有案件（这样显然更有利于达到公正的目的）。

中方谳员陈福勋是个可怜的人物，引人同情。陈福勋与外侨相处不错，但他官职低微，生性软弱。一方面，外侨对他宽大仁慈心生不满，竭力要求他更强硬严厉；而另一方面知县私下里也与之作对，想令会审公廨以失败收场。可怜的陈福勋自然腹背受敌，他居然能任职 20 年之久已令人称奇。有一回，他对一位华人被告说想帮助他对付洋人，此举十分不明智。当他为一桩案件中的华人被告竭尽所能而不能成功时，便会把案件递送给知县，知县当然可以不受外籍陪审官阻碍。陈福勋只采用杖责和枷刑惩治，也让被判入狱的犯人都有饭吃，有时甚至自掏腰包支付罚款。虽然有人说他"性情暴躁、思路混乱"，但华人因其仁慈宽大给了他"小偷娘舅"的绰号。一次，陪审官达文波（Davenport）因其惩治太轻与其起了争执，他竟起身离座，站到了被告席上，要求自己接受判决！可怜的老陈，还有每日要与这样的法官共事，陪审官也够可怜的！1875 年的《北华捷报》提到会审公廨时，称其"完全没有效率"也就不足为奇了。

阿查立最煞费苦心，使会审公廨小有成就。阿查立撰写了一份分量十足的报告，表示由于没有明确法律法规，没有独立且持久的执法官，会审公廨作为刑事法庭没法令人满意。由于没有法典（并未采用中国繁复的刑法），判决出现严重不公。而华洋之间对犯罪的评判截然不同。中国人认为破坏财物情有可原，造假不过是贪财，而收受赃物根本不犯法，但若划伤致人流血，就与我们看待

36

过失杀人一样严重。我们保护财产，他们看重人命。惩罚，对于受罚者固然是耻辱，对施罚者也不光彩。不像在印度制度中，中国从不要求个人道德。阿查立强烈反对鞭笞，希望采用《拿破仑法典》或《印度刑法典》(Indian Criminal Code)，他更倾向于后者，因为其成文时间较近且出自东方。

说到谳员不过是个代表，权力很小，虽然名义上是副行政长官，实际他是地区法官（知县，县城的副行政长官）的下属。他应当是一位同知，并可行使同知的权力，而不是受道台管辖。此外要求外籍陪审官也应固定——曾有一月内换了四任，而且陪审官应由中方支付酬劳。所有华洋之间的案件应当由领事与道台审理，不需陪审官，如此便是所有人通用一种法律。按照之前的做法，洋人抱怨与中国人打官司没法得到公正判决，而当地人总觉得陪审官或陪审团偏袒洋人。

若外侨作为原告在一场民事案中得到判决结果，一般被告关进监狱几天后此人就会以"监狱霍乱"为理由或经其他借口释放。谳员很大程度上以说服作为手段，在会审公廨没收和出售货物几乎闻所未闻。

以上是阿查立、富礼赐、达文波和夏士(Haas)① 提出的一些批评、意见和建议。根据章程第2款，陪审官不参与华人与华人的案件，但这一条款从一开始就是一纸空文——对纯粹华人案件的干涉时有发生，目的是为了改进会审公廨的诉讼程序，纠正荒唐判决。

1868年，富礼赐提出严正抗议。他说时常接到信件干涉理事衙门的判决。律师高易(Cowie)甚至让一家裕记行(Yu Kee)不必理会理事衙门的指令，用富礼赐的话来说，他把自己当成了上诉法庭。结果裕记行要支付30元罚款并致歉，而高易也再次致信说明，他对该案理解有误。

经常有人提出应改善监狱条件，这一点我们将另文再叙。1868年时，租界内有两个地保牢房，当地罪犯晚间就关押在此，但工部局认为这两处都应撤销，只使用理事衙门和巡捕房的牢房。会审公廨（1875年）有4间牢房，每间约12

---

① 夏士(Ritter von Joseph Haas)，1847—1896年，1867年来华，在上海德商洋行任职，学会汉语后进奥地利驻沪领事馆当翻译，后升为总领事。——译者注

平方英尺，此外还有一杂物间。牢房里通常挤满了被判处短暂刑期和还押的犯人。中央捕房可关押当地罪犯 18 人、老闸 11 人、虹口 20 人，但通常都会有 60 至 70 名犯人。据报，若有人能负责管理囚犯，会审公廨愿意作出更为严厉的判决——那就意味着，外侨社区得再建一座监狱。

英方官员如此竭力建立和改善法庭工作，远离此地的人往往无法理解。这里我们来说两个有趣的例子。

熙华德以为制定会审公廨章程是为了审判包括美国公民在内的外侨。他曾随意地说过："在中国公民为原告的案件中，我们也不反对中国政府官员作为陪审官出席。"此外，接任蒲安臣的劳文罗斯（Ross Browne）① 曾提议取消杖责和枷刑。而恭亲王（Prince Kung）礼貌地坚持，副行政长官有权按照中国的法律惩治华人罪犯。

新篇章开启于 1883 年，但也不过是老调重弹。陈福勋在 1883 年迎接巴富尔上尉到上海 40 周年之日，辞去职务，此时至他离世还有十年。180 名纳税人立即上书工部局，请求北京的公使们能设法任命一位官阶与知县相当的谳员，并在租界内设置独立于当地的司法管辖权。给出的理由之一是，租界内的不少当地商人都有比谳员更高的官阶，实际上超越了他的管辖——这个问题在陈福勋任谳员时引出不少麻烦。

得到的答复令人鼓舞，几年前外交使团便注意到了会审公廨的问题，有机会一定会再与总理衙门商议此事。这一消息能否令 180 名纳税人心悦诚服我们不得而知，但会审公廨依然维持原状，甚至更糟。

新任谳员黄承乙，一点都看不出他懂一点法律或打算主持公道，而且对租界内与外侨有关的各种规矩都一无所知，让人失望。令人不满的法庭判决每天吸引着公众的注意，案情清楚的案件以双方妥协告终，有些案子根本无视陪审官，甚至置常识于不顾。阿查立、达文波、夏士等人都持续抵抗会审公廨的反常行为。黄承乙任职期间，更需要一位精明强硬、立场坚定的陪审官。

38

---

① 劳文罗斯（Ross Browne），1821—1876 年，美国外交官。1868—1869 年出任美国驻华公使，因反对蒲安臣为清廷所定政策，被其政府召回。——译者注

我们先暂时把乌烟瘴气的会审公廨搁在一边吧。在英国生活的魅力在于，你总会与某些物件不期而遇，提醒你某些伟人在全球各地所创的伟业：某人出生的小屋，某人长眠的寂静墓地，甚至或会偶遇本人。笔者儿时曾在英国一处极偏僻的小村庄，亲眼见到一位人类历史上首次完成西北航道 ① 穿越、载誉而归的水手，过着简单质朴的生活。还认识一人曾随哈弗洛克（Havelock）进驻坎普尔 ②；认得一人曾在巴拉克拉瓦 ③，目睹了名垂史册的冲锋；一人曾在阿比西尼亚 ④ 被俘。还知道在一座远离尘嚣的甜美村庄里，长眠着第一位穿越非洲的探险家；从一处中古小镇走出第一个打算横穿澳大利亚的探险家，结果在沙漠里殒命。但任何人可能在任何地方与这些天南海北闯荡的人擦肩而过——或如我们现今所说，这些人都尽了一点微薄之力，若将这些微薄的力量汇集在一起，对世界历史的进程是多大的贡献！当然，美国人也可用类似笔调书写他们的祖国，但只怕不能这般自夸吧。

说这些题外话——让人放松一下——也不是故意为之，虽然究其原因有点小题大做。我们在第一章说过，上海的历史里没有浪漫英雄，但我们多少也有

---

① 西北航道（Northwest passage），指由格陵兰岛经加拿大北部北极群岛到阿拉斯加北岸的航道，是大西洋和太平洋之间的最短航道，但因要在 5 万座巨大冰山间穿行，所以航行极为艰险，也是世界上最险峻的航线之一。1854 年由英国探险家麦克卢尔（Robert McClure）带领船员首次成功穿越。——译者注

② 坎普尔（Cawnpore），印度北部城市。1801 年成为英国在印度北部的重要兵站和贸易站。1857 年印度民族起义爆发，坎普尔成为重要的战斗中心之一。是年六七月间，几百名英国妇女儿童投降后，遭集体屠杀。哈弗洛克将军闻讯赶去救援，可惜是在大屠杀第二天入城。——译者注

③ 巴拉克拉瓦（Balaclava）。1854 年，克里米亚战争中，此地因英法联军与俄罗斯的一场战役而闻名。战斗中由于英国军官的失误，命令 673 名轻骑兵手执长矛冲进长约 1 500 米的山谷，直面俄军炮火。轻骑兵英勇冲锋，但 20 分钟战斗，即损失 247 人、497 匹战马，短促而猛烈如飞蛾扑火般的冲锋壮举，令人触目惊心，被誉为英国轻骑兵的死亡冲锋。这次战斗的惨烈且毫无意义，经战地记者报道，在英国国内也引起巨大争议。一百多年来，这一场景多次出现在各种画作、诗文和电影中，"轻骑兵冲锋"几乎成为克里米亚战争的代名词。——译者注

④ 阿比西尼亚（Abyssinia），位于非洲东北，是非洲文明古国之一，即现在的埃塞俄比亚联邦民主共和国。19 世纪中叶曾遭英国人入侵。——译者注

我们的人物。

与黄承乙针锋相对、曾与他所谓"干架"并最终将他赶下这个位置的英勇卫士，如今在剑桥大学校园里过着平和而活力充沛的暮年生活——两者从各种意义而言都不啻十万八千里的距离！

当时在上海任副领事的翟理斯于 1884 年 4 月受命任会审公廨陪审官，并很快让一些罪犯的刑期从 3 个月改判为 18 个月，从而让这位谳员明白他并不能为所欲为。

陪审官的职责在于观审涉及洋人利益的案件，确保所有人都获得公正判决。他必定不能倾向于某一方——他若这么做，会带入诡辩的技巧，而中方谳员即刻成为另一方的顾问，法庭本身就已产生分裂。要从双方都认可的前提下，让谳员得出合理判决的最大难题在于：可能需要历经数小时的争辩。陪审官能做的不过是正式表示反对，并上报领事，领事可将此案呈报领事法庭，或者陪审官可以甩手不干。

翟理斯不得不与黄承乙一同办公时，出现的情况就是典型的东西对立：逻辑严谨、公正严明对抗自负懈怠、贪赃枉法。不久麻烦就开始了。一位中国官员的轿夫袭击巡捕，翟理斯本想判他一个月劳役，但谳员将犯人送交其主人惩治。之后他再次被捕，谳员出示文件表明他已经接受惩罚，然而罪犯予以否认！于是，工部局发布命令"由巡捕逮捕并送交会审公廨的犯人，不经陪审官同意及谳员正式宣判无罪不得释放"。那场著名的争吵（不再用粗俗的"干架"二字）发生于 6 月，翟理斯成为陪审官两个月后。几位厘金征收人员因四处闲逛被捕。谳员的态度和言语都十分无礼，最后还说："此案与外人无涉——释放人犯。"翟理斯指出其中一人有偷窃行为，且三人仅持有两张通行证，没理由连起码的口头警告都没有就放人。然后气急败坏的谳员破口大骂，情绪激动之余以沾了墨的笔敲打翟理斯的手，被翟理斯一掌扫落地面。接着黄承乙打了翟理斯的肩，翟理斯拂袖而去。

以上是这位陪审官自己对这次争斗的陈述，我们还可以从其他渠道获得各种细节描述，或多或少接近真相。我们找到的唯一有价值的有关这场英勇斗争的描述，是一份中文报纸上所说翟理斯打落那支笔的时候，"御用朱砂弄污了

39

谳员的袍子"。不幸的是翟理斯暗示那是一支钢笔。关于那一下打人的动作也有诸多描述,"摊掌击于肩头""以手掌猛力击于肩""手掌击于背""以拳击背",还有令这栩栩如生的事件描绘更臻完善的是,翟理斯起身离席时还带翻了一张小桌。

若读者说我们将这次粗俗的冲突小题大做,请谨记就上海而言,此事存亡攸关。我们不能将之与克伦威尔解散议会相比,就像我们不能将泥城之战与滑铁卢之战相提并论,然而我们也要充分重视我们自己的战斗。

据记载,翟理斯曾对黄承乙说:"如今我看得再清楚不过,我想加诸苦力的惩罚,你都会实施,但没有任何办法能让你妥善处理那些店主,或者说任何有钱人。这一切只有一个理由。"若对一个洋人说出如此言辞,可以说是对个人品质的评价,但一个中国官员听到这些真话,如此直言不讳地表达,是件新鲜事。在其他地方,这或许会引发一场诽谤官司或是一场决斗,中国人将之归咎于野蛮人缺乏修养。此举激起的是轻蔑而非仇恨,若说触及良知则是无稽之谈。黄承乙是现任谳员,厚颜无耻、见利忘义、罔顾公理,随时可以歪曲论点,任意践踏明晰的证据,以期庇护有钱人,对这样一个人说真话,不过是毫无意义的莽撞之举。

决战之前总会发生几场小规模战役——有关谳员将罪犯提前释放,有关判决不足或者判决不公,等等。黄承乙会以拳击案几,叫嚷他再也不与翟理斯共同审案,这样他就能想怎么判就怎么判,诸如此类。举一个具体的例子:两个当地人袭击巡捕并抢走其价值 8.40 元的表,黄承乙认为巡捕负有责任,但翟理斯不认同。然后黄承乙提出罚款或杖责。翟理斯说"罚款",但这不符合法律规定,黄承乙又打算变卦。翟理斯表示若杖责就该当庭施行。黄承乙说:"绝不可能!"翟理斯说:"那你就自己付罚款。"黄承乙这么做了,同时巡捕和公差为争抢两个犯人而扭打起来,有人抓辫子,有人拉腿,而谳员气得脸色青紫,语无伦次。瞧瞧法庭的尊严何在!

据说可恶的鸦片厘金问题才是这桩案件的根源,黄承乙是得道台授意行事。道台声明谳员的行为十分正当,并要求翟理斯受到惩处。黄承乙离职,会审公廨关闭十日后,有 48 个犯人等待判决,葛绳孝继任。

图 4　会审公廨，南京路，上海，1880 年

当时外侨间有种强烈的情绪，认为不应牺牲翟理斯，不论对他的斗争态度看法如何，这种强硬行动与直白言语都是势在必行，这样会审公廨才能像个样。但临时代办欧格讷（O'Connor）仅限翟理斯复职一月。此举引起极大愤慨，被称为令人震惊的失策，人们抗议欧格讷"可悲的无能"，甚至提出将他免职的要求。但一切努力都徒劳无功。这一场胜利，代价惨重。

葛绳孝无知无能，和黄承乙一样软弱粗暴，与之相处也有麻烦，虽然麻烦的类型不同。人们提到会审公廨，常说这是腐败的深坑，是丑闻与耻辱，已经烂入骨髓。曾几何时，会审公廨配备干练的陪审官，与陈福勋关系融洽，运行良好。但其章程从一开始就带有这样的印记——英国人太过顾虑中国人的权利和情感。然而中国人从不曾想要这一章程，他们对此的态度从陈福勋 20 年都未得升迁而离职可见一斑。他们认为外籍陪审官的出现是对在任中方谳员的侮辱，

41

因此谳员的公署也低人一等。官员们都小心维护他们由来已久且获利颇丰的特权，而这些案子并不投陪审官所好，或者陪审官也非长久任职，因此滥用职权，越权违规，即使章程本身并不完善，也未能遵照执行。直到会审公廨成为"滋生腐败、暴政和敲诈的温床，甚至在中国人中都成了笑柄，当地人滥用职权实际上也有外籍官员协助，而执行正义的方式虽然中西合璧，但其结果却是纯粹东方的"。事实上，是文员和公差为了他们自己的目的而奔忙。

值得注意的是，越权违规的不仅是中国人。但我们的越权之举完全出于公益，这其中便有天壤之别。道台在给黄承乙一信中写道，陪审官与仅牵涉华人的案件无干，这么说没错。章程第三条载明："……若案情只系华民，副行政长官应自行裁决——各国领事无庸干涉。"当然可以这么说，在租界发生的一切罪行都会对外侨社区产生影响，但这并不能成为法律论据。然而，对于建立会审公廨，"点滴积累使其成型"，外籍陪审官出席必不可少，至翟理斯与黄承乙任职时期，由陪审官协助判决仅涉及华人的案件已成惯例。

会审公廨设立之初，在英国领事馆大院内，道台搭建了临时办公地。房屋后窗几乎没有一块完整的玻璃，寒风从屋檐下呼啸而来，整个法庭都有受冻而死的危险！ 1867 年，会审公廨搬离这个与多家法庭共处的容身之地，迁往南京路。地点位于现在的市政厅（Town Hall）对面，当然那时市政厅尚无踪影。近至 1898 年，关押犯人的条件依然令租界蒙羞，状况恶劣以至于《北华捷报》说"若在更缺少自控的社会，一大批审判人员及官员将落入激怒的暴徒之手"。这里用"自控"而不说"完全漠不关心"，已算措辞厚道。

⁴² 第一卷（第 500 页）处，本应描述一段目睹 1842 年华民监狱的情况，但并未收录。我们将在本卷附录 ① 中收录一份目睹 1898 年租界监狱状况的报告。督察长帕蒂森（Pattisson）② 亲自视察后给工部局的报告充分印证了维金生先生（H. P. Wilkinson）的陈述。读者们须谨记，此处形容为"与当地县城的停尸房

---

① 指原稿第一卷附录（第 500 页）、第二卷附录（第 504 页），此二处均未译。——译者注

② 原书外文为 Pattisson，据查《上海公安志》（上海市公安局公安史志编纂委员会编，上海社会科学院出版社 1997 年版）第一编第三章中此督察长外文名为 Pattison。——译者注

差不多"的监狱状况——是在租界建立 56 年后的南京路上。不论当地还是外籍官员唯一的辩词是"所有中方的监狱都是如此"。

当时非法拘捕之类的麻烦，引发努力改革会审公廨的尝试。工部局本身无法行事，由于现行章程是英国公使的成果，其合作与执行对该章程的修改至关重要。本地一个出庭律师委员会着手斟酌此事，而工部局任命了一个特别委员会予以协助。两个委员会准备了一套修改章程。先前的章程于 1869 年开始实施，然而在 1876 年签订《烟台条约》(Chefoo Convention) 时已经意识到该章程有不足与未能令人满意之处，那时就已经开始考虑修改章程的问题。

1898 年，工部局与领事之间有大量函件往来，事涉会审公廨滥用职权、公差敲诈勒索、经常没有逮捕令或未经工部局巡捕就实施逮捕。

经过这些问题所引发的矛盾，各方认可了这样一个原则，所有在租界传唤或逮捕的当地居民必至会审公廨出庭，而且必须在会审公廨经过初步调查，才可将主犯或人证送往县衙。

地方当局也采取措施改善囚犯的食宿条件，并筹划修建新牢房。该牢房于 1899 年启用并使用至今。

领事公堂

在由五位公使签署、确认的 1866—1869 年《土地章程》备忘录中，这样写道："为使个人可以向工部局提起诉讼，领事商讨了有关事宜，提出以下临时举措以为试验，若觉可行再容以后改进。1869 年 7 月 13 日各国领事会议上提出的第三项提议如下，每年年初由缔约国领事团设立领事公堂。"这份备忘录由阿礼国、李福斯（Rehfues）、罗淑亚（Rochechouart）、布策（Butzow）和卫三畏于 1869 年 10 月签署。

43

1871 年 1 月，安讷克、麦华陀和熙华德被选为公堂法官。必要情况下可由其中两人选出第三人。他们制定了一份公堂诉讼条例，递交领事团核准。条例内容包括：第二条，诉讼事宜须亲自或请代理人办理，原告延用律师出庭与否，听其自便。第四条，法庭一概使用英语。第九条，法庭公开审理案件。第十一条，传唤不到到庭者，法庭可进行缺席审判。

很难说这一举措运行良好，因为该机构根本不运转 ①。尽管如此，曾有一时这一并不运行的机构也引发了强烈不满。纳税人组成委员会负责修改 1881 年《土地章程》，在他们讨论第十项条款时，乐皮生（Robinson）和魏拉特（Wainewright）两位律师告知他们，尽管领事公堂建立于 11 年前，却从未处理过任何诉讼案件。当时差点就有了一个案子，有人打算因断腿告工部局，但由于伤势过重，此人于诉讼开始前亡故。

这个审理以工部局为被告案件的法庭，收到许多反对意见。例如，很多领事本身就是工部局机构成员，难免存有偏见。然后，尽管获选成为法官的领事可能多少都受过些法律方面的培训，但他们是否有能力审断，例如有人提议交给领事公堂审理的"伊斯案"（Ince Case）。即使受过法律培训，每个领事都会从自己的法律角度——根据自己国家的法律来审视案件。而且，租界里大部分资产都涉及英国人的利益，英国又是当时唯一设立定期法庭的缔约国。为什么剥夺英国公民把对工部局的不满诉诸自家法庭的权利？还有些反对意见是，该法庭无法上诉，而且也没有权力强制执行其裁决，比如法院下达的强制令。

其他提出的可选方案有英国高等法院、原告所属国法庭、针对华人及非缔约国公民的会审公廨，但都遭到强烈反对。最后决定将修订的《土地章程》（第 11 款）保留，仅草拟一份有关此议题的解决方案提交各国公使。

44　　一再重复这个法庭不审案，有点让人难以理解，因为我们读到 1874 年"该法庭的第一个案子"，是"卡码杰（Camajee）诉工部局延建熙华德路（Seward Road）。领袖领事熙华德在延建工程中有大量利益，他认为自己不适合出任法官。经密封信封投票，领事们选出了麦华陀、斯切列特（Schlit）、安讷克任公堂法官。

---

① 作者此言不确，根据工部局档案，领事公堂在 1882 年至 1941 年间处理了 53 件诉告工部局的案件，其中驳回起诉及拒绝受理的 10 件，因原告死亡自然结案和庭外和解及未判决的 9 件，其余都作了判决。见马长林主编：《租界里的上海》，上海社会科学院出版社 2003 年版，第 227 页。——译者注

高等法院

1865 年 8 月 31 日，一则通知声明自 1865 年 9 月 4 日起"领事馆的司法管辖权将移交给高等法院"。此举是根据 1865 年涉及在华及在日事务的枢密令。

我们第一位首席大法官洪卑于 7 月抵沪，但枢密令还暂时不能公开，因由其催生的法庭一时难以找到合适的办公场所。副领事法庭不符合要求，每年低于 2 500 元租金也租不到合适场地。至于自建，领事馆大院里有一英亩土地给了海军部，但他们从未使用，有人建议可以把这块地收回。洪卑需要一间审判室和四间小办公室。曾有一时，温思达让出了住宅底层。房子的租金都高得惊人。8 个房间的私人房屋一年要 1 500 至 3 000 元，几乎没有空房，而且也没有旅店可用。洪卑住在"冒险号"的船舱里 ①，副审判官卡斯·戈德温偕夫人与布彻牧师同住。洪卑计划自建，使用当地的材料和建筑工人只需花费 3 500 元。

洪卑的到来十分受欢迎。法庭于 9 月 9 日举行了简单的仪式后便开始工作。法庭狭小简陋，人员的装备匆忙凑数并不充分，律师人数也不足。但对于上海来说这是很重要的一天，确立了其在各港市中卓尔不群的地位。洪卑任审判官，戈德温为副审判官，琼·弗来瑟（John Fraser）为法庭书记（Law Secretary），梅博阁（Myburgh）、埃姆斯（Eames）和乐皮生为执业律师。死刑须经公使批准。海事案和离婚案都在这个法庭审理。

法庭审理的首个重要国际案件表明，将新机构引入这个特殊的聚居地所引发的难题。此案事涉侵占外滩滩地。道台曾正式提出不满，但犯事者不听。问题来了——谁来做公诉人？中方始终拒绝在任何享有治外法权的法庭上充当起诉人，而且一国政府拒绝作为涉及其主权案件的一方在自己国土上的外国法庭里出庭，我们也得尊重。道台不会允许自己或港务长的名字用于法庭传讯。因此，洪卑同意将投诉不满采信为"官方信息"，由女王作为公诉人，经过一番周折后允许港务长宣誓提供证词。接下来的问题是，由谁来代表进行起诉，是领事本人还是法律顾问？法律援助自然最为理想，因为被告也将有律师协助，然

45

---

① 此处原文为：Hornby lived in a cabin on the **Adventure**. 译者认为此处 Adventure 是一艘船的名字。——译者注

而领事既无此职权也缺乏必要的资金。而且，领事承担公诉人的职责，远远超出了他一般的职责范围，且让这样的论战耗费其时间精力，十分不明智，更不用说，他在公开场合不是以英国公民保护人的面貌出现，实乃失策之举。这些难题都由当时的海关税务司日意格（Giquel）及其雇请的梅博阁一一克服。这里我们又一次看到在循序渐进中寻找解决问题办法的实例。由此也提出需要公诉人或首席检察官代表英国王室利益，但这个问题后来才解决。

该案的报道（"雷吉纳诉雷诺兹和霍尔茨案"）占据了 1865 年 10 月 21 日《北华捷报》的整个版面。在这一河道案中采用了英国法律，但法美两国人都侵占滩地，雷诺兹（Reynolds）和霍尔茨（Holtz）此举也难责之过甚。

判决写明被告无权建码头或其他任何干扰、改变高潮位线与低潮位线之间的土地，使之在高潮位时抬高成为陆地的建筑。

另一桩重要案件是对韦尔斯的地产重新征税。

两起案件都于 1865 年——即法庭建立当年审判，而两案判决结果对于市政当局具有极其重要的意义。

阿礼国在给卡灵顿爵士的一封公函中谈及，高等法院对中英案件的审理与《天津条约》第 17 款有明显抵触。在给卡灵顿爵士的一封 50 页长信中，洪卑反驳了阿礼国的所有论点，这里我们就不讨论细节了。他的结论是请求将第 17 款内容稍作修改，明确高等法院为解决以华人为原告英人为被告案件的唯一法庭，除可求助于 1865 年的枢密令之外不得上诉。他恳求不要让中方官员与之同审，他不懂对方的语言。中方官员既不懂英语，也未受过这方面的专业培训，只会带来偏见。这"若不是一场徒具形式的闹剧，就将损害英国司法制度"。

洪卑一到任就开始推行改进措施，首先是强制房屋抵押登记、卖契在高等法院归档、洋行登记等。推行以上三项措施的布告发布于 1866 年 6 月。

1871 年 6 月，法庭从华盛洋行迁往领事馆大院的临时建筑。华盛是雷德（F. E. Wright）位于北京路上的洋行。几幢临时建筑可能就是目前看到尚未完工模样的房子。建筑由工务处（Board of Work）的博伊斯（Boyce）设计，由时任在华和日本工程机构主管克里斯曼（Crossman）少校监理。这里审判的首案是一起谋杀案。戈德温为法官，五人组成的陪审团裁决犯人有罪。此人是名为威廉姆斯的水手，于 7 月 4 日被施绞刑。为免苛责，大家可留意数年前另一位名为威廉姆斯的美国公民，因海盗罪与谋杀被判处死刑，从英国牢房移交给美方行刑，但此人最终以自杀逃脱刑罚。

洪卑任职能力毋庸置疑。他耗费许多精力核查诉讼案件，相比其他许多法官，他更擅用常识。他性格耿直，脾气温和，谦恭有礼，十分支持工部局各机构。

他因气候原因于 1876 年 5 月退休，由戈德温任代理审判官。根据当时的记载，戈德温是与上海有关又在欧洲享有声誉的少数几人之一。他是一位埃及古物学家、科学家和音乐家，在剑桥很受人尊敬。我们只能遥想其当年英姿，因此人已于 1878 年 1 月逝世。

莫瓦特（Mowat）在弗仁切（French）到来之前暂时接任，弗仁切到任后莫瓦特任副审判官，韩能在此地成为皇家检察官（Crown Advocate），连厘则从这里被派往日本。

法庭对于审理英国公民间的案件十分有效，对于审理英国与他国公民间的案件效果稍差，审理中英案件效果最不济。法庭运行可当场得到睿智的指点，但在 1891 年，英国政府明显出于经济考虑，决定由一人兼任审判官与总领事，而副审判官兼任领事，以省下一两份薪金。由此，法官们就成了北京公使馆的部属。这在前章已有述及（第 11 页）。 47

经过几年实践，这种捡了芝麻丢西瓜的做法才得以纠正。

1869 年，上海租界的巡捕为追踪几位牵涉海盗活动的希腊人到香港，但香港方面拒绝交人。中英双方的引渡条约仅限于本国公民。"英国法庭不能审理发生于他国的犯罪行为。"麦华陀指出中方会很乐意对这种失败的事例指指点点。

1874 年，有一人被控在一艘英国船上实施抢劫，他声称自己是美国公民，同一难题再现。英美之间的引渡条约仅涉及英美领土——香港官员放弃了该案。

监　狱

我们对最早的监狱知之甚少，不过可以肯定在任何方面都不如后建者。包令告知领事，给水手戴上镣铐关在船上胜过送去肮脏的牢房。但1856年，计划建一座有8间牢房、耗资6 900元的监狱。监狱位于英国领事馆大院里，现在大英书信馆（British Post Office）的位置，于1858年7月完工，投保11 000元。

这里作为当时唯一的监狱，成为接收所有不法之徒的场所。《北华捷报》建议无领事代表的罪犯应移交中方处置。

"出于好意"，美籍罪犯也关押在此，但一度曾有纠纷，美国代理领事拒绝支付其犯人的伙食费120.57元，其继任也表示这并非他欠下的债务而婉拒，而美国公使列卫廉坦承他没有款项支付此笔开销。因此，曾有一时这里不再接受美籍罪犯。

一位民间绅士考姆斯（Comstock）表示愿意支付这项债务，但英国领事拒绝接受他的钱款。

至于美方监狱，马沙利逮捕两名杀人后满手鲜血的马尼拉人，而后不得不将之拘押于自己的寓所，将这两人与另一名被判15个月监禁的美国人同处一室。此事发生于1858年。《北华捷报》直言不讳，美国人可以为一支旗杆花费700元，而他们的监狱状况则令美国政府蒙羞。

48 同年，美国公使列卫廉报知国务卿，新任领事史密斯已抵沪，"迫于毫无办法可支付监狱费用，他到任后最初的举措之一，是释放英国监狱中所有美籍罪犯。如今这些人已逍遥法外，随时准备犯下暴行，给国家及其代表的脸上抹黑"。

1864年时，美方似乎有某种类似监狱的地方，但因其草率而成，所以重要罪犯还是送去英国监狱关押。但即使那里也发生过几起逃狱，例如1866年，两个在河道打劫的英国人从那里越狱，同晚一奥地利罪犯从奥地利领事馆逃走。

那时英国监狱已是人满为患，其中多为惹是生非的水手，新建已是迫在眉睫。他们在苏州河边找到一块为宝顺洋行所有的土地，整个地块为25.7.8.2亩①，但曾有计划将修筑道路穿越此地，须纳税人同意撤销该计划方能开始建造

---

① 原文如此。——译者注

工程。

监狱由克里斯曼少校设计，设计方案来自洪卑的建议，合同签订于 1868 年 6 月。但外籍承包商倒闭，最终由一中方承包商施工。

该建筑仿照伦敦的本顿维尔（Pentonville）和米尔班克（Millbank）监狱，地下室抬高 3 英尺，底层铺水泥。至于可关押人数，尽管之前的监狱原来计划只关押 18 人，但有时会羁押 95 人，新监狱有 56 间牢房关押欧洲犯人，每间大小为 10 英尺 7 英寸乘 8 英尺乘 13 英尺，16 间牢房关押亚洲犯人，每间 10 英尺乘 10 英尺乘 13 英尺，另有 6 间牢房"供刑罚之用"，如此总共有 78 间。

当时监狱周围还有大片空地，过往的美好岁月里，要得到空地还不难。监狱与租界之间的距离在当时是个让人提出异议的理由。它位于租界的最远角——临近护界河与苏州河的交界处，这个角落如今也少有人到访，可能很多人都不知道这座监狱如今还在原处。

该监狱当然是为英国犯人准备，话虽如此他们也与工部局达成协议，可以关押阿拉伯人和波斯人，费用一天 5 角。

说到华人罪犯也令工部局颇费思虑。管理本地罪犯并处置妥当，理当是中方政府的职责。然而，此事显然不曾处置妥当。会审公廨判决的犯人经常刑期未满便已释放。英国陪审官曾对此提出异议，因此案情严重的罪犯，根据他们的要求归工部局拘押。而有时出于人道的考虑，陪审官将犯事者送入工部局牢房，如此一来二去便成了惯例。但有人辩称工部局没有义务为中方承担本应属于他们的职责——他们得管好自己的罪犯。

另一方面，也有人认为若不收押中方人犯，我们便错失了一次珍贵的机会。废除酷刑拷问、提审犯人时提出恰当指控并及时审判，都是我们通过建立会审公廨引入的权益，但此处并没有试图改造罪犯或打算严厉惩治使其不敢再次犯罪。我们应向中方展示，即使不用他们全国盛行的野蛮方法，惩戒也可行之有效。

这样的讨论很实际，因为会审公廨和巡捕房的牢房都逐渐人满为患，是否应建一座工部局监狱还是个问题。起初有人建议外侨社区可以接管英国监狱——那是 1872 年。洪卑表示政府将允许他们控制管理，但将保留所有权。那么，工部局将花费靡巨，需要取得纳税人特别准许。

十年过去，此事毫无进展，此时警备委员会建议让英国监狱为工部局所用。据了解，政府愿意售出，但由于价格太高购买方放弃了这个想法，连厘爵士反对租借——原因并未说明。次年，1883 年警备委员会再次提出这一建议，并提请大家注意虹口捕房牢里的拥挤状况。英国领事认为若能保留监狱的一侧房屋给英国政府使用，其余部分可租借给工部局。工部局提出以每年 400 英镑租金租借五年，但伦敦方面并未接受。

三年后，何利德（Holliday）见证帕恩弗特（Pauncefote）曾在工务处说，若工部局还想要此监狱，条件从优。

50　这些年来由于关押条件不足，本就不利的状况进一步恶化。据说狱霸通过向其他犯人甚至监狱之外的人施加影响，令牢房成了滋生犯罪之所。这里干活不多，伙食不错，穿得暖，还能与外面的朋友自由交流。如此惩罚毫无震慑作用。必须纪律严明，白天静默做工，晚间分开关押，但唯有在条件充足的监狱里才能做到这些。当时的现状是，顽固不化的囚徒与初犯犯人甚至等待审判者同处一室。即使夏天，有时 6 间牢房和 1 处游廊里关押超过 100 人。床上用品有虫害。活动或劳动根本无从开展，犯人的健康受损，曾发生过 5 起脚气病。1890 年这些问题都曾表达或讨论过。

囚犯自身倒颇以他们自己的方式享受这段时光。犯人主要按照他们自己带入的钱财多少把人分为四等，以年长者为首领。第一等称为"英领馆"，付得起一定数量钱款者方可入选。这一等犯人被待若上宾，约占犯人五分之一或十分之一。第二等是"美领馆"，出资较少，也可享舒适。第三等是"会审公廨"，没钱但狱外有朋友。末等的为"新闸避难所"，这些人既没有钱，也毫无希望能拿到钱。

他们还常模仿监狱里的各等官员——巡捕、公差等。新到人犯得在长凳前跪下，陈述其所犯何罪，若是抢劫绑架，便会遭严厉训斥："天呐！年纪轻轻，犯事倒如此老到！得好好受顿打。"此人便受一顿打！

我们也乐见他们能由这些扮演活动苦中作乐，甚至还有点钦佩他们。但这不是我们应该关注的游戏。

1890 年，虹口捕房发生了集体逃狱，一些人从前门走脱，一些人从后面翻出篱笆，总共 32 名犯人。记录写来十分随意：除 14 人外，囚犯悉数被追回。

直到 1895 年，工部局请其工程师和督察长准备建造监狱的方案并寻找一处合适场地。他们在靶子场后面买下大约 10 亩地，为了保证建造合适的出入口，还以 5 800 两白银买下两块长条形土地，并且工部局对河南北路那一部分土地具有永久所有权。此外，工部局再无举措，纳税人也再无言语。但巡捕督察长表示 1897 年工部局牢房里每周平均人数为 139 人，并竭力主张至少要兴建临时监狱。然而，我们看到当年财政收支在"土地与房屋"一项下的数目为 22.8 万两白银，对比 1896 年的 9 000 两白银，工部局对建造监狱一事保持沉默，我们也就可以理解了。

然而，令我们有些吃惊的是，1898 年工部局租借英国监狱部分牢房使用 3 年，每年租金 3 600 两白银。

第5章

工部局

　　有一点各位一定不要忘记，所谓工部局，不过是每年由纳税人选出几位当地商人组成的委员会。这些人既无薪酬也不享有议员或市政委员之类的尊称，他们自愿贡献大量宝贵时间来处理整个社区事务，不过也有人怀疑，不少人效力一年后，很乐意撂下这些公共服务的重担。若说这些人无私奉献则并非实情，他们是商人，妥善处理租界事务对于他们的商业利益至关重要。事实上，租界本身的存在并无其他理由，无非是生意，所以总能找到9位具有经验和能力的商界人士，愿意在一年或两年里贡献出部分宝贵时间来管理工部局事务。但早期的情况并非如此，当时董事总共不过三至五人，却时常无人愿意担任，原因之一或许是不论当时租界事务管理好坏，财源总会滚滚而来，原因之二是董事的地位与权力不明确。

　　与组织工部局所仿照的原型——英国的城市市政委员会相比较，工部局的不同之处在于它既不涉政治又深涉政治。换言之，这里无须跟随中央政府某个党派，没有自由与保守的派别之分，候选人也并非来自工会或工党或地方自治，他们唯一关心的只是管好这个城市的事务，与外面的世界无关。与此同时，它也逃脱不了国际政治状况。工部局所代表的纳税人拥有全世界各种国籍，由二十多位领事管理，工部局得遵守与中方签订的各款条约，同时各种问题此起彼伏，需要通过各国领事与中方当局反复沟通。因此，一方面工部局只是管理当地事务的委员会，所以工作更为简化，另一方面上海租界是处于仍然握有主

MUNICIPAL COUNCIL, 1857.

图 5 1857 年工部局董事腊肯、克雷、曼 ①

权国家里的一个国际租界，所以工作十分复杂。我们摆脱了国内政治，却被国际条约束缚着手脚。

在上册中已述及工部局设立经过。面对中方当局和由各国领事代表的西方政府，工部局在诞生初期曾摇摇欲坠，许多年里都面临争执与冲突。这当然需要工部局慢慢学会独立行走，许多事务要在实践中摸索解决。其间错误在所难免——犯错的也不仅是工部局，但随着情势需要，在有识之士出任早期工部局董事付出时间和精力后，工部局的权力逐渐稳固。

1920 年，对于工部局推选华董一事发生了激烈争论，其实这个问题半个世纪前就已摆上议事日程。1866 年，温思达提出希望通过某种渠道，听取华人居民在税收、治安等方面的想法，7 月的领事会议通过了一项条款，允许华人选

53

① 据查此三人应为 1856 年工部局董事，1857 年 1 月离任，此处腊肯和曼两人的英文同《上海租界志》中拼法不同。——译者注

出 3 位代表，为工部局提供建议和意见——仅具咨询职能。

英国公使阿礼国曾强烈要求在工部局中保留当地元素。1866 年，他写道："此举无疑裨益良多。"这些人将代表租界中当地人的领土主权，税收将更易施行。新税则实施之前，他们的抗议可能迫使各国领事向公使提出申诉，也可能为工部局折换征收清廷税收铺平道路。其他公使也大体上同意这些想法。

前述条款提出，三位代表应由当地社区、行会、工会和联谊会的头领选出。代表们将给出书面意见，未与之磋商不得通过与华人相关的新政。

英国外交部的基本立场可从一封信中清楚看到，虽然此信由蒲安臣撰写，熙华德为了开导美国公民而公布："无论为了市政管理或其他目的，我们对华人没有司法管辖权……即使中方当局要求也不行。"并再次声明："我并未获得授权可以同意任何不尊重中国作为主权国家对其领土及臣民享有权利的方案。"

然而这只是各国领事纸上谈兵的态度，工部局得从事让大批华人生活有序的实际工作，几乎所有的举措都得小心翼翼地征询中方当局批准，显然被束缚了手脚。中方对于在这样的情势下掌握先机可不迟钝，他们将大多数当地居民的负担转嫁给工部局，而自己则收税、压榨他们根本不予保护的民众，欣喜地享受西人带来的繁荣。西人为他们带来了大量财富，却极少给他们添麻烦。工部局若能放手行事，本可将租界治理得井井有条，但如今他们权力不足。每每打算采取将影响当地人的改善措施，都先要获得中方官员批准，却得不到他们充足的经济支持。与县城内的当地人一样，道台有权向租界内的当地人征税，但他却并不为他们做些什么；工部局为租界内的当地人谋利颇多，却无权向当地人征税，除非获得道台批准。人们还可以进一步想象，这里有富足的社区民众可压榨，这些官员不满足于仅仅征收税费，敲诈勒索常常就在工部局的眼皮底下进行。工部局不得不与这些不公平的非正常现象斗争，不仅是为了被束缚了手脚的外国租界的福祉，也是为了保护受压迫的华人。

工部局非但要听命于各国领事，苦于应付道台，连选出他们的租地人代表也常找其麻烦。例如 1864 年，汉璧礼就曾以行动威胁工部局，宣布他们在几桩事务上越权行事。工部局表示遗憾，"由于官员出于有效履行职责所采取的行为，任何人都可提出法律诉讼来威胁工部局董事，此举有割断政府赖以维护租界秩序唯一纽带之风险"。

"割断"一词不仅仅是一种修辞手法，因为很明显此举定然会影响人们承担市政工作的意愿。我们曾多次读到让人参选之难。

这些人以没有时间或其他理由辞谢任职，这费力不讨好的麻烦事无疑才是最主要的阻碍。1862 年 4 月大会上通过投票决定人选。汉璧礼于 1865 年 4 月写道："（1864 年）举行无记名投票，而不是即将离任的工部局董事们提名候选人，在公共集会上匆匆投票当选。"……1865 年，10 人婉谢提名，其中不乏汉璧礼、魏德卯、耆紫薇等名人。1869 年 3 月，选举当日却无候选人参选。4 天后，7 人同意参选，便直接宣布这些人正式当选。《北华捷报》说到新一届工部局打算审核年度预算，他们并非"如往昔一般在会议上选出，以管理他们原先无权安排的事宜"。 ₅₅

1865 年 4 月，即将就任的工部局董事们也并非如以往一样于会议上选出，而是根据耆紫薇提议，在会议之外举行民意投票。

1867 年 3 月，卡特（Carter）反对不在租地人名单中的两人参选。温思达告知工部局，唯一合法的途径是在会议上公开选举，而且工部局应当由租地人组成。工部局答复说对于选举合法与否不予置评，但表示他们是依据 1865 年 4 月全体大会决议以及以往的先例行事。

1867 年，首次有记录显示，总董允诺将与个别被提名者见面，确定他们是否接受工部局董事提名。

1870 年 4 月，根据新《土地章程》举行首次选举。选举结果十分有意思。

狄思威　75 票

白敦（Purdon）　70 票

普罗布斯特（Probst）　66 票

李大卫（Reid）　66 票

杰利科（Jellicoe）　63 票

古培（Gubbay）　55 票

雷美（Reme）　47 票

立德禄（Little）　40 票

科德罗（Cowderoy） 39 票

哈波（Harbour） 30 票

高易（Cowie） 22 票

此后董事人数定为 9 人，最后两位未当选。然更正的名单去除了立德禄和科德罗，添加了安德森（Anderson）和凯麦隆（Cameron）。

根据新的《土地章程》，"纳税人"一词代替了"租地人"，从此土地不再是选民的唯一资格标准。根据旧的《土地章程》，共有 340 位选民，大多是身在他乡的业主，根据新章程，共有 467 位选民，多为当地居民。

1873 年，有人提议董事应当以几年为一任期，并轮换退职，以使桥梁问题、万国商团等一些长久持续的事务具有认知与经验上的延续性。但其实早在1859—1860 年确定总办乃工部局董事会当然成员，就已经考虑到要保持一定的延续性。几乎同时还采取了又一项迈向自由的新举措，租地人大会会址搬迁。此前他们在英国领事馆集会，这必定使他们显得仿佛是英国领事馆的下属，多少影响他们的独立感。由于"上次在英国领事馆开会的不便与不适"，1869 年工部局决定此后租地人大会应在共济会大楼举行。一如《北华捷报》记者所言，此举意义深远。这是"租界在任何特殊意义上与英国统治的最后纽带。……如今我们在一间普通的礼堂里讨论公共事务，在此地任何人都不会有受侵扰之忧，且人人都享有充分完全的平等"。

关于工部局本身，有一点特别值得注意，这在不同时期都曾引发众人议论，工部局董事会并不公开：这是内阁会议，并非议会。报界曾多次要求同意其出席，甚至可以限制自身发布的内容，但这一要求总是遭到拒绝。一方面，公众无疑对工部局如何达成决议、针对各个问题的正反方意见、各位董事的言论及投票取向十分感兴趣，而且获知其过程或许对提升民众的意识也有益。公布经过精心编辑的简短会议记录不足以满足公众，而且无疑有违市政事务中思辨的公众利益。1873 年 5 月，纳税人指示工部局在一周内公布所有个人事务内容除外的全体会议和董事会会议记录，并且要求会议记录要"详尽"。当然"详尽"有个程度问题，有时会议记录中的细节极少，不过是出席者名单及开会散会的时间。

报界在 1861 年至 1884 年间多次表达了想要出席会议的愿望，工部局回应指出有些事务尚未成熟即予公开实有不便。但反对会议公开也有其他各种理由。显然，若有记者在场，每位董事的发言将不再是面对同仁，而是面向大众，演讲会代替对话，有些人将不再敢于畅所欲言，有人的发言将缺乏诚意。作为商人，每个人都会顾及个人利益——任何让他在外侨社区里不得人心的举动，都可能严重影响到生意。不管怎样，一定有部分民众和报纸会反对和批评某人的言论。此举定然会吸引公众更热切地关注，更多的公众讨论也会使一些事务处理得更好，但此间难免有怀疑指责、相互揭短，这也会让一些最适合的人选不愿意参与公共事务。

另一方面，事实上，政治事务往往需要私下处理。工部局董事会中有本国人出任董事的各国居民，都会热切地关注这位董事，务必令其热心维护保障本国利益。而且更重要的是，所有须咨询华人的事务，若公开往来函件，绝无好处。

当然，工部局是一个执行机构，纳税人每年举行一次会议，指示工部局须行何事，此时此处才是发表演说、接受公众批评并呼吁民众支持的场所。然后工部局开始执行指令，除非纳税人给予他们自由，他们不必决定要做什么，只须决定如何完成这个社区交付给他们的任务。

至少理论上是如此，但事实上由于纳税人将很多事情让工部局去自由创新，因此工部局总有成为官僚机构之虞。

人们总认为《字林西报》是工部局的官方机构，工部局的会议记录总是最先送给它。但 1884 年 7 月，迫于其他报刊屡次要求，工部局决定将会议记录"同时递送给所有三家报纸，如此会议内容或可于周二晚刊出，而不必等到周三早晨"。

至于工部局选址，1866 年时位于河南路，大约在 11—15 号，既是工部局办公所在地，中央捕房也在此，租金为每年 4 500 两白银，还可以租用 9 年。前一年的工部局董事会建议以 5 000 英镑向脱恩（A. Thorne）购买毗邻的 6.1 亩土地，即每亩 2 000 两白银，但 1866 年的工部局董事会不愿购买，除非出价再低些。1869 年，购此地为市政所用未得纳税人同意。但由于脱恩的土地靠近中央捕房，位置便利，价格合理，土地上也并无房屋，而且该地此时不买，便再无机会，故工部局毅然决定自作主张购下此地。土地所处位置可参见整个街区平面图。

两年后，人们起了打算建造市政大楼的念头，"以召开会议，保存档案，也为了租界的尊严"。之前 8 年已支付租金 81 496 两白银。提议建造的大楼将延请本地建筑师设计，预计耗资 10 万两白银，计划发行债券筹募。还任命了委员会斟酌此事。

倏忽之间两年又过，当时传阅的一份备忘录透露了一些细节。新大楼正立面所在的福州路将拓宽 15 英尺，河南路拓宽 10 英尺。与市政工作有关的所有部门都将在此办公，外加一间大约 90 英尺乘 40 英尺的公共礼堂和一间小型火药库，不准备在装饰上多花费。

收阅此备忘录者中似乎无人提出异议，但显然有人认为花费太少，建筑应当更能与租界的尊严相符合。

但 1874 年的工部局董事会完全反对建造大楼，并将递交的计划推迟至下次会议再提出一份决议时考虑。然而，工部局法律顾问建议若符合条件，工部局绝对应该接受其中一份计划，既然通知中并未声明必须经纳税人同意，只有在建筑师拒绝给予担保的情况下，工部局可以不接受任何计划而予以退回。

由此，董事们以投票方式选择了一个方案。凯德纳（Kidner）的设计方案得 3 票、雷士德（Lester）3 票、金斯密（Kingsmill）1 票。然后，总董费隆投出了支持凯德纳的决定性一票。之后便有一些不愉快的函件往来，因为雷士德断言其中有人施加了个人影响，而他受到了不公正待遇，诸如此类。雷士德曾与工部局工程师奥利弗（Oliver）同住多年。

原先的中央捕房土地测量为 3.470 亩，脱恩的地块为 6.100 亩，两者总和为 9.570 亩。道路拓宽后还有 8.870 亩土地建造大楼。但此时凯德纳建议买下惇信（Tunsin）的资产。工部局起初打算建一座大楼，比上届纳税人大会通过的规模稍小些，仅完成目前急需的部分，一个月后又决定以惇信的资产替代新大楼。

这一地块在平面图上可见位于汉口路与江西路路口的西南角。此地为惇信

洋行（Barnet & Co.）占用，有人建议该洋行可以每年 480 两白银向工部局租用
3 年。该地块面积 11 亩多，价格为 4 万两白银。工部局于 1875 年购下此地。

"此事搁置"约 10 年，至 1884 年何利德建议目前礼查饭店的所在位置适合
建造新大楼，此地可以每亩 8 000 两白银购买。但工部局认为将工部局大楼建
于虹口将引发激烈的反对意见，数月后工部局表示目前并不急于采取行动。

1888 年，此议又起，当时有人提议建一座新市政厅。但估计新市政厅与工
部局办公楼将耗资 18 万两白银，而新建中央捕房将花费 8 万两白银，此外还要
算上装置配件、配备家具的费用。那时惇信的土地仅有 8.620 亩，若在此建市
政厅与工部局大楼，就得造四层楼高。当时中央捕房占地 3.633 亩，再买其他
土地建楼将耗资 30 万两白银，工部局谨慎地决定先发布报告，然后等待公众发
表意见。

至于工部局的雇员，若说他们比其他团体的公仆更勤勉、正直或能力更胜，
未免有失偏颇，但有一点可以肯定，档案记录表明美国人称为"贪污受贿"的
普遍罪恶现象，这里很少出现。而在底层和外务机构，比如本地巡捕队伍里，
无疑常有压榨贿赂的情况，未被揭露的远胜于已曝光者，但内务工作人员对工
部局及公众的服务甚佳。这无疑当归功于优厚的报酬——是对抗舞弊的最佳保
证，就像《雾都孤儿》中所描写的，公共服务总要求投入更多，且最终总会得
到满足。这一要求通常的理由是生活费用持续上升。但 1921 年，纳税人开始考
虑，他们是否为获取廉洁的公共服务付出已远超需要，因此对这些公仆减薪，
将减轻加诸他人的负担。

工部局雇用的人员能提供如此令人满意的服务的另一原因，或许是工部局
董事会本身由商人组成。商人绝不可能在私人公司里容忍懈怠或不实，对待市
政服务亦是如此。

涉嫌不实最著名的案例是 1872 年，收税员考诺雷（Connolly）指责两名巡
捕假借总办之名轻判诸多不合规矩之事。后来他又将总办庞德（Pond）和一些
中方文员也归入欺瞒工部局之列，并说若施以压力或保证其安全，这些文员将
揭露更多令人震惊的事实。会计马科姆（Malcolm）要求拨出资金对其提起诉
讼，而庞德表示考诺雷此举纯粹是恶意中伤。为此任命了纳税人委员会查证这

些控诉，但调查并未证实其属实。现金收支无误说明几位收税员并无欺诈之罪。但调查也发现记账进度拖延且账册管理混乱，而且马科姆对华人负债累累。

60　　获得他人建议和协助后，考诺雷再次提出要求公开彻底地审核账册。他曾受雇管理上海公平洋行（Bower Hanbury & Company）的资产，对查证欺诈有丰富的经验。有些人缴纳的税款并非8%，而是6%；占用的房屋归还时里头空空如也；马科姆未能坚持原则；苏珀（Souper）不过是恶意中伤；而他自己，人人都与他作对。至于重新估价事宜，他说英租界估价为16.9万元，低于租金收入，美租界估价为1.2万元；而贫民区的估价为3 600元，估价过高。"自约翰斯顿离开之后的所有这些阴谋诡计，其缘由从一个事实便可见一斑：若能与我达成长久协议，一个月大约可从薪水中省出350两白银。"

看来能得出的唯一结论是：考诺雷"要不是为人古怪，要不就是心存报复，无知又爱捣乱"。

以此种方式提及削减薪金之事，足以给任何人引来大祸，但我们倾向于接受考诺雷指控未获证实的结论。

以后写到捕房的部分，我们不免还要提及欺诈、贿赂等诸多问题。

工部局与所有雇用劳动力的雇主一样，时常遭遇薪水报酬的矛盾，或者说这些问题从未停歇过。商业机构或公司得考虑薪金与收益或红利之间的关系，工部局也一样，它就好比是公司的董事会要保证纳税人的利益，纳税人就像是股东。

相比于目前的情况，早期薪酬还十分合理。何时会达到极限呢？这个问题毫无意义，特别是在如今的战后岁月更无意义，但人们一度确实认为薪酬数可能甚至已经达到了最大值。

1866年4月，财务委员会（Finance Committee）指出应尽量避免不参考所有薪酬数而提高某些级别薪金，唯恐如此会打乱各级薪酬间的比例而引发不满，必须依适度的比例开始。

1868年9月，总办约翰斯顿（Johnston）出示的备忘录显示：他的月收入为400两白银，测量师奥利弗三年的收入标准分别为月薪150两、月薪180两、月薪225两白银，巡捕督察长彭福尔德自1867年的三年任期，分别为每年875

英镑、950 英镑、1 000 英镑，会计为月薪 275 两白银，医官每年有 750 两白银，工部局书信馆馆长每月有 150 两白银，文员每月有 100 两至 150 两白银。

以上人等都包括医疗费用，有些还包括药费。大多数协议书中还允许雇用 61 轿夫。总办、巡捕督察长、测量师以及工务处职员每人可配马一匹。各人的住处都免费提供。有人提议在新签署的协议书中所有津贴应尽可能剔除。

1869 年 7 月会议记录所引用的协议书显示，会计月薪 275 两白银（年收入接近 1 000 英镑），提供住房。彭福尔德每年 1 000 英镑（月薪 277.77 两白银），并提供住房、勤务员、医疗服务、药费、燃油、照明、马匹和马车、制服以及返乡旅费。斯却林（Stripling）月收入 175 两白银，并提供类似福利。

1877 年 1 月，在将某人的薪水提升至每月 150 两白银的同时，工部局愉快

图 6　1870 年工部局董事会成员
前排：雷美　李大卫　狄思威（总董）　安德森　古培
后排：白敦　普罗思德　杰力科　凯麦隆

地宣布："薪金如今已至最高水平，除个别长期忠诚的履职者外，薪金将不再增长。"

生活的花销自然依时间与地区而变化，但个人间的平衡毕竟是最重要的考虑因素。1873 年助理总办苏珀及其他 5 人加薪，以弥补撤销的房屋津贴。同年，因总办约翰斯顿辞职且不久逝世，苏珀升任代理总办，此时其薪水应达到每月 400 两白银，一年大约 1 500 英镑。但 1875 年发现其账户有异，因其曾未经批准提前支取薪酬。1877 年末，他由于地产投机失败陷入"窘境"，资产抵押金额超出其价值，而且他无力偿还其中差额。他每月从薪水中支取 167 两白银抵偿借款。他欠渣打银行（Chartered Bank）1 200 两白银，又通过工部局买办向本地钱庄借了 2 500 两白银。大家认为他并非担任总办的合适人选。这一决定似乎令他大为吃惊，但他还是辞去职务，并获得了 6 个月薪酬补偿。他申辩说自己并未犯错，不过需要几天时间将事情理顺，12 位地位显赫的外侨也提出让他重新任职，但遭到工部局拒绝。他还提出可以协助编写年报，工部局谢绝了这一要求，从此此人退出工部局的历史舞台。

工部局任用的总办中最令人满意的人物之一，是苏珀的前任约翰斯顿。此人任职十年，于 1873 年患病辞去职务。40 多家洋行联名致信工部局，建议其人应获 500 英镑的养老金或补助金，并为他夫妇两人提供返乡旅费。但他于同年 11 月病逝。工部局各机构停工 5 日以示哀悼，工部局给予其遗孀 1 000 英镑。

由于发生了多起员工死亡或健康失衡的事情，1876 年工部局决定职员任用前须进行体检。1871 年，工部局颁布了一项强制规定，要求员工必须全职在工部局工作，不得从事个人的商贸活动。另一项进步是取消了官员领全薪休假并在休假期间自行安排工作的做法。多年后（1884 年），由于巡捕督察长彭福尔德在纳税人大会上发言，工部局通过了一项规定："任何工部局职员不得在公众集会上就市政事务发表演说，若欲行此举须先向工部局递交辞呈。"

1876 年，工部局职员有 1 名总办、4 名洋助理、1 名洋收税和 3 名华人文员，所有人一个月薪酬总数为 1 414.16 两白银。这一记录本身当然毫无意义，其作用在于可以提供比较。1920 年，工部局总办处、税收与财务部门雇请了 50

多位外侨。这与我们引用的其他数据一样，从中可看出上海飞速而巨大的发展变化。

然而尽管工部局的工作量增加主要是因为租界人口激增，比如人口房屋增多自然要配备更多警力和消防队，但在旧有职能外又增添了不少新"花样"，这些职能在以前简朴的生活时代或非必需，或因当时外侨社区的条件尚不足负担，甚至有些技术还远在人们的认识范围之外。集市、宰牲场、电灯照明和汽车交通，这都是新增的重负。

当 1921 年的预算达到 570 万两白银时，有人大声疾呼反对"疯狂财政"。这样的呼声 50 年前便有耳闻，当时财政收入从 21.6 万两增至 51.1 万两白银，而财政支出从 28.9 万两升至 45.7 万两白银。1864 年，汉璧礼曾批评工部局铺张浪费。1865 年，《北华捷报》说工部局常因奢侈挥霍遭贬责——其过往历史充斥着借贷与赤字。1867 年"财政紧缩成当时热议"，而 1873 年纳税人在会议上要求削减经费，于是"工部局决定深入调查各部门开支"。这里我们读到的仿佛是大战后的英国政府，但事实上所有的政府机构，无论大小，都如出一辙，玩弄着一样的花招与遁词。

读者们要知道由于太平天国失守苏州，造成大量华人难民从上海返回原籍，所以 1863 年至 1865 年间年景不佳。他们将欣然逃离此处烦人的卫生要求，奔向"肮脏自由的苏州"。本地人口从 50 万跌至 10 万，因此上海房产价格大跌。租界内 1.2 万栋华人房屋有三分之一空置，原先华人蜂拥的街市上荒草丛生。 63

如果说纳税人总可以通过纳税人大会控制支出的话，那各位须谨记，要控制收入则难得多。工部局可以收税，而这项事业到底有多难我们将在后章述及。困难原因之一在于中方的管辖权——由于不能直接向当地商人收取码头捐，外侨社区一年损失 1.6 万两白银。另一原因在于不少洋行与外侨千方百计利用《土地章程》的不确定性，或者模棱两可地解读其附则。1865 年的工部局年报清楚写有"缴纳一切税费皆出自愿"。

尽管我们再三说，由于最初工部局的权力并未严格限定，因此尽管他们出发点是好的，还以个人名义承担工部局债务，但总有人可以指责他们办事无能、花费奢靡、越权渎职。

 1864 年的一场争吵值得细读。董事霍格宣布工部局事务由于缺乏资金而陷入僵局，汉璧礼抱怨工部局开支一向浪费。他比较了洋泾浜南北两处的事务：法方造起了漂亮的公董局大楼，且还清了所有债务，英美租界未有工部局大楼，还欠着 9 万两白银。（《北华捷报》上）有人反唇相讥说，法方虽建起公董局大楼，但其警力不足且未修建排水系统。但也有人回应，法方的大楼建得很不错，英租界内的排水系统则未必！另外，法方的财政收入中有半数税收，这些税收在英租界内是被放弃或漏收的，这也是事实。

 两次租地人大会都未达成必要的协议，会上多有人批评却少有人提出建设性意见，大会希望工部局再准备一份新预算，将 51.1 万两白银减为 22.1 万两白银。汉璧礼指责工部局对公共娱乐场所征税，却放弃了华人房屋所有者 8% 的房捐，并在 3.5 英里外选定了一处新公墓，这些做法都超越了职权。他希望对工部局采取限制措施，甚至致信梅博阁，威胁将诉诸法律。

 工部局确实未经租地人批准采取了一些行动，也提出一些租地人不便或不愿提出的建议。但与此同时，两位董事颠地与科克（Cook）表示愿意负担 6.5 万两白银的市政债务。然而，大会以微弱多数 50 票对 31 票通过了一项决议，召集所有租地人签署一纸契约，保证偿付工部局董事个人所承担的责任，但大会当然无权逼迫那些少数派签署这一契约。有人提出将中央捕房大楼作债务抵押的提议，一直悬而未决，高易携 19 票委托投票才使之获得通过。这些事务引发了诸人的众多疑问：租地人要在多大程度上受制于工部局的行动，工部局如公司一般运行，找人从事如此吃力不讨好的差事难度日增。事实上，1864 年 7 月 162 位租地人中仅 9 人返回签了名的保证偿付契约，如此情形大概很难称之为慷慨大方或振奋人心吧。

 1862 年，有人以诗的语言形容疯狂的财政，说上海"首次跨入了诱人的借债时代"。这次是以 10% 利息借了 13.2 万两白银，计划用以修建排水系统。阿加剌银行提供了 10 万两白银，"否则就没法保持收支平衡了"。这笔款项将分十年偿还，每年支付十分之一。

 如上文所述，1864 年预算财政收入不止翻番，而支出也接近翻番，引发了一番"自我检讨"。以银行的立场来看，工部局的存在并不合法。如果工部局是一家企业，就能以各种理由借款，但以目前的状况而言，借款就需要提供个人担保。有一项借款的保证人名单中有颠地、耆紫薇、E. M. 史密斯等人的名字，每人 2 000 两白银。曾向法兰西银行以 9% 的利息借得 6.5 万两白银，但不久后这笔借款与其他借款合并为 8.3 万两白银，还款利率更低，写好新借据后，6.5 万两白银的旧借据在董事会面前付之一炬。

次年（1865 年）财务委员会报告称收捐日艰，宣布撤销翻译处（Office of Interpreter）以节约开支，并将账户从阿加剌银行转去法兰西银行，节省出 1 978 两白银。

1867 年 1 月，银行要求 7.5 万两白银的借款须在四个月内还清，但最后同意若半数借款可立即付清，其余部分的偿还尚可宽限些时日。几家洋行与若干租地人依然是这 7.8 万两白银的担保人，但为了满足银行的要求，工部局开始发行债券，此事适时开展，如《北华捷报》所言标志着"文明的进步从这里开始"。欠下银行的债款还清，借据给签字的借款担保人浏览，证明已免除责任后，由工部局副总董正式焚毁。

早期工部局地位不稳、《土地章程》涉及面窄、十多个不同国家的领事之间微妙的处境，这些因素使得诸事诉诸法律是令人悲哀却也难以避免的事实，韩能、乐皮生、魏拉特、董戴尔（C. Dowdall）、梅博阁等人都曾先后担任工部局法律顾问。领事公堂设立之前，工部局应诉只能由总办代表，因为英国法庭认为工部局包括了非英国公民的成员，所以不能以机构名义涉讼。因此，约翰斯顿曾于 1867 年被控告。1875 年，其继任者苏珀打算告霍爱德诽谤，因其致信财务委员会，工部局董事认为其措辞"毫无道理，不可容忍"。最终一致决定，总董应正式要求霍格撤回此信，结果此信撤回，事情告终。

这些都是微不足道的小事，重要的争端都与工部局是否具有征税权有关，当然一方土地的有效管理最终有赖于此。1865 年 11 月，洪卑对韦尔斯地产案的判决，实际上承认了工部局是一个特许机构。工部局提出诉讼，要求收回几块土地所欠的税费 590.30 两白银。被告方认为《土地章程》对其反对者并无约束力，本案所涉土地也不在《土地章程》所管理的区域范围，而且各国公使及其他各人根本无权制定这章程。但洪卑指出："和平、管理、秩序井然"这些词句说的是香港及其他侨民聚居地，也一样适用于上海。他表示章程自有其法律基础，英国贸易监督（Superintendent of Trade）正式批准赋予其法律效力，中国皇帝也对钦差大臣表示首肯。他认为虹口也是章程管理的范围，判决支持原告可收取税费。梅博阁代表工部局，雷来恩斯（Lawrance）代表被告出庭。

66 这一判决不仅对英国公民有效，人们还希望它能影响其他法庭，然而这愿望难以实现。次年（1866 年）普鲁士代理总领事虽然感到遗憾，但对于根据旧章程要求房客直接支付土地税或房捐表示拒绝。5 家普鲁士洋行拖欠着税费，双方还有一番唇枪舌剑，读来十分有趣，也令人增长见闻。

元亨洋行（Schnellhass & Co.）拒绝支付房捐。威尔洋行（Vale & Co.）的列霍夫（Rehoff）写道，"这些税款不合法"。泰来洋行（Telge, Nolting & Co.）转告总办，如果想让他们支付这不想付的税款，可以去普鲁士领事馆提出诉讼。泰源洋行（Oppert & Co.）提出不付 5% 的税款，只能支付 1.5%。总办对这些洋行（或是他回复的其中一家洋行）"因为特定法案存在一点缺陷或非适应性"，居然利用模棱两可的理由，试图逃避其理应负担的市政责任，深感愤慨。"工部局决定撤销拖欠税款者所享有的一切市政机构提供之福利。因此我受命告知您，若不能在本月 13 日下午 4 点之前在此办公室内缴清 111.43 两白银，工部局将撤销一切警力保护，从英国、美国及日本各港口通过工部局书信馆（L. P. O.）寄送的信件将退还寄件人，……而且您的大名及工部局采取如此行动的理由都将出现于工部局董事会最近一次的会议记录上。"

这一黑名单的威胁十分严厉，但也十分合理——不劳无获。然而，正如无所不在的报纸记者指出的那样，若拖欠税款者的房产失火，而工部局坐视不管，周边邻居难免遭殃。

普鲁士代理总领事德登贲 ① 态度威严地就此事发出如下信件："我不必验证这些只要不缴纳房捐便扣押信件的威胁，是否失了工部局的尊严，但我有责任告知您，我认为工部局打算采取的这些措施完全违法，也超越了工部局的权限，由于采取以上威胁措施所产生的一切损失，将全部由工部局所有董事负责。"

---

① 德登贲（A. Tettenborn），1864 年 12 月至 1865 年 8 月任普鲁士总领事。——译者注

丹麦法庭并未否认税收的合法性，唯一的辩词是被告所在地的周围环境未得改善！

法国总领事的意见表达了一种更自由随意的精神：他认为租下一处房屋不仅意味着有责任支付由此产生的房捐，而且同一主管机构还可征收此类额外税捐。我们认为他的观点主要考虑的是公共警力与方便行事。

总的来说，这三方意见还算令人满意，但为了挽救整个运作系统，必须获得美方的同意。温思达表达了他的观点，认为美方一贯态度积极，于管理工作中发挥着重要作用，而且领事熙华德本人颇有头脑，所以美方必定会表示赞同。他希望利用新章程能使美方也步调一致。

但直到 1875 年，双方才达成一致。当时工部局诉美商丰裕洋行 ① 拖欠350.70 两土地税。被告辩称"上海洋泾浜以北外国租界并无合法、有效且必须履行的《土地章程》及其附则，这些章则也从未得到美国政府的正式批准"，等等。原告法律顾问担文（Drummond）争辩道，脱勃雷（Twombley, 丰裕洋行）曾参与工部局管理事务，不能否认其合法性："他只要付过哪怕六便士税款，便是承认了工部局有收税的权力。"上海的情况独特，若脱勃雷赢了官司，那任何人都可以指责工部局，并要求退还多年来缴纳的所有税款。

熙华德的判决，得到了同事魏德卯、希契（F. D. Hitch）和爱勒恩（J. A. Allen）的一致赞同，支持原告可收取税费。他对于《土地章程》有效性的评论在其他章节还会提及。

这里我们还要指出，即使此案如此重要，但工部局一向不喜涉讼。财务委员会原本去年就打算将此案诉诸法庭，但总董费隆表示工部局的发展史就是不断与人妥协，走上法庭只对美国公民产生影响，建议避免司法冲突，最好在法庭外由熙华德解决此事。

另一件重要案件是 1869 年为码头捐事诉仁记洋行。洪卑表示十分遗憾，居然还要对这样的案件做出判决："因为在目前状况下，如果为了维持秩序保持卫生所分摊的花销造成债务，每次都要在法庭里争辩，那租界内将很快无法

---

① 此处原文为 Fogg & Co.，查《上海年鉴》等书外文名为 Fogg, H. & Co.，估计是原著有误。——译者注

管理。"

判决结果对工部局不利。工部局早就决定要对拖欠费用者提起诉讼，然而这一案件败诉后，他们并未诉诸法律就收到了其他 17 家拖欠费用洋行的还款。

这里我们还要说到另一桩案件，尽管此案在其他章节也会提及。1885 年，索伯（Thorburn）代表工部局申请强制令，限制伊斯（Ince）在其苏州河河滩的土地上建房。首席大法官连厘爵士同意发布强制令，条件是工部局补偿被告已支出的费用——约 3 000 两白银。

其他琐碎事件不胜枚举，也都不过是测试工部局法律职责的敲门砖。例如，沃德斯先生的小马跌入了狄思威路（Dixwell Road）边的河里，要求工部局赔偿损失，工部局则提交高等法院首席大法官处理，以确定他们是否有责任为租界内所有河道装设护栏。

但工部局涉足法庭最主要的事务，一是为了明确其收税的权力，并对违反者实施法律制裁，二是为了获得一个合情合理的结果，即不论其国籍或居所与洋行置于何地，凡是工部局管理的得益者都应承担其开支的合理份额。卓有声誉的洋行自然和工部局一样，由衷地希望把事办好，此事也时常需要法律的判决。然而，人性就是如此，我们也不必惊讶，《土地章程》尚存未有定论之处，各国领事对《土地章程》的态度各异，英法租界间的管理差异，甚至美租界与其他租界间存在的地理位置差异，不少洋行与个人都热衷于在这其中竭其所能，占取一己之利。简言之，这些人随时准备利用各种伎俩沾得利益而不费分文，由他人为之买单。这种人只能由法律逼迫其诚实为人。

土地章程

《土地章程》——上海政府的根本大法，自1845年巴富尔上尉与道台首次设立了大致框架后，历经多次修改。最初简略的规则只考虑一个英租界，但实际上租界很快变成由英美两国人杂居，不久又有世界各地人士前来，《土地章程》已不适用。1854年7月，各缔约国领事阿礼国（英）、马辉（美）、爱棠（法）发布了有14项条款的新规章。

不论他们在制订规章时如何谨慎斟酌，1854年《土地章程》同许多法律条文一样，一旦付诸实施便很快显现出其缺陷与前后矛盾之处。举例来说，1875年众人商讨章程第10款是否推翻了第5款的内容。第5款表述为，未得相关特定租地人同意，不得从事某些事宜，第10款则认可少数服从多数原则。

而其他不足之处则更为严重。章程由三缔约国领事制定，并明确表达该章程对所有外侨都有约束力。但根据1853年6月的枢密令（Order in Council）第3款，若要使其对英国公民生效，则应表述为"为了英国公民的安定和睦"。但几乎无人将章程视为根据该枢密令制定，而未得到枢密令批准，该章程是否能作为法律对英国公民具有约束力还值得商榷。

鉴于阿礼国在制定章程的合作关系中占主导地位，且租界内英国人利益超过其他各国，当时的状况确实十分怪异。

接着发生的问题是，尽管法方在制定章程时也参与其中，之后却拒绝在洋泾浜以南施行。最初这部分租界无疑也是章程管辖的范围，但后来法方出于自身原因默认联盟到此为止。在未知会他国领事的情况下，法方扩张边界，占据了上海郊区原先最繁华区域的大块珍贵土地，将其称之为法"租界"，"法国人可在此地界内租地"，且申明地界内的所有土地应在法国领事馆登记，并总体维护该租界的完全独立。

70　　周边形势又一次彻底改变了整个租界的性质。县城里的难民愿意为获得避难之所而倾其所有，因此土地所有人便罔顾《土地章程》，造起了满街的中国房屋，租界西部很快成了中国城，而要维持秩序则极为困难。阿礼国曾说工部局应立即采取措施阻止华人涌入租界，并清理已经开张的鸦片馆、妓院及其他不体面场所。截至1854年底，租界已有华人2万，外侨还在不停地为他们造房子，而工部局完全无力改变这一切。

而且，香港的英国律政官员拒绝承认工部局的合法地位。

1861年工部局要求各国政府正式认可《土地章程》，承认其对本国公民具有约束力。14国领事大多没有正式回应。有人提议，在将《土地章程》合法化之前应予以修改，其结果是出现了1866年修改的章程。新生的阵痛历经数年。

妨碍其新生的原因之一，是有人突然提议上海成为由四大国保护的自由市，由自己选出的官员执行其管理职能。这一提议出自金能亨、惠特尔（J. Whittall）、韦伯（E. Webb）、戴特（J. P. Tate）和霍锦士组成的防卫委员会（Defence Committee）。请大家谨记：当时——1862年8月，此地实际没有中国政府机构——上海完全依靠外国武装保护。

很快，英国公使卜鲁斯来信宣布此举无效，他通过麦华陀提醒租地人，英租界并未转让也未租借给英国政府，此地仍为中国领土，须缴纳土地税，若说否认中国人之司法权，也仅仅是为了保证在中国的商贩个人及商行免受干扰，此举必不可少。中国政府从未放弃对其人民的统治，而英国政府也未表现出任何将为华人设立保护领地的意愿。他十分确定，英国政府宁愿缩小租界，驱赶华人，也不愿租界扩张而华人蜂拥。之前提出的做法原则上不合道理，势必造成无尽的尴尬状况，而中国政府更不会甘心屈从。他再次重申，依照条约英人无权干涉当地人与其政府的关系；未经中方当局同意，英人亦无权逼迫租界内

71　的华人为地方纳税；中方官员在县城内征收的任何税款，可能在租界内也要

征收。

他的信中还有其他令人惊异之处，这些说辞即便不能令上海社区的外侨满意，也浇灭了他们的热情，自由市计划的言论从此在报纸的读者来信专栏里销声匿迹。这个念头是"毫无根据的罗织幻想"，接着便消失得"未留一点残迹"。

与此同时，工部局在 1862 年租地人大会上宣布，各国领事已制定新的《土地章程》呈送北京，显然此事并未与工部局或租地人商议。但工部局看到了其中的改进之处，并将其引荐给租地人。《土地章程》本身并未重拟，只有以下变动：法方退出后租界范围的变更；废除了预购或预登记制度，这种制度使得不择手段的外侨在土地升值时大发横财，损害中方所有人利益；保护私人财产不受大多数人投票通过的决议侵害，并试图核实华人在租界中获取的土地。

接着租地人任命了与领事们协商的委员会，以便制定出一套中外当局都能接受的章程。该委员会表示，由于同清朝皇帝不协调的关系，此事会有些困难。他们也表示——不过我们认为这么说也并非真心诚意——当地人涌入租界并非外侨之过，如卜鲁斯所言，不过是因为清政府软弱，民众只能向英方或法方寻求保护。委员会从卜鲁斯的公文中推测，1854 年的《土地章程》没有法律依据，也并未侵害华人的权利。此事若依条约之文字来看或许不谬，但从条约精神来看并非如此。然而该委员会请大家注意贸易方面逐渐提高的税收；本地当局在上海仅有暂时利益，且打算在这方土地上竭尽所能地搜刮压榨；依照他们不科学的管理方法，贸易早已岌岌可危。上海是一处大港，一座临时人群汇集的城市，市政需要各种形式的初期成本大量投入——中国人在这些管理活动中又能起什么作用？中国人不可能组成诚实而富有活力的政府。若当地政府能放弃一些权力，换来的将是本地人的平安与幸福。

而且，此处我们唯一能找到的文件也并不连贯。

1866 年举行了数次租地人大会，逐条讨论其任命的委员会制定和修改的 72
《土地章程》及附则。在第一次会议上宣读了法国总领事来函，信中宣称第一次《土地章程》中标明的法租界界址有误，并否认洋泾浜以北的租地人有权为法租界制定《土地章程》。他还对新章程未曾与其协商表示不满。这些问题都容易答复，不过也确实让人对他之后的行为有了心理准备，此后他宣布将独立颁布一套法租界《土地章程》，并于次日在公董局宣称 1854 年《土地章程》对法租界没有约束力。第二次会议又宣读了他的另一封函件，内容针对霍锦士在第一次会议上的发言。当然，说"白来尼（M. Brenier）子爵对解散公董局董事会十分满意，省得他们碍手碍脚"，未免太过唐突。然而重点在于霍锦士宣称白来尼曾在一次会议上答复他说，法租界将遵守 1854 年《土地章程》，但那次会议记录显示仅在特殊情况下方可适用《土地章程》。或许最为怪异的是，总领事承认他从未读过《土地章程》，"至少未全文通读过"，这一点在该次会议记录中曾有记载。

伴随着这些小冲突，租地人逐条讨论了章程内容，而后经领事修改提交公使。但 1866 年 11 月，阿礼国一收到该章程便表示，眼前要务是取得各国政府同意。工部局的困局便拖延着，因为人们还希望一个行政机构能管辖整个区域，一如 1854 年制定章程时所设想。法方确定退出的情势已经明朗，而阿礼国认为相互认可便能解决麻烦。但天哪！此后足足又耗费了三年时间，五国领事才发布了章程，而且还只是临时签章。

主要的困难在于美国，该国政府对于是否批准《公董局组织章程》犹豫了很久，因该章程"精心谋划只为提高法方的声望与权威"，并不是《土地章程》所秉持的互惠精神。另一方面，英国政府要等美国和普鲁士批准了《土地章程》和《公董局组织章程》，方能同意《土地章程》。而要法国认可《土地章程》，则须以各国政府都同意《公董局组织章程》为前提。

有人提议直接将《土地章程》付诸实施，不必等待法方表态。卫三畏和熙华德认为此举可行，但麦华陀以"最弱环节"理论争辩，若法方拒不屈服，或会引发整个体系瓦解。无疑，如熙华德所言，确保法方人员遵章守纪自然符合法方的利益，若形成僵局则于各方皆不利。但金能亨也担心形势失控：工部局董事们勉强供职，或许会出现政权更迭的空白期，而所有市政工作都将陷入停滞。迄今为止，让市政当局无法稳妥运行的难题就在于，难以取得普遍共识保证所有人都缴纳税款。唯一的希望就是各国政府一致通过《土地章程》，而要达到这一目的，各国政府必须首先批准《公董局组织章程》。

颇费了一番周折后，1869 年 9 月各国公使最终一致同意，两项章程以联合通知的形式发布，但仅是暂行，"以待各国政府表示意见"。通知由阿礼国、李福斯（普鲁士）、布策（俄国）、罗淑亚（Rochechouart）、卫三畏代表各缔约国联合签署。这一临时举措于 1870 年 1 月得到英国肯定。

尽管形式上是临时的，人们还是希望这一制度能在实践中长期运行，而麦华陀表示该《土地章程》将会在未来几年都能满足外侨社区的需求。不用说，这是一个人眼见一项艰巨任务终于完成，以其完成之难度来衡量满意度的乐观估计，而且该章程施行后不久便发现有再行修改的必要。

租地人欲将选举权资格抬高，以便将"惹是生非之徒"拒之门外，但在各国领事提出的诸多修改意见中有一条，是要放宽选举资格。公使们决定将两者意见折中。从此"纳税人"一词代替了"租地人"。

另一项领事的修改意见是，每年由道台提名三位华人，其职责仅为顾问，凡涉及华人居民的捕房、卫生及征税新规，须先行与之磋商，始生效力。公使们认为该项意见不宜实施。

自此以后，确定市政年度为 12 月 31 日结束，董事人数定为 9 人。

此次修订《土地章程》有不同寻常之处：该章程由租地人拟定，经公使同意，丝毫未与中方当局磋商。1845 年与 1854 年章程曾经过各国领事与道台同意，但 1869 年的章程却并非如此，事后也未寻求道台批准，甚至是否正式告知道台都尚存疑问。不过当 1876 年有人提出这个疑问时，麦华陀证实他曾于 1870 年 3 月正式向道台送去《土地章程》副本一份。无论如何，中方当局在会审公廨强制其公民遵守该章程，也未对该章程运用于本地居民提出任何异议，实际上就是接受了这个章程。

令整个情势更显怪异的一点在于，该章程中有一项条款（第 28 条），大意是章程如需修改，必须由外国领事与当地中方官员磋商决定。

尽管卜鲁斯强烈声明，除非得到中方官员同意，外国人无权对华人征税，但之后他们确实通过制定章程向华人征税，中方当局从未同意，或者说从未征求中方当局的同意，而中方官员对此也漠不关心。

当然，大家别忘了，此时卜鲁斯已离任，由阿礼国取而代之，蒲安臣也已离职。

接下来我们将注意力转向第四版《土地章程》，一般称之为 1881 年《土地章程》。

不过首先要说在此之前有一次打算修改章程的尝试并未成功。至 1872 年已有人抱怨 1869 年《土地章程》缺少弹性，而每年的大会上都可看出对这些章程条款会有怎样不同的解读。1873 年的纳税人大会任命了一个委员会，负责"与领事们商谈，协助其"修改章程。然而，该委员会发现领事们希望修改事宜由委员会完成，然后呈交给他们斟酌修改。因此委员会也整日无所事事，于次年年度会议召开时解职。有了这一次糟糕的开端之后，工部局任命了一个由 9 位纳税人组成的委员会，于 1875 年提交一份修改章程。我们或许又可以说"此事搁置"，但这次工部局的会议记录上写着"此事已放弃"。当然提交的章程曾在一次纳税人大会特别会议上讨论，因遭媒体诟病，此后便悄无声息了。事后据说纳税人对此次修改的章程完全持冷漠态度，主要原因是这次修改的章程在某种程度上限制了他们的权力。

1879 年会议上，尤其迫于工部局征税的法律权力持续遭到质疑，纳税人再次任命了修改章程委员会。就在这次会议上一位发言人拒绝缴税，但此人一丝不苟地将这笔税款金额寄上，作为自愿捐款。显然市政机构不能靠"自愿贡献"来运行。

1881 年 2 月，经过 14 个月持续工作，委员会向纳税人特别会议作了汇报，然后纳税人在由立德禄担任主席的全体大会上逐条讨论了修改的章程和附则。经过十次会议，讨论结束，修改的章程呈送北京。接着此事就明显"搁置"了，因为该章程直到 1899 年方获批准，而 1869 年的章程一直执行至此时方才失效。

公使将修改后的章程发还上海，其中有些限制条款令工部局认为使用原章程或许还是上选：招募万国商团成员的职权遭取消，缩减工部局逮捕罪犯的权力，新的征税方式须经各国领事批准方能实施，执照捐费只能在每次年会上修改。

原先的纳税人委员会将修改方案再仔细斟酌后，递送给一位资深律师审核，然后再送返北京。

修改方案耽搁良久方获批准有诸多原因：与葡萄牙签订的条约尚未正式批

准、鸦片问题尚未解决、获中国政府批准困难重重。有人担心若给予压力，中方或许会提出他们从来就未承认 1869 年的《土地章程》。

无论如何，上海的工部局和北京的公使们都十分耐心，一致采取沉默策略。在此期间还曾多次制定规章，但均悬而未决。

1896 年年会上又提出了新的修改方案，尽管该方案获一致同意，然欲得北京方面肯定看来也是无望，所以依然一事无成。然而在下一次会议上，大家觉得定要有所作为。有人（当然是通过领袖领事）提醒公使们，几次询问 1881 年《土地章程》的命运都未获得满意的答复，工部局提出新修改的章程是否能请公使们早日讨论，并获支持。与此同时，他们还提出能否要求总理衙门对现行章程，即 1869 年章程，给予正式认可。

答复是公使们若收到新章程便将开始讨论处理，但 1869 年章程毋须再经过总理衙门，该章程运用已久，其有效性毋庸置疑。

于是，修改章程委员会成立了，每周会晤。1898 年 1 月提出数份新修改的章程和附则。这些修改后的章程经纳税人通过后，因种种原因，由领事通过道台呈送两江总督，其答复是"此前既从未顾及此项章程，故现亦不欲过问。此事得由工部局与领事团磋商妥定"。然后章程获领事、公使批准，但因已将此事照会总理衙门，故要待总理衙门的回音，领事准其实施的意见暂不发布。于是，工部局指出新章程经纳税人、领事与公使同意，并已知会中方，与 1869 年章程的情形相似，故工部局恳请章程立即开始执行，不必等待总理衙门答复。这般急于实施是因为附则第八条和三十四条，涉及排水和捐照事宜。

最终，章程于 1899 年 8 月获英女皇批准。

《土地章程》里还有几点需要特别说明。曾有一种合人心意的假说，有人认为之后的各修改版本只是 1845 年巴富尔与道台所达成协议的延伸，由此可以得出结论，这些修改的章程便无须中方当局再次承认：最初的批准措施可以覆盖首款章程必然的发展过程。当然，这不过是不切实际的空谈，事实上我们看到至少 1869 年的章程曾正式呈送道台，1898 年的章程报送总理衙门，部分章程和附则还递送两江总督。对于他国公民而言，章程在哪些国家得到认可，可以适用于个人，还有待法官来裁定；但其对华人的有效性无人对此提出异议。这

76

些章程对外侨的约束力因有争议而越辩越明，而对华人的约束力则毫无争议。

也有人抱怨后来的章程在市政管理中赋予领事团过多权力。这个问题很微妙，因为反对意见并非针对所有领事而是其中一部分。法方有由其总领事管理的公董局，该领事也参与另一边的市政管理。事实上，他曾不止一次任领袖领事，是洋泾浜两岸的最高官员。但即使法方并未分割出去，在贸易、人口和开创性工作方面，英方以压倒性优势占据首位，美方屈居第二，德方正努力占有一席之地。但领事团作为一个团体，也包括了小国代表，有些人在这场游戏中的利益极小，有些人的观点甚至与大多数人的福祉背道而驰。然而英美两方并不能自作主张地行动，工部局的九位董事中有七位英国人，但工部局并不听从英美领事的指令。小国领事也同样是领事团的一分子，但他或许除了一己私利之外并无利益涉及其中，而且事实上根据规则，再小国家的领事都可能成为领事团领袖领事，而英美领事的官方位置只能靠后。无怪乎有人对于增加领事团权力感到不安。

涉及历次章程的约束力，一直遭人质疑甚至否定。香港律政司拒绝承认章程的有效性——所以个人胆敢抗税哪有什么可奇怪？但洪卑在威尔斯一案中的判决确定了章程对英国公民的约束力。而美国方面则无人知晓其立场，但卫三畏告知熙华德，华盛顿默许旧章程实施12年，足以确保其合法性。

问题到底有多复杂，或许从英国著名法学家、印度法官斯蒂芬（Fitz James Stephen）爵士对连厘表达的有趣观点中可见一斑。此人说这是他遇到过最有难度的案子，也从未碰到欲查找先例却如此无望的案例。他认为女王可以通过枢密令充分有效地管理在华英国臣民，如同英国直属殖民地一样，这一点毫无疑问。而且他认为女王陛下会同枢密院（Her Majesty in Council）批准现行规章（1869 年《土地章程》），将使之具备法律效力，从而对在沪英国公民具有约束力。至于女王陛下会同枢密院是否有权授予其在北京的公使必需的权力，批准类似于市政当局规章的《土地章程》，他表示十分怀疑，假设她有这样的权力，他很怀疑她是否通过 1865 年枢密令的第 85 款等条款正确行使了此种权力。他很清楚，若女王通过适当方式赋予上海的英国纳税人地方自治的权力，她也可以将由大多数人投票决定强制征税的权力囊括其中。他认为将市政当局规章与

《土地章程》混为一谈乃错误之举，建议今后章程再做修订时可自顾一方，另行制定独立的市政府规章。他认为要依赖北京公使批准，甚至根据 1865 年枢密令第 85 款由女王指示英国外交大臣批准，皆非明智之举，权宜之计是先专门通过一道简短的枢密令：宣布此乃根据第 85 款赋予的权力或为其权力的延伸，就已足够。他最后指出章程会同各国公使的联合会议记录付梓，决不意味着或可声称这些章程是根据授予英国公使及其他国家公使的特殊权力而制定或公布——就英国公民所受影响而言，这是极大的疏漏。

看了如此复杂的观点，对于有人大胆挑战市政当局以及工部局对于自身权力怀疑不安也就不足为奇了。当 1881 年发生了伊斯一案（见下文），工部局担心若辩方否认《土地章程》的有效性，判决将不得不默认这一事实，这至少比由最高法院判决章程无效对工部局的权威伤害略小些——这一判决将使收税之举再无可能，而当地政府的整个运转体系也将受挫。因此，工部局请求公使威妥玛让英国大臣完全明确地根据 1865 年枢密令的第 85 款规定批准《土地章程》。此举仅为满足本次庭审。斯蒂芬爵士早就说过，他认为由官方批准一个普通行政措施尚不足用。工部局本来希望能够得到一个他之前提议的简短枢密令，但这一过程耗时太长。他们再次紧急申请，是因为有人提出尚未确定最高法院是否认可之前的批准措施，若答案是否定的，可能带来灾难性后果。

1881 年 11 月，格来维尔（Granville）伯爵发来一封电报，大意是上月通过的枢密令已追溯批准 1869 年的《土地章程》，确定其具有约束力。

第7章

法租界

　　上海滩最引人注目的事件之一，就是当其他各国民众在洋泾浜以北一统于工部局治下之时，法国人却单独在洋泾浜以南建立了租界。这段引人关注的决裂过程值得详加叙说。

　　1842 年，英军兵不血刃地进占了上海。同年，中英两国签署《南京条约》。1843 年 11 月，英国领事宣布上海开埠。作为首任领事，从吃住到租界界定等大小事宜都需要他亲力亲为。在英国领事与上海道台商定的首个《土地章程》条款中规定：所划界限内的土地只能由外国人通过英国领事馆购买。因此，《土地章程》中标示出来的区域毫无疑问属于英租界，且有可能一直如此下去。当时上海并没有其他外国势力，但英国人却决定将租界向所有外国人开放，只要他们能够接受并遵守《土地章程》中的相关规定。

　　继中英《南京条约》之后，美国、法国先后与中国签订了条约。鸦片战争前，美国与英国共享广东口岸，条约签订后，美国紧随英国的脚步扩张至上海。一些美国人选择在英租界内购置土地，有些为了便于做生意选择在苏州河以北的租界外定居，由此形成后来的美租界。随后，法国人登上舞台。当地人口稠密的郊区最初为华人的贸易中心，此后逐渐演变为法租界的区域。在英租界的另一边，苏州河以南，虽有足够土地，但因路途偏远且不便于开设商行，其他各国人还是选择在英租界内生活。但他们拒绝承认英领馆的相关规定，因为根据已有的相关条约，他们有权直接向中国人租地并由本国的领馆调停所有的争端。

几年之后，英国当局放弃了所有排他性的主张。而在此之前，法国人从中国地方官员手中获得了一块相似的租界，其区域界于老城墙和洋泾浜之间，包括此前提到的那块繁荣郊区。中法签订的条款中有一些是与英国的《土地章程》相悖且不可行的。美国领事、英国领事都对这些条款表示抗议。几周后，在上述区域已购买土地的一个美国人，在美国领事的帮助下，迫使道台通过美国领事馆出具了地契。 80

法租界的最优地块位于洋泾浜河畔，全由中国商户占据，如若购买，代价高昂。因此法国人的定居区无法持续扩张，而英国的势头却上升了。1854 年，旧的《土地章程》废止，新章程出台。新章程适用于英、美、法所有租界，所有排他性的主张和独有的司法裁判权都被废止了。当时法国领事与所有他国领事都参与了这份涵盖广泛的章程制定。英、美、法三巨头各自与中国签有条约，于是这三国的领事共同签署了第二次《土地章程》。

此事表面上皆大欢喜，但恰恰在这一年里埋下了日后分裂的种子。

小刀会占领上海县城期间，法租界位于城墙之下、县城和英租界之间，因此，法国人感到困苦不堪。当无法忍受不断涌现的叛乱分子时，法国自然要抗议叛乱分子的给养能通过英租界运输。随后法国人沿着洋泾浜至护界河所在的河流筑起了一道墙，这对限制叛乱分子的活动空间很有效。法国最终愤怒地声明，说名义上保持中立的洋泾浜北部区域所提供的同情和帮助导致了叛乱分子的抵抗得以持续。法国也由此找到了开战理由，宣布对县城戒严，并炮击、攻打了县城，但随后因损失惨重不得不撤退。尽管英、美领事都非常乐意保持中立，但情况变得不可收拾，租界沦为了销售抢劫所得物资以及购买给养的公开市场。可是表面上租界仍保持着中立。此外，英国海军总司令为保护租界，除了应对突发事件外，拒绝做更多的事。在决定开战之后只能孤军奋战，法国对此非常恼怒，而随着进攻失利，法国更加怒不可遏。

我们无法确定这怒火对于法国日后的决定产生了多么深远的影响。直到 81
1860 年，法国总领事声明：由于英国当局在 1854 年的暴乱中拒绝对联合租界提供保护，法租界将免除在第二次《土地章程》中所规定应承担的义务。他同时声明：法国政府有权不顾英国划界的安排而去执行自己的计划。

然而在 1864 年，巴夏礼说据他所了解，法国的立场从未得到任何权威当局的承认。这种持续的沉默或多或少使我们怀疑法国寻求独立发展另有原因。可以确定的一点是法国在贸易等方面远远落后于英、美，排在了第三，因此寻求独立发展也在情理之中。

直到 1866 年《土地章程》再次修改，另一个严守的秘密才浮出水面。

签署 1854 年《土地章程》的是法国领事，但法国政府拒绝批准该章程。这情况若干年后在压力之下才公之于众。1866 年 3 月，在法租界租地人大会的讨论过程中，会议主席说："在这里我们不承认《土地章程》。"着紫薇问："你不认为 1854 年由法国领事签署的《土地章程》具有约束力吗？"主席答："不具有约束力。法国政府同意之后才生效，但《土地章程》被拒绝了。"着紫薇想知道法国这边是否有其他生效的章程，但主席不愿就这点展开讨论。埃梅里①曾提到，他一直认为这些《土地章程》早已生效，因为北京方面也已经签署，每个人都这么认为，会议主席只不过听说《土地章程》被巴黎方面拒绝了而已。

没必要去揣测下面这种情况：法国政府未曾将否决《土地章程》的公函送到英、美领事的手里。英、美领事们恰恰都怀有痴想，希望一切都会顺利。他们在适用于三国租界的条款上没发现不同之处，所有外国人在任何一块租界内都拥有平等的权利。美租界和英租界已然合二为一，他们希望法国能加入统一的市政规章中来。所以英、美领事自然都不会去放出风声说巴黎方面拒绝了《土地章程》。然而，法国在此事上保持沉默的原因颇令人费解。

如前所述，法国人在其租界范围内一开始就主张其他租界未曾主张过的权利。

法租界的边界在 1854 年得以扩张，拨给法国的土地被视作"受保护的领地"。较之其他租界的情形，法国人的处事方式总带有点冷淡、沉默的味道。志不同，道不合，所有事情可由此得到解释。美国人或英国人的处事方式都跟法国人不同，尤其政府的理念差异甚大。从各种迹象中显而易见的是，尽管对出

---

① 埃梅里（Pere Aymeri），1867 年 5 月至 1874 年 2 月任法租界公董局董事、副总董。——译者注

台统一管理外国人的市政规章有强烈又普遍的愿望，但包括卜鲁斯公使在内的不少人承认，让法国人自行其是对英、美也有诸多益处。

法租界的边界扩张到黄浦法兰西外滩之后，法国人有了重大的新举措。1862 年 4 月，爱棠正式知会各方，法国将自行筹办公董局，来负责统管法租界内警务、修造道路等一切不可或缺的公共福利。"公董局在人口迅速增加的本地、外国民众的迫切要求下成立，无疑将有效地为上海的安定和谐做出贡献。阁下，我丝毫不怀疑公董局与工部局之间将致力于理解互通，虽然两者所处地域不同，但是目标相同。"这份公函以法语书写，上述的翻译（英译）总不尽如人意。公董局的成员名单如下：总董皮少耐（M. Buissonet），梅纳（M. M. Meynard），法雅（Fajard），马尼凯（Maniquet），总办兼司库施米特（Schmidt）。

麦华陀对这封公函具体答复如下："您认为公董局的成立对法租界将产生诸多益处，对县城和其他租界也是如此，对此我深表赞同。但容我对您的举措是否得体持有异议，因为这一举措完全违背了上海《土地章程》，而该章程是由各缔约国同意的，此后也未见修改或者撤销。同时，在这特殊情势下，我会将您的计划告知工部局，由工部局以改善整个外国租界的利益为目的去便宜行事。"

在成立公董局这件事情上，我们能清楚地看出，法国的行政理念和自由理念与洋泾浜另一边存有差异，甚至可以说有天壤之别。在洋泾浜以北，工部局成员由租地人、此后由纳税人选举产生。在洋泾浜以南，公董局成员由法国领事提名产生，目的在于把权力控制在法国国民手中，尽管非法籍外国人在法租界占有三分之二土地。此外，除了调查取证，工部局无权对犯罪嫌疑人进行审问、扣押。在洋泾浜以北，领事除了主持租地人大会之外，只要一切有关情况不违背与中国签订的条约，便无权影响租地人的诉讼行为，无权影响董事会。但是在法租界这边，法国领事为了掌握实权，借助使用"特许权"字眼，实际上获得了干涉和掌控法租界的权力。法租界董事会成员由法国领事提名，旨在维护法租界的独立状态。法国领事自称其是非法籍外国人和中国人提交司法流程的唯一媒介，因此裁定罪犯的官方文书总是以法国领事名义签署。在法租界总隐约弥漫着法国官员的特殊权威和控制力。

到目前为止，我们述及了法租界和洋泾浜以北相邻租界之间的关系，现在

83

让我们谈谈当地的一件麻烦事。1865年末，上海公共租界内发生了前所未有的尖锐的政治斗争。为了获得些启发，我们扯远点，回顾一下英法革命的差异。英国革命进程缓慢，通过走妥协的道路形成了君主立宪。法国革命有着剧烈的变化、冲动、狂暴，充满血腥。在英租界内，也常有冲突发生，英国领事、工部局、租地人、上海道台和大多数平民都各有想法，各行其是。然而清醒的认识、中庸的精神、少许的互相忍让、如竞技场上那样去接受失败，使得公共租界得以持续运作，当事的冲突各方心中也没有留下多少痛苦和敌意。

大概是被河岸对面壮观、自由的景象所唤醒，法国领事任命的董事会成员们竟然想要不受干涉地进行工作。他们希望罪犯能不受法国领事的干预，走各自相应的司法流程。还有其他一些困难的问题也被唇枪舌剑地讨论了几个月。董事会决定让全体租地人来撑腰，于是通过广告召集的方式，定于1865年10月19日在公董局大楼开会。但是，由英、美、法三国的全权代表通过的1854年《土地章程》中规定，此类大会应该在领事馆召开。法国领事抓住这一点作为董事会造反夺权的依据。他给租地人出具了告知书，让他们同日同时在法国领事馆开会，公董局大楼届时将关闭，并由法租界巡捕把守。在约定的时间，全体董事会成员抵达公董局大楼时，发现大楼已被武装占领。他们要求进入大楼，被拒绝后就开始抗议。与此同时，在法国领事馆，白来尼领事正式宣布董事会解散。开了次长会之后，租地人中的四个英国人、一个美国人和三个法国人同意成立临时委员会，并将此告知了巴黎方面。

这一引发轰动的事件并未到此结束。施米特总办扣留了临时委员会展开工作所需要的文件。施米特和他的同犯一起被带到了法国总领事面前，但拒绝认罪，并声称法国领事也是利益相关方，因此无权做出裁决。施米特一伙被罚款500法郎，且要存入10 000法郎以填补因滞留账户所造成的亏空。不知何人所译，一句融合古英语和法国习语的文句中这样说道："被告人拒绝就范，随后齐步走向监狱。"

此后公董局的运作机制并没有改变，董事会仅提供咨询意见，对一切事情法国领事都有否决权。1867年5月，租地人被召集开会，原以为是来表决预算案是否通过，但法国总领事告诉他们根本无权接受或拒绝预算案。他们带着极度的恼怒与憎恶离开了会场，其中四位董事宣布辞职。

回到法租界的对外关系上。在 1866 年《土地章程》修改之时，法国总领事告知工部局，说《土地章程》的修订未曾咨询过他，因此他打算拟一份法租界章程，希望其他几大国的领事认可，同时他也会认可他们修订的《土地章程》。

于是《上海法租界公董局组织章程》（Reglement d'Organization Municipal française）在 1866 年拟定，并于同年 7 月生效。这份《上海法租界公董局组织章程》有 18 个条款，具体内容不如《土地章程》那样容易获取，所以全文给出，放在附录中。① 此后称之为《公董局组织章程》，有别于公共租界的《土地章程》。

《公董局组织章程》引发了一些非常直接的官方言论，更确切地讲，是文字评论。由熙华德和温思达联名发给法国领事的信中，他们预言《公董局组织章程》很难适用于他国人，法租界看起来像一块"自治领土"，只是法国政府无法在其中如愿削减他国的特殊利益。他们建议延迟公布《公董局组织章程》，但法国领事十分明确地答复称绝不可能。

《公董局组织章程》看来是在巴黎拟定的，因此英国公使强烈反对在上海做无用的讨论。公使说："一个外国势力在中国领土上提出的任何规则、法律、义务，对英国国民没有约束力，除非英国当局对此自主决定，同意生效。"公使命令温思达对《公董局组织章程》中任何涉及英国事务的条款都不予承认，但也要避免冲突，避免不愉快的讨论。

熙华德对此事十分焦虑。法租界的领土自治、法国至高无上的影响力、法国领事的独裁、之前法国合作状态的废止，任何与这些相关的他都反对。他担心其他国家会效仿法国这个恶例。

路威（Drouyn de Lhuys）② 将《公董局组织章程》从巴黎寄出时写道："与《土地章程》之间的差异充分体现了英、法两国才能、制度上的差异。"差异的原因，如前所述，是根本性的。法国人的办法是否比其他国家高明难有定论。

---

① 原书第 2 卷附录（第 501 页），未译。——译者注
② 路威（Drouyn de Lhuys），1805—1881 年，法国外相。——译者注

所有租界社区未能一统于某个单一的章程之下虽有诸多遗憾，但如若统一但理念水火不容，可能会制造更多的麻烦。

造成"国家间固有差异"的可确定因素，是法国担心融合之后会相形见绌，合并意味着被吞没。经济因素也被考虑到了。法租界财政状况良好，然而英、美租界在税收收入超过法租界三倍的情况下仍欠债超百万法郎，且"引以为荣"。

至于法国人举措是否合法，有观点称法国人于 1849 年在洋泾浜以南分得一块地，但在 1854 年又同意放弃对这块地的特别控制。该决定在 1862 年前从未正式撤销过。在此期间法租界得到扩张，非法国国民在那里可不受限制地居住。存有疑问的是当外国人获准在各港口自由定居时，中国人是否有权将这块地特别出让给法国人①。但不论什么情况，法国在同意放弃控制这块地的时间段内都无权主张对新入住人的控制权。法国自称："中国在让与这块地时已经委托法国善加管理，并遵守与各国《条约》。"这块地专供法国使用，不过根据法国的规则，大方地向所有人开放而已。

温思达领事、熙华德领事和普鲁士领事德登贲愿在礼节上周全应对，但从未应允法国总领事削减他们的管辖范围。法国总领事将周全的礼节当作和解的表示，但对他们主张的权利一概拒绝。

洪卑告知外交部租界合并已不可能实现。他指出中法《黄埔条约》的签订

---

① 中英《南京条约》第 2 条，中美《望厦条约》第 17 款。——原作者尾注

《南京条约》第 2 条：自今以后，大皇帝恩准英国人民带同所属家眷，寄居大清沿海之广州、福州、厦门、宁波、上海等五处港口，贸易通商无碍；且大英国君主派设领事、管事等官住该五处城邑，专理商贾事宜，与各该地方官公文往来；令英人按照下条开叙之例，清楚交纳货税、钞饷等费。

《望厦条约》第 17 款：合众国民人在五港口贸易，或久居，或暂住，均准其租赁民房，或租地自行建楼，并设立医馆、礼拜堂及殡葬之处。必须由中国地方官会同领事等官，体察民情，择定地基；听合众国人与内民公平议定租息，内民不得抬价掯勒，远人勿许强租硬占，务须各出情愿，以昭公允；倘坟墓或被中国民人毁掘，中国地方官严拿照例治罪。其合众国人泊船寄居处所，商民、水手等止准在近地行走，不准远赴内地乡村，任意闲游，尤不得赴市镇私行贸易；应由五港口地方官，各就民情地势，与领事官议定界址，不许逾越，以期永久彼此相安。——译者注

迟于中英《南京条约》，中国不会在损害英国利益的情况下给予法国特殊利益。"英国倡导了这样的方式：董事会由大多数租地人选举产生，成员构成旨在源自欧洲各国人。"泛泛地说，董事会具有明文立法的功能。法国将权利交到了总领事手里，但总领事对其他国国民无法掌控。

法租界的脱离除了在法律、政治方面的影响之外，还因耽搁了《土地章程》修订版的确认使得公共租界纳税人利益受损。

在等待这重要且必需的"确认"三年之后，42家商行于1869年7月提交了建议书，称公共租界的《土地章程》修订版因法国方面拒绝批准而搁置至今，因此建议不再等待法国的同意并批准修订版。建议书认为，如果涉及的法国人只是少数，可由他们自行决定承担多少公共开支。部分法国人不愿承担也不会影响整个机制的运作。美国公使卫三畏支持这样做，并补充说《公董局组织章程》未经他国同意已经生效使用了。但阿礼国指出，最要命的困难是他和普鲁士公使都收到指令，只有其他各方都同意后才能同意该修订版。

法国接受《土地章程》修订版的前提是《公董局组织章程》能够被接受。⁸⁷英国同意《土地章程》修订版的条件是需要美国同时接受这两个章程。正如金能亨向麦华陀指出的那样，现有的状况将破坏全盘计划，使三年改革的努力付之东流。各国政府有理由自行判断法国当局的主张。此事上的互惠原则无可厚非。一方面，法国和其他各国政府要求认同各方有平等权利的双边地位，另一方面，其他各国政府被要求支持法国的某些特殊利益，而这实际上触犯了他们在条约中拥有的权利。

此事陷入了非常奇怪的境地。对居住在租界主要地区的十几国国民而言，十分重要的《土地章程》被搁置并需等待法国的同意。而其他各国均认可《公董局组织章程》之后法国才会认可《土地章程》，这显然触犯了其他各国国民在条约中拥有的权利，也给了法国当局其他各国从未要求过的特权。

十分值得关注的一点是，这时候只有5—6处法国商业房屋。1865年人口统计显示法租界有259个法国人、201个其他外国人、55 465个中国人。

再回到《公董局组织章程》本身。1854年《土地章程》在巴黎被拒绝承认，因此《公董局组织章程》在巴黎拟定。章程由一个特殊委员会起草，成员包括葛罗男爵（Baron Gros）①，外务部部长赫伯特（M. Herbet），巴萨米（M. Barthemy），若勒斯上将（Admiral Jaures）和阿尔托子爵（Vicomte d'Artot）。他们认为法租界独立存在的理由是基于1844年《黄埔条约》第22条②、1858年《天津条约》第10条③。

对苏州河北岸的居民而言，最令人震惊的是《公董局组织章程》给予法国总领事的权力。如卫三畏所说，令人困惑的是要了解法国领事不能做什么而公董局能做什么。在《公董局组织章程》的每一项条款中，都能看到法国规则的特点：极端的集权控制。法国总领事依法是公董局主席。公董局由5个法国人和4个他国人组成，主席有权投决定票。他也起草并修改选举人名单，召集选举人会议。除非半数以上董事提出开会，公董局会议只能由法国总领事召集。他也可以暂停公董局的职责，成立一个临时委员会。任何决议都需由他批准，当他与北京沟通时，甚至最重要的事务也可以暂停。他也可以拒绝公开公董局会议纪要。除了公董局总办，所有官员的任用都需要得到他的批准。租界巡捕全由他掌控。他也可以召开特别会议，听取他给予"额外特权"的租界居民的意见。

工部局接受全体纳税人发出的指令，公董局则是法国总领事的奴仆。法国总领事是这块小小社区的统治者。

---

① 指巴蒂斯特·路易·葛罗男爵（Jean-Baptiste Louis Gros），1793—1870年。——译者注

② 《黄埔条约》第22条：凡佛兰西人按照第二款至五口地方居住，无论人数多寡，听其租赁房屋及行栈贮货，或租地自行建屋、建行。佛兰西人亦一体可以建造礼拜堂、医人院、周急院、学房、坟地各项，地方官会同领事官，酌议定佛兰西人宜居住、宜建造之地。凡地租、房租多寡之处，彼此在事人务须按照地方价值定议。中国官阻止内地民人高抬租值，佛兰西领事官亦谨防本国人强压迫受租值。在五口地方，凡佛兰西人房屋间数、地段宽广不必议立限制，俾佛兰西人相宜获益。倘有中国人将佛兰西礼拜堂、坟地触犯毁坏，地方官照例严拘重惩。——译者注

③ 《天津条约》第10条：大合众国领事及管理贸易等官在中华议定所开各港居住、保护贸易者，当与道台、知府平行；遇有与中华地方官交涉事件，或公文往来，或会晤面商，务须两得其平；即所用一切字样、体制，亦应均照平行。如地方官及领事等官有侮慢欺藐各等情，准其彼此将委曲情由申诉本国各大宪，秉公查办；该领事等官亦不得率意任性，致与中华官民动多抵牾。嗣后遇领事等官派到港口，大合众国大臣即行照知该省督抚，当以优礼款接，致可行其职守之事。——译者注

《公董局组织章程》第 16 条便导致法国和其他几国之间产生麻烦,其他几国内部之间的事另说。该条款包含如下语句:"按某法官或外国法庭命令在法租界内进行的调查,如果没有法国总领事的授权,则不得进行。"

即使忽略掉上面这段引文,该条款无非是在主张区域自治权或借由宣布他国政府被迫接受法国的主张而去羞辱他们。

1866 年 10 月,法国总领事同意撤销法国政府悬而未决的章程条款。如果法国可以承认无权干涉他国签发的常规执行令,那么,美国、普鲁士及英国各领事还是愿意基于礼节和方便考虑,将执行令发给法国总领事并得到他的回签,或者在任何不阻碍执行令执行的情况下,让负责事务的官员向督察员出示执行令。如前所述,对该权力的质疑阻碍了各方迅速达成一致意见。

因为洪卑的抗议,《公董局组织章程》第 16 条被改写了。法国外务部撤销了此条。上海的各国领事们在法国领事馆重新起草条款。首先由温思达和洪卑以英语起草,随后译成法语,由各方共同签署。最后各方相互庆贺"如此愉快地达成了"协议。

《土地章程》在 1869 年 5 月再次修改。英、普鲁士、俄、法、美各国公使最终暂时同意 1868 年 4 月修改过的《公董局组织章程》,并于 1869 年 11 月 1 日开始生效。

1869 年 11 月 1 日之后,仍然不乏欲将公共租界和法租界合并的糟糕建议。建议之所以糟糕是由于提出人没有考虑到当时的主要因素,即各方的情绪。《北华捷报》于 1888 年提出合并租界有减少开支、降低税收的益处,但利益相关方搅和在一起:有些人既是公董局成员,又是工部局成员;法租界里讲英语的比讲法语的多;法租界里英国人比法国人拥有更多土地;消防队是各方联合成立的。争取让法租界放弃独立状态而成为公共租界的一部分,还不是主要部分,这样的想法难以施行。

与相邻租界协商过程中遇到的种种问题,将在此书中其他部分叙述。而法租界内部也情况不断,尽管《公董局组织章程》旨在理顺所有麻烦,但 1874 年选举产生的公董局成员,除了得到四票的一人外,其余人都拒绝上任!

法国领事馆曾在 1864 年建于冲积土壤上。1892 年,有人觉得这既危险又不体面，于是要求重建领事馆的申请发到了法国众议院。新领事馆建筑由邵禄（J. J. Chollot）设计，并于1896年1月建成投入使用。

法租界脱离公共租界之后，对上海历史最重大的"贡献"是1874年和1898年两次四明公所事件。

四明公所位于上海县城外的西北侧，建于一百多年前。公所内有一片埋葬宁波籍死难贫民的义冢。起初，中国人不准在租界内拥有土地，宁波同乡会正式委托爱棠领事将所有资产登记在他的名下，同时给予公董局筑路权，马路的路线也明确标示出来。另有说法，称白来尼领事保留了筑路权，但将土地还给了宁波同乡会。虽然义冢在剿灭小刀会时已被夷为平地，但华人仍然不能接受公董局在其遗址上筑路。

公董局于1874年在四明公所南面和西面筑路。法国人筑路的合法性毋庸置疑，但筑路过程中遇到华人抵抗，为阻止暴乱，法国人只好与华人协商并做出妥协。

1874年5月3日，一群暴徒在法租界聚集。很难确定传说是否真实——据说几个在法国保护下的中国妓女被暴徒呵斥、推搡，只得寻求外国人的帮助。外国人用雨伞痛击暴徒，暴徒投掷石块反击，从而引发暴乱。持刀巡捕进行武力镇压，华人开始流血，甚至一些旁观者也受到波及。暴乱随后升级，一名华人被击毙。

暴徒围攻了路政工程师佩斯布瓦（Percebois）的住宅，殴打了他和他的家人，并纵火点燃附近数处房屋和马房，其中也包括华人的住宅。公董局要求巡捕"保持谨慎，安静地行动"。因此巡捕退守到公董局大楼，但随后那里也受到了攻击。

至于外部增援，来自法国炮艇"水蛇号"（Couleuvre）上的20人于当晚7点赶来支援。公共租界的万国商团首先向公董局大楼开进，与来自美国运输船"舒洛特号"（Ashuelot）的水兵会合后赶往四明公所，但发现那里空寂无人。随后他们撤回到海关大楼，并在午夜解散。

第二天，成群的旁观者集结在法租界，但未发生骚乱。中国巡捕守卫着街道，法国、美国的水兵守卫着公共建筑。领事们和道台碰了头，道台谴责了暴乱分子，并答应出具一份公告。

然而法国总领事葛笃出具了一份《紧急公告》，错失了整个局势。公告中他放弃了筑路计划，命令宁波同乡会把他们的土地用墙围起来。公董局拒绝承认《紧急公告》，并指出由于领事缺乏魄力才导致暴乱的发生。

葛笃对是否要从舰艇上派人过来犹豫不决，而公董局未经授权便把武器分发给个人。这是个巨大的错误，法国内部本应该有联合迅速的行动。从葛笃的放弃中可以看出他对暴乱非常重视。21 人联名抗议他的行为。一部分抗议者是瑞士人，于是法国领事撤销了对他们的保护。

公共租界认为法国人在事件最初时处理得并不得体，并强烈谴责了葛笃的草率让步。各国领事也认为这是个向暴徒妥协的危险先例。

道台的公告最主要的价值在于官方完全自愿地承认"上海应当感激在太平天国运动时外国人提供的保护"。这被视为清政府首次承认这一事实。

麦华陀因为某些作为和不作为陷入了麻烦。他被要求派出英国水兵，公董局请求他派出万国商团进行支援。他对第二项要求置之不理，当时他正掺和在法国与一个中国帮派的争端之中。他认为应首先拜访清政府，而且只在清政府的镇压力所不及，或其邀请干预时才采取行动。德国领事、奥地利领事表示赞同，但其他人认为需要采取迅速果断的行动，不用顾虑清政府。英国公使威妥玛事后说万国商团由非正规军和平民组成，在港口有那么多军舰时，不应该被派来使用。但他也说有必要迅速镇压暴乱，当时应派遣一支强有力的英国武装增援"舒洛特号"的水兵。如果当时港口没有军舰镇守，在领事们冗长的讨论之后，估计什么事都来不及做，法租界就被焚烧殆尽了。

混战的代价随后显现。威妥玛说清政府应当对此事负责，除非能证明法国人阻碍了清政府去平息骚乱，或者能证明法国人申明由他们管辖，那样清政府无须承担责任。

在这不幸的事件中 8 个华人被杀。也许现在看来他们会被标榜成为了维护国家主权而牺牲的烈士，但当时中外一致认为他们是聚众抢掠的暴民。

损失赔偿方面，熙华德说一个外国人"因为太阳穴瘀伤，两颗牙齿被打落，至少要赔 10 000 两"。

91

清政府对外国资产的损害赔偿为 37 000 两。而法国补偿中国死难家属 7 000 两。

在本书讲述小车捐时还会讲到公董局在第一次四明公所事件中的失败如何导致第二次事件的发生。公董局在 1874 年第一次四明公所事件中的妥协态度无疑怂恿了华人在 1898 年的第二次暴动。

1874 年公董局承认四明公所永远是宁波同乡会的产业。这点由处于恐慌状态中的葛笃签署盖印，但其他几国领事拒不接受。

之前已经述及四明公所曾经登记在爱棠名下，之后还给了宁波同乡会，并记在同乡会名下。如今有观点认为，依照法租界规则，爱棠依然是注册中的所有人，因为他无权将他的产权交给宁波同乡会或其他任何中国人，而且穆布孙（M. Mauboussin）① 拒绝承认宁波同乡会的所有权。宁波同乡会没有所有权证明，他们唯一的证书是 100 年前受让土地的中文协议。

担文几年前刚过世，他的立场在华人这边。他声称法国人早就逾越了《黄埔条约》赋予的权利，法国人无权质疑清朝皇帝签发的所有权证书的有效性，只有当地政府有权这样做。他猛烈抨击《公董局组织章程》，称它完全自作主张，违背各国权利，其内容从未正式在各国间进行过沟通，也没有被其国民在法租界拥有财产的 20 多个国家所接受。先不论这笼统的攻击，中文记录显示在 1878 年为了了结 1874 年事件，同意支付赔偿外，"四明公所的房屋、冢地，永归宁波董事经营，免其迁移"。特别指出："凡冢内之地，永不得筑路开沟。"

上述协议不见于法国领事的档案中，但被认为是真实的。该协议并非当时新闻界口中的"蠢货葛笃"起草，而是由当时法国执行总领事李梅（M. Lemaire）② 和法国驻北京使馆公使白来尼起草。据说法国公使在 1878 年 8 月的法国公董局会议上引用了该协议的 3 个条款。所引用的内容包括：冢地内不得筑路、不得对其收税、寄柩数量不再增加。法国人遵守了前两条，华人未遵守第 3 条。

1898 年 5 月 18 日，法国公董局愿意通过银行按公董局估算价值支付

---

① 穆布孙（M. Mauboussin），法国总领事。——译者注
② 李梅（M. Lemaire），1839—1907 年。——译者注

41 375 两白银，要求宁波同乡会交出 186 号和 191 号地块，用来设学校一所、医院一座。公董局的主张基于 1844 年中法《黄埔条约》第 24 条第 10 款，以及 1849 年 4 月的声明。土地所有人被要求在 5 月 31 日前提交所有权证明。宁波同乡会说他们没有地契。公董局秘书致函称此举目的在于建立学校一所、医院一座和屠宰场一处，对华人都是有益的举措。他们认为，仅仅最后提到的那一条好处就足可使中国人心软，令宁波同乡会乖乖放弃一切。

拆毁围墙等工作开始了，巡捕和军人在不远处准备着。华人大喊、尖叫，然后投掷起石块。四明公所在刺刀下被清空。之后有更多的人投掷石块，法租界巡捕出动平息骚乱。令人不安的一晚过去之后，第二天清早骚乱重起。在十六铺的巡捕房遭袭，水兵们开枪镇压示威人群，四五个华人丧生。当日，其他租界的义勇团在跑马厅列队行进。洋泾浜上的几座桥由全副武装的印度人把守。四明公所令所有租界内的宁波籍劳工罢工、各业罢市。但法国人的坚定态度和严厉措施使得宁波同乡会决定寻求和解。两天暴乱之后租界平静下来，之前提到的地契等文件被拿了出来，整个局势出现了转机。此事的最终解决伴随着法租界重提扩界计划。四明公所事件的结局是宁波同乡会保有他们的财产，但四明公所内不能有更多的停枢，公冢逐渐被移除，法国要求的道路按计划开建。暴乱中至少有 9 人丧生，皆为华人。

93

94

第8章

公共租界

　　世界各地的殖民地，或有殖民地宪章，或按各自意愿制定法律，并随时准备仗剑护卫自己的自由。上海的情况迥然不同，我们之前已有阐明。世界各国都有人来此谋利，相对重要的强国则是通过签署正式条约前来，居民有任何想法和要求，外方当局都要严格按条约条款行事。商人提出任何改进，必会受胆小谨慎的公使牵制。本地当局怠惰懒政、事事阻挠，国家间的敏感猜忌也在所难免。攻克上海之后，刀剑除了作为军官制服的配饰之外，已无用武之地，至少不能靠武力获取更多利益，只能通过条约、法律和妥协，才能获得点滴进展。我们可没有《独立宣言》，为了一城之权利而奋战，甚至搭上身家性命，促使整个外侨社区团结一心，也让人对此地生出依恋与自豪。若说上海不过是商贸洋行杂陈，是一处贸易登陆之所，或许也正是因其发展过程中虚张声势、讨价还价、侵占与妥协的氛围所致。

　　我们的历史进程中最重要的当然不是泥城之战，甚至并非设立工部局——这是迟早的事，最重要的或许是打破了华人不能在租界建造、租售房屋的规定。原因显而易见，即使有领事管束、道台阻挠，几百个外侨实行自治是一回事；协调管理成千上万本地人，而且道台对这些人尚有管辖权，则完全是另一码事。租界的性质已截然不同，需要执政权力的迫切性也随之改变。

　　依我们如今的成熟程度来看，上海也曾有"少不更事之时"。举例来说，1857年包令曾言及租界对华人的吸引，说"外方当局能做的只是保证外侨社区免遭破坏、少添不便，特别是华人的涌入不能影响外侨获取租界中空地的权利与便利。友好合作当能获此保证。"此话读来不贻笑大方吗？此外，外交部指示 95 尽可能限制华人涌入租界，"减少他们对英国国民获取土地的影响"。

为了遏制人潮涌入租界，确实采取过措施，据我们所知，这一年确有一名华人自作主张地在租界内建造房屋，违反了《土地章程》的规定，中方当局勒令将房屋变卖。

但正如我们在其他章节所述，叛军占领县城之时，想阻止人潮涌来几乎不可能。包令和外交部给出的建议简单直接——或许在外交辞令上很简单，"友好合作"之效用与"行善事即得幸福"的谚语差不多。竞争、经济、猜忌、阻碍和压榨都是很沉重的话题。

无论如何，人潮已然涌入，必须采取应对措施。阿礼国建立了工部局，修订完成 1854 年《土地章程》，但他试图采取原先没有的法律制裁措施，结果不过是沙上建屋。几个大国当局都不承认上海组织的法律地位，而取得合法地位正是创建该组织的目的。管理机制完全瘫痪，看看那些并非根据条约前来的外国居民、持有土地却没有合法地契的华人，以及其他诸如此类之事，有人公开说上海管理混乱，甚至根本无管理可言。整个外侨社区被剥夺了自治的自由，却为当地政府每年贡献两百万两白银，还要为他们抵御太平天国叛军，当时情势着实让人恼火。大家觉得如果上海完全依靠外国部队保卫，那么清廷实际上放弃了在此地的权利。

1862 年 11 月，此地居民召开了特别公众集会，讨论治理混乱局面的计划，以管理好"这个不同寻常的租界"，并再次天真地说要筹措防范措施，"应对外来人口涌入，这些人可能会侵犯早期居民的权利，并让已是混乱的现状雪上加霜"。正如《北华捷报》曾以演说家的口吻写的那样，"这里有整个汉堡的贸易量，拥有的财富相当于人口数量 50 倍的殖民城市，城区中心华屋广厦，沿江 3 英里河岸商铺云集，江边桅帆林立——平均载重 500 吨的商船将近 200 艘，每月交易额超过一百万英镑，财政税收数额惊人，然而我们对这一切全无管控"。

工部局总董表示："看来赋予各国领事和道台的权力并不足以强制众人遵守《土地章程》，租地人公共会议通过决议正式批准《土地章程》的某项条款乃至 96

整部章程，也不足以使之对整个外侨社区具有约束力。"1860 年工部局总董写有以下文字：无条约国领事可以管理本国国民，虽然严格说来中方政府的司法管辖权以及其他自然权利，仅通过签署条约渡让给三缔约国；强烈要求取缔中方懒散的捕头和严酷的刑罚，代之以严格谨慎的巡捕和温和适度的刑罚。他建议赋予某位副领事或工部局总办可判罚轻罪的权力，严重案件则交由道台处置。外方官员若配备称职译员，也可以对类似华人之间的侵犯行为做出即时判决。

同年，阿礼国致信斯坦利伯爵 ①，将迫切需要解决的问题总结如下：

各缔约国批准在洋泾浜以北施行修改后的《土地章程》，洋泾浜以南施行《公董局组织章程》。

各方放弃河道管辖权的要求，由中方出资并管理，以提供有效河道警力。

依一定限制条件在工部局中增补一位华董，并从本地人中选出代表组成咨询委员会，与工部局保持长期联系。

租界警力或由中方当局出资，或对全部涉外贸易征收码头捐来维持。码头捐按货价征收，税额不超过 0.1%，——此前已征船钞。各缔约国批准征收码头捐后，由海关统一收缴，再按适当比例分给南北两租界。

任命一位中方地区法官负责会审公廨，对北面租界内的华人具有司法管辖权，若有涉及外方人士案件，由一位外籍陪审官代表各国领事出庭会审。

此举意味着租界居民将职责移交给中方政府来履行，然而不论是为了中方本身的利益还是为了外侨的利益，中方政府既无力承担也无法履职！他也说到坚持要一方根据条约履行超出其能力范围的职责，将引发非议，也会为此付出代价。

正式会议开始之前，各方就如何以恰当的方式治理租界纷纷建言，信件又

---

① 爱德华·史密斯·斯坦利（Edward George Geoffrey Smith-Stanley），1799—1869 年，曾三任英国首相。——译者注

一次如雪片般飞向各日报社。有人主张中方无力履行条约责任，无法为此处提 ₉₇
供保护，怯于承担对无条约国居民的管理，甚至都没有能力管理好本国国民，
而外国船只、外国军队的到来使得租界与别地不同，况且大清皇帝实际上已将
此地之主权出让。

不过这些主张自然没有把各国签订的条约考虑在内。先要待大清皇帝正式
让渡他对租界内子民的管辖权、出让领土、放弃税收，方有达成理想自由政府
之可能。但那意味着英法将失去因第二次鸦片战争赔偿得来的诸多保障。此外，
由谁来起草宪章，方能满足租界生活中各国政府之间司法、财政、宗教以及其
他各方面的需求？而且不可或缺的保护又从何而来？

虽然履行自身的领事馆工作职责已令人筋疲力尽，麦华陀还是提出了一个
让众人宽心的计划。他提议工部局应当由租界民众选举产生一位长期任职的总
董，但名义上由中方政府支薪。此人手中握有决定性票①，能掌管工部局各部门
事务。该计划经详细阐明后在公众会议上得到工部局支持。有人极力主张由于
华人涌入造成开支激增，而且采取军事防御措施耗资巨大，这完全是因为中方
政府无力维护其税收、无法保护其子民和"客人"，海关在本港收取的税费中应
当划拨一部分给工部局，建议每年数额为 5 万两白银。

然而一个更为宏大的计划推到了幕前——著名的自由市计划。该计划由当
年组成的防卫委员会提出，他们在给工部局的信函中如此描述该计划：

> 自由市计划：四大国②因其利益与中国密切相关，可将上海置于四国
> 保护之下，但其市内行政应自选官员负责，选举官员将按照给予中外产业
> 所有者治理权的选举制度举行——此乃民众众望所归。由此建立一强有力
> 之政府，将县城、郊廓及附近地合并为一，征收税捐，维持治安，使其成
> 为中国之第一城市。

---

① 决定性票（casting vote），委员会主席等在赞成票和反对票相等时所投的关键票。——译
者注

② 指英、美、法、俄四国。——译者注

98　　　　防卫委员会委员都在信末署名，我们也在此处留下他们的名字：金能亨、惠特尔、韦伯（Webb）、戴特和霍锦士。

　　　各位读者须留意当时背景。上海迫切需要重构措施，有些计划亟待提出和讨论。而提出自由市计划的正当理由首先在于租界无限繁荣的前景。当时由于本地人涌入租界造成地产空前繁荣，民众内心也许都沉醉于对未来的希冀中。再者，清政府势力已失，仅存的虚表也是靠我们的武力维护。联军攻入北京以及清政府无力镇压太平天国叛军，可能让人觉得满族王朝只是苟延残喘。

　　　讨论此事的租地人大会由麦华陀主持。此前他已致信卜鲁斯，支持租地人修改《土地章程》的要求。他坦言如果租界一直保持纯粹西人性质，那么工部局现有权力可运行经年，绰绰有余——但如今不论《土地章程》如何规定，西人区域顷刻间成了华人市镇，因此添补修葺势在必行。如前所述，他也提出了自己的计划，内容包括长期任职的总董，下有职员管理财政、土地登记、警务等，另设一小型本地人法庭以解脱领事馆的繁重工作。

　　　会议讨论了工部局的诸多需求。西人房捐估价基准过于陈旧，征收情况也并不让人满意。华人房捐远低于应缴数额。码头捐更是麻烦重重，不能仅靠自愿缴纳来收取。中方无法管理非条约国人士，引发不少纷争，他们对本地人也没有恰当的监管。开支激增、税赋沉重，都是因为中方政府无力保护自己的子民，却有赖外方武力保护在贸易中收取大笔税款，因此中方政府应当每年从巨额关税中支出不少于 5 万两白银，以弥补工部局开支。会议讨论了以上议题以及其他事项。会议要求修改《土地章程》，以使工部局收取执照捐以及提高必要的税收都能有法律依据。需要经过立法大会授权，组成一个能够负责的、有执行权的核心组织，制定出一部能满足日常需要的法规；建立一个独立、纯粹的代议制政府，可处理自身事务，不必忍气吞声受制于人，无须频繁向北京各国公使请示汇报。但会议并没有提出以下说法，——是一名不负责任的记者在报

99　　纸上发表的，自由市计划正义而必要，既是贸易的需要也是人道的需求；中外人等皆拍手称赞；是对腐败无能政府和愚蠢低智行为的绝好反击。毫无疑问，这些措辞并不能打动外交官。而让我们最感兴趣的是此信作者担心外侨社区的易迁徙性将成为阻碍，他表示"若能离开此地，没有人会多待一个月的"。

收到卜鲁斯回复后，麦华陀召集了一次租地人特别会议，邀请众人一同聆听。卜鲁斯的信函措辞清晰明确，极有历史价值，不过其中语气颇有教师向愚钝学生讲解，庄严的银行经理拒绝雇员加薪要求的神气。

"对于所谓外国租界的地位，有一种极大误解。上海英租界既不是将此处转让，亦不是租与英国政府，不过是议定在某地方内，容许英人自便取得土地，俾得聚居便利。如此取得的土地，依然是中国的土地，要照常缴纳地税。若说拒绝了中国政府对此地的管辖权，不过是因为在中国此举对英人贸易安全至关重要，得保商人和洋行不遭侵扰。**然而外侨自身的行为彻底改变了租界的性质。**此处不再是外国租界，而成了中国城。"本地人因可得"我方武力保护，免受当地官方管理，而纷至沓来"。眼前的建议是要扩展这一运行制度，不仅占用土地，更要让当地居民也享有治外法权。"这一运行制度的结果，是将上海建成在各国列强保护之下、由领事机构与工部局联合执政的自由港。"

"此乃吾之职责提醒诸位，中国政府从未正式放弃其对于华人之管理权，英国政府亦未曾要求或明确表示要取得保护华人之权。"仅在英人雇用之华人遭受暴行时，我方才出手干预。"但此时保护的依然是英国臣民之利益，而非华人之利益。"

"在原则上不能立足之制度，英国政府殊不愿维持，何况此原则必引起无穷纠纷与责任，中国政府亦决不甘心承诺。英国政府之注意点，唯有为英人贸易机构谋一安全之所。即使居留地变为中国城镇而发生许多困难，余意英国政府当不致推广其管辖权，以管辖大部分之华人而为救济之法则。因余等保护上海使其不为匪众所蹂躏，却并不愿因此干涉华人与其政府之天然关系。"卜鲁斯告诫麦华陀切切不可参与此等事宜。英国政府宁见"驱赶华人，让所谓租界的地界缩减，也不愿租界扩张而华人蜂拥"。华人居于租界之内，最易引发摩擦，而此类事端不仅仅影响上海，更影响吾国与整个中华帝国之关系。"最最紧要之处在于，凡不合国际原则者切不可越雷池一步。"

1863 年他还写道："依照条约，吾人无权干涉中国政府与其臣民之关系。'神圣的英国租界'一语实在毫无意义，若不得中国政府之允许，吾人不能强迫华人纳税供给地方上之需用。他认为上海的整个运行机制都不对，维护华人的治安最好由华人来做，由我们管理不但开支过巨，而且必显压迫不公。县城与租界的税收应当一致。由于忽视华人的司法管辖权，一旦发生纵火之类的案件，我们将无法获得条约规定的任何赔偿。"

战火甚至还燃到了敌方阵营，卜鲁斯提出上海方面拨款改进地方设施还在其次，首先应偿还英国政府为保护此地而支出的款项！

幻想的泡沫一截就破，从此消失无踪。下一届租地人大会上，工部局反驳卜鲁斯认为是外侨自己把上海变成了中国城的观点，他们认为华人涌入是因为中方无力保护自己的子民。至于税收，贸易增长将意味着遭遇更多敲诈勒索。根据1854年《土地章程》，中方根本无权在租界内征税，如今却对这早已废弃的权力提出来势汹汹的假设。而后工部局表示自身克服了千难万阻，方能在呈递的报告中说工部局不受任何强国摆布，"不论该国国力如何强盛"。工部局还希望租地人能协助他们奋斗到底。

蒲安臣当然与卜鲁斯立场一致，自不必言。他表示："我不能同意任何不顾中国权利——即不顾一个主权国家对于其领土与人民应有之权利的办法。"不出所料，他给美国总领事的函件啰唆冗长，态度仁慈真诚。《北华捷报》曾披露其信函中的19条要点（见1864年第13页），信中说大众理解的所谓租界，根本子虚乌有。"美国公民可以在任何依约开放的港口居住、经商，如有他国表示对他们有司法管辖权，便是侵犯了他们的权利。"

从更多细节来看，美方政策可以概括为努力以公平的外交行动代替武力，待人以公方得人以公待之。

对于卜鲁斯的信函，《北华捷报》表示他是把居民都当作非法侵占者，其总体立场是——"社会下层的外侨需要严格管理，但工部局对他们的控制力不过是说说而已，若检视之则近乎无。再轻率的观察者也不敢断言，工部局运转基础所立足的深渊到底如何深不可测。工部局执政的基础立足何处？租地人？各国领事？中国政府？它若没有领土权便无其他权力可言，然而它是不可能有领土权的。"

自由市计划没指望了，只能以现有框架为基础加以改进，待《土地章程》修改后，由缔约国公使以法令公布后作为法规执行。新章程应当在虹口和法租界一样执行，民事、刑事管辖权依然按国籍划分，外侨雇用的华人不受当地政府管辖，由工部局凭拘票执行逮捕，工部局行使了一部分地方职权，作为回报应将财政收入划拨一部分给清政府。还有以书面及其他形式给出的各种建议：取消土地优先购买权，尽管这在初期十分必要；让工部局董事支取薪水，或在任期间享有荣誉头衔，总董每三年换届选举，由中方支付薪水，并给职员涨薪。至于税收，有人要求对马匹和马车征税，说两者"已越来越普遍"。而且这个地方政府不应只是排排下水管、铺铺路而已，应当对众人——包括华人在内，公正执法。工部局和中方当局都对华人征捐纳税，但他们得到的回报却微乎其微。

针对工部局提出的建议卜鲁斯答复如下：各国公使之前共同认可的原则是，领土权本属皇帝，现通过各国公使行使，然仅限涉及市政事务，华人除非受雇于外侨，否则都是由中方管理，各国领事应管理本国国民，工部局中应添补中方成员。他同意应该只有一个租界，这样外方利益不至于看来各行其道。

《土地章程》事宜我们已分章另叙，建立独立的法租界也有单独章节讲述。未能将三租界划归一个行政机构管理，使得要在工部局董事中增加华董的建议化为泡影。此后，这一提议曾多次重申，认为华人纳税因此也应有人代表其发言。另一方面租界最初的存在目的是一个外侨的安身之所，特别明确其中不容华人。若并非完全出于礼貌，如果说外侨是在华的"客人"自有其意义，那么同样可以说华人也是租界内的"客人"，而且跟着我们受苦。除了这些考虑之外，有一个问题曾反复提及：中方的协助能有何种程度的助益。大家只需回顾上海的发展历史，观察都是本地人的县城中的统治状况，这个问题的答案便可了然于胸。

三年过去了，事情毫无进展。此时卜鲁斯已离任，阿礼国接任。1866 年 12 月，工部局表示迫切需要建立系统的管理机制，才能解脱租界目前的怪异状况。明确工部局的法律地位乃是当务之急。尽管正式签署拘票已经叫停，但因为欺压和勒索，逮捕行动依然势头不减。必须确定会审公廨才有权在租界内执行逮捕，而且应由工部局巡捕执行，这一点绝对必要。工部局的不少收入来源其实只是未遭反对地维持着，而有些国家的外侨一点税款都不缴。

就工部局中增添华董一事，工部局董事们都乐见其成，并表示尽管对这一

102

创新举措可能还有些不同意见，但此举定然有益无害，若此举能促进各种族间热忱友好相待，则一丝反对意见都不会有的，华董将带来对自己乡亲同胞的切身了解，也会慢慢领会外国管理制度的好处。华人涌入带来纠葛纷争，把他们驱离租界也不可行，所以唯有直面难题。工部局提议："清廷颁布有各缔约国参与的授权书，授权经选举产生的机构管理租界内所有居民。"针对卜鲁斯建议中"（3）华人应如县城中的华人一样遵守中方的法律，受外侨雇用者除外；（5）工部局中应有一位华董，以批准与华人有关的措施"工部局提出修改意见，要求任命一位华人领事，掌握租界内的华人利益。

此外，工部局还提出要求建立河道警力，纳入市政管理之中。市政开支约20万两白银，而清政府的捐助款仅1.4万两。应当对海关进出口商品征收0.1%的税捐，以维持河道警力开销。

阿礼国表示原则同意以上提议，但他坚称任何执政权力若非来源于中方，都必须认定为不合法。如非得到清朝皇帝首肯，没有哪国可以自称对华人具有管辖权。说到河道警力，工部局想要的司法管辖权，法方似乎也不想放弃，便会与多方当局发生冲突。目前没有条约褫夺中方对河道的管辖权。

因此纠葛未完，建议纷纭，信函翻飞，然而事情无止境地拖延着，只在零星处艰难进展一两分。我们直接跳到1871年威妥玛提出的聪明主张，他建议外籍巡捕应由中方政府出资。一班巡捕若由一位外籍军官统帅，未免有损独立性，"若假设由租地人组成的委员会来行使这一职能，我冒昧揣测此举将误导社区大众。""法方编织的假象，已经让人觉得所谓法租界仿佛就是法国政府的领土，这完全要归功于他们最初摆出的姿态，以及1863年至1864年间准市政机构管理租界内非法籍人士所采用的语言。——至于自由港、自治宪章之类的说辞，都是白日说梦。"

或许上海对于北京各国公使的观点和意见也毫不在意，这些人远离本国国民，只等着中方官员奉上随时准备的溢美之词。在他们看来，总理衙门似是而非的官话胜过有实践经验者的理性论辩。他们仿佛奥林匹斯山上的神明高高在上，对工部局提出的必要法规细则置之不理，不予通过，慢慢积压成真正的困境。一位不愿合作的公使——还有什么能更清楚地展示上海以及工部局所面临的窘境？公使从中作梗，有权无限期拖延最亟须施行的法律法规。

各方对《土地章程》理解不一，难以彻底施行。工部局要做而未能做的事项，不仅数量众多而且事关紧要，于是不得不以先例代替法规，政府运转也不得不依靠传统而不是严格照章办事。然而或许有人会说，正是对章程理解不一，才使市政规则运行如此自如，因为经验和先例对生硬的文字助益良多——章程规定最细致处也是最难操作的部分，这话也不无道理。多年后，有人说上海的基本大法带有英国法律的不足之处：《土地章程》太过严苛死板。然而此法简单易行、行之有效，具有必要的弹性，在适当的时候也会"睁一眼闭一眼"。

我们欣然得知，70年代早期工部局与本地当局交往颇佳：以前敲诈勒索行为频发，惹人恼火，都需要巡捕出面介入，此时这种行为已减少很多。

然而，80年代事态又起波澜。本地当局企图阻止电灯进入租界，并再次阻碍棉纱业发展，还有我们在本卷其他章节述及的各种矛盾。中方意识到毋需努力拆毁洋人工厂或关闭洋行，只要道台背地里不让华人为洋人工作便已万事大吉。他阻碍企业发展，可使洋人、华人皆受损害，最好居住于租界内的一切人员都不用中方官员操心，道台发布的传票、拘票也不用在租界内通行。1883年，《北华捷报》无视自己之前刊登的言辞，堂皇地说："理想的状况或许还要几年方能达成，但我们认为它一定能实现。"如此乐观的态度，主要归因于所有外侨都非长久居住于上海。初来者认为问题都是新出现的，以后都能解决，他们实不知过去几代人为这些无望的难题耗费了多少时间精力，弄得心碎神伤。就像初来乍到的传教士，总以为只要按照理性的方式传讲福音，明理之人自然就会接受，在政府、金融、商业事务中也是如此，一批批新来者视旧矛盾为新发生。工部局董事们是忙人，只能抽出一两年时间投身公共事业，总董自己也并非长久任职，唯有劳累过度的总办还有些延续性。商人们来了又走，普通民众也流动频繁，北京的外交使节可能非但对中国人的性格特点毫无所知，甚至因为曾与完全不同的民族打过交道，到任之时便带有成见。以报界来说，虽然也曾出现过能翻译《道德经》的同仁，但大多是由普通新闻记者主事，他们对华人事务的了解十分狭窄。或许唯有各国领事，语言上曾经过专门培训，又长期与中国官僚来往，能对中外关系有全局的了解。

举出一个事实，便可见当时的奇异局面。在任道台事事插手，异常麻烦，工部局因为向市场里的当地摊主发了一则布告受到质问，要求说明情况。据说此举非但粗鲁无礼，更不合规矩。问题是一个代议制的外国公共机构是否有权不经过中方当局，直接向本地普通居民发布通告？历次《土地章程》中并未对此有所规定，各国条约中也全无提及。仅涉及华人的通告似乎应由本地当局张贴更为便利有效，但这些麻烦清楚表明管理问题是如何复杂棘手。

四年后的 1887 年，福州路上开出一处本地当局的办事处，由一位高级官员执掌，也有数位听差，防止走私鸦片、硫黄与火器。工部局感觉如此将引发管理权的冲突，便吁请领袖领事解决此事。领袖领事与道台会面后，道台下令将该机构迁至租界之外。这是三方管理难题的又一例证。

至于事情到此时有何结果，让我们引用一段洪卑为"工部局就码头捐事诉仁记洋行案"写下的判决："我毫不犹豫地表达我的观点，此地是世上治理最佳之社区，对提出自治的目标有深刻理解，为了大众福祉，个人自愿做出牺牲。所有这些因素在面对困境时——困境并非由社区本身而起，乃是由社区所依存的其他区域管理政府的无能引发——孕育出对所有人皆有益处的一个计划，施行该计划也将赋予法律以权威和效力。本社区管理的精髓在于，各个成员都自愿支持社区，且并不在意迫使他们效忠的手段。"

¹⁰⁶ 暂把此地管理的难题束之高阁，我们来追溯一番租界的发展历史。众所周知，1843 年双方议定的南北地界分别是洋泾浜（现在的爱多亚路）和现在的北京路，北界后来又改为苏州河。黄浦江为东界，西界则不太明确。初创时期，商人们自然沿着河道居住生活，原先的界路（Barrier Road）即现在的河南路，从其名称可知是将之视为西界。当伦敦会在当时的庙街（Temple Road）即现在的山东路上建造房屋之时，因为洋人的房屋在华人眼中十分怪异，而它已如此深入乡里，这一智慧的阶梯曾遭质疑。

1862 年时，霍格认为东西向道路不应越过界路（河南路）乃众人共识，但麦华陀表示对此毫不知情，并表示巴富尔将护界河定为租界之西界时，他曾担任其翻译。道台反复抗争，要把西界定于一处小沟渠，即现在的江西路（Kiangse Road），但领事不同意。这整个区域有时称被为"一平方英里"，东西

长度为 1 英里，但南北最长处为 7 弗隆 ①。这里是英租界，而苏州河对岸得名美租界，尽管 1862 年划定"熙华德线"之前从未正式就此地与中方磋商，此事我们将在其他章节详述。那块区域就是后来的虹口，1864 年与英租界合并，归同一个市政机构管辖。1849 年，法方获得洋泾浜与县城之间的土地，后来又向南扩展占据了县城与黄浦江之间的区域。

1896 年，有报道称"据可靠消息"，德国将在"一平方英里"以西建租界，甚至连租界四至都十分确定，虽然历次报道对边界的说法各异，但德国总领事施妥博声明他毫不知情。日本也将设立自己的租界，有人说在浦东，也有说在法租界以南。显然总有谣言传说租界要扩张，或许此事也在酝酿，总之 1899 年所谓英租界和虹口的地域大大扩展，使得原先的"一平方英里"就仿佛是伦敦市中心的"核心区"（the City）。而法租界也稍稍向西扩大了一些。我们在此附上解说的地图 ②，虽然在下一卷 ③ 里我们还会再谈到这个问题。

一些早期土地所有者的情况说来也颇有意思。

1856 年，在英国领事馆登记的土地有 1 829 亩，在法国领事馆登记的有 275 亩，美国领事馆大约 500 亩。据说当时"英法租界内适合商业用途的土地都已占用建屋，目前外国租界已延伸至苏州河北岸"。这一报告出自官方，我们只能猜测所谓"适合商业用途"指的是临水区域，因为从当时的一张地图来看，在"一平方英里"内仅占用了三分之一土地，河南路以西几乎没什么建筑。即使已占用的土地上也不是我们今日所见的如此拥挤不堪，道路虽然狭窄，但围墙内的院子还十分宽敞。

次年（1857 年），罗伯逊报称在各领事馆登记土地数如下：英方 1 814 亩、美方 456 亩、法方 283 亩、葡萄牙 33 亩。当时地价从原先每亩 40 元涨到 70 元至 100 元，若算上华人房屋的价值推高地价，则大约为每亩 300 元。由此估算价值为：136 栋英国人房屋，价值 2 407 000 元；15 栋美国人房屋，价值 129 000

---

① 弗隆（furlong），长度单位，1 弗隆等于 1/8 英里，或 201.168 米，或 660 英尺。——译者注

② 原文此处并无地图。——译者注

③ 该书原本计划还要继续写下去，但因工部局没有再资助写作计划而放弃。——译者注

元；9 栋法国人房屋，价值 63 000 元。以当时 1 元兑换 6 先令的比率计算，总额为 78 万英镑，由于实际市场价值更高，他估计总价超过 100 万英镑，家具还不在内。

道路总长 12 英里，英方占 9.5 英里，法方有 1.75 英里，美方则有 0.75 英里。

据说登记在英国领事馆的第 32 号地块，位于南京路江西路交界西北角，占地 5.6.4.1 亩 ①，建有房屋和货栈，拍卖售出 4 200 英镑。

英国领事馆的土地是以 52 171 文钱买下，约合每亩 30 元。1862 年出售 44 亩土地时，每亩价值 4 100 两白银。

1864 年 12 月登记的土地数如下：英方 2 746 亩、美方 2 084 亩、租界外英人所有土地 1 692 亩、浦东 1 403 亩、吴淞 323 亩。如不包括法租界的土地，则总共 8 248 亩。

地块号与登记号并不一致，因此，1 号地块上是怡和洋行的房屋，而其登记号为 3 号。第一个登记的是宝顺洋行的 8 号地块。沙逊家族占了 2 号地块，仁记洋行是 3 号地块。最大的地块是 715 号，占地 430 亩，为上海运动事业基金会（Recreation Fund）所有。洛雷罗在虹口有一块 88 亩的土地，威尔斯有一处 84 亩的码头地块，而英国领事馆占地 83 亩。汉璧礼共有 67 块土地，面积超过 400 亩。另有三个华人名字出现在登记册上——那是 1866 年。

说到租界人口，1860 年 1 月《北华捷报》曾有过粗略的人口调查，计有外侨 569 人，其中英国人 294 人、美国人 125 人、印度人 59 人、其他国家 91 人；男性 495 人，女性 74 人。

1864 年，巴夏礼估算租界有欧美人士 1 281 人、非华亚洲人 376 人。至于华人，1862 年工部局总办皮克伍德（Pickwoad）估计有 23 万，而 1864 年巴夏礼估算（以一栋房子平均 20 人计）三租界内仅有 19.5 万人，另有 2 461 栋房屋空置：华人已经开始大批离开租界。

工部局首次尝试进行人口调查是在 1865 年 3 月，此事当然不易行。华人印

---

① 原文如此。——译者注

象里但凡统计人数，便是与征税一事相关，过去现在皆是如此。外侨人口数，不包括陆海军战士，统计如下：

英国人 ⋯⋯⋯⋯⋯ 2 145

美国人 ⋯⋯⋯⋯⋯ 407

德国人 ⋯⋯⋯⋯⋯ 240

西班牙人 ⋯⋯⋯⋯ 131

葡萄牙人 ⋯⋯⋯⋯ 118

其他国家 ⋯⋯⋯⋯ 237

总数 ⋯⋯⋯⋯⋯⋯ 3 278

另有英国军队，陆军 1 319 人，海军 532 人。以上数据包括英租界、虹口租界、浦东（62 人）、住在船上的居民（176 人）、船员（981 人），不包括法租界。租界人口异常激增，始自 1860 年，与 1864 年巴夏礼估算的数字相比也多出不少，但之后每五年进行一次的两次人口普查数据都只有 1865 年时的一半，甚至 15 年后的人口数也只有 1865 年时的三分之二，此事需要作些解释。这些数据刊载于 1865 年的工部局公报，并非某家报纸的估计数。但值得注意的是，最近的公报上说"自 1870 年始每五年进行一次的外侨人口普查数据显示，人口增长情况如下"——但为何自第二次人口普查始，而不从第一次人口普查开始，以使整个数据列更为完整？其一，当然是因为加入第一次便不能用增长一词；其二，或许是因为这个数据太过奇特，也令他们迷惑不已。到 1900 年为止，全部人口普查的数据如下：

年份	1865	1870	1875	1880	1885	1890	1895	1900
外侨	3 278	1 666	1 673	2 197	3 673	3 821	4 684	6 774
华人	90 587	75 000	96 000	108 000	126 000	168 000	241 000	345 000

大家也可看出，华人人口数据仅为大约数。

各位读者须知，上海繁荣遭遇的最大挫折始自 1864 年，因为当时苏州从叛军手中收复，涌入租界客居的本地人便纷纷离去。但在此之前两三年正是大发横财的绝好时机，人群自然如当初淘金热时一样如潮水般涌来。伦敦《泰晤士

109

报》曾刊载过一篇并不高明的文章，将上海比作理想中的黄金国，这无疑会推动人口增长——失望也是意料中的事。我们本该在 1864 年巴夏礼的估计数中看到结果，而不是 1865 年的人口普查。此外记载中也有互相矛盾的事实，1866 年外籍房屋中有 36 栋无人居住，占总数的十分之一。华人房屋总共 11 979 栋，其中 3 534 栋空置，接近总数的三分之一。

1891 年统计得出的人口密度非常高，为每英亩 314 人。如今由于租界扩展，尽管人口数量大大增加，人口密度仅为每英亩 125 人。

对上海的评论五花八门，有的严肃，有的轻率，很多并非恭维之语。"世上最无聊的地方""即使在这模范租界久住，难免身心不快""吓人的沼泽"，这些声音或不响亮却低沉回荡。一位作者在《两个世界》(Revue des Deux Mondes) 杂志上撰文，说租界奇丑，一无是处，吸引不了游客，更留不住人。当地一位作者说这地方"没有一幢像样的建筑，稍有点见识的人见了都会不寒而栗"。爱丁堡公爵确实曾说上海是"幸福的居所"，但当时他只是前来做客的王子，来上海于他是"赴宴"，他也不必在此苦熬酷暑寒冬。无论如何，这些评价都已是几十年前的事。有些想法已经时过境迁，至少对于上海建筑的评论已可作古。

1898 年，三位自行车手环球骑行，途经上海。上海将他们当作英雄人物或文明的先驱来欢迎，而不仅仅是为了写出"稿件"而敢冒风险的新闻记者。他们很受款待，英国领事都出席了招待会。

他们对上海是何印象，或留下了怎样的文字，没什么重大意义。他们总要说些什么，总会有些新颖独创的说辞。然而他们的看法今日读来便很有意思。他们说上海不算是世上最吸引人的城市——这种毫不费力的空话我们自己也会说。英国领事的官邸、最高法院在他们看来，都是阴郁的建筑。我们自夸的大教堂仿佛蜷曲的怪兽，而静安寺路确实是条宜人的驱车大道，跟上万条其他郊区道路也没啥区别。此地男性有点粗笨，为人倒算真诚；女子喜欢显摆，却也不事张扬（以专业新闻语言来看，这两个词有点自相矛盾）。上海总会本就是以鸡尾酒举世闻名，他们颇感中意。他们发现一条大道与世上其他地方迥然不同——仿佛是香榭丽舍大街、第五大道、皮卡迪利合而为一，他们兴致勃勃大加赞颂的便是：福州路。

　　对我们来说更有意思且更有意义之处在于，上海为欢迎这三位大胆却平庸的运动员兼记者，闹出的动静可能超过了招待戈登。

　　上海最出名的两个绰号，可能都源于误解。一个是"模范租界"，这个称号并非因为它干净整洁、品行高尚或严守安息日的作息，而是因为其他同时以及之后按条约开放的港口都沿用此地的管理模式。这个提法早在 1859 年就频繁使用。而据说出自萨默塞特（Somerset）公爵的名言"藏污纳垢之所"，所指也只是上海商业活动中的举措。还有一种表述将"上海"用作动词，也是既不公平也不合理。字典里解释为"给水手下药，趁其失去知觉绑架去远航"。低劣的小说家、记者们才乐见这种故事。我们也无法否认在发展初期或许确有其事，但难道上海就比国外无数港口更为不堪？

　　1869 年就有人曾预言未来——此后更有各种揣想此起彼伏。当时颇时髦的散步大道——外滩，未来江边必将会帆樯林立、码头云集，像法租界一样任轮船沿江停泊。这里将建市政厅、商务楼和一栋坚固的砖石结构剧院。到时最高法院也将竣工，教堂大院里优雅的钟楼耸立，夜晚灯火通明。美观大方的钢结构桥梁将取代现在危险粗俗的玩意儿。沿江将铺设道路直通吴淞。人们不会光想着不停吃吃喝喝。买办将消失。老房子里或许会留下几幅早期买办的画像，但这些"人间秃鹫"守尸自肥的运行方式，将如恐怖故事一般流传。

　　先知的预言总给后世留下笑柄。50 年后，我们可以看到到底有多少梦想成真？大桥变得美观大方了？买办已经废除？大家都心智成熟些，少预言将来吧。

　　所谓"英租界"，是指两条河道之间的一平方英里，"法租界"在洋泾浜以南，过了苏州河则是"美租界"，说来都很轻巧。但"美租界"的形成完全是便宜行事，全无合法性。首位美国领事在当时确定无疑的英租界升起了美国国旗，造成严重后果，但一些美国国民、商人、传教士出于各种原因选在苏州河对岸落脚，渐渐地便开始有了"美租界"这样明确的称谓。然而，该区域在 1862 年之前根本未划定边界，而且即使 1862 年时那里的外籍居民也很少。工部局忙于应付英租界内的事务，起初拒绝将职能延伸到苏州河对岸。但它在英租界的警务管理工作越有效，虹口一边的情况就越混乱，那里居民的生命和财产都没有保障。洪卑法官宣判威尔斯一案时，判定虹口地界也受《土地章程》约束，但要由工部局承担接管责任当然是颇为严峻的问题。改善虹口的警务工作迫在眉睫，这不仅对于虹口至关紧要，因为宵小匪类在虹口求得庇护，作案的眼光却是瞄准更富裕的对岸。1859 年，上海水手之家委员会（Committee of the Sailor's Home）向工部局寻求治安保护。两年后，金能亨提出工部局能否提供 1 名巡官、6 名巡捕，费用由虹口居民承担。文惠廉（后任主教 ①）于 1862 年记下，曾有一次举行公众集会请来 7 位巡捕。他希望整个租界最好统一管理。但麦华陀宣称工部局无权在英租界之外采取行动，而它若如此行事，外籍人士可不予理睬。他认为需要各缔约国领事与道台协力，拟定补充法规，递交各国公使批准，方是正途。他建议先待《土地章程》得到批准，在此期间应由中方当局出资雇请外籍巡捕，但入工部局编制管理，或许道台还能接受。道台初听建议还表示同意，并提出需要约 20 人，但拒绝承担全部费用。

1862 年，各方人士推动两租界合并，其中以金能亨和熙华德最为热心。4 月的租地人大会上，仅以微弱多数通过合并提议。工部局总办（皮克伍德）认为虹口将成为租界发展的一大阻力。然而此事 9 月提交工部局董事会时，由米契（Michie）提议，汉璧礼附议，全体一致通过。

在此之前虹口的司法管辖只属一方，即道台。熙华德写道："作为美国领事非但没有对虹口区域的属地管辖权，更不是有些人认为的所谓美租界中的权威当局，我认为我在此地纯属偶然，也不比他国领事享受更多权益。虹口没有任何区域政府。唯一可能让人产生误会的，只是由工部局提供的警务人员。"

法国和美国领事同意合并。俄国领事也同意，但他不认可《土地章程》，提出条件是虹口不施行《土地章程》。

大家或许以为事情就此圆满，然而麻烦总是不断。熙华德宣布苏州河两岸都施行《土地章程》。但英租界内 86 位租地人提出反对合并，除非明确虹口居民将支付一应市政费用。一向有备而来的史密斯，在下一届租地人大会上拿出了推迟合并的决议。工部局董事会对虹口有些账务支付存有疑问，财务问题完全解决之前他们也有些迟疑。但自此时起，公共租界这一称谓代替了所谓"英

---

① 原文如此。——译者注

租界""美租界"。

1866 年，熙华德通过领事团会议得各方认定以"虹口"取代"美租界"的称呼。然而 1874 年打印的估价单上依然写着美租界的抬头。"虹口"一词不同的拼写方式，或许也值得一提：Hoong kow、Hong kow、Hung kow、Hong kue 都曾使用。1870 年前，"Hongque"是官方用词。1870 年确定了"Hong kew"的拼法并沿用至今。北京话（用威氏拼音）应写作 Hung-k'ou。

虹口逐渐有所改观：百老汇路南端、竹镇（Bamboo-town）的道路重新修筑；吴淞路上建了一座桥与韦尔斯桥并列，连接里虹口；礼查饭店背后的水塘湿地都填没了；至于警务、照明、卫生等事务上，虹口也都跟上了潮流。

确定租界边界也是个头疼问题。1863 年，熙华德与道台达成协议，以护界河与苏州河交接处为起点，至黄浦江口沿杨树浦北上 3 里处，划定一直线。各位读者须知，这其中绝大部分土地在农民手中，而"熙华德线"就在开阔农田上画了一条线。

1873 年，靶子场外竖起了一块界石，比原先的边界又延伸许多。此时原先 113 的农田已是街巷交错，这个实际问题已经不能用地图上一条直线解决。这时的目标是要将北界定在苏州河北上 3 里与黄浦江北上 3 里的连接线上，使东西两端等宽。为了协助中方当局与美国领事馆协商此事，在自来火厂（Gas Works）以北 3 里处做了标记。当年底，工部局沿新边界树立界石，并请道台前去察看。然而，新边界从未得到官方批准。

1886 年，会审公廨谳员判定外侨在河南北路以西不享有任何权力，美国领事肯尼迪（Kennedy）再次出面调解。1889 年，再次协商确认了"熙华德线"。工部局分别在自来火厂对面、靶子场（1921 年维多利亚疗养院所在位置）以及杨树浦北上 3 里处的桥梁边，建起 3 座 50 英尺高的竹塔。这竹制的界"石"，50 英尺的高度已无法视而不见。工部局本想沿边界筑路使界线更为明确，但每 40 英尺道路将花费 7 万两白银，该计划耗资过巨，只能作罢。于是沿线筑桩，并雇人看守。1890 年，当地官员检视后虽拒绝正式批准，但对眼前现状也未提出异议。

然而，两年后中方吏胥挑唆中方居民，说他们并非处于租界之内，唆使他们撕下工部局所钉门牌。群体骚动接连发生，工部局不得不求助于领事团。道台组织了委员会专报此事，美代理副总领事伊孟思（Emens）则代表美方出面。工部局也做出让步，由此确立了新边界：以杨树浦河口为终点，而不是向北 1 英里处。由此虹口区域占地 7 800 亩，而苏州河以南的英租界仅 2 806 亩。

1893 年，道台最终钤印批准该方案，共置界石 40 方。此后经年，工部局年报一直称已查界石如故，并为其中 28 处界石所在土地的华人业主支付租金。

协议中要求工部局同意八项条款：未征得当地人同意，不可填没沟渠；原地主人不缴税；远离道路的住户不缴税；未得同意不得迁墓；祭祀神明的寺庙不缴税；诸如此类。

太平天国起义

同中国的第二次战争 ①，与上海接触甚微，仅在北部有些对抗，而上海则"生意照旧"。

历史的轨道差点拐向另一个方向，因为额尔金爵士拿下广州后，请中国政府在 1858 年 3 月底之前派遣一位全权钦差来沪。若不派钦差，再发布敌对宣言已无必要，将直接采取进一步行动。因此在这紧要关头，如中方行为明智，我们也不必北上远征，便可签下《上海条约》，而不是《天津条约》。但当额尔金的私人秘书俄理范（Laurence Oliphant）偕同孔代（Contades）子爵，在额尔金抵达前携带公文与照会拜会两江总督与巡抚之时，碰巧道台不在，于是他们赶去苏州亲自将公文递交巡抚。同时他和孔代还身携俄美两国政府的照会。两人由英法领事、美国副领事和海关总税务司李泰国陪同。不久额尔金抵达上海，得到的答复只是：谈判必须在广州进行；且指定之日也未见钦差前来，于是联军由美俄代表陪同继续北上。

战争期间，一件怪事成为笑谈，在联军用暴力打开北京大门，使得皇帝弃都出逃的同时，同样的部队却在上海忙于拯救这个王朝。这种事似乎只在中华大地发生，正史和"滑稽剧"时常彼此交织。小规模的实例则是围城，居民饥肠辘辘无肉可食，唯一的办法是向围城军高价购买！

---

① 此处指第二次鸦片战争，也称第二次中英战争。——译者注

出现如此现象的原因，是外国列强既不能放弃对清政府采取激烈的惩治措施，同时还必须保持清政府作为当权者的统治。清王朝一旦覆灭，取而代之的不是更英明神武的统治，而是无政府的混乱、过度狂热，以及难以想象的破坏。因此外国列强不得不两者平衡，一手进行打击，一手予以挽救。

上海并未参与这次对华战争，在太平天国的叛乱中却有重要戏份。叛军席卷十省，拿下苏州之日，便是上海枕戈待旦保卫自己安全之时。

首次攻势起于 1860 年 8 月 17 日。英国政府发来指示，英方合作保卫的范围不超过县城，道台则希望外方能保卫整个地区。自此时起一直到漫长的煎熬结束，道台时常，甚至有时每日前来哀求援助，而被占领或受到威胁的嘉定、松江、浦东等地的苦难居民，也屡次请求外方保护，以免遭叛军侵害。英国公使卜鲁斯爵士在动乱初期恰在上海，密迪乐时任英国领事，两人都渴望严守中立，然而此地时局、事态发展都不允许他们保持中立。法国孟斗班将军本想扩大保护的范围，但对清政府彻底失望、希望反叛分子能干出些伟业的密迪乐，坚持只对租界和县城采取必要的保护措施。

战争故事历来纷争不清，但太平天国起义有其特殊的复杂性。在这里贿赂与腐败远胜世界任何其他地方，不免让人疑窦重生。多数中方官员都靠不住，这一点不言而喻，这么说请我们的中国朋友见谅。华尔①、白齐文（Burgevine）②、李鸿章都曾被指收受敌方贿赂。或许这些人都正直无辜，但最糟的是我们无法确知，无法像绝对相信戈登一样相信他们。可以肯定，许多问题的出现与当时军队欠薪有关，以 60 年后的事态来看，或可说原因并非缺乏资金，只不过是如何将钱财分配到私人腰包的问题。

另外，对待叛军有两种截然不同的观点。有些外侨热情地支持他们，特别是在起义早期；相反的观点认为这些人就是一群恶棍，应不惜一切代价予以镇

①　华尔（Huaer，Frederick Townsend Ward），1831—1862 年，美国人，围剿太平军的"洋枪队"领队，1862 年率队进攻浙江时受重伤而亡。——译者注

②　白齐文（H. A. Burgevine），1836—1865 年，美国北卡罗来纳州人，1860 年在上海与华尔组织洋枪队参加镇压太平军，后因帮助太平军对抗清军，被捕后在押运途中溺毙。——译者注

压。此外，有人详述自己目睹了难以言表的暴行，但也有同样可靠的证言证明这些事都是子虚乌有。

而且，这期间确有多次背信弃义之举——著名的李鸿章杀降便是一例——同时，各种指责他人欺诈图谋和行为的控诉，真假难辨。在华居住的外侨，只要雇请厨子、仆童和小工，对厨房里的钩心斗角总有领教，要把这些源源不断的矛盾弄个水落石出实无可能。最好的办法不是追根究底，而是"把他们统统解雇"。以小见大，清廷、叛军与外国冒险家之间也是如此。 116

最后，尽管由于英方利益占优，相较其他国家而言英方总是首当其冲，但法、美在管理事务中也各尽其职，因此无人能够大权独揽。一国的民族感情需要考虑，但国家之间的猜忌却无从谈起。

这里不讨论起义原因或太平天国诸王的宗教信仰，甚至叛军所采用的组织方式。外国列强原本试图保持中立，只保卫上海，然而迫于实际情势与政治原因，不得不采取进一步行动，公开协助镇压叛乱。此处叙述仅限于与上海有关的实际举措。

如前所述，1860 年 6 月苏州落入叛军之手后，上海在很长时期内处于"战争的恐慌之中"，这句俗语用在此处最贴切不过。清军围困南京不严，被忠王突围攻下苏州，据估计屠戮超过 50 万民众。叛军约有几千人集结于 50 英里外的昆山（Kun-shan），而上海与昆山之间是一马平川。道台从私人渠道得知，认为叛军会自浦东方向进攻，众所周知叛军在县城里也有密探。因此他向外方求助，提出外籍部队应派人夜间巡逻，保持戒备，同时他也反对外侨越界探访叛党。卜鲁斯表示赞同，但也坚称对待各国人员应一视同仁。道台还祈望增派外籍军队保卫整个地区，在任指挥的军官回复没有足够人员可外派，但一旦险情来临，他将派人占领石桥和大看台，两处可各派一位清军人员到场 ①。

6 月，清军在嘉定落败转战南翔，宝山、吴淞也岌岌可危。道台再次"极力哀请"外籍军队保卫此地。密迪乐向其担保外方驻守的城门绝不会被叛军攻破，唯一的问题只是中方能否坚守南门等待外方来援。 117

---

① 石桥连接着闸北与租界西部，在苏州河上靠近新闸水塔（Sinza Water tower）的位置。大看台自然在旧跑马厅。——原作者注

当时，密迪乐十分担心能否严守中立，主要原因在于他是支持叛党一方的。他认为清王朝已被联军击垮，此乃"致命的打击，其覆灭已毫无疑问"，而太平天国将取而代之，于各方有益。他宣布"作为领事，我认为与太平军发生任何争执，显然将严重损害英国贸易与英国的整体利益"。数月后，他在一份长达59页的公文中详细阐述了自己的种种理由，不同意孟斗班欲拒叛军于12—15英里外的计划。据他所说，传说中的暴行都是无边的夸大，太平天国的辖区比清廷管理更佳。若说太平军曾向英舰开火，那也只是因为清廷不择手段地利用了英国旗帜和停战旗帜。而攻打上海期间，太平军并未向上海外侨开火，也没有一个外籍士兵受伤。他还冒险将这些起义者和克伦威尔与解放意大利的革命者相提并论。

尽管英国领事带着对清政府的强烈偏见一心想保持中立，道台仍然热切地期望获得一切可能得到的外国援助，并希望多多益善。他还开出高额酬劳，鼓励船员、巡捕开小差。各位须知此港内的联军士兵或水手中有成百上千的逞勇好斗之徒，他们会故意行为不检，盼着被开除了好去参加华尔的洋枪队。

华尔，这位出色的美国冒险家，他带领的部队后来成为著名的"常胜军"。此人受道台及泰记钱庄（Ta chi）杨坊委派，在当地商贾协助下带领一队当地人操练。他还招募了近百名洋人，欲从叛军手中夺回松江。此举如此公然违背中立原则，引起外国当局关注，特别是其中使用鼓励他人擅离职守的手段，而且叛军也立刻效仿，吸收洋人为其助阵。

118　　其实密迪乐打算就此事采取强硬措施：四国领事（包括西班牙领事）应带上一班水兵，乘英国炮舰突临松江，将"外国雇佣军"团团围住，每位领事拘押其本国国民，余者由几位领事共同负责。令密迪乐不快的是，英国海军高级军官琼司（Jones）舰长对此书面意见不以为然，几日后口头回复称其接受的指令未允许其负责警务工作。同时，道台表明了他对中立的观点：要求外侨不能通过上海向叛军提供武器，也不允许外侨再去拜访叛军。六周后，他报称洋枪队已解散，这些人到处游荡四处抢劫——英国舰队能派人将他们逮捕吗？

华尔于次年（1861年）5月被捕并受审，但他使用简陋的武器却表现不俗，而随着形势发展，外国军队亦乐意与之合作。

租界里的日子也并不好过。成群的难民从苏州涌来，推高房租的同时也造成诸事不便。贫民挤满大街小巷，我们还读到他们日后在外滩露宿街头，富人随身带着金银细软，使得此地更成了叛军眼中的肥肉。混杂其中的还有洋人中的危险分子——冒险家、逃兵、散兵、流氓，其中自然也有叛军的奸细。全城紧要路口都设置路障，为此道台支付 5 000 两白银，其余 408 两由密迪乐出资以凑足总数。街口还装了大门，需要时可关闭以阻断交通，今日在县城或许还能看到。30 个壮丁分头看守大门，但南京路和江西路① 路口的大门钥匙由巡捕掌管。另外还挨家挨户收缴当地居民的武器，并许诺一旦形势稍稳定后便将武器归还。万国商团再次活跃起来，重组首日便有 60 人加入。

前方发回的报告和从叛军处传来的消息，足以证明人们的恐慌及一切预防措施皆非凭空而起。据说敌方战船载有 2 万名士兵，船队云集，绵延江面 1 英里。他们将先抵松江，再赴上海。叛军宣布会尊重外国租界，但县城是中方地界必须拿下，上海乃弹丸之地定然无力招架。

当时还在上海的卜鲁斯认为，只需一番严重警告便可将叛军的袭击威胁消弭于无形。于是向叛军首领传递消息，声明联军必将保卫上海，因为此地乃是他们向北方开展军事行动的基地。尽管如此，1860 年 8 月 18 日，叛军占领了徐家汇的耶稣会（Jesuit mission），距县城西门只有 3 英里。次日，清军节节败退，叛军进逼英印部队驻守的西门和南门，遭到部署在县城以北黄浦江中的通信船"先锋号"和外滩附近的英国炮舰"猎师号"（Nimrod）炮击。尽管多次进攻都被击退，叛军并未立即撤军：他们在县城外驻扎了两日，并向租界西面逼近，曾推进至离旧跑马厅大约 200 码处，但 21 日他们撤回徐家汇，两天后暂时撤退。

英国领事馆翻译富礼赐曾领命冒险向徐家汇的叛军传信，叛军撤退后才收到回信，信中表示他们本是受外侨邀请。当时有很多外侨支持叛军，完全有可能给他们这样的鼓励。

如此一来，贸易必定受到影响，生意已不可能"照常"。海关收到的款项跌

119

---

① 原文为 King's Road，当时在这一区域能与南京路相交的 K 字当头的只有江西路（Kiangse Road）。——译者注

至以前一半。多年来外侨能去杭州、苏州、太湖以及一些丝绸产区，或洽谈生意，或娱乐消遣。但如今按照道台要求，发布了公告禁止出行，并宣布不再签发船只赴内地的通行证。然而，大约半年后怡和洋行派出采购丝绸的美国代理人雷森（Lawson）遭清军抢劫 8 000 元现金，卜鲁斯认定密迪乐作为英国领事未向美国人颁发通行证是对的，但财产与代理人的国籍无关。将现金送去内地已成惯例，若能证实抢劫为清军所为，道台必须将钱款归还。雷森本人没有通行证，因此需自担风险，但洋行表示钱款与货物都为英国人所有，而且船只出发在前，有关通行证新规发布在后。

数月后，清军 15—20 艘炮舰再次拦阻一艘怡和洋行商船，船上载有四担半鸦片和 6.5 万元钱款。他们将现金、火枪，甚至桅杆上崭新的船帆都席卷而去。船只很快找回，但只寻回 1.6 万元现金。事后当即告知道台，他负有责任且必须赔偿损失。

同月，一艘当地船只遭遇叛军袭击，船上载有一瑞典人及怡和洋行的 4 000 元与 30 万文现金，瑞典人遭杀害。

此后，阿达姆森（Adamson）价值 2 万两白银的丝绸在南浔（Nantsin）的厘卡遭劫。这次迪尤舰长（Dew）① 奉命率英国炮舰 "佛莱默号"（Flamer），由阿查立陪同前去过问此事。"佛莱默号" 只能驶入离南浔约 20 英里处，仅派出一艘中型艇和两艘小船长驱直入。迪尤杀了个下马威，派出一小队人员登陆抓了 20 人，如此便马上拿回了丝绸货物。此间还有一段滑稽又悲剧的插曲。五六十艘清军战船见迪尤的战船突现，惊慌失措中以为是叛军来袭，匆忙逃散间致两船翻覆，有 9 人溺亡。

后来怡和洋行又有货物被劫，炮舰由于水深不足无法近前，富礼赐奉命去南京讨回公道。然而叛军断然拒绝承担责任，宣称此乃盗贼所为。

看了这些商贸艰难求生的例子，我们不难理解外方逐渐对形势失去耐心，也慢慢放弃中立态度。有叛军强盗，还有更厉害的清军强盗，更有无赖流氓，外加官员压榨，商贸已无喘息余地。出于策略考虑，叛军对外国商贸还保持些

①　Roderick Dew 又译作 "呋乐德克"。——译者注

许尊重，但他们想拿下上海县城，于是侵扰乡里将更多人赶入县城，以使县城早日断粮投降。然而叛军用暴力攻占县城与租界的繁荣兴旺格格不入。从另一个角度看，虽然我们在挽救上海乃至整个王朝，而我们得到唯一的回报，如卜鲁斯忿忿所言，不过是让我们的贸易任清廷掠夺而已。

以下事实也向我们展示了工作操劳而薪酬可怜的领事人员所面临的难题。密迪乐就曾惹出不少事端，他承担了上级给予的大量指示，又时常遭到冷遇。外交部和公使希望看到的是例行公文，但密迪乐交出的却是演讲和散文。他长期与海关税务司有激烈摩擦，而他个人是倾向于叛党的。所以他提早调任牛庄也是意料中事。虽然他体质羸弱，周遭环境也表明外国官场里的滑稽剧也不亚于中国人，但他工作十分勤奋。卜鲁斯很早就多嘴告诉他："但凡领事馆意外支出有点滴增加，政府都心存疑虑。"购置一个保存官方档案文件橱柜的申请两年了都未见答复。我们已在第三章中述及他缺桌少椅，连适合官员乘坐的轿子都没有。一年后我们非常欣慰地看到密迪乐获批购置 2 张新椅子和 12 块地毯。但酷暑当头之时，病中的他在法庭装了一扇花费 7 元的布屏风扇，英国政府居然不允许！

在试图保持中立的过程中，防止向叛军提供武器是一个烦人又棘手的问题，这个责任落在了各国领事肩上。的确，即使早期阶段也没真正的中立，因为租界与县城的联系太过紧密，无法毫无偏见地面对待清军和叛军，而且无论道台如何申辩，他把洋人当挡箭牌，利用他们——即使不能真的付钱让他们打仗，他高度依赖外方当局，道台掌握的资源多是从富裕的租界和对外贸易中汲取。当然防止军火走私是他的主要职责，然而如往常一样，华人喜欢假手他人。外侨尽管没有责任查验军火走私，却有利益牵涉其中。与 1900 年不同，叛军并未与外侨对立，然而这些武器会不会用来对付我们，实在难以预测。这些武器自然会用于与戈登的部队作战，甚至万国商团都可能与之交锋。因此卜鲁斯表示，这宗交易违反中英法律，几乎等同叛国罪，中方若没收这些武器他不会插手。"叛国罪"一词仅适用于三缔约国国民，他们占了外侨人口的大部分，其他人则不受这种爱国精神所限，仅有的震慑只是他们这么做违法，因此要冒些风险。然而道台警戒松懈、精力不足，威吓不了那些从中窥见发财良机的洋行及

121

个人铤而走险，所以这项生意一直红火。道台抱怨叛军通过租界获取武器，但得到的答复自然是，清军也从租界取得武器。曾几次抓获武器走私者，其中一次两位英国人受指控，但除了道台的说法之外并无其他证据，而领事表示若无目击证人则无法确信。应当由道台证其有罪，而不是两人自证清白。因此两人获释。后来还签发过一次搜查证，在虹口几栋英国人房屋中搜查武器，道台对屋中几位无领事代表国住户进行了搜查。

122　　　1861 年夏，清政府在上海周围控制的区域连 50—60 英里都不到，叛军可侵袭至距上海仅 6—8 英里处。外侨部队共有 642 名英国人、900 名法国人。人员配置如下：石桥，炮兵 69 人、工兵 5 人、孟加拉步兵 57 人；四明公所，孟加拉步兵 266 人；会防公所（official's house）①，孟加拉步兵 136 人；另有孟加拉步兵 109 人驻扎在斯塔福德工事（Major's factory）附近。法方在县城西门设立岗哨，并向其他城门派了分遣队。徐家汇驻扎了一个连的步兵，并配有火炮，董家渡可能也有部队驻守。麦华陀（接任密迪乐成为英国领事）报出以上数字之时，更伤感地表示清廷目前完全依靠外方支援，却还趁机"敲诈勒索，令人发指"。

　　斯塔福德（Stafford）认为叛军不会再发起攻击，他目前的兵力仅够驻守上述地点以及跑马厅。英海军司令迪尤（Dew）却说这些部队足以抵御十万起义军，如有需要他和法海军司令卜罗德（Protet）都会派人登陆援助。

　　4 月，长期存在的逃兵问题以及双方雇用外籍人员作战的问题，经由抗议转为采取行动。指挥官海尔（Hire）请求当时正在上海的薛焕（Seih）②，协助抓捕海军与工部局巡捕中的逃兵。道台表示并不知晓有如此人等，但同意海尔前往松江。海尔带着阿查立和几位水兵赶赴松江，找到那栋"外籍军团"（Foreign legion）的房舍，人员已匆忙撤离，但屋内还留有华尔上校签署的文件和指令。麦华陀向道台抗议，由于其走漏消息导致此次抓获的 24 人，几乎都是非英籍人士。其中一位丹麦人说，华尔部队中包括军官在内共有 82 名外籍人员，其中 29 人曾是英国海军士兵，但这些人都已逃脱。经叛军同意，在南京抓捕了 26 名英国人送香港受审。这些人分别被判 3 至 9 个月监禁。抓获的非英籍人士则

---

①　此处疑为会防公所。——译者注
②　此人疑为时任江苏巡抚的薛焕。——译者注

移交给各国领事，其中包括后来恶名昭彰的白齐文。

上海也采取了进一步行动，于青浦进行一次抓捕，但徒劳无功。据报清军雇请了 65 名外籍人员，其中死伤三分之一；其余未支薪便遭解散，都潜回了租界。根据线人提供的情报，迪尤舰长与麦华陀率一队武装人员突袭泰记钱庄，发现了 18 支装有弹药的滑膛枪；且"军团首领"与钱庄管事有不少账务往来。涉事人等皆遭捉拿，首领交付美国领事，华人交予道台，并对有组织地招募洋人提出抗议。

指挥官海尔也派人在上海逮捕了华尔，"理由是有组织有计划地诱拐我方士兵"。华尔起先声称自己是美国人，又说是墨西哥人，后又说是中立的华人。最终他被拘押了一段时间。

这些实际举措无疑比最强烈的书面抗议都有效。但后来我们又读到西班牙领事向外籍军团输送人员，造成离职脱逃者甚众，有一艘宝顺洋行的船甚至因水手人数不足而无法启航。

阿查立与行事积极的迪尤一同前往乍浦，请太平军首领不要攻打宁波。对方几乎很客气地同意了。阿查立生动描述了此行见闻。首领身着红衣，相貌普通，对如何接待这些客人似乎略感无措。他很乐意接受鸦片，但更想要火药和子弹。"我们安坐相谈之时，各种头目闲逛进来，个个身着颜色鲜亮的绸缎，满身污垢，身染疾病，布满疤痕的手臂上戴着金镯子，是一群欢乐却粗鲁的人……这些人外表看来就像苦力，毫无学识，连写出自己的名字都颇费力，完全无法让人心生敬畏。"这些人只能称之为"一群野蛮人"，令人反感。

迪尤也为我们描绘了叛军占领或侵袭之地的悲惨画卷——"所见之处一片荒凉破败，房屋、寺庙皆被掀去屋顶，水车之类付之一炬，田地荒芜，桥梁坍塌，除了水面偶尔飘过的浮尸，完全不见人迹。"

这些对叛军及其领地的描述，让我们感受到已遭围困、频受威胁的租界内的焦虑心态。虽然 1861 年并无攻势，但侵袭行动可以近至 10 英里内，而锡克侦察兵还遭枪击，自然无法让人有安全感。叛军就在闵行，位于黄浦江上游距此并不远，道台认为每晚在租界过夜较为安全。英国驻华陆军司令米切尔（Mitchell）途经上海时指示，炮队应从石桥移回租界，再建一座炮台掩护县城

123

西侧，道台很乐意支付这 1 000 元开支。

第二次中英战争于 1860 年末结束。次年春天英海军司令贺布溯长江而上，一是探查长江贸易的可能，二是去面见太平天国首领商谈上海的安全问题。对方保证一年之内不会攻打上海，叛军的这个承诺虽未绝对做到，实际也算信守。因此，虽然偶有警报，时常让人感觉不安全，1861 年上海还算平安度过。但新年伊始和平时光便稍纵即逝，这一整年战事不断，外方政府被迫渐渐放弃中立，对叛军采取更积极的行动。这一过程实是逼于无奈，并不是相信清政府行事的崇高和正义，只是保护自身利益、维护自身地位的迫切需要。

1 月 11 日，叛军兵临上海，明显意图包围县城。西面他们打到石桥，又在北面侵袭乡里，据报东面的浦东也有大队人马。上海采取了一切预防措施，准备应对内外之敌。英国领事馆里举行了一次会议，了解道台的作战计划以及掌握的财力物力，并讨论防御措施。出席的人员有：道台吴煦、领事爱棠和麦华陀、法方海军布特（Butel）少校、克雷吉（Craigie）中校、日意格（翻译）、马安、斯塔福德、商团的韦伯（Webb）、阿查立（翻译）以及负责防务的应宝时。

有人建议散布于周边的华人岗哨如遇强攻应回撤，并须在租界华人房屋云集处开出一条道路，此事唯有道台才能胜任。此路便是石路（Shekloo Road，现福建路），直通苏州河，被强制出售给了欲购名单上的首位洋商。道台共有兵丁 13 600 人，分为 600—3 000 人的几个小队。他同意从吴淞至闵行设置 50 人的岗哨，每日传送消息，一旦遇袭便回撤。县城外的船只都要重新安排，苏州河上的船只将清空。

各方达成共识，要做好充分准备以应对以下三种情况：直接攻打上海、潜入县城刺杀当权者、前来和平谈判。

英方本想告知道台，这些措施仅仅是为了维护外侨的利益；但法方强烈反对如此声明，也不想对提供援助的政治原因有任何讨论。麦华陀便对此保持沉默，因为他深知英法双方协同行动的重要性。

道台表示青浦有叛军船只 1 500 艘，人员 2 万。叛军释放了一名外侨俘虏以传递信件，此人说他早上 10 点或 11 点离开营地，下午到了上海。他说营地有 1.5 万人，其中有四五个欧洲人。另一个从更远处释放或逃脱的俘虏，说他们的人数达到 4 万，10 个人中有一支滑膛枪。

情势如此危急，难免让原先的中立思想发生转变。一个月后，面对要求援助浦东一侧的动情哭诉，麦华陀不得不回答，外方只负责保卫县城和租界，"保卫周边区域由清政府负责"。这都是事实。但与此同时，虽然并非面对同一人，他对公使却表达了这样的观点：为了打击劫掠者，外籍军官应该可以越出租界采取行动。这样他们在敌对部队太过接近之前便可将之歼灭。他指出条约中承诺的所谓"绝对安全"并不存在；清政府在苏南地区实际已失去控制力，若无外方帮助也无力恢复；在叛军统治之地安全与保护更是无望；然而上海若还想和原来一样成为重要聚居地的话，得到充分保护是必要条件。然后，他竟然建议"应当立即采取措施，组织勇猛的当地部队，由外籍军官率领"。而且，英海军司令贺布也积极支持该计划。要知道，仅仅 9 个月之前贺布逮捕了华尔，由此可知人们的观点发生了如何迅猛的转变。这一年，华尔的人生进入最辉煌时刻，然而天知道，次年便是他的死期。

大批华人涌入租界——估计有 50 万人——引发了司法权问题。他们需要某种合法当局，哪怕只是保护他们免遭不择手段的敲诈勒索，而且由领事、工部局、中方三方参与的司法管辖权也应有所改进。不管《土地章程》如何规定，这些人在英租界内拥有大约价值 200 万英镑的财产，其中包括 3 000 幢房屋。他们对中方当局俯首帖耳，这便意味着他们也是大规模压榨的受害者；他们受领事保护；如此庞大人群所遵循的法律法规，则由一位总办主管的商人委员会负责。改变如此怪异的状况正逢其时，清廷若欲得外籍武装协助，他们也必须意识到要对本国人施行更有效、公正的管理。

与那些无法让人心生敬意的人打交道，是件折磨人的事，我们可以想象还要更进一步保护、挽救如此的朝廷免于覆灭，对有些外籍官员来说真是悲惨的磨难。脾气急躁的戈登事后愤恨不已，对他们的缺点直言不讳：胆小懦弱、卑鄙欺诈、效率低下，各国领事还有其他诸人对所有这些都只得耐心忍受，年复一年。或许无人觉得如此的朝廷本身值得挽救，不过是比叛党一边稍强一星半点，而且外侨的利益与之联系得更紧密一些罢了。遥想希腊、意大利为一国生死而战，在英人心中激起了怎样的满腔热情，读者也须谨记戈登尽管对此地当局心怀厌恶，却也尽心尽责为之工作。当时县城里的清廷部队被贬为彻底的乌合之众，即使他们要保护的对象——当地的贫苦大众都瞧不起他们。得知有外国武装做后盾本应激发他们的勇气，起而与周围的敌军对战，但他们却在叛军进犯之时四散奔逃，事实上他们自己也在村民惊逃一空的村子里焚烧抢掠。至于那些军官，若能全体解散倒还好些。他们以军需开支繁重为借口，压榨当地中国居民的个人财产和地方贸易，以此积累起巨额个人资产，并小心借助外国援助将之运送至安全之所。应对如此人等一定让外籍人士的寿命折损不少啊。

道台没有外援就无法维持县城的安宁，因此达成协议由英方驻守英租界及虹口，法方驻守法租界和董家渡。英方还要守护县城北门以及与之相邻的城墙。英法双方共同保卫吴淞。法方可调用 1 000 人，其中 400 人可作机动部队。英方有 650 人，当时又额外追加 255 人，其中 300 人为机动部队。法海军司令卜罗德和泰奥洛格（Théologue）上校代表法方，英海军司令贺布和穆迪（Moodie）中校代表英方签署了协议。很快英舰"珍珠号"（Pearl）载来了英国驻华陆军司令米切尔与其随从，以及 99 军团的一个连和皇家炮兵部队的士兵。

与此同时，受到威胁的县城周围，危机正在逼近。袭击者将越来越多的难民赶入上海，浦东一边的乱况尤甚。毫无疑问，他们希望给上海制造混乱，或造成饥荒以利破城。物价早就涨了两三倍，租界里满是无家可归四处游荡的流浪汉。不仅这些是危险信号，阿查立还从一艘截获的船上搜到一些文件，文件显示租界内两位有财有势的广东籍居民可以在"有关人士手中"的赃物里分一杯羹。

海军司令贺布同意协助华尔攻打吴淞对面的敌军据点，布置炮舰护卫其前行。华尔部队攻下高桥（Kajow，Kao-ch'iao）。当时贺布与卜罗德都在场，华尔部队前期表现颇佳，后来便开始抢夺战利品。此处曾是叛军与上海作战的基地，囤积有大量粮草，其中大部分在叛军逃离前遭焚毁。解救了数千名被锁系做苦力的村民。数日后，叛军为示报复，在周边地区犯下了令人发指的暴行。

敌军在闵行屯驻了大量兵力，海军司令派出的侦察小队无法力敌，只能撤回船上。因此又派遣一支远征队，由 500 人的英法部队携 6 门火炮，外加 750 人的华尔部队组成。在松江以东、南桥（Na-jow，Nan-ch'iao）附近的肖塘（Tsi-dong，Hsiao-tang）开战，先炮击，后强攻。此地叛军的防御工事甚为稳固，此次大败损失惨重，对他们是沉重的打击。正是基于高桥、南桥两次大捷，清帝授予华尔参将之职，他的部队也赢得了"常胜军"的称号。其部属在两次战役中都是冲锋的主力，伤亡约七八十人。

3 月，英舰"佛莱默号"于江上偶遇叛军船队，船队由十艘战船护卫。船上与岸上行进的部队总共六七千人。"佛莱默号"先遭炮击，但一直等待护卫船队完全进入射程才开火，枪炮齐发，将水手全赶上了岸，几乎摧毁整支船队。

此时北京清政府的态度稍稍让人满意，但上海对外贸易所受威胁之严重前所未有。商会认为由于太平天国叛军的出现，使得进口商品数量大跌。起先还可改道宁波入港，但自从宁波被叛军占领，这个港口也已关闭。叛军并不征税，但他们抢夺劫掠。丝绸出口已锐减 14 000 包。若不夺回苏州、杭州，贸易无法恢复。

因此外国列强公开站到了清廷一边，与叛军作战。英法指挥官提出应将叛军赶出上海方圆 30 英里的范围。各国公使都表示同意，唯一提出的反对意见是担心清军无法守住外籍部队取得的胜利成果。同意将士迪佛立（Staveley）将军在天津率领的英军调来上海。麦华陀与贺布也批准由麦李洋行（Mackenzie, Richardson and Co.）的理查德（L. Richardson）负责用英商轮船从安庆（Anking）沿长江调运曾国藩 9 000 部属。运输包括装备在内，依每人 20 两白银计，船载不可过于拥挤，不包括粮草与燃油。即使是为战争服务，收费如此高昂，也不禁让人怀疑记录数据是否有误。

而且，从此接纳华尔为一位值得尊重的同事，不再是可疑的冒险分子。

从图 7 中可见，上海方圆 30 英里包括闵行、松江、青浦和嘉定诸城，尚有位于上海东面的浦东全部地区。

士迪佛立与其部属到达后，组织了一支约 2 700 人的快速突击队，配备 11 门火炮。突击队由 400 英国人、800 印度人、400 法国人和 1 000 常胜军组成。两位舰队司令与士迪佛立、华尔联合指挥，由贺布掌控行动总方向。

1862 年 4、5 两月战事频繁。4 月 4 日攻下叛军位于王家宅（Wang-chia-tzu, Wong-ka-tze）最坚固的防御设施，迫使他们撤离。叛军退往几英里外的第二个据点，华尔带 500 人追赶，不幸于此处遭阻，造成 50 人伤亡。随行的贺布腿部

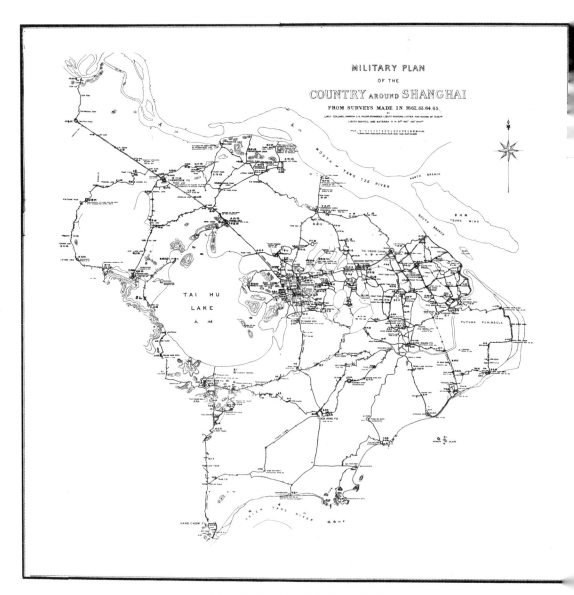

图7　上海周边郊县军事（形势）图

受伤。然而次日，此处由卜罗德与博莱斯（Borlase）率海军士兵携炮攻下。

17 日，战事继续，攻打位于上海西南 15 英里的七宝（Chi-pao，Tsi-poo）。敌军再次被迫从坚固的据点中撤退，伤亡惨重。然后一大队人马沿苏州河逆流而上，共 3 842 人，配 30 门火炮，其中法国部队 775 人、华尔部属 1 000 人，余者为英国人和印度人。他们 29 日攻下南翔，5 月 1 日克嘉定，12 日收青浦，17 日得南桥，20 日占柘林 ①（Che-lin，Cho-lin）。这一系列漂亮行动，将方圆 30 英里内的五座重要城池（包括松江在内）都置于清廷的势力掌控下。令人欢欣鼓舞的结果也付出不幸的代价，海军司令卜罗德在南桥一役中心脏中弹殒命。法租界市政厅（Rue du Consulat）门前立了此人的塑像，献辞纪念他以及在与叛军作战中牺牲的法国陆海军将士。令人欣慰的是，清政府在卜罗德牺牲处建了祠堂并举行祭祀献礼，以示致意。

原本的安排是城池攻占后便交由清军驻守，这本是他们的职责。然而，如前已述，有人对他们能否胜任表示疑虑。华尔将指挥总部从松江迁往青浦，以他的部属驻防五座城镇。但正在华尔忙于此事无暇顾及之时，敌军首先夺回了嘉定，青浦留守部队也遭围攻，华尔借助联军兵力奋力来援，最终城池还是被敌军占领。当时在城中指挥的法尔思德（Forrester）被俘，遭受酷刑，情况危急，濒临死境，最后花了大量现金和弹药将其赎回。

嘉定陷落之时，吴淞因英舰"欧椋鸟号"（Starling）偶然来访才未失守。有传言尖刻地说道，清军"遭遇太平军，一触即溃"。但他们若采取攻势，或许情况更糟。江苏巡抚薛焕调集了 7 000—10 000 人的部队，从宝山向太仓进发，结果几乎全军覆没，只有极少人回到出发地。

最后的战果简直无法鼓舞人心。华尔虽收复青浦，但却毁城而去。只有松江和南桥依然在握。有人向北京当局指出，一国政府对自己的职责优柔寡断或无动于衷，也别指望别国政府愿意为其驻守阵地。

海军司令贺布、陆军司令米切尔和当时已任巡抚的李鸿章举行了一次会议。虽然李鸿章并不赞成让外方来训练其部属，但会议决定他须调配 3 000 士兵受训。

---

① 今奉贤区西南沿海柘林镇。——译者注

当年夏季潮湿闷热，联军处于守势，并无建树。叛军或许鉴于南京的形势，向后撤军。但 8 月他们又进袭至距上海 6—8 英里内，甚至在静安寺附近烧杀抢掠。各方决定筑路延伸至静安寺，在那里设立岗哨。

130

叛军占领宁波已有半年，但外国租界宣布中立，还算不受侵扰。然而 1862 年 5 月，清军拿下镇海，准备进攻宁波。攻城当日，尽管事先已发警告，停泊在周围的英法船队依然遭到来自城墙上的炮击。英国皇家海军迪尤舰长与法国海军肯尼（Kenny）中尉随即开炮回击，攻打城池，把叛军赶出后，将宁波交予清军。由于叛军依然在城市周围鱼肉乡里，各方决定肃清周边区域。迪尤率领常胜军和新成立的常捷军（Franco-Chinese force）共 1 000 人，外加 1 500 广东兵勇，携英法炮舰各一艘，攻下距宁波西北 15 英里的余姚（Yu-yao）。一个月后，华尔赶到，马上加入攻打距宁波西北 10 英里的慈溪（Tzeki，Tzu-chi）。城池攻下，但华尔遭流弹击中胸部，伤重不治于 20 小时后身亡。

在此处详述此人的生平事迹，似乎并不合适。人们对他的风评随着时局变化而纷纭，但此人却是一如既往，从未改变，他的个人价值并不因遭人怀疑诅咒或得联军接纳为可靠同仁而有所起伏。他当然是一个冒险家，有一种说法，虽未经证实也被人反复引用：他一直心怀壮志，要为自己踢打出一番天地。但从其履历来看，他对雇主忠心不二；或者他的野心并未压过忠诚服役所带来的尊贵与荣耀，而获得的报酬也足够让其心满意足。无论如何，他的出现适逢其时；中方对他很满意；尽管手下军官粗野暴烈、部队缺乏训练，然而他以无人可及之势率领部属，取得一次又一次对于清政府和联军都无比宝贵的胜利。

他的贡献以独特的方式得到认可。华尔最后葬于其指挥部所在地松江，1877 年按儒家礼仪开设纪念祠堂，在铭刻其功绩的碑牌前香火不断。与此同时，十分典型的现象是，至他逝世时本应支付的军饷，虽得当局确认无疑，却始终未支付，而反面意见却在增长，仿佛福斯塔夫（Falstaff）① 口中"穿麻衣的恶汉"。最终，这 18 万金加入 1901 年的庚子赔款中支付给美方。

---

① 福斯塔夫（Falstaff）是莎士比亚历史剧《亨利四世》中的喜剧人物。他是个破落骑士，是王子放浪形骸的酒友，爱寻欢作乐、吹嘘诡辩。他曾瞎编路遇身穿麻衣的恶汉，与之大战，但对话中恶汉的人数却一路飙升。——译者注

要寻找合适的继任者却是最大的难题。中方当局要满意，更重要的是常胜军将士能接受，而各国间的微妙平衡也要考虑。有人提出既然英方在阿思本舰队（Osborn Flotilla）中掌握海上的指挥权，常胜军的统帅应当由美国人担任。这是训练有素的 4 500 人部队，这些人若再让一个冒险家来领导——此人或许还没有华尔的能力和忠心，显然将是不智之举。当时实际掌控部队的李鸿章，首先提出的人选是法尔思德。但法尔思德在青浦被捕时遭虐负伤，健康受损，不能担此重任。贺布继而推荐位列法尔思德之后、华尔的副将出任，因此美国人白齐文领参将之职，成为常胜军首领。然而颇有识人之明的李鸿章对此任命并不满意。英国领事（麦华陀）、士迪佛立与道台早就商定由某位英国军官来担任此职，甚至已将此意图告知白齐文。但贺布推翻了一切安排，亲自带白齐文面见巡抚，正式举荐此人，并坚称在此事提交北京方面处理之前，无论如何应由此人暂时接管。此时离白齐文被解职遣散已不足三个月。

10 月，贺布与士迪佛立协助白齐文夺回嘉定。此役投入兵力甚巨——英国部队 1 850 人、法国部队 400 人、英国军官带领的华人 800 人、常胜军 1 500 人，总计 4 550 人，携炮 30 门。在嘉定派驻了大量部队驻守，并在南翔设立岗哨。一月后，联军在几日内捷报频传，李鸿章在黄渡（Huang-tu）、白齐文在白鹤港（Pai-ho-kang，Pao-kong）克敌制胜。听王、慕王、纳王 ① 率领叛军过万人，夺回嘉定和青浦，并打算攻下松江、上海和宝山。而后听王战死，慕王重伤，激战中 800 人战死，2 000 人在逃散途中由于桥梁坍塌溺毙，600 人被俘。这一系列胜利的成果是，当年底士迪佛立带 400 人在嘉定附近巡视，报称"上海周边已无叛军踪迹"，完成了上海方圆 30 英里内清剿叛军的计划。

英海军司令贺布于此时离任，并未见证他照拂之人的下场。海军司令固伯

① 听王陈炳文于 1853 年太平军经芜湖加入部队，1857 年为副掌帅隶李秀成部。1862 年 3 月，取江苏金山。次月，他会同谭绍光率部战于上海七宝、松江泗泾等地，封听王。但据史料记载，此人并未战死上海，后曾退守杭州，1864 年降清。慕王谭绍光，1851 年 1 月参加金田起义，后隶忠王李秀成部。1862 年封慕王，领军围攻上海。1863 年率所部坚守苏州，12 月 4 日在苏州慕王府主持召开军事会议时被叛徒纳王部永宽、康王汪安钧等刺死。纳王部永宽，1854 年加入太平军，后隶忠王李秀成部。1863 年暗中通敌，与汪安钧等刺杀谭绍光，献苏州城投降。后为江苏巡抚李鸿章所杀。——译者注

132　（Kuper）接任。也是此时，俄方表示愿提供援助，协助中方在大范围内镇压叛党，遭当局婉拒。

白齐文的职业生涯自此平步青云。白鹤港一役获胜后，他要去更远处征战，参加攻打南京的战斗。起初陆海军指挥官反对，不愿将部队遣离上海，后来提了一些条件后同意远征。12 月 22 日宣布已派遣 2 500 人，白齐文将率领其余 6 000 部属立即出发。

对于白齐文来说，悲剧之处在于，有关此事的真相与以往其他事件一样难以追寻，而且同样显而易见的是双方各有错处。各位读者须谨记，白齐文在李鸿章眼里本来就不受待见，他在松江花销奢靡则更添不满。当时常胜军开支依然由上海爱国商贾通过泰记钱庄提供。松江百姓因其阻断河流、夷平村庄，已经快要爆发起义。但部队的军饷依然拖欠未付。我们也很想知道中国历史上有哪个时期并非如此行事。不管怎么说，此时双方的情况很清楚：白齐文延迟了出发时间，原因如其所言，不发军饷就不开拔。李鸿章宣称雇请交通工具、追加武器补给耗资 20 万两白银，如今因为白齐文的拖延都白费了。

接下来是与泰记钱庄别开生面的冲突。白齐文率 150 人来上海，要从钱庄支取应得的款项以及出发前需要的资金。他与钱庄老板发生争吵并出手打了对方，这一点看来是确定的。但他是否抢了银两则尚存疑问。他本是依约来取 4 万两白银；这笔钱款本是为他准备，他也遵嘱前来提取。甚至有人传说泰记钱庄的买办押送钱款同去松江，眼见他分发给部属。

李鸿章立即将其免职开除。中方当局称他不遵调遣、抗命劫饷，应判死刑，悬赏 5 万两白银缉捕。他们还要求士迪佛立将之逮捕，但自然遭到拒绝。

应李鸿章要求，海军上校奥伦（Holland）曾受命出任白齐文的参谋长——此举令白齐文十分不满。由于提名马格里（Macartney）① 接任，常胜军与英方

---

①　马格里（Halliday Macartney），1833—1906 年，英国人，后加入中国籍。1858 年，第二次鸦片战争时来华，任英军第 99 联队军医。鸦片战争结束后，辞去英军职务，任常胜军头领白齐文的秘书，但时间仅两月。1863 年加入淮军，初为淮军枪炮教练，后改为督造炮弹、主持新式的近代兵工厂生产，跟随李鸿章十余年，深得倚重。1906 年，于英国伦敦去世，时任中国驻英使馆顾问。死后，英王赐予爵位。——译者注

当局都不认可，而法尔思德再次婉拒，士迪佛立提出由奥伦担任"临时联合指挥"，并准备提议戈登上尉长久任职。

新的问题又出现了。常胜军的军饷依旧拖欠着；为他们拿回部分军饷的首领遭盗窃指控；此人遭除名后，尽管大多数军官都是美国人，新任命的首领却是个英国人。因此，50 多名军官联名上书抗议，并宣称若将白齐文处以死刑，他们将不再为中方政府效力。李鸿章赶来化解危局，首先将拖欠军饷全数付清，并承诺负责以清军资金为常胜军提供补给，将一场迫在眉睫的哗变消弭于无形。1863 年 1 月 15 日，奥伦受命任参将之职。

在上海盘桓一阵后，白齐文前往北京寻求他所谓的公道。他的抗辩理由是，他乃皇帝任命，只有皇帝方能撤其职务。然而前任道台声明，此职本是由李鸿章任命，并且是迫于英军司令推荐并保证白齐文品行端正，方有此举。该职务是与道台联合指挥，而一切文官武将都由该省巡抚管辖。白齐文后来发觉北京方面也是如此看法，因为尽管英美公使都极其支持他的理由，但恭亲王坦承自己无权干涉地方管辖的事务，只能将此事发回上海。白齐文由一位处理此事的钦差大臣陪同返沪，但郁闷地得知李鸿章根本无意将他官复原职，因为此举意味着以后更多麻烦，而由他统率的常胜军也会越来越难以辖制。白齐文从此走上歧路，他戏剧性地从松江劫走"高桥号"（Kajow）汽船，投奔了驻扎在苏州的叛军。在叛军处他也未得重用，两个月后他带领一帮投机分子向戈登投降。此人的悲惨余生三言两语便可说完。尽管有 11 名外国领事提出抗议，李鸿章依然悬赏 3 000 两白银捉拿白齐文，"不拘生死"。白齐文得美国领事逮捕送往日本，逃过一劫。此处让我们联想到马丁·路德（Martin Luther）①的人生经历，虽然白齐文与路德本人并无相似之处。次年，1864 年 6 月，他越境回到宁波再次加入叛军，后在福建漳州被捕，送交中方当局。美国领事要求将人移交给他，

---

① 马丁·路德（Martin Luther），1483—1546 年，是 16 世纪欧洲宗教改革倡导者，基督教新教路德宗创始人。神圣罗马帝国皇帝查理五世为了在政治上与法国抗衡，希望得到教皇支持，反对路德的改革。在 1521 年帝国会议上，决定执行教皇通谕，给路德判罪。但由于与会诸侯的反对和路德本人在审讯时的强硬态度，会议最终决定先放路德离去，然后判罪并下逮捕令。路德在归途中，萨克森选侯以拦劫绑架方式把他送进瓦特堡加以保护。所以此处作者认为白齐文的经历与路德有相似之处。——译者注

134 但白齐文在从福州押送苏州途中意外落水，与其他数人一起遇难。其尸首运回上海，辨认无误。官方发表声明，驳斥其遭剥皮的恐怖谣言。中方陈述的事情经过得到认可。但谁也无法确知，此人身亡确系意外，还是以最简便方式解决难题的人为安排。

所有曲折危难之中，有一个平民的名字频繁出现，不亚于任何一位斗士——此人便是阿查立。由于缺乏译员，横生许多枝节，阿查立在此处找到了大展宏图的机会。比如，在松江职位变动的危急形势中，他是常胜军和中方官员交流的中间人。中方官员对他十分满意，希望他每月发薪日都能前来，"得其才智与辩才之利"。其个人能力自不在话下，但数月后他提出要在李鸿章帐下为中方工作一年，英方表示他在英国领事馆领有职务，不容离开，若执意前往便是背信违约。最终要离开一月都未得准许。不仅是松江，他在其他各地见识了大量清军与叛军的部队，我们对双方军队的了解有不少是出自他周详而生动的报告。

事实上，数月后阿查立离开之时，英国领事馆根木一个译员都没有，华人、英人译员皆无。

自此叛军队伍如潮水般退离上海。叙述叛军失败的详情已无必要，虽然其中颇有戈登的丰功伟绩，彰显其高尚品格，但这已与上海无关。简而言之，常胜军重组缩减至3 000人，在奥伦率领下于太仓惨败。1863年3月，戈登接管指挥，6月1日攻下昆山，12月4日克苏州，1864年5月11日拿下常州。夺下常州便是戈登使命之终点，5月31日常胜军解散。两个月后，曾国藩攻克南京，最终平息叛乱。

第10章

海　关

本书第一卷（第 39 章）已经叙述过海关外籍税务司制度的设立以及最初数年遭遇的激烈抵抗。上海商人之所以反对，不仅因为新制度审查严格，更在于他们是唯一的牺牲品，其他口岸仍是早期遗留的老式懒散的体制管辖。更深层的怨言是，海关官员完全是中国政府的雇员，商人反对中国人在财政事务上掌握管辖权，他们要求将涉海关案件安排在领事法庭审理。得到的答复是，若把这种权力赋予某一位领事，那么必须给予所有领事，一旦某位领事对其国民义务采取最低姿态，将成为其他国家的榜样。

然而有早期的实例表明领事与公使在此事上意见不合。领事们不想在涉外事务中承认税务司的行政地位，并由此引发争吵。早在 1856 年，英国领事罗伯逊反驳公使，表示他"不该为党派利益所用，也不能为支持税务司或其他任何制度而质疑他的正直品格"。由此可见，罗伯逊与李泰国一样也是"有脾气的"。官方的答复十分平和：对于"那些要求忠实执行条约责任的'党派利益'，请最大程度予以协助，这是你的职责所在"。

1859 年下一任英国领事密迪乐到任后，争论变得白热化。他总是长篇大论，行文有撰写散文的习惯，行事则与一个领事官的要求相差甚远，都曾遭斥责。1859 年他长篇大论地寻求指示，字里行间表达了对现有体制和人员的强烈不满。他断言既要履行职责又要执行指示，基于"领导者"对领事的态度，两者并行几无可能。他认为体制具有无可挽救的失误，但人的态度则未必要归结

图 8　海关，上海，1880 年

于它。税务司的举措产生了两个后果：（1）普遍削弱了领事的影响力；（2）剥夺了领事之前掌握的、与中国当局直接接洽的最核心部分。"有英国公民——有些还是受过良好教育、对这个国家过去和目前的国际关系也十分了解的，却因为执掌英国领事馆的个别官员对于一个新的制度，或者至少说一个不一样的制度，会对他们的利益有所损害而表达担忧——值守报告本来就是领事馆的职能，就一边表示自己忠诚爱国，一边贬损削弱英国领事馆的权威和影响力，这让我觉得不可思议。"仅举出这个句子，就足以让人体会到密迪乐冗长啰唆的行文风格。他接着细数领事司法权如何被篡夺，发布将影响英人的新规则却完全不考虑领事馆的权威。他到任三天后收到一份新章程，并附言"去函请致海关关长"。他既不认识这么高头衔的人，也不知道官方的发信人是谁。他将来函退回，说他仅通过道台与海关联系。章程分发后，由于英国领事退回了

136

他的这份抄本，便只能向商会索取了一份。他告知道台，未经英国领事司法审判，任何情况下都不得没收英国货物。到了如此地步，包令敦请他此事就此罢手吧。

一年后，他在一封给商会的信函中又重提此事，愤愤不平且措辞激烈，反复说他曾如何照会海关总长不允许未获批准非法扣押英商货物，而其进一步行动又是如何因公使指令而受阻。他还论及，将涉海关案从领事法庭中剔除，是刻意贬损领事法庭。在英国，将没收权委任于海关关长并不安全。那么这些实际上甚至不依赖华人雇员的在华税务司们表现又如何呢？"当前有报告称，外籍海关官员会将他们没收的一些物品私分。"密迪乐表示不知道这是否真实，"不过须谨记，即使此事被全盘否认，我们永远也说不清这种侵占行为到底到了何种程度"。假如这是事实，"在欧洲最独裁的国家"也找不到"这么穷凶极恶的事"。至于修改条约规定，有人会说海关官员并无此意图，但是他声称章程的确对条约有修改，这些都影响到领事权力并威胁商业利益。

对海关官员的指责，今日已经不必多虑，对他如此影射他人不诚实的自我表露，我们却很感兴趣。想来此人一定不好相处。 ¹³⁷

包括宝顺洋行、公平洋行和元芳洋行（Thorne's）在内的 16 家英国洋行，与密迪乐的看法一致：（1）海关没收货品的合法性只能依靠领事的司法判断来实现；（2）本地海关规则只有在征得领事同意，由领事发布后方可生效；（3）要从中方被告处得到赔偿，通过由密迪乐提出的会审公廨看来是最可能获得司法公正的渠道。

经密迪乐同意，上述写给商会的信函也转给了《北华捷报》，由此引起当时负责海关事务的德都德（Tudor Davies）和费士莱（Fitzroy）在媒体上搅起一番风云，并直言他们对密迪乐也没什么好评，对此我们一点也不奇怪。密迪乐随后宣布，按照指令行事他支持整个税收体制，但同时反对建立该体制的领导者自命不凡、篡夺权力。他竟然多次转述阴险的流言来为自己辩解："目前有报告称，税务司会私分部分没收货品。"他还提到"有不堪入耳的辱骂直接指向我——英国领事""恶意毁谤""肆意攻击"，等等，明显情绪很不好。他发了一份英国领事馆通告，指出生活在他"刑事、民事管辖权之下"的两名税务司强词夺理、非难僭越。密迪乐还说，他已经派人到香港，准备在高等法院进行诉讼。与此同时，鉴于他的官方地位，以此通告对直接指向他的诽谤进行驳斥。

假如说密迪乐不够明智，担任海关总税务司的李泰国也不相上下。这两个人的轶事我们以后有机会再慢慢聊。

与此同时，新情况自然产生新问题，需要寻找新的方式调整。冲突的实例有，1860 年一名海关官员奉命行事，查获英国小帆船"海浪号"（Wave）上有火药，领事协同陪审官审判，对其判处罚款 200 元或两个月监禁。之后，1863 年怡和洋行莫名遭罚款，道台将此事归结于"外籍海关税务司乐于惹恼外籍商人"。严格说来，怡和洋行的失误只是货运单出错，他们的船比原来申报的多运了 50 箱鸦片。怡和解释这 50 箱鸦片本应在福州卸货，但遭遗漏。那么问题是，是否要宽容这些无心之失。倘若如此，将打开无休止的欺骗大门。道台把罚款从 500 元降到 200 元，但是怡和拒绝仅仅因一个错误而被罚款。然而，如果这 200 元可以退回，那么其他各种不同类型的罚款也将面临同样情况，如果因为领事干涉就免除罚款，那么税务司的权威将遭蔑视，此外该账户已经关闭。争议纷纭，诸如此类。从这里我们可以看出，引用罗杰·卡弗雷（Roger de Coverley）的话说，"双方都有话说"。

代理领事马安没有密迪乐这么好战又奇思怪想，他认为海关的行为缺乏对领事的尊重，同样也使得海关行为本身受到打击，"皇家税务司和道台有关他们外籍雇员的措辞，显然是深思熟虑事先设计好的，这令我确信一点，这种判断失当的傲慢态度激发了双方都最大程度偏向本国利益，对此我也不免有怨言"。

1861 年，麦华陀一回到上海便要求获得明确的指示意见。需要立即关注的问题是：英国公民受到海关起诉时，能否在领事法庭举行公正的听证会？还是只要海关监督认为有破坏条约或违反海关章程的行为，不论领事干预与否，他们都可处以罚款或没收个人财产？

出现诸多案例并经过纷争解决，商人、领事、全权公使、道台和总检察长都参与到冲突之中，最后总算理出了一些头绪。1857 年，政府法律官员明确不能因走私而没收英国船只。根据法方条约，只能没收货物，不能没收船只。1863 年，卜鲁斯规定中方当局有权没收违反规定的登陆货物，但无权没收船上的在运货物，如果要按照条约处以罚款，则需向领事提出控诉，不必陪审官参与，领事将听取双方证词。后来组建成立混合法庭裁决海关没收财物事宜，但要取消罚款只有通过领事法庭。

话题再回到涉及这场不可避免的利益冲突中的个人因素。1856 年，罗伯逊介入太平洋行（Gilman, Bowman and Co.）遭罚款事宜，他认为这个决定太严苛。洋行方面称"李泰国与他们打交道，非常粗鲁无礼"。他的举止行为带有侮辱性，冲着鲍曼（Bowman）摔门而去，信函不复。罗伯逊就此事与道台颇有一番唇枪舌剑。

在法律不明朗的情况下，宝顺洋行案需要提交给卡灵顿爵士，他判定海关将宝顺洋行的罚款退回。之后该洋行致信领事称："税务司无视您的判决强收罚款，此次退回不过是迟到的正义。但相比于对我们品格的公开诽谤、相比于心怀恶意针对我们挑起恼人的争端，这点也无足轻重了。" 139

当特使们带着公文急件先于额尔金勋爵抵达时，李泰国陪同他们前去苏州，事实上充当翻译。但《北华捷报》称："我们不知道李泰国是特使随从中的一员，还是以个人名义出席，但无论哪种方式，于我们而言，他将他们摆在一个错误的位置，牺牲了他们的尊严，来满足他雇主的自尊心。"

1863 年的商会报告述及对李泰国的评价："他并不仅仅埋头于违规事件以及与之相关的争端中，他对怀疑中国海关是否极其完备者，表现出强烈的憎恨，而为了支持自己的观点，与持反对意见的请愿者对抗，他也一样漠视真相与礼节，歪曲事实和陈述。"

关于阿思本舰队，事件发生不久，李泰国印发了一份小册子，《北华捷报》说它以暴躁的口吻书写，怨恨将作者的水平降得都不如那些攻击者。"李泰国受人尊重和敬畏是事实，对此我们无须质疑，但是他从不讨人喜欢、受人信赖。"而在更早前，该报曾说："此次尝试自一开始，从工作实践到指导方针，其运转的优缺点悉数要归因于一个人——高级税务司、英人李泰国，这为此事招来恶名。不论此人的格调、脾气有怎样的不足，如果相信他对手的话，缺点确实不少，但他证明了自己是个诚实、机警的人，即使他在行使职权之时谦恭有礼、以权助人尚不能做到不偏不倚，但考虑到他这么年轻，又没有促使其平等待人的有利环境，我们可能也不该期望他做得比这更好了。"

提到他的年龄倒提醒我们，包令在李泰国 1855 年受命接替威妥玛之时曾有预言，这不知是他自己的意思还是引用钦差吉尔杭阿的话。"我很担心，李泰国先生的年轻和职位将给他带来麻烦，在任期间也会相当尴尬。明知税务司将招来反对和谩骂的声浪，我怀疑以李泰国先生的地位和影响力能否应付。任命这样年轻的官员，必将在经验丰富的职员中激起大反应，也许在中英两国都有人会利用这一点来抹黑整个税收系统。"

李泰国，1849 年来华，在领事机构充当学生译员。1855 年 6 月进入海关。1859 年由英国外交部任命为总税务司（Inspector-General）。1861 年这一职务由新成立的总理衙门再次任命。1859 年，他与领事馆何勃生牧师在吉尔楚得案（Gertrude case）① 中遭到攻击并受伤，事发地点在九江路。1862 年，他志愿参与消灭匪帮再次受伤（参见马士的《国际关系》第二册第 34 页）。正是此次受伤迫使他告假。然而，就在他于家中休假之时，收到组建阿思本舰队的指示（见下文），筹措这桩事务令他于 1863 年被海关解雇，尽管还算有尊严的离职。职位由赫德先生接任，但赫德先生一直住在京城，所以上海发展史上没有他的个人地位。

导致罚款和没收的违规行为各式各样：有的明显为逃避缴税而假造清单，有的与非开放港口贸易，还有过境税等问题。与非开放港口开展沿海贸易，完全是违法的，但这也必然会发生。船主和商人之所以坚持，在于有利可图，当地官员也能从中获益，所以常协助他们。这也引发了一个法律问题：违规船是否定要在非条约港口贸易时方能捕拿；还是只要船上有货物并在中国境内出售，离港后即可处罚。英美公使——确切说是卜鲁斯和蒲安臣——在维护中国条约

---

① 吉尔楚得案（Gertrude case）。1859 年 7 月，法国船"吉尔楚得号"停泊于吴淞口，装有被拐卖人口数百人，准备开往古巴的哈瓦那。23 日夜，被拐卖人群起反抗，受到残酷镇压，被打死、淹死 40 余人。29 日，受掠卖人口凶犯祸害的群众数百人聚集在英租界大马路红庙前，见到两名英国人，疑为凶犯，即趋前殴打。英国人李泰国、何勃生路过此地，以手杖拦阻，亦遭殴击。外国巡捕携枪将人群驱散。李泰国受重伤，另一名叫波顿（Thomas Burton）的英国人旋即死亡。——译者注

权利方面很严格，但是随着时间流逝，其他各国公使接踵而来，周围形势决定了问题要如何解决，商人坚信遵守条约在于精神甚于条款文字，本地官员接受贿赂，纵容非法贸易，外国轮船的速度以及安全性更好，比本地帆船更受欢迎，中国政府一贯太软弱，无法维护自身权力，只能让他人代劳，如此一来，外国商人逐渐发展，占据了大部分国内外农产品的沿海贸易。

各项条约以及海关外籍税务司的设立搅得形势纷繁复杂，以下要点在乱局中逐一确定：不能因走私没收英国船只，除非确实发生贸易或卸货，否则不能没收走私品，逃税商品可以扣留，但不能牵连其他商品作抵押，海关税务司作为中方的雇工，针对他们的指控不能由领事审理，别指望中方官员会放下尊严在领事法庭上进行抗辩。

下面说几个具体案例，还挺有意思，可看出早期商人的困境。那时，法律不健全，海关行事谨慎，而当地官员腐败。

宝顺（Paoushun）和韦耐德（Wynand）案件早已表明，外国法庭也准备公正地维护当地人的权益。

韦耐德在宁波将大米装船，对于中国人来说出口大米是非法行为，但是对外国人来说也属于非法行为吗？英国当局接受了中方就此事的司法权之后，才能采取罚没等措施吗？本地官员因为受贿和不想惹麻烦，对违法行径睁一眼闭一眼，但是正如卜鲁斯所言，这不能剥夺中国的条约权利。口岸限制仅对外国人有效：韦耐德已越界，但并未超出道台的司法管辖范围。海关称将没收在非条约港口装货的船只，但罗伯逊提出质疑，并表明依据法方条约只能没收货物，不能没收船只。难题颇多，好久都不得解决——事实上，六年后司法权问题仍悬而未决。

1861 年，一货船盐得官员默许从温州起运，结果被没收。密迪乐坚持认为，除非发生交易或卸货，否则不能没收违禁品。道台最终同意了此意见。

1862 年，"玫瑰号"（Rose）因在非条约港口从事贸易活动，有关方面要求将其没收，最终中国政府接受了 500 两白银罚款。

公平洋行涉嫌逃税的严重案件也发生在这一年。道台坚称共 12 艘船越过设于董家渡的关卡，中方追赶了 1 里路抓获 2 艘。汉璧礼抗议称，那里根本没有

141

关卡，仅是一艘抛锚帆船，其雇员对此处有关卡一无所知，因为先前海关事务一直在岸上进行，船只听到指令便即刻停下了。他宣称这九年来自己从未被控走私，但现在价值 5 000 英镑的丝被两名海关监察员没收，他们将可从中私分部分。他当时正致力于同压榨作斗争，故有理由相信是中方官员心生怨恨，才导致如此严厉却不公地没收了他的财产。

6 个月之后，此事留下的最后记录是，卜鲁斯表示他不要求把丝归还，因为这是很明显的逃税事件。

同年，庄生洋行（Johnson & Co.）报关 80 包灰色衬衫布料共 2 000 件，但事实上有 4 000 件，洋行称这是笔误，但不幸这笔误多日后仍未改正。此时 22 包布料遭没收，副领事设法救下剩余 58 包。道台的理由是商品所述不实且属再犯。他已放过多包货物。

8 月，香港首席法官签署了一份临时裁定，要求麦华陀说明理由，为何不能发布要求他审理庄生洋行被控违背条约义务案的训令。麦华陀就此事不宜发布训令的理由征求卜鲁斯指示。因税务司属于中方雇员，他曾接到命令不能审理针对他们的指控。他也曾遭三令五申，明确不鼓励在这些案件中强求中方官员接受领事法庭的审判权。

麦华陀十分遗憾，致信庄生洋行说："我非常同意……在没收和罚款之前，英国方面有权进行司法调查。此事中方尚有争议。"对此卜鲁斯严厉斥责他这样表达观点可能会误导涉事各方。这类案件能在英国法庭上审判，可能比较理想，但是否能索回货品则是另一回事。他认为庄生洋行的代理商违反规章，使得道台有理由扣押所有 80 包货物。假如说"错误"是针对已经证明毫无欺诈意图的商人，那么目前毫无欺诈意图的断言并无证据。他不会要求退赔，他们可以向外交部上诉，并且他会代为呈递信函。

在后来的案件中，麦华陀被告知"你不能在领事法庭中审理此案，但你有权获得道台查获后给你的证据"；后又被告知"中国政府必然不会，或者说别指望它会将这类案件交由领事法庭判决"。

话题再回到庄生洋行，训令因为仅适用于女王领土故终未发出，法庭认为，虽然并非麦华陀过错，但庄生洋行因此事长时间悬而未决也历经不少磨难，双方应当各担后果。

也是这一年，公道洋行（Blain, Tate and Company）未经许可卸煤，此货物已多次易手——各方都以为别人已经报关。一位海关官员几乎每日登船，但也未有半点暗示说缺了什么手续。道台说他本要没收货物，但最后只要求麦华陀收缴 500 两罚款，引以为戒。该罚款尽管遭到强烈抗议，并声称保留诉讼赔偿的权利，但最终还是支付了。领事哈维（Harvey）致信道台表示希望能同样认可英人的要求和主张：双方均以友好精神相待，麻烦的问题会少一些。

1862 年，"墨丘利号"（Mercury）被没收，恭亲王同意履泰洋行（Reid & Company）可以 2 500 两白银购回。与此同时——同日，道台与领事温思达达成共识，依其本身价格 500 两赎回。卜鲁斯说，各方应庆幸能以政府所接受的更宽裕的条件解决此事。道台担心的是，应当正式报告总理衙门，开出更大数额即使不是不可能也会激起怨恨，同时有正式报告也免得他因不执行指令而受责难。温思达希望公使留意此事，因为道台（应宝时）向来温和稳重、乐于助人。

以上纠葛的实例都具有启发意义，我们无须再举更多，仅从中归纳总结出一些逐步形成的观点和对策。

蒲安臣指示熙华德：中方可能会制定自己的税收法规，我们只要保证他们依条约行事。只有法规的制定者方能免除他人不遵守法规的罪责。外侨只能由本国领事惩处。中国政府即使不作为起诉方参与诉讼，也可在领事法庭提出不满。不能强迫中方政府在领事法庭上申辩，海关和领事之间的分歧会因此演化为外交事件。海关官员不能在领事法庭上就其履行职责承担后果：补偿措施是针对中国政府的。中方当局可以没收违背港口章程的登陆商品，但不包括未登陆商品——恭亲王已承认这条原则。长江沿岸的镇江、九江、汉口已开放，在其他地方贸易则将被没收。"该国若对条约的执行尚有商榷之意，我们也不必助其做条款的解读。"对于美国人加入中国政府部门没有异议，但是对其参战则有颇多反对意见。 144

这一堆真知灼见已提交给英国、法国和俄罗斯公使，并得到他们赞同。

我们也在档案中看到 1862 年中殿律师学院的柯克（George Wingrove

Cooke）① 与翰能（James Hannen）② 就某些海关问题发表的见解。（1）海关所涉没收案件并非必须移交英国领事法庭审理，凡与此事有涉 1853 年 6 月 13 日颁发的枢密院令（Order in Council）不可适用，仅应参照条约条款。（2）只有中方当局有权裁定没收，但须受英国方面政治干预。关于罚款，"我们认为未经英国领事调停，中国政府不能强制执行"。（3）中方当局在依照条约收到罚款和没收品前，不能拒绝办理出港许可手续（依据第 41 款）；但尽管有该条款，如遇严重违反海关法并无法补救的船只，他们有权拒绝清关。（4）中国政府可以为领事法庭提供资讯，法庭必须依此采取行动，但中国政府不能为征收普通应缴款或关税，在领事法庭起诉。（5）海关官员在职能范围之内的行为不归领事法庭审理。（6）如果英国船只装载应被没收的物品航行于中国水域，只要中方当局遵照中国法律规定行事，不经英国领事批准，也可没收。

凯里（Fitzroy Kelly）③ 和史蒂芬（James Stephen）④ 同意（1），中国人不是枢密院令的适用方。至于（3），他们认为中方当局完全有理由制定法规，规定在办妥罚款和没收货品事宜后，方能办理出港许可。至于（4），中国人可以作为原告方，求助于有司法审判权的领事法庭——这些法庭是"中国法庭的辅助"。

各种观点、意见、判决杂乱无章，在此举出以上观点旨在表明中国海关建立后遇到的困难，随时与外籍海关官员、中国法律、各种条约等发生冲突。自此废弃了不少旧规章，采纳了新举措，签署了新条约，令诸多事务合法化，混乱之中慢慢有了秩序。但是这一切得耗费时间和耐心，彼此容忍甚至互相角力，

---

① 柯克（George Wingrove Cooke），1814—1865 年，英国律师兼新闻记者、历史学家。1835 年在中殿律师学院取得律师资格。曾于 1857 年来中国，任伦敦《泰晤士报》驻华记者。著有《中国与下孟加拉，1857—1858 年》（1861）一书。——译者注

② 翰能（James Hannen），1821—1894 年，英国法官，1848 年在中殿律师学院取得律师资格。是曾任英国驻沪总领事、英国在华高等法院首席法官的韩能（Nicholas John Hannen）的兄长。——译者注

③ 凯里（Fitzroy Kelly），1796—1880 年，英国商业律师、保守党政治家、法官。——译者注

④ 史蒂芬（James Stephen），1829—1894 年，英国律师、法官。——译者注

制定出新规则，才能达到各方微妙地平衡，在一定程度上实现有规有矩、条理
清晰。

当然，此处要详述海关发展史并不妥当。1858 年，《天津条约》把海关税 145
务司制度推广到所有条约口岸。

外滩那座古老的中国建筑一直作为海关大楼使用，直到 1894 年 2 月，在同
一地址上目前的建筑物没有举行任何奠基仪式，便开门迎客。此楼是都铎风格，
红砖，面向外滩的大楼正面有 135 英尺宽，外带一座 110 英尺高的钟楼。

146

第11章

征　税

太平军叛乱不但完全改变了上海的特质，而且给城市管理带来诸多难题。1842 年英国人占领上海之初，这里没有外国侨民，没有《土地章程》，没有租界。1854 年工部局正式成立。截至 1862 年，工部局认为其辖区人口约为 100 万人①，其中贫民和罪犯所占比例较平时大。人口快速增长可能会带来各种困难，尽管这些困难也许很快能够得到解决，但是这种人口增长毕竟是突发式、非正常的增长，甚至可以说是突然间洪水泛滥成灾。苏州城沦陷加之太平军的肆意蹂躏，50 万平民涌进租界避难。租界已有权力远远不够，道台、驻沪领事、工部局之间的关系需重新调整，襁褓之衣不得不改为宽大的成年人衣服，所有这些都不足为怪。

1860 年，太平军叛乱开始对上海产生直接影响，此时外国侨民总数约为 569 人，其中 294 名为英国侨民，125 名为美国侨民。如果认为如此小的一个社区要实现自我管理很简单的话，那将大错特错，因为正是为了这些为数不多的侨民，专门制定了《土地章程》。《土地章程》第 15 款禁止华人在租界内承租房屋。但是 1853 年当小刀会占领上海县城，以及随之而来的太平军破坏毁灭周边地区，把成群无家可归的难民隔离或驱逐出租界已经不可能，租界俨然成为一个容纳多数华人和少数侨民的城区，于是有必要调整已有的政府机构以适应环

---

① 原文如此，此数字应有误。——译者注

境的变更，整个调整过程可谓困难重重。

　　既然征税是依照社区需要而定，那么每年的支出应与税收相对应。但是对于一个处在高速发展变化过程中的社区而言，这个问题却很复杂，因为其支出是无规律的增加，而且增长速度不一，有时甚至时断时续，抑或出现突发情况。收税员着实叫人憎恨，他们被人广泛地视为"麻烦"或"可恶之人"，但是如果一个社区停止改进和进步，那么对收税员耐心和征税额持续增长的要求也不复存在。显然，在上海城市档案中，必定有大量关于上述问题的细节描述。简单说征税类型可划分为：（1）租界内华人的当地税；（2）租界华人的涉外税；（3）租界内侨民的涉外税。虽然这种划分方法有助于税收明朗化，但是仅从分类就足以看出当时征税的复杂和奇特。在大多数国家，同一阶层往往是按照统一标准征税。

147

　　既然最初的设想是租界内没有华人（当然除侨民雇用的必要华人除外），也就没有华人需要承担税收或有权参与租界管理的规定条款，为此华人发觉与侨民共处非常安全，且无须为其所受到的保护有丝毫付出。另一方面，虽然他们处于领事政府的管辖之下，但仍保留华人身份，不但具有安全感而且还能逃脱华人当局施加于管辖区即租界毗邻区居民的种种负担，这显然是不公平的。道台对上述情况了如指掌，他必须筹集一笔巨额财政收入以作"保护上海"之用，尽管这种保护只能通过西人武装来实现。道台眼睁睁看着成群结队的华人就在他所辖的县城城墙之外，而这些人当中有许多是前景大好的商人或殷实的避难者，为此道台决定尽可能地攫取他们的财富，终于在1862年提议征收人头税，依照个人支付能力的高低，分别征收1元、3元、5元，这一税种已在城乡推行。此外，道台还建议征收食盐税、本地产品税，提高鸦片税，以及在租界内所有可操作性的税种。

　　于是一个有趣的现象随之出现，即华人纷纷从无力保护他们的清政府管辖区逃离，转而在另一个司法管辖区寻求保护与繁荣发展。然而，在这新发现的繁荣之地以外，他们还被期望对支持华界当局贡献自己的力量，但华界当局早已辜负他们的信任，很明显，华界当局不会为他们做任何事情，除了向他们收税，而且这种税收不是用于华人福利，也不是用于庇护华人的租界当局，而是归于他们从里面逃出来的华界当局。另一方面，正如前文所说，可能不一定正确，这些华人既能获得安全感又能逃避其他华人所应承受的纳税负担。道台在与英国领事交谈中认为这些人是异类，他称其颁布的税令是出于财政窘迫的合理政策，毕竟所征得钱财是用于对付叛军的战争，外侨和华人一样都希望能制服叛军。若有人对他在租界范围行使管辖持有异议，那么由西人来征税后用于军费开支，也可实现他抵偿开支的目的。

驻沪英国领事和驻京英国公使对这一问题的看法并不相同。卜鲁斯在信中直白地写道，道台有权在租界征税，只要这些税在这座城市的其他地方也征收，这与条约中的相关条款并不相左。而且，他用非常严肃的口吻写道，领事的干预将为自己招揽极大责任，并可能导致华方"按领事要求"花高价组建的武装力量的解体。这指的便是后来的"常胜军"。

几个月后，工部局也介入纷争，坚决抵制道台集资修建军事道路的尝试，即通过压榨租界里的华人、雇用外国武装恫吓百姓就范。法国禁止任何外力干涉其辖区，道台说这座城市的居民早已不堪重税。

1863 年 6 月，英国代理领事马安向租界当局表达了与美、法领事相近的意见。道台和工部局总董已与英国领事会面，在所有人一样纳税的前提之下，道台的征税权毫无争议。但是英国领事不赞成仅仅向英国房东的租户征税，工部局也不反对战时征税，但建议征收方式是否能改为工部局代征，之后转交中方。道台说，郊区和城区对租金收入均按照 20% 的比例征税。最后协商为租界内华人同样适用 20% 这一税率，所征的税一半归工部局，一半归道台支配，这样就把县城和租界的征税标准置于同一水平之上，不再征收其他税种。上述规则起草后，道台签字盖章，美、法两国领事也一概同意。

这样一来，将不再征收人头税，20% 的税率交由工部局统一征收。随着和平的恢复，这一税种被取消。实际征收工作也因为法国领事而被拖延，他认为税率太高，他只同意最多 16%，马安以此说服道台两个租界的税率必须相同，从而使其变成固定税率。

这就是领事的工作。在总领馆之外，对于上述妥协存有诸多的不满。有人声称，华人无力保护租界，因此事实上丧失了对租界征税的权利，我们接受新协定等于放弃了我们的权利。《北华捷报》称，20% 的税率事实上是针对侨民的。

工部局辩解道，倘若允许征收当地税，那么市政税将无法征收，即政府、公共卫生以及其他领域将因为百姓税负过重而无法征税。根据 1854 年的协议，华人当局无权在租界内征税，但是现在存有一种威胁性的假设，即权力只是被长久性地放弃。工部局不是"对某一个政权的代表负责或被其控制，虽然这个政权令人生畏"，工部局希望获得土地租借人的支持。

领事们多数站在工部局的立场，熙华德表示支持工部局，他说工部局可能没有名义上的权利去干预华人当局和华人百姓，却有明确的权利去恪守过去已认可的协议。过去数年来，华人的征税权事实上已经放弃了。华人对征税权之前做过两次努力，一次是在吴道台时期，一次是最近，表面上是因为松江的军事武装。现在（1863 年 3 月）租界的心脏地带恰恰有一个税务司，《南京条约》第十款对纳税做了规定，应该行使。对外国货物征税等同于对外国人征税。

葡萄牙领事韦伯危言耸听地表示，打一开始，中方当局就从未被允许过在租界征税，更不允许以任何方式接触租界内的华人，除非获得欧洲当局的批准。倘若现在征税获得批准，那么当人口总数达到 120 万人时，最严重的后果将尾随而至，因为整个控制系统都要依赖于工部局，华人不可能——即使他们愿意——寻找到替代者或者提供保护。

协议达成之际，非法征税的困扰就随之而来。1863 年 5 月，警务处督察请求指示，因为华人当局正在筹建机构，用于向租界内华人征收仲裁费，尽管协议中明文规定，除了 20% 的固定税率外，其他一概不得征收，可是早在 1864 年，巡抚就索要 50 万两白银作为"捐助费"，与此同时浙江当局正向租界内的浙江人索要钱财。最近召开的一次租地人会议重申，法租界所禁之事在公共租界也是不允许的。但是，法国在处理与华人当局的关系上较之英国更为严格，除非领事预先知悉，否则一旦发现华人强征税收，即刻将其逮捕。

公共租界工部局在抵制问题上态度一致。按照规定，试图向租界华人收税的人应被总办起诉，而巡捕按照指示制止所有未经授权的征税行为。因此，有几位侨民打着道台的旗号向当地人征收房产税，被指控"危害租界和平"，且已

149

150

被带到各自的领事面前。

1866 年 2 月，工部局希望把在租界征税一事告之北京，这主要是出于以下考虑：除市政税外的任何税收都是有害的。即使我们承认卜鲁斯早已签署的文件，即使租界内的华人如同其他城市一样，完全屈服于道台的所作所为，当时早已普遍存在的压迫，还是应该受到坚决的抵制。

关于抵制一事，英美领事非常赞成，可是困难在于"如何降低司法管辖权所涉及的全体权利所带来的不便"。他们不打算讲 1863 年 6 月道台与工部局之间的协议，凭借那份协议征税不能超过 8% 的税率。上述协议仍有约束力；当事变结束后一切将恢复原状；战争已经结束，税收和协议也就寿终正寝。但领事们愿意采取措施以应对非法征税。

工部局答复如下：横征暴敛，税赋较之于叛乱期间更重，包括公共租界的所有辖区。上述引用的卜鲁斯信件仅仅提及清政府的征税行为，但道台征税是在租界之内，他们认为所有租界内所征得的税收应该在租界内使用，他们想把整件事情的来龙去脉转告北京，但在此期间不应批准任何授权令。

这就引发了关于授权令的争论，我们只将"授权令"与征税相关联，普遍性的问题放在"巡捕"一章进行讨论。

温思达声称，在领事警员（Consular Constable）在场的情况下，用于加强征税的新的授权令将被执行，要求工部局不要干预。对此工部局表示反对，认为任何领事都无权派遣警员去支援中国征税或协助逮捕违法者，这种行径将摧毁整个市政架构。可是被捕行为往往是在警员在场的情况下发生的，于是工部局作了更进一步的抗议："假如租界内的居民屈从如此待遇，市政当局不可能受到尊敬，更加不可能维持良好的社会秩序与廉洁形象。……倘若被逮捕者增多，权力冲突必然会升级。"工部局强烈要求在北京做好安排之前，不应有更多的公开行动。由英国领事馆签发授权令的这种新方式正危害公共租界全体侨民。道台所谓的房屋税已经取消，可事实是商铺税已取而代之。位于河南路的一家商铺每月缴税 2.8 万钱，而其市政税是一个季度 800 钱。尽管军队早已不复存在，可军队的燃料税自 1862 年起征以来一直在继续。"简直无法想象，在英租界做生意的人将如何在这座城市购房置业。"

关于这一点，领事评论道，有争议的授权令是厘金，它是清政府的税种之一。界内华人所从事的贸易额巨大，他们支付了大量的厘金。后来温思达警告工部局："过分的权利要求会对市政工作的进展造成有害影响。"对于问题在卜鲁斯已经如此明确地解决掉之后又再一次被提出来，阿礼国感到惊诧，这简直令人悲哀。

随着时间的推移，毫无疑问真相将公布于世，可是中国人杀鸡取卵的惯用做法众所周知。一个规范合理的侦查体制会跟踪每一包谷物。建筑材料税已达10%，某些个案税超过了房租。有这样一个案例：一个商人交了80两租金，却要缴税880两，结果是经营一年净亏损200两，这无疑摧毁了他的生意。

1866年4月召开的租地人会议，在上海史上最为令人兴奋。这次会议通过了一个决议，即"……在需要暂缓逮捕以调查强征性质的情况下，即将新产生的工部局将被授权通过警务处之外的任何手段阻止针对华人的授权令的执行"。

温思达把上述决议的合法性问题提交给洪卑，洪卑法官认为"这已超越原本租地人会议召开的目的，没有实际执行力，没有实效，从这个意义上说，它是非法的"。它完全无效，一纸空文。对于中国当局批准行为的干涉，很明显既不合法也不正确，他希望工部局知趣地放弃这种干涉行径。

在这次租地人会议上，驻沪领袖领事温思达协同熙华德在决议表决之前撤回，他们首先声明，凡事必须在条约框架内进行；工部局作为一个集体不能走在个体前列，它有责任逮捕妨碍执行中方授权令的人；在其他任何国家，商人团体的这种行为都将被定性为"闹事"。

在讨论过程中，霍格说道，温思达关于"授权令的新组合"令工部局恐慌。他的报告显示，英国领事的签章已被用于可疑目的，假如这些授权令一直拖延到清廷知晓，那么决议必然要被驳回。倘若某位领事视签发授权令为自己权力范围之内的事情，那么谁都可以这样做。

熙华德曾声称他把盖章授权视为一种形式，没有审查，但是后来他修正了自己的声明。

温思达卸任后，丹麦领事者紫薇当选总董，上述提议以多数票65票通过，英美领事受邀重返大会，为避免表现出个人感情，他们应邀回归，这是租界以

152

共识和智慧管理事务的典范。

在英、法总领事馆中，均发现了使用"夷场"一词的授权令。

每一个授权令上都有"巡捕将陪伴并协助华人"的字样，但是勒索搜查往往是秘密进行的。授权令动机是铲除此类现象出现的根基。有这样一个例子，两名中国人得到了拘捕另外四名华人的授权令，这显然是"压榨"。两人被审判，并得到应有惩罚。但一般而言，老百姓因害怕遭受报复，很难向巡捕报告实情。

在工部局警务处这一章，我们必须再次提及租界内中方授权令这一问题。

1875 年，会审公廨廨员请求工部局同意对茶馆中售出的每一杯茶征税一文，这么做的目的是为孤儿院募集资金。需要补充一点就是，这么做必须请求工部局相应的许可——工部局对这些小小的善意并无甚感激，因为假如中国政府选择征收这样一种税，工部局能否进行干预，并不是很明确。有人反对冠于"征税"之名，建议改称"自愿捐助"。但是这类举措又易于引发如下担忧：开创自愿捐助的先例，将导致压榨。问题最终的解决，要靠领事们泼冷水。

1871 年，当接替 E.M. 史密斯的哈姆顿（Hampden）亲自号召抵制向华人娱乐场所和茶馆征税时，工部局再次深陷麻烦。他称，这种做法并未得到《土地章程》第 34 款授权，亦未取得租地人的同意，他认为工部局对损失负有责任——这就意味着他的行为并非完全无私，他还威胁说要把这件事诉诸法律。

汉璧礼的文字说明类似，即对他地产上的茶楼征收执照捐已经不合法，比赛特（Bisset）和其他人也对此抱怨。按照《土地章程》第 34 款其实已缴纳税收，按照连厘的看法，也许可以谴责其为"非法"，工部局理应废除。

马厩捐似乎也引起了工部局的一些关注。1871 年，E. M. 史密斯以及另外一位人士就此与工部局进行了会谈。史密斯抱怨说，警力的介入加强了税票的执行力度。他的承租人所支付的许可费用甚至比租金还要高。他们不反对征税，但是反对警力介入。史密斯的情绪变得激动，对工部局总办的态度也十分固执。第二天，他被告知，今后若要讨论市政事务，他只能通过写信的方式与工部局交流。他则回复，这种要求毫无必要，因为经过前一天的面谈，他再也不想和他们（工部局）打交道了。"如果你们能在接待我的时候表现出多一点关切，我

现在就不会觉得有必要为自己当初的一些措辞和语气感到后悔了。"这样的回复
展示了他的风度，因为他已经非常遗憾地得知，自己的信件由于"超出公函范
围"被退回了。

鸦片捐必须另辟一章专门讨论。

1857 年，征收鸦片捐就遇到困难。当年 4 月份，英国领事称，道台正在征
税鸦片捐，每箱 12 两白银，后来增加到每箱 22 两，并在天主大教堂附近设置
专门的征税机构。这被解释为不是清帝国的常规税，而是广东人为其民兵支出
而增加的捐款。领事罗伯逊答复道，这等于将毒品合法化。1860 年 12 月，领
事密迪乐反对征收鸦片捐的委员会在租界继续存在，这个委员会对那些鸦片再
次征税，而从事进口贸易的外国人已经为这些货物交过税了。在鸦片离开外商
船舶或仓库之前，委员会以颁发许可证的方式，向那些有意购买的中国买主收
税，没有这种许可证，租界街道上的监管人员将没收鸦片。委员会曾经消失了
一段时间，但在《天津条约》的庇护下又重新开始运作。这种刺探活动意味着
助长垄断，除非加以监管，否则将蔓延到所有行业，就像在广东那样。除了条
约规定的 30 两，附加税已提高到 50 两，因此，走私行为得到了更胜往昔的纵
容。两个月后的另一则处理表明，这么做的目的是阻止任何购买，除非通过趸
船，从而阻挠外商的统一行动，有些外商有趸船。沙逊和广南洋行（Camajee &
Co.）被"通报"，也就是说，委员会下令禁止任何人从他们手中购买鸦片，即
使是通过趸船。两个月之后，领事再次斥责道台不守信用，在道台的许可下，
条约被蓄意地违反了。事实上，委员会的确放任租界各部门继续先前的行为。
某公司曾被迫花 2 000 两购得贸易权。特使已抓了一英国公司的雇员，并把他
带到租界，痛打 50 大板。道台蓄意抵赖，否认认识此人，其实这个所谓的"雇
员"一直就在道台的衙门里。道台应对广南洋行的损失"约 1.83 万两"负责，
此外还包括从经销商手中索取了 2 000 两。

然而，北京的答复是：外国商人支付进口关税后，有权向中国经销商提供
鸦片且无需进一步的手续；之后，中方可以任意征收消费税。道台得知此决定，
立刻采取措施，在海关中设置一个分支机构，以检查为名逐步向华人购买者收
缴拟议的额外税。道台这一做法的即时结果是，迫使进口商以自己的名义从趸

154

船卸下鸦片，然后从自己的货仓里向中国购买者供货。如此一来，道台不仅未能增加新税，反而损失了先前当地消费者已认同的 28 两。于是，道台乞求领事签发通知，内容是禁止把鸦片直供中国人，只能通过趸船。

以上这些论述将在"鸦片厘金"一章中体现得更充分，部分内容会有重复。

关于对华人征收市政税一事，1866 年时总共分为 5 类：8% 的房捐；依营业额而定的鸦片捐；每季的当铺税；舢舨执照费，每月 30 分；销售酒类商品的执照费。之后我们还将述及上列及其他执照费的问题。

这些税都是由外国巡捕统一征收的，征税时给予印有中英文字的收据。当局发布公告，禁止向其他任何人交税。

1864 年，工部局提议向鸦片馆和妓院征税，但遭到道台的抗议，其理由是这两类场所的存在本身就有违中国法律。虽然曾对娱乐场所以及货船征税，但并不是强制的。汉璧礼不但提出反对，其反对的理由是日益增加的税收可能会把华人驱逐出租界，而且还通过梅博阁写信给工部局，声称对娱乐场所征税以及放弃 8% 针对华人业主的房捐均超越了工部局的权限，是不合法的行为。他威胁工部局董事会成员会采取法律诉讼。此外，巴夏礼领事说，未取得中国当局的同意不得增加新税种。可见，1864 年的财政预算如各处所述，多么混乱。

1867 年，法国当局颁发了一份中文公告，旨在对停靠于法租界黄浦江江面的中方船只征税，法国领事馆对温思达解释道，"这只是公董局的一则私自规定"，他不知道也不记得自己是否已批准。很明显，这就证明它仅仅是一则适用于规范舢板船和货船执照的规章，可是中文含糊，很可能把它实行于江面上"所有停靠的船舶"。站在英国人立场的温思达多年来一直"根据道台的同意"对船舶征税，随之而来却是巴夏礼的抗议，因为基于《天津条约》第 14 款规定，工部局已经停止了对货船为时不长的征税——这些货船当然也包含于法租界的那则规定中。此例无疑表明双重市政体制存有诸多的不便。

1867 年，闸北地区的华人向工部局请愿，声称他们的生意锐减，只相当于往年的 20%，可是税收仍旧在提升。巡捕捐、盐税和粪便清理税已使他们难以负担。如果还要增加煤气照明费，那么他们只能离开租界。我们必须谨记，租界内的华人就像住在华界一样，都向中国当局缴纳苛捐杂税。市政捐是额外的，施加于他们身上的双重负担使其处于劣势地位。

现在我们把目光转向侨民社区，工部局通过所谓的"合法"程序进行征税的权限问题，一直以来广受质疑，并造成某些土地投机者趁机逃避或至少延迟缴税。1864 年至 1865 年间，随着难民的撤离，先前过度投资于房产开发已造成巨大浪费，随之而来的便是商业逆转，欠税者人数猛增，导致整个市政管理体系近乎崩溃，而自愿捐助了他们自身应摊份额市政支出的那部分人群不免滋生不满与抱怨。因此，威尔斯欠税案的判决对租界的长久利益价值巨大，虽然任何有不同看法的人仍保留把整个问题视为不明确，并向枢密院上诉的权利；此外，此案判决对非英国侨民也于事无补。

上海这样的新租界处于剧变中，如在太平军叛乱时期大量华人的涌入与涌出，使得地产评估成为一件难事。以码头捐为例，指出一些令人不满意的实际案例是富有教益的，许多案例无疑有正当理由，但没有一件不让劳累过度的工部局董事会烦恼不已。

1854 年，地产估税额固定为每年土地价格的 0.5%，房租的 3%，但至 1857 年上述税率均下降一半。其原则是依照市场价值的 75% 进行评估。工部局向土地所有者和房东发出通知，要求他们回告土地价值和房租，但它也任命人员从领事们那里索取详细资料。这两种方法自然产生了很多不同的结果。

宝文洋行抱怨：他们价值仅 5 000 元的土地竟然要求征税 20 000 元；泰和洋行质问为何上一年税费 2 000 元而今涨至 5 500 元；索恩（Thorne）干脆拒付，因为他的地产价值仅为估值的一半；隆茂洋行（Mackenzie & Co.）说，他们的估税已达到房屋成本的 30%；大英轮船公司宣称，他们的租金仅为已评估的一半；仁记洋行说，他们房屋的合同价格为 27 000 两，按每年 10 000 两的租金来征收房捐，实在太高。此类申诉清单可能还会大大延长。

福利公司（Hall & Holtz）一案中，该公司抱怨被估值为 5 000 两，尽管他们的长期契约是租金 1 440 两，答复是他们通过象征性的低租金逃税。

海关大楼引起了更为严重的问题；有人质问，作为清帝国地产，工部局能否对海关大楼征税？这个问题实际上也是在质问英国领事馆能否被免税。这件事前文也曾提及。

1856 年《工部局年报》表明，3 185 元的税款只收到了 2 049 元。

也许此事不足为奇，1867 年，当要确定一个估价委员会时，15 位被邀加入委员会的人士拒绝了这份荣誉。温思达声称非租地人有资格加入这个委员会，但拟议的税款须由租地人特别会议通过。

规则是新的估价不应多于每五年一次，但这并未得到遵守。

当太平天国起义被镇压后，曾享受过上海庇护的难民兴高采烈地蜂拥返乡，这导致租界内地产的大幅度贬值。因此，1865 年的估价几乎在每处都下跌了。当年租界地产估价为 567 万两，1867 年为 576 万两，这是英租界的。1870 年三个租界地产估价为 1 400 万两。1871 年，马安拒付监狱的房捐，这是仅为租界利益而存在的一座公共建筑，尽管他愿意支付地税。他宣称老建筑从未交过市政税，但工部局总办约翰斯顿表明，这两种税费已经定期上缴，市政税由工程部缴纳。

两年以后——1873 年 5 月，洪卑和麦华陀联合起来抗议对他们房屋的估价行为，宣称只有领事馆所在的土地而非建筑物才能合法征税。工部局答复道，他们所抱怨的估价行为在 1866 年早已得到温思达和英国公使的认可。但遗憾的是，新的高等法院仍被单独估价为 1 500 两，而并没有征求英国政府意见。工部局同意按照所有建筑 3 000 两的旧估价征税。

第二年初，工程部否认工部局有权对英国政府驻华机构征税，因为这些机构既非住宅也非商业场所，而且它认为工部局对领事馆建筑的估价太高。

在 1869 和 1876 年，进行了重要的重新估价。1869 年时的委员会由亚当士（Adams）、郝碧梧（Hoppius）、米勒（Miller）、古培和约翰逊（Johnson）组成。他们聘请金斯密，根据各个领事馆的登记信息，逐块比较土地平面图，从而获得了比之前更高的精确度。在估价地块时，他们首先做了一份相对价值一览表，将距中心点的距离、进出方便、建筑用途等因素考虑在内。他们据此对地块进行分级，基于外滩地块每亩 6 000 两的估价，做了一份绝对价值表。委员会抱怨土地登记系统的诸多缺陷，并建议成立工部局地产处。但此事直到 1900 年仍在讨论之中，我们就推迟对它的论述了。

1873 年出现了一个重大事件，丽如银行拒付房捐。该银行建筑耗费 6 万两白银，估价为7万两，这一估价是银行愿意以此纳税的最高数额，银行愿意将此事提交仲裁。连厘建议工部局，如果由一个委员会提出，并由上诉委员会确认的估税被拒付，那么比起法律诉讼，仲裁更好一些，因为《土地章程》中仅有第九款内容涉及估价的问题，而且尽管有些含糊不清，却未规定委任估价委员会，而是把这项权力赋予了纳税人一般会议。因此，英国法官和外国领事可能会一口咬定征税行为未经授权。如果这个案子不能被仲裁，他建议工部局以一种缓和的方式扣押银行财物。这样，银行采取的合法补救办法可能是向领事法庭提起诉讼，如此一来，就会产生一个对所有国家侨民具有相同约束力的判决。

后来，在征得工部局同意的前提之下，丽如银行向洪卑陈述了整个案件的经过并要求洪卑做决定。关于上海租界政府的全局性问题，洪卑的看法非常重要，必须得到充分的重视。他说，租地人可以对自己征税并为此创立相应的机构。机制如下运作：对估价过高提起上诉，以诉讼法庭的判决为终审判决。这样采取的每一项行动都是纳税人的行动——丽如银行是纳税人之一。"除非通过立法，否则法庭对此类案件不具备管辖权，而上海不存在被赋予这种权力的法庭。……征税权是自治权的产物，赋权并实现大多数人的意愿是所有社团自治的自然结果。同样，代议制政府的本质是，社区代表者的行动就是社区每一个个体成员的行动，无论他是多数派还是少数派。将征税权利或者判定征税财产价值的权利转让给法庭或者个人，就等于放弃了大部分自治权，就等于放弃了作为此类自治原则的代议制的大部分特色。我不是说这不方便，这样做甚至也是权宜之计，但这必须做得清楚明确，因为任何承担这样一种权力的法庭或者个人，都可能会产生完全不合理权力的专横行为。我注意到，在上海，赋予租界征税的权利、自治的权利，以及其在这里采取的形式，都是有限的。这是一种有限度的王权委托，至少对英国臣民而言是这样，这种委托可以在任何时候收回……正如我所说，它严格受制于《土地章程》，仅限于对特定对象征税，即土地和房屋这二者。所有其他的征税权利以及对所有其他对象的征税权利，仍然保留，均由王权随意实行。"最终的判决是丽如银行按照既定估价缴税。

159

1870 年，很多外人持有房屋的租金已经低于评估价格，而华人房屋租金见长。不需要很多关于人性的知识就能得出结论：前者的变化引发诸多抱怨，后者则悄无声息。

1876 年的明细表是以 1869 年的为基础，首次记载了土地净面积，而不是道契上的面积。以后的明细表，至少到 1890 年，均以 1876 年的为基础制定，做一些增补和修订。

没有必要去叙述七八十年代就像 60 年代一样，有诸多的抗议。汇丰银行、开乐凯（J. D. Clark）和联合总会（Union Club）可用"桀骜不驯"来形容。开乐凯和其他人宣称工部局无权变更估价，这一权力已经被 1875 年 9 月特别会议的四号决议取消了。

1886 年 5 月，德国领事馆表达不满，领馆建筑物造价 5.4 万两白银，租金为造价的 4% 即 2 160 两，为何当时评估价是 3 500—4 000 两？英国领事馆按 1 万两缴纳，美国领事馆按 1 600 两，汇丰银行按 7 500 两，法兰西银行按 4 000 两，丽如银行按 7 500 两。

历经多次函件往来，大家达成共识：德国领事馆的租金应估定为 3 000 两。

当然，还有许多类型不一的非营利性机构要求降低或减免税捐，如皇家亚洲文会、海员之家、山东路伦敦会。也有一些困难是这样引起的，比如霍爱德住所是一处房屋，家具则放在另一处房屋，工部局要求两处均征税，这就引发了旷日持久的函件交涉。

1866 年不得不宣布，房捐的计算依照的不是房租，而是估值。

征税员按照 1 元兑换 1 200 文的比率收取制钱，而当时汇率不超过 1 040 文。不过，如人们所期望的，工部局并未借此中饱私囊。

1889 年，就《土地章程》第九款内容的解释问题进行了讨论，争论的焦点是房捐与地税间的比率。身为工部局法律顾问的魏拉特断定，《土地章程》并未确定房捐与地税之间的任何比例，但是就房捐定了标准，并称地税不能超过房捐的一定比例。没有什么能阻止纳税人随心所欲地抬高房捐，但这样做以后，他们只能按照最大比例来缴纳地税。

1890 年的明细表是弗朗西斯（R. Francis）、毛礼逊（G. J. Morrison）和戈

里（J. M. Cory）这三位的功劳，这项工作较以往更难。自 1869 年以来，已经有四分之三的地块发生了变动，这些信息不得不从业主和经纪人、所有能找到的土地平面图、领事馆登记簿那儿寻找。一些仍在登记簿上的地块因不规则的合并其实已经不存在，还有少许地块是存在的，却没有在土地平面图上标示。从一个领事馆的登记簿到另一个领事馆的登记簿去追踪地块，对道路让与文据进行修正，把测量标准从每亩 6 600 平方英尺改为每亩 7 260 平方英尺，这种任务肯定是让人不知所措的难事。该委员会准备了一份地籍平面图，对每一个地块做了市场编号，并建议在伦敦石印出来。

1890 年 11 月，"亩"的新标准正式实施，在这个日期之前，"亩"一直是较小的面积，记住这一点很重要。

161

第12章

中国居民

所有有关的最初意图，是巴富尔领事与吴道台①商定的区域应该仅供外国人居住。依照第一次《土地章程》第十五条规定，华人不得在界内购地、建屋；依据后一条规定，西人也不得将租界内的房地租借于华人。当然那些没有放弃土地的原本地业主不受该章程的限制。

1866 年，有一起属于华人但登记在霍爱德名下房地产的诉讼，洪卑以华人不得在租界内拥有房地产为名不予支持。

此后华人在租界内居住的条件被时任副领事的李泰国这样翻译②："未经三条约国领事官的允准及当地政府官方盖印批准，华人不得在界内获取土地、租房或造屋；凡有此需求之华人应通过该房地之业主递交书面申请，如该业主系外国人，则由该业主向其所属领事官递交申请，若系华人，则由该业主直接向当地政府递交申请，并应在申请上写明租户与房子的所有详细情况。如果申请得到批准，该租户就要保证将同居各人之姓名、年龄填写后悬挂于门上，并将其呈报当地政府。倘若违反，初犯罚银五十元，再犯则取消许可证。此外，该租户还须严格遵守土地章程并按例纳税。"

---

① 原文如此，此处应为巴富尔领事与宫慕久道台的商定。——译者注

② 小刀会起义被镇压后，上海县城被清军恢复，关于华人居住租界的问题，即由上海道台和各领事磋商成议，1855 年 2 月 24 日，道台出示布告，此处是李泰国对此布告进行翻译的译文。——译者注

从目前的租界状态看，这些规定毫无作用，与曾经期望和力求达到的目标大相径庭。就人口而言，这是一个超过 50 万人口的中国市镇，外侨人口只占其中的很小一部分，人行道上站满了无精打采的当地人，几个快步疾走的西人只得避到阴沟边或马路上行走。想象没有华人居住的上海会是什么样是一种徒劳的美丽幻想，但在这种幻想中一想起德国人在青岛实施了这么一个规定 ①，我们就能暂时得到一丝安慰。

1854 年叛军占领这个城市让这个章程完全无效。可怜的居民，无论穷人还是富人，都成群地涌出城市，自然就进入了最近的庇护所——外国租界。不让他们进入就需要动用武力，但将他们驱逐回被敌人洗劫后又被"朋友"② 包围的充斥着恐怖气氛的城市是不人道的。于是他们被允许在他们所能得到的房子内居住，或建造简陋的棚屋，或露宿街头。租界只是他们的一个临时避难所，从没想过他们会一直待在这儿。最初，我们可以说是被迫进行济助施救，随后我们这一方却慢慢获利了，土地的价格上涨了，西人造屋的目的是租给华人。接着，这不再仅仅是仁慈或赢利的问题，而变成一种要承担的责任。太平军叛乱被平息之后，尽管大批的难民回去了（正是由于他们的离去，租界内的房价下跌，财政出现了危机），但租界发现自己还是转型了，大量华人包括最底层的相当一部分人已在此扎根，从此工部局就有了与早期租界大为不同的管理、警务、税收与保护租界的艰难任务，还不包括我们与当地政府的交往中引起的各种新的麻烦。

如果这是过失或过错的话，那是外侨的过失。

1854 年，代理道台 ③ 写道："那些在洋泾浜以北造屋的人只能将之租与西人自己居住，没有任何一个章程允许西人将房屋或土地转租给华民。一直以来，西人都是非常不正确地自行在这么做，必须停止这种行为。"道台在同一日期的公文急件中说："对这些不幸之人所受苦难的同情之心应促使我们给他们一个暂时的栖息之地，直到我们重新收复城市，才可采取你们提出的清理租界的明确

162

---

① 指 1898 年德国占领青岛后，实行欧洲人与华人分区居住的规定。——译者注
② 此处"朋友"是指清军。——译者注
③ 疑为蓝蔚雯。——译者注

措施，原来的中国居民不许再建房屋，那些已建的必须要推倒……在洋泾浜附近，洋商们到处赶造着租给华人的房屋。"接着他问了一个惊人的问题："如果这些华人触犯了法律，他们的房屋能否被没收？"引述这些急件更多的是为了充分显示当地政府是如何巧妙地将仁慈与严厉融为一体的。在工部局董事会第四次会议上，领事们将这些信件的意思传递给年轻的工部局，要求他们阻止外侨将土地与房屋租借给华人，而工部局提出此类事件不在他们的管辖范围之内。

163

两年后，我们看到有一位外侨向领事抱怨华人将房屋建在他的住所旁，他提请领事注意真正危险的是这种简屋的易燃性。之后我们又看到工部局总董后来的备忘录，在备忘录中他奇怪地说："据大多数老一代侨民证实，华人无权在租界内造屋，但在目前执行的土地章程中没有明确的说法；事实上，在某一界限内，华人已经且还在迅速到处建造陋房简屋。"当时执行的章程是1854年的新章程，当然，在当时的实际情况下还在章程中设定反对华人在界内居住的条款本来就是荒谬的。命运之神已证明比规则更强大。

并不是没有做过一些改变现实的尝试。工部局拆除了已成障碍和危害的房子和草棚，并在盗窃不断发生时，发布了不许再建华人住房的命令。但不管怎样，木已成舟，租界已变成了今天这副模样。

卜鲁斯在一份经常被引用的急件中非常直截了当地向工部局指出这是外侨自己做出的选择："租界的特征完全是被外侨自己的行为所改变的……英国政府更愿意看到所谓的租界界限的缩小，这样就可以阻止华人进入，而不是扩大界限包容这么多的华人。在我们的界限内，没有比华人更会滋生摩擦的了。"

福经常是以祸的形式出现的，在这儿最初完全是祸。难民中自然包含了大批社会底层，他们成千上万地占据了空地，在街上建起一排排破烂不堪的小屋，带来大量无法控制的脏乱与犯罪。从行政的角度来说，让当地政府来处理这些难题本来就是行不通的，况且他们自身的管理是完全混乱的，这也就成为不可能的事。然而在几年时间内，我们发现情况发生了很大变化，以致为了免将华人赶跑，汉璧礼向工部局（董事会）提议不应向华人增收税款并应有两名华人在工部局任职。

福不仅喜欢伪装成祸，而且它们很少是绝对的，如果混杂在一块的祸占上

风的话，哪还会有福呢？假设大量华人的出现是一件好事而非坏事的话，问题
依然存在，谁受益了呢？那肯定是中国居民受益了，正如我们稍后会指出的。
对作为一个港口的上海来说也是有利的，因为上海的商业繁荣自然需要大量的
中国商人、助手、雇员等。但在他们带来财富的同时也带来了麻烦，虽然他们付
出了丰厚的捐税但也令我们开支巨大，正是因为他们的缘故才设立了复杂而高
成本的政府体系。谁不知道一个小小的家庭是容易运作的，而每多雇一名仆人
就可能会多添些麻烦的道理呢？小家才安宁的道理对于国家与城市来说或许同
样适用。

　　如果光从航运统计、进出口、收支方面寻求最大利益的话，那么客观地说，
上海是世界上极其令人满意的地方之一，但对外侨的个人利益来说，除了少数
富商外，很难有所得益。如果十英里之内没有华人的话，大多数的外侨能活得
更久，他们原本能呼吸更好的空气、拥有更多活动的空间、更少损坏他们神经
的噪声、更少因污秽衣物、人行道上的唾沫和每个杆子上或突出转角处被擦去
的污物而患病的风险。薪水可能会更少，但房租也会更低，总体的生活肯定是
更美好、更干净、更愉快。从个体的基本生活来说，相信今天的外侨并不比
五十年前的外侨过得更满意，但令我们的讨论索然无味的是，那时的外侨很少，
在同样的条件下，大多数外侨根本不会像今天这样愿意待在这儿！

　　许多财富是被玷污的金钱。英国的一些高贵住宅是靠从西印度奴隶制中获
取的利润建造起来的，许多大腹便便的暴发户把社会地位的提升及世俗的快乐
（尽管这称不上什么提升与快乐）建立在那些被他们从劳动中剥削、竞争中挤垮
的同类的血泪之上。他们的财富被那些与他们品行相仿的人所羡慕，而其他人，
甚至于并不富裕的人或许只会怜悯他们并拒绝以这样的方式致富。

　　大量的财富是以最严格的道德家也不能指责的合法贸易的方式在上海获取
的，其他的则纯粹来自运气——因为所购的土地后来升值了。一些人通过为贫
穷的难民造屋而致富，问题是他们是否合理地收取租金？他们是否无情地利用
了他人的痛苦占了便宜？1874 年，约翰斯顿（Johnston）医生提醒工部局注意
北京路上首靠近监狱地段的情况："它极其的令人作呕，不忍目睹，天气暖和时
就成了一个瘟疫孳生地，简直脏透了，也非常的危险。"他描述了福州路上建屋

164

的过程：两个月里，这儿就是一个污浊的死水塘，然后用泥土填埋，在散发着臭气的水塘上建起一排廉租公寓。

165 在 1873—1874 年的工部局年报中本身就有这样的陈述："廉租公寓甚至连本身的结构安全都没考虑就匆匆完工了，也不关心房子的排水系统，而只想着在有限的空间内以最少的支出塞满尽可能多的房子。许多房子都建得低于邻近的街面，整个街区被房子盖得严严实实，没有出去的通道，只能从堆放着各种垃圾秽物的大都还未铺设路面的狭窄弄堂进出。这类房屋的主人大多是西人，而他们中的大多数人是不居住在此地的。"

那些考察现在租界环境的人或许会发现很多房子完全不适合任何人居住，从一些房子破旧的样子可看出它们是建于那些过去的年代，显然，它们建造时并没有考虑到居住者的健康问题。每个城市都有贫民窟，但当华人贫民窟的人口到了连虔诚地祈求上帝也无法控制的地步时，情况就恶化了。工部局可能会被责怪没有更果断地使用手中的权力，但要知道工部局早期其实是由租地人组成并被他们控制，而租地人恰恰就是那些有机会从这一状况中迅速致富的人。

值得指出的是，抛开所有经济上的利益不说，外国租界对华人最具价值的地方是在各个变乱时期成了华人的避难所。不管官员与文人学士们多么憎恨西人，却还是非常感激他们的保护。在义和团起义时期，在革命及其他时期，在这里可公开安全地享有财富，即使在和平时期，通商口岸也是远离敲诈勒索的庇护所，没有这些通商口岸，他们又能怎么办呢？

第13章

货物捐

　　码头捐是对通过中国海关的所有商品征税。租界内人士，将货物过海关，或在码头上起卸货物，下船转运，均要缴纳码头捐（《土地章程》第九款）。早期税收事务不完善，而且非常棘手。有人提出：商品卸于私人码头是否有缴税义务？之后又提出，工部局是否有征收码头捐的合法权力。再者，对于上岸商品的价值认定有困难，辖区范围也有疑问。总之，当租界迫切需要资金时，实际能收到的只是应缴款项的一小部分。

　　举几个例子或可说明此举之难行。早在1851年，尽管香港律政司已明确私人码头有义务缴纳码头捐，霍利迪和吉布①认为他们的私人码头建造时还没有任何公共码头，希望能享受特殊条款。他们可以将私人码头提供给道路码头委员会使用，附带以下条件：至低水位线为止都是他们的财产，他们可按自己的意愿拆除此码头。道路码头委员会谢绝了这一要求，两洋行则拒绝缴税。柏色伏拒绝纳税，因为税款征收不公平（事实确实如此）："法律站在我这边。"施米特拒绝是因为法方当局不承认工部局。何德不肯为华人转运的货物赋税。川曼（Trautmann）以及其他一些人不愿意为在虹口码头上岸的商品赋税。大英轮船公司拒绝为转运货物支付税款。怡和洋行不愿为日本商品支付每包2分的费用，认为赋税过多。此类情节轮番上演一二十载，在此期间工部局资金严重

---

　　① 吉布，此处原文Gibbs，经查可能是仁记洋行（Gibb，Livingstone & Co.）的吉布（John D. Gibb）。——译者注

不足。

缴纳税款曾有一段时间需通过领事，后来才由海关负责。各国领事卸除责任时，工部局张贴告示要求洋行对这一年将缴纳的税款做出初步评估。唉！结果却不尽如人意。1865 年工部局年报称，由于船舶多停靠私人码头，到手税收仅为 2.5 万两白银，远未及估算的 5.5 万两。

海关停止向华人征税时，曾要求道台每年支付一笔代偿金。经与华商协商，1859 年道台汇来 2 000（烂版）银元 ①。1861 年增至 2 500 元，后来升至 6 000元。1865 年工部局请领事知会道台再多付 9 000 元，道台付了 1.4 万元。1867年，收税机构称因不能直接向华商征税损失了 1.6 万两白银。也有人说 1.4 万元完全是清政府为补贴租界市政开销 20 万元所给的捐助。

但数年后有人提出放弃代偿金，让华人进口商也像洋商一样缴纳码头捐，结果道台说当时同意支付代偿金就是为了避免工部局直接向当地人征税。然而后来上任的道台却说，此事有误，最初同意的官员该负责。

1865 年，工部局努力尝试用市捐替代码头捐，即对所有经过海关的商品按其价值征收 0.1% 的税款。如此私人码头便不能获利，也迫使所有人为日常普遍享受的各种福利买单。有些人乐享工部局提供的福利，却让他人为之付费，他们毫无悔改之意，到处发表鄙夷的言论。然而上述计划未能实施，温思达表示对于英人而言，只有制定新的《土地章程》方能如此行事，而公使不愿让英籍侨民缴纳市捐或其他什么税，但他国侨民却可能豁免。除鸦片外，码头捐依然维持 1867 年的税率。

这一尝试落空后，工部局想出了狡猾的办法，即以码头捐名义征收市捐——保留旧名称而改出新体系。新标准推定的每包货物税款，按其价格大约 0.1% 计征。这一征收标准适用于一切经海关进口的商品，公共租界所辖范围内所有中外居民都在内，包括鸦片和商品转运，但不包括已经纳税后的商品再出口。针对的目标是所有商品，它们都要为工部局财政作一次贡献。

1866 年就有人提出上述建议，温思达在主持纳税人会议时指出：这是以市

---

① 烂版银元，指银元在使用过程中被钱庄打上太多印戳，使银元外观受损，价值也受影响。——译者注

捐替代码头捐，并且码头捐仅征收通过特定码头的商品，因此私人码头拥有人可能会对新税则提出异议。若就开征市捐而言，由他们来征税款理由很充分，但他们无权合法地赋予它一个新名字。该决议得到与会者一致认可。

1867 年工部局曾与公董局协商，看是否可以由法方对在法租界上岸商品进行征税，我们则在我们所辖范围征税，他们将四分之三税款给我们，我们给他们四分之一。然而，法方没有征收，该计划破产。但当年最引人注目之处是码头捐收入远超预期。

1869 年，工部局在最高法院诉仁记洋行出口税案败诉，我们将在其他章节引用洪卑颇具分量的判词。

无法征收出口税，预估收入可能要减少 3 万两白银，于是决定将出口当地土货的出口商视为"实际"的进口商，此类商品的码头捐也应征收。

新关税表由上海总商会（Shanghai General Chamber of Commerce）修订批准，于 1871 年 6 月 1 日正式实施，转运商品同样适用，但不适用于再出口货物或已支付过一次关税的货物。工部局码头捐办公室设在海关大楼内。次年有人提出反对意见：0.1% 左右的从价税在征收过程中多有不便，时常出现商品价值低于关税表中采用的数字，会出现争议。因此有人提议并最后表决通过，关税不宜超过同类商品平均价格的 0.1%，相关关税表或可经纳税人年度会议讨论决定。

仁记洋行出口税案的判决，让工部局对于控告欠税者心存顾忌，而且连厘极力主张他们不要将税收案提交司法审判，因为可能导致灾难性后果。

《土地章程》第九款已有规定，给予租地人最大可能的征税权，以防范无理的逃税漏税。然后由连厘亲自起草以保证充分行使权力的征税决议，在上一届纳税人会议上获得通过。因此严格针对条款的民事解释，可保障工部局要求缴税的主张。但大家也知道，赋税的执行必须经得起不同国籍法庭的考验。目前法国总领事已经表达了其支持法国侨民拒付税收之意，主要理由是法方政策要维持法租界成为完美自由港。假如工部局坚持走法律途径，他们将向西贡（Saigon）上诉；即使判决结果对他们不利，驻京法国公使也会拒绝批准执行新的《土地章程》。再者，如果法国法庭做出不利工部局的判决，德国法庭会做出有利判决的可能性也不大；进一步说，这些不利判决很可能诱使他人寻求这种

168

避税模式。

这个国际化的小镇拥有如何复杂的管理形式，此处可能是最佳范例了。

出现了两个与税捐有关的大难题：几家知名洋行拒付税捐，原因是其他洋行将货物于法租界上岸以逃税，有洋人以华人名义运货物过海关，由此借道台代偿金来免捐。

为先解决第二个问题，工部局尝试从道台那里得到明确答复，确定代偿金覆盖的范围，但他们未能如愿，道台答复如以往一样"含糊，没法让人满意"。领事提出代偿金应覆盖国内贸易，也就是从中国其他口岸输入的土货、向中国其他口岸输出的土货以及向中国其他口岸再输出的土货都应包括在内，不包含本地人输入后出口到外国口岸的商品。

需要道台给出如此正式的官方声明，自有其意义。例如旗昌洋行声称它们将不缴纳来往宁波的轮船码头捐，因为轮船招商局可免除任何卸载货物的捐税。

各位读者须知，为方便起见，从汉口或宁波输入的所有茶叶均是以运载船主之名进入海关，随后船主向货主收取由此产生的税捐或其他费用，这样轮船招商局的优势就体现出来了。而议定代偿金之时，轮船招商局还没影子呢。而且显而易见，中国商行免缴税收不仅影响码头捐征收，而且它们比旗昌轮船公司这些外国船主更占优势，也会影响到整个运输业。

然而中方并未给出官方声明，而外方提出将代偿金从 1.4 万元增至 2 万元以作补偿，道台答复他收到的税赋也不过五六千两白银。

因此 1876 年纳税人大会通过修订法规，不论货物由谁输入，凡出口到外国口岸一律纳捐，由此代偿金覆盖范围不变，依然是本地本土贸易。

有人认为应废除代偿金，中外人士一视同仁，直接纳税。甚至有人要求领袖领事出面向道台确认，道台是否支持工部局对拒税及逃税者强征税收。

然而道台宣称洋人无权向华人征税，于是代偿金减免照旧——官方界定不明，数额并未增加，全无废除可能。事情毫无进展。

另一种逃税方式是货物在法租界上岸，或进口货物者本身就是法租界居民。

1871 年《土地章程》把征税扩大到所有上岸商品，包括租界内居住者的一切船运或转运行为。1875 年有所修订，仍依据《土地章程》第九款，不过增加了"在以上范围内任何地点登陆、船运或转运"。如此一来税收从商人转移到货物，以期阻止界外居民逃税。遗憾的是，租界内的洋行通过让法租界代理人收货来节省开支，同时也损害了其他纳税人的利益。

1877 年 2 月，开列出一张欠税名单，总额为 20 323 两白银。旗昌洋行欠税超过 7 000 两，怡和洋行超过 6 000 两，禅臣洋行（Siemssen）超过 4 000 两。这些地位显赫的洋行都不肯纳税，工部局向小商人征税的难度更可想而知。于是决定以诉讼来投石问路。9 月，工部局在德国领事法庭诉元亨洋行，被判败诉并承担诉讼费用。判决依据是被告居住于法租界，没有义务向北面租界的工部局纳税。工部局无权因收缴税捐而把居住于界外商人的个体行为诉诸法庭。倘若纳捐仅针对货品，与货品所有者无关，则可对纳税地界内发现的这些货品采取留置措施，但与居住在界外之人无涉。因此，尽管货品应该征税，元亨洋行也非真正的被告。此外，对方也否认货品已在公共租界卸货。货品起先在虹口码头卸货是事实，然而那不过是进入法租界堆栈前的短暂停留。在虹口码头时，商品依然享有海运保险，等同于依然在船上，货品真正的进口地是法租界。

另一个案子在法国领事法庭审理，库约（Gouilloud）居住在公共租界，但将办公室、堆栈等都设于法租界一边。判决再次对工部局不利，因为规定"仅限于居住并且在外国租界经商的人"。他们将这条规则呈给领事，希望各国领事能根据此案的事实真相表达观点和主张，他们指出条款的措辞很清楚，只能有一种解释，各国领事也曾在与道台书信往来中使用过这些意义明晰的措辞。库约的辩词是，假如此前不需要征税的法租界也要征税，依照工部局声明他就要支付双份税款。工部局对此爽快答复，他没有义务居住在公共租界，假如他不想在这里缴税，可以去别处居住而且应该马上搬走。他的行为不仅比其他居民占得优势而有失公允，更是鼓励早期失信风气再犯，这种失信风气指的是商人通过雇佣机构在法租界收货以逃避税收。

领事团答复建议可有两种选择：通过上诉法院从类似案例中获得判决结果（库约案作为个案数量太小，不足以获取上诉许可）；或修改《土地章程》第九款。若采纳后者，多数领事同意措辞如下以排除异议——"居住于所言范围内者"，指的是包括在公共租界拥有私人住宅或办公场所的所有人。1879 年 7 月，

纳税人会议决定要求相关当局把领事们的上述解释性的建言加入第九款。另一
处修改涉及鸦片贩运船，我们讨论鸦片税时再说。

纳税人第二次特别会议于同年11月召开，快刀斩乱麻地解决了难题。当时
仅有10家洋行缴纳码头捐。鸦片商贩正迁往法租界以避税，丝商也威胁要效
仿。会议决定废除码头捐，通过增加土地和房屋税以及执照捐以弥补财政缺额。
从这一决定来看，各国领事未向驻京公使提交修改第九款的意见。

接下来的问题自然是道台的1万两代偿金。各国领事认为不应让其继续缴
纳，因为针对商品的税收已经废除。但也有人提醒工部局：英国公使在《天津
条约》修订备忘录里已经提到，外国租界要求中方当局提供码头和卸货地点合
情合理。而且据说道台与麦华陀曾有一次会晤，双方认可每年1.4万元名义上
为码头捐，其中大部分——即使不是全部，来源于洋人多缴的土地税（华人每亩
400文，洋人每亩1 500文），而此事道台无须向上级行省报备。毫无疑问征收
这笔额外税乃用于本地，其中大部分确实用于道路、桥梁等建设，为居住于租
界外的外侨提供便利。租界内建造、维修路桥由工部局负责，外侨支付了额外
土地税，却得不到任何回报，因此工部局有理由要求索取这笔款项。更有人向
各国领事指出，道台对法租界公董局也有类似捐资。

捐资之举未引发争议而延续着，让人如释重负。从那时起工部局账户写明
此项为"道台大人对租界开支的捐助"。尽管码头捐——后来称之为货物捐，自
此从工部局账面上消失，但它消失的时间并不长。

1885年，有人提议增加外侨房捐并发行5.9万两白银债券，以弥补上一年
巨大的财政赤字。工部局不打算再次征收码头捐。他们曾考虑过这个问题，但
认为难以取得法租界外侨的合作。然而，纳税人会议讨论了恢复征收货物捐的
修正案，且获得多数通过，因此债券发行降至2.5万两。

工部局判断现行税率应比之前更为合理，否则将重蹈覆辙，再现1879年
时大量商人迁往法租界的情形。因此确定税率为0.05%，鸦片税率也降低，每
箱征税0.1.5.0两①。征税办法获得商会批准，于1885年3月1日起实施。第一

---

① 原文如此。——译者注

年所得税额为 4.6 万两，一度达每年 5 万至 6 万两白银，道台的捐资尚未计算在内。

但冲突还未终结，总结之前我们把一个重要变数留在最后，特别是我们认为有必要重述本卷之前已然提及的事实。

1897 年，工部局为了应对开支飙升，打算完全重新考虑货物捐问题。

尽管从未有过官方界定，代偿金原本仅打算覆盖华商的国内贸易。征税原先是领事的事务，每位商人支付代偿金 50 元。1857 年，英国领事请道台收取这笔税款，道台也同意了。道台支付给工部局的款项为 2 000 元，随着本地贸易发展，增加到 4 000 元、6 000 元，1866 年增加到 1.4 万元，这个数字一直维持到 1897 年。

但 1866 年在港注册且悬挂中国国旗的船只数量为 135 艘，吨位为 8 000 吨。1896 年，悬挂中国国旗仅从事国内贸易的入港船只为 1 093 艘，总吨位为 89 万吨。然而，代偿金额却始终保持不变！

虽然工部局不必探询道台交来的 1 万两白银源自何处，但有人提到外侨支付的额外土地税大约有 1.6 万两，而这部分钱款道台勿需上缴。

因此，工部局首先要求道台把代偿金增至 3 万两，第二步则要求道台宣布代偿金仅覆盖国内贸易，并非国际进出口贸易。这一声明的必要性在于，某些外国洋行经营涉外商品，借由华商带入商品以逃税。缴税将使其在与直接进口商品的华商竞争中处于劣势。更有一些胆大妄为者直接以华人名义输入商品。对道台来说，界定代偿金不会损失任何收入，但于工部局则大有裨益。

增加代偿金数额并正式划定代偿金范围，这两个要求是 1897 年工部局摆在道台面前的第一项选择。

道台如果以无法从本地商人中获取更多税收为理由，拒绝增加代偿金，他完全可以另有选择，即终止之前的做法，完全取消代偿金。

那么各类贸易的码头捐将由海关统一征收。1866 年道台曾拒绝授权，实际上是明确禁止向华商征税。但有一点明显被忽略了：1858 年道台送来 2 000 元烂版银元并拒绝补偿损失，还说"征收（这些税收）与本衙无关"。

假如由海关征税，拟议安排如下：国内贸易税收的一半付给道台，剩下的，

173

174

即包括所有海外贸易以及一半国内贸易的税收，将归工部局。

道台同意第二种方案，即由海关征税，还代表海关总税务司建议，应与法租界公董局就这件事的联合行动达成共识。

于是，1898 年 12 月，两租界代表会面达成一致意见：海关收缴的全部税款，减去道台应得的国内贸易税部分以及征收所需成本，其余数额公董局得25%；如按上岸位置情况分析收入则表明这个比例尚有不足，可再升至 33%。工部局和公董局将该协议按临时计划批准实施，准备第一年施行后再做修订。

1899 年，上述方案在纳税人会议上获得通过，预估 1900 年纳税额为 12.5 万两。

在其他国家，进口商品一旦支付进口税，则再无其他税收，但中国并非如此。即使在臭名昭著的厘金设立之前，商品从一地到另一地也要征税。不难想象，贸易的硬伤出自国内税收，尤其征税额并无定数而且不受中央控制。假如美国各州对进入本州的商品征税不一，且贪污不可控制，那么显然纽约和旧金山的进口贸易将大大受损。

《南京条约》第十款规定："英国货物一旦……按例纳税后……，再缴纳一笔转口税，货物便可由华商遍运天下。"实践过程中，税收的不规范和不确定招致诸多怨气。《天津条约》第二十八款将子口税定为货物价格的 2.5%，此数仅为关税数额的一半，洋货（属洋人所有的商品）便可直达内陆市场，后来这一税率也用于转运到港口供出口的土货。

然而，有人说条约签订不过是麻烦伊始。从法令法规到临终遗嘱，任何法律文件都有可能——大多数情况是一定会面临各种不同解读。各方竭力诚信地履行协定，麻烦才会最少。目前情况，英国当局自诚实无疑，但即使北京方面也是如此，各位也须谨记：中央政府对实际征税的省级官员控制力薄弱。各省但凡有些办法，总不免压榨，不会让商品逃避税收。在这方面还必须补充一点，并非所有外商都忠诚老实。

值得注意的第一桩麻烦发生在 1861 年，道台出台一项新规定，停止签发土货在各港口间转运的免税证明，由此道台与英国领事产生严重的意见分歧，因为这意味着增加 50% 转口税。道台拒绝就此事进行和谈，麦华陀便以通告形式公开拒绝执行上述规定，这个规定不久便撤销。卜鲁斯在有关此事的公文中言明，除非这些土货作为英国人资产进行运输，否则英国商人与转口税毫无关系。如土货从一港运往另一港出口，应在第一次装船的港口征收出口税。

条约之初衷本不是为洋商争得比华商更有利的条款，而在于相互平等。然而，相比本地人要应付的种种关卡，外侨享受的税费更低廉。于是出现了洋商向华商出售转口通行证的现象。为了获得通行证，洋商谎称他是商品的货主。对于某个洋商而言，这仅是良心问题——如果他还有良心的话。然而一旦中方声称其子民利用外国代理商逃税，公使在各项谈判中将十分被动。如果把地方官员推到对立面，互相指责对方受利益驱使要花招使伎俩，那么贸易不免受损害。以正义之名勒索来的特权为少数人的利益滥用，这肯定不是外国政府的荣耀。听说镇江地区的关卡官员，惯于对持转口通行证者用刑，逼迫其承认商品并非洋商所有。

公使和商会对这些问题的看法也有分歧。商会中有些成员为出售通行证辩护，而公使表示这种行为"有悖于公平贸易原则，颠覆了条约约定的诚实信用"——他希望是这份报告本身有误。对于商会约翰逊起草的备忘录，阿礼国说这不仅是企图利用条约中专为中外贸易制定的规则，还打算将它延伸覆盖本地的沿海贸易，更是试图假借条约权利之名，使中国财政放弃控制整个（或者说是不确定范围内的）内地土产贸易——但"此举尚待英国政府决定对条约条款有所修改方能成事"。他进一步指出商人坚持的条约解读，与唯一的官方意见——高层立约者的主张背道而驰。皇家检察官（Law Officers of the Crown）、额尔金、卜鲁斯、威妥玛都持反对意见，"条约不能由个人随意解释"。

我们认为书写这些"久远的斗争"，弄清总体状况比叙述不断变化的复杂问题更重要。条约所指洋货究竟是指原产地还是所有权，转运免税通行的商品达到目的地后是否再次成为征税对象，还有其他诸多问题都是曾经的困局。对于生活在幸福时代的我们来说，上述问题只不过是学术讨论。但争斗本身具有长久的意味且发人深省。有莽撞的商人不仅坚持条约赋予的全部权力，还想得寸进尺；有当地官员出于制度原因，让税收抽走省级财政收入的大部分钱款转交北京政府；有些外国公使——如英美公使更关注商贸，强烈要求严格按条约行

176

事，但是他们一方面必须与顽强抵抗的商人周旋，另一方面必须应对这个孱弱得无法掌控地方各省的中央政府。

然而，在这个问题上还需要补充一句：这一税收制度是否适用于华人手中的洋货。额尔金的信件中对此事并无涉及，阿礼国则在不同时期给出截然相反的意见。但奇怪的是，晏玛太曾明确表示中方编纂的条约文本中提到华商支付转口税，英国海外贸易局（British Board of Trade）完全放弃能提高自身利益的立场，而中方政府也是如此行事。正如熙华德所言，我们所见是如此怪异景象，注重盈利的英国没有获得与之相当的可观特权便放弃了利润，而排外的中国屈服于外国人更甚一纸条约的索求。

情况已在逐步改善，洋商使用通行证从事进口活动的权利最终得到所有省份认可，出售通行证将这种体制延伸到华商，并进一步覆盖运抵各口岸用于出口甚至并不出口的土货。

鸦片厘金

上海鸦片贸易这个话题，与厘金、征税、签发拘票等问题纠葛缠扰，若把这些事项一并讲述，可能难以做到清晰明了，若将各事分列，有些部分难免重复。

第一卷中已花了不少篇幅讨论鸦片，在此我们仅论述 19 世纪最后几十年中鸦片的贸易情况，而鸦片贸易的道德问题，鸦片对于民众身心健康的影响，并非我们讨论的范畴。此文仅涉贸易，虽然这项贸易由特殊的规定规范，也会引发特殊的问题。与此同时，鸦片这个话题，对于普通人来说在潜意识里都会心存厌恶，就像鸦片的味道对我们大多数人来说不像茶叶般清新怡人，大家对鸦片商贩也不像对茶商、丝绸商人一样有好感。

这种偏见部分是出于道德判断，更多则是因为随着鸦片贸易而出现的争吵论战、偷税漏税、违法犯罪以及其他各种恼人的问题。就像普通民众对醉鬼的胡作非为和禁酒论者的狂热执着都很厌弃一样——"你们两个都将大难临头"。①同样，鸦片受害者欲博人同情的言辞、鸦片商贩耍弄的肮脏伎俩、改革者的夸大之词，都会让人的内心愤怒不安。所以在上海的历史进程中，鸦片问题即使不算个祸端，至少也是个麻烦，而无人会对丝绸、茶叶或棉制品贸易心生不快。

尽管鸦片贸易让外交官和制定条约的官员们头疼不已，但在我们论及的早

---

① 语出莎士比亚戏剧《罗密欧与朱丽叶》。——译者注

期阶段，纳税人对它并不感兴趣。在上海所有进口商品中鸦片占三分之一，工部局每年收取鸦片馆的执照捐约 1 万两白银，然纳税人大会对鸦片贸易并没有给予很多关注，他们忙于处理外滩航线、铺设排水系统、拓宽道路之类的事务。

1858 年《天津条约》① 将鸦片贸易合法化。当时美国公使列卫廉致信额尔金勋爵，表示"目前鸦片交易最为猖獗的船只，是一艘在纽约建造、悬挂美国旗帜、号称为美国人所有的轮船"，对此他深感遗憾。吴淞共有 6 艘鸦片船，全都张挂美国旗帜，其中仅 1 艘据说为美国人所有。他表示无论额尔金勋爵打算规范鸦片贸易还是全面禁止——要看哪种方式更方便易行，他都愿意全力支持。额尔金答复，目前对鸦片需求泛滥，而供应又随处可得，所以使之合法化是唯一可行的挽救办法。

因此，条约第五项有了以下条款：

> ……洋药准其进口，议定每百斤纳税银三十两，惟该商只准在港口销卖，一经离口，即属中国货物，只准华商运入内地，外国商人不得护送。即《天津条约》第九条所载，英民持照前往内地通商，并二十八条所载内地关税之例，与洋药无涉。其如何征税，听凭中国办理，嗣后遇修改税则，仍不得按照别定货税。

我们要在此插上一句——这话原本在第一卷中交代或许更为妥当，李泰国于 22 年后写下这样一封信：

> 一桩好事若因事实不清而遭误解，不免让人遗憾。有传言说鸦片合法化是利用了中方的畏惧心理——乃我方威逼所得，这些揣测全无依据。而我若再继续保持沉默，则对于额尔金勋爵的纪念以及当日共同参与的众人都不公平。我曾是额尔金特别使团中的翻译秘书，和现在的英国公使威妥

---

① 《天津条约》本身并无议定鸦片贸易的内容，是此后清政府与英国全权代表额尔金签订了《中英通商章程善后条约》，作为《天津条约》的补充，其中有准许鸦片进口贸易的条款。——译者注

玛爵士共事，在天津修约谈判全程，我都亲历，双方从头至尾概无一言涉及鸦片。

修订税则准备工作移交给我（这是条约签订以后），这既是额尔金勋爵的意思，也是中方的要求。当涉及鸦片一事时，我询问中方有何打算，得到的答复是"我们决定以洋药之名列于税则"。以上就是所谓威逼的全部细节。修订后的税则全部得到采纳，未有丝毫修改。5 个月后，所有施压手段撤除很久之后，中方钦差大臣来到上海签署了一切必需的文件。中方政府承认鸦片是合法的进口商品，并非逼于胁迫，而是由他们的自由意志刻意所为。[1]

对于普通人来说，上文的条款看来已十分清楚明确，但对于法律人士而言，则又引发不少有趣的争论。我们看到，多年后上海的律师们还热切地致力于解释这一条文，特别想证明其实它并非字面的意思。

1875 年，担文向威妥玛提出了很多问题，其中之一便是，给予中方政府无限的权力对进口鸦片征税，是否是额尔金的本意？条约的字里行间是否对这种权力有所限制？威妥玛分别答复这两个提问："是的。但条约的字面意思并没有这样的限制。"本章后文还会谈到这些问题。

中方当然会采取一些措施防止鸦片走私。鸦片离开本港后，中方政府想收多高的税都可以，但根据上文条款的明确规定，准许每箱鸦片缴税 30 两白银后可合法运入上海。然而，中方早就开始了侵占活动，压榨勒索的程度也与这一贸易的丰厚利润一同增长。

他们在县城东郊有一个机构，专管鸦片税收。此处遭太平天国叛军焚毁后，他们又在英租界西部设立。起初这一机构并未引起重视，但很快人们发现其所为违反条约规定，而且它的其他作为也引人反感。经密迪乐游说，道台同意将该机构迁移他处，但实际上仅更改名称后又任其横行。只有 8 家华商获批经营鸦片贸易，税款为每箱 50 两白银。子口税本应在离开本港后才能征收，该委员

179

---

[1] （伦敦）《每日新闻》(*Daily News*)，1880 年 10 月 21 日。——原作者尾注

会的规定使得鸦片在进入本港后就可收取子口税。

换言之，他们留意着所有鸦片登岸，一旦鸦片转至当地人手中便立即征税。此举要做到运行自如，他们得有一套令人嫌恶的谍报系统。外籍进口商的买办要在官方盖印的账册上登记雇主的售货情况，申报单上若有差池，他们也负有责任。有一位买办抱怨当地海关官员询问他家人的情况和住所，以便在必要时可施压，由此，这些人窥视着雇主，每月可得 50 两白银或每箱鸦片得 5 钱。

为防止洋商联合行动，该委员会规定鸦片只能通过趸船交易，而有些人有趸船，有些人没有。沙逊洋行和广南洋行都曾被"通报"，委员会禁止销售商从这两家购买鸦片，即使通过趸船也不行。有一次广南洋行的部分鸦片被扣，不得不让洋行雇员到藏匿鸦片的"公所"（即鸦片衙门）去夺回。直至深夜 11 点，都有人看守监视着各家洋行。

180 　　密迪乐早就对这些行为提出抗议，要求立即撤销该委员会，收回道台曾张贴的一份布告。布告中称鸦片税金是作为"捐助款"，并宣布不通过 8 家商行进行的鸦片交易都是走私行为，给出如此垄断的理由不过是最常见的借口：因为有效监管有困难。布告中还表示洋商们缴纳"捐助款"，将"按新规予以表彰"。如之前所述，密迪乐的要求道台都答应，但毫无举措。

于是，密迪乐也贴出一张布告说明以上苦衷，告知英商若有鸦片遭该委员会扣押可前来申诉，也向洋行雇员表明他们受英国洋行雇用亦可得条约庇护，他将尽最大可能行使庇护权力，若有英商遭指控的案件提交，他也将持特别怀疑的态度。

但 1861 年时广南洋行还在抗议中方持续垄断，他的一位主顾受到威胁，两个手下被捉拿。我们还读到 1862 年道台将两位持有夜间通行证外侨所携带的鸦片没收了。此后数年，事态的进展似乎逐渐恶化。

涉及鸦片的矛盾，多是需要各国领事与中方当局、海关和律师解决的问题。后来工部局不准鸦片厘金巡丁进入租界，鸦片又一次成为引发摩擦的理由，尽管根源并不在它——不过那是后话。

工部局直接要操心的鸦片问题，在于给租界内的"鸦片馆"颁发经营执照。鸦片馆出售鸦片，顾客可在店内享用，也可外带。

1861 年，工部局打算给界内 20 家鸦片馆颁证之时，一位华人提出让他将这些店统一接手，并保证遵守工部局的一应规章。据说这位华人还取了基督徒的名字，多少有些不合适。

1865 年，在鸦片一栏中的进项超过 5 000 两白银。这还不过是小巫见大巫。1870 年的收入超过 1 万两，1880 年超过 1.8 万两，1890 年达到 3.2 万两，到 1898 年，共发出鸦片月度执照 1 510 张，收入超过 4.7 万两白银。

鸦片馆数量稳步递增，工部局年报中总说是由于租界内当地人口数量增加。1880 年，工部局将每月每盏烟灯税额从 40 分涨至 60 分，此举使得鸦片馆业主在全体大会上怨声载道：生意难做，维持旧税已是勉力为之，若非其他营生也不易为，不然宁愿关店转行。工部局答复增加税额事已由纳税人批准，亦无能为力。然而次年尽管税额提升，鸦片馆的数量依然上升，工部局征收的税款比预计数还多了 2 500 两，这一事实也发人深省。

1891 年，中方当局要求法租界公董局禁止女性出入鸦片馆，法方询问工部局若法租界制定此种规定，公共租界是否也有此打算。1888 年，工部局曾对道台的此种要求做出回应并指示巡捕执行，但不久便取消了。因为工部局发现洋泾浜以南的租界并无此举措，因此执行这一规定只是将鸦片馆都赶去了法租界。然而，这次工部局很乐意与法租界一致行动。执法的成效是申请鸦片馆执照数量骤减，女子不能出入鸦片馆，便转去茶馆，男士们便也跟随而去，所以鸦片馆生意大减。

而到了 1898 年，尽管执照缴费依然超过 5 万两白银，我们看到鸦片馆数量又一次下跌。据说原因是有一批某类鸦片馆因为此地主顾减少，便搬迁到苏州、杭州去了。

回顾 1870 年代的风云岁月之前，我们要提到沙逊洋行古培所写的一份备忘录，从某种角度来看，这个话题既严肃又滑稽。备忘录主题是土产鸦片激增，及其产生的"恶劣影响"——对于进口鸦片市场而言！对于道德、经济或政治的任何"恶劣影响"当然不在考虑之列，只是鸦片商人的利润岌岌可危。前一年四川产出鸦片 3 500 担，而在备忘录撰写的那年（1869 年）估计种植量价值 5 万两白银。"只有富人才抽印度鸦片，而他们也把土产鸦片掺入使用。进口货

图 9　1881 年南京路外滩怡和洋行的鸦片趸船

商不断节节败退。"我们有充分理由担心（注意此处措辞）土产鸦片的增长，并指出进口鸦片具有"严重"劣势。但不管怎样，鸦片商贩、批膏商以及其他相关人等都无法打动公众的铁石心肠，不会因他们的悲伤处境心生同情。

　　1869 年 1 月，朝廷颁布上谕禁止种植罂粟。但据说当时此举并不当真。此后相关法规多次发布，但始终不过是空口白话。他们甚至在那些主要大省都全无进展，禁烟的决心和权力都付诸阙如。鸦片种植获利是其他作物的 6 倍之多。

　　1870 年，麦华陀坦承行动无果。他已竭尽全力协同当地官员、鸦片行会以及鸦片商人，以维护中方的条约权利，但未得成功。英国进口商有权在租界内自由活动，要不加干涉而实现买卖监管根本不可能。他将此事告知道台，并要求一旦发现逃税行为一定要像之前一样严格按条约准则行事，即只有确定鸦片为华人财产方可没收，而提供证据的责任在于中方当局。毫无疑问，有些肆无

182

忌惮的洋商会帮助华商逃税。

1872 年，双方因中方在租界内对鸦片的管辖权而大动干戈。争论的焦点在于外方认为鸦片在入港之时缴纳关税，从此时起直至鸦片离开本港，中方当局与之无涉，离港之后他们可以随意征收厘金。然而，中方观点是洋商一旦将鸦片出售给华商，中方的权力便已生效，即使鸦片还未离开租界运往内地。

如前所述，此处鸦片问题与普遍征收厘金的问题纠葛不清。中方有权对所有销往内地的货品征收厘金，但外方普遍认为这不该由华人在租界内收取——所以工部局强烈抵制当地巡丁进入租界，后来又有领事馆拒绝在拘票上签字的论战。中方税收以及签发拘票这些话题，将在其他章节讲述。

但鸦片厘金问题立足点不同，各方观点也有分歧。麦华陀对负责征收税款的官员说："这个问题似乎取决于鸦片税则规定的真实意图，外国商人不得将鸦片携运入内地，是否意味着离开进口商洋行的大门或者越过某个假定为内地边界的地点，即刻生效。如果出售后外国人就不能将鸦片带离营业场所，那么你的工作就简单了，因为外国进口商并不从事零售。因而，租界内不论华洋所携鸦片，大多为华人资产，由此可根据条约征收当地税款。但如果税则规定只能解释为禁止外国人携带或护送鸦片进入内地，那么情况就复杂了，因为非进口商的外籍人士或许会利用这种解释，帮助华人将鸦片分运至租界和县城各处，我也不知你能有何监查之法防止这些鸦片不缴税款便流入消费渠道。"

麦华陀申明自己无力解决规定的解释问题，因为这也牵涉到他国居民。税收官员应向领袖领事熙华德求助。然而，各国领事是不会特意费心来满足清政府需求的，除非后者准备在整个厘金问题及对外贸易方面都能让外侨满意。

1872 年的特别警务报告中说，鸦片厘金征收虽名义上由一名中方官员负责，实际掌握在鸦片行会手中。行会可以不出示任何官方证明便没收鸦片。若有人提出异议，有时即使没有拘票，此人也会被抓去县城。

1872 年，还是彭福尔德报称租界内的鸦片厘金局告知其官差，可向就近巡捕房求援以进入私宅没收鸦片，他希望工部局能对这一新举措给予指示。如果拒绝配合，接下来该怎么办？他表示："厘金是对租界内洋商的制成品征收税款。街头巷尾布置有官差，以免货品未得许可便从洋商处转运到华商商行。而

183

租界内确有获得授权的机构可签发这项许可。得到任命稽查逃税的官差曾没收了属于洋商的货品，但要想让这样的官差受到惩戒则颇为不易，理由当然不是在租界内没收货品，而是没收了洋商所有之物。而我并不知道有进入私宅没收货品的先例。"

洛伦索一案吸引了更多人来关注这个话题。鸦片行会实际包揽了征收厘金的权力，行会跑街抓捕了洛伦索的一位雇员拘押在巡捕房内，只因此人身携一枚已缴关税的鸦片球。巡官福勒（Fowler）将鸦片扣留，许诺此人在会审公廨出庭后就被放行。最终由领事团会商后在会审公廨做出裁决。

洛伦索对此深感愤慨，表示"这群主要靠没收洋药过活的饥饿跑街"——不是官差，只是"承包人"的雇工。

哈华托（Harwood）的观点是，1858 年签订的条约赋予中方权力，因此逃税是刑事犯罪。巡捕在此事上给予中方协助应是上策，"因为一方面拒绝给予协助，势必迫使中方使用自己的下属加强执法，也成为侵扰租界内华人的又一借口；另一方面他们在这一事务上向巡捕求助并获得支援，将成为此类事宜的先例，今后他们再要管理租界内的华人而不采取合作方式，这一先例或可援引作为回击"。此举仅针对鸦片事宜。至于对洋商的制成品征税，他表示其合法性十分可疑。获取过境通行证显然是不合法的，其他在租界内的征税行为必须要抵制。这本该是由各国领事来解决的问题。

因此，工部局批准巡捕房执行鸦片厘金局负责长官的指令，协助厘金局雇请的官差行事。工部局与道台协商同意，由道台给有权进入租界征税的官差们颁发证照。巡捕只认证照，提供协助。

该项措施不久便遭遇挑战。公众对于中方无权在租界内征收布匹等货品的税款感到满意，但对鸦片征税事还心有疑虑。而条约很明确，是涵盖了一切货品。1862 年 7 月，卜鲁斯认可了中方对鸦片征税的权力，他表示道台可以在租界内任意征税，但这么说也是不对的。罗素（Earl Russell）伯爵（1864 年 4 月18 日）表示完全同意。然而条约才是唯一权威。而且有些人对"港口"一词的理解也有分歧。卜鲁斯将之定义为仅指河道之上。

《北华捷报》谴责正式允准在租界内向华人征税，并声称因为中方卸除了维持秩序的一应麻烦，这便足以不准他们征收任何税款。另一方面，一位记者表示在各国领事正式申明道台在租界之内不享有任何权力之前，工部局必须像协助他国一样协助中方官差，并防止街头发生骚乱。

1875 年 5 月，洪卑判决除了条约规定的进口关税外，中方无权在港口范围内就鸦片征收任何税款。因此，最近案件中跑街们的行为属非法行径，将予以抵制，当时没收的鸦片都应退还。官员们利用了行会，而行会利用了巡捕，造成如此令人不快的现状。洪卑的判决是要把一切当地征税人员都阻挡在租界之外。十一名歹徒在租界的街道上对丰裕洋行（Walker）的中方雇员施以暴力，这些人是谁？巡捕受命不得干涉，甚至还要协助，而鸦片不过是其中一种商品，其他商品也被人虎视眈眈。《北华捷报》称希望这些乱象都能到此为止。

7 月，工部局咨询了法律顾问担文，并把他的意见告知了领事团。他对此事的态度毫无迟疑，表达意见十分清晰有力。他所面临的难题是，洪卑在丰裕洋行和马尔康洋行案（Walker and Malcolm case）中说道，厘金巡丁要求工部局巡捕协助逮捕被怀疑身携走私鸦片的华人，工部局巡捕应将这些人带至巡捕房，扣留鸦片待鸦片主人出面。这一观点与目前为止所采取的程序完全不同，而按照工部局一贯理解，之前的做法乃是各国领事的意见。

工部局并不能解读条约，也不能决定中方是否有权对鸦片或其他商品征税，他们的职责范围是经领事团批准后，维持租界的秩序，保护租界内的居民。但要达成这一目标必须给予巡捕明确指令，而目前英国大法官和缔约国领事意见相左，可能会引发租界管理的大问题，因此他们咨询担文应该执行哪方的意见，如何给巡捕下指令。

工部局还表示，在他们看来，如果厘金巡丁在租界中没有执法权，那么非但应该拒绝给予协助，而且因其有违法行为，巡捕应将之拘捕。

担文认为，中方当局并无理由在租界内对鸦片征收超出规定的每担 30 两白银之外的税款，工部局有理由抵制此种企图。

尽管理论上工部局并没有解释条约的职责，但在意见冲突的案件中，必须采纳某一方的意见来维持秩序，在目前情况下，要么认可，要么抵制，别无他途。

185

洪卑建议将鸦片扣留，等待真正的主人出面，此举并不可行。因为这是把巡捕房变成了法庭，还得有个巡捕坐堂审问并判定贵重财产的真正主人。

如果中方有权征收此项税款，那么现在工部局的措施就没错；如果他们并无此权，担文认为正规的程序是逮捕那些阻碍苦力搬运鸦片的巡丁，并于巡捕房诉其在租界街道上引发骚动。而且如果这些是华人，还应在会审公廨以同样罪名提起诉讼。如果巡丁申辩自己乃依法所为，法庭必须判明是接受其辩词撤销指控，还是不接受辩词惩治被告。

工部局必须停止为巡丁签发通行证或相关文件，也必须知会中方当局不再认可之前签发的通行证，而且不允许在租界之内收税。

在他看来尚存疑问的一点是**港口界线**的确定——港口的界线到底在哪里？只要这些进口鸦片还**在港口之内**，不论是在华人或洋人之手，都不能征收超出30两进口税之外的其他税款；仅限华人可将鸦片运出港口之外销往内地，洋人不准，而自鸦片**离开港口**之时始，中方当局便可任意征收其认为合适的数额。港口的界线至少要将外国租界包括在内，方为合理。

曾有人极力争辩，认为鸦片只要售卖给了一位中国国民，哪怕尚在港口，本地当局也可征税。那便意味着鸦片只要离了洋人手，入了华人之手，即使它还躺在上海的货栈里，便是已经离港运入内地了！

如果我们承认如此违反常理的说法，就得承认中方有权派出税吏穿行于我们身边，检查货栈、没收货物、征收税款。

另一种常见的观点是，尽管条约文字写明只要鸦片在港口范围内就可免缴税捐，然而条约精神是与之相反的。担文表示文字本身清晰无疑义，全无必要谈什么精神实质，不管所谓精神实质意义何在。如果这是额尔金爵士的意图，他引用了博学法官的观点，大意是解读任何法律文书，我们是要确定其所言而非其所想，或更确切地说，是通过诠释其所言而确定其所想。

此处我们看到的论战，不是笼统言之，而是如律师一般清晰准确的表达。

将以上律师意见呈送给各国领事的同时，工部局表示拘捕巡丁的观点建立在"中方无权在租界之内收取鸦片厘金"的基础之上。大部分工部局董事同意担文的观点，即根据条约中方没有这样的权力，而且他们一致认为对鸦片之外的其他商品征税明确违反了条约的规定，厘金巡丁出现在租界内十分令人反感，应采取一切法律措施予以阻止。然而工部局必须遵从各国领事对条约的解释，听从他们对工部局行动的指令，故在此咨询他们的意见。 187

如各国领事的结论是巡丁应遭拘捕，那么工部局恳请领事告知道台，以后不准这些巡丁进入租界。

如果结论是中方有权这么做，而巡捕应一如既往地协助他们，那么大多数巡捕都是英国人，他们将在此类行动中因执行工部局的命令而需要承担个人责任，大法官的主张将引发矛盾。

至于对鸦片之外的其他商品征税一事，工部局向法庭提供法律证据有困难，故尚未逮捕过任何巡丁，但工部局随时可以实施逮捕。

如往常一样"此事悬而未决"。半年后我们看到，各国领事参考了洪卑的主张和担文的观点，又经人提醒之后，表示将重新考虑此事。但由于当时正在讨论码头捐事宜，此时再提出其他问题，时机并不合适。他们建议暂时维持原先的做法。与此同时，巡丁们欢快地四处奔忙，而工部局不知如何是好。申请通行证由县城内的一位胥吏主理，惯例是每年核发 12 张。彭福尔德表示若工部局拒绝给通行证盖章，要将巡丁阻于界外并非难事，问题是各国领事可能持不同观点，那么巡捕们将左右为难。巡捕的立场若表现出一点优柔寡断，都不是一件好事。因此，彭福尔德受命既不签发拘票也不拘押巡丁，只需观察进展及时报告。

我们曾不止一次讲到，此鸦片厘金一事与中方当局在租界内向本地商贾征收其他税款、与领事馆拒绝签署中方的拘票都紧密联系在一起。1876 年总商会曾被要求撰写一份商贸中存在的难题报告，商会请工部局协助准备，这些事曾一并讨论。

工部局指出租界内共有三处征收厘金的办公地。一处管理洋商生产的棉麻毛织品，一处管理鸦片，余者归第三处管。鸦片税额为每箱 26 两白银，估计每年可征收 347 568 两。

租界内约有 200 名巡丁，数量超过了工部局巡捕。这些人的生计全靠自身机警守备，他们公然无耻地四处活动。一些人在大小码头和几处据点驻扎，一些 188

人在街头日夜巡逻，围绕此地的警戒线安排得十分完善，华商几无逃税可能。

在工部局的信函中，因其并非仅涉鸦片厘金一事，我们省略了一些重要信息。其中写明有一人曾试图避缴厘金，县城中长官发出拘票，犯事者遭逮捕并押往县城。工部局表示这样一份拘票，由会审公廨的领事陪审官签署后，拿到巡捕房，然后由巡捕房巡捕陪同巡丁前往，确保其执行过程中不可扰乱治安。以上所举乃一典型例证。由此，中方对除鸦片之外的其他外贸商品征税，每年至少8万两至10万两白银。不公之处在于，其中并无一分一毫用于改善租界，或为其压榨的外贸事务稍添福惠。

此处说到签署拘票也将英国领事扯入战局，曾颇有一番短兵相接。我们将此事留待讲述其他商品厘金的章节来讨论，此处仅把眼光集中在鸦片税项上。

1877年2月，总理衙门公布新厘金章程，并告知赫德不得在外国租界内征收厘金。各国领事决定租界内的所有厘金局都必须关闭，工部局指示巡捕自2月13日起不再认可对洋商货物、洋商进口的货物或是华洋商人置于租界界内的货物征收厘金的行为，将采取措施制止此类征收行为。

既然这听来已是最后决定，本章的讲述似乎也将到此结束。但我们若将之视为事情的结局，只能表明我们还十分单纯无知。我们毫不惊讶地看到，虽然这么说多少有些滑稽，8年后工部局质疑中方是否有权派遣巡丁进入租界，提请各国公使裁夺此事！

显然总理衙门发布新章程之时，中方当局就租界内的洋商货物又提出12条新规。他们规定不在租界之内征收厘金，但鸦片不在此列，在租界内查搜土货乃华人自己的事务，若外侨庇护华人，将依法罚款。

189 领事答复这些规定必须向北京和商会呈报，之后他们同意商会先将之压下，待再拟能得各方认可的新规。与此同时，总理衙门的命令已张贴布告，厘金局正式关闭。

然而不幸的是，普鲁士公使表示他认为鸦片不在可免征的商品之列，道台则趁此机会致信领事，表示这一观点应予施行，征收之事将一如既往。

这场混战看来还要像往常一样欢乐继续，只在细枝末节处稍有出入罢了。1882年，有人询问道台，他打算执行哪个规定或指示，按照这些规定巡丁是否有权不经过会审公廨便逮捕华人。

　道台四平八稳地答道，巡丁有会审公廨谳员和英国领事签署的"合法证件"，巡捕们也已知悉。这些人在租界之外行事，但有时他们也有可能跟随走私者进入租界，只有鸦片厘金可以在租界之内征收，如此等等，说起来波澜不惊。

　于是，领事建议道台应当让巡丁从会审公廨处获取拘票，并由工部局巡捕协助实施逮捕。

　1885 年，我们读到中方当局指定由广州、汕头两地的会馆在租界内收取鸦片厘金，会馆也希望他们的跑街能获得合法签署的证件。工部局质疑他们的权利并拒绝了该申请。但结果是领事认可了 32 名跑街，这些人都拍照留存，并规定抓获的人员都要送往会审公廨。同时，工部局要求领袖领事向各国公使求证，中方是否有权让这些人进入租界。"神圣的单纯哦！"（O Sancta Simplicitas！）

　抓捕还在继续，随之而来的麻烦也不间断。鸦片行会请了两名洋员威尔森（Wilson）和奥利奥拉（Oriolla）担任跑街的正副头领，若案件涉及洋员则由担文和魏拉特为律师在会审公廨出庭。领事立即答复道台，鸦片行会作为税收承包者当然可以雇请洋员为之服务，但这些人并不能因此获得官方身份，一旦因非法入侵或动武而引发诉讼，他们将被送至对他们有正当司法管辖权的当局审判——所谓官方立场不能作为借口。阿查立要求明确告知道台，若涉及英国国民，必定如此处理。

　几个月后，由于这些跑街横暴独行、扰乱租界，工部局恳请领事在征收事宜 190 合法性确定之前，暂时停止这些跑街的业务。因此领事将不久前刚签发的 32 份证件撤回，跑街们暂时不再奔忙。

　我们记录了很多此类让人心烦意乱的事，但这是否有必要呢？中方意在防止走私本是正当合理，外方当局也不会阻碍。但赋税过高让试图逃税成为必然。而且行会则被指为企图垄断经营。他们自己售出鸦片可压低厘金，对他人则全额征收，并派出密探、线人侵扰经营对手。本应提交会审公廨的案件，不少到了该处大楼也上不了法庭。案件本应提交谳员与陪审官审理，但陪审官根本无从置喙。跑街们进行抓捕都请些暴徒无赖襄助，扰乱了租界的安宁。此外还有千百样我们未写入的琐事，与涉及此事发生的逃税欺诈、腐败软弱、背信弃义、各方分歧，都缠扰纠葛、撕扯不清。然而最主要的问题，中方到底能否在租界内对鸦片征税，还是在运往内地之前鸦片可免征厘金，在本卷所涉及的时间段内，这个问题始终没有明确解答。

在板球比赛中，攻方的击球手挨个排队等待击打投球，直至十一人全都轮过。攻方得分慢慢累加，胜局便逐渐稳固，直至攻方的击球局完结，比赛输赢已定。足球比赛则并非如此。眼看一时胜局在握，但下一秒赛场另一头就可能发生悲剧。时机运气在两队之间左右摇摆，到底哪一方在挣扎求生简直瞬息万变。

鸦片厘金的问题也是这般纠缠不清而反复不定。如果本章看来似一团乱麻，也是因为这并非一场循序渐进的比赛：或有触底得分，或有并列争球，有时甚至连球在哪儿都看不清，可双方都没有破门得分。

然而，必须承认中方得到了实际的收益。尽管领事和工部局提出抗议并就此事展开唇枪舌剑，不管两者是联合一致还是互有分歧，道台还是收着他数百万的税款，这项税款在我们看来实属非法，而他采取的手段又几近恶劣。若没有我们抗议，他或许能挣得更多，而且定然得之更易。而不论怎样，事实上他已是胜券在握。

第15章

外滩与外滩公园

人人都承认，租界最主要的美景与骄傲在于外滩与外滩公园——即使不说这是唯一的美景。从逆流而上的邮轮甲板上，第一眼看到上海无疑十分令人赏心悦目，可以说"把好东西都放在橱窗展示了"。美国副领事金能亨曾于1870年写道，外滩"是上海唯一的美景，上海曾被称为东方最无魅力之地，总有一天这里将为上海挽回声誉"。他的这句话写于横滨，或许也有关系。有人曾建议大教堂应建于现在外滩公园的地方，这当然会使租界的门面更为靓丽。也有人认为花园桥应采用更优雅的结构，然而，以它目前的面貌，外滩也足以令上海为之自豪。但对于喜爱外滩开阔视野的普通市民，或那些夏日夜晚在外滩公园欣赏乐队演奏的同时享受着江风徐来的人们，很少有人知道他们眼前呈现的景致经历了怎样的艰难险阻，差一点就是完全另一番风貌。道路两边或许会是中国商行鳞栉，也或者像法租界外滩一样，码头罗列，船帆林立。眼前的外滩，若说它是"世界上最宽敞美观的街道"，定然有失偏颇或显得未见过世面，然而外滩的漂亮无可否认，上海有充分理由为之骄傲。

几个世纪以来，这里不过是一条泥泞的纤道，一边是田地，另一边流淌着污浊的江水。想象一下那样的场景，再看眼前的外滩，道路宽阔，楼宇繁华，绿草如茵，足证过去八十年上海的巨大发展。

当英国人于1842年登陆上海之时，苏州河与洋泾浜之间还只是常规纤道。设计规划确定地块面向河道处应留出30英尺宽筑路。这在第一卷中已有述及。

图 10　1880 年上海外滩北望

在工部局成立后不久的一次会议上（1856 年 3 月），有人提出再围垦 50 英尺，这样各地块之前便有 80 英尺，允许各地块按各自大小比例以五分之二的费用购入 20 英尺，如此外滩就可有 60 英尺宽。预估以 32 000 元购买花岗岩，14 000 元铺路。

192　　　有几位地块租地人提出反对，该计划必须修改，但其宗旨依然是将外滩筑成以花岗岩饰面的 60 英尺宽道路。租地人将留出 60 英尺为公共用地，并签订相关契约在领事馆留档。涉及的 16 家洋行中，11 家签订了契约。有人指出根据《土地章程》第五款，签订这样的契约实属多余，但工部局决定为获得这些土地加上双保险。一桩可以作为依据的判例案件也以友好地方式解决了。麦克唐纳（Macdonald，第 14 号地块）用竹篱笆在外滩侵占了几英尺地，还留出 30 英尺宽道路。工部局提出抗议，领事法庭法官做出了有利于工部局的判决，麦克唐纳上诉后，香港的法律部门维持原判。

整个计划实施看来需要仔细斟酌，因为直到 1859 年 7 月，施工合同才以 2.3 万两白银签给了一位华人。道台出资 5 000 两白银，条件是围垦所得土地如租界内其他土地一样为中国政府所有。工部局也通过借贷筹款 1.8 万两白银。

虽然道路拓宽工程很久之后才能实现，但在此期间还是采取了一些改善措施。碎砖不适合铺路（县城里叛党与清军刚打完仗，碎砖有不少），工部局请拖船主留下煤渣和煤灰以作铺路之用。1862 年，2 两白银一吨的鹅卵石运上了外滩，之后以每吨 4 元的价格，每月要用 500 吨。早在 1856 年就已使用了花岗岩碎块，然这一原料可能不易获取。1864 年，工部局以每吨 1.95 两白银的价格订购了 500 吨，之后该年每月订购 100 吨，每吨 1.35 元。用船从苏州将花岗岩运来还需取得当地通行证。砖铺道路每年需要重修，花岗岩铺路则可以使用五年不会有严重损坏。

1860 年工部局年报记载，有人提议将外滩以栏杆隔开，内圈以碎石铺路用以行车，外圈辟做人行步道。然而如我们所见，外滩要变成宜人的步道，还要等很久很久。

这里还有几个重要的问题与外滩的历史有关。租地人是否有权在其洋行对面建私人码头为其一。另一个问题是，外滩是应该建成有漂亮建筑的宽敞大道——如我们今日所见，还是像法租界外滩那样遍布码头、货仓和商船。还有一大难题是涨滩的所有权问题，也带来淤塞区域的所有权、建造房屋，以及税收和所有权凭证等这些附带问题。

1845 年的《土地章程》中写明，在四条规划的道路：北京路（领事馆路）、南京路（花园弄）、九江路（打绳路）和福州路（教会路）尽头建四座公共码头。其他的码头则由需要更多空间的洋行自行建造。到 1865 年左右，共有 12 座码头，一路数来分别是裕丰码头（Fogg's）、广东路码头、拖船和驳船码头（Tug and Lighter Co.'s）、旗昌洋行码头、福州路码头、华记洋行码头（Turner's）、汉口路码头、宝顺洋行码头、杭州路（打绳路）码头、南京路码头、仁记洋行码头（Gibb's）和怡和洋行码头。

工部局的策略是打算让所有码头都归工部局管理。因此，1861 年公易洋行

193

打算建新码头，工部局表示他们将自建一座。而 1865 年低潮位时，几乎所有码头都无法使用，工部局决定耗资 3 000 两白银，将各码头都延伸 20 至 40 英尺。所有码头皆为 12 英尺宽，一般由 12 英尺或 14 英尺长石料筑成，就像是一条与外滩成直角的道路直接伸入河道。1865 年，南京路码头是"从外滩伸出 175 英尺的崭新坚固码头，只不过离水面还有 10 英尺"。

当然工部局的政策引发了矛盾，当时有不少关于公共权利与私人权利的争论。一般大众的看法是所有码头都应由工部局管理，大众的看法与外滩租地人的看法自然无法达成一致。

琼记洋行认为，1845 年《土地章程》第十一款内容说明码头为私有财产，四条大路的尽头才是公共码头。该章程至 1854 年 7 月失效，由新章程取代。"因此在此日之前，所有外滩地块都有权建私人码头，交出的沙滩地块仅仅是四条大路的尽头。"

后来各国领事也介入此事。1868 年，旗昌洋行提出在其洋行前再建一座码头，温思达称在此处建私人码头，无论经过或未经工部局批准，都有违《土地章程》。若对方不放弃该意图，他保留请中方当局处理此事的权利。正当的做法是由工部局取得中方同意后，修建码头，然后向使用者收取适当租金。

此处是三方规则让外侨社区难题重重的例证。领事、工部局、道台各有各的权力或权利：领事得保证我们没有违犯条约；工部局要尽其所能为外侨社区谋利，而道台，除了想方设法压榨牵制外人，当然至少要保卫中方的条约权利，不论其义务为何。

194　旗昌洋行撤销申请，表示他们将使用浮码头，而外滩租地人联名致信，要求工部局在召开公共会议之前，不得变更外滩的码头状况。

1868 年 6 月的会议记录显示，工部局同意旗昌洋行另外设码头和浮码头，供宁波旅客上下船。而温思达表示工部局此举是本该与租地人商讨的全新创举，这一决定令一家私人公司受益，而上一任工部局董事会曾就同一个问题与另一家私人公司强烈对抗。

后来发现码头使用不便且危及河道，工部局更倾向于使用浮码头。法方通过码头建设又重塑日渐衰落的繁荣。温思达计划将防波堤往外拓展，以使吃水

14 英尺的船只在春季低潮位时也可停靠浮码头，浮码头可以每年租借给出价最高的投标人，围垦所得土地归租地人，计划按照原来得地多少而有所调整。

根据这项耗资 7.5 万两白银的计划，将可多得土地 17 万平方英尺，各租地人分得土地不等，少至会德丰洋行（Wheelock and Co.）的 1 740 平方英尺，多到怡和洋行的 2.54 万平方英尺。

1869 年 6 月，各洋行"同意"在其经营场所前"装设新的浮码头"，"并保留其私人权利"。

1869 年 9 月，首批投入使用的浮码头正对北京路、南京路、九江路、汉口路、福州路与广东路。决定暂时保留仁记洋行和宝顺洋行门前的石料码头，以备潮汐来临时之需。一些新码头的填土工程正在进行。

码头的微小事务都与河道保护这样的重大问题紧密关联，还牵涉到涨滩权利这种特大难题。

最初沿着外滩或者说沿着河岸租地的人，只要他们为沉积的土地赋税，就拥有直到低水位线的土地权。但旧的《土地章程》废止，而且各家门前的土地留作公共用地，以修筑道路。道路之外的涨滩上淤积的土地逐渐增加，低水位线日渐后退。这些新形成的土地到底该归谁？

麦华陀在备忘录中解释了这一情况，最初规定在外滩地块与河道之间留出一条道路，每位地块租用人让出其所有部分，建成道路。后来，随着涨滩面积增加，出现了三个问题：增加的土地归谁所有？假设公众、物主和租地人都不是这些土地的主人，那他们又各有什么权利？通常来说，土地归皇帝所有，公众只有这条道路的所有权。"皇帝若考虑保护通航的河流，可以在获得的土地外筑起防波堤，但他不能利用或渡让这些土地，不能将这些土地租给外滩地块租用人，因为上文提到让出的土地，公众对此享有权利；他不能将土地租借或出售给其他人，因为地块租用人和公众都有相关权利；他也不能将之出售给公众，因为地块租用人的权利也要同样得到尊重。因此只能维持现状。"

熙华德认为麦华陀将西方的原则应用于上海，此举有误，这里应当运用中国法律。各国做法不同。美国租地人声称土地购至低水位线处，而且他们的土地权证上也未正式背书出让土地。依晏玛太所言，外侨应该可以通过赋税持有

195

地产，甚至可以像中国人一样持有土地所有权直至河流中央。但他认为出让涨滩权利实际发生于 1845 年至 1854 年间。

1871 年，天祥洋行（Adamson，Bell and Co.）反对工部局填没其门前涨滩，除非承认他们对该地产享有充分权利。当时众人对此事议论纷纷，洪卑的观点是"曾位于河道中的沙滩土地所有权归中国皇帝所有，并享有相应权利"。

此难题引发的最重要的法律案件是 1865 年"雷吉纳（Regina）诉雷诺兹 ①和霍尔茨（A. Holtz）案"。洪卑的判决如下：

> 女王对在中国的英国公民具有管辖权，也将承诺毫无保留地敦促其公民遵守中国法律。她反对"让中国官方在中国土地的外国法庭上扮演起诉者，令中国主权受辱"。

> 原来土地租约上写明面积为 20 亩，现在被告拥有 86 亩土地，其中 53 亩不受潮汐影响，而他们支付的租金并未增加。被告未能为自己的行为提出合理解释。"事情很清楚，建筑了防波堤的土地并非他们所有。同样清楚的是，根据法律防波堤本身就是障碍物，换言之即非法建筑。"

他判决被告有罪，防波堤的问题暂时搁置，以待拆除或改建。工程停止，待道台批准方可继续。

1863 年 3 月 19 日，领事馆发布公告，若得各国同意，将禁止码头深入河道。这一布告传达了中国政府首次对侵占河道提出抗议。但由于允许法、德、美三国侨民侵占河道，所以雷诺兹和霍尔茨这么做或许也情有可原。判决将英国法律应用于河道管理，收取的费用作为回馈也应该用于河道保护。

这一判决在当时被认为造福一方。但 30 年后有人提出异议，原因之一是该判决乃依据英国法律，原因之二是该判决常使各国领事与工部局处于不利地位。有些人拒绝受该判决约束。

1877 年，发生了一场有趣的讨论。纳税人接到提议，要求让大型船只沿外

---

① 此处原文为 Regnolds，本卷第 290 页同案中为 Reynolds，后文中再出现的也是 Reynolds，估计是排印错误。——译者注

滩停泊。

晏玛太说英国领事馆门前是一片新沉积的泥滩，英国领事提请道台将之免税提供给公众，建成公园。道台对这片泥滩有处置权的事实，给了他类似处置或者声称拥有临河新形成所有土地的权利。拥有临水区域土地的中国业主以低水位线为界，若淤积形成新土地，他们便登记并为之赋税。为防止他人捷足先登，他们常将水面下二三百英尺的土地登记赋税。但外滩公园的情况这么复杂，所有权问题必须留待各国领事与中方当局来决定。

金斯密声称《土地章程》中规定涨滩永远都是公众的财产，但魏拉特质疑其发表如此声明的权力：《土地章程》不能赋予租地人原来未给予他们的权力。

涉及晏玛太有关外滩公园的言辞，各位谨记，工部局反对甚至也不会默认中方对涨滩具有任何控制权，工部局更倾向于持有地契并支付常规税收。但尽管税款曾不止一次地送往道台处，但道台并未接受，如工部局总办所言，因此中方政府可以声称对土地具有所有权。

难怪 1869 年丽如银行申请在自家门前租用在高潮位时会被淹没的 4 亩土地时，麦华陀建议对此"消极怠工"。他答复说，查阅地契后发现曾有明确规定，道路与东面的沙滩留作公共用地的部分。他反对向中方当局提出申诉"位于此处的土地所有权为君主所有"，这将相当于需要获得中方当局准许，"反之，结果也许会证明这些土地本属于公众或外滩租地人"。

在这份公文中有人批注："淤积土地为中国皇帝所有，然而未经外滩租地人与公众同意，不能使用。"

我们已经长篇累牍地阐述了这个重要问题，因为这将对上海政府有益。涨滩的权利问题在世界各地都很常见，连泰晤士河堤岸也引发权利争议，但一般只涉及土地所有人与公众。而在上海，这个问题不仅是土地所有人与公众之间的简单问题，同时还涉及外籍持有人与当地政府，因此这是一个特别复杂的问题，据我们所知，直到今日也还是个未有定论的法律原则。

曾有一时，外滩成为人行步道的命运久久未决。上海总是过于功利。当然，或许有人会否认，就像任何事都有人提出异议，但睁大双眼在租界走一圈，似乎足以证实这种说法。早期满足于道路宽度仅容苦力背一包货物，或一辆独轮手推车通行便是一例。从外滩公园割出一部分以让汽车通行则又是一新例。

早在 1862 年，上海港港务长贺克莱（Hockley）就向工部局建议，由于贸易需求激增，建更多登陆码头不过是权宜之计，应将凸码头延伸到整个外滩，以使最大排水量的船只也可靠边停泊。之前权衡的只是私人利益——如有关私人码头的争议可为证明。但外侨社区中呈现的共同感使提出的计划更易行。普罗布斯特赞同让船只沿外滩停泊的计划，汉璧礼也说这不过是时间问题。这说明即便最精明的商人也并非可靠的预言家。

然而官员也未见更高明。英国领事温思达并无私人利益牵涉其中，但怀着对租界繁荣的热切希望，他于 1868 年提出一个我们之前提到的十分大胆的建议。固定码头不便且危险，必须使用浮码头。他指出法方通过建造码头重振日渐衰落的繁荣。他的建议是将防波堤往外拓展，然后使用浮码头，在春季低潮位时吃水 14 英尺的船只也可停靠。码头将建为 60 英尺宽，包括 10 英尺的人行道。多得的土地按固定比例归租地人，浮码头将每年租借给出价最高的投标人。估计所得土地为 168 763 平方英尺，约耗资 7.5 万两白银。

但纯商业和功利的观点之外也有其他见解，而最强烈的抗议声音来自美国人金能亨。他表示和所有大港一样，码头区域周边留不住银行大厦、交易所、存账房以及保险机构，上海唯一的美景也将荡然无存。但他还有更实际的理由反对该计划。外滩大约长 2 000 英尺，550 英尺已经有 9 座浮码头占据，其余空间还要让小船进出，只剩 1 450 英尺供船只通行，就是说可容纳两艘邮轮和四五艘船吧。但上海的旺季很短，到时将有十几艘船同时装卸货物。因此获得的便利有限，自然不值得做这么大牺牲。这里还要考虑各种恼人的情形，小货船会影响船只航行，没完没了地争吵斗嘴——还有租界唯一的风景地也将消失。所幸工部局对此信的回应是深以为然。

但就连深明事理的《北华捷报》都断言，大型船舶若不能在外滩停泊，在收货洋行附近卸货，外滩都不够完美。该报载公众和外滩租地人都希望临水区建码头，只是双方都不愿冒着投资结果可能成为对方财产的风险。土地持有人声称其所有权延伸到低水位线，公众则表示土地持有人的所有权至道路为止。由于这一不确定因素以及其他种种原因，不包括对审美的强烈热情，外滩总算没有成为纯粹的航运码头，对此我们可能要永远心存感激。

但不管怎样外滩总在那里，总要有人决定该拿它怎么办。我们说"不管怎样"，因为各位须谨记相对来说，当时的外滩还并非今日这般仿如香榭丽舍大道或者王子街（Prince's Street）① 的样子。这里不过是一片退潮时淤泥满地的河岸，一直弥漫着各种恶臭。工部局拒绝将下水道排到低水位线。这里有多个死水潭，垃圾成堆。怡和洋行投诉门前涨滩被华人造船修船占用，有时小货船可多达 11 艘。到 1879 年，整个涨滩的状况可谓声名狼藉，花岗岩碎块都已破损，还搭起小棚屋。至于风雨天气的道路状况，我们将在"道路"一章中详述。

租地人似乎普遍认为，各人可在自己的土地上任意而为。因此，当工部局打算花费 200 两白银奢侈地在外滩装点行道树之时，仁记洋行反对在其房屋前种树，并声明一直到低水位线处的土地都为洋行所有。怡和洋行宣布将垫高涨滩地势，在此建私家花园。而美商丰裕洋行趁美国领事不在期间，未获批准就在沙滩上打了木桩，令工部局十分头疼。

1869 年，工部局提议建一条外滩轮廓线，打一排高于河岸 2.5 英尺的桩柱，后面填上土，同时所有突出轮廓线外的码头都拆除，由此将大片绵延弯曲地带还给河流。这项工作不会耗费奢靡，因为可能几年后就有综合治理方案。低潮位时使用浮码头卸货。很明显，外滩是否建成码头区的问题依然未有定论。

1868 年，外滩租地人集会，他们无法决定涨滩该如何处置。他们的权力只能得出否定的结论：未得各国领事同意，不能有任何举措。米契向工部局提议，将涨滩全部填没作为外滩公园的延伸，其间有道路通往码头，该建议后来得到采纳。

1872 年，工部局法律顾问哈华托草拟了一份同意填没涨滩筑堤的协议。不论租地人享有何种权利，该文件保留其权利，然而一旦将来确定其所有权，他们将为工程支付其应承担的费用。同时，不论工部局及其后继者或外滩租地人及其执行人都不得在涨滩上建房。

① 王子街（Prince's Street）是爱丁堡最繁华的街道，位于爱丁堡新旧两城之间，全长不过一英里，两侧店铺林立，街道尽头是风景如画的王子街花园，素有"全球景色最佳的马路"之称。——译者注

纳税人提出的决议表示，特意向外滩租地人征求同意，既不妥当也无必要，因为此举会引发之后的矛盾。但工部局提出反对，并表示若纳税人强令如此行事，工部局董事以个人和集体的名义拒绝在他们余下的任职期间采取行动，结果该决议未通过。

工部局与外滩租地人会面商讨此事，却发现 13 人中的 6 人并不反对该计划，其余 7 人也表示赞同，但他们只是代理人，还须将此事提交回国的租地人。只有中国海关大楼还存疑问。

修筑堤岸之前，当然先要决定一条轮廓线，河道漂亮的弧度和保护涨滩还不是唯一要考虑的问题。1872 年时的外滩已经比 1854 年时宽了一倍，而淤泥还在沉积。修筑昂贵的石头堤岸可能不用几年就陷入淤泥，必须再向外重建。反对意见集中在要筑堤以便于保持水流的冲刷，同时对岸的情况也要有所考虑。此外，1865 年工部局工程师表示，除非在法租界以北对着浦东陆家嘴一线采取一些控制措施，否则任何筑堤计划十年后都是无用。事实上，这条轮廓线不能逐段考虑，而应将之视为沿法租界、英租界和虹口临河区域的一条完整曲线。这是工程师、测绘员以及其他许多人要考虑的问题。我们之前提到，工部局1869 年就提议建一条轮廓线。1875 年，各国领事提交了一份修筑堤岸线的计划，询问工部局是否反对。令人振奋的答复是这本是若干年前工部局工程师草拟的堤岸线，他们一直热切地希望将之付诸实施，但只能徒劳地等待着计划得到批准，因此他们完全不反对！

纳税人这边毫不犹豫地表达了同意建筑河堤的愿望，模棱两可的反对意见也是要保护河岸，防止河泥进一步淤积，并将不利卫生、有碍观瞻的泥滩变成宜人的公园。唯一的问题是如何以经济节约的方式进行此事。最终决定抛弃使用砖石的方案，同意"半筑堤"，即筑一条简单的斜坡通往河岸。

次年，工程在虹口部分取得了一些进展，但总体计划由于未得到道台和某些租地人同意而拖延。

岁月流逝，工程进展迟缓。但 1877 年通过了一项严厉的决议，拆除并禁止在涨滩上搭建棚屋。修正案里又添加了"条件是决议内容不可视为对外滩租地人权利的侵害"的词句，提醒人们一直存在的所有权问题。之后又有一项修正案再于"权利"前插入"任何"二字，证实了这一疑虑。

对我们的"美景"和"一条步行大道"的描绘最有意思。各地块前的棚屋是为进行维修或建造该洋行而搭建，但看来承包商将之用作几英里之外工程的工棚。这里每日为数百工人做饭——一条飘着中国菜肴香味的步道，这倒不是在河边常能享受的芬芳。糟糕的是厨余垃圾四处乱扔。还有最恶劣的，棚屋后的公共厕所总是污秽不堪。因此为了公众的健康，排除一切所有权问题，由工部局负责清除工作。

1887 年前，租界的人行道以碎石铺路。之后，部分外滩的人行道实验性地铺设水泥：1 份普通水泥、4 份宁波石料（Ningpo stone）、2 份红砂，混合后铺4 英寸厚。然后表面再铺一层 1 英寸厚的 1 份普通水泥和 1.5 份花岗岩碎块的混合物。花费是每立方米 7 两白银。罗列这些细节并不是因为其重要性，而是因为这些调配方法和价格如今都过时且少见了。

但结果令人非常不满意！据说当时好的水泥每立方米 15 两白银，或花岗岩铺面 20 两白银，而工部局采用了价格低廉的沥青和花岗岩碎块。

说到涨滩，草坪从外滩公园延伸到海关棚屋，于 1886 年 5 月向公众开放，余下到洋泾浜部分于 1889 年 7 月开放。受人尊敬、衣着得体的华人都可入内。但差不多一年之内，有多起投诉社会底层的华人将座位当作躺椅一人独占。因此张贴了中文布告，尽管社会底层的当地人无疑并不识字，巡捕受命严格执行规章，保证长椅不可躺卧。些许小事，不值得引发历史的反思，却表明当不同种族人群不得不共同生活之时，社会与政府面临的难题。

1890 年之前，草坪有木栏杆保护，之后换了铸铁栏杆。

1895 年，从松江路（洋泾浜）到南京路浮码头的涨滩按照当局核准的轮廓线填土，次年，远至大英轮船公司码头（P. and O. jetty）的工程全部完工。从该码头到北京路的 339 英尺都向外扩展，北端为 21 英尺 6 英寸，南端为 13 英尺 6 英寸。

1873 年，工部局提请各国领事注意法租界外滩的太古码头（Butterfield and Swires' wharves），有英国公民侵占河道。然而领事认为，除非通过海军军官或领航员的职权，否则他们无法干预此事。他们也不知道任何"官方认可同意的"

轮廓线。

关于这一点，领事们提醒工部局，作为领事团他们无权否决任何一位成员的行为。

1877 年，霍格再次提出，允许船只在外滩码头或毗邻外滩的浮码头停泊以装卸货物。该决议获得大多数人赞同。

外滩公园自有其不同于外滩的历史渊源。早期这里是"领事馆的泥滩"，很欣慰这个名字没有流传下来，尽管"外滩公园"这个名字也不具浪漫色彩，配不上这个精致漂亮的小公园。但"公共运动场"（Public Recreation Ground）、"虹口娱乐场"（Hongkew Recreation Ground）这些仅仅说明问题却一点不可爱的名字都可以引来同样的评价。

苏州河水几乎以直角流入黄浦江，而并非向北面倾斜，所以在交汇点淤积成泥滩，既不美观也无用。1862 年 4 月，上海跑马厅的股东建议花 1 万两白银将滩地堆高至外滩高度，条件是这块土地永久为公共所用。如英国领事所言，此地当然属于领事馆地块，地面抬升后成为临水区则价值飞升，因此，仅从金钱的角度考虑，放弃这片土地是失策之举；但若考虑公共利益，该计划将极大地造福社区，也将大幅度改善这片租界区域。公使将这一计划提交本国政府，英国政府表示认可，但保留重新取得该地块的权利，若将来建成"人行步道"，须偿还社区公众为此支付的实际费用。

若说跨过并不漂亮的花园桥，一边是公园，一边是英国领事馆开阔的草坪，进入外滩确实令人赏心悦目，这种说法不无道理。首先将上海推向世界的英国，此处使公共租界再次得益。

之后公园建设似乎并未立即采取行动，但 1865 年北京路至韦尔斯桥部分的外滩［大约正对武昌路（Woochang Road）］拓宽，有碍观瞻的泥滩变得更为碍眼。工部局努力通过领事巴夏礼和温思达与中方当局交涉，很快取得道台同意。要求上海运动事业基金于当年秋冬完成填土工程——当然并未完成，在东方国家无论何事都急不得。填筑滩地的泥取自洋泾浜，估计挖泥费用 3 800 两白银，运费 1 500 两，排水管和"装饰"5 000 两，总计约 1.03 万两白银。

此时，上海跑马厅股东的 1 万两白银由金能亨借予洛雷罗，而 1865 年 12

月洛雷罗破产。1 万两白银只变卖得 4 800 两，付予工部局。从道台处分两次收到共 2 500 两白银。工部局与公董局各出 950 两，还亏空 1 100 两白银得由捐款来补足。

两年后（1868 年 2 月）报告填土工程完成，工程期间一家承包商倒闭。半年后装置了长椅，至此公园已经初具规模，将被转交到新成立的上海园艺社（Horticultural Society）手中。想象一下当时外滩的面貌也觉得有意思——刚填了土的泥滩，只有长椅没有树，甚至外滩的铁栏杆也"还在路上"。公园虽小，甚至相比有些不如上海富足的大城市里的公园和花园来说都微不足道，但经过 50 年精心维护，公园变得精巧美丽，弥足珍贵。

工程完工后，土地转让问题变成了大难题。有两种方式来保证这块土地的专门用途。中方当局可以向领事发出整块土地的租约，然后由领事转让给工部局托管，确保建成公园。道台对这一方法提出反对，"雷吉纳诉雷诺兹和霍尔茨案"已向当局表明，鼓励占据涨滩直至低水位线的主张会引来怎样的麻烦。因此他采用第二种方式，发出一份以工部局为收受人的赠予声明，此地（面积 30.4.7.3 亩①）一旦不再用作外滩公园，将予收回。政府用地不收取租金。若在此地建造以营利为目的的建筑，则土地充公，即恢复成普通涨滩。英国领事馆放弃其优先购买权。

工部局立即对该声明提出异议，理由是充公条款可能会应用于其他涨滩土地，这一点工部局不能同意中方的要求。涨滩土地权利的界定自有待法院决定。领事声明这些条款是经他建议加入的，目的是确保土地用于既定目的，且对一般的涨滩权利问题没有任何参照意义。对于在这方面存在风险的想法，他表示不屑一顾。工部局仍然不止一次地坚持支付适当的土地租金，但道台坚持拒绝。

早期的外滩公园还有一些值得记忆的事。公园道路由工部局工程师奥利弗于 1867 年规划。承包围垦土地、修筑围墙和栅栏的雷士德在工程中遇到了不少麻烦。尽管砖砌面层有 2 英尺厚，潮汐还是冲走了很多淤泥。当时的天气更与他作对。分承包商也打了退堂鼓。霍尔（Hall）和霍尔茨还有其他一些人不准他

204

---

① 原文如此。——译者注

从浦东陆家嘴挖土。奥利弗对围墙工程表示不满——"还未达到平均中等质量"。金斯密被要求对此发表意见,他亦持同一观点。雷士德声称这里有些私人恩怨。不过这些都是 50 年前的事了,今天的公园十分漂亮。

最初的公园委员会(Garden Committee)由洪卑、富礼赐、普罗布斯特和比赛特组成。他们建议一年以年薪 200 英镑和一张二等舱船票从英国聘请一位园艺师。

即使 1881 年扩建之后,公园还是太小,对于不断增长的外侨人口而言,狭小且不舒适。然而 1881 年,几位有权势的华人欲入公园遭挡驾,为此写信投诉。工部局答复,显然不能准许所有华人入园,巡捕得授权允许衣冠端正的当地人入内。但工部局也决心要弄清华人是否有权要求入园。

1885 年此事重提,之前的几位请愿人又与他人联名上书,抗议令他们不满的区别对待,因公园允许日本人与韩国人入内,而华人携外省宾客入园遭拒则颜面无光。请愿人建议应允许体面的华人一周有两三天可持证入园,否则乐队应在涨滩的草坪或跑马厅入口处演奏,让所有人都可入场。

工部局表示同意,建议此事可提交下届纳税人大会,此举未行。

1889 年又提出这一问题,不过这也是最后一次,此次请愿得到了道台的支持。请愿书写道,"公共"二字应名副其实,应当承认华人"作为土地主人的地位而允其入园,这是宾客对主人的礼貌周到,也代表着国与国之间的友好之谊"。似乎无人记得道台 1868 年交付公园时是同意"为外侨社区使用"。

205   工部局早已发出游园证,可用于"持证者及其同伴",当年上半年有 46 次入园。科纳(Corner)报告称 1883 年已试行持证制度,室外音乐亭(Bandstand)建起之前也少有人申请。后来华人来煤气灯下游览公园和温室成了一时风潮,而此时此地已是西人云集。而且他们将"持证者及其同伴"理解为老老小小一大家子,还要带上一群仆人。

衣着光鲜的华人可自由出入涨滩,使用那里的长椅,而 1889 年纳税人大会决定建造华洋都可入内的新公园。

公济医院(General Hospital)对面伊斯先生所有的涨滩在这几页里又将提及。这是一片荒地,称作练马场(Horse Exercising ground)。伊斯先生慷慨地提出将此地建成一公共花园，而工部局打算花费 1 万两白银。而后这些秉持"主客之辩"的华人声称土地为中国政府所有，实际上是试图妨碍建造这个为他们所用的花园。之后有一封附有测量数据和建造计划等的长信。道台承认，他做出让步都是由于该土地的用途。

道台出席了 1889 年 12 月的开幕仪式，并赠送了其题写的"寰海联欢"的匾额，以表达华洋互信牢不可破，双方友谊诚挚可靠。如今这块匾额似乎已不在园内了。

第16章

道　路

对于本章，我们不妨将布鲁·内尔（I. K. Brunel）① 在著名的克里夫顿悬索桥上的题词作为本章的标题，即"稀缺之路"。

如果人们在年轻时早些醒悟的话，本可以更好地安排生活，待年老时才明白则已为时过晚。不仅是人类，城市也会遇到这种情况，因为智慧总是来得太晚。如果今天的上海侨民有 60 年前的机会，上海将变成一个完全不同的城市！尤其是我们的道路将会是真正的"道路系统"，而非现在的样子。道路将延伸以适应租界的发展，将建得足够宽阔以便大量车辆与行人的通行。

"未开化的老村民"，现在我们或许会这样称呼他们，但我们不应对他们过分指责，他们只是没有预见到我们现在的需求，我们当然不能指望他们为我们的汽车交通做什么，而我们这一代也有尚未察觉的弊病留待下一代去解决，而他们也会指责我们缺乏预见力。

根据麦华陀领事在任期间的记载，巴富尔上尉是最初唯一赞同修筑宽敞道路的领事，尽管他并没想到这样一个宽度是今天必需的。商人们只满足于道路能运输单包的货物。当然，最初没钱筑路，除了轿子和独轮车也没有其他的交通工具，但商人们是目光短浅的，至少他们没为日后修筑宽敞道路做出规划。

在冲积而成的土壤上筑路是一桩困难活。那些了解上海周边乡村的人偶尔

---

① 布鲁·内尔（I. K. Brunel），英国维多利亚时代的工程师，设计了克里夫顿悬索桥。——译者注

应该会想起租界曾经也只是一大片烂泥地，所有承受我们拥挤交通的坚固道路
是最近约 60 年间外侨花费大量精力创造的。我们将看到，要克服的困难远不止
土壤的松软或石材的匮乏，而这样的困难在其他城市几乎没碰到过，因此筑路
工程开端不大，进展缓慢。

最初的《土地章程》规定应建四条道路，即现在所称的汉口路、南京路、
北京路与九江路，另外还提到了两三条道路，但并未明确指出。河边地就是现在
所称的"外滩"，当时是一条纤道，土地的租用者被要求修筑该路并保持在 25
英尺（2 丈 5 尺）宽，而九江路（最初被称作打绳路）被要求建成同样的宽度，
其他的道路则少 5 英尺。1846 年，道路码头委员会成立并行使职责，直到 1854
年它被并入工部局 ①。

此时，道路系统已有了很大的扩展。租地人为了自己方便，已修建了许多
勉强凑合的私人道路，后来这些道路被陆续交给了工部局。1854 年，工部局决
定从花园弄（现在的南京路）的东端至抛球场（靠近河南路）铺设一条道路，
但这并不是说以前没有南京路，只不过当时这条路还未铺设。碎砖块第一次被
用于"铺路"，我们能想象，砖屑与泥土在雨季混在一起会是怎样的结果。人们
对这个泥潭和死水池有着许多不满的怨言。外滩一直是一条最差的通道，在下
雨天必须穿上高统靴才能行走，即使在 1864 年，仍有《北华捷报》的一名记者
报道说，当他在河南路驾驭一辆轻型双马马车时，马匹陷入泥坑中，一匹马陷
到了腹部，另一匹则陷到了膝盖处。阿查立则讲，1868 年当他一到上海，就在
"穿过他们称之为滩路的泥泞而狭长的小路"时弄丢了他的鞋。

以后，圆卵石取代了碎砖块，仁慈的蒸汽拖轮的船长们被要求贡献出煤渣
而不是将它们倒入河中。但在 1856 年，花岗石碎片被首次用于铺砌教会路（福
州路），这种"铺路"方式被用了许多年。

从 1856 年对一名叫乾宝（Chee Poi）的承包人的雇用合同中可看出早期管
理工作的粗糙，确切地说是简单。承包人的职责就是养护道路、对公共路灯进
行清洁及修理并在捕房担任翻译，每年的薪水总共才 2 650 元！

---

① 此处有误，实际情况是道路码头委员会结束，工部局建立。——译者注

在中国城市居住过的读者一定熟悉街道上笨重的木门或格栅，晚间它是关闭的，当有警报时，它就是防御侵入者、暴民、可疑人员等的一个临时阻挡物。晚间，昏昏欲睡的看门人常会让穿着体面者通过，尽管这种情况是不允许出现的，尤其是在天黑后。栅栏本身会招致污垢、垃圾和粪便。上海也有栅栏，早期它们在日落时分关闭。在主要街道，栅门是用新加坡木做成的，小巷的栅门则是以当地的木材制成。在栅路（河南路），一个栅栏设在宽克路（宁波路）旁，另一个则设在苏州河的附近。洋泾浜和苏州河以同样的方式被阻断。在河南路稍东的东西向道路也设有栅栏。据一位居民说，河南路和山东路之间的这一段汉口路在下雨天无法通行，而在干燥天气，栅栏的两边又积满了污物。另一名居民则请求将他屋前的栅栏拆除，因为它既无用又难看，还被当作厕所使用。然而，当叛军迫近时，指挥英军的陆军少将认为这些栅栏或许还有用，故直到1866 年 3 月，马路（Maloo）① 上的最后一个栅栏才被拆除。

那些不了解上海的读者对上海的街道是如何慢慢形成的详细叙述自然是不感兴趣的，但那些熟悉租界现状的人或许会很乐意看到一些租界街道发展的概述。

最初，正如上文所述，私人道路的修建，并不仅仅是出于行善，而是为了方便和增加土地的价值，这些道路随后被交与工部局养护，后来程序变成了持有土地的外国人将土地交由工部局铺筑及养护。但这在租界的华人区是不可能发生的事，因为华人拥有的土地是如此之少。与《土地章程》的规定背道而驰的是，当地人在租界的土地上盖了大量劣质的房屋，工部局建议中国当局可在那儿仿效外侨个人在其他地方的做法，即获取土地、修建道路，之后，工部局才能用普通捐税的收入来养护这些道路。

有人认为《土地章程》使工部局免去了为修建道路而需购买土地的费用，但这并不适用于那些从未将土地卖给外国人的华人原业主。第一次关于工部局支付钱款的记载，当然这种事迟早会发生，是在 1865 年，当时他们为了在吠礼查洋行（Fletcher and Co.）房前修筑一条人行道而支付了费用。但两年后，他

---

① 今南京路。——译者注

们拒绝以每亩 6 000 两购买泰兴洋行（Lane & Crawford）房前的土地修建一条人行道。我们看到一个自然的发展过程：最初业主自己修建道路，后来交出土地由工部局修筑道路，接着业主以能得到的最高价钱将土地卖给工部局。直到多年后，工部局才取得了获得公共使用土地的强制权力。

结果由于相互矛盾或不确定的权力引起了许多的纠纷和讨价还价，并失去了许多做到最好的机会，以致至今仍在困扰着我们。早在 1860 年代，霍锦士对未经他同意通过他的土地修建了一条从栅路（河南路）到海关路（汉口路）的道路表示抗议，他想要保留他的权力，并要求将这条路登记为一条私人道路。

洛雷罗反对工部局未经他同意通过他老跑马场的土地修建一条道路。即使《土地章程》也没有给予这种权力，何况若违反私人权利，该章程也将是无效的。但是，因为他知道控告工部局是无望的，只得同意了。他一定是个宽容的人，因为我们发现他和其他人在两年内将香港街（Hongkong Street）和诺门路（博物院）路［Gnaomen（Museum）Road］让予工部局用作公用，而这两条路本来是他想要整修的。

汉璧礼多次愤愤不平地写信，因为他在北门街（广东路）的土地被切断并被毁坏，界石被挖起并被丢弃在一边，他转而寻求他可得到的最大赔偿。他能得到怎样的补偿？这件事看来已被诉诸仲裁，汉璧礼赢了。

乔治·史密斯（George Smith）与其他一些捐助人在外滩接近教堂街（江西路）这一段的洋泾浜旁修建了一条人行道，工部局赞助了 50 两。虽然英、法租界当局已决定洋泾浜应保留 50 英尺的宽度，但洋泾浜两边仍修建了可通行的道路。

由于华人的房屋占据了广西路（Quangsee Road）与福建路（Fukien Road）之间的道路，北京路直到 1866 年才被开通。拆除一层样式房屋的赔偿费为每幢 15 元，二层样式的房屋为每幢 25 元。

有报道称，教会路已于 1858 年延伸到了苏州河。但由于教会路就是现在的福州路，毫无疑问，这是错误地将路名搞混了，实际这条路是教堂街（江西路）。1861 年，宁波路被延伸至河南路，打绳路（九江路）被延伸到石路（福建路）。在马路的一场大火之后，工部局借机修筑了一条从马路到海关路（汉口

209

路）的道路，当时还考虑过修建一条从马路到泰勒氏桥（靠近福建路的洋泾浜上的一座桥）的道路。

工部局也考虑过将马路延伸至跑马场（Racecourse），然后再向北笔直通往苏州河，但这条路不是浙江路，更可能是一条通往静安寺路并越过苏州桥（这座桥并不在苏州河上）的道路。这条路修建的时间与静安寺路一样久远，即建于 1860 年，但它只是用柴枝和泥土筑路的一次试验，路长 1¾ 英里，宽 15 英尺至 20 英尺。

210　　　必须要记住的是当一些联军在上海时，他们做了大量筑路的工作。

尽管我们记述的这些为数不多的细节其他人并不一定会感兴趣，但对那些了解上海的人来说却可帮助他们勾勒出 60 年前上海的样子，并对过去和现在人们生活和工作的环境作一个比较。我们还要记住的是，不仅街道还未因电车与汽车而变得喧闹与危险，甚至于对人无害且必需的人力车也尚在未定之天。尽管那时有掮客，这种疯狂的职业很早以前就有人投诉，也有鲁莽的骑马者，但至少我们现在可以推断，上海过去一定有着非常恬淡的田园气息，尽管当时我们一定也会抱怨。

初次对房屋进行编号是在 1860 年，由工部局首先出资。1862 年，在麦华陀领事的建议下将道路名称进行了更改。这似乎是一件简单的事，但现在有人可能会质疑这样是否就比 60 年前更好。如果一名外国游客想坐人力车去比方说天津路或兆丰路，苦力却听不懂他的英语发音。如果乘客懂中文并用中文讲，但有可能说的是北方话，而苦力恰恰又不是北方人。而既有中文名也有英文名的道路也会发生此类事情，就像靶子路（Range Road）或静安寺路（Bubbling Well Road）。

以省会名命名南北向的主干道，以城市名命名东西向的干道体现了官方的一种智慧。但现在许多人甚至于居住者仍不知道九江是一个城市，而江西是一个省份。这样的一个体系对来访者来说毫无用处，他宁愿知道"四川"两字是如何发音的而不想知道它意味着什么。

一些外侨以用他们名字命名简陋街道的方式而被授予荣誉或获得荣誉，他们不是民族英雄，尽管在法租界是个例外，霞飞路就是一条著名的大街。公共租界所有这样的道路都是以有身份的人的名字命名的，如：领事、土地所有者、商人和其他一些人。熙华德路的面貌对以此命名的名人没有多少敬意，阿拉白司脱路（Alabaster Road）和文极司脱路（Winchester Road）与他们的名字不配。① 事实上，因为对所提供的服务认识不足，在不够完善的路名体系中加入了一个违反规则的东西，但现在再去简化它显然是不可能的。

1895 年决定应以杰出的美国人命名虹口的道路，这样的荣耀立即给予了魏德卯 ② 和贾逊（Jansen）③。根据《行名录》的记载，这两条路现在依然存在，而且每条路至少住有一位外侨。

如果说这种可怜的荣耀被一些人所觊觎的话，另一些人却在这种荣誉突然到来时并未想过它的结果。如同毛礼逊（Morrison）所说，当工部局询问他能否以他的名字命名一条街道时他感到十分荣幸，但他发现他们所选的街道只有 25 英尺长，而且什么也没有只有一个厕所！他安慰自己说这个命名人们一般都会把他当作传教士毛礼逊或《泰晤士报》记者莫理循（Morrison）。后来他在吴淞路买了一些地，在他的新屋前住有租户，工部局又开始在他的屋前建造厕所，他反对这种反复给予的尊敬。但这种荣誉已大多强加于毫无防卫能力的死者身上。

1892 年，道台同意工部局将北河南路（North Honan Road）铺设至（老）靶场，尽管这是政府的土地。接着当地人撕掉了他们的门牌号并拒绝支付房捐，理由是他们已被告知他们是处于租界外。

关于道路的两大问题出现了，需要工部局予以极大的关注：一是虹口的开放，另一个是工部局对界外道路的权力问题。

虹口，经常被称为美租界，大约在 1864 年与英租界或公共租界合并。在那儿筑路是匆忙、部分地进行的，正如汉璧礼所说，通过韦尔斯地产的道路可

211

---

① 前者为以阿查立名字命名的道路，后者为以英国领事温思达名字命名的道路。——译者注

② 这里指的是修筑了一条以魏德卯命名的魏德卯路（Wetmore Rd.），今怀德路。魏德卯（W. S. Wetmore），是一名美国商人。——译者注

③ 这里指的是修筑了一条以贾逊命名的近胜路（Jansen Rd.），今景星路。贾逊（D. C. Jansen），美国人，土木工程师，曾参与上海租界市政规划建设，1890 年当选为工部局董事。——译者注

能在收到韦尔斯在英国的亲属对此事的答复前就开始修筑了。现在只有闵行路（Minghong Road）仍保留着它以前的名称。有 40 英尺宽的虹口路（Hongque Road），穿过韦尔斯地产，在礼查饭店旁与外滩会合，现在就是百老汇路的南段。现在称为德珀路（Derpoe Road）① 的这条路，曾与老关路（Lou Kuan Road）② 一起被称为竹镇路，宝顺洋商行的仓库就在它的西边，在它与宝顺路（Paoushun Road）之间，靠近苏州河的地方，这个仓库当时被用作士兵的营房。

在修筑百老汇路时拆除了 40 幢房屋，工部局为此支付了 500 元赔偿金给韦尔斯产业，而他们要求的赔偿金为 1 600 元。承包商填埋沼泽、修筑 295 英尺道路等的费用一共是 86.25 元。

关于当时界外道路的修筑，有太多的东西可写。对于那些界内的道路，中国当局无话可说，而对那些界外的道路，他们有太多的话要说，而且几乎完全是以一种阻挠的方式。

1866 年，工部局请求捐助以使他们可接收界外的道路。1868 年，工部局同意接管这些道路，但有三个条件：1. 不支付土地的租金；2. 道路整修的费用需要 4 500 两，养护费用为每年 2 000 两；3. 由道台来赔偿由村民引起的任何损坏。第二个条件尽管表述笨拙，但意思就是要华人来支付所说的这些费用，现在无论在什么情况下都不再提起这个条件。1871 年，工部局在给领事团的一份备忘录中说："工部局早在 1868 年 8 月 5 日就提出愿接管某些道路，条件是中国政府全部或部分豁免这些土地的租金，并保证保护这些道路免受当地人的破坏或侵占，否则要他们承担修复道路的费用"，这里只提到了第一和第三个条件。

讨论中的道路有：

静安寺路（从护界河到犹太人公墓是 60 英尺宽，再由该处到涌泉井是 40 英尺宽）

新闸路或石桥路（40 英尺宽）

极司非尔路（Jessfield Road）（15 英尺宽）

徐家汇路（Rue Siccavei）（40 英尺宽）

---

①② 两条路未查到对应的中文路名。——译者注

吴淞路（5.2 万英尺长，通过捐税情况判断为 40 英尺宽）

军用道路（Military Roads）（40 英尺宽）

所有这些道路都已被农民侵占，而从新闸路到极司非尔路，再从极司非尔路到徐家汇路等长度超过 9 英里的军用道路，大多被蚕食到只剩人行道且几乎无法通行。这些道路是由戈登设计的。1867 年，在英国公使与道台之间的一次会晤中，后者似乎愿意每年捐助 1 200 两给工部局用于对道路的养护，但之后他又说，这笔捐助仅提供 3 年，这被领事们视为拒绝提供帮助，他们劝工部局停止要求任何的捐助。

就此再也没见工部局提起过他们同意接收道路的第二个条件。但第一个条件即豁免土地税，却引发了长久而令人烦恼的谈判。因为初次修筑道路时并未制订任何减免那些上交或出售土地者捐税的规定，所以当地人认为这依然是他们的土地而开始随意侵占，或在分割道路或破坏桥梁中享受报复的快感。工部局试图通过支付一些所谓的拖欠税来安抚他们，却一点儿都不起作用。毫无疑问，因为农民们并不知道他们支付过这笔钱！领事团任命了三位成员国成员——英国、美国、法国领事，组成一个委员会以从道台那里获准豁免地税，但道台宣称这不在他的权力范围之内。"所以这事就被搁在了一边"，直到 1871 年才决定将此事提交给北京的外交使团。

涌泉井是一个美丽的名字，但事实上这口井既破旧又不卫生。我们最重要的"界外"马路绕过了这口井，它的旁边是一座古寺——静安寺，马路的中文名取自这座寺庙，但外文名叫"Bubbling Well Road"。世界上并不只有这条路是如此命名的，读者们或许会想起拉迪亚德·吉卜林（Rudyard Kipling）①写的神秘随笔《涌泉井路》（*The Bubbling Well Road*），但那又是另一回事了。

河南路和南京路（派克弄）转角处的老花园由于日益增多的居民而显得过于狭小，于是，股东们于 1854 年买下第二块地用于骑马和跑马比赛，这块地位于护界河的东面，与洋泾浜形成一个夹角。查看任何一张上海详图，很容易通过街道的弯曲处找到跑马场的最南端。1862 年，上海跑马场托管会决定从跑马

213

① 拉迪亚德·吉卜林（Rudyard Kipling），1865—1936 年，英国小说家、诗人，1907 年获得诺贝尔文学奖，代表作有《丛林故事》。——译者注

场的中间修建一条 40 英尺宽的道路，并将道路两边的土地出售给那些拥有跑马场内或周边土地者作为沿街马路，这就是上海跑马道，现在的静安寺路。所收到的钱款中的 7.170 3 万两被支付给了股东，1 万两被留着用于购买"领事馆前的绿地"，1.352 4 万两则花在购买护界河和涌泉井之间的土地并修筑成了长 2 英里的道路。

第二年，因为这条路被滥用，设立了收费处并要求每年收取捐助费，行人收取 10 两，骑马者收取 20 两，马车收取 30 两。但捐助费及通行费并没给道路的养护提供足够的资金，尤其当"马车飞快地通过以逃付通行费"。1866 年，股东们决定将这条路或这些道路转让给工部局。

上海跑马场（Shanghai Riding Course）、上海跑马道、上海运动事业基金会、跑马总会和上海总会之间的关系十分令人迷惑，部分原因是有些文件已经丢失了。然而，我们看到由上海跑马场托管会修筑的几条马路已于 1863 年移交给了工部局，这些道路是：1. 从马路向外延伸至护界河（看起来是从栅路或河南路稍西的外栅栏处到护界河，我们或许要感谢委员会为了使道路变直，另外花钱将沟渠在某些地方进行了填埋）；2. 从马路的西端向北延伸到下一座桥，更确切的说是通往下一条道路（确认这一小段路是困难的，但我们能看到它的下面就是当时跑马场的一部分）；3. 除了上面所说的一小段道路之外的整个一圈道路。1863 年 10 月，工部局接受了委托，这样我们才有了整条的南京路。必须注意的是，以这种方式获得的这条道路是在租界以内。

1866 年，上海跑马路或静安寺路的移交则完全不同。工部局回复说"考虑到他们的市政管辖范围仅限于租界内，目前（他们）必须延迟接管静安寺路"。他们将此事带到了下一届的租地人会议上，并在预算中列入了一项接收静安寺路和吴淞路的计划，但条件是首先要将这两条路的债务偿清，这要靠收取马匹、马车税及居住于此但还未付过房捐的人的捐助来实现。作为一个额外的激励，该计划还包括使苏州河桥（韦尔斯桥）免费通行的设想。

租地人同意并付清了该路的一小笔欠款（932.62 两）。股东将道路交给了工部局，条件是只要工部局能在不征税的条件下保持道路的开放并做好养护以利公众使用，1865 年，人们开始在静安寺路居住，我们看到至 1868 年底，这儿

图 11 涌泉井，1882 年

"到处"都是房子。

吴淞路修建于 1865 年，据说是最好的道路之一。因为它是一条南北向的道路，不管怎样都最适合早晚骑马，而且在那儿还建有一座旅馆。然而，据说它又是一条相当危险的道路，因为劣质的桥梁、狭窄的小路和水牛，但它主要作用实际在于船只在到达上海前将鸦片卸在吴淞，也是从那里，信使们骑着马带来了早期的消息和邮件。它和静安寺路在同一时间（1866 年）被移交给工部局，接收的条件是它已还清债务，但它仍有 3 000 两的债务且没有捐助者。

据说，吴淞路道路和桥梁的修建花费了 6 000 两，但土地的获取方式并不确定，它似乎总像马路中间的一个纯粹的孤儿或弃婴。有些人说土地是购买的，但村民们说并不是所有人都感到满意，这就是他们继续侵占道路的理由，他们认为土地仍旧是他们的所以才侵占道路，或者是他们认为不公平为了报复才这么干的。这条路在移交工部局时被修复得不错。1867 年，在温思达领事诚恳的请求下，工部局支付了两年的地租以减轻地保加在村民身上的压力。然而，尽管在 1866 年，道台支付了 500 两用于维修马路和桥梁的损坏，三个月后，工部局不得不再次抱怨。1868 年 8 月，吴淞的港务长报告说在 32 座桥梁中，没有几座是能够使用的。海关总署署长提出捐助维修的费用或提供华人观察员报告损毁情况，但后来他又拒绝提供帮助直到界外马路的整个管理问题被工部局所解决。1871 年，吴淞路实际上已不复存在，路上的桥梁也被拆成一片片的。1869 年，有人提出了一个重要的建议，即放弃老的道路，沿着河岸另筑一条道路。马嘉理（Margary）①、麦华陀和道台对该方案进行了讨论，但看来没有任何结果。

在 1870 年的纳税人会议上通过了一项决议，"在资金尚可允许的情况下"来维修这条道路直至江湾（Kongwan）。工务委员会报告说这块地从未被交出供公众使用，租地人也从未同意接收这条道路，而工部局也未承担起管理它的责任。

有报告显示，从虹口到吴淞整条道路的修建费用需 2.5 万两才能达到良好通行的要求，这还不包括购买土地和捐税等费用，否则总价将要达到 3.4 万两。除此之外，保养道路的费用还需每年 4 000 两到 5 000 两。预算中还包括 32 座铁桥的费用。

1877 年 12 月，金斯密以每亩 55 两价格出售吴淞路到吴淞电报站的道路，而工部局认为 40 元是他们会向纳税人建议支付的最高价。同时，他们提出接收并保留这条路的剩余部分，从而完整地保留整条路而不是将它们再卖给农民。

至 1869 年，以前的军用道路中只有极司非尔路或曹家渡（San Ka Doo）路还被保留着。霍锦士已使它免于村民的破坏，并使它保持通行了七年，尽管是

---

① 马嘉理（A. R. Margary），英国驻上海领事馆翻译官。1875 年 2 月，未经清朝官员同意擅自带领英国武装探路队，由缅甸闯入中国云南，在云南腾越地区的蛮允附近与当地少数民族发生冲突，马嘉理与数名随行人员被打死。英国借此事件，强迫清政府签订了《烟台条约》。——译者注

他在使用这条道路而很少用于公众。他告诉工部局他最近已对这条路进行了修葺并恢复到它原来的宽度，但经过最近的几次大雨后，桥梁变得不太安全而修缮的费用相当高，工部局会修缮吗？还是宁愿赞助霍锦士 200 两让他去修缮并使这条路保持开放？最后工部局赞助了这笔钱。

新闸（或石桥）路是一条由煤气厂桥（Gas Works Bridge）接十字路至米勒平屋（Miller's Bungalow），再至静安寺路的马路。它最初是当地一条通往石桥的道路，拓宽于 1862 年。无人知道这条路是如何被获得的，因为没有土地契约。就像 1887 年测量师所报告的，它从未正式上交给工部局，但至少自 1865 年起，它就一直被作为一条公共道路在使用。我们发现到了 1897 年道台还曾拒绝让工部局管理这条道路，并命令地方当局监督这条路有无被蚕食的现象，因为煤气公司当时正打算在这条路旁埋设一条总管道。直到 1899 年租界扩张，这条路才被工部局接管。

216

到了下一个十年，工部局想将麦根路（Markham Road）①越过翠芳宅（Trefancha）②（琼斯的房子）延伸到静安寺路，那是在 1873 年。两年后他们再次表达了他们的意愿，主张将道路延伸到极司非尔路。夏士，当时是工部局的一名职员，表示这条建于 1863 年的老军用道路只有几处仍还存在，并且只作为一条狭窄的人行道，迂回绕行的道路有 5 英里之长。因为周边河流众多，也因为苏州河在一些地方正在破坏这条路使得修缮费用相当昂贵，于是夏士建议修缮一条直接通往极司非尔路的道路，但需要 46 亩的土地，而工部局给他的 1 100 两是无法买下这块地的。

道台不会给予任何帮助，事实上还进行了阻挠。1876 年 2 月，巴恩斯·达拉斯受托看他能否有所作为，他表示 4 月有望在没有道台的帮助下拿到这块地。为了解除道台的怀疑，麦华陀主动提出：如果今后这些用于修筑道路的土地被用于修筑铁路的话，土地将复归原主。尽管道台在知道这条路只用于娱乐后，

---

① 麦根路，今分五段命名，分别为石门二路、康定东路、泰兴路、西苏州路、淮安路等。——译者注

② Trefancha，该名称是从 Treasure，Fanny，Charles 而来，我们推测这是一个家庭的名称。——译者注

他是非常放心的，但他的回答还是十分令人不满。他不但设法从他任命去测量界线的官员那儿取得谴责报告，还从当地业主那儿获得决不同意道路延长计划的书面保证书，并不遗余力命令知县宽慰乡民土地不会被征用。正如麦华陀所说，要容忍如此显而易见阻挠工部局计划的诡计是一件困难的事，而要知道如何有效地对付他的对手也很困难。他并未与其他领事商讨，表示无须理会道台的来信，只待时机成熟就悄悄买地并作协商。

1877年10月，达拉斯不得不报告事情没有取得任何进展，工部局决定采取其他措施，期望以3 000两购买必需的40亩或50亩土地。但第二个月，总督禁止将土地出售用于修筑道路，工部局只得决定向北京的公使递交请愿书。1878年6月，传来了一个令人振奋的回答：如果上海没有这样一条路的话，北京不反对修筑这样一条路！

就此我们可看到，如果工部局有自主权的话，几个月就能解决的事也就不会在无果的谈判上浪费了五年的时间。

在同一时间，有人建议建造一条从新公墓（八仙桥）至徐家汇路的道路，但后来有人认识到这件事由法租界来做更合适。在建造这条路时遭到了和修筑麦根路到极司非尔路时同样的阻碍。但看来这才导致了宝昌路（Paul Brunat Av）的出现，现在更名为霞飞路，而麦根路却再也没有修筑完成。

中国官方到底做出了怎样令外侨一直以来不得不与之斗争的阻挠，我们可再加以详述。百姓是愿意出售土地的，但地保因为道台的命令拒绝在契约上盖章。筑路会影响耕种的观点幼稚可笑。正如工部局所说，这只是体现了总督"要让西人感到不便的强烈愿望"。道台称，农民不愿出售土地是因为土地早已播种，没必要再做进一步的调查，"请告知工部局并劝他们遵从百姓的意愿放弃这个计划"。这个答复令人怀疑，知县是如何知道百姓不愿出售土地的，因为此时所需的土地范围还未选定甚至知晓，而土地价格也还没有确定。

修筑这条路主要是为了休闲娱乐——为了改变静安寺路跑马的单调乏味，但道台无法理解仅仅为了休闲就去修筑一条新的跑马路而破坏原有的道路及耕种，而总督也无法相信仅仅为了休闲领事团会迫使华民陷入困境。他援引《土地章程》中允许购地建造房屋、教堂等的条款，但对跑马路只字不提，他认为有这些就足够能消遣的了。但达文波领事援引《天津条约》第 12 条，他说获取土地的权力意味着筑路的权力，而禁止出售土地显然违反了条约。同时他提醒工部局：鉴于道台的反对，购买土地并不可取，因为这样出售者会受到严厉的惩罚。

将熙华德路从天潼路（Tiendong Road）延伸至外滩似乎是一件困难而缓慢的事。

工部局打算将它和花园桥连接，韦尔斯地产出让了土地，但还需要支付1 000 两用于赔偿华人迁屋。之后，又碰到了困难，即道路不得不穿过卡码杰的广东花园（Camajee's Canton Garden），最后工部局同意支付给他 900 两。

直到铁路问题解决了，1876 年道台才开始反对此事。第二年，他宣布没有华人的同意西人不得获取土地，这些土地的主人是不愿意出售土地的，官员不能强迫他们，筑路意味着必定会打扰到许多墓地。

另一方面，时任工部局译员的晏玛太表示 53 个业主中有 52 人愿意出售土地，因为迁移每个坟墓他们支付的费用为 10 两，而修建跑马场时每个坟墓他们只支付 3 两。但这条路亟须修建并希望在无须中国当局的帮助下就能开通。他说这条路的延伸起初还受到了投机者们的阻止，因为这会影响他们的活动。这条路开工于 1868 年，到 1877 年才修筑完成。

界外道路的捐税问题导致了持久的讨论。工部局接收道路的条件是不得要求他们支付地税，或者他们只须对农业耕地支付较低的费用。

1869 年 1 月，三名领事被委任设法从道台那儿获准豁免此种捐税。此后，麦华陀就此事起草了一份备忘录并递交给了公使，但直到 1873 年再未听说过任何有关此事的消息。1869 年在位的道台也将此事诉诸两江总督，但也再未听说过什么。

1873 年，三位领事报告说领事团已决定请公使要求中国政府根据原则允许豁免地税，但看来中国政府又一次什么也没做。

1881 年，知县通过领袖领事将地税单交给了工部局。

一些工部局董事反对对应付税款或寻求捐税豁免作进一步的质疑。有人建议中国当局应向工部局颁发所有此类道路的地契，使它们享有与中国道路（据

218

说是免税的）同等的待遇。但道台坚称豁免是绝对不可能的，地税是规定必须交纳的，否则他就得弥补缺口。随后，纳税人决定以每亩1 500元的全价付清所有工部局持有地契的道路地税款，那是1883年。但由于对确切的数额有争议，而在预算中也未做出相应的安排，直到1886年4月工部局才用支票付清了这笔钱，共计2 679.70两，相当于4 153.526元。西人在一个争论了20年之久的问题上遭受挫败。在1869年，领事其实就警告过工部局："问题解决前，数月已流逝！"

219 另一种形式的阻挠影响着租界道路的修筑。工部局每年使用的花岗岩碎屑达到1万吨或1.5万吨，但在1874年，地方当局为了修筑杭州海堤征用了所有的采石场和船只。1879年，地方当局又做出进一步的阻挠，手段更加厉害且不合情理。工部局泰记承包商的一个竞争对手获准在上海开设了一个办事处，所有从苏州采石场获取石材的船只都须在那儿购买一个通行证，费用是每船载300担收费一元，在采石场每船还要另收一元的捐税，这些钱按理应当捐赠给一个慈善机构。但泰记承包商无论以何种价格都拿不到通行证，因为他拒绝参与抬高价格。工部局需每1万吨多付1 000元的差价，而竞争对手想在第二年完全由他说了算。

会审公廨调解后，为工部局工作的船只可以获取任何数量的通行证。但竞争对手仍拒绝给他们发放通行证，同时道路的状况也在日益变糟。工部局不得不诉诸领事，但并未对捐税的公平性发表任何的意见，尽管泰记承包商说道，他们强行规定任何人不得以少于以前价格的两倍向他们提供石材。领袖领事建议工部局或泰记承包商将竞争对手带到会审公堂并扬言要将此事上诉总督。于是，道台在他的回复中使用了经常令西人反感的动人而虚假的托词："慈善机构通过向石材交易之船只征收一元捐税以利用这些石屑达到应有之价值。"竞争商已逃跑，工部局被要求交纳这笔"救济税"。

令人感到有趣的是，通往佘山的道路，即通往凤凰山营房（在松江北部，距上海约25英里）的道路最初是由温思达于1865年向李鸿章建议修筑的，但实际上到1866年才希望在第二年将该路修筑完成。

在该世纪的最后几天，"至佘山的路"再次被纳入考虑范围，工部局尽管对此意见不一，但最终还是决定不再修筑该路。

泗泾路今天看来并不起眼，但它的历史却有点儿奇特。1874 年工部局决定修筑这条路，从史密斯处购地的费用为 1 750 两，筑路费为 300 两。

但史密斯和工部局订立了一份协定，若华人的房屋面朝泗泾路的东端而建，或将房屋租借给他人干伤风败俗之事，史密斯和德和洋行（Shanghai Real Property Association）① 应支付给工部局 1 万两。1882 年，旗昌洋行、伊伏生（Iveson）和雷士德写了一些抗议信，但工部局回答说他们认为没有任何理由废除此协议。

1889 年，有人投诉这条路上有名声不良的房子，并提到了该协议。事情被提交给了雷士德的代理人多德尔（W. M. Dowdall）和工部局的法律顾问魏拉特，后者认为工部局在执行他们的意见时会有困难。

1880 年 12 月，在北河南路的铁轨被拆除后，工部局请求允许铺设这条路并开始进行铺筑。人们需要这条路，但道台反对。他说这条路是政府的，在将铁路赎回后将永远保持不变，它不需要被改变或铺筑，但如果它处于一种不良的状态，他宣称这是他的职责，他会委托一名官员去和知县一起视察并做一些修复工作，不需工部局的帮助。而工部局向领袖领事指出，他们正在铺设的这部分路是在租界以内的，他们是被要求这样做的，而且出于卫生考虑必须在那儿铺设排水管道。

八年后，有报告称道路和老铁路上的桥梁都处于一个非常糟糕的状态，但工部局在没得到中国当局允许的情况下什么也做不了。道台再次宣称这是政府的土地，如果交出它的话，他会受到责备。但后来他又十分乐意工部局这么做，尽管他不愿正式地写下来并这么说。如果工部局铺设了路面，他想让他们写一封信，承诺一旦中国政府想要回的话他们会交还这条路，工部局的决定是铺设这条路，但不会写这封信。

如果延伸道路是一件麻烦事的话，那么永无止境的道路拓宽工作或许更加困难。最让人感到有趣的，或者我们更应该说最令人感到震惊的是，由于最初

---

① 德和洋行是史密斯于 1870 年开设于泗泾路 1 号的洋行，主要业务为建筑设计和地产买卖。——译者注

220

修建的道路是以 20 英尺宽代替 40 英尺，或以 40 英尺宽代替 60 英尺，这使得西人社团不得不花了那么多的钱！现在这项工作仍在继续进行。1912 年工部局公布的一张平面图中就有拓宽的打算——这意味着时至那时，仍有一些道路需要拓宽，这些需要拓宽的道路用短斜线或以一种强烈的明暗法标出，于是，几英里的街道看上去就像一头烦躁的豪猪身上竖起的棘刺，或者仿佛在街道的一边或两边有一个难以接近的铁蒺藜。今天令我们感到困惑的是为何做了那么多的工作，却还有那么多的路等着需要拓宽，只有发生一场大火或地震并将这个地方整个重建才能使上海在这方面永远令人满意。

我们在此举几个例子足以说明在这一时期所做工作。

221　　南京路早期被描述为"狭窄而蜿蜒的通道，它比其他任何道路都更狭小并让人糊涂，两星期内会发生三起事故"。

1875 年，工部局以每亩 1.2 万两向琼记洋行购买地皮使之得到了拓宽，1877 年又以每亩 5 000 两的公道价格购得了江西路和河南路之间［靠近屈臣氏（Watsons）］的地皮。工部局想要一块靠近江西路北面的狭长地块，但霍爱德拒绝出售该地，他居住的房子就矗立在这儿，这里以前是德国银行（Deutsche Bank），而威廉·霍格也拒绝出售兆丰洋行前的土地，因为这样的话，就没有足够的地方留给他们正在建造的房屋与商店。但在 1879 年，花了 6.60 元的补偿款将南京路江西路转角交叉处修成圆形。另一块需要的狭长地块是在同孚洋行的前面，那里是 1921 年普鲁华商店（Brewer's shop）所在地。

工部局想在江西路教堂大院前修建一条三四英尺宽的人行道，工部局提出支付围墙往后移的所有费用并保留教堂托管会对土地的权利，但他们拒绝了，教堂托管会说他们没有权力这么做。接着工部局又出价 532.50 两，但得到的回答是现在的道路已经足够宽敞的了。直到 1881 年工部局才获得了 4 英尺宽的土地，教堂托管会要求工部局租用 99 年，每年租金为 300 两，工部局报价每年 150 两，他们同意了。

1898 年，工部局需要再次占用大教堂在汉口路这边少于半亩的一丁点儿土地。工部局得到它的唯一条件是：工部局需每年支付 282 两并做拆除围墙的工作，如果需要，需重彻围墙等。

戏院和教堂一样不好对付。1874 年，工部局出价 500 两向兰心戏院托管人购买戏院南面的一块狭长地块，以此将诺门路（博物院路）与圆明园路相连接。他们愿出售土地，但条件是如果可能的话，他们想在一部分道路上方建一拱形建筑，工部局对此没有同意。

同年，工部局以每亩 4 000 两出价购买土地以拓宽广东路，而在福州路，索恩接受了每亩 1 200 两的报价。凯德纳建议只付天津路要价的三分之一，尤其当雷士德开价 1 000 两时，但雷士德后来解释说该要价包括了土地和房屋。

1877 年，伊斯从英国写信来拒不允许将他任何的土地用于拓宽香港路。他补充说这条路已够宽的了，若不是工部局故意找这些不必要的支出也不会使税收这么重。工部局一定对这种粗鲁无礼早已习以为常。

卡特（W. H. Carter）多年前出让了一块 291 英尺长、30 英尺宽的土地用于福建路与湖北路之间修筑的一条新路，因为这条路不仅对公众有用，也对他的产业有益，这样他只需花一小部分的钱。

222

很早以前，就有人觉得工部局需要为此目的而获得新的权力。1876 年，为了腾出地方建造华人房屋，老商行正被拆除，但如果为了拓宽道路需用部分的土地时，却被要价过高。一些业主根本不会出售土地，另一些业主则宣称已制订了建造计划而无法改变。最初，工部局想要通过一个新的附则，但他们的法律顾问认为它很重要而不能随便对付，除非通过一个新章程给予获取土地的强制权力，于是在 1881 年《土地章程》的修订版中赋予了必需的权力。然而到了 1890 年仍有人抱怨要获取一小块狭长地块的价格高得惊人，而变得懦弱的工部局裁定：对需要拓宽的狭窄道路，在施工期间不得签发任何在人行道设置围栏的许可证，除非双方对该路的拓宽条件已达成协议。总董并没有意识到："为何为了帮助那些没帮公众做过什么的业主，公众就该被置于不便的境地？"

在杭州发现了筑路的合适石材，1896 年工部局试图在那儿租用一个采石场以便不再依靠苏州来获取石材。有一股联合势力起来阻止他们，甚至连破砖块也不让他们获得，他们不得不买了一条船并派他们自己人去采集石材。

梅恩（Mayne，工程师）和布兰德（Bland，总办）去杭州想通过梅滕更医师（Dr. Main）① 获取石材，因为他创设的教会医院在当地很受欢迎，但协记承包商先他们一步，他们徒劳而返。

尽管在佘山到处可找到好的石材，人们也愿意出售土地，但通常的阻碍又被归于风水，开放采石场会令人感到心神不宁，于是松江官府不再考虑允许它的开放。

最后，杭州官府提供了平桥采石场，条件是他们要接受一定数量的破花岗石、下水管道等，工部局与之签订了18年的租期并捐赠了一笔钱给梅滕更的医院以感谢他的帮助。工部局不得不购买了约60亩价格不超过1 800元的土地并得到了地契。

此时还签订了一份从长崎购买石材的协议，每吨石材的离岸价为75分，运费为85分至1元。

223   1899年，工部局拒绝派警在马霍路（Mohawk Road）巡逻，即便莫里斯（Morris）先生答应出钱，除非他上交这条路。

有一条新的道路（第20条），最初有人建议称为"白克路"（Burkill Road），最后决定称为"韬朋路"（Thorburn Road），这可能也是第一次将人名用于这儿的道路。

1895年，一些居民询问静安寺路可否通过铺设更多的路面来改善道路。随之另外有83名居民签署了一份抗议书，其抗议和争辩所用的语气令工部局不能接受，他们反对"为了让不确定的二十来个居民满意"就做出任何的改变，他们还提到"这些人无耻地在马路上炫耀行车"。但他们给出的理由是，在下雨天的训练时段马匹必须在马路上训练。工部局客气地答复了他们，但工部局不能允许任何人有特别的权力将公共道路作为马匹训练的场地。

那时静安寺路拥挤的状态被很多人抱怨，有人建议应禁止华人在那儿行车，但也有人指出华人有助于支付道路养护的费用。

---

① 梅滕更（Main，David Duncan），1856—1934年，英国安立甘教会传教医师。1881年来华，创办并主持杭州安立甘教会的广济医局兼任杭州海关外科医师。1926年退休返英。——译者注

第17章

桥 梁

租界早期历史频繁说到桥梁，因为当时这里和现在租界之外的土地一样，遍布或有水或干涸的沟渠和溪流，直至今日这些河网沟渠也未全部填没。可以想象架设其上的桥梁都结构单薄，频繁提及桥梁大多与维修有关，并时常伴有分歧。举例来说，1851年合围英国领事馆大院时，西面有一条44英尺宽的河道，"从摆渡口那边"流入苏州河。由于围拢的英国领事馆大院内不能筑路，而河道以西土地为中国政府所有，因此当时河道上的桥梁便形同虚设。于是请道路码头委员会拆除此桥。公众显然觉得受到损害，每次遇有道路关闭大家总有些情绪，所以征求纳税人意见时，他们断然决定拆桥支付的费用，谁想拆就由谁承担。

顺便在此记下一笔，"河道"（Nullah）一词未在上海流传下来，"外滩"（Bund）一词倒是沿用至今。

1852年，工部局①将4座木桥重建为砖桥。由于小刀会起义爆发，威妥玛命令将泰勒桥拆除，花费18元。该桥横跨洋泾浜，大约位于现在的福建路尽头。此桥后来一定是又重建了，因为1863年英法双方同意将此桥拆毁，花1 300两白银建两座新桥，费用由两租界当局均摊。同样，位于外滩连接法租界与公共租界的桥梁，花费也由双方均摊。

有关租界早期的其他桥梁，我们这里还要提到英国领事馆附近有一座砖

---

① 原文如此，当时工部局尚未成立，疑为道路码头委员会。——译者注

结构拱桥，30 英尺宽，耗资 220 两白银。E. M. 史密斯是一位咄咄逼人的捐助人——此人我们后面还会提及，他曾在河南路上造了一座桥，跨越洋泾浜，耗资 2 000 两白银。后来道台支付了一半费用，史密斯要求工部局支付另一半，法方或许还愿意分担一部分。工部局表示同意，前提是法方需分担其应承担部分，最后法方确实支付了部分款项。1867 年，山东路与福建路上建造了跨越洋泾浜的桥梁，经多方施压，道台同意支付其中三分之一的费用（733.33 两白银）。

225　　通往法租界的桥梁多不胜数，超过了苏州河上的桥，虽然苏州河更为宽阔。但早期众多桥梁之中，最著名的是与吴淞路连成一线的韦尔斯桥，或称为苏州河桥（Soochow Bridge）。

　　1856 年，英国领事告知公使："英法租界之内，适合商用之地已悉数为外侨建房占用，如今外国租界已延伸至苏州河北岸，因此为了连接两地已在河上建起坚固的大桥，将于本月开通。"据说桥体结构并不悦目，所处位置古怪且不便。大桥跨度 450 英尺，中间部分是吊桥可供船只通行，这是许可证中商定的细节。造桥公司还申请了一名巡捕，在吊桥开合时让人群后退避让。

　　后来这个吊桥结构使得韦尔斯桥声名远扬。韦尔斯桥多少也算是现在花园桥的前身吧。

　　韦尔斯是第一个发起人，他联合了希望与吴淞之间建立便捷交通的其他商人，因为鸦片船在抵达上海之前会先在吴淞卸下鸦片，而最新消息也是由那里派快马传递。大桥耗资 1.2 万元，由十几人分购了 125 份股权，但他们并未订立书面协议规范彼此的权利，而且虽然打着"苏州河桥梁公司"招牌，法律意义上却并不是一家公司。

　　最初，这座桥无疑让虹口的少量居民受益，之前这些人若想过河，只能站在岸边喊船，甚至大雨滂沱的夜晚也只得如此。但经过 12 年或 15 年利润丰厚的垄断经营——到 1869 年红利已是百分之一百，当时租界人口激增，公益精神兴起，反对垄断，人们希望将此恶习扫除。

　　有人说早先大桥是免费通行的，但公司解释说这一想法全无根据，唯有桥体在建之时曾免费使用。韦伯（最早的股东之一）声称，原先打算待收回成本后就不再收费——实际成本早已收回。他认为此举并非商业投机，若工部局能以原价收购，股东们定然愿意放弃股权。但汉璧礼反对这种观点——他是为了投资盈利才买这些股票的。

公众再也不愿每人一年支付 4 两白银才能过桥，非定期缴费成员也不能一直保证在衣兜里准备着过桥的零钱，这些都可以理解。1868 年一位打算过桥的先生怒火攻心，打了守桥人，被罚款 50 元。不过或许他觉得这样也值，此举无疑表达了公众的情绪。以往领事馆每年缴纳 5 英镑，工部局交 20 两白银，用以支付雇员的过桥费。但最终问题来了，该公司有什么权利向公众收费？

公司表示，前任道台颁给许可证，便赋予其权利。但这份许可证长期以来便遭质疑，1867 年面世之时，其有效性就有争议。哪一个道台有权不征询任何纳税人的意见，便授予 25 年独断专营？而且，将垄断经营笼统地交予外人，于华人不利——桥梁本应公用，如今却落入私人之手。

首份许可证始自 1854 年，授权垄断经营 25 年，许可证准许其收取过桥费，"以抵偿建桥之费用"，但新许可证颁发于 1863 年，公司的权利便基于此。颁发新证的前提是，在石路再建一新桥。新证续颁未经仔细审核便获通过，因为当时有叛军盘踞，使得此桥的重要性凸显。

温思达看了文件后声明这里并无垄断经营之说，同时他也无法恭贺这些股东的地位已确保无虞。阿查立表示旧收费标准是当地人 1 文钱，外侨每年 4 两白银，目前来说还不够，将向当地人收取 2 文钱，据悉如此大桥将向外侨免费开放。

首次投资为 1.4 万两白银 ①，股东们表示他们希望一年有 1 900 两白银的获利。外侨的过桥费总共 800 两白银，他们要求道台支付其余 1 100 两白银。但道台并无资金，所以此时他授权他们可向过桥华人收取 1 文钱。1863 年，霍格坦承当年收益为 1.2 万两白银，但他说这些钱将在老闸再建一座桥，还要储存一些资金翻新韦尔斯桥。韦伯对此答复说，老闸桥（Louza Bridge）收费处的承包人拿出了 6 000 两白银，而原本指望此桥每年能有 1 万两白银的收益。

---

① 原文如此。上文提及为 1.2 万元，一元约合 0.7 两白银，1.4 万两白银远超 1.2 万元。——译者注

226

图 12　1870 年上海连接英租界和美租界跨苏州河的钢铁桥，桥长 300 英尺，中间吊桥长 30 英尺 ①

首次收费议价发生于 1869 年，公司提出每年收取 1 971 两白银让外侨过桥，但次年他们同意收 1 500 两，公众认为"这交易还挺贵"。这一折价计划延续十年，公司还将在一年半内再建一座铁桥，引桥部分将由工部局筹办。涉及当地人过桥的类似折价问题，工部局曾呼吁各国领事给出意见，确定许可证的有效性，但无人对此发表意见，理由是此事可能得稍后交由领事公堂审核。熙华德领事曾极力主张工部局再建一座新桥，以快刀斩乱麻的方式解决这一问题。

公司建造新桥始于 1871 年 4 月。我们现在不必猜想大桥完工后是如何模样，但我们看到英国领事的描述，由于当时英国领事馆正在建造新楼，按领事批准的桥梁造价，大桥必定极具美感。不用说，那座桥不是现在的花园桥。

根据规划，大桥将穿过外滩公园，而因为外滩要向外延伸以连接大桥，所以公园的面积扩大了。第一对大梁于 4 月到位，由直径 4 英尺 8 英寸的螺旋桩支撑，20 根这样的螺旋桩将撑起整个结构。大桥有 6 个边跨，中间一个开合桥跨，从一边开启。桥墩用水泥砌砖。金斯密与邓厄（Duer）任工程师。

5 月，工部局提出，公司是否愿意将在建大桥连同他们的各种权利一同售出。但一周后就没有大桥可售了。两个螺旋桩垮塌，其余部分坍塌成一片废墟。

① 原文如此。美租界实际于 1863 年与英租界合并为公共租界。——译者注

在上海短暂的历史上，这一意外事件定然十分壮观，成就多日谈资。事件发生于下午 5 时，公园里人群聚集，倾听普鲁士巡洋舰"海拉号"（Hertha）的乐队演奏。无疑其中不少人曾表示目睹了这一灾难。

之后是长时间的沉默，可能工部局和公司都有点失措吧。大桥完工所需的材料还在路上，但仿佛是意识到自己已无用武之处，便与"哈里发号"（S. S. Caliph）一同沉没了。公司加固了旧桥，并声明 1872 年 3 月前无法准备建造新桥。

当然这里还有一番争吵。霍格在 1872 年纳税人会议上说，虽然公司和公司的工程师受到指责，但工部局和工部局的工程师也有错，因为设计图也曾给他们过过目。工部局工程师奥利弗否认这一说法，因为当时并无任何细节资料提交给他。他所看到的设计图不过是些草图，而且桥梁没有严格按照技术参数施工。他的一封信件副本显示，他认为如果按照技术参数操作，则安全无虞，技术指标是每平方英尺载重不能超过 112 磅。他要求霍格为其言论拿出证据，否则就撤回指责。

1872 年 5 月，事情似乎陷入僵局，工部局不愿支付款项，公司也收不到打折的交通费。洪卑介入此事——这可真是个和事佬。他指出权利和权力大多不过是基于彼此忍让、互惠互利，时间会给出各人的合法地位，而诉讼一旦开始将会无穷无尽。

6 月，工部局决定公司要在月底前给出答复，否则他们将通知折价协议失效，之后他们将为新桥打桩或开通一处免费摆渡，以测试是否真有垄断经营一说。但后来经洪卑再三劝说，工部局同意交通费用按原来的比例打折后按月支付，并表达了希望双方友好磋商的意愿。几位有权势的华人在河上建了一处免费轮渡，有人担心桥梁公司的员工会采取破坏治安的行动——后来证明这种担心毫无根据。

两个月后，兆丰洋行（Hogg Brothers）表示公司将做出牺牲，采纳洪卑的建议，接受以 3.5 万两白银售出新桥，这样就是损失了 20%。

5 月 6 日的侨民大会曾提出再建一座新桥，钱款以售卖债券的方式筹集。另有一次公共集会提出免费摆渡。侨民要求公司必须放弃所有权利，取消所谓的垄断经营。所以工部局开始着手建造两处免费摆渡。

228

霍格代表公司对公众的态度表示愤慨，提出将公司所有财产和权利以 6 万两白银出售。工部局得到纳税人授权，还价到 4 万两白银。1872 年 10 月公司接受了这一出价，但转让直到次年 4 月才全部完成，因为必须取得全体股东委托（该公司并不只有一家公司），而收到的授权书大多都有瑕疵。不过，最终公司就好像他们的大铁桥一样从历史舞台上彻底消失，只不过留下一堆废墟。11 月 1 日停止收费，收费亭拆毁，工部局终于可以放开手脚行事。社会公众对通行费申诉十年，而公司坚持一直收费，并最终以原价 3 倍售出。桥梁终于可以免费通行，但这桥花费了近 5 万两白银，因为还要为偿债基金提供利息，而且还要造一座新桥。怪事就在于这桥一文不值，人们都说其中也没什么权利可言，公众付了 4 万两白银，等于一无所获。

工部局开始考虑如何处理铁桥的残骸。如果它仍然是公司的财产，或许还会尝试完成建造，但奥利弗报称要使之可以使用还要花费 1.6 万两白银，而且桥身难免会修修补补、弯曲变形，有碍观瞻。他强烈建议残桥应该当废铁出售。

然后事情进展就顺畅了些。铁桥——不管剩下些什么吧，由耶松船厂（Farnham's）以 7 500 两白银收购，并与其签订合同，斥资 1.9 万两白银建造一座新木桥，同时维修老韦尔斯桥。该公司于 1873 年 8 月完工。

新的花园桥（Garden Bridge）——这是官方命名，长 385 英尺、宽 40 英尺，其中包括两边各 7 英尺的通道。摩腊婆木料（Malava wood）①的桥桩打入 20 至 26 英尺。老韦尔斯桥仅 23 英尺宽，桥桩也是用摩腊婆木料，目前依然完好无损。但花园桥建成后，著名的韦尔斯桥售出，只卖了 610 两白银！

接着，工部局向各国领事报称，由于工部局支付了 4 万两白银买下老桥——老桥已经有安全隐患无法维修了，新桥造价 1.25 万两白银，提出可否请道台支付一半费用，"以免除华人支付那惹人讨厌的过桥费"。工部局还提出造价 5 000 两白银的河南路桥（Honan Road Bridge），也要道台承担一半费用。

对于这种毕恭毕敬的态度，在我们今日看来小有遗憾。我们毫不诧异地看到道台"义正词严"的拒绝，表示不再支付两处租界的桥梁费用。一方面，他没有

---

① 疑为产自印度摩腊婆的木料。——译者注

可用于此的资金；另一方面，前任两江总督已禁止此项花销。麦华陀不鼓励工部局坚持他们的要求，因为道台每年已支付一笔市政基金，而租界内的华人承担了一大部分开支。他反对给中方官员任何虚伪的借口通过其子民来抢夺生意。

工部局设立迫使桥梁公司就范的浮桥或叫免费摆渡，位于上圆明园路路口，即现在的博物馆路。花园桥建造之时，此处承担了所有交通运输，每天有 7 000 人过桥。但中方认为此桥阻碍了船只往来——浮桥低矮，而航道狭窄。浮桥于 1875 年拆除。道台若能同意支付河南路桥的一半造价，此桥还会拆得更早些。尽管道台拒绝付款，河南路桥还打算继续建造，可惜那里有个码头，茶叶和丝绸大多在那里上岸，如果码头撤除，这些货物将转去"外国角"，大家认为这样很不方便，所以桥梁建造就推迟了。

230

洋泾浜上的人行通道与苏州河上桥梁几乎同样重要，但由于涉及中英法三方，建造这些桥梁都历经重重困难。

其中最重要的桥梁位于洋泾浜河口，连接着外滩的法租界与公共租界，官方文件中称之为"一号桥"。由中方承建的主体部分因花岗石价格的上涨，建造进度延迟，这迫使祥生船厂撤回了他们的投标。但工部局与公董局之间经常产生摩擦，往来信函不断。双方互相指责对方侵占洋泾浜中 50 英尺的水道，使得问题更加复杂。不过，主要矛盾在于经费分担。建桥的开支历来由双方平摊，但 1875 年 2 月，公董局突然决定仅支付三分之一的费用。此举使得双方函件激增，也有人提议申请仲裁。工部局拒不让步，在对方接受两租界平摊费用的原则之前，坚持不建新桥、不维修现有桥梁。他们也不同意将此事交予北京的公使决断，应该由纳税人来决定他们愿意支付多少。

说来奇怪，矛盾由小车捐引发。工部局认为收费分配不公，这一做法必须改变，此事我们将在其他章节详述。对此公董局反驳说，洋泾浜上的桥梁开支平均分配也不公平，拒绝付费。他们的理由是公共租界居民要出入县城，使用这些桥梁的次数较多；而法租界人口较少，过桥也只能去北面的英美租界。然而，工部局指出，他们承担了苏州河与护界河上的所有桥梁开支，而法方居民也从中获益。他们宁愿为了与公董局和平愉快地相处而承担洋泾浜桥梁的全部费用，也不愿以公正和比例公平为由而只承担三分之二的费用。

当时双方争执甚烈，彼此都说了些不该说的话。最终法方同意放弃异议，继续支付他们的一半费用。

外滩桥（Bund Bridge）于 1877 年 8 月开放。大桥为铁制，工部局、公董局各负担白银 2 750 两。

本章开篇我们说到早期桥梁的种类。此处我们必须澄清一些错误观念，如今我们所惯见的桥梁已与那时迥然不同。早期这里没有马车，一座桥梁的宽度，仅容马匹、小车，甚至行人通过便已足够，桥面宽度不必超过道路宽度。即使是很久以后，许多桥无疑也不过是人行桥，否则难以理解有报告称"可在几周内花 500 两白银搭建一座硬木桥（洋泾浜上的五号桥）"，或是史密斯及其他个人慷慨解囊捐建桥梁。1875 年，四川路桥原本打算建为人行桥，但长利（Bisset）①、怡和、琼记及其他几家洋行请求将其建成可走马车——20 英尺的宽度，并愿意提供额外的费用 750 两白银。

值得记下一笔的是，1876 年大家认为无须在洋泾浜上建造十分美观的桥梁，因为这条河很可能要被填没为排水渠。事实也是如此，不过这是 40 年后的事！

石桥（Stone Bridge）是除了花园桥之外唯一的石制桥，此名已为其专用。石桥并非借位于道路，因其原先建造之时并非桥梁而是水闸，以阻断黄浦江水。水闸原先在河流下游，后年久失修，就又在上游重建。因此有老闸和新闸之分。1875 年，工部局嫌石桥碍事，想将之拆除，在原地建一座木桥，但当地政府唯恐河水毁堤，田地遭淹，不允。

以上种种足以说明桥梁是件麻烦事。除了最重要的花园桥，余者此处不赘述。如前已述，这座赏心悦目的木结构桥于 1873 年建成，1889 年已很陈旧，工部局工程师报称经临时维修，大桥还能再使用一年半。可令纳税人深思之处在于，实际此桥不仅又使用了 18 个月，甚至超过 18 年，直到 1908 年方始拆除。其风格简洁端庄，属于那个已经逝去的年代，如今取而代之的雄伟钢结构属于一个全新时代，在本卷中并无立足之地。

1889 年举行了几次会议，公众对这个问题踌躇不前。起初他们准许工部局

---

① 此处的 "Bisset" 是指长利公司。前文 "Bisset" 指该公司创始人、英国商人约翰·皮特里·比塞特（John Petrie Bisset）。长利公司名称为 Bisset & Co.。——译者注

图 13　1880 年从虹口一侧看上海

筹集 7.5 万两白银，建造铁桥。对于桥体未发表太多意见——此桥会比 1871 年
沉入淤泥的大桥"结构更漂亮些"，但决议通过时并未制订计划。之后有一次会
议要求对老桥的状况写一份全面报告，会议休会一月。会议重开后又休会。后来
向工部局提交的报告建议应花费一万两白银用于维修，此举可延长桥梁的使用
寿命 5 年至 8 年。这些会议中曾提出各种修改方案，经过讨论，或搁置或撤销，
但我们还是仅限于实际决定的内容吧。大桥得到修缮，如我们之前所言，一直
维持到 1908 年。

　　为新桥准备的规划方案，工部局向玛礼逊洋行（Morrison & Gratton）、弗雷
恩·西恩迪开特（French Syndicate）以及金斯密分别支付了 100 英镑；向哈特
（Hart）和科尼斯（Cornish）各支付 75 英镑。这笔开支也可令纳税人三思。

232

第18章

教　堂

圣三一大教堂是上海另一道为数不多的美丽风景线。

如同公家花园一样，它也是早期历经诸多困境后的结果。在本书第一卷中，已讲述了一些有关它的早期建筑和维修。到 1858 年，显然，进一步的修缮是无望了，建造一座新的教堂成为必需。

教堂虽然多少还算坚固，但已使用了十多年，而且上海也已发展，昔日野鸡惊飞之处已挤满了房屋，曾是野兔出没之地也已成为墓地。教堂的中殿有 216 张座椅，边廊内有 50 张免费座位。1858 年教堂座位费的收入约为 3 500 两，1860 年底，教堂手中盈余资金估计在 1 万两，当时想借 1 万多两，其余资金则通过认捐来筹集，但我们发现在不同的资料中这个估算和实际的资金情况有所出入。

直到 1862 年，才决定先利用老教堂的材料建造一座临时教堂，这引起了 6 000 元的亏损，当时的材料费和人工费高昂。新教堂的预计造价为 5.449 3 万两，若不造塔楼的话还可减少三分之一的费用。每年来自英国政府的捐助已达到了 500 镑，但自从 1858 年教堂不再负债后，英国政府就不再捐助这笔费用，他们认为没必要再付这笔余款，但承诺给新教堂一笔补助。尽管如此，委员会手中仍有一笔结余资金，于是他们大胆地开工了。委员会将一份 3.35 万两的预算发给英国公使，请求得到英国政府承诺过的帮助，卜鲁斯表示他担心英国当局看到这笔数额时会大吃一惊。而另一方面，我们从罗伯逊领事那里得到了十分明确的印证，即，在东方，能更好地做礼拜或更正确地举行礼拜仪式的地方是极少的。而上海曾经是一个奉守安息日（Sabbath-keeping）①的城镇，这一点当然不能为本书所忽略，那种曾经在故乡使安息日变得温柔与神圣的静寂（现在对许多人来说，这仍是一种温柔的回忆），也一度降临到了上海。英国政府的答复是如果计划被批准（后来确实批准了），政府将捐助 2 000 镑。在上海，1.9 万两被认捐，有些大洋行捐助了 1 000 两，但绝望之情几乎是立即降临在委员会的身上，或许这是因租界内物价下降而过于乐观后的一种反应。以斯科特②递交给英国政府的计划建造新教堂似乎是不可能了，他们对曾经要建造一座合乎品位、满足需要的宏伟建筑不再抱有希望。要建一座能容纳 800 人教堂的费用将是 1.5 万镑至 2 万镑，而委员会手上的资金总共才 4.3 万两。

234

有人提出了解除这种困境的两个建议，一个是由麦华陀领事提出的，即，在得到政府批准后将教堂的土地出售，将新教堂建在领事馆的河滨泥地上，"荒芜的土地大得足以建造教堂和公家花园"，但这个主意并没有令委员会满意。另一个建议来自工部局，即通过让出市政厅一半的土地建造教堂从而使之与工部局联为一体，但委员会拒绝讨论这个建议。

一年之后（艺术的创作确实是漫长的），委员会做出决定：对已被外交部通过并由新任牧师布彻于 1864 年 11 月带来的乔治·吉尔伯特·斯科特爵士的设计做大幅度的改动，以此来节省大量的费用。于是，设计图被交与凯德纳③修改，再将变动递交斯科特征求其同意。教堂的长度加长了一个跨度（14 英尺），宽度加宽了 8 英尺，由此就可容纳 756 人做礼拜。舍去了纵向天窗，这样就增加了墙体的厚度。一个开放式的木屋顶取代了那种砖体拱顶，这使房子的地基承重更轻。将侧廊一排的门改作了窗。另外还作了几处修改，这样预计造价就

---

① 安息日，是犹太教、基督教每周一次的圣日，教徒在该日停止工作，礼拜上帝。——译者注

② 即乔治·吉尔伯特·斯科特爵士（Sir George Gilbert Scott），1811—1878 年，英国的首席基督教会建筑师。也译为"史浩德"。——译者注

③ 威廉·凯德纳（William kidner），英国皇家建筑师学会会员，同和洋行的英国建筑师。——译者注

从 9 万两降为 4 万两，而教堂可容纳的做礼拜者将是 756 人而非 460 人。

乔治·吉尔伯特·斯科特爵士是当时他这个时代英国首席基督教会建筑师，我们当地的旅行指南以此类书籍惯有的言过其实的风格，声称圣三一堂是"东方最宏伟的教堂"，"据说是该伟大艺术家曾设计过的最好的教堂"①。就最初的设计图而言，或许这种说法是正确的，但当我们想起斯科特的设计被一名本地建筑师所修改，造价就此减少了一半多，就会觉得将现在的结果归于他是不公平的，我们只希望拥有他原来的建筑而非现在这幢，尽管现在的这幢教堂也值得称赞。

足以令人深思的还有早期的居民常常被指责没有为上海后来的宏伟前景做出规划，比如道路的宽度问题，而当麦克莱伦说起教堂时，即使它已缩小了建造规模，却还是认为"或许它最能说明建筑设计图被采纳时，外侨社会正盛行奢华之风"②。今天没人会为大教堂本可以建得更好而感到遗憾，也没人认为大教堂该和市政厅挤在一块儿，但令人感到有些惋惜的是，即使是一小部分的土地竟然也会被放弃，而且西端的地块还被房屋所占。

1862 年老教堂被拆除、1868 年新教堂兴建之时，人们抱怨教堂大院极其肮脏污秽，我们从中可看出当时上海的生活环境。除了苦力发出的噪声外，还有一个散发着难闻气味的 90 英尺宽、40 英尺长的池塘。工部局负责抽干了池塘的污水、筑起一道篱笆并为工人挖了一口井，但这并没成为一个常规工作。

早期这里被描述成一个潮湿的弥漫着有毒瘴气的沼泽地，青蛙常常在此出没，发出"呱呱"的叫声，后期仍是一个讨人嫌的碍眼之地，是杂种野狗幽会的地方。

直到 1866 年 1 月，教堂托管会才决定开始动工。教堂奠基仪式于 1866 年 5 月 24 日举行，该仪式以完整的共济会仪式进行，共济会中国总会（Grand Master of Freemasonry in China）副会长主持了仪式。

---

① 达文特（C. E. Darwent），《上海》，第 2 版，第 16—17 页。——原作者注

此书原名 *Shanghai: A Handbook for Travellers and Residents to the Chief Object of Interest In and Around the Foreign Sett lements and Native City*。——译者注

② 《上海史话》，第 68 页。——原作者注

图 14　虹口教堂

　　惠特菲尔德（Whitfield）与金斯密 ① 是自 1862 年启用的临时教堂的建造者，但他们的工作被认为没有做到最好，这个看法后来被证实是错误的。之后，该工作由财产托管人交与一位名叫凯德纳的先生，这是一个完全不知名的人，却受过最好的培训并有着丰富的经验。

　　关于教堂的建造，我们得知建造者订购了 3 400 根 15 英尺长、2 470 根 12 英尺长、1 660 根 5 英尺长的桩柱和 625 根用于塔楼的 15 英尺长的桩柱，共用去 8 000 根桩柱，并在桩柱上覆盖了一层厚厚的花岗石，人们发现老教堂的桩柱仍保存得相当完好。因东北角的地基比其他地方更为坚固而被选为建造塔楼的位置，当时就打好了地基，尽管该塔楼一直未建。当时砖块与称职的石匠都很缺乏，上海砖瓦锯木厂（Brick & Saw Mill Co.）因感觉无法与当地工厂竞争，而

---

　　① 　惠特菲尔德与金斯密于 1860 年在上海合伙建立有恒洋行（Whitfield & Kingsmill），是上海最早的建筑师事务所。有恒洋行在华经营近半个世纪，上海许多著名洋行的建筑师都出自该行。——译者注

于 1867 年 4 月将工厂移交给了教堂，教堂托管会只得在那儿自制砖块。

然而经费上的困境并没有消除，当墙体造到一半时，资金用完了，继续建造还需要 2.6 万两，但靠捐助只能募集到 2 000 两至 3 000 两，要知道此时正是中国难民涌入租界掀起临时大繁荣之后的萧条时期。此项建造工程是在资金充裕时才设计得如此奢华，但建造时已资金不足。因此，教堂托管会不得不出租地产的西端部分，每年收取 1 200 两的租金，以此筹集贷款并用租金支付利息。一位叫伊伏生的先生就是这样租用了靠河南路 40 英尺、九江路的一部分 65 英尺的土地。正如上文所说，今天可能令人遗憾的是，有着绿色草地的大教堂没有占据整个地块。

其间，礼拜仪式在临时教堂举行，这是一个用老教堂的拆除材料建造的既不方便又不雅观的地方。一位偶然到来者的体验是："门旁是一张长椅，教堂内

236

图 15　圣三一大教堂，上海，1890 年

一长排空空的椅子上摆放着破旧的赞美诗集，面对这些，让人无法进入状态。他感觉冷得要命，在炉边又被烤得发烫，坐下做忏悔，却几乎听不清一句话，而在下雨天，全身还被淋得湿透。"

教堂为了获得捐助，做了特别的努力。有人说我们确实应将圣三一大教堂的建造归功于约 20 位英国和美国商人，最后这座宏伟的建筑于 1869 年 8 月 1 日向礼拜者开放。建造教堂花费了 7 万两，但在开放的同时仍欠承包商的钱。教堂是 13 世纪初的哥特式风格，它是十字形的，带一个正厅，南北向的走廊，十字形耳堂，有一个圣坛，半圆形的圣殿，两个小分堂，分别为法衣室和管风琴室。教堂内部长 152 英尺、宽 58 英尺 6 英寸，教堂中殿最高点的高度是 54 英尺。塔楼是斯科特建筑设计的一部分，但现在的这个塔楼，据凯德纳称，并非由斯科特设计，它是在 1893 年才建成的。

在采用旧址及将圣餐台朝着西方而非东方的这件事上，教堂托管会解释说，虽然没有基督教会的授权书，但他们是在履行宗教精神，尤其当上海位于耶路撒冷（Jerusalen）遥远的东部。当时没人知道是否存在任何的委托契约，于是就决定起草一个，但看来并没有这么做，因为有人质疑是否有必要这样做。由捐助者推选出了两名教堂托管人，因为英国政府给予过帮助，英国总领事成了当然的教堂托管人。教堂托管会决定除了那些从老教堂中搬来的壁碑，不准再在教堂内放入任何的壁碑，并打算在征得那些感兴趣者同意及资金许可的情况下，将这些壁碑放置于新教堂的前廊，但它们一直被放在公墓教堂（Mortuary Chapel），直到 1873 年才被放在了教堂的入口处。

在伦敦主教的推荐下，曾在斯特兰德的圣克莱门特·戴恩斯教堂（St. Clement Danes）① 和汉默史密斯（Hammersmith）② 担任过助理牧师的布彻接替因健康原因辞职的史密斯担任牧师。

工部局于 1871 年负责管理教堂大院，以此作为教堂向工部局职员提供两张免费教堂长椅座位的回报。但第二年，教堂托管会要求工部局退还他们用于改

237

---

① 圣克莱门特·戴恩斯教堂（St. Clement Danes），位于伦敦市中心的斯特兰德地区（Strand）。——译者注

② 是伦敦西部的一个地区。——译者注

善教堂大院的 495.50 两的费用，他们的理由是，改善后受益的不光是教堂捐助人，还有其他人。工部局拒绝了，因为这样做可能会引起争论。另一方面，当 1875 年工部局为拓宽道路提出以 532.50 两的价钱向教堂征用一小块狭长地块（按每亩 3 750 两的价格计算）时，教堂托管会答复说他们没有权力转让教堂大院的任何部分，道路已经够宽的了，他们得向捐助人征求意见，而且既然工部局已得到了免费教堂座位的回报，公众也就无权因为在教堂大院上花过钱而提出这种要求。

十年后，教堂托管会呼吁应豁免教堂大院的捐税，他们认为虽然是工部局在管理它，但外侨社团在使用它。工部局拒绝了，但在拥有一张免费教堂长椅座位的条件下，同意支付另一张教堂长椅座位的租金。然而，1888 年教堂托管会再次请求工部局支出 430 两用于保持教堂大院的井然有序，工部局的答复是他们现在每年已支付教堂座位的租金 144 两，但他们同意将每月支付给做这项工作的看门人的 17 元交给教堂托管会，以便教堂托管会可以掌管它，从而更好地发挥这笔钱的作用。

克劳斯（Kraus）和贝尔（Bell）于 1875 年 3 月被选为教堂托管人并接到了指示，将这些指示记录在一起似乎有点不协调。他们受权卖掉三个钟，因为没建塔楼，这三个钟一直悄无声息地躺在一个仓库里（其中一个曾被用作召唤信徒做礼拜，另一个则在虹口做过火警钟），另外他们还被委托提议将教堂升为禄赐主教的座堂（Bishop Russell's Cathedral）。

如果提议被接受，将使教堂与现任者处于和以前一样的法律地位之上，教堂将获得名义上的尊严，但主教无权管理它，无论是世俗的还是教会的，他的唯一权力只是忠于他的职守。

最后提议被接受，1875 年 6 月的圣三主日（Trinity Sunday），在完整的唱诗仪式中，圣三一堂（Holy Trinity Church）成了圣三一主教座堂（Holy Trinity Cathedral），布彻主持了禄赐主教的任职仪式并授予他代表权力的钥匙。接着，禄赐主教主持了布彻任职主任牧师、麦格基（MacClatchie）任职牧师的仪式并授予了他们代表权力的钥匙。美国圣公会的韦廉臣主教（Bishop Williams）和许多神职人员出席了这次仪式。一份保留教堂托管会"在上述教堂所有权利、称号和利益"的法律文件被装框并悬挂于教堂的法衣室内。

牧师们最初一直是由香港维多利亚教区主教管理，但自 1872 年起直到 1879 238
年，则接受时任华北地区主教禄赐的管理。第二年，华北成为一个独立的教区
后，禄赐主教的继任者慕稼谷主教成了华中地区主教。

临时教堂存放椅子的小屋仍被保留并被出租作一个健身房。1874 年，一些
人反对在一个教堂大院内设一个健身房，但资金状况不允许放弃出租。

1882 年，一架新的管风琴运来了，就它的存放地点发生了激烈的争论，最
后，根据大多数人的投票结果，决定将它放在教堂的北面耳堂。

我们最后要讲述有关圣三一大教堂的是在 1886 年召开的一次会议上，决定
聘用霍奇斯（H.C.Hodges）担任牧师，阿查立主持会议，他拒绝为出席会议的
两位女士的投票计票。

在华中 ①，另一个处于英国人管辖之下的教堂是上海百老汇路的圣安得
烈（St.Andrew）教堂 ②。它最初是飘浮在黄浦江上的一个水手拜经堂，由水
手布道会（Mission to Seamen）出资 2 460 两所设，在一次暴风雨后宣告不能
继续使用。水手布道会以它的残骸及 200 元现金支付了装备"幼发拉底河号"
（Euphrates）三桅帆船的费用，这艘三桅帆船是 1860 年以 1 250 两向英商福利
公司买来的。我们得知除了在水手拜经堂内为牧师安排宿舍外，还要支付他每
年 300 英镑，按 6 先令 8 便士的比率以墨西哥银元支付。

在新的水手拜经堂同时遭到了一次风暴和一次撞击后，委员会决定将它建
于坚实的陆地。1867 年，它被建于现在墓地 ③ 所在的浦东陆家嘴的附近。教堂
由奥利弗设计，雷士德建造，工部局提供地皮，费用为 3 500 两。

1869 年，水手拜经堂被转交给工部局，由工部局为三位财产受托人做教
堂监管人，但工部局从市政资金中支付了费用，却忽视了募集捐助款，以致
1872 年"由于各种不幸的因素"——财产受托人友善地这样表述，教堂欠款约

---

① 此处原文为 in Mild-China。——译者注
② 即后文所说的"救主堂"，上海圣公会救主堂，是美国圣公会在上海最早设立的教堂建
筑，后该教堂因年久失修而废弃。——译者注
③ 指外国海员公墓。——译者注

六七千两。这些欠款通过捐款与收取一些欠费而减至 4 815 两，1872 年的纳税人会议决定放弃要求归还这笔欠款。

水手拜经堂的首任牧师是波纳尔（W. H. Pownall），他一直任职到 1863 年回国，继任者是考夫曼（M. Kaufman）牧师，他于 1867 年因身体原因而辞职；由帅福礼（E. V. Syle）接任，直到 1873 年他才辞去职务。接着，圣三一堂与水手拜经堂的财产受托人商定在圣三一堂设一名助理牧师，此人也应兼管水手拜经堂。而主任牧师布彻无法做出这一任命，他只得亲自主持水手拜经堂，礼拜日下午在浦东的仪式，在一些信徒的帮助下一干就是五年，直到 1878 年。1895 年，有人提议卖了该教堂以便在虹口重建一个教堂。工部局说教堂的土地所有权在 1872 年已被终止，地契已被移交给教堂的财产受托人约翰逊（F. B. Johnson），他已将它们交给了英国领事馆，工部局无权出售这块地皮，而这块地皮也可能已被卖了，至于这座建筑，有人发现就是把它的建筑材料卖了还不够支付拆除它的费用。圣安得烈教堂的地皮，一部分是由索恩赠予的，另一部分是向怡和洋行购置的，费用为 1 000 两。

浦东的地块引起了麻烦。1869 年，英国领事和工部局总办已被选为该教堂当然的财产受托人，但当哲美森领事于 1898 年移交文件时说他托管的仅仅是建筑，该地块仍在比尔、坎宁安和霍布森（Hobson）的名下，没有什么可明确表明教堂和它现在所在的地块有任何关系，这块土地没接受过任何托管。又花了一年时间解决这一麻烦，而后，美国领事古纳（Goodnow）签订了一份契约，任命斐伦（J. S. Fearon）、施高塔（J. L. Scott）和卜舫济博士作为这一产业的受托人，这份产业当时是留存于坎宁安夫人（上述最后离世的教堂产业受托人的遗孀）的手中。据工部局法律顾问杜达尔（Dowdall）所说，为了在另一个地方建一个类似的教堂给予支持，他们有权出售整个或部分的地块。在那以后的 12 年里，在海员中从未有组织地开展过教会工作，但在 1891 年，霍奇斯牧师通过在百老汇路的救主堂（Church of Our Saviour）（承蒙美国圣公会的允许），举行礼拜仪式及购买"日光号"（Sunbeam）汽艇又重新启动了这项工作。

1875 年的《工部局年报》中有一条简短却不乏有趣的记录：主任牧师向巴尔福（F. H. Balfour）和奇塔姆（R. D. Cheetham）"通过演奏簧风琴给予的重要

帮助"表示感谢。

自从教会再次拥有了教堂的产业，它设立了自己的财产托管会和一个章程，并取了一个复杂累赘的名字——"水手拜经堂和布道会（与水手布道会有关）"。

新天安堂是"不随从英国国教"信徒的主要聚会所，它最初起源于租界早期，伦敦布道会的麦都思牧师于 1845 年就开始在山东路麦家圈为外侨做礼拜仪式。

这个礼拜仪式由伦敦布道会的多位成员持续举行了许多年，主要是由慕维廉牧师在主持。1864 年，来自英格兰、苏格兰、美国和几个欧洲国家的代表基督教福音派教会（evangelical churches）的礼拜者自发组成了一个独立分开的教堂。同年，第一个联合"教堂"由会众在山东路麦家圈内建成，教堂于 1864 年 8 月首次用于公共礼拜。这座教堂使用了 21 年后，会众向中国业主购买了一块位于苏州路圆明园路转角处的土地，在这块地上建造了一座新的教堂，并于 1886 年开放，自此被称为"新天安堂"。一座主日学校礼堂和一座新的牧师住宅于 1899 年建成，而教堂于 1901 年被改造与扩建。现在的这个管风琴安装于 1902 年。

240

以下是该教堂历任牧师：

慕维廉牧师　1864—1868 年

托马斯牧师（Rev. J. Thomas）1868—1877 年（有间断）

里夫斯·帕默牧师（Rev. E. Reeves Palmer）1878—1879 年

班福德牧师（Rev. A. J. Bamford）1881—1887 年

久利克牧师（Rev. L. H. Gulick）1887—1888 年

史蒂文森牧师（Rev. T. R. Stevenson）1889—1892 年

史蒂文斯牧师（Rev. J. Stevens）1892—1897 年

达文特牧师　1899—1919 年

罗兰牧师（Rev. A. H. Rowland）1920—

其他教堂，如德国教堂、自由基督徒教堂（Free Christian church）①，或许会放到我们的下一卷中去讲述，罗马天主教祷告的地方将在另一章中叙述。

---

① 该名称为直译。——译者注

241

第19章

厘金、许可证和布告

厘金是清政府所制定的一种商业税。

领事馆翻译卡罗尔（Carroll）陈述，厘金是仅次于土地税的最常见税种之一，需上报至北京，只有得到特别许可，才可拨款专用于地方。"干预其征收是绝对不公平的。"

清政府的这一税种用于军事目的，款额源源不断送至北京，有点像我们的所得税，是一种无限延期的临时措施。包括活厘（Ho Keuen）——对批发货物征税，以及板厘（She Keuen）——对零售商征税。这两种税由商人在进行交易时自己分摊。威妥玛一直称之为"战争税"。

厘金的征收给公使、领事、工部局和商人造成了非常大的麻烦和苦恼，甚至影响至今天，运输通行和扣留执照的问题错综复杂，这两种情况要到别处才能处理。

在所有的贸易线路上，都有征收厘金的关卡或厘金局，所有要想通过的货物都要交税——税额专断。可以想象，对于帝国内部的贸易来说，这是一种怎样的强取豪夺和残酷的扼杀。

1868 年，镇江官员报告，在镇江和镇江浦之间 90 英里的距离内，设有 7 个厘卡。税额似乎根据以下情况而定。一件货物价值 420 文，征收数额则在 40 文到 120 文之间变动，几乎占货物总价值的 20%。关卡的工作人员和下属人员除了收缴额外的税款，向商人进行勒索也是他们获得收入的方式。这些是针对本国货物的税务，而外国货物在过关的时候也并不免费，同样面临勒索。

当然，这一点并不是外侨进行干涉的理由。条约规定，外商可以支付一定的数额，使他的货物可不受阻碍地运至目的地。整个贸易必须在这样的一个体系下进行，当省级官员杀死了能够"生出金蛋"、为外侨和本国商人带来财富的"金主"，商人只有感到激怒。

厘金和租界历史的联系在于，中国人是否有权在租界范围内征收厘金税的疑问。这是一个清楚的问题，一方面英国公使非常希望遵守条约义务，坚持租界里的华人必须和生活在城市中的其他华人一样，在华人当局的管理权限之内，即华人当局可以向他们征税，而外侨不予干涉。

从这一角度来看，很明显有着公平的要素。一个中国人，如果单单通过从华界迁移至拥有治外法权的租界，就可免交本国税款，且不用担心被清政府逮捕，那么，这样的情形会让人无法接受。

另一方面，如果工部局总是屈服于其他当局的侵入，且这一当局拥有与自身全然不同的特性和方式，工部局怎么能够维持这样困难的管理呢？

对我们来说，认清双方在过去的许多争论很重要。根据以往经验，我们现在可以看到，就他们相反的做法而言，要么工部局是错误的，要么领事们是错误的。但是，与此同时，当两种做法都未经考验时，我们也应该在黑暗中谨慎行事。双方都是认真诚实的人，都是为了摆脱混沌寻求稳定的秩序，维持条约的义务，敦促华人履行条约的职责，在外国租界中树立一种有效的角色，抵制对于权利的侵害。但是任何一方都没有自身利器来面对如此情形。如何去做，以及如何调和冲突，都是个问题。就华人而言，如果在工部局和领事们双方争论的时候，能展现出前两者负责、坦白、诚挚特质的百分之一的话，上海如今就会拥有一段更加快乐的历史，以及成为一个更好的地方。

公共租界里关于厘捐的冲突始于 1866 年。

工部局在关于此事的第一封信中认为，该项税种过于沉重。1863 年，一份涉及工部局、领事和道台三方的会议决定，在租界将不实行任何人头税或类似的税种，也不对现存的捐税进行任何额外的增加。然而，领事们认为，参照当时特殊的情况，这一份联合备忘录并没有束缚力。他们承认，中方当局进行了压榨，但并不是本案。然而，这是一种武断的说法，只说明了捐税本身是合法的、并非压榨，中方征收税款没有勒索是无法想象的。

工部局仍然抗议。因为决定外国人或中国人离开租界管辖范围之前，货物免除关税，并不在其权力范围内，尽管他们对此方面没有疑问。甚至在 10 年后，麦华陀表示，关于中方当局主张征税的权利，无论是港口还是非管辖范围内的外人和华人货物，都应从长计议，外国公使们难以决定支持或反对这一意图。

243

但是，关于这一征税是否合法，工部局的态度十分明确，中国人不应该侵入租界进行征税，他们之所以和领事们展开争吵，是因为领事们做出许可，授权逮捕或派遣领事警察来帮助征收。这将是"一次直接违背工部局公认权利的行为，给予外来代理人权利来干涉工部局或负责华人居民事务的巡捕的权责"。"在这个世界性的租界里，工部局认识到，没有权利能够被某一个领事以派遣警察帮助华人征收税款的方式所僭取"，等等。

征税的主要商品是鸦片，大部分税额据说都来自这一税目，远远超过捐税的其他品种，也就是说，巡视所有货物的厘金巡丁将目光全部转移到了华人手中的货物。虽然工部局希望将厘金巡丁从租界中撤除，但在 1883 年，道台声明将安排 23 名厘金巡丁征收租界内的鸦片税，8 名厘金巡丁征收"本土农产品"税，5 或 6 名厘金巡丁征收本土布料税，1 名厘金巡丁征收本土木材税，4 名厘金巡丁征收茶叶和丝绸税。

因此，除了鸦片税的强征外，几乎很少有人议论厘金税，但是关于租界里由领事帮助征税的问题，必须阐述一下。

工部局清楚地知道，城市管理者逮捕租界华人的权利将被用在敲诈勒索上，带有残忍的不公平性。我们无须将过多的愤怒都归结于董事们，当面对所有华人可能遭到的中方当局或衙门差吏导致的错误时，这是每个西方人都必定会表现出的愤怒。对于商人来说，这是一个应用型的问题，中国人已经蜂拥进入租界，因为他们自己的城市对他们来说不再安全，他们的到来违反了《土地章程》，但他们在带来恶习和败坏风气的同时，也带来了工业、商业和财富。这已经不再是一份给他们提供保护的普通职责，而是事关租界的利益，应该鼓励他们留在租界。

另一方面，上海的位置同香港不一样。上海还是中国的领土，没有转让或租借，可以断言，华籍罪犯在租界是安全的，可免于被当地官府逮捕，毫无疑问，这就是治外法权。身处当地的领事们也许赞同或不赞同工部局的观点，但是北京的公使们则没有地域偏见，他们在试图执行对华条约义务上很认真，强烈反对通过合适的代理来干涉中国法律的执行。中庸之道是领事们在所有本地拘票上盖章或副署，之后由工部局巡捕或本地代理者在工部局巡捕的陪伴下执行。

244

1860 年，密迪乐告诉工部局，两个华人在租界被中方捕快逮捕，却被工部局巡捕带走。他说，这是因为华人没有得到领事签署的拘票，但是，当必须阻止非法抓捕的时候，干涉中方正当机构实施法律，这是违反条约的。因而，当拘票由领事馆背书并呈送时，必须释放犯人，这样的拘票在将来必须完全承认其效力。

1866 年，这一麻烦变得敏感，于是有人在纳税人会议上提出如下一条解决之道：

> 由于中方当局在外国租界里对居民进行非法勒索的事件有了令人担忧的增加，继任的董事得到授权，阻止华人被中国捕快外的其他人拘捕，假如有类似勒索案件有待调查，需要中止拘捕。

在第 11 章中，我们已经谈论了这次会议，然而在此需要加以全面重复。

这一解决方案得到大力赞同，但或许是一起要比某些纳税人所想象的更为严肃的事件。

温思达主持会议，他说，基于工部局的要求，他已经向北京提交了这一问题，他的职责不允许他把这一提议带到会议上。熙华德完全支持温思达，他指出，工部局出于自身原因难以走得更远，如果工部局本身干涉华人强征税款，他将有义务进行检举。在其他国家，此类事件由某个商人团体进行管理，会引起暴动。

耆紫薇接着解释，目的在于巡捕章程应免遭干涉，经过盖章后的拘票应交到捕房督察长手里，他希望看到加以合适地执行，而不是公然允许未经许可之人凭借一页纸张就进入华人住宅，逮捕其想逮捕的人。但这一切并不意味着北京会干涉这一征税问题。

霍锦士说，先由领事馆检查拘票，再将之移交至工部局巡捕房执行，令人满意。然而，温思达的一封信令工部局震惊，这封信是关于"领事警察实施的一系列新的拘票"。

领事们被指控签署所有拘票前都缺乏应有的检查。有一个例证，据说，有一份拘票使用了早已被禁止的"夷"字。对此事真实性的肯定者和否定者都有确实可靠的根据。一些拘票被用于敲诈勒索的事例也被举了出来——又遭到了反驳；正反双方都再次提供了确实可靠的证据。本地华人居民被描述为一直处于对各种琐碎勒索的恐惧中。如果在工部局不知晓的情况下，就执行拘票，工部局就被从手中夺走了所有控制权，那么工部局花费时间和精力保护华人也无济于事。

再者，如果领事不参考工部局意见而发出拘票，且12位领事每人都做相同之事，那么结局会怎样？

温思达说，按照指令，他不能实行任何会损害中方管辖其民众权利的政策。熙华德说，他没有权利拒绝签署拘票——他签署拘票只是一种形式，无须审核；签署仅仅表明拘票来自中方正当机构，完全不是准许逮捕。

接下来，温思达和熙华德离开了会议，耆紫薇主持，提议以65票多数通过。两个领事遂得到口信，要求他们返回，因为争议的时刻已经结束。他们个人其实并不想返回，但怀揣一个非常合理的愿望，希望避免敌对情绪的出现，正是出于对社区利益诚挚的担忧，他们离而复返，参加了会议的下半场。

温思达公开表达时非常慎重，但在给公使的信函中表达则有所不同。他说，他之所以重返会议，是因为还有"使这些错误的个人认识到义务的其他手段"，他提到了"非法的篡夺""暴力且非法的决议"和"他们蛮横无理地执行拘票"，他也提到了一位拥有众所周知的精明声望的租地者巧于心计占了便宜——那是霍锦士先生。

双方的立场都很明确。工部局认为除非他们自己的巡捕能限制中方拘票的执行，否则他们不能实施有效治理。这听起来似乎合理。但领事们有责任严格维护中方的条约权利。

它坚持的原则会使工部局成为真正的"国中国"，能够控制华人居民和他们自己的政府之间的关系，使领事们维护中方当局所拥有权利的努力变得无效。 246

一个享有治外法权的市政机构，其地位必定异常。温思达总是急于尽己所能帮助工部局，保护华人居民免遭勒索。然而，抵制道台和知县所签发的正式拘票，以及商人们正当纳税，会助长错误的看法，即工部局拥有对涉及条约义务相关事件的处理权力——这更加危险，因为这来自一个履行公共职能的代议制机构。

工部局希望保护华人居民对抗他们的政府部门；领事们希望保护中方当局以对抗工部局；工部局则与自身做斗争。困难之处在于，虽然所有人都有权利，但这些权利含混不清；他们彼此冲突，至今未能实现妥协。

三方运作的心态值得注意。领事和公使们毫无疑问希望他们的国家贸易繁荣，等等。但是，他们也渴望自己国家的荣耀，小心翼翼地不违背诸多条约。工部局或租地人仍记得租界建立的目标——和平的贸易，渴望更快、更远地推进他们的权利，而好政府总有益于华洋双方。因利他主义指控一个商业社区不免荒唐。他们保护当地华人是因为大量人口意味着繁荣，而勒索可能促使华人离开。的确，温思达在他给阿礼国的急件中说，华人财产的贬值是导致强烈抗议产生的真正原因。租界内建有过多的建筑，然后大批华人同时离开，然后为了填满空空的房子，从事被中国法律禁止的生意的租户被接纳，而租界便成了"一个巨大的藏污纳垢之地，妓院、赌场和烟馆林立"。由于租界内高昂的地价和房价，体面的人去了城市的郊区。因而，外籍业主不得不推行这一理论，即租金的支付应该使华人租户免除所有的国家义务——居住在租界内，华人就应免除中国的所有捐税，同时，考虑到支付了租金和特定的市政捐税，"外国政府应该保持用于保护的军队和舰队，以及用来管理租界内华人的法庭和花费甚多的各类机构。"

温思达的严肃宣言诸如此类。我们感受到了工部局的角色，持有不变的公正的意识，整体目标就是为了进行更好的治理。

第三方参与者是中国当局，不能说他们在这一进程中提供了帮助。他们主要的愿望似乎是阻挠外国人的行动，同时通过诡计、勒索和贪污来获取一切好处，很少考虑自身的条约义务，更多关注的不是他们国家的荣耀，而是他们的"主权"。

争论之后，温思达认为，打败"这一篡权企图"的最好方法是诉诸法律，所以他向洪卑寻求建议。

温思达说，作为最后的一个办法，他可以被逼申请援助以保护自己和领事警察履行他们的职责，但是他渴望避免这种极端行动，并相信英国人肯定会尊重关于此项决议非法性质的权威声明。证明这次会议的真实情况并不困难，如果这些真实情况能成为针对工部局中英国人的一项禁制令的基础，而且如果合宜的话，他准备聘用法律顾问。

洪卑回答说，那项决议提出和通过的方式已偏离并超出那次会议召开的目的，因此没有任何效力，在某种意义上是非法的，完全无效，不具有约束力，事实上这是一纸空文。

法律诉讼是不必要的。但他进一步认为，签署拘票也是毫无必要的；把这些很有可能是肆意压迫行为的拘票提交给外国领事一方是不正确的。中国当局要为自己的行为负责；既然没有人有权干涉他们和其国民之间的问题，就没有人应冒险去分担或看起来分担这样的责任。

对这个问题的评论是询问如何确保中方拘票的真实性和合法性，以及是否允许中方当局通过勒索和压迫将华人赶出租界。

洪卑继续说，工部局或巡捕对此类事件的干涉显然是违法的，英国国民公然的干涉行为会受到严厉的惩罚。《祺祥英字新报》建议，中国当局应预备好一份合法税款清单，这些捐税应该由工部局代为征收，并扣除征收成本。洪卑赞同这个意见。

　　但是，在一个评论中再次提出，以犯罪或违法为借口，目的是勒索，对这样的抓捕要怎么处理？征收税款不会涉及刑事或巡捕拘票的问题，处理这些刑事或拘票问题将直接干预中国当局对其本国人民的法权和领土权。温思达也认为，征税就要退回已缴纳的租金，就像澳门葡萄牙人向清政府缴纳商税，由此获得自主管理租界的权利。

248

　　这一真正困难问题中的另一个因素，一个不指出来我们如今就不会想到的因素，就是温思达生怕英国人向前的任何一步，会成为他人在相同方向上更大一步的信号，可能会导致不同国籍者的众多独立国家出现，正如 18 世纪中期胡格利河（Hooghly）沿岸的情形。

　　领事公告连同洪卑的信函，一起刊登在《字林西报》上，但几乎无须说明，他关于法律诉讼和会签的意见被省略了。

　　直到 1897 年，关于整个争议的乏味记述才得以终结，厘金局出现在北京路，据说这并非租界里唯一的一个。赶走它们的命令立即发布了，但逮捕申请则被会审公廨拒绝。

　　领事认为，提出此问题的时机不合适，并建议工部局应该继续执行逮捕华人厘金巡丁的策略。来自福州的类似案例正在北京的考虑之中，因此上海的时机不对。

　　1898 年，至少发生两起华人巡丁逮捕租界内华人的案例。工部局非常愤怒，威胁要采取措施来阻止今后再发生这种行为。工部局认为，这是一个好机会，领袖领事应坚持每名犯人得先在会审公廨受审，并坚持不允许城市地方行政长官的差役在租界内活动。结合这么晚的日期看，这显得很可笑。

　　1899 年，非法逮捕又成为麻烦，令人难以置信的是，又有一个厘金局于该年的 12 月出现在租界。接到申诉的领事团说，这一事件必须由会审公廨谳员解决。但是工部局用文件说明，征收者直接听命于道台，因此会审公廨谳员无权惩罚他们。

　　中国当局在租界内张贴公告是另一个长期争论的焦点。因为中国官员是民之父母，大量管理是由公告来施行的，以此告知人们的义务，敦促人们尽义务，并对违抗者施加威胁。可以举出这种家长式管理方式的例子，有些可被称为母系式的，甚至是婆婆妈妈的。

> 海防同知吴① 发布了一则严肃的布告：在上海的国际商业社区中，有好人，也有坏人。我已经听说，有骗子和地痞成群结队，其中一半以上在租界投资（原文如此）②，伪装成巡丁和警察，初来者由于还未意识到这些伎俩，常被引入歧途。于是，他们的儿子和年轻的兄弟们，在循规蹈矩之前，就已经被他们引入歧途，民众多受其害。这些骗子比如徐阿才、程松亭等人，棍痞独眼龙阿九、黑麻子阿福等人，或冒充胥吏书手，或出示假冒传票。这些都是发生在上海的普通事例。我被委任为海防同知，发布了这一布告，作为给所有人的警告。有罪之人读到这一公告，应立即改邪归正，以免严惩不贷。

通过这种"要么做好人，要么掉脑袋"的方式，高效的管理是否能够就此形成，看法不一，然而每一种看法都很容易通过观察而形成。比如，骑马在有轨电车的平台上是严厉禁止的，这样的警告可能在发出警告的人身上产生道德光芒，至少使他们免于责任，并且能使老百姓，甚至包括罪犯，感觉到他们被照顾得有多好。工部局抱着赞同的态度旁观着这样的劝诫——就如切嘱不要从行驶中的汽车下车这类的劝诫。但是，由于公告通常包含着禁令或命令，会和工部局的权威产生冲突，并造成摩擦。我们再一次看见了三角形权力。针对没有经过其知晓和同意，就在租界张贴中方公告，工部局早在1868年就提出抗议。另一方面，领事们认为，公告应该首先送到领事团进行审查，而在张贴之前得到工部局的同意并不是重点。然而，工部局重申了他们的声明，并于1871年公开发布了一则命令，要求所有这类公告必须得到警务委员会的同意，并要

---

① 吴健彰，1848—1854年任上海道。——原作者注

② 查中文谕告原文为"余素知无赖地痞，结伙成帮，多半混迹租界"，谕告英译者用"invest"翻译"混迹"，本书作者似未能理解"invest"此处确切意思，将之理解为"投资"，但又觉得不通，所以加了括号说明"原文如此"。为保持原貌，译者未作纠正，采取直译。——译者注

盖有工部局的印章，如果没有这些，贴出来他们将直接撕下来。在法租界里，如果没有得到公董局的允许，将不可能张贴公告。公告就这样一次次地被撕下来，直到领事们说，他们没有权利将之作为一个原则问题，要求中国当局将公告呈送给工部局，但他们也承认，在实践中很多事情应该以这种方式得到控制。领事们认为，如果将文件提交给领袖领事并由他签署，就满足了这个要求；他接下来会给工部局一份副本；但是在回应这一妥协尝试时，工部局坚称，不能期望工部局巡捕来保护没有经由工部局盖章的公告，他们将坚持自己的检查权和盖章权。于是，领事们同意了，甚至提议所有公告在领袖领事签署之后，都应送由工部局巡捕张贴，或由工部局巡捕陪同下的华人张贴。在这个新的约定下，1876 年 7 月，有 6 则公告被送到了工部局，并要求工部局告诉巡捕，必须在公告张贴后对其进行保护，不必加盖工部局大印或其他任何印章。最后的一则建议看起来更像官方怒气的最后一脚。两年后，中方官员想张贴这样一则公告：禁止妇女在寺庙里敬拜；关闭 30 家由假冒的和尚所开办的小型神屋或"佛店"；防止过度支出。工部局向领袖领事提出反对，因为巡捕对这些地方没有抱怨，这些"佛店"真正的麻烦在于，它们干扰了城市中更大寺庙的生意，而且不支付平常的压榨。工部局坚持，就如事实上假定的那样，中方当局没有权力关闭租界里的场所，而工部局自身有权拒绝公告，除非首先提交给他们盖章。此公告随后被撤销。

我们略过一个后面将论及的重要案例，直接到 1884 年 10 月，发现领袖领事询问，盖有其印章的公告为什么已被巡捕扯下。答复是，他们只是暂时移除，因为早在 1876 年，大家就同意，应将盖有领袖领事印章的公告送至工部局盖章，再由巡捕张贴。在此案例中，很明显，公告完全不应张贴。表面上，这份公告要求华人志愿者自愿为老闸（Louza）捐款，但事实是，一位军方大员已经会同地保要求福州路附近的店铺必须进行捐款，甚至指定好了金额。工部局要求应遵守 1876 年的协议。对此，领事们回复，工部局错误地认为公告应加盖工部局印章。记录在案的协议只是说，在领袖领事签署这样的文件之后，它们应该递交给工部局，由巡捕或巡捕陪同华人进行张贴。

来往通信表明，工部局对于公告应递交给自己加以盖章的声明得不到支持；

251

只要这些文件提交给领袖领事，公众利益就得到充分保护了，领事团力拒工部局这种公告不应张贴的指责，认为是否张贴纯属领袖领事考虑的问题。在这个事例中，与惯例有些偏离，因为这份公告是由总巡送至领事馆，因而被看作工部局已同意了，便没有返回工部局。然而，一封寄到会审公廨谳员的信中说，租界百姓受工部局巡捕的保护，并缴纳税款给工部局，领袖领事因而强烈反对强迫捐款。

一年以后，在事情明显悬而未决时，领事又收到了一则关于烟馆中女性的布告，决定将之公开。领袖领事写道，工部局会议记录给人留下的印象是，工部局的程序是在公告交给巡捕之前先对其进行检查。如果是这样，他再次要求注意 1876 年协议和 1884 年通信，其中都规定了这样的内容，即张贴与否只能是领袖领事决定的事务。

对此，工部局递交了一份语气强烈的意见进行答复，要求领袖领事将这样的布告返还给中国当局：“不能允许会审公廨谳员处理或制定规则来管理外国租界里的中国人。”

此话题说了这么多之后，1886 年，在关于戏院等场所的公告中，“很高兴”读到了中国人的厚颜无耻。工部局已经对领袖领事说，此举并非必要或明智——巡捕可以负责这些地方的秩序。于是，谳员询问，为什么还没有张贴这份布告？如果领袖领事乐意退还公告，他会让自己的下属张贴这些公告；领袖领事可不可以在将来将盖了章的公告直接退还给他，而不是交给工部局！至此，此话题的争议已有 14 年，这启发了中方当局。

这个难题持续了许多年，其间的各类公告，有关于华人戏馆的，有关于在舞台上穿戴现代服装的，有关于其他事务的，通常都是一种勒索方法，这给领事团和工部局带来了麻烦：是盖章，还是拒绝，还是撕下？我们上面提及的从常规叙述顺序中略过的那个重要案例是在 1882 年 10 月，当时会审公廨的谳员在道台的建议下，发布了一则针对一家棉纱公司的公告，这家公司由华人以外国人“魏德卯”（公懋洋行）① 名义所建。对此，将在下一章更适当地叙述。

---

① 原文为 "Wetmore（Frazer & Co.）"。——译者注

因此，对这样一个可称为国内事务的明确问题，十五年并不足以解决。

实际上，要不是本书即将杀青，我们会开一个新的章节来说明上海的历史不仅是重复自身，而且是以一种回到起点的方式。因为我们记载了知县如何发布了一则禁止捕捉买卖青蛙的公告，又如何因没有领袖领事的签署而被扯下。而整个问题在 1893 年再次出现，时任领袖领事的华德师（Valdez）想知道，一则已经盖有其印章的布告为什么在张贴之前还要由工部局再次敲章——他称这是不寻常的流程。

俄国领事——领事团中在此地最年长的居民，赞同这封信，当工部局总董告诉他，工部局印章附在所有张贴在租界里的公告上时，他说，根据领事们的看法，今天的工部局在租界中霸占了太多的权力。

对此，总董从工部局法律顾问那里得到以下书面意见：

> 我认为，工部局是唯一的权威——能够指示公共租界的街道上张贴或不能张贴什么样的布告。各条约国领事没有超越工部局或委托给他们事务的权力。章程第 9 条和第 10 条委任了工部局作为公路的监察员并管理街道。

工部局将一份答复随后递交给领袖领事，并告知他，工部局印章的作用并不是执行公告，而只是为了保护公告。这已经是 1876 年之前和 1876 年以来的一般程序，现在的工部局仅仅是在延续前任们的做法。

我们可将工部局勇敢的态度同早期进行比较，市政当局始终在加强自身的独立和权力，虽然答复的语气显得谦逊和得体。

第20章

墓　地

正如上卷所述，租界中第一个墓地位于海关后面，第二个墓地则是目前仍在的山东路坟墓。1863 年 9 月，由于老墓地"状况不佳"，决定必须建造一个新墓地，如有可能，应建于租界界外。最初的建议是将墓地建于石桥外的苏州河附近，但最后卜鲁斯选择并得到的地方位于现在法租界的延伸段内，即八仙桥。据报导，新建公墓于 1866 年 5 月准备完毕，但工部局教堂司事戴惠克（Twigg）报告说，英国人公墓和浦东公墓仍有空余墓穴，而新建成的公墓在高潮位时被淹，需要垫高四英尺，因此老公墓就一直保留使用到 1868 年 5 月。1868 年 11 月，八仙桥公墓举行了奉献典礼，工部局规定所有的新教牧师都可参加它的宗教仪式，罗马天主教徒如果愿意亦可参加。次年，八仙桥公墓决定为打算运送回国的尸体建造一座墓室，寄厝时间期限为两年，每年收费 5 两，但最终这一决定被取消，改由山东路公墓教堂作为尸体寄放地。

八仙桥公墓所购土地约为 100 亩，平均价格为每亩 100 两。公共租界要支付的总费用约为 2 万两，法国人打算承担一半的费用，出售老墓地的地块又返还了其中的一部分，余下的费用预计将由自愿捐助来补偿。

工部局自 1866 年 1 月起开始负责管辖所有的公墓。

工部局获得八仙桥墓地时就打算不仅仅供英国人使用，也可为新教教徒所用，因此，到 1871 年时已有七名美国公民葬在那里。美国侨民为了表示他们的感谢，主动提出在不损害英国人权利的情况下，出资修筑一条小路连接公墓大

图 16　八仙桥公墓

门与大路并建造一座公墓教堂。韦尔斯·威廉姆斯（Wells Williams）将这一情况上书威妥玛，威妥玛回复说尽管这些工作本应由"我们亲自"去做，但他不能拒绝美国人以这样的理由及友好的态度提出的这种请求。这一情况被提交给了英国国内。

美国公使镂斐迪给华盛顿写信，报告说英国人已经以 3 000 元的价格买下土地建造了一座供新教教徒使用的公墓，并允许美国人使用。作为回报，美国人花了 360 元对公墓做了一些整修、增建，这笔资金一部分由传教团体提供，他认为美国政府应该全额支付这笔费用。

我们会注意到以上有一些问题需要解释。例如：上文中的某处说购买土地已经花费了 1 万两，或者说，英国人至少分摊了其中的一半费用，而镂斐迪说是 3 000 元。工部局公布的财政报告并没有把这件事情说得更清楚，在 1864—

1865 年的年报中我们只找到了"坟墓，549.02 两"的记载，我们也不清楚募集到的捐款究竟是多少。

另外，上文提到卜鲁斯已得到了这块墓地，而 1864 年 5 月召开的工部局董事会会议却指示总办"为购买墓地做出决断并获得通常的地契"，当然这并不是一件困难的事，但这会令身处现今不同时代的读者立刻意识到：上海的西人社团如果不麻烦北京的公使就不能埋葬死者，360 元的费用也需要与华盛顿通信。无论当时领事当局是否流露出对此有多么反感，但这种情绪还是存在并增长着，这可以从执行令、公告上的领事印章问题及领事法庭直率的评论中看到。

1871 年，有人抱怨八仙桥公墓状态混乱，于是就将该公墓交由看管板球场和公园的人照看。

位于湖北路（Hupeh Road）与广东路（Canton Road）之间的伊斯兰公墓（Mohammedam Cemetery）自 1850 年代末一直使用至今，它主要用于安葬印度和马来（Malay）士兵。

静安寺路、马霍路（Mohawk Rord）转角处的犹太公墓是老沙逊洋行（D. Sassoon and Co.）于 1879 年送给犹太社团的一份礼物。

上海县城老城墙旁的英国士兵墓地经私人捐助者管理有序后，与其他的墓地一起被工部局接收。在那里埋葬着皇家炮兵、皇家工兵第 31 团和第 67 团、军需部门部队的士兵，以及许多俾路支（Beluchis）士兵的尸体，他们都死于外伤或霍乱，俾路支士兵的营房在四明公所旁边。据说有 2 000 具尸体葬在那个墓地中，但毫无疑问这是言过其实了。据 1887 年的记载，没有人负责维持该墓地的良好秩序，这种说法是奇怪的，因为所有的公墓都是在工部局的管辖之下。墓碑上刻写的碑文迅速变得模糊不清，当戈登于 1880 年来这里视察时，才让这个墓地得到关注——我想当时西人社团一定受到了许多的指责吧。

这块墓地是中国政府给的，但领事馆却没有地契的记载，也可能是已毁于 1870 年的大火。

1888 年，工部局测量员报告说有三块纪念碑几乎已字迹模糊。由于它们是固定在老城墙上的，所以在维修之前，工部局不得不请求领事得到道台的许可，然后花了 80 两白银用绿色的宁波石更换了旧的纪念碑。

1886 年，山东路公墓以一种微不足道但又有趣的方式在我们的故事中又浮现了出来，一位名叫怀特（C. White）的人写信说他持有 11 股山东路公墓的股票，这些股票是他一个已故的叔叔通过一份赠予证书给他的。这块地看来是由麦都思（是传教士，而非那位领事）登记于 1848 年，1872 年，麦都思的遗孀、儿子及遗嘱执行人将这块地转让给了工部局。怀特持有一份早至 1847 年 1 月该公司持股人的完整名单，他注意到这块地被视做工部局相当可观的一份财产，而他认为工部局只是作为一家公众性公司的财产受托人在保管这块地。我们发现，事实上，"相当可观的财产"只是指三个公墓——山东路公墓、浦东公墓和八仙桥公墓的花费约 3 600 两！工部局的回答是只有公墓教堂及门房构成了一份财产，而土地实际上是属于墓穴所有人的，这些人已以一个固定价格支付了墓穴的费用。当怀特发现他的 11 股股票并不代表着财富，这对他来说或许是一种痛苦的失望，其内情也许只有他的叔叔知道。

后来，管理怀特财产的金尼尔（Kinnear）将这 11 股股票移交给了工部局，条件是如果一旦公墓被迁移，土地应仅用于公益，他还移交了 1847 年的持股人名单。工部局认为如果将公墓转变成开放空地，这份名单将会有用。

山东路公墓教堂于 1896 年被租给英国圣公会（Church Missionary Society）用于中国基督徒做礼拜。在此之前德国社团已就租用公墓教堂事宜作过询问并有优先租借权，但当证实他们不需要时，公墓教堂被租借给了英国圣公会，条件是付一点象征性的租金及停租前提前六个月发出通知。第二年，西蒙斯牧师（Rev. C. J. Symons）询问工部局可否允许英国圣公会自己出资来扩大公墓教堂。

至 1895 年，八仙桥公墓已没有太多多余的墓穴，而所有邻近租界的土地又都在涨价，工部局便以每亩约 500 两的价格买下了涌泉（Bubbling Well）旁的 64 亩土地。

256

大约在同一时间，詹姆斯·布坎南（James Buchanan）提议建造一个火葬场，在 1895 年的纳税人会议上，大家对这一提议进行了讨论并投票表决。

静安寺公墓、公墓教堂和火葬场都是在 1897 年建成，总耗资超过 5.6 万两。第一次火化始于 1897 年 8 月，第一次下葬始于 1898 年 10 月。

1899 年，日本人希望将一名日本女士的尸体火化，并希望可以在静安寺公墓教堂举行一场日本的丧礼仪式。对尸体火化没有人提出异议，但霍奇斯（Hodges）写信说如果公墓教堂被用于举行一个非基督徒的仪式，就不能再给基督徒用于下葬仪式了。达文特与慕维廉也持同样观点。工部局只得召开了一次纳税人特别会议，会议不顾一些人的反对，经过表决，决定应接受不同宗教信仰差异的存在。

第21章

医　院

　　上海在 1862 年有两所医院——上海医院及诊疗所（Shanghai Hospital and Dispensary）和海军医院（Marine Hospital）①。由于这两所医院无法满足日益增长的公共需求，有人提议设立一所公济医院。医院发行了 100 两一股的股票，被认购 3.1 万两，并任命了医院理事会，这使医院带上了一种半商业化的气息。

　　1864 年，他们用 2.3 万两购买了位于上海县城西门与四明公所之间的土地，后又出售了其中的部分土地，得银 1.6 万两。

　　医院以 4 000 两的过高租金租用了一所房屋供工作人员使用，住宿条件是恶劣的，医院没有驻院医生，也没有驻院医生愿意接管医院事务。医院委员会有良好的愿望，却没有专业的知识，而修女中只有一人会讲英语。不久，医院租用了一间更合适的房屋并以每年 1 000 两的薪水雇用了一名干事采购物品、记录账目，这使医院的状况得到了改善。随后的一份官方报告称，医院或多或少是以私人投机买卖的原则进行运作的，医院理事是三个有影响力的商人，他们只对是否能从资本投资中得到相当的回报感兴趣。医院没有公布任何的财务报告，也不让领事们和其他官员去参观。因财务工作中的粗心而引出了财务上的尴尬局面：医院的支出比例被升高了，导致结欠 5 000 元。但在英国领事的紧急交涉下，医院非常不情愿地返回到原来的支出比例。卫生干事领取 800 镑

---

　　①　这两个医院名是直译。——译者注

的高薪，住在外面并有一个私人诊所。有人透露病人被留在医院的时间长于他们必需的时间。天主教修女管理着医院，尽管她们的自我奉献精神是毋庸置疑的，但无疑她们也劝诱病人信教，还有很多关于她们让病人在临终时皈依天主教及对新教神职人员进行刺探活动等的传闻。直到 1868 年 6 月，温思达领事从未被要求参与医院的管理工作，而他本人也不急于要求分担管理如此不完善的医院，但就在该月，医院持股人建议英国、美国和普鲁士的领事们应加入医院董事会并拥有一份投票权，温思达认为这简直是一件可笑的事，因为医院收入的约三分之二都是通过英国领事馆支付的。

258　　　1868 年，停驻于港口舰船上的海军医院（Naval Hospital）被关闭之后，病人就被送入公济医院就诊。有人希望这能增强公济医院在医院事务上的发言权，但海军军官不久便抱怨士兵们常常被阻止参加新教仪式，在患病的状态下外出游荡也会被允许而没有任何的限制，而且医院也没有一名驻院医生。

报刊上自然也不乏批评之声，大家承认医院是值得尊敬的，修女们也是奉献的楷模，但必须敦促医院提供一名驻院医生。到 1870 年时，这种公开指责之声是如此强烈以至医院理事会只得任命一个由三名医务人员组成的委员会来检查医院事务，他们的报告是持肯定态度的，一份海军医生的报告也是如此评价的。当时的财务状况是良好的，最初有 3.1 万两被认购，但其中的五分之四已被上交给医院理事会，余下的约 60 股股票主要用作信托或清偿债务之需，最初的股票认购人从未拿过一分钱的收益。

医院理事会的手中有了 1.3 万两，于是打算建一所医院。

然而，1872 年时，有报告称来就医的病人数量逐渐下降，现金收入也随之减少，这是因为蒸汽船已大批取代了帆船，船员在港口待的时间没那么长了，这意味着积累起来的资金在两年内就会被用完。有人建议将医院搬到更小的房屋并减少医务人员，但由于它是外侨社团唯一可依靠的医院，医院理事会采取了向工部局请求帮助的办法，作为回报，他们则向工部局的雇员降低就诊费用及提供一些免费床位。

作为回应，工部局每年资助 2 000 两并持续了几年。但在 1875 年，事情有了新的进展，耆紫薇建议工部局应授权通过预付 3.5 万两的方式帮助医院理事会，而医院理事会则需将医院的财产、土地、建造图纸和偿还贷款的准备金都上交给工部局作为抵押。该动议几乎被一致通过。然工部局通过调查发现，该医院不是一个盈利机构，医院的抵押保障并不理想，因而不能继续进行贷款，于是就召开了一次特别会议对医院理事会申请 2 万两的贷款予以考虑。

医院理事会已购买了几英里外的苏州河附近的恩迪科特花园（Endicott's Garden）的地皮，大量持久的讨论都是关于医院远离中心城区的不利之处——一名驻院医生是必需的，并讨论了该地点是否有益于健康，医院理事会的管理也遭到了许多的批评。会议的结果是通过了一个修正案，即工部局应与医院理事会谈判接管医院所有的财产与权力并建立一所工部局医院。投票者中有 43 人同意该修正案，26 人反对——票数分别为 116 与 102。

至于医院的选址，除了已购得的恩迪科特花园外，还有旗昌轮船公司宁波码头（Russell's Ningpo Wharf）下方的何德花园（Heard's Garden）、霍华德码头（Howard's Wharf）所在地以及由汉璧礼无偿提供的位于吴淞路以西、苏州河边上的土地，但是所有这几个地块都遭到了反对。

此前的五年里，医院医疗费的年收入已达到了 1.27 万两，但即使有工部局、公董局的资助，它还是不能自我维持运转，有人预计新医院每年可能会有 6 200 两的亏损，同时还有许多对修女护理工作的批评。有人给报纸写信反映说她们不愿做夜间的护理工作——詹美生（Jamieson）[1] 否认了这种说法；另有一人来信讲到一位路德教教友在临终前皈依，为此一名领事向耶稣会会士付了 150 元作为该教友做弥撒的费用，还有一人来信说有一名病人长达 17 小时得不到照料等。

圣文生·保罗仁爱会修女团（Sisters of the Charity of St.Vincent de Paul）和医院理事会签订的协议规定应有六名修女照管医院（如果可取的话可增加更多修女），由修女长负责；修女们有 2 000 法郎短途旅行的旅费，年薪为 1 600 法郎；她们是"驻院的修女"而非受雇者，不应护理梅毒病人或做室外工作；她们死后的丧事费用由医院支付，在终止协议前须提前一年通知对方。

---

[1]　詹美生（R. A. Jamieson），1862 来到上海，曾任《北华捷报》主编，1866 年辞去新闻工作，两年后，在都柏林取得医学学位，之后在上海开业行医，1895 年去世。——译者注

根据医生们的批评意见，修女们可能是最好的人选，但麻烦在于医院是处于修女们的管理之下而非医院理事会的管理。

性病医院（Lock Hospital）可能更适合放在另外的章节中讲述，在那个章节中我们不得不讲到上海的卖淫问题。

工部局与医院理事会之间的谈判导致了一个相当明确的结果。医院理事会一致反对将所有的权利与财产移交给工部局——这将是一件违背信用的事，他们将失去法租界公董局每年 1 000 两的资助，另外可能还有他们申请重建医院的 7 500 两。而一些领事出于职权当然也是站在医院理事会一边的。熙华德为自己辩护说，同时，他认为也是在替麦华陀说话，他说他不能让自己的行为受到纳税人的批评，他强调医院名称中"公济"这个词：就是指医院不应失去法国人的支持。此外，医院理事会还反对将医院的年报收录到工部局的年报中。

另一方面，工部局不能违背纳税人所表达的意愿，即医院所有的财产和权利应移交给工部局，而纳税人也不同意医院理事会不受公众的批评，他们看不出公布账目会产生什么贬损，而是认为，公共的钱也就是涉及管理等方面的公共权利。

最后商定应由领事团每年推选三名领事作为医院理事，另外还包括四名英国纳税人和两名法国纳税人，工部局无偿捐赠了 5 000 两，公董局捐赠了 2 500 两。

新理事会出售了恩迪科特花园的土地，得银 9 000 两（损失了 3 000 两），并购买了苏州河的这块地皮，现在医院仍位于此处。工部局资助的 7 500 两，几笔小额捐助款加上从医院理事之一的埃梅里处贷得的 1.3 万两的贷款（其中 3 000 两是免利息的），凑成了购买土地与建造医院大楼的总资金，但没有公布支出费用的细目。于是在 1877 年 3 月，医院对外开放，欠款 1.3 万两。汉璧礼（医院是向他购买的土地）捐助了 1 500 两用于购买办公设施并支付了医院一年的购买药物和手术器械的费用。

工部局和公董局继续每年分别资助 2 000 两与 1 000 两，但相对应的是医院承诺接收工部局和公董局送来的贫穷病人。相当有趣的是在捕房报告的统计中发现，在该年中有如此多的贫穷病人被送进医院，住了那么长时间，"相当于一个病人待了 1876 天"。他们住院的费用被记在工部局和公董局的账上，每天为 1 元，医院以这种方式及对工部局、公董局雇员的这种服务，将资助几乎全部偿还了。

1878 年，起草了一份财产转让契约，医院理事会此后被称作医院董事会，为了移交财产（如果一旦需要），三名其他人员被任命为医院理事。

对于事态的发展，在我们所叙述的时间段内可记录的已所剩不多。1882 年有人抱怨医院的收费、厨房太远引起的用餐不便，及医生开错处方，也有一些由于宗教问题引发的矛盾，早、晚的简短祈祷需经医院董事的允许方可进行。

公济医院仍然无法满足外侨社团的需求。医院拒绝收治急性躁狂症病人，1894 年，当上海可能发生鼠疫时，医院提前决定不接收鼠疫病人。工部局于 1883 年拨款 5 000 两用于设立公济医院天花病房，以取代那些此前一直用于该用途的本地房子，然而好些年后，由于病房不足，公济医院不得不拒绝收治天花病人。关于霍乱，1895 年，山东路医院隔壁的山东路 2 号的一位居民写信给工部局，抱怨说"五具尸体被胡乱地放在我厨房窗户旁的空地上。昨天，发生了同样的事情，今天在那儿我又看到了尸体"。工部局总办给予这位绅士的是于事无补的安慰："在您目前的住所从未出现过任何霍乱的病例，虽然这所房子作为居所已有三十多年了。"这封信又洋洋得意地加了一句："尽管霍乱的情况有时比以前糟糕得多。"至于抱怨者说的几天内就可建立起来的隔离医院，工部局说它要花两三个月，而到那时霍乱也可能已结束了。但是，还是出台了要求霍乱病人的尸体不应随处乱放的规定。

尽管在上一年，伯奇医生（Dr. Burge）已提出并催促建立一所传染病医院的问题，但亨德森医生（Dr. Henderson）（工部局征求了他的意见）表示在这个项目上有着无法预期的各种困难，故而该计划被推迟了。

一个仅在暖和天才启用的临时隔离医院于 1898 年在施高塔路（Scott Road）建成，用以收治脚气病患者。这块地是由工部局在前一年购置的，打算不久建造一个永久的医院，尤其当山东路医院宣布它将不再收治霍乱病人之后。

斯坦利（Stanley）① 在 1899 年敦促必须为当地天花病人建一所隔离医院，并

261

---

① 此人时任工部局卫生处处长。——译者注

建议应将福州路上的性病医院出售，这所医院在所处地点及其他方面都不太适宜且过于拥挤，他认为隔离医院和性病医院在一起工作可能会更有效率且更经济。

中国医馆（Chinese Hospital）是由雒魏林医生于 1844 年开设于上海县城的东南郊，医院在那儿开办了两年半后花 3 500 元购买了北门外的一块地，并于 1847 年开始运转。合信接替了雒魏林的工作，然后上任的是亨德森。1861 年这块地被出售，一座新大楼在山东路的麦家圈内建成，七年后，这座房子被拆除，医院向教会租用了一幢石头房子。

医院与宗教团体并无联系，它们只是租户和房东的关系，它向伦敦会租用了一小块土地，租借期为 25 年，并有续借的权利。1873 年，由于经济状况恶化，无力租借房屋，它向华人与西人捐助者募集了 3 000 两，并向工部局申请资助 2 000 两。25 年来，它已为外侨社团做了大量无偿的工作——所有的马路事故等，都是由巡捕带入该院就治的，所以它并不是在请求工部局帮助一个慈善性的机构，因为这种惯常的做法一直是工部局十分反感的。在多次沟通后，一份修正案同意：如果工部局不能开展他们的性病医院计划，给性病医院的拨款就转拨给中国医馆，接着 2 000 两的拨款就被拨付了中国医馆。新医院大楼（现在仍在使用）于 1874 年对外开放。

中国医馆除了多年来给当地居民带来的无可置疑的裨益，及它在破除华人的偏见和迷信上所起的作用外，它还有一个从某种程度上不太被记住的益处：只有在这样的一个机构中，疾病的已知类型的当地变异特征才能得到很好的研究。比如，在亨德森医生的报告中，我们或许可找到许多当时新的有价值的观察资料，更有趣的是还可看到这些病征是否已成为普遍特征，还是被证明是错误的，例如，当亨德森谈到麻风病时，他写到他从未见它侵袭过吸食鸦片者；他还讲到，鱼雷鱼或电鳐的鱼子中有致命毒素（只是在鱼子中），对华人是众所周知的事情，而在任何关于毒素的外国著作中却从未被提及过。

同仁医院（St. Luke's Hospital）是隶属于美国圣公会的一个重要机构。1867 年，汤姆森牧师（Rev. E. H. Thomson）用收到的 100 元"绿背纸币"① 开

---

① 指美钞，1861 年美国联邦政府发行的法定货币。——译者注

办了医院，汤姆森牧师和玛高温医生以每月 5 元的租金开设了一个小诊所。此后，詹美生、西恩（Thin）、亨德森、詹查雷（Zachariae）和麦律得（Macleod）等医生都相继给予了帮助。最初它叫"虹口医院"（Hongkew Hospital），并于 1880 年迁入现在的房子。1880 年，一位来自费城的希尔兹（Shields）小姐资助了 1 740 元使它还清了债务，纳尔逊医生（Dr. Nelson）将它移交给文恒理医生（Dr. Boone）① 管理，1883 年李朝平（Li Chao-Ping）和几个朋友捐助了大约 1 万两。

体仁医院（Gutzlaff Hospital）于 1882 年和同仁医院合并，有 16 张病床被称作"体仁纪念病床"。工部局将给这两个医院的补助继续发给同仁医院，每年 400 元。

1886 年，同仁医院向工部局提出了一个奇怪的建议，即通过每月向每辆领有执照的人力车征收 30 文税费来增加对它的补助。当然，工部局无权同意此提议。

宁波路上紧邻老闸捕房的体仁医院是由詹美生医生创办的。1872 年，它的经济状况陷入困境，亨德森建议工部局应买下该医院并将它作为性病医院使用，但詹美生宣布它应继续存在下去而且它是这里最好的医院！我们或许可以从中觉察出这两位医生彼此并不喜爱对方。詹美生在 1877 年说他从未公布过任何的财务报告，因为收入从未与支出持平过。这是荒谬的，因为没有财务报告，公众是无法知道医院的需求的。

正如上文提到的，体仁医院于 1882 年与同仁医院合并。

263

---

① 文恒理（H. W. Boone），1839—1925 年，美国人，生于爪哇巴达维亚（今印度尼西亚雅加达），是美国圣公会首任驻华主教文惠廉之长子，1880 年，受美国圣公会派遣以教会医生身份来沪，接办陷于困境的同仁医馆，组建同仁医院，自任院长。——译者注

第22章

工部局捕房

现在我们须继续来讲述三大部门的历史，工部局鉴于公共安全方面的缘故控制了三大队伍：巡捕、救火队和商团。其中历史最早的为巡捕。

在工部局第一次董事会会议上即组成了道路、码头与警备委员会（斯金纳、费隆和金大卫），并决议分别以月薪150元和75元登报招聘捕房督察长和副督察长各1名，以月薪30元招聘巡捕30名。必须指出，当时时局甚为不稳，不然毋需偌大一支队伍。各董事依其姓氏的第一个字母为序每周一人轮流审讯被捕之罪犯。案情由董事调查，并决定该案是否受理或移送领署。于是，有抵触的权利与权力之争就这样开始了。领事团干涉，工部局对此不满，不承认"任何领事有训令工部局捕房有关治安任务之权"。领事团建议这支巡捕队伍改由他们节制，工部局拒绝，但决定将一份体现他们各自权限与巡捕权力意见的备忘录送呈核准，或对任何不合法方面加以修改。1855年2月，清政府地方当局恢复在上海行使职权，海军防卫队撤离。巡捕被告诫要谨慎从事，英国领事阿礼国和美国领事马辉告诉工部局，巡捕装备武装决非正当，因为工部局巡捕不是"正式警察"。在后来的一封法国领事爱棠联合署名的信中极力主张解散巡捕，尽管领事团曾在数月前表示愿意负雇用巡捕之责，而现在不愿负责了。他们有更多的事情够他们做的，所以领袖领事不愿增加他的负担。但是，倘若全体租地人在下次大会上决定须留几名巡捕，为使此等巡捕成为合法工具起见，须直接受命于领事团，租地人将会发现领事团随时会给予一切帮助。然而巡捕仍装备武装，这也许可认为并非故意置前一封信于不顾，那就不得不使领事团重申，工部局交军火予巡捕之手，此实为违法行为，领事团不能坐视。这更加是高度的官腔了。

但有第二个问题，在这个问题上工部局的行动是不合法的。华人在租界内犯罪，只有中国地方官才能逮捕审讯或释放他们，工部局竟对此事实全然不顾，领事团表示大为惊讶。

领袖领事本来打算根据《威廉四世5年、6年第七十六章议会法案》拟就一份照会，指明工部局对巡捕独立与中国地方官职责的看法在多大程度上符合英国法律。由于工作的压力，这份照会未曾拟就，不过这件事无关紧要，因为这一届的工部局董事会在一个月内卸任，"看起来不大可能委派继任者。"

关于领事团必须纠正工部局做法这件事，如前所述，即纠正董事们当作地方官的不合法做法：有趣的是发现，甚至对于领事本身的司法工作，公使也是以怀疑的目光视之，一直注意着不使地方当局的权利受到侵犯。1857年，罗伯逊不得不两次写信说明，由他审讯的一年500起案子是非正式协议的结果，即一切案件，除了在他国侨民住所内发生者之外，均得由巡捕移送交他审讯，其他罪犯则带枷用铁链拴在一起或者警告后释放。与华官这样商定的原因是华人监狱人满为患。他宣称他不愿将小窃案送知县，往往请求不要过于严惩。

1855年3月，叛乱平定后，领事团解散了巡捕，因为县城不再在叛党手中，民事权恢复原位。道台送来支付最后一笔巡捕的月度费用500元，领事团代中国当局宣称：目前组织之巡捕实际上已经停止活动，原有警官警员非得中外当局之训令不得执行职务。结果，"对巡捕的训令获得英领的签字允准，据此训令与权力，工部局雇用的巡捕得以执行职务"。训令谓："经在英国领事面前正式宣誓，赋予你及你手下人员如下权力"等——以防止暴乱行为、防止有碍公众之事物等，"一切都得平气谨慎从事"，被拘捕之人，如在办公时间，必须当即将他带到一位领事官面前受审。在此我们可以看出，工部局与领事团和道台之间冲突的一触即发之势，领事团小心翼翼地注意地方当局的各种权利。这三方之间的冲突为时甚久：工部局方面也许是过于大胆；英国外交部也许太胆怯，或者是太刻板正直；而地方当局照常是那么乐意不坚持他们不能保护的权利并不顾他们所不能或不愿尽的责任。

巡捕的人数当然有变化，但是并不和租界的发展直接成比例。其他一些因素是由于大批避难的华人涌入租界暂时增多了罪案与混乱，以及由工部局支配的经费状况。

1855 年，捕房经费只有 6 500 元，巡捕只保持 8 人，捕房督察员的薪金减至 100 元，由于做些其他工作，补偿到 150 元。工部局还曾要求领事帮助，因为巡捕的任务比预计的完成得快。然而，次年由于华人抢劫屡有发生，所以增加了 9 名巡捕。每逢工部局董事会开会，召集全体巡捕进行每周操练检阅，而且禁止星期日玩牌！ 1857 年又增加了 6 名巡捕，全体佩带随身武器，最热的天 3 个月不上日班。1860 年开始设"奖赏基金"，一切罚金所得全入此基金，每季度在最有功的巡捕中分发。那时有巡捕 20 人，他们反对每日操练，操练遂中止，但他们被告知，擢升将取决于操练。1863 年，全老闸分队提出辞职以抗议 3 小时操练。虽然从合法日期起接受了辞职，但是余下还有 3 个月，就命令他们每天进行 6 小时的操练，因为叛乱就在华界，所以工部局坚持要巡捕有步枪射击知识。每天发生的一切所见事件向工部局总办报告。

1860 年才有了军骑警，那时军骑警旅长撤回骑警北上，只留下 4 名，任其逐渐消逝。

1864 年，叛军四起，租界内挤满华人，当时巡捕人数为 130 人，因此认为还必需增加 10 人，经建议，认为这 10 名巡捕可从即将回英国的第 67 军中调来。1865 年时局又复平静，巡捕人数大减，初次起用华捕，这样就有华捕 34 人、西捕 75 人。两年后有西捕 53 人、华捕 45 人。工部局受权可雇用华捕多至 40 人，他们必须要有当地居民担保，每月领取 10 元，身穿制服。据记载有个奇怪的事实：夏季需要的巡捕比冬季为少。

1861 年，工部局决定设捕房图书馆及阅览室，有助于把巡捕留在营房里，但两年后仍旧不得不造图书馆——总的说来，图书馆似乎是难产。后来各捕房又办了给巡捕学习的强制性学堂。又为 6 个人的乐队从英国订购了乐器。这个自愿参加的乐队由于经常少人故令人很不满意。1868 年捕房督察员提出，1 500 两银子一年可组成一个好乐队，可派他们去外滩演奏，工部局遂同意在下期预算中为这项用途列入 3 000 两银子。

1868 年竟供给西捕每人一顶拿破仑帽和一把雨伞！更为严重的是，虹口分队总是带着步枪出去，步枪却不上子弹。他们的工作十分危险。4 名西捕在吴淞路被刺，吴淞路上酒店很多，每逢星期日在那里都有喝酒狂闹。另一名西捕在拘捕一粤人时受伤，一名华捕被一伙窃贼在那里谋杀。他们跟无赖的法国兵之间有大量的麻烦，直到这些兵犯了凶杀罪不被准许进入租界才结束了麻烦。

1863 年，工部局董事会每月检阅巡捕一次，不再是董事会每次开会时检阅。1869 年又改为由即将上任与卸任的董事会检阅。

巡捕的薪金有变化，当然趋势总是增加。1860 年在巡捕中开始出现普遍而又永不休止的要求增加薪金的呼声，此后在各行各业中听到这种呼声，以前也许不是没有听到过。那时候每个巡捕的月薪为 30 两银子，另发部分服装，但是在生病期间每天扣除半两银子。

董事会建议增加薪金，可是在六个月内竟有 30 名巡捕拒不出操，以为捕房没有他们不行，其中有 28 人要增加薪金。1862 年 1 月 1 日，有 21 人，10 月又有 40 人要求每月增加 5 两银子，因为物价上涨，东西昂贵。那时他们的薪金是 44 两银子，工作 2 年后可享受退职待遇，即报销回国旅费；工作 5 年后报销回国旅费，另发一年薪金；工作 10 年后报销旅费，发 2 年薪金。1865 年的薪金从三等巡捕 35 两银子起至巡官 85 两银子，发给制服，工作 3 年后发退职金 200 两银子，10 年后发 1 306 两银子，超过 10 年的每年再加 200 两银子。还有一所捕房银行，付 10% 的利息。没有养老金制度，因为租界管理机构的性质未定。当时工部局一切开支包括在内的费用为每月每人 65 两银子。

在那个时代，不论何处，只要有合适的人就把他招募来当巡捕，其中有不少巡捕曾当过兵或水手。他们谁都无意久留当巡捕，一遇机会就要走，这是公开表示的，他们之中多数是水手，所以总能找到船上工作。他们指出，参加了巡捕队伍，他们中多数人丧失了养老金和享受回国旅费的希望。现在他们没有了盼望、没有年金享受权、没有退职金，甚至也不提供回国旅费。

1875 年，督察长彭福尔德提出了一项新退职金方案，以便巡捕能更长久地安心留在巡捕队伍中。生活不吸引他们，他们一年当中有 365 个工作日，他们

268

受到令人厌烦的纪律约束，要是能在别处找到薪金相仿的工作，他们不大可能留在捕房。他进一步要使捕房成为更舒适的地方，以便不同班次的人都可以分开住，上夜班的人可以在白天安静睡觉。一个巡捕越少离开捕房越好，如果到外面别的地方去，不正当行为肯定会随之而来。在1880年有人指出，侦缉股的薪金应该特别丰厚，因为他们往往必须掏钱购买情报，而且很容易受贿。巡逻巡捕仅仅是看守人，他们只不过能让犯人逃跑或者串通窃贼行窃而犯罪。四年后我们发现彭福尔德再次为他的手下巡捕请命：巡捕们的生活单调，他们不会讲华语。他们的薪金是45元，其中扣去5元，待服务终止时发还，每月留给他们15元作为服装费等，5年后他们领取471元，享受一次回国旅费。然而督察长支持的那份请求书主要是为刚进捕房的人员提出的，被董事会一致拒绝，几位董事称这个要求是荒谬的。但在6个月以后，董事会被8个月中有8次开小差的事件所触动，决定停止每月扣除5元，并将已经扣除的款项重新发还，同时制定了按工作出色才能提升的制度。据说，谨慎一点的，每人每月可储蓄20元。

1877年董事会决定不开始实行养老金计划，因为纳税人总人数变化不定，非常短暂。可是在1883年根据对何利德的提议所作出的一项新决定，又开始实行养老金制度。那年何利德负责重新改组巡捕队伍，他宣称这支队伍已经过时，从是否可靠这个观点来看，这支队伍是从不适当的社会阶层中招来的，尽管从个人的诚实来说，无可指责。当时有督察长1名、正巡官1名、巡官9名、探长15名、巡捕24名。这个数字表明，那时的制度是错误的，8个月中解职与开小差的有10人。何利德的计划要求从英国调来巡捕20人、探长10人，与此同时斯却林等另外一些人必须在接到通知后6个月离职，因为他们的工作可由几名巡长来做，更为经济。他的计划是把租界分成五个警区，还需要一个捕房。他极力主张雇用更多的西捕，而招来的印捕① 担任交通工作。增加的费用大概要1万两银子。

彭福尔德在捕房服务20年后退休，他对于华捕只有赞扬。1865年最初雇用华捕时，外侨们大为担心，唯恐抢劫勒索增多，以致把华人都从租界吓跑了。

① 此处"印捕"，原文为Sikhs，即印度锡克族。当时招募的印捕多来自印度旁遮普邦锡克族。——译者注

结果证明完全相反。更早期时，结伙抢劫和暴力屡有发生，西人都备手枪，但到 1885 年，上海成了安居之处，和世界上任何一个安全的地方一样。

1884 年 3 月，继彭福尔德之后来了麦克尤恩（McEuen）。立德禄谋求这个职位未获成功。现在来推测他要使巡捕成为一支怎样的队伍颇为有趣。他既积极又公正，还受过良好教育并有显著的文学天赋，这也许就是（小事与大事相比较）和比勒尔（C. M. Birrell）担任爱尔兰部长之职的失败相似。那时有督察员 1 名、巡官 9 名、西探长 10 名、西捕 35 名。全体探员中有华探目 1 名、华探员 8 名、译员 2 名，总共是 297 人。8 人开了小差，麦克尤恩却十分满意，认为他们的不满没有道理。他说他们的个人小天地与膳宿比别处提供的可能更多更好。但他建议捕房要有一个滚木球的球场，华捕要有营房。从英国招来的人员最初比就地雇用的更令人烦恼。如前所述，他们来到上海几个月中就有 12 个人开了小差。他们认为生活尽管是完全"苏伊士之东"的生活，却不理想。"想喝一杯"并不难，的确，不光彩地说巡捕酗酒是常有的事，也是许多人被解职的原因，但是来的人并不知道上海的生活费用。他们反对操练与罚款，受雇时未曾同意使用武器，他们没有交往与娱乐，这些在其他城市他们都能有，他们不会讲当地人的语言，当地人也毫无吸引力，他们还要维持当地秩序，因此他们不安心，不满意。

除了增加他们的薪金，订定退职金、养老金以及额外奖励之外，工部局用其他方法使他们更满足。工部局有一个储蓄银行，存款利息为 8%，后来是 6%，尽管这个银行只是为三等巡官以及身份更低的人员服务的。如前所述，还有一个图书馆和一个乐队。但是不满情绪至少延续到本书完稿。他们是否有了麦克尤恩建议的滚木球场无从查考，但他还提出给学习华语的巡捕增加薪金，这样可使学习华语成为有益的消遣。从英国来的并受过训练的人员可得 5 英镑的额外津贴，后来发给 15 英镑。可是他们连丧葬也不满意。他们反对死后跟水手和贫困的外侨葬在一起，反对丧葬的花费大于死者所有的家财——一人丧葬的费用达 77 两银子。他们获准把一半薪金以 3 先令 9 便士合 1 元汇寄家中。迟至 1890 年，不满情绪发展到罢工与拒不出勤的程度。经与领事会谈一次后，罢工者服从了，他们除了损失罢工几天的薪金外没有受罚。

图 17　1890 年 2 月 19 日工部局董事会董事视察巡捕房警队

　　无论在捕房全由水手当巡捕时，还是在全由离队士兵当巡捕时，酗酒是早期捕房——也就是在西捕中影响恶劣与令人生厌的事情。例如，有一名西捕在上班时，在营房里四次喝醉酒，执勤时四次饮酒，六次不上班，两次在上班时睡大觉，因而被开除，除此之外，这个不可救药的人四次进了领事馆监狱。另一名西捕喝醉了酒，也许醉后回忆起国内的哑剧，拿了一家肉铺的香肠逃跑。在整个文明的灵活连贯性中可见我国的文明：领事团与工部局同意增设酒店，然后由于罪案增多，不得不增多巡捕，而巡捕喝醉酒又不得不予以开除。

　　另有一些恶行很少公开。1861 年时，个别巡捕因犯暴力等行为却没有被开除，董事会几乎不开会。彭福尔德在 1877 年曾提出一项新规定，凡警官有奸妇或宿娼嫖妓者，一律被视为不宜从事捕房工作，因为这样的人破坏了捕房纪律。敲诈勒索与受贿也是家常事，彭福尔德说，默许窃盗屡见不鲜。1865 年，一名西捕因敲诈勒索被判处了 6 个月徒刑，并对其敲诈妓院老板的诡计进行了调查。华捕对于敲诈勒索当然内行，如果他们的记录比西捕好，那不足为奇，因为华捕在本国国内，讲自己的语言，西捕都是从粗野的人中招来的，他们要在那些既不使人害怕又不令人爱的人们中执行任务。1883 年巡捕麦克（Mack）出示几本册子说明华捕受贿。辩护词的叙述像往常一样相互抵触。彭福尔德认为，那几本册子不是真的，无论怎样，证词不足证明有罪。可是两年后，麦克向更高的目标攻击，他控告正巡官卡梅伦（Cameron）侵吞公款 14.20 元并伪造账目。工部局查究了这件事，作出裁决：这件事的起因是个人私怨，因此把麦克开除出捕房。于是他在担文的帮助下，在领事公堂要求赔偿名誉损失 5 000 元，结果他获得赔偿 1 000 元以及堂费 120 元。

工部局在将赔偿款送交领袖领事时，义正词严地抗议其干涉工部局自行处理巡捕的裁决，巡捕是全社会每个成员，无论华人或西人的人身与财产安全的依靠力量。"如果领事公堂认为有权对工部局说，工部局无权根据像现在主管捕房的那样有经验的人们的意见去处理巡捕，那么对于工部局所具有的权力范围，必须和各缔约国的公使达成协议。"这段文字可与本书第 265 页上的文字比较，可看出工部局自己觉得对自己的立场大有把握。

司法裁决称，公堂虽然不能满意原告的行为，但认为不承认原告以前的贡献而被开除是不太公正的。当然这是一个站不住脚而无补于事的结论。那年年底，这个前巡捕麦克竟然使人提名选他当工部局董事候选人，但是结果证明他没有被选举的资格，因为他每年所纳房地捐不满 50 两银子。

由于没完没了的麻烦事，在 1890 年有人建议全体巡捕应处于《违警法》之下，使工部局能对他们有更大的控制力。另有建议，既然从英国国内招来的巡捕不是被开除，就是一有机会就离开捕房，因此应当在上海或从香港招人。法律顾问魏拉特说，就《违警法》所包含的内容来说，仅仅是罚款或没收而已，它可以体现在巡捕的聘约之中，当然也可以按英国法律实施，但是涉及监禁的条款不能有效地体现出来，大概是因为任何法院都不会执行一个令人丧失自由的合同。一个人不可能执行吊死自己的合同，同样也不可能执行进监狱的合同。因此董事会的几名董事强烈反对再从英国国内招人。

因巡捕职责不明确而犯错误，这种情况有案可查的为数不少。由于巡捕们不知道如何对待中国官员，至少发生了两次麻烦事。1855 年一名巡捕在界门阻挡了巡抚，将他扣留了一段时间。英国领事阿礼国给这个巡捕监禁三天的处罚，遗憾的是这个处罚不落在下命令的人身上，却落在他这个执行命令的人身上。1862 年巡捕阻止了骑马通过租界的道台侍从，因此道台不得不亲自去捕房替他辩明。巡捕在捕房里对道台说，没有通知，他无权通过租界。可是密迪乐曾规定，华官有权随时经过租界，不得阻碍。1860 年巡捕又一次"抓了"道台的几名兵和一名白顶子官员，不过这次似乎纯属偶然之事。

1863 年一名巡捕无授权令进入持有执照卖烟酒的葡萄牙餐馆，葡萄牙领事便致函工部局称，再有任何控诉一定要直接向他控告。工部局的全体职员与全体巡捕要明白，当时的所有领事，除了三位领事例外，都是商人，在某些情况下，有他们自己的企图。熙华德也曾写信给彭福尔德说，巡捕拘捕了西人，给予警告后释放，这是一个新的程序。对这个问题的解释是，在"酩酊大醉"情况下，应马安之要求才这样办的。虽然一切西人都是这样处理的，但是彭福尔德又答允今后把酩酊大醉的美国人都送往美国领事馆。水上巡警引起指责是由于关押了英国海军造船厂军需官的划船水手。海军上将沙德威尔要求给予道歉，并要求给海关当局下严格的训谕，他不承认水警有权干涉任何英国船只。

1894 年一名印捕将一个乱开车的人带到捕房，那人不肯说出自己的姓名，岂知此人竟是一位领事，但是他的姓名至今仍无人知晓！

工部局的理论是：除工部局捕房的巡捕外，不得在租界内捕人。然而，这是一个争议问题，因为无论是中方当局，还是领事团，对这个问题的看法都与工部局不同。1863 年，几名当侦缉员的中国兵被命令离开租界。次年，一名派来与彭福尔德一起办事的华官，在其他几名官员陪同下被带领至工部局，工部局告诫他要"热衷"于惩罚，不要只"热衷"于捕人。1866 年，以微不足道的借口在租界非法捕人遭到了抗议。汉口路上有一个中国巡警分署。据说这个巡警分署在六个月内未曾捉拿一个窃贼，却从事了大量勒索。道台命令，凡缉捕之案都应要求工部局捕房协助。

租界巡捕是一支必需而有效的队伍，表现在要求他们的服务是多种多样的。广东路上的十来家公司一个月中遭七次窃盗之后，要求更多巡捕保护。那是在 1863 年，在这一年里，由于移送了一名华犯去县城时，从华人押送者手中被劫走后，领事马安要求每天派两名西捕去领事馆——这表明每天要递解罪犯。静安寺路管理委员会要求准予雇用两名巡捕在晚上维持路上的秩序。在处决威廉姆斯（Williams）时，熙华德要一小队巡捕作为卫队，因为预计有麻烦，所以要 20 名巡捕。一个月后，在处决巴尔克利（Bulkly）时他又要求 25 名巡捕到场。洛雷罗在沿百老汇路上造了 400 幢房子，要求巡捕保护，为此他愿意提供设施，等等。还有丝绸业公会在 1861 年提出在西面竖起栅栏，愿为 20 名巡捕支付 6 个月的薪金。以实玛利（Ishmaelite）的后代 E. M. 史密斯反对巡捕管理他在跑马厅上私人所筑的马路。他说巡捕干涉是把华人赶出租界的若干原因之一。

1866 年华捕人数约 40 名，其中只有 2 个行为不端的人。1877 年 3 名华捕因发现有人在赌博而不报告被开除——大概受了贿，另有 2 名华捕被开除，是因为从一幢无人房屋里被人窃走了 34 只表后，发现这两名巡捕各人戴着一只失窃的手表，而且手表被盗窃时其中一名巡捕已在巡逻中。再有一名华探长在即将进行突然搜查时给赌徒们通风报信。但是在记载或讨论这种事时，考虑到下面提到的何利德的看法与指控，简直使人绝望，他的看法与指责同彭福尔德大相径庭，跟 5 年后威尔逊（A. Wilson）的一封来信中所述的也大为不同，他说撤换何利德时，警备委员会"受到他们绝对信任的下属捕房人员蓄意的恶毒欺骗"。他的信难以理解，他说："花了虹口一伙赌徒及其在捕房的支持者三个月时间的编造与准备而故意提出的指控，牵连了约 70 名捕房人员，包括西捕在内；因此警备委员会决定不予追究。"

在一个西人雇用的几名仆役中发生了没完没了的阴谋诡计、告发与反诉，对付这些仆役有两种办法，其一是索性信任一个仆役领班，始终相信他说的话，让他任意去解雇或留用其他仆役，这样那个领班就发了财。其二是省却麻烦，不叫证人或者也不聆听大量自相矛盾的证言，傻乎乎地希望找出实情，立即"统统解雇"更为简单。

彭福尔德对他手下的人极其信任，何利德认为他受骗了，可是何利德根据威尔逊的信也受了蒙蔽。真相何在？有贪污吗？毫无疑问，当然有，不过要细查这种事，本来就需要精通法律的法官、专家取证，许以传唤证人，有权处罚伪证。三名商人组成的警备委员会大概除了决定"不予追究"之外，不大可能有更好的办法了吧。

捕房历史最重要的时期是 1883 年，前已提及，那时捕房改组。何利德是最初提议人与主要代言人。他在 1883 年 2 月纳税人会上提出的决议案是取消巡捕退职金制度，用固定比例的年金来代替，每年为此用途储存 5 000 两银子以备其后 10 年之用。

退职金制度建立于 1865 年，每月在每个西捕的借方账上记入 5 两银子，这笔款子连同 5% 利息为服务 5 年并有良好品行的人员提供退职金。据猜想，这项基金在工部局债券中，也就是说，只存在于账面上，退职金从工部局的总资产中付出。这项基金的结清曾进行过一段时间的讨论。

何利德解释他的决议案时说，他的决议案是警备委员会的准报告，可是在工部局的年报中将找不到关于这件事的任何内容。我们从他的讲话中得悉了一些意外的事情。捕房的巡捕好像是纳税人许多年来不满的对象，他们最后即使不完全也几乎成了众所周知的丑名。警备委员会彻底查究这个问题，并决定全面改组，认为很有必要，而何利德就是警备委员会的委员。就西捕个人的诚实来说，是无可指责的，但人数不够，他们仅仅是非专业的人员，是从被多变的命运抛到黄浦江岸上来的一些流浪汉中招来的。

10 月份召开了纳税人特别会议，工部局总董梅博阁提出，警备委员会草拟的捕房改组方案应当予以接受并执行。可是在年报中仍不明言。他说这个方案不是董事会的，而是警备委员会的，这使纳税人会稍感诧异。工部局曾从英国调来 20 人当巡捕，聘请 1 名督察长来接替彭福尔德的职位，因为他满 20 年服务后即将离去，但是这一切都与这个方案毫无关系。何利德再次成为主要代言人。会上大量讨论了一个雇用印度人的问题。如果不使用印人，势必大大增加华捕人数。但是，使我们惊讶的是，何利德宣称，据他从最可靠的来源方面所搜集到的资料来看，华捕不但无用，而且比无用更糟。另一位代言人说，一个华人干涉了一场吵架，比无用更糟。这个方案是执行了，可是一项修正案对雇用印人一事不予考虑。

上海的交通管理，甚至在出现第一辆汽车之前就始终是一件头痛的事。街道狭窄，各式各样众多的车辆，西人不顾一切的超速和苦力的呆头呆脑，还有小心翼翼的人力车，昂首阔步的捐客，以及不看左右、毫无经验穿过拥挤街道的华人，这一切结合在一起，使得交通状况很危险。1883 年，彭福尔德认为，华捕对交通管理应有一次公正的试验。1890 年麦克尤恩建议要有一支包括 1 名西人巡长、16 名华捕管理街头交通的队伍，不然的话，他说，实施交通规则会使一半巡逻路线无巡逻巡捕，因为他们要完全忙于"拘留"人力车夫与手推车夫。维持这支交通队伍估计每年费用为 2 000 两银子，工部局董事会同意了这项建议。

1864 年道台竟然谈到用"孔夫子号"和其他武装轮船来维治江上的秩序。1866 年 1 月，警备委员会派两人当水警，并同海关商议建立正式水警的问题。海关税务司费士莱非常愿意帮助。捕房督察员建议要有西人警官 1 名、西捕 8 名、华捕 9 名、船夫 9 名，乘舢板巡逻。税务司要求道台每月从海关收入中拨出 1 000 两银子，可是遭到了拒绝，为此建立水警一事不得不延迟。驻京英国公使阿礼国的一封来信，也是阻碍这件事的一个原因。信中说道，他正在和恭亲王商议建立水上巡警队之事。我们发现英国领事温思达在 1867 年反对水警直属工部局，因为法国人当时也想要建立一支类似的队伍，那么管辖权的冲突就会比以往更多了，他认为河泊司、海关与会审公廨能把这个问题处理得最好。

一小队充当水警的人员于 1869 年 1 月到达。最初他们隶属于工部局捕房，指派斯却林组织他们，而且当时有把这两支巡捕队伍合并起来的想法。然而，水警最终隶属于海关。这样，不把法国人牵涉进来就已经有了划分管辖范围及其令人遗憾的情况。彭福尔德在 1870 年的报告中说，有人经常向他要求找回在船上失窃的东西。在此之前，他曾在不论国籍或者管辖范围方面，竭尽全力给予帮助，其实对于窃贼问题，他也从未听说有人提到管辖范围的问题。正如他说，如果有人提出要求，工部局捕房不帮助，那么谁来做这项工作呢？追查与捉拿在江上作案窃贼是不是另有别法？在英国，城市与郡的警察可在彼此的管辖范围内交替行动，在上海开始划定警察活动权力的界线那是很不明智的。警备委员会委员一致认为削弱权力是危险的，但是有一种敌对情绪应该制止。看来水警署的哈里斯（Harris）曾经阻碍过工部局捕房的一队巡捕。一只小船翻了船漂走了几桶啤酒，有一桶啤酒被工部局捕房巡捕抓住了，又被一名水警抢了过去，那水警受到威胁说，如果他再插手，就拘捕他。从此管辖范围就有了绝妙的划

276

分，即工部局捕房的权力范围到低水位标记为止。尽管如此，还是如海关税务司狄克（Dick）所说，他从不曾想提出，在罪犯企图逃跑的情况下，工部局捕房巡捕应当在低水位标记处停止追捕。这个典型的例子是情况不同的一种。

最早的中央捕房是在河南路11号。1883年时，已经破烂不堪，经修理也只能持久一年时间，1885年时已被认为无法修理。然而直到5年后才批准了金斯密与阿特基森（Atkinson）的新建筑设计图，并在河南路与福州路转角上着手建造新捕房。那时，其他几个捕房已经开设：老闸捕房、卡德路（Carter Road）捕房和杨树浦捕房。当时曾经有人质疑达拉斯（Dallas）能否胜任老闸捕房的设计，但当它完成后，他们表示满意。中央捕房正在建造时，就有人表示希望不要再犯建造老闸捕房时的错误，老闸捕房的住宿便利多半给了6名西捕，而16名印捕则挤在一间房里，又可见到16名华捕住在一间小房间里。投票通过建造老闸捕房的拨款只有3万两银子，实际发现需要4.1万两银子，于是召开了纳税人特别会议，会议批准了4.5万两银子，以发行债券的方式筹款。在挖地基时发现了一条老河浜，造成一笔额外费用，这是打桩所必须花的钱。老闸捕房在1890年1月启用。

277 1884年，在西区约有80所西人住宅——因为别处已经过度拥挤，才迫使他们到那里去的。整天住在那里的只是一些妇女与儿童，可是保护租界（与法国的战争正在进行中）的计划没有把那个地区包括在内。此事经讨论称，从香港调来额外巡捕，付他们3个月薪金就要花2 000两银子，而静安寺路管理委员会一个月只能保证200元。然而，工部局同意负担3个月的全部费用。于是雇用了18名印捕，卡德路上的"本杰明平屋"（Benjamin Bungalow）用作捕房。满3个月时，仍继续这样安排，尽管所花费用每月已不是先前的95元而是480元。次年初，静安寺路管理委员会主席魏德卯非常满意地诉说了1名西人探长、1名锡克探长和15名锡克巡捕尽责的情况。工部局曾宣告说，撤销这个捕房是不明智的，居民们已筹集了2 000两银子继续这个安排。工部局同意了，不过倘使居民不付认缴额，应由静安寺路管理委员会负责。私人捐款预计每年约有2 500元，然而该委员会拒绝负此责任，只答应尽力补足不缴付的认缴额。

1886年卡德路捕房预算造价5 000两银子。工部局顾问乐皮生说，《土地

章程》中并没有阻止购置界外土地的规定，尽管捕房不大可能列在章程第六条
（娱乐、消遣等）中的任何名目之下。鉴于预算中未包括作此用途的金额，所以
他认为地点最好保持不变，因此工部局每月以 30 两银子租赁了该捕房 2 年，并
有再租赁 2 年的特权。

1889 年 7 月，杨树浦的礼总会（Camp Hotel）以 5 500 两银子之价格准备
出售给工部局作为捕房，但是工部局认为这个建筑不值这个价格，所以决定在
附近另觅地方。次月以 2 200 两银子买下了属于英商福利公司的房产，该公司
有沿浜至该公司工厂的道路权。

老虹口捕房在闵行路，以 1 500 两银子租用了 10 年（1865—1875 年）。当
时以月租形式租赁，工部局曾想从业主美国圣公会手中买下来。

至于捕房的主管、称号或头衔曾更改不止一次，前已说过，彭福尔德服务
20 年后于 1884 年辞职，接替他的是麦克尤恩。麦克尤恩工作得很出色，于 1896
年去世。其后任是麦肯齐，据别处记载，他饱经"沧桑"，一半是他自己的错，
一半是由于他时运不济。他是捕房副督察长，兼商团副官，然后被要求辞去
副官之职，当了捕房督察长。他曾短暂当过商团团长，以后再次当副督察长。
1897 年 2 月，帕蒂森被任命为督察长，他似乎缺少管理能力，关于因小车捐而
引起不幸的骚乱事件，他受到责备。

至于捕房人员方面，1894 年有呼声老调新弹，要求更多的薪金来补偿白银
贬值。可是这一次——而且是因为这一次——这个要求遭到了拒绝，理由是捕
房人员在捕房储蓄银行存有 2.2 万两银子，还有作为递延薪金的 1.5 万两银子应
付给他们。

1897 年的改组计划使捕房增加了 28 名西捕、34 名印捕，西捕和较老的华
捕增加了 15% 薪金。每年增加的费用定为 6 万两银子。最后又增添了 1 名交通
巡官，和管理交通的 8 名西捕、24 名印捕，投票通过的拨款为 3.1 万两银子。

1897 年发现有若干探员是兑换店的老板，又不得不调查一桩勒索案。

1898 年制定了规则，自那时以后，任何巡捕都不可参加商团。工部局为巡
捕学习华语还办了学习班。

1897 年，印捕举行罢工，因有四点不满：派他们雨中出操，巡长在操练时

辱骂他们，他们的薪给和服装不如以前，对他们的抱怨置若罔闻。

先前曾有过一次罢工，工部局对他们从轻处置，只处以名义上的罚款，效果很差。他们如果在某个时刻去上班，工部局可以考虑他们的不满，工部局准备开除闹得最凶的 15 名印捕和其余不回去上班的所有印捕。结果是除了 15 名被开除者，其余的人都服从了，他们不受处分，被继续留用。

曾有过这样的命令：巡捕在街上见到道台大人时应当施礼。一名巡长曾经写道："对，如果巡捕们想行礼的话，而且假如他们认识他的话。"据说这就是老闸捕房全体巡捕的态度。董事会认为如果允许那种情绪发展下去，就没有纪律可言了。实际上他们通过了给以开除的处分，不过督察长说了情，他说只要吓唬吓唬就足以有效果了。

两年后（1899 年），新督察长帕蒂森极力主张使新招来的巡捕在英国国内受训，因为"试想再继续使用从各处漂来的流浪汉与漂泊者是无益的"。

曹锡荣（Tsao Si-yung）一案值得详述一番，因为此案既很好说明了中国司法方式恶劣透顶，又表明工部局在这种情况下既伤脑筋又几乎是无可奈何的状况。要不是中方阻挠了很长一段时间（尽管不是永远）并得以成功，这桩案子也不会被拖延了。这个特别的事例本应在另一章中叙述为好，不过在此举出此例是因为那个受害者是工部局的捕房人员。

曹锡荣案

1883 年 7 月 14 日，华人探员曹锡荣被许多华人拖到会审公廨，控告他殴打恶名远扬的无赖王阿安致死。11 日，因王阿安在街上打了曹锡荣，被曹拘捕。

王阿安被保释，至 14 日死亡，因此会审公廨谳员在捕房督察员请求下，准予将曹带回中央捕房。

15 日，谳员要求捕房将曹送到芜湖路，在对王阿安验尸时到场，但遭到捕房拒绝，因为已有一大群暴徒聚集在那里想抓他。

16 日，他被带到会审公廨，当时英国陪审官与谳员决定，因该案无法在会审公廨审讯，应当在捕房看管下移送县城道台衙门审断，此决定立即执行，未经工部局知晓或同意。

工部局一致认为，曹是工部局所雇用，不该交给华人官厅，除非有充分理由相信对曹的指控系凭空捏造，并相信王死于自然原因，因此决定致函领袖领事，请他通知道台，要求将曹交还捕房看管，直至能在租界内对他进行审讯。

8 月 11 日，道台通知领袖领事说，县官拒不答允外国陪审官或工部局法律顾问出席审讯，他不能坚持要县官答允，因为县官是完全不受他支配的。

知县对曹审问了二三次，但是对此案无法作出判决，因此将他关押在狱中，直至 11 月，将他解往松江府，由知府审断。据松江报道，指控曹谋害罪的王阿安的一些亲戚向知府承认，他们的陈述是不真实的。

12 月，工部局总董致函领袖领事，目的在于对此案进行调查，迅速判决，不再拖延，但是仍未见答复，曹仍然是一囚犯。

1884 年初，道台通过领袖领事要求交出另外两个探员送往松江，借口说曹指控他们殴打王致死。这个要求遭到工部局的拒绝，但是在领事团的建议下，工部局提出将此二人送往会审公堂，对指控他们的罪行进行调查，并且答允如果要把他们交付审判的话，可将他们交给地方官厅。

以后再没有听到道台提及要交出这些人的消息。不久，在这几个人自己的请求下，他们获准向捕房辞职。据了解，这二人去松江府自首，松江府对此案进行了调查，因无罪证，遂撤销此案，曹坚称，他从未指控过他们。

曹被松江府判处死刑，押送去苏州等候抚台核准，不过在 9 月份，由于工部局总董致函北京外交团领袖公使的结果，总理衙门的大臣训令两江总督暂缓执行，对此案再次进行调查。

曹锡荣的薪金照常作为工部局的一名捕房人员发给他，可是工部局作了种种努力想争取他的释放，仍然徒劳。1885 年 1 月 30 日，工部局询问领袖领事，地方官厅是否采取了什么步骤，执行总理衙门发出的要复审此案的指示。2 月 6 日，据领袖领事通知，他未曾收到在何时何地举行复审的通知。

然后工部局得悉，1 月 28 日与 4 月 29 日，在苏州对此案的指控进行了复查，结果似乎是曹被劝诱承认过失杀王，于是他被免除了更为严重的故意杀人罪。虽然无法获得判决书的副本，但据传说，审判官曾对他说，他们必须将他

280

281 送回上海，仍要在监狱中关一个相当长的时期，然而由于他是一个独生子，是他父母的唯一赡养人，不再另行加刑。5 月 12 日，他被带回关押，从苏州河进城的途中，他获准去了中央捕房一次，督察长接见了他，发现他身体健康，情况良好，未见他对在苏州监狱中的待遇有所抱怨。

他被监禁在知县衙门，常有捕房人员去探望他，探望他的人总是报告说，他没有诉说过虐待或缺什么正常的食物，他好像很舒服。

1886 年 10 月，工部局总董致函领袖领事请求他利用他对地方官厅的影响，将曹保释，可是这个特权未得同意，直到次年 5 月才听到消息。从当时起草的一份财务报表看来，自从 1883 年 7 月被监禁以来，曹收到工部局发给他的月薪约 710 元，160 元付给了他的母亲，以便使他方便地从狱中释放出来。

因为只要他继续领取月薪，似乎很可能就没有释放他的多大机会，所以工部局决定月底之后停止给他支薪，并致函领袖领事，通知他这个决定，请他向道台探问对曹判处何刑，是否有可能提早释放。领事答复道，据道台称，死刑实际上已被赦免，但是不准释放，甚至不准保释，除非接到北京的正式指令。

1887 年 9 月，曹来到中央捕房说，他已经获释，所以很想知道工部局打算为他做什么。要读者注意的主要一点是日期：此案拖了四年多时间。

万国商团

1855 年 1 月，卡灵顿爵士写道："当上海陷入危难，若英国及其他欧洲各国的部队或者清政府的合法当局不能充分保证欧洲侨民的安全，侨民可以组织自卫。然而，由于这一组织承担的权力独立于中国政府之外，因此女王陛下的商务监督或领事不应参与其中。"

这一意见无疑十分可喜，但外侨社会可并未盲目地坐等事成，组织商团早已是既成事实，1853 年成立一事我们已在第一卷的第 305 页中述及。万国商团成立的具体时间是 1853 年 4 月 8 日，地点在福州路新操练会所（new Drill Hall）大门台阶前。

1860 年，叛军逼近上海，形势更为紧迫，但商团仿佛消失无踪。8 月 11 日，英领馆举行了一次会议，考虑组建一支队伍，并任命了委员会以确定是否有此需要。委员会成员有韦伯、惠特尔、安妥巴士（Antrobus）、李大卫、怀特罗（Whitlow）等人。危险每小时都在逼近，而且这种危险来自租界之内更甚于租界之外。

当时商团成员共计 107 人，并未分成"小队"。虽然武器走私从未间断，但武器总是不够用。此后三年多，我们未找到任何涉及他们辉煌业绩的记载，不过他们给予社区侨民安全感是毋庸置疑的。然而 1863 年 5 月，我们读到他们又"活跃起来"。两周之后，在"位于虹口"的射击场举行了一场来复枪射击比赛，戈尔布思（Gore-Booth）赢得了骑兵队大奖，奖金出自收取的入场费。在一个宽敞的户外大帐篷里，为骑兵队刻意举行了菜式精美的冷餐会，步兵队也有自己的帐篷和午餐，他们步行而来，开了一场大派对。正如我们所知，骑兵队一贯以其行进之迅速、制服之华美，以及菜肴之精致而著称。

白齐文叛变后，在7月的一次会议上，有人认为亟须招募新兵，万国商团的规模应达200人至300人。安妥巴士获选任指挥官。

283

1863年11月，《北华捷报》登载，在吠礼查洋行的新货栈里举行了一次舞会。这又是一次颁奖盛典，颁出了挑战杯、告别杯和要塞杯。不过大家可以理解，尽管这些久远的历史或许也很有意思，特别是对于经历过那些岁月的少数幸存者而言，但在这里我们不可能给出详尽的获奖人员名单以及其他细节，如若事事详列，光万国商团的历史就够写一卷了。

1864年4月，韦伯离开上海，众人向其赠送了礼物。他提到早在1853年，商团曾三次冒着枪林弹雨冲锋陷阵，连英国政府都表达了谢意。最近骑兵队几次碰上叛军，并执行了多次巡逻警卫任务。

1865年，骑着大马的骑兵队变成了小马军团，由马翰（Johnny Markham）指挥，省下的开支或可用于招募新兵。

每日由几个未授军衔的军官对各自的小队下达命令，然而大家对于训练不

图18　上海万国商团旧照。1884年3月29日万国商团年度检阅，商团队伍从工部局院子（现中央巡捕房）出发，巡游至跑马场

足和武器效率不高都颇多怨言。军官们希望组成一支总数为 450 人的队伍，其中骑兵 50 人、炮兵 75 人、基干工兵 25 人，以及 4 个步枪队 300 人。当时在总会举行了一场音乐会，为商团筹款。

4 月，在英国总会（Club-house）召开了一次由巴夏礼主持的会议，除了会议主席的重要讲话之外，值得记下一笔的是梅博阁说道，他刚到上海时就听说，商团有 50 名成员，但检阅时出席的人数从未超过 12 人。会后又有 25 人加入商团。

5 月，巴夏礼当选为指挥官，安妥巴士任副职，这一做法与之前卡灵顿爵士信函中所说并不一致，然而此时已然时过境迁了。

接着我们读到上海浪子剧社（Ranger's Dramatic Corps）成立了，由立德禄任名誉总办。剧社得到骑兵队资金支持，上演了一出滑稽剧，立德禄在其中扮演"小个子"，颇受好评。演出后巴夏礼招待了晚宴。

1865 年 7 月举行了一次为期三天的会议，会上宣布商团积欠韦伯 11 892.73 两白银，用于太平军警报期间的开销，这一消息令人震惊。去年商团才刚还清欠债，达到收支平衡。大会确认了欠债数额，然而会议决定这笔债务将由整个外侨社区承担，商团不需负责。在叛党进袭时期，于宝顺洋行任职的韦伯曾担任商团指挥官，当时万国商团在河南路以东的街垒处日夜驻守。

洪卑获选担任指挥官，马翰留任骑兵队上尉。

284

阿查立表示，一旦发生动乱，领事馆关闭，将由海军军事当局保卫租界。因此决定将这条规定修改如下：

> 一旦发生动乱，万国商团归当时负责保护租界的高级军官或海军军官指挥。

根据阿查立的提议决定，若军官与士兵在检阅中发生纠纷，不服从命令的一方将暂时停职，容后调查。"士兵被拘留"，涉事军官也将被解除军职。

这次会议持续了三天，要通过 39 条议事规则，令人疲惫不堪。工部局作为市政管理机构显然与万国商团全无关联。

一年后，因士兵不愿参加检阅，军官请辞。商团除骑兵队外，应有队员108名，但"实际有用"的仅53人，队伍已濒临解散。然而最终的决定是维持现状，士兵得参加训练。但积欠韦伯的债务，虽然已缩减至6 710两白银，却依然无法偿还。曾呼吁公众捐款偿债，只收到75两白银！

万国商团运作的弱点在于其财政的自给自足，而不动用整个外侨社区公共或私人的财力。洪卑建议公众定期捐款，这样年轻人加入队伍，除了制服就不必承担其他费用了。他宣布自己将不再添置舞会制服，并且建议只要在夏季制服外添一件马甲，就可以充作冬季制服，而且用阿查立的话来说，这样更帅气。万国商团打算把射击场和主要防卫装置交付给韦伯，再交租金租用场地。但梅博阁表示，位于教堂院子里的防卫装置其所有权还是个有争议的问题。

1865年，海关税务司组建了炮兵队，他们开支自理，军官则由海关税务司的最高长官任命。

在大量训练和开支过大的重压之下，万国商团逐渐沉寂，直至1867年8月解散。不过，万国商团自己则称为"冬眠"。他们通过变卖枪支偿还债务，将300两白银借债，扭转为还有463两结余。防卫装置由工部局托管，射击场暂时移交给海关税务司的军队以及新组建的打靶总会（Rifle Club）。打靶总会后来确实吸收了不少原商团精英。然而，欠韦伯的债务仍未偿还，律师表示该项欠款并不生效，因为钱款支出未获授权。

经过三年蛰伏或暂停活动，1870年的天津教案使得万国商团再次苏醒或可称为复活。洪卑召集主持了一次有60人参加的会议。会议建议成立步枪队、骑兵队和消防队。那就意味着，要将150人的消防队并入万国商团。会后不足一月，万国商团的花名册上就有了200人，此外还有50人的骑兵队。消防队是一个独立的分支机构，在紧急情况下可出动400人，而法方招募了71个步兵队①和一支炮兵队。

决定重组万国商团之后，最值得我们注意的重大变动是，商团的指挥权移交给了工部局，"通过工部局总董决定万国商团的一切组织问题，并大致掌控商

---

① 原文为"71 company of infantry"，估计应是"71个人的步兵队"之误。——译者注

团的行动"。工部局在侨民大会上接受了这一职责，并购买了 500 支施耐德枪，开设了一个军械库，为炮兵队添置了两门 12 磅的榴弹炮，还为整个部队提供了所需的武器装备和制服。

队伍的实际构成也与原先的提议有所差别，实际组织了炮兵队、骑兵队、步兵队。步兵队又包括 3 支步枪队、灭火龙队和虹口第二救火泵浦车队。

运行三周后，全员出席的检阅表明总人数达到 405 人。各队的制服如下：步枪队，深蓝色；消防队，风格活泼，对比鲜明；骑兵队，制服笔挺耐穿。各队制服都配有蒂罗尔帽①，帽子左面卷边，还带有羽毛装饰。夏季则是一顶头盔。森泰像馆②还曾为此拍照留影。工部局总董狄思威向商团成员发表了演说，队员们将帽子挂在刺刀上，高声欢呼——在中国人的印象里，那些帽子就象征着中国人的脑袋！

不久，万国商团人员达到 650 人，后又组织了民团（Home Guard），以照顾妇孺儿童，执行巡逻任务。民团自备武器，训练不多，不过进一步的情况也未有记录。

早期商团的绶带由一位女士于 1854 年赠送，这位女子的丈夫曾积极参加了泥城之战。新的绶带于 1870 年授予，浅蓝色厚双丝，一边的饰环上写着"防卫不挑衅"，另一边写着年份 1854—1870 年。商团的旗帜由斯特瓦德（G. F. Steward）夫人代表上海的女士们赠予。不过这面旗子几个月后毁于领馆大火。

286

随着大屠杀的骚动慢慢平息，人们的热情也逐渐减退，12 月的一场户外演练，尽管提供茶点，也只有 60 人出席。

工部局最初为万国商团投入了 13 205 两白银，其中大约一半用于武器装备。但韦伯的债务仍悬而未决。纳税人会议上，有人说韦伯在射击场上花费了

---

① 蒂罗尔帽（Tyrolese hat），蒂罗尔位于欧洲中部，原为奥匈帝国领土，"一战"以后分属奥地利与意大利。蒂罗尔帽是一种登山软帽，帽檐稍宽，一边向上卷起。——译者注

② 森泰像馆（Saunders），一名英国摄影师威廉·桑德斯（William Saunders）于 1863—1888 年间在上海开设的一家照相馆。这家照相馆以有闲阶层为主要顾客，如当时的妓女、戏剧演员、社会名流及社会富裕阶层中一些人。此外这位摄影师还拍摄了很多新闻照片，如上海的苦力、官员出行等，有些还制作成明信片，供旅游者选购。——译者注

4 000 两白银，守护楼（Main Guard）① 花了 3 000 多两白银。而且这 3 000 多两白银还只是其中的一半，另一半费用是由教堂的理事会成员支付。此事又拖延了一年，但 1872 年工部局支付了 4 000 两白银清偿债务，虽然七年前万国商团大会已认可了债务数额为 9 254 两白银，但对方也接受了。

此后经年，除了武器和官员的变换以及各种颁奖大会外，少有记录。我们或可一提在 1872 年大会上，二等兵格拉斯（Private Glass）大有斩获，得找辆手推车才能把奖杯运回家！而且他在之后的大会上都高奏凯歌。然而武器与比赛方法都发生了改变，在此记下当时许多射击比赛的比分已经毫无意义。例如，塔克（Tucker）用梅特福枪以 44 比 43 一分之差险胜用马蒂尼枪的杜曼（Dunman），而格拉斯用的是惠特沃斯枪。这些武器现在已经和弓箭一起都丢进了垃圾站。

工部局投票决定斥资 300 两白银为骑兵队购置卡宾枪——如此每个士兵仅需为自己的武器支付 9 两白银，而马蒂尼–亨利步枪（Martini-Henry rifles）代替了原来的施耐德枪。确定了万国商团自己投票选举军官，然后提交工部局批准的原则。最初布鲁尔（Brewer）为万国商团上尉，并管理人事行政工作。1874 年布鲁尔辞职后，赫得（J. Hart）以陆军少校军衔获选继任，布鲁尔改任甲队上尉，直到第二年霍利迪接任。经过编队改组确定了每年 4 元的会费，连续两次不参加检阅者罚款 1 元，当有六次这样的缺席，枪支将被没收。此外，批准三队都穿一套红色巡逻夹克。

然而，由于周围并未出现危机或激动人心的事件，除了那些为了赢得挑战杯或金十字架的枪手，多数人对万国商团的工作兴趣渐失。1874 年，法国队解散。1875 年 10 月的检阅，炮兵队根本未出席，斯科特上尉不得不重组炮兵队。有人建议建立一支 30 人至 40 人的德国队，工部局欣然接受，然而由于不少显赫的德国居民表示反对，此事搁置。由葡萄牙人组成的丙队由于对操练和打靶都毫无兴趣，解散了。军械库的报告中说，他们交还的枪支上遍布铁锈。

面对这种冷漠情绪，赫得少校询问工部局可有什么办法能激发人们的兴趣。

---

① 守护楼（Main Guard），在圣三一教堂中，曾用作健身室。——译者注

他认为志愿者组成的队伍不足以抵抗有组织的进攻。伊伏生建议在洋泾浜与护界河上筑起堤坝,作为防御措施,但赫得认为士兵不够,不足以防守。大家还讨论了向海军发信号的问题,并决定重新启用晚间通行证的做法。对于采取任何会令中方觉察租界外强中干的措施,工部局都持审慎态度。

1878 年,人们表示万国商团越来越不得人心,建议采取一些补救措施。有人想到召开一次外侨社区的全体男性成员大会。10 月,工部局召开了一次全体大会。会上宣布丙队已解散,甲队有成员 31 人、灭火龙队 35 人,炮兵队虽有三门炮需要 30 人操作,但也只有 12 人,乙队有 60 人,不过这些人常常无暇出席活动。

人们认为这该归咎于万国商团的运作体制。霍利迪指出士兵开始隶属于万国商团,后来便分属于各个小队。他认为,工部局同意将灭火龙队单独作一队是错误的决定。他极力主张一致性,要各队统一制服。塔克也说到最初军官是委任到万国商团,之后便是委任到各小队。他自己就曾在甲队服役,却获选任乙队军官。

在休会了一个月后召开的会议上,决定在炮兵队和骑兵队之外保留两个小队,且工部局将确定一种制服。之后当时的乙队上尉哈维(Harvie)刊登广告招募人选加入"万国商团——乙队,剩下的唯一有组织的小队"。他还致信当时万国商团的指挥官同时也是工部局总董赫得,信中写道:"如今灭火龙队和甲队看来都将不久于人世,就把乙队称作万国商团吧。"工部局立即严厉制止了这一越俎代庖的说法,并告知哈维,灭火龙队、骑兵队、炮兵队和甲队都将是商团的组成部分,且命其不可再犯,哈维自然唯命是从。

为了奖杯等诸多事宜,气氛已经沉闷了好久,如今新制服的出现倒是一帖软化剂。这套制服是红色紧身短上衣,镶红边的黑色苏格兰格子呢裤,外加白色头盔。(无疑是裤子,而不是苏格兰高地男子和士兵穿在折叠裙里边的格子呢紧身短裤。)工部局接受了些厘公司(Sayle's)15 元的投标,福利公司(Hall & Holtz)将以同一价格为炮兵队提供制服。每位签字购买这套制服的士兵,都承诺在 18 个月里参加 15 次操练,不然每缺席一次付 1 元。

1879 年,甲队的军官们对《字林西报》上不断发表恶意贬斥的言语颇多怨言，并将他们与报纸编辑间来往的信件寄送给工部局。这些信转给了工部局的法律顾问梅博阁。

1880 年 1 月举行了有 100 人参加的首次教会游行。

5 月，有人建议重组骑兵队，28 人愿意参加。最初这些人要自付制服费用，工部局接手这支队伍后才会负担这笔开支。工部局表示，希望每位成员应尽可能固定骑用一匹马。耆紫薇 ① 任上尉，克拉尔克（Brodie A. Clarke）和维特（Whitty）为中尉。次年春，这支小队有成员 27 人，工部局也给了他们和其他小队一样的制服。从此时起"骑兵队"更名为"轻骑队"。

1881 年 4 月，工部局以通常的条件接受了里地（C. O. Liddell）的提议，组建骑兵火炮队（Horse Artillery），附属于轻骑队。队员将自备小马。

1882 年，万国商团有了首批军医，任命亨德森为少校军医，麦律得负责轻骑队，斯隆（Sloane）负责炮兵队。

1881 年，霍利迪归国，4 月为他举行了宴会，由工部局总董立德禄主持。会上万国商团前指挥官麦克连（Peter Maclean）发言，提到他曾穿过多少身制服——米黄色、浅蓝、深蓝、绿色，不过不包括最近红色的那套。

有人建议成立一支完全戒酒小队，为此由霍利迪主持还召开了一次会议，然而事后却无进展。当时有 18 个滴酒不沾的人参加操练，若真能组成一支小队，在射击等诸多方面或许可以为喝酒这回事提供一些颇有价值的佐证。

1881 年 11 月，何利德任指挥官，但未满一年便辞职了，他因兴味索然而灰心丧气，也不想继续敷衍了事地对待士兵，所以仅在队伍中当一名普通士兵。事后他说道，本来自以为指挥着一支组织有序的部队，结果却发现，除了少数几人，大多数军官对自己的职责一无所知，而士兵也是如此。队伍里充斥着嫉妒、误解与口角，更弥漫着具有毁灭意义的冷漠。1883 年，尽管他说话直白，或许也正是这个原因，他再次当选。达拉斯在其离任期间任指挥官。

1883 年 4 月，举行了首次正式检阅。当天天气恶劣，跑马场场地泥泞，无

① 此处人名有两种可能——耆紫薇或葛司会（J. J. Keswick），后者是前者的弟弟。见《万国商团 85 周年纪念册（八）》，吴晨译，上海历史博物馆编：《都会遗踪第 9 辑》，学林出版社 2013 年版，第 118 页。——译者注

法完成之后的操练演习，最终他们在六合路上进行了操练。哈拉翰（Halahan）少校从香港来上海检阅部队，此人曾参加过洛克滩保卫战①。

之后我们又读到了法国队操练的消息。中法之间的矛盾已现端倪，有人威胁将在 1883 年 7 月 14 日挑起一场骚乱，对此万国商团悄悄做好了准备。但何利德在发出的一则通知中坦承，由于"目前商团大多数成员处于效率低下的糟糕状态"，他对眼前的情势深感焦虑。之后，他还提出了每年集训一个月的方案。

1885 年 2 月，莱克斯（Rex）被撤职以及将巴拉德（Ballard）除名，此事我们将在《上海报业》一章中详述。5 年后，莱克斯几乎是一致通过地再次获选——仅有三人反对，然而工部局并不赞同，并推迟决定，还试图让莱克斯自己撤出参选名单。最后工部局还是同意了这一结果，任命他为炮兵队少尉。

1886 年 3 月，中央捕房里举行了一场欢聚，何利德少校与万国商团各小队的上尉和工部局官员集聚一堂，阿查立向万国商团赠送了一批外交部提供的枪支。阿查立还回忆起 20 年前一个晴朗的早晨，13 名骑兵队员遇上了人数为 200 倍的叛军，最终将他们驱散。

在中法战争期间，广东会馆提出招募并装备一支 1 000 人的华人志愿队，但这一提议遭拒绝，理由是万国商团和巡捕已足以保证租界的安全。直到 1907 年才组成了一支华人队伍。不久之后，日方提出招募一支 60 人的日本队，也遭工部局拒绝，因为中国当局理所当然会反对。1891 年成立了一支大约 60 人的德国队，当时不少省份都出现了多次反洋人骚乱，因此上海也动荡不安。

1886 年 12 月，G. J. 毛礼逊（G. J. Morrison）接替何利德任万国商团指挥官。本届选举的提名有两人：G. J. 毛礼逊与何利德的兄弟霍利迪，投票结果是G. J. 毛礼逊 60 票，霍利迪 59 票。1889 年 4 月，G. J. 毛礼逊辞职，但半年后又再次当选。

1888 年 6 月，发生了一桩在中国时常出现的意外——或许是由于此地人口

---

① 洛克滩保卫战（Rorke's Drift）是 1879 年在南非的一场力量悬殊的保卫战，100 多名英国士兵击败了大约 4 000 祖鲁武士的攻击，守住了军营，11 名英军官兵因而获得英国最高荣誉的维多利亚勋章。——译者注

290 十分稠密，靶场的一颗跳弹飞出，擦伤了一个中国人后，又击中另一人并致其死亡。此事造成当地人群情激奋，将靶场的界石都拔出。死者母亲要求一命抵一命，或者赔偿一万两白银。射击活动不得不暂停一段时间，靶垛显然还应再加高。对方最终接受的赔偿金为 500 元。

此事发生在老靶场，靶子路（Range Road，今武进路）这个路名就是由靶场而来。当地人拔除了 20 块界石，以抗议持续使用靶场，不过这倒不尽然是出于其危险性，而是当地人误认为洋人并未付款买下靶垛间的土地。

1890 年，有人提出一个有意思的问题，巡捕房的成员是否能在万国商团中担任职务？不少巡捕都曾为商团做出贡献，两年前还曾使其免于解散。巡捕凯麦隆就曾在炮兵队中发挥积极作用，获任中尉。然而巡捕的首要职责当然是警务工作，设想他若在商团中升至队长职位，这一职位的职责便将难以履行。出于这一考虑，工部局决定巡捕不能接受万国商团的任职令。

1889 年 3 月，再次提出了组织民团的问题，工部局同意其操作原则，任命了 6 名中尉。英领馆和斜桥总会（Country Club）获选作为紧急需要时的避难所。连厘也同意高等法院的建筑可供使用。

此后至 1897 年间的事迹未见记录。1897 年，步兵队重组，由威厚阔（Dudgeon）指挥。同时，决定将机关枪手编成"丙队"，并招募新兵以达到编队兵员数。

1892 年，霍奇斯辞去随军牧师一职归国。工部局认为万国商团并不需要随军牧师，决定这一职位空缺。但在霍奇斯回上海后，再次获得任命。

当年初，霍利迪少校以时间有限为由辞去了指挥官一职，商团军官们因此向工部局提出，由于目前商界人士无人能抽出这么多时间来应对指挥官一职所承担的繁重职责，建议聘用一位管理人事行政工作的受薪副官，以分担指挥官大量的工作。纳税人大会同意了这一建议，而由于有了这一协助，霍利迪再次获选任指挥官。其后特别委员会决定，这位受薪副官同时担任巡捕房副督察长的职务。接着出现了意见分歧：这是否意味着委员会打算选择一位"军人"，由于霍利迪强烈反对聘用"军方"人员，而委员会的多数成员坚持，故霍利迪再

291 次辞职。

1895 年初，麦肯齐上尉作为万国商团的副官和巡捕房副督察长，走马上任。

然而以后的诸多变化，让疑惑不解的历史学家和疲惫不堪的读者看得头昏眼花。克拉尔克上尉、G. J. 毛礼逊少校和麦肯齐上尉先后任指挥官。1898 年，霍利迪再次当选。1897 年 8 月，克拉尔克辞职后，万国商团希望由麦肯齐副官升任指挥官。然而考虑到他作为巡捕房副督察长，一旦发生暴乱将越过巡捕房督察长而成为行动总指挥官——这样的安排是不能接受的。工部局决定应另择商团的领导人选。当日麦肯齐成为巡捕房督察长，工部局认为巡捕房和万国商团的指挥人选由同一人担任并非明智之举，于是麦肯齐辞去了万国商团职务。耆紫薇上尉和克罗斯（Close）上尉曾先后担任副官。

1898 年，莱克斯再次招人反感——他和狩猎委员会（Shooting Committee）的同事给霍利迪少校写了一封违抗命令的信函。霍利迪辞职。工部局决定所有涉事人员应联名写一封道歉信，否则将撤销他们的委任状。遭免职的军官们要求特别委员会召开听证会，然而工部局不愿重开此案。他们认为莱克斯在给报界的信中批评上级军官，他这么做应永不能在义勇队中担任职务。不过，当时似乎确实举行过调查，领事璧利南（Brenan）、蒙哥马利（Montgomerie）上尉和卜罗恩（Browne）上校认为莱克斯确实犯有不服从上级的罪责，但应当举行一次听证会，犯事者应立即道歉，任职委任状归还，然后犯事者应辞去职务。事发半年后，这些措施一一施行。然而尽管如此，莱克斯对于宣布其辞职命令中的措辞还是颇多怨言。

即使最近有商团内部的麻烦缠身，莱克斯还是竭力规劝工部局为遏制租界内华人房屋激增而有所作为。莱克斯似乎是那种虔诚之人，虽有圣洁的品质，却无圣洁的荣饰。他对自己认定的事情，热情高涨，勇往直前，若能再多些机敏处事的才干，本可很好地为国效劳。

在结束本章之前，我们还搜罗了一些五花八门的信息。德国队获准佩戴饰有 P. H. v. P. 字母的肩章，以纪念 1898 年普鲁士海因里希亲王（Prince Henry of Prussia）的到访。

1899 年，设立万国商团俱乐部图书馆（Volunteer Club Library），工部局拨给初设资金 10 英镑，之后每年 200 元。

1899 年，轻骑队配备了长矛。

1896 年，丁队解散，辞职的森纳（Senna）上尉应为其所带领队伍的工作效率负有责任。前一年报刊上登载了有关丁队的文章。该队当时仅有 22 人，状况不佳，早早解散也在意料之中。两年后有人建议重组该队（葡萄牙人），但工部局并未采纳。

我们读到批准成立海军队，还有"小口径枪队"（Smallbore Irregulars）。

1899 年 3 月，丙队解散。

1899 年 7 月，当地官员首次提出在万国商团中组织华人队。

关于万国商团的制服可以写出一个冗长的章节，甚至出版一本带彩色图片的小册子。在这里我们更为关注其花费而非色彩。1895 年泰兴洋行本想将巡捕靴子的价格从 7 元提高到 8.25 元，因为国内的皮革涨价了。但麦肯齐称在印度能以 3 元的价格买到上好的靴子，因此便订购了一批。1894 年，泰兴洋行指出他们签订靴子、制服等的合同时，白银的比价为 4:3，此后跌至 2:8¾。工部局同意支付他们要求的预付款。

这些东西本应置于我们写巡捕的章节里，但在此一提也算合适。

1897 年，由于泰兴洋行原料短缺，25 名商团成员只能不穿制服出勤。

德国队由景昌洋行（Wilck and Mielenhausen）以 18.50 元的价格提供制服，包括短上衣、裤子和帽子。

1894 年，万国商团做出重大决定，以后指挥官将穿着他所隶属部门的制服，制服会稍作修改以彰显其军衔。

1895 年，炮兵队制服更换，耗资 600 元。

1897 年，军官委员会为万国商团推荐了一批花费较为低廉的制服，工部局自然应允，决定采用卡其布制作，费用大约每人 4 元。

第24章

火政处

关于预防火灾的措施，最早的记录似乎是在 1856 年，在教会路和界路（福州路和河南路）路口建起了一个消防水箱。那一年起码成功建造了 6 个这样的物体，每个花费 90 元。当时巡捕受命在工作不忙的时候去救火，他们的主要职责还是维持秩序和阻止抢劫盗窃。

1863 年工部局从美国购进一台灭火机，它的形状呈圆柱形，直径有 6 英寸，活塞冲程 16 英寸，包括水龙带、制动器、绳索等装置在内共计 2 300 美元，这台机器要比当时波士顿使用的任何一台机器都更加强劲有力。

第二年皇家火险公司（Royal Fire Insurance Company）引进了一种灭火机。由于工部局能够妥善良好地保养它，公司把机器交给了巡捕房。

1866 年工部局董事小海斯（Hayes）提议组织火政处（Fire Brigade），同时工部局花了 1 000 元购买赫德牌消防机器并以 750 美元买下钩梯队（Hook and Ladder Company）的设备。小海斯的建议很快被贯彻执行，两个救火队组建起来，人员有 80 人，同时钩梯队改名为灭火龙队（Mi-ho-loongs），罗勃斯（J. C. Roberts）是处长，霍尔库姆（H. A. Holcomb）和布莱森（C. P. Blethen）分别为第一和第二队的队长，阿什利（C. J. Ashley）为钩梯队队长。有时当教堂钟声和船上枪声混合响起的时候，巡捕们便会召集消防员。这些消防员们穿着特殊的制服。当时总共有九个消防水井可供使用。大多数保险公司都向火政处捐了款，每家公司 100 两白银。后来依据大家公认的保险金额，火政处的维修养护

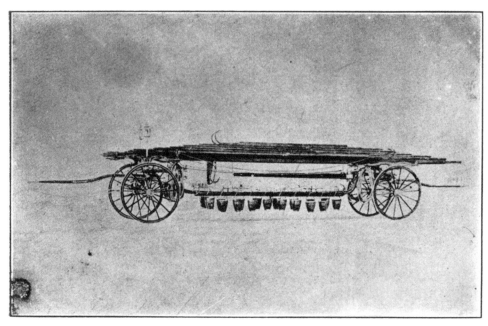

图19 灭火龙队在1866年时使用的长梯

费需要通过保险公司之间的年费来进行分配。因此人们认为火政处实际上应该隶属于保险公司而不是工部局。

火政处从宝顺洋行买进一台新的蒸汽消防车，牌子叫"阿莫斯开格"（Amoskeag）①，从名字猜测也许是美国货，价值2 000两白银。9个消防水井和1个消防水池可用来提供灭火用水，但实际上需要的远不止这些。人们发现火警钟也十分重要，因为教堂的钟声传得不够远。巡捕们能够在居住区召集到的消防员已远远不够用。于是火政处建议，在发生火灾时，除了新的火警钟外，港口中的驻军军官应该鸣炮三次，停泊在海港中的所有蒸汽船在火警钟声的基础上也应该鸣笛15分钟。或许这些措施显得极端了，然而它很明显地表明消防员不想错过任何一次火灾。虹口巡捕房建了一个钟楼，一个闲置的教堂大钟从教堂理事处租借来作为火警钟，并在数年后买进。

尽管虹口是仓库和纺织工厂大量财产的聚集地，但直到1872年却还只有一

① 阿莫斯开格（Amoskeag），美国蒸汽消防车品牌，由位于新罕布什尔州曼彻斯特的阿莫斯开格火车厂出产。该品牌消防车曾装备过美国纽约及洛杉矶的消防队。——译者注

台小型手动灭火机。火政处认为可以花 1 000 镑来购买蒸汽消防车，工部局被要求提供三分之一的费用，毫无疑问，剩下的三分之二将由虹口地区产权人和保险公司提供，这台机器由此成为火政处的资产。

旗昌轮船公司为了保护其财产，购买了一台强效的水上蒸汽消防泵，时刻准备为火政处服务和提供有价值的帮助。

扑灭小火的早期设备之一——灭火器，于 1871 年引入火政处，每幢房子都被建议配备几个。假如英国领事馆早几个月就带头使用这样的预防设施，且能较早地发现火灾，那么也许有可能从 1870 年 12 月那场毁灭性的火灾中幸免于难。

值得注意的是火政处（1873 年之后改称"Fire Commission"）并不在工部局的管辖之下。火政处可以自行选择官员，只需得到工部局的认可，却从所有租界机构接受捐助，三个租界共同对此事负责。除了捐款，工部局还负责挖掘消防水井，因为火政处一直觉得水井不够用。到 1879 年，火政处共有 61 个水井，井深从 11 英尺 9 英寸到 19 英尺，水深从 7 英尺 6 英寸到 16 英尺 7 英寸。自我管理的结果之一就是人们发现火政处的报告总是和工部局的报告不一致。每年火政处要花费大约 940 元，远远多于租地人表决所通过的金额以及工部局所付的额外数目。有时候当出现六七百元的赤字时，工部局会拒绝支付这笔超出预算总数的付款，认为火政处应该寻求保险公司的帮助。事情因而变得困难起来。起初，火政处认为宁愿求助于保险公司也不要求助于工部局，但是随之问题出现了，要得到前者的捐款是如此困难，以至于有人竟然建议听任火灾烧光那些尚未捐款的保险公司所保的财产。保险公司似乎就此意识到，即使在他们每家出资 100 元建立救火会之后还仍然不能指望很多。一些态度强硬的保险公司拒绝支付更多的钱，还有一些公司借口必须要向本公司老板请示方有权限。例如，1875 年，皇家火险公司认为如此多的捐款对于保险公司来说并不可怕，但应该综合考虑他们所保的财产数以及其他的保险公司，按比例统一分配捐款数目，而不是单个行动。这使得人们想起关于《大卫·科波菲尔》中斯本罗（Spenlow）① 有一个合伙人叫乔金斯（Jorkins）。

295

---

① 斯本罗是狄更斯小说《大卫·科波菲尔》中的人物，小说主人公曾在其开设的律师事务所中做实习生，并与其女儿朵拉结婚。——译者注

图 20　1871 年最早的蒸汽消防车（目前由华界县城救火会使用）

在一封信及信中所提到的决议——"英国火灾委员会关于资助上海救火会的赞助申请被拒绝了"的影响下，工部局作了一份备忘录。

备忘录表明，在 1866 年和 1873 年之间，工部局捐助了 20 129 两白银，比纳税人批准的预算要多得多。当通过年度总预算的时候，除了 5 401 两白银可用于消防水井外，其他支出随即也被批准。更为公平的分配时刻来到了。在各保险公司投保的财产价值大约总计 900 万英镑，然而保险公司的捐助只有经费的 23%。在伦敦通过议会条例，每家保险公司必须在其所保财产总数中每 100 万镑拿出 35 镑来。①

当支付了沉重的保险费给保险公司以后，为了保险公司的利益，纳税人还进一步被要求供养高效的机械设备，显然这是不公平的。而如果外侨社会停止捐助，保险公司将不得不依靠自身来维持人事运转，可能不是很有效率，却要

---

① 按议会条例的规定，与价值 900 万镑保额相当的火险捐助应为 3.15 万镑，而上海保险公司的捐助额度远未能达到此标准。——译者注

付出比现在更大的代价。

本地的行会也被要求捐献 1 500 两白银，但是火政处在收齐这笔款项时遭遇到相当大的麻烦。

在一场火灾后，财产主人赠送 100 元左右的捐款给救火会，在当时似乎是非常普遍的行为。

为了扑灭火灾，需要有大量便于取用的水源。在那些只有消防水井或消防水池（水井和水池有某些差异）可以依靠的日子里，经常会发生水井离得太远或井里的水不够用的情况。例如在 1875 年，当海军上将赖德（Admiral Ryder）① 派他三艘军舰上的士兵帮助救火时，水龙管带中的水恰好由于河流水位太低而不够用，结果只好向教堂求助。这一切表明，消防水井应该挖得足够深，以便适应所有水位的河水，同时还进一步表明，应该使用消防栓来弥补水龙的不足。但是这位海军上将仍友善地说，上海在救火方面出色的装备和管理，在中国是众所周知的。

在一些我们按照现在职能称之为原始的救火管理中，体面的华人被抓去强迫用泵吸水。白敦目睹后呼吁人们注意这一切，最终罪恶的行径得以停止，并且公开发布通知：将给帮忙的苦力支付工钱。1873 年，水枪队要求苦力代替马匹拉运机器，他们共使用了 40 个苦力。

1879 年香港总督波普·轩尼诗（Pope Hennessy）② 来上海，火政处因他而几乎全体出动——除了第二队。该队队长认为夜色笼罩会使机器淋湿，因而绝不允许机器外出工作，这一借口不仅野蛮而且滑稽。他还有其他令人匪夷所思、无所适从的借口，却为工部局所斥责，于是第二队的军官因此而全体辞职。

当然，这位队长其实并不是害怕机器熄火。由于通知很仓促，仅有两名队员准备出勤，而他认为出动"由苦力操纵和处于雨夜的机器"是毫无意义的。

296

---

① 赖德（Alfred Phillips Ryder），1820—1888 年，英国海军将领。出生于神父家庭，1833 年加入英国皇家海军，曾参加克里米亚战争。其间任皇家海军"无畏号"船长。1874 年任中国分遣舰队司令。1882 年退役。受封为爵士并获得海军元帅军衔。——译者注

② 波普·轩尼诗（John Pope Hennessy），1834—1891 年，英国驻香港总督。早年加入英国军队，后研究法律并在殖民地部任职，1872—1873 年任塞拉利昂总督，1873—1877 年任向风群岛总督，此后任香港总督直至 1882 年。——译者注

他的错误在于不和火政处长交流，而他本应和火政处长一起做出决定。

工部局对他给予了直接的谴责。他在辞呈里聪明地声称，火政处长是自己唯一佩服的人，应该和他展开交流后作出决定。"我认为在这个问题上工部局没有权力或威信对我指手画脚。"很明显他占了上风。

那一年早些时候，救火队参加了一次并不有趣却酿成悲剧的游行。消防员们在火灾现场是紧张激动而又十分危险的。奇怪的是，一场1小时的火炬庆祝游行却导致一名外国人死亡。

事情发生在为欢迎杰出的客人尤利西斯·格兰特（Ulysses Grant）将军 ① 而在外滩举行的游行中。当火政处的队伍行进到现在横滨正金银行（Yokohama Speie Bank Ltd）所在地的时候，某样东西爆炸了——是一些由乔顿公司（Churton and Company）提供的蓝色火焰的炸药粉。马尔瑞（F. Moutrie）和另外两名外国人受了伤，还有两名中国人受伤，人行道、树木等被炸毁。马尔瑞被证实有两罐卢埃林牌的火药，还没来得及用，竟然未经引爆就爆炸了。一两天后，马尔瑞因伤而死。据工部局要求，火政处和其他人员共募集了510.50两白银，来承担马尔瑞葬礼的费用。

1880年工部局决定买一口大钟，钟在美国已变得便宜——以前5 000美元，现在只要1 500美元。这口大钟被悬挂在位于中央捕房内一座100英尺的高塔上，原来挂在那里的钟则取代了虹口巡捕房那口失去效用的钟。

1892年，八个重要的行会以非常本地化的文风和独特的英语建议，每个公会制作20件印有本行会名字的夹克或马甲，上面应该盖上"your respectable office"的印章，然后由行会把制服分发给希望在火灾中挽救财物或朋友生命的人们。"在拯救生命和财产的过程中经常会有一些误解发生"，原因在于有的中国人只有向值勤的督察员证实了他们拥有特权，他们才能获准在警戒线内行走。

火政处只在三个租界内履行职责。但是1895年上海机器织布局（Chinese Cotton Cloth and Yarn Administration）询问，如果他们靠近租界的工厂发生大火，火政处是否能提供帮助。其实早在其咨询是否需要缴纳常税给工部局用来扩展

---

① 尤利西斯·格兰特（Ulysses Grant），1822—1885年，1869—1877年任美国总统。他在总统任期结束后开始环球旅行，1879年到访上海。——译者注

管理自身财产的市政特权之前，1892 年就曾发生过一场火灾，当时工部局制定了某些必要的条款——事情就此结束。在 1895 年，工部局提到了上次的交涉，然而该局发现条款不被人们接受，没法执行，因此工部局只好遗憾地答复，他们不能安排救火会出现在工厂里的任何一个火灾现场。

1899 年，火险公司对纵火案件作出不合理的、量刑较轻的判决表示不满，工部局便写信照会上海道台。道台是一个温和的好人，他发表了一份声明，建议火灾过后保险金应该平均分为三个部分：一份支付给救火会，一份支付给邻居赔偿他们的损失，还有一份给受保人。火险公会（Fire Association）不得不指出，此举没有达到他们的目标——他们只想找到纵火者，但这项声明却减少了保险公司的商机。这是官方介入的一个最明显的事例。

火灾不是一个轻松幽默的话题，但是我们发现不止一个有趣的例子与之有关。1892 年，当火灾发生时，虹口巡捕房的两个警员睡着了，三个苦力出于好心主动敲响钟声。他们把钟敲裂了，其热忱远远多于学识，而一个新钟的费用是 130 英镑。

1899 年工部局曾一度决定把其所有火险都投保在本国，因为本国的费率更好，但是这个决议很快就被取消。然而在第二年，一项税收被强加给了保险公司——税率为年度保险费净收入的百分之一。

第25章

肉和菜市场

现在我们将谈论当地政府 ① 一些虽然次要但并非总是不重要的职责，它们关系到外侨们舒适的生活和精神状态，而非生命与财产的安全。

对于外侨来说，由于需要依赖华人来宰杀、耕种、购买与烹饪食物，几乎没有什么比卫生的菜场等更重要的了，但当地政府并未将它作为一件重要的事情加以关注，或许这是因为他们还有太多其他事情要干吧。

第一个菜场似乎是开设于马路 ② 的一个露天市场。我们看到在 1861 年允许上午 9 点至下午 4 点可在该处出售布匹，但商贩们"被鼓励"将货物放在第二道栅栏外出售，看来这就是此类事宜的全部规则了。食物也在那儿售卖，就在路边的露天摊上。有趣的是，第一次的改善并不是因为害怕流行病和死亡，而是因为这样会令人难以进入跑马场！汉璧礼于 1865 年提请工部局注意马路在早晨的拥挤状态，这会妨碍去跑马场的游客，他还讲到买卖双方在雨中把蔬菜垃圾从摊位扔进了阴沟，他慷慨地提出如果工部局提供棚屋的话，他愿出让他在天津路的五亩地用于修建一个菜场。

1868 年，基尔（Keele）被任命为菜场稽查员。从他早期的报告中可看出，很显然，在当时而且无疑已有好多年，提供给西人社区和船员食用的肉类由于

---

① 作者这里（包括下文）用词为"local government"，实际上主要指的是工部局。——译者注

② 今南京路。——译者注

过瘦而令人不快，这是因为这些牲畜太老、过度劳作，及饥饿。

工部局授权稽查员没收劣质肉品，但当基尔这么做时，华人肉贩向英国法院提出索赔要求，法院判决：此类肉品不宜供人食用，原告不能将它收回，但由于被告的做法并不合法，他必须支付费用。根据《土地章程》及其附则，没有任何条款规定他有权没收肉品，这只是工部局自己做出的一个决定，应制定一个附则，同时应从道台那里获得想要的权力。随后，工部局声辩说此事本不该由英国法院来审理，而应诉诸领事法庭并提起反诉——"基尔诉明记出售病畜肉"。接着，在法律之外又掺入了个人的因素，高易代表其他肉贩写信暗示基尔"正干着一桩同肉贩差不多的买卖"。工部局开始着手制定一个附则，但阿查立说领事团只能批准或否决附则，不能授权他们制定附则，他认为需要召开一个特别会议，并建议工部局目前应继续向道台要求授权。但当工部局拿到授权书后，发现中文文本中有几点错误，于是又耽搁了一些时日。整件事情显示出租界机构特有的状况：生活在租界里的外侨若想吃上品质好的肉，就一定得依靠当地官员发布的中国公文，这真是件稀奇古怪的事。

第二年（1873 年），出现了更进一步的困难，由于将病畜肉没收，农民们不再将牛送来。如果我们再挑三拣四，我们将没有任何东西可吃！

一次，一名工部局的职员——是一名华人（有人必定也希望如此）被发现把可能是被没收的病畜肉剁碎卖给华人，这种行为当然被严厉地制止了。

1872 年，除了鱼和野味，被没收的肉类达到了 5 027 磅。病畜肉的非法买卖尤其受到华人的青睐，对小贩来说无论怎样都是有利可图的，被发现的风险很小，如果被发现了，他也只是损失了一样不值钱的东西，如果不被发现，则可能获得 600% 的利润。

除了肉铺，屠宰场也被稽查。当时在租界中有 11 家屠宰场，都污秽不堪，既无下水道也没供水。在放到店里出售前，肉类被保存在那儿数天，暴露在各种恶臭中，这些恶臭来自被内脏和血水浸湿的地板和附近因粪肥一直肮脏不堪的猪圈，更别说人粪了。这令人难以置信，但稽查员说废弃牲畜场的情况更糟。牛、一堆可能死于致命败血病牲畜的腐烂尸体、患鼻疽病的马、死狗和其他死于疾病的动物，在那儿被处理剁碎。那些供西人食用的牛也经常在那儿宰杀，无疑用的是同样的刀具。

如果这就是租界创立后 30 年的状态，我们不禁对我们的前辈摄入了那么多不卫生且危险的食物感到震惊！每位食肉者的境况已大大超越了谚语"每个人在死前都须尝过无数的尘土污垢"（Peck of Dirt）① 所表达的内容，甚至比它更糟，即使素食者或饮食牛奶餐者也并不安全，但那时并未发现细菌对人造成伤害。

对这种可怕状况的解决办法，在于给肉贩发放执照并提供一个公共的屠宰场，前者是依据《土地章程》附则第 34 款而为。屠宰场于 1867 年被提议建造，工部局工程师的预算不大，购 10 亩地及搭棚的费用总共才 2 000 两，但什么都没干。直到 1873 年才通过了一个决议，即通过发行债券筹集 5 000 两建造或租借供屠宰牲口之用的房屋。但问题是如何防止病牛仍在别处宰杀，法租界或许还会合作，中国官方的帮助却令人怀疑，事实上，道台在工部局购买新闸路煤气厂旁一块必需的地块时就进行了刁难。

"此事就暂且搁了下来"。直到 1882 年 12 月，公董局才提议如果工部局愿意配合让洋泾浜以北的所有肉贩将牛送到他们那儿宰杀，他们将在法租界公馆马路（Rue Du Consulat）② 的西端建造一个屠宰场。

随后事情没有任何进展。事实上，"搁置之事"一直持续到 1889 年公董局再次提出建议，但工部局又一次将讨论延迟，直到他们来了新的土地勘测员。

两年中还是没做什么。随后，工部局宣布他们愿意考虑该问题，于是工部局与公董局的工程师首次碰面讨论建造屠宰场的合适场地，但他们发现，共同出资只建一个这样的屠宰场供两个租界使用是行不通的，尤其当所提议的场地又在两租界之外，屠宰场将因此不受任何一个市政当局的管辖。于是，法租界被告知：工部局更愿采取常规的做法，即在虹口建造自己的屠宰场，他们在那儿已有一块合适的场地。

供应西人菜场牛羊肉的 13 个肉贩表示愿意将他们的牛羊送到拟建的屠宰场宰杀并服从工部局的规章，工程师于是准备好了建造的图纸与预算，每天宰杀

---

① Peck of Dirt，全句是 "You have to eat a peck of dirt before you die"。——译者注
② 今金陵东路。——译者注

供西人食用牲畜的平均数量是 25 头牛、10 头小牛、70 只羊和 10 头猪,符合要求的建筑和牲畜棚的预算为 1.220 7 万两。

屠宰场的收费被定得较低,这样肉贩们支付的费用就不会比他们以往习惯的费用高太多。但当屠宰场准备开业时,他们又出尔反尔,通过道台投诉并一度联合起来对屠宰场进行抵制。工部局态度坚决,虽然不能阻止肉贩去他们想去的地方宰杀牲口,却能通过发放执照来管理他们的售卖。结果肉贩们被打败,他们屈服了。

屠宰场有一个公开的开业仪式,因圆满完工和良好规划而得到赞誉。但最值得注意的是,它开业的时间是在上海开埠 50 周年,这意味着,西人社团已食用了 50 年由以上描述的屠宰场宰杀的肉类,确切地说,这些屠宰场始终处于这种状态。事实的确如此,1868 年后,有一名菜场稽查员视察当地的屠宰场,但由于它们处于界外的八仙桥,除了做一些道义上的劝告,他什么也做不了,而如果这些病畜肉是在界内出售的话,他当然还要将它们没收。但在 1887 年,因为牛里脊肉不是取自检疫过的牛,工部局不得不向公众发布特别警告,以免扰乱了牛腰肉的市场价格。这些肉几乎大多来自废弃牲畜店,所有的病牛都在那儿宰杀。为了逃避检查,肉贩们安排将订购的牛里脊直接从这些店里送货,这使检查工作几乎无法进行。

那些被称作废弃牲畜店的也叫油脂店或熬油店,所有供当地食用的牛都在这里宰杀,因为中国当局不允许除了上海之外该省任何地方的当地人宰杀公牛。这类店有 18 个。

检疫后的牛肉被盖上一个圆形印戳,其他肉类则被盖上一个三角印戳,印戳上写的是"工部局屠宰场宰杀",只允许放于摊位上销售的次等肉,盖的则是"摊贩"的印戳。

霍尔带领肉贩们举行罢市反对征收牛棚费(1895 年 5 月),工部局对牛羊的供应做了安排,罢市行动被平息,肉贩们支付了费用,还接收了工部局屠宰场宰杀的牛羊肉。

1897 年,由于预计在订货方面再次会遇到麻烦(因为牛疫),八仙桥来的牛只不准进入工部局的牛棚,并留出 5 000 两用于收购外省的牛只,以防有人试图进行联合抵制。必然但不必要的结果就是肉类价格的上涨，并毫无疑问持续到了今天。

1898 年，因为使当地牛贩藐视工部局的规则，霍尔先生必须递交一份书面道歉信，否则他将被取消肉店执照。在两者之间他显然更愿选择后者，因为我们发现一个月后他因无照售肉而被传唤。

1865 年，马路菜场（Maloo market）受到投诉。1877 年，因为不断接到投诉，工部局考虑将它迁到湖北路（Hoopeh Road）。1881 年，即在汉璧礼抱怨过的 16 年后，由于引起的诸多不便，尤其在赛马大会期间，有人再次提请工部局考虑迁移菜场的可行性，但没能找到更好的地方，工部局只能安排巡捕维持马路中央的畅通以利交通。

1882 年，纳税人会指示工部局通过发行债券筹集 5 万两建造一个公共菜场。尽管遇到了些麻烦，他们仍然买下了"最不让人反对的地块"。今天，市政厅和马路菜场就建在它的后面。这块地的面积为 7.5 亩，价格是 2.5 万两。据称，当时马路菜场每天早晨平均有 484 个摊位出售家禽、鱼等——大多售给华人，除此之外还有 150 名至 200 名流动菜贩。另一个菜场在河南路，有 150 个摊位和约 100 名小贩，而虹口居民大多在天潼路的一个菜场买菜；船舶、旅馆、总会和大多数外国商行的日常供应则来自史密斯菜场（Smith's market），这里的史密斯指的是 E. M. Smith，他的菜场在河南路以东、广东路的拐角处，自它存在起的那么多年就一直有对它不洁状态的各种投诉。

有人要求在北山西路（North Shanse Road）和其他地方开设菜场，却遭到了工部局的拒绝，工部局不想再设街头菜场。尽管建造新的马路菜场决定于 1882 年，而且科里（Cory）先生的设计还获得了 500 两的奖赏，但菜场直到 1899 年 1 月 1 日才开张，细心的读者或许对此并不感到意外。在接下来 1883 年 2 月召开的纳税人会议上，投票决定不宜开工建造菜场，部分是费用的原因（7.7 万两），部分是因为地方不合适——尽管金斯密以一种预言的态度说 15 年后或许那儿会需要一个菜场。于是，工部局决定将这块地用作一个露天菜场，这样也使街道能明亮些。像往常一样，每当要求任何改变时，中国人都会反对。先是说那儿不遮阴，工部局就搭起了席篷。接着，一些小贩去福建路、河南路摆摊，一些则坚持在马路菜场卖菜，他们被巡捕驱赶，一些人进行反抗，被抓了 10 人。谳员要求给华人几个月的宽限以让他们适应，但工部局不能答应这种要求，接着他又询问工部局可否将九江路用作菜场。

与此同时，巡捕麦克带着一名犯人和一件被撕破的衣服出现在会审公廨，英国陪审官宣布说工部局在行动中专横霸道，麦克被撕破衣服应自认倒霉，因为犯人实在太穷赔不起钱。这一小小的突发之事差点就报告给了公使，但最后放弃了。

英国领事馆的丹尼（Denny）以道台友好使者的身份非正式地与工部局进行了会谈，道台恳求采取"互让"的做法，用一个有名的词就是"互惠"（reciprocity）。工部局说让步意味着将来会有麻烦，但丹尼认为如果工部局当初找地方当局商议的话，也就不会有今天的麻烦了。 303

这引起了一个重要的问题，即一个公众的代表团是否有权向非官方的当地居民发布公告，而不是将之提交给地方当局，这在《条约》或《土地章程》中并没有规定。在已废弃的 1843 年《章程》① 中，领事和道台之间达成过一条有关菜场事宜的条款，在那些条款中当然并没有工部局。普遍的观点是工部局有权力，但由于该《章程》从未正式得到中国人批准，不发布任何地方当局不赞成的规章才是明智之举，而影响当地人的告示只能由中国人自己发布。

10 月份，工部局请求领袖领事告知道台新菜场必须在 1884 年 1 月 1 日启用。何利德反对请求道台发布公告，这样就好像工部局是不能执行自己章程似的，但他并未得到支持。

菜场必须加顶并在建成前不得收取任何租金，而且在领袖领事的建议下，菜场开张日应放在中国人的春节而非西人的新年。之后似乎再没遇到其他的麻烦。1896 年关闭了河南路的史密斯菜场，并达成了协议，在马路菜场建成前对湖北路、北海路的菜场小贩做了安置。

新菜场和训练厅完工并于 1899 年 1 月 1 日向公众开放，这也让金斯密成了一名预言家。它可容纳 466 个摊贩，总造价为 10 万两，由已获得科里洋行（Cory's）良好信誉的格拉顿 ② 和工部局工程师梅恩设计，现在我们可看到在建

---

① 这里应指 1845 年《土地章程》，包括下面第 27 章第 561 页也是如此。——译者注

② 格拉顿（F. M. Gratton），英国皇家建筑师协会的成员。——译者注

筑的铁制匾牌上刻着这些人的名字及工部局董事的名单，花了 460 两。

1890 年，工部局看到天潼路菜场的日常不便，便开始着手在虹口建造一个公共菜场，他们从汉璧礼的手上以 1.2 万两买下了汉璧礼路（Hanbury Road）与文监师路间的 6 亩地——尽管工部局希望他看在他附近的其他地产将升值的份上能少要些钱。建造菜场的费用，包括购买土地的总价预计要 2.5 万两。菜场于 1892 年顺利开张并取得很大成功，但不久就显得太小而无法满足附近居民的需求。

304

直到 1892 年，工部局才开始关心牛奶的供应问题——此时距租界成立已有 50 年，对今天被照顾得如此之好的我们来说，或许很想知道在那半个世纪里有多少人因变质牛奶而得了天花。随后，工部局要求西人牛奶棚主允许对他们进行检查，并打算公布被检查牛奶棚的名单。但直到 1898 年，工部局才对牛奶供应进行全面的管理。1895 年，有人建议无执照牛奶棚的牛奶不得在租界出售，这是因为当时牛疫蔓延，尽管亨德森说未曾证实食用受牛疫感染的牛奶或肉类对人体有害。1897 年发布了一条公告，禁止出售无照牛奶棚的牛奶，公告必须得到领事团的批准，为了更清楚地表明这一措施并未超越工部局的"宪法权与领土权"，他们首先稍稍改变了一下措辞：发放执照是不收取任何费用的，他们只是想要一个清洁适宜的环境。

接下来的麻烦（因为总会有下一个麻烦）是当地牛奶棚主发现他们没有足够的钱去做工部局要求他们做的事，于是工部局给了他们三个月的宽限并预支了他们所需的费用。

几个月后，对工部局是否应进行或坚持牛奶消毒的问题进行了讨论，卫生委员会产生分歧，人数各为一半，麦律得指出在白脱与奶油中同样存在着和牛奶一样的危险，于是也就没做什么。

第26章

305

卫生事宜

　　上海从未如早期香港或孟买感染瘟疫那样面临过严重的疾病，从统计数字来看，甚至可以说这是个健康的城市。但显然其早期的卫生状况实在不算健康，即使现在也谈不上。上海建于泥滩之上，到处都是肮脏的淤泥，还有无数淤塞泥泞的河网沟渠星布其上。要找干净水源或弄块石头都得走很远。而且当地人口数量庞大，更不是以清洁的生活习惯而著名——此言并无冒犯之意。气候也很难认定为有益健康，特别是潮湿闷热的夏季。因此，近年的数据报告如此令人满意，大部分要归功于卫生处居安思危、工作高效。

　　1862年，有1 500名至2 000名外侨死于天花、霍乱和高烧，大多是军人和水手。詹美生医生断言若采取适当的预防措施，其中1 000人或可得救。当时对于上海外侨而言，整个夏季的天花和冬季的霍乱是比太平天国叛军更可怕的访客。当时英美租界卫生状况虽已逐渐改善，但依然十分恶劣，还有不少臭水洼。福州路两边是泛绿的污水沟，这宽水沟里既不是水也不是泥，填塞着附近新房里丢弃的残羹剩饭、破衣死鸡之类的垃圾。虹口的情况更糟，甚至南京路一侧的排水沟也不卫生，里面都是市场货摊扔出来的鱼杂和菜叶。无怪乎英国陆军医疗部门主管曾报称"致病诸因，上海皆备，且程度惊人"。

　　1869年，詹美生医生就租界卫生状况或者应称之为不卫生状况，准备了一份长篇报告，其中提出恶劣气候的影响、无人管控的妓院、社会底层的酒馆、附近沾染人粪的田地、空气和水源被污染得臭气熏天，租界内部分区域人口密集，净水供应不足或水源不洁，以及尸体未及时掩埋，都是需要注意的因素。

他说县城里"实在糟糕"，屠夫的肉就挂在厕所出风口，而护城河就是一条臭水沟。

至于我们直接抽取饮用水的河流，各条支流都带来污物，还有数不清的垃圾。租界四周——外滩、洋泾浜、护界河、苏州河，由于排污口并非位于低潮水位线下方，潮位低时都十分肮脏。路面抬高使得房屋相对位置较低，造成污水在下方积聚，有报告显示 894 户房屋地板下有积水。

自来水厂建成之前，挑水夫们就在排水口边汲水，直到 1872 年才遭禁止。1872 年时，有人致信《北华捷报》激烈抗议："挑水夫汲取你我饮用水的码头上，有老妪在此刷便器。"

宣布土地增高——这可不是地价上涨，而是相对海平面而言，对当时的居民而言这也不算激动人心的好消息，虽然对他们的子孙后辈倒是可喜可贺。但卫生情况有所好转，健康状况也随之改善。1868 年前那种最好有个工部局董事掉水沟里淹死的愿望，已无人再提。不迟于 1874 年，"上海热"绝迹。上海热是非常凶险的致命疾病，若疏于治疗，其致命程度与严重的伤寒不相上下，积于洼地的污水是此病起因。

1873 年，南方霍乱令上海一阵忙乱，出台了不少规定——垃圾必须移除或掩埋，当地人养的猪应驱逐出租界等。还就坏肉病肉、屠宰场、华人过度密集和将华人聚居处地面抬高、安装排水设施等问题展开多次讨论。坏肉病肉问题看来并未令食客们烦恼，过了很久才认为是个问题，他们对食物来者不拒，或许也是绝望于无可选择。此事我们在市场一章中已述及，但这里或可提及 1890 年董事贾逊与卫生稽查员、市场稽查员巡回检查，事后报称清真屠宰场里脏乱情况难以形容，他们看到屠宰后的牛就挂在公共厕所上方，病畜的舌和肉都卖给洋人。

众人猜测疟疾是由于泥地里的有毒物质受高温蒸腾在湿地上弥漫而引发。这一猜测并无证据，但由于医生们持此观点，1882 年工部局决定 5 月至 10 月间应停止进行铺设管道等破土动工的活动。同样，当地官方倾倒河滩沙泥和采挖苏州河淤泥填没乍浦路（Chapoo Road）的工程也遭禁止。

读者们须时刻谨记，无论对租界如何严格管理，租界周围有数量庞大的贩夫走卒围伺，既不受我们的管理规定限制，也不为我们的榜样所动。给庄稼施粪肥以及处置遗骸的方式，不仅有碍观瞻，而且有害公共健康。1890 年，据报四明公所内停有 1 800 具尸体，其中大多是得伤寒的死者，郊区有更多棺材堆积，不少受烈日曝晒已经开裂。原本就不怎么清新怡人的空气，后来更遭到许多工厂冒出的烟尘污染。

1882 年租界内发现街头曝尸 47 具。操作惯例是通知地保，经过一番唇枪舌剑，付 600 文钱请其移走——经此番争执有的尸体已经腐臭。

如今蚊子滋生问题很受重视，卫生处定期发布灭蚊建议书，但由于灭蚊措施不够普遍所以效果不明显，有人可能会说杀灭无数不过是为无数幸存者提供更佳生存空间。上海早期是否蚊子成群我们已无从知晓，因为那时人类对它的邪恶行径尚未生疑。例如，大家反复抗议积水和由此引发的热病，但丝毫未提及蚊子问题。直到 1893 年它们才成为指责的目标，不过当时说它们传播麻风病！可致人死命的苍蝇也未在上海历史中留下痕迹，虽然依据现代科学，它必然造成许多疾病，甚至夺人性命。

但足以致命且面目可憎的天花，很早就引起重视，以牛痘接种代替了有害的人痘接种 ①。

亨德森报告称，1868 年他抵沪之时上海施行人痘接种，山东路上的仁济医院是华人唯一可以接种牛痘的地方，而且此地也未有定期疫苗供给。道台在县城的城隍庙内开设了接种室，由仁济医院的住院外科医师接种。1869 年 5 月，亨德森与詹美生接管了玛高温于 1867 年开设的同仁医院继续经营，该院并不进行牛痘接种。租界和县城内有三四十位当地医者施行人痘接种。1869 年一年里，县城内牛痘接种人数增多，而租界内人数减少。詹美生 1869 年 9 月的报告（发表于 1870 年 3 月）首次呼吁大家注意人痘接种的风险，亨德森引用这一说法并表示赞同。1869 年 12 月，他就此事向工部局提交首份备忘录，又于 1870 年 1 月递交了第二份备忘录。道台张贴布告禁止在租界内施行人痘接种，并倡导采

---

① 中国传统的预防天花接种自宋朝便有记载，因使用人痘菌苗，有少部分人接种后反而会因此感染天花，19 世纪初英国发明牛痘疫苗接种，更为安全有效。——译者注

308　用牛痘接种。为此批准从预算中拨 1 000 两白银。1870 年 8 月，亨德森开设了南京路诊所并委派詹美生协助。但接种并非强制。

1871 年 6 月，玛高温对接种计划的执行情况表示不满。据亨德森所言，是玛高温想一手掌控此事。但玛高温说事情尚未完善也有其道理，诊所于 1870 年 9 月开业，到 1871 年 3 月才正常运转。玛高温认为应当由外方指导，而且此事十分紧要，不能假手中方助理。亨德森赞同此观点，并表示所有接种工作都由他本人或詹美生亲手操作。玛高温从未亲自造访此地，亨德森或詹美生也不曾与他有任何交流。接种是挨个进行。他们提议给所有复诊时"愈合良好"的接种者颁发证书。玛高温希望配备一位说中文的医师，亨德森认为无此必要，然而詹美生确实懂一些中文。玛高温希望计划成功的愿望不会比发起者本人更强烈吧。

玛高温说，1869 年 7 月曾有一时抵制牛痘接种。举例说，一个村子里有接种过疫苗的孩子因患融合性天花而夭折，"再提供这项福利便会长期遭拒"。

1876 年 1 月，为感谢詹美生所做的一切，他们决定关闭体仁医院的牛痘接种室。三个月后，由于体仁医院停止接种，仁济医院的接种数量增多，工部局同意将拨给仁济医院的捐助款由 200 两白银增至 600 两。

1894 年，有人呼吁道台张贴布告停止人痘接种，而这一做法 1871 年就已施行，由此可知上海的历史是如何重蹈覆辙。随后会审公廨谳员发布公告，告知当地居民可在工部局接种站免费接种牛痘，并建议所有儿童都去接种。

霍乱是令人闻之色变的疾病，值得特别关注。这倒不是因为在上海亡者名录中霍乱患者占了大半，只是因为此病本身确实十分可怕。采取诸多措施都是为了预防霍乱，令人心生恐惧是自然的，这病起得突然，来得猛烈，过程痛苦，立见分晓，一个人早上可能还生龙活虎，可天黑之前就痛苦地死去。由于当地人生活习惯造成不良卫生状况，所以预防措施十分必要。

1862 年，难民蜂拥进入上海，当时的卫生状况特别恶劣，英国军队损失惨
309　重。两个军团有 200 人死亡，英舰"欧里阿勒斯号"（Euryalus）有三分之一的船员卧床不起，20 名水手和 2 位军官一日暴毙。1863 年，亨德森医生估计每天有 700 个至 1 200 个当地人死亡，据说 7 月某日这个数字达到 1 500 人。外侨也

同样死伤惨重。

1865 年的公济医院报告中，"霍乱"一项记录了 22 起病例，其中 13 起死亡；次年未有发病报告，但 1867 年有 15 起病例，其中 11 起最终"极快致命"。

1867 年后，外侨社区似乎未见真正的霍乱或"亚细亚霍乱"，直到 1875 年又有目睹，虽然当时称为"欧洲霍乱"或"英国霍乱"。1873 年，此病在新加坡、曼谷蔓延，上海曾一时引发恐慌，热心公共卫生事业的亨德森医生就如何保护租界、防治时疫向工部局提出建议。

1875 年，消失的疫情再现，9 位外侨死于霍乱，多是船上水手。亨德森获工部局批准再次紧急发布公告，其中特别警告大家不要饮用江河中未过滤、未煮沸的生水。他说前一年有一负责粪便清运的华人承包商，因遭大雨阻碍运输，怕失了薪酬，将几船的粪便往苏州河里一倒了之，此事不免让人愕然。想来这也不会是孤例。

1877 年出现 16 例病人因霍乱死亡，亨德森称之为"流行病"——也有些人反对这一说法。还有人质疑这一疾病是否真是亚细亚霍乱。当时细菌学尚不发达，亨德森表示许多权威人士都承认，除了相对死亡率之外，严重的欧洲霍乱与亚细亚霍乱很难区分。直到 1885 年，上海的麦律得和米尔斯（Milles）医生才开始研究霍乱杆菌。

次年又有 16 起死亡病例，此后一直到 1898 年，年度报表上霍乱引发的死亡人数分别为 2、2、13、15、23、2、25、23、18、5、1、32、23、0、0、0、20、10、0、0。以上这些年份亨德森拒绝宣布霍乱为流行病，他每年都一再对租界卫生和个人房屋中的卫生情况发出警告。病号中多数是船员，这些水手从河里打水直接兑烈酒喝。亨德森强烈反对隔离，原因之一是将一名霍乱病人隔离于船上，意味着我们的饮用水源可能受污染。除此之外，这本是地方性疾病，鉴于可允许本地帆船自由来去，却劳民伤财地隔离外籍船只，未免毫无意义。读者们不要忘记，租界内几乎每年有大批华人罹患霍乱，有时是几百人——1885 年有 522 人死于霍乱。1887 年，有人断言外侨中出现零星霍乱病例，总与当地华人疾病流行同时发生，而且第一桩病例总是在华人之中出现。但这一观点与发布的报告并不相符，俗话说，统计数据可以证明任何事——或什么也证明不了，但不用统计数据也可显而易见的是，华人没有卫生习惯是外侨社区的隐患。果蔬农场里使用会致命的粪便作肥料，而这些蔬菜在我们的厨房里由华人清洗，伤寒、霍乱由此而来，其他疾病也借由各种不卫生的渠道入侵。租界内的大多数居民难以管理，租界外的所有区域都无法管理，这是对租界最大的威胁，然而为了不激起公愤，我们不引用亨德森的说辞——华人"特别肮脏的习惯"，这里我们引用麦律得医生的信件，内容涉及1886年时发生7起霍乱病例的外国人居所状况。

> ——根据督察长麦克尤恩的要求，本人检视了位于吴淞路上霍姆斯（Holmes）先生的美国人房屋，昨日这里发现了一起霍乱病例。据业主告知，目前有住户27名。他领我看了楼上23还是24个床位，其中一些是双层铺位。在一间大约15英尺乘10英尺的房间里，放了15张床。住处后面的底楼做饭、储水，有公共厕所和仆人睡觉的地方，边上还养了几头猪，特别要说的是这些都在一个屋檐下。你从厨房去厕所要跨过阴沟口堆积的餐厨垃圾，而在两英尺开外储存着整幢房子和厨房的用水。地板潮，地面湿，土壤都浸在餐厨垃圾和猪粪里，四周藏污纳垢，阳光和厨房里巨大的火炉烘烤着狭小的空间。即使不说这些是导致昨日霍乱病人丧命的原因，至少也必须承认：这样的环境为疾病繁殖和传播提供充足机会，对如今依然挤住在此处的住客和周边邻居都造成严重健康威胁。

霍乱是卫生官提交的统计表中最严重的传染病，它所导致的死亡病例要超过肺结核、伤寒和天花——有关这些疾病我们就不多说了。

一些狂犬病例的发生也为整个社区敲响警钟，促使工部局采取行动。1876年，将病犬及流浪犬带至老闸捕房，每只可获100文报酬，犬只将在那里遭宰杀，工部局为此批出了50元经费。但1883年，中方慈善组织请求准许其接管无人认领的犬只，使其免遭灭杀。工部局对这一提议心存疑虑，表示可以批准，但要求在犬只耳朵上打洞，以便再次捕获时可作辨认。两个月后，由于一头疯狗咬了其他12条犬、1位中国妇女和1名孩童，工部局在阅读了亨德森医生关于难民的报告后，决定不再将这些流浪犬交予该组织，而是全部枪杀。然而同年，这一决定又被推翻，要求将犬只标记后限制数量 200 只，超出此数者将送往内地。半年后，因未能遵守以上条件，决定不再向流浪狗收容所运送犬只。

在上海这样的地方，没法给出一个准确的病故人员名册，也无法将之与其他城镇的数据进行合理的比较。首先，统计数据必须区分居民和非居民——如果将后者包括在内，会造成这个城镇的死亡率畸高。其次，除了人口普查的年份外，居民人口数只能靠估计。而且，男性、女性和儿童的相对数量都和西方城市正常数据不符。最后，人口中大多是年轻的精英，年老病弱者多已返乡。至少在我们书写的这一阶段，情况确是如此。

若将统计报表视为接近正确的数字，我们发现 1870 年至 1898 年间，外籍人口中最低的死亡数字是 67 人（1875 年），最高是 135 人（1896 年）。自 1880 年起，仅以居民人口计算，每千人的死亡率如下表：

年份	千人死亡率	年份	千人死亡率
1880	25	1890	23.8
1881	24	1891	24.6
1882	21.2	1892	16.9
1883	23.7	1893	15.3
1884	14.5	1894	19.3
1885	19.3	1895	17.1
1886	18.6	1896	18.2
1887	22.5	1897	14.5
1888	19.9	1898	16.2
1889	17.7		

上海没有一处近在咫尺之地可作疗养或度夏场所，特别令人遗憾。在日本港口居住的人，则可以有半打选择，或上山或临海度个周末，旅途方便且住宿惬意。上海居民若打算躲避当地酷热天气，得坐上两日船程才能入住一家洋人

312

旅店。度周末可以去杭州或苏州，住在一贯肮脏邋遢的华人地方，也可以去吴淞或陆家嘴，欣赏泥浆水和烂泥地。

如今，总有那么一两个差强人意的地方，不管交通便利与否，还能让上海居民逃离沉闷晦暗的街道，到小竹林里待上几天。但要说明的是，所有这些都是外侨努力的结果。华人从未想过在风景宜人之地，创造舒适的条件，好在富裕的游客身上狠狠宰一刀。在日本，在瑞士，在世界任何其他地方都是如此，但在中国行不通。相反，投资、经营都是外侨，华人只会从中作梗。此事与上海的其他事务一样，外侨若想有所得唯有通过斗争，最好的情况不过是双方妥协。从北京到广州，可能都没有一家华人客栈能让外侨舒适地安顿家人，甚至就是孤身一人也难找落脚之处。

华人一贯如此不善解人意，上海的西人居民早就开始自找躲避湿地暑热的地方。1864 年，有人提出普陀——位于舟山群岛的著名佛教岛屿，是理想的休憩场所。选址或许不错，可这个想法 60 年过去也没进展。当时提出每周要有轮船往返，直到近几年才实现。之后，来福岛（Raffles Island）成为热门话题——只是提议而已。领事团、法官、新闻界和文书职员还曾派代表坐船去实地考察。但此地现在几乎无人知晓——理查德（Richard）的《地理学》（Geography）一书中都未出现这一地名。该岛屿位于杭州湾外，是巴克列岛（Parker Islands）中的一座。1874 年，吴淞和杭州颇受热议——但也只是提议罢了。然后，一位传教士发现了离宁波 40 英里、高度 2 400 英尺的大兰山（Ta-lan shan）。无疑这座山现在还在，不过也未成为疗养胜地。1895 年，遥远的牯岭出了名，但 1899年开始又有人力推马鞍岛。如今莫干山是唯一可作短途旅行的去处——主要是传教士的度假胜地。如前所述，这些并非华人的举措，都是外侨所为，并遭到不少当地人阻挠。

313　　　1870 年，首次启用经医生核准的死亡证明书。1872 年，有人提出除个别特殊情况，举行葬礼都应提供死亡证明。各国领事批准工部局公墓适用此项规定，前提是不要向贫穷大众收费。

然而，该规定未能严格执行。1879 年 7 月，戴惠克夫人未经调查人员许可，也未出具医学证明就将马尔瑞（格兰特将军到访期间发生爆炸案的受害人）埋

葬。工部局谴责了她的做法，但次年 9 月此人又故伎重施。因此 1886 年詹美生
宣称，按照当时的情况，实际上死亡证明毫无价值。于是工部局希望各国领事
能给出一致的操作解释。有人拒绝拿出入葬证明，还有一西班牙籍儿童停尸待
葬多时，只等工部局支付 25 元进行尸检。规定中写道，"未出具医生或领事证
明"，但若领事拒绝出具证明，也就无法让医生出具证明。因此工部局表示，将
来此事将交给相关领事处理，由各国领事承担责任。

首份工部局卫生官报告由亨德森医生于 1870 年撰写。他受聘担任"工部
局医师及卫生官"，年薪 500 元。那个时期还比较省俭。此人似乎将卫生工作
做得有声有色，并以有限的酬劳做了许多事。当然他的薪酬和其他人一样，并
非一成不变，为工部局工作最后一年，他作为卫生官薪酬 500 元，工部局医师
1 000 元。

他的首份报告内容十分全面，另外还以"上海卖淫业"为主题为工部局准
备了一份很有价值的报告。

在亨德森任职之前只有一位"卫生稽查员"，但早在 1864 年，就有人提出
设立"卫生委员会"，而 1867 年又有人提议设"卫生处"（Health Department）。

亨德森一直担任卫生官，后又得到其搭档麦律得和米尔斯协助，直到目前
（1921 年）任职的斯坦利医生上任，其间仅有短暂中断——下文将详细记述。
因此 50 多年来上海仅有两位卫生官。

1896 年，租界发展迫使原先安排改变，需雇请一人全职履行卫生官职责。
亨德森公司提出可提供这一人选并为之担保，此人休假或患病时可为其履职，
若不满意也可换人，一切费用一年 8 000 两白银。有人对此安排不满意，认为卫
生官应由工部局直接管辖，但工部局拟定了一份支付 7 000 两白银的五年协议，
而亨德森公司据此雇请了一位泰勒·格兰特医生（J. Taylor Grant），此人 1896
年 7 月抵沪，当年提交了其首份——也是最后一份报告。根据 1897 年预算记录
其薪酬为 7 000 两白银，或更确切地说这笔钱支付给了亨德森公司。

但是天晓得！ 1897 年 7 月，特别调查委员会就太古洋行（Butterfield and
Swire）缴纳健康证费用问题进行调查，其结论是"卫生官之解释不能令人满
意"。此人面见工部局董事，董事们也表示不满，最终工部局决定（其中两票反

314

对）限其 7 日内递交辞呈。此人拒绝辞职，8 月工部局登载广告解除此人聘约。公众对此事十分关注，要求就此事召开租地人特别会议，但有些召集会议的联名者后来刊登公开启事撤回签名，所以会议并未举行。

经双方同意，工部局与亨德森公司的五年协议取消，决定从英国新聘一位具备合格资质的卫生官，此人来沪之前依然由亨德森公司履职。另外拟定一份协议，三年内该公司仍然作为工部局医师，为工部局雇员服务。

新任卫生官斯坦利医生 1898 年抵沪，当年提交了首份报告。小亨德森医生（Dr. Henderson Jr.）或公司其他医生在斯坦利离开期间，履行职责，履职期间每天收取 16 两白银。

1890 年，亨德森与麦律得向工部局提议，每年投入约 2 000 两白银设立一个巴斯德研究院（Pasteur Institute）①，这笔资金应由外港捐助。当时米尔斯医生正在巴黎巴斯德研究院工作，亨德森急于决定此事，以便米尔斯医生在回程时可带回一些必需的生物原料。但工部局无意投入此事。

几年后，我们看到为在卫生处下设巴斯德研究院拨款投票。但这已不同于亨德森当时提议设立的独立机构。后来正式定名为"公共卫生实验室"（Public Health Laboratory）。

1895 年，疫情②弄得人心惶惶，上海耗资五六千两白银，全力加强疫情预防。所幸灾难并未降临，否则以华人聚居地区的拥挤程度和恶劣的卫生条件，必然伤亡惨重。

315　　　浦东的瘟疫隔离站（Plague station）遭到周围邻居强烈反对。众人似乎特别反对挪用教堂，但意想不到的反对意见是，隔离站的地板离容易滋生疟疾的土壤仅 2 英尺。

斯坦利医生在其抵沪当年便赴日本研究巴斯德研究院及类似机构。增广见

---

① 巴斯德研究院（Pasteur Institute），总部位于巴黎，是法国一个私立的非营利研究中心，致力于生物学、微生物学、疫病和疫苗的相关研究。创建者路易·巴斯德于 1885 年研发出第一剂狂犬病疫苗。1887 年该院成立，于隔年获国家认可而开始营运，此后巴斯德研究院对传染病的防治研究一直处于领先地位。——译者注

② 1894 年，广州和香港暴发鼠疫，疫情十分严重。1895 年，北京发生瘟疫。——译者注

闻之外，他也带回了热心的筹建计划，除了开展研究工作的资料之外，他还带来各种细菌——瘟疫、霍乱、斑疹伤寒和丹毒等。这些细菌无疑轻松过了海关，但一登岸威尔切（Welch）便要求即刻杀灭瘟疫细菌。斯坦利为之求情，认为销毁病菌是研究工作的倒退，而且一旦瘟疫侵袭上海，此举也卸除了斯坦利肩上的责任。麦律得医生是科学研究的狂热爱好者，他表示细菌在玻璃器皿中培养，一切处于十分可控的范围，危险性微不足道。然而，若给动物接种则风险立增，只有充分懂得其危险性的人员才能有效防范。因此，必须由斯坦利亲自照顾这些动物，包括它们的笼窝、排泄物以及幼崽，特别要防止鼠类和昆虫接触这些受到感染的动物或它们的食物等。麦律得希望培养细菌一事能得准许。事实上，他还威胁说若公共卫生实验室不允许，医生们将在自己家中培养病菌，他的这一态度曾遭威尔切指责，但是他的信件可能令工部局董事们毛骨悚然，更使他们坚定地拒绝这一要求。

但我们很遗憾，工部局不止一次违背自己坚定的决策。当年底，麦律得描绘了病毒在印度成功接种，"医生将生物体植入装有适合培养基的玻璃器皿中……，然后将毒物注入"等。"上海的实验室也可进行准备工作，实际上这也不比其他菌种更危险。工部局应当提供这种试验。"看来工部局同意了这一建议。此后，由于并未找到任何记述执行病毒杀灭的材料，我们推断斯坦利医生的病菌获得赦免，现在它们的后代可能还在实验室里逍遥快活。

说到洗衣，麦律得医生报称清洗外侨衣物的各种地方脏得超出想象。不久斯坦利医生开始履职，他表示 60 家洗衣店里，能凭良心推荐颁发执照的不超过 2 家。

洗衣店的卫生状况堪忧，50 年来外侨的健康遭遇怎样的风险，已非首次提及。1895 年这个问题便摆在工部局董事面前，但经过计算提供充分洗衣点需要花费 10 万两白银，于是此后再也没有说法或措施也不足为奇。

1896 年，纳税人同意建立一个"小型护理学院"。该学院无法安排与公济医院结为一体。当时从英国克卢尔姐妹会请来 3 名护士，双方协定她们在 7 年内不得婚嫁，并租下昆山路（Quinsan Road）61 号作寓所。她们很快发现病患照顾不过来，立即开始在学院中寻找房间以便病人入住，并安排培训实习生。

1898 年，威尔切因学院开销过巨以及与医院发生竞争而提出异议，但工部局其他董事认为抗议迟了 3 年。

这一"小型学院"日后逐渐发展为维多利亚疗养院（Victoria Nursing Home），详情我们会在下一卷中叙述。

涉及租界内健康卫生事宜，读者还可参见公共卫生、社会弊端、执照、市场和医院等章节。

执　照

　　1843 年的《土地章程》规定开店售卖吃食饮品或为外侨提供住宿，必须先从领事那里领取执照（第 17 款）。1854 年的《土地章程》中写有不论中外之人，未领得领事颁发的执照，不得售卖烈酒或开设娱乐场所（第 12 款）。1854 年 7 月的租地人大会上工部局成立，阿礼国发表重要讲话，其中强调了工部局收税的权力，而对制发执照一事却并未提及。

　　因此，我们读到密迪乐于 1860 年写道，尽管他很乐见由工部局来实际管理发放执照事宜，但他本人不能将领事的权力赋予任何其他机构。

　　1862 年 3 月，租地人大会提及，上一年工部局曾就发放执照一事两次致信英国公使，但迄今为止皆无回音。

　　不过，工部局照样根据《土地章程》第 10 款规定授予的权力颁发执照，似乎也未引发矛盾。

　　最初，仅向开办酒馆、旅店的外侨和出售烈酒的华人颁发执照。1861 年，要求经营舢板也需执照，一年 2 元（后改为每两月 1 元），还要钉上号牌。当时一位外侨被杀，出事地点很可能是一条舢板，故致使舢板也需申请执照。道台询问巴夏礼，这是工部局僭取对舢板船工征税的权力，还是执照收费的通告乃由某个人制发。工部局审慎作答：工部局方面并未主张河流的管辖权，收费是由于船只使用市政码头以及出于对船只交通状况的管理。然而，诚如巴夏礼所言，这种做法本应先经官方批准方可施行。1863 年时，共有舢板 1 700 条。当时轿子也需申请执照并编号，共有 152 乘。也有人提出，鸦片馆、茶馆、妓院、剧院、赌场和华人过夜的小客栈这些场所都该考虑核发执照。1864 年之前，街头小贩不准进入英租界，此后这些人每月缴纳 1 元拿到执照，可以在河南路以西活动。鸦片馆、货船（20 吨以下 5 角，20 吨以上 1 元）、当铺和供人短暂居住的公寓在一两年时间里都采取了执照管理，但当时尚未对公寓收税。

租界里不遇麻烦而可成之事大概屈指可数，颁发执照一事最初的纠纷缘于 1862 年的一帮轿夫。那时的轿行以一葡萄牙人和一意大利人为首，他们每年向较高档的妓院收取 10 元，而且试图贿赂巡捕房督察长，企图垄断该行业。

英国领事决心尽其所能打破垄断。与此同时，由于垄断的做法已获中方认可，而上海的苦力是易生事端的人群，英国领事表示工部局采取任何行动都应先取得道台支持，而领事也乐于建议道台停止颁发执照，由工部局采取新的更佳办法。也正是此时，工部局开始规定轿子申请执照事宜，但 1865 年类似的纠纷再起，马安将犯事头目送上了会审公廨。纠纷似乎是由知县衙门的一小撮官吏指使，但英国领事并不认同这一说法。

1868 年，道台提出将码头苦力组织起来，受雇于中国商人，服从防卫委员会的指令，此举的目的是防止苦力（俗称"野鸡工"①）蜂拥上船争抢工作。但工部局对此计划表示反对。之所以提出反对是因为该计划把当地警力引入租界，必将导致垄断和权力滥用。而且，早在 1865 年类似的举措已有尝试。彭福尔德称，尽管中国人报告失窃十分积极，但这两年里，他仅听说一起码头失窃案，若确实需要采取补救措施，只有加强警力。

另一项受挫的计划涉及上海货船同业公会（Shanghai Cargo Boat Guild）。该会代理人法勃雷（Fabris）写道，同业公会已获道台所颁许可证，正寻求工部局批准与协助。同业公会收取佣金，为运输的货物价值担保，并实际行使水警的职能。驳船都登记在法勃雷名下，且已通过查验。计划是首先在华人商业区——南市试行，若能在英租界获得批准，还将推广到法租界。然而一切还有

---

① 码头工人一般分为：起卸货工人，负责船货的起舱和装舱；杠棒工，负责把货物由码头扛到路边，或从路边扛上码头。这两类码头工人以码头或栈房为单位，工作较固定。"野鸡工"则指视货物多寡临时招募的杠棒工人，工人流动性很大。——译者注

待工部局支持。

上海港港务长贺克莱认为，同业公会只涉及四家当地行商是实行垄断，是为了掌控所有从事租赁的华人驳船，但这一点后来稍作修改，船主可自主选择是否将船只登记于同业公会。

1869 年开始对马车行征税，1870 年轮到独轮小车。小车月捐 500 文，工部局和公董局都要收取，但经过一番曲解与争议，工部局和公董局同意收取的费用两家平分。然而 1874 年 4 月，工部局认为此举只有 6 个月的试用期，不愿继续按此执行，如此一来两租界便各自收税，自管经费。法方表示，如此他们便不支付洋泾浜上修建桥梁的一半费用。为解决此事，双方花费了一番耐心，书信往来协商。1875 年，法方决定独立行事，收取小车月捐 100 文，工部局则决定收取每月 200 文。

有位雷伊（H. H. G. Rhein）先生代表一位中方买办提出每年支付 1 500 元，买断 450 辆小车牌照的专营权，之后每增加 100 辆车一年加付 500 元。

当然，每种执照管理都会引发某些人的抱怨。例如，1874 年老闸的商行请愿取消本地货船的码头捐，担心这样会赶走生意。工部局解释说，收取税费的同时提供了停靠设施、照明和安全保障，生意不会逃走，而且当地一向有非法倾轧之举。

数年后，会德丰洋行反对为不曾使用码头的船只付费，纷争又起。工部局起初答复，若不付费，巡捕将阻止这些船只使用码头，但后来法律顾问认为，若未申领执照的船只使用码头，只有将之诉诸法律，而对规章附则的修改使工部局有权对停靠市政码头的所有货船收费，税费定为载重 20 吨以下船只每月 1.5 元，载重 20 吨至 100 吨者每月 3 元。

1873 年，华人酒馆声称经营不善无力负担税费。但彭福尔德指出华人醉酒人数近十年来一路上升，还提到某酒馆一月有 8 000 元营业额，而税费则是，若售卖洋人的烈酒一季度 30 元，仅售本地酒则为 1 元至 3 元。法租界所有酒馆统一为每月付 3 元。

对马车进行执照管理也非一帆风顺。税费为一匹马或一驾马车每月 200 文至 1 元。1875 年，霍锦士代表龙飞马车行（Horse Bazaar）老板克罗斯（Crofts）

和谢维及（Sewjee）（一个中国人）拒绝付款。他曾把巡官撵出，理由是龙飞马车行不在租界范围之内，当时的位置在现在西藏路和南京路转角。会审公廨决定，马匹和马车若使用了租界的道路便需支付执照费用。当时霍锦士听取道台的片面意见，反对工部局对租界之外的本地人收税，但工部局态度坚决，次年谢维及和克罗斯同意每月支付 7.50 元。

320

1888 年，类似的难题再次出现，有未捐照的马车行驶在静安寺路上。尽管这条路位于租界之外，却是工部局的道路，工部局认为自己可以禁止未捐照车辆在该路段上行驶。

要求所有公共马车在显眼处悬挂牌照的规定，在执行中也面临困局。

法律顾问的意见认为，工部局不能强迫马车行让行内所有马匹、车辆都挂

图 21　独轮车

照行驶，只能阻止马车行无照车辆从事租赁活动，由此可见工部局采取行动是如何小心谨慎。值得注意的是，据说德国人对善钟马车行（Say Zoong's stables）十分感兴趣，而德国领事与工部局意见相左。所以巡官凯麦隆受命在处理善钟马车行事宜时不得不有点心眼。1899 年开始对私人马车征税。两租界税额一致，在一处捐照赋税后两租界都可通行。

然而同类事件中在本地最轰动一时者，却是由毫不起眼的独轮小车引发。

对这件必不可少的麻烦玩意，曾有过多次立法规定。这种吱嘎作响的独轮车，能奏出让本地人身心愉悦的小调。早在 1869 年小车不准进入租界河南路以东。之后，晚 7 点至早 6 点，小车不得进入整个租界，违规车辆拘锁一日。然而，工部局每每有所行动便受阻碍，有些居民认为工部局无权干涉当地风俗，而应向中方当局证明噪声扰民，依靠当地权力机关采取措施！

1870 年，两租界规定小车捐照每月 500 文。如前已述，英法双方对收益分配有分歧，因此阻碍了桥梁工程，也使法方在双方的来往信函中恶言相向。这一切都源于那卑微的独轮小车。

后来，公共租界税额定为 200 文，但 1877 年升至 700 文。车夫们威胁要抵制，但很快放弃了。1888 年又出新规，规定每车固定负载上限为 600 磅[①]，并有尺寸限制。

当年，纳税人大会决定将收费从每月 400 文升至 1 000 文。理由是小车的数量激增——当时大约为 2 200 辆，车辆运营增加的载重，造成道路维护、警力监管等费用上升。该项规定将于 4 月 1 日起立即执行。

最初，苦力请愿拒绝增捐，哀诉他们的生活已十分困苦。而后工部局总董与知县、会审公廨谳员会晤，双方争论的唯一焦点是社区民众开支增加与苦力生活贫困，但知县表示，若工部局不能减低当年税费，他将出面请道台出资5 000 两白银抵扣税金，否则他也愿意自掏腰包出此数额。

然后，道台向领袖领事转去了两租界会审公廨两位谳员的一封信函——因为法方同时也在提高税额。信中论证了一些观点，并大胆写道，"虽外国租界内

321

---

① 600 磅，约为 272.4 公斤。——译者注

事由界内外国人处理，而给予其治理租界权力之章程并未得中国高层当局之明白出面核准。有关华人之处置，自有中国官吏在"。此事应事先征询中方官员，但即使不问中方意见，也不能允许工部局独立决定。两位谳员宣称，若有人因此事被押送至会审公廨，他们不会违背自己认为正确的理念作出判决，也不会对这些贫困的中国人采取压迫行动。他们担心将发生骚乱。

道台通过领袖领事转去了更多信件。根据领事团建议，工部局决定到当年年底前，税额暂不增加。

很显然，当时的事态十分有意思。工部局很难收回成命，然而虽然他们有权征税，但除非通过领事，他们并没有权力强制执行，若涉及华人，还需通过中方当局。然而，接受公使指令的领事们希望平息事端，不要引起对原则问题的争论。工部局也意识到，进一步向北京申诉，可能会干扰新的《土地章程》的通过。所以，尽管曾试图将税额折中为700文，小车牌照数限制在1 500张，最终这些设想也都放弃了，获胜的小车依旧故我。虽然道路并未拓宽，小车的数量每年都逐步上升，相对完全无害的黄包车而言，他们的税额十分低廉，税费所得根本不足以维护他们对道路的破坏。

到1895年，小车捐照数每月有3 563辆。工部局调查员认为小车是难以忍受的麻烦，希望限制其数量。

次年，一家中国商行试图设立小车租赁的车行，但工部局并不鼓励此举。

在前一次斗争发生十年之后，工部局再次决定提高税额，但这次仅增至600文，而不是1887年时的1 000文。说来令人难以置信，但我们不得不在此写下，曾获得胜利的苦力又赢一局，工部局再一次彻底失败。

1897年3月，当月小车捐照数额升至5 496辆。同时，纳税人大会通过决议加税。仅毛礼逊一人发言表示反对，其理由只是这并非大范围调税计划中的一部分。

4月1日，新税额开征之日，苦力们罢工，在两三天里发生了几次小骚动。5日，一群暴徒从法租界外洋泾桥进入公共租界，引发了一场骚乱。令人奇怪的是，巡捕们竟然毫无准备。警钟鸣响，英国军舰"林纳特号"（Linnet）的四响炮声，召来了万国商团。英舰"林纳特号"、"普洛弗号"（Plover）和美舰

图 22　独轮车——混合货运

"蒙诺卡赛号"（Monocacy）登陆部队上岸。隆隆炮声很快驱散了暴民，当日及次日，上海都有海军和万国商团守卫。但 6 日，即骚乱发生次日，工部局宣告让步，作出妥协。7 日举行了一场愤怒的声讨大会，是迄今为止上海举行的规模最大、最群情激奋的会议，会上表达了对工部局行动的极度不满，外侨和不少华人都认为五十年来建立的威望扫地。工部局对于会议要求其提供的信息并未立刻作答，只发布了工部局的会议记录，其中显示按旧税额已发出 6 361 张执照，于是决定 4 月 21 日召开纳税人特别会议。这次会议十分奇特，发言人坎贝尔（R. M. Campbell）、立德禄和霍利迪都遭到了激烈的抨击。然而，工部局总董普罗布斯特不仅为工部局所作所为辩护，还声称此举是一次胜利，说是领事团一致同意召集军队，并决定领袖领事应与道台商谈。道台表示自己无力使苦力立即屈服，还为他们求情，提出了几种妥协措施的建议。最终双方同意延期增税，条件是道台要给出正式承诺，保证在推迟后的日期切实执行。给他的最后通牒是：必须张贴公告，宣布工部局宽容为怀，增税将推迟至 7 月 1 日施

323 行，苦力们须得遵守工部局规定，公告中应写明，若再出现骚乱，由他负责，次日早上 10 点半之前，若不能得到肯定的答复，他必须承担一切后果。道台接受了最后通牒。普罗布斯特称，这样的协议一劳永逸地将道台与此事捆绑在一起，防止之后出现法律争端，而且这等于承认了我方征税的权力，此前这一点曾深受质疑，同时也免得进一步出现更为严重的骚乱。道台签订了这项协议，领事团便不会再让他有退缩的余地，而工部局在不放弃原则的前提下，获得了无可辩驳的权利。

听取了这样的解释之后，会议决议写道："对工部局如此无视外侨社区的利益与尊严，……以致于同意这样的妥协方式，深表遗憾。"纳税人大会也表示既然协议已达成，就得执行。但提议人与附议者并未就此放过工部局的董事，提出他们必须辞职——这样的人不能再担任公职。对付排水管、煤气灯和其他那些需要耐心的苦差事，工部局董事们做得很出色，但这样的时刻对他们提出了更高要求，结果他们却使工部局的权威跌得粉碎。工部局无权同意与纳税人会议投票结果相左的协议，他们根本无须召集海军部队，从而失去对局势的控制，此举表明他们自己已惊惶失措，而让万国商团两天两夜站岗警卫则是"要着他们玩"。

该决议相当于一次严厉谴责的表决，但几乎是一致通过。工部局董事会全体辞职，5 月选出了新一届董事——毋庸讳言，当然是全新的一届。道台如期发布了公告，增捐事宜将在商定的推迟日期执行，而且并未进一步引发争端。

近来留居上海的外侨们大概并不需要典当行——当然，即使需要我们也不会承认。但在华人的社会生活中，这样的机构起着重要作用，而且由于租界里华人遍布，典当行在租界历史中便该占有一席之地。在本章中稍加叙述可能也算恰当吧。

典当行可分为两种，中文称为当铺和押铺。当铺，暗指"大店"，门面阔气，多大的生意都接。根据中国法律，当铺需保存抵押品至少三年。而押铺为小店，提供小额借贷，抵押品很少保存超过三个月。当铺收益稳定，但利润并不丰厚，往往还会出现大额亏损。当铺每年向政府缴纳小额税款，而押铺一次

324 性交付钱款后，当局便对其睁一眼闭一眼。

与其他事务一样，管理租界里典当行的困局在于司法管辖权的分裂，只不过在这场争端里，领事们不必过多参与。1869 年之前，租界内所有典当行都是押铺，不过这一年，第一家持有政府执照的当铺在山东路福州路路口开张。这家当铺拒绝支付工部局的执照捐费，直到会审公廨出面方才解决。而押铺则在太平天国运动期间发展壮大，当时租界内华人数量激增，而且那时底层的外侨也会光顾押铺。对于劳苦大众而言，押铺更方便，但其信誉不及大店，至少当地人都知道，其中最厉害者"盘剥之重，令人如遭雷击"。当时租界里大约有三四十家押铺。到 1872 年，每百人便有一家押铺。借贷不足 1 000 文者，每十天利息 3%，数额更高者，利息为 2%。不像其他店铺须于晚上 8 点关门，典当行可营业至午夜。所有典当行都需领取工部局执照，中方当局还希望大店仅支付或者额外加付一笔政府税款。1871 年，曾试图对所有典当行都征收政府税。知县收税人员遍访典当行老板，要求他们根据生意规模向知县支付 50 两至 100 两白银，若拒不支付便拘捕。在规定之日前，并无人对此表示异议，然而不久山东路当铺获得中方政府执照后，便拒不支付工部局捐费，其账簿也拒绝接受检查。据说这家当铺是处理赃物的首犯。但工部局坚持己方权利，次年两家新开当铺拒绝支付政府税款。

1883 年，曾尝试对租界里所有的小典当行都征收政府税款，会审公廨谳员下令不交税款者就关张，传召拒绝出庭的典当行老板时，还威胁要逮捕他们。其中的受害人向工部局递交了请愿书，而工部局致函领袖领事，认为道台如此干涉合法商贸，可能会引发抗议。道台的答复是由于小典当行利息高、当期短，对贫苦大众不利，这道命令旨在使之转换为支付税款的大店，此外别无他意。

而租界内主要的不满是，被盗财物不能获得赔偿。中国所有典当行都收受赃物，并且不查问来源。在县城和郊区，典当行的账簿无人查验。若有人要求索回被盗财物，预先支付的钱款也能得到补偿。相反，租界里的典当行需定期交出账簿接受检查，若发现赃物，物主与典当行老板都得上会审公廨，赃物归还，不获补偿。这样一来就演变出了两种记账方法，可疑物品录入另册，以逃避巡捕检视。

工部局自然无权搜查县城里的店铺，然而这种权力很有必要。租界里的典当行定期接受检查，这种措施对犯罪很有震慑作用。因此 1879 年，工部局询问是否能赋予他们此类职权。领袖领事吕德（Lueder）建议他们不必提出这种要求，由于这种搜查权是一种主权权利，这样的要求理当会遭拒绝。尽管中国公民受到法律的充分保护，但 30 年来谳员们一直拒绝搜查外侨的失窃物品。而中国法律也规定，被盗物品价值在 40 两白银以上者，地方法官应当执行搜查。当然，工部局不能要求获得搜查县城店铺的权利，但他们提出应当告知中方当局，他们此前的行为并不友善，工部局出于好意提出建议，希望能够同意租界巡捕与中方官员一同进行搜查。然而，这种尝试未获成功，中方官员表示这是他们的主权权利，拒绝租界巡捕介入此事。

还有一桩和典当行相关、值得注意的事，是 1888 年一位洋人——意大利人取得执照，在河南路上开了一家典当行。当地的典当行老板们自然强烈抵制，道台也表示反对，认为条约没有这样的规定。对此，工部局理所当然地答复道，条约未禁止西人开设当铺或从事其他合法行业。然而，出于这样那样的原因，这家典当行实际上只经营了几天。

1897 年，道台对涉及典当行的捕房规章发出问询，希望撤销其中有关被盗物品的条款。其来函"无礼且令人反感，是对捕房的极大诽谤"。领袖领事申明，工部局始终可得领事团援手，以继续行使中国之前授予的任何特权，只是（这话多么令人恼怒！）此时此事须"从长计议"，以免影响租界扩张的前景。有很长一段时间，道台的信函并未得到正式答复，之后工部局的备忘录中写有"道台在租界中征收税款或管理执照的权利，纳税人大会没有也不能认可"。

第28章

暴行、酗酒及矫正措施

大家还记得华人大量涌入租界，带来了与我们敌视已久的广东人，还有不少水手，其中有忠诚老实的，也有开小差的逃兵，加上工部局管辖权有限，早期在这里曾出现过许多有别于职业犯罪的暴力行为也不足为奇。

上了岸的水手在任何海港都惹是生非，但很遗憾听说海军水兵的行为还不如商船水手。1856年，有抱怨说香港允许水手乘船跑到上海，结果上海满是饥肠辘辘的亡命之徒，曾有一时此类人在监狱里多达二十有余。1859年在虹口，几个水手于争吵中打死一华人，犯事者并未抓获。这些家伙不仅给居民添麻烦，也让官员们头疼，因为海军军官认为领事们站在巡捕一边。麦华陀曾说上岸的水兵最会惹祸。1857年，一名法国水手在位于虹口的水手客栈遇袭受伤，一群外籍水手赶去敲开大门后，不由分说便将开门者打死。当时虹口租界尚无巡捕，此事发生缘由也非同一般，这天按照安息日的习惯做法，水手上岸在开张的店铺中见有所好便随意取用，因此这一天多数店家都关门歇业。

一日，一群外侨就在新桥以北 ① 与华人发生群殴，一位村民被杀，另一人重伤，同日（1858年）一帮水手闯入法租界一处华人住宅，重伤一人。1860年有记录显示，一群水手袭击一巡捕，致其重伤不治。

无论是出于利他主义或其他动机，上海和世界其他地方一样，无法为如此

---

① 原文在新桥后打了问号，估计作者对新桥以北是哪里存疑。——译者注

大批特别易受诱惑的人群提供足够资源。经过单调封闭的船上生活，一旦兜里揣着大把现钞上岸，这些水手必然觉得酒馆、豪饮，以及各种邪恶的诱惑俯拾皆是，而好的选择有限又乏味。上海水手之家（Sailor's Homes）的情况后文再叙。

但这里除了上岸的水手之外，还有其他外国流氓。1864 年 1 月《北华捷报》登载消息说因有一伙铤而走险的洋人，所以在附近旅行有危险。这些人穷困潦倒，只能乞讨为生，常会加入广东帮，在租界内外劫掠财物。其中 70—100 人与华人同住，以小偷小摸为生。也有些人在赌场做门卫。还有更胆大妄为者则在大小河道里以打劫度日。1864 年 9 月的统计报表显示租界底层外侨有 360 人，其中 216 人无业，50 人已有数月不曾工作。这些无业游民多数是英美人，但也有来自马尼拉的西班牙人。

工部局在提请领事团留意此事的同时，也提出应对所有无法合理解释自己为何在此地停留者，无论其华洋，施以监禁或强制劳动，这一措施将有效遏制犯罪。但巴夏礼认为凡涉及英国公民，可以实施《反流浪法》[①]，他还有权将不能保证安分守己者驱逐出境，再加上巡捕的努力，流氓数量将很快下降。或许正是借助以上措施，我们看到 1865 年 4 月的统计表中，无业外籍人士仅为 44 人，几乎都是英美人。

1864 年发生了骇人的报复事件。三个德国人和一英国人结伴打算前往湖州加入洋人军队，途中四人强抢村人家禽，遭严厉处置，后又被地方官员粗暴对待，导致其中一德国人发疯而死。四人被裸身捆绑数日，一德国人咬断绳索逃回了上海。英国人墨菲（Murphy）返沪后做证，在关押第四日一普鲁士人死亡，而他们在押四日都未进食。其本人因手部坏疽，于作证次日去世。

阿查立称这些人是流氓。其中一人持有护照。他们在 Matsang 抢村人家禽被抓之前已在外游荡数日，需要食物供给时便随手攫取。斗殴中有三位华人受伤，其中一人死亡。当地官员逃避责任，故四人被剥光衣物，捆住手脚，遭暴

---

① 1824 年英国颁布了治理流浪乞讨的法律——《反流浪法》（Vagrancy Acts），禁止巫术、魔法和算命等行为，据称这是考虑到异教徒可能对法律和社会秩序造成威胁而制定的相关措施。——译者注

民吐唾沫、踢打，甚至用烟管灼烫都无人干涉。最后他们从马格里手下的一个士兵手中得了 5 元钱，租得一条船，将同伴尸体推入芦苇丛后逃回上海。

因为这些人犯下的暴行，人们把每个洋人都视为强盗。这个国家正从叛乱的满目疮痍中逐渐恢复，"唯一煞风景的是我们所到之处遇上的外国流氓，但凡稍作停留，他们的暴行故事便如潮水般涌入耳来"。当然，这些洋人不少曾在叛军中作战，获得和平之后这些人的个人行为就更触目惊心。

《北华捷报》建议遇到这类情况可将英人条约的第 16 款搁置一边，让中方处置这些流氓。"疾病症状骇人，而整治手段不妙。"然而，巴夏礼将这一特定案件的责任归咎于地方官员，他们对条约内容一无所知，甚至苏州知府也得派人到上海索取条约副本。

1864 年，《北华捷报》上几乎每日登载入室盗窃等犯罪行为，报上还说晚上出门不带左轮手枪便不安全。加利福尼亚或澳大利亚的金矿区也有偷窃和袭击事件，但只有上海，抢劫活动如此猖獗，甚至有人劫走轮船。当时有一系列此类偷盗案——"萤火虫号""生丝号"，还有其他，似乎无人因此受惩戒。

那年，在南京路上一广东人打死了一位多尔先生（Dore）。当时悬赏 500 元缉拿凶手，凶手最终被擒，由中方当局处决。

在本卷的其他地方我们说到水手之家和禁酒联合会（Temperance Societies），这里我们得说说酒馆。

无论是不是禁酒主义者，我们不得不承认酗酒行为一直以来腐蚀社会大众，也是西方世界的社会祸端。禁酒，即强制完全戒酒，或许是值得一试的办法，然而除了个人自由的问题之外，大概人类在世界末日来临之前都难免喝酒、赌博和私通，而且也有不少人认为规范管理胜于简单禁绝。商人会保证自己的酒质上乘，而赛马者也会在比赛过程中有较高的道德标准。但若上岸的水手想喝酒，唯一的办法是社会确保提供安全的场所，使其不致遭人毒害。出于这一原因，工部局如同管理妓院一样，向酒馆、客栈、旅店等场所颁发执照，这并非为了增加税收——因为从酒馆收取的费用减少，便意味着巡捕的支出也降低，这不难理解；然而，通过发放执照，工部局可对以上场所有所控制，至少可采取些矫正和限制措施，否则酗酒或将成为整个社会无法容忍的祸端。

1857 年工部局年报记载，向洋泾浜边的一栋房舍发放了售卖"有益健康烈酒"的执照，该地区"相对偏僻"。不久，由于管辖权不确定，引发了常见的难题。葡萄牙领事韦伯写道，"若工部局不反对"，他将向一位葡萄牙人发放执照。但当西班牙领事允许在虹口售卖烈酒时，工部局只能礼貌地建议，他应遵循"各条约国领事及他人所采取的安全惯例，指点申请者去该办公室，以便根据其总体是否适合获得此类许可而有所推荐"。

收取费用也是个大难题。熙华德表示根据《土地章程》，他无权强制实施，除非有明确迹象将引发骚乱，否则他甚至不能禁止售卖烈酒，故亟须颁布特别法令。当时虹口有酒馆 12 家，英租界 10 家。虹口地区醉酒人数激增，以致需安排专门巡捕监督管理。1868 年，熙华德抱怨酒馆的数量过多，且售卖的烈酒糟糕透顶。然而，回春堂（Pharmacie de l'Union）老板马汀（Martin）在做了分析后表示，这些和最好的酒馆所售烈酒品质一致。这样的判断或可解读为，要么低档酒馆里卖的是好酒，要么最好的酒馆里贩售的也是劣酒。

工部局法律顾问连厘认为在新《土地章程》修订完成前，不论如何行事都无法让发放执照一事令人满意。所有措施在他看来都不合规矩，因当时有效执行的章程第 12 款规定，应由所有领事或领事中的多数人颁发执照，但使用的执照格式却是只为一位领事准备。

截至 1863 年 9 月 30 日，工部局从洋人酒馆收取的捐照费用 6 450 两白银，从售卖烈酒的华人店家收取 4 200 两白银。英租界洋人酒馆 17 家，虹口 26 家，两租界华人店家分别为 11 家和 17 家，批准其售卖洋酒的数量不能少于一瓶。税金从华人餐馆收 6 元到洋人大旅馆收 200 元不等，这些数字多年未变。但1869 年，警备委员会建议两租界里获得许可的酒馆数量都不应超过 20 家，而华人店家的执照数量应尽可能降低。毫无疑问，工部局次年照此执行，执照数和财政收入都大幅下滑。

1871 年的纳税人大会道出了一些有趣的事实。例如，可在华人店里花一法郎买一大瓶杜松子酒，然后在街上喝或带去妓院，而由于有售卖食品的小贩船，有时船上的半数乘客在到达码头之前就已酩酊大醉。二类酒馆一季度付 30元，必须于晚上 10 点关门，而一类场所支付 50 元可一周全天开放，这看来有欠公允。

涉及执照事宜的附则第 34 条有诸多缺陷，不得不多次修改，1883 年该条款
又有修正。

虹口的 7 位首要店主因售卖烈酒在店内饮用而被带至会审公廨，但谳员拒绝对他们施以处罚。因此工部局吊销其执照，并没收了每家 30 元的保证金，然而之后经过一番悔过，又重新缴纳保证金作抵押，便重新颁发了执照。

我们之前说过，1863 年工部局收到捐照费用大约 1.05 万两白银。尽管人口持续增长，多年来常规收入却逐渐减少，大约在 5 000 两至 6 000 两白银。若我们把 1893 年作为目前讨论历史时间段的最后一年，洋人零售商售卖酒品和烈酒的捐照费用为 909 两白银，当地零售商 2 063 两，当地酒馆 2 701 两，这可比三十年前少多了。一直以来的趋势便是洋人酒馆的执照数量递减，而华人酒馆的数量持续增长。

上海绝对禁酒主义的历史，或者说是禁酒联合会的历史与水手之家有些牵连。

1857 年，罗伯逊根据指示允许水手之家重开。详情在第一卷第 387 页曾有提及。1858 年，一位到访者评论说，这里富商巨贾的宅邸如宫殿般奢华，而水手们要是不去华人的酒馆，就只有虹口的水手之家，此处食宿简陋却价格昂贵，此外再无他处可去。之前的尝试举措不力，未加强管控便放弃了。工部局与各国领事反对，是要尽可能减少无执照酒馆，从而可以省去不少纠纷以及由此带来的巡捕开支。

1859 年在图书馆举行了一次会议，由沙德威尔上将主持。会议宣布有人提供在老船澳附近的一处场地，纵深 320 英尺，连同 95 英尺临水区域，将耗资 1.4 万两白银，在这一地块上建造能容纳 100 人的建筑。钱款将以出售 100 两白银的债券筹募，由一位支薪理事管理，会成立一个委员会监督。此处将售卖啤酒和烈性黑啤酒，但不售烈酒，也不施舍，希望经营能收支相抵。

计划如期执行，水手之家于 1860 年开业，共有 200 名英法水手在此聚餐，正午 "伊姆佩利尤斯号"（Imperieuse）舰驶来向水手之家的旗帜致敬。

公众的冷漠和让事情放任自流的习惯，使得这次改善海员际遇的努力以失

败告终。1866 年，水手之家深陷债务，抵押给了耆紫薇。当时航务监督官马来人克里（Kelly）以每月 200 两白银（后为 200 元）租下此地，租期 5 年，此后又有他人以 120 两白银租用。在英国领事馆任运务员的泰泊（Tapp）后来撰写了有 100 页的水手之家历史，他认为这些租金偿清了抵押款。但债券持有人并未获得回报，事实上并未找到有关他们的记录，甚至有一段时间账务都未保存。债券总额为 1.1 万两白银，当时盈余 2 000 两白银。泰泊想出一个新计划并被采纳，该计划似乎能保证 10% 的利息，令许多债券持有人看到希望。

但 1874 年事态依旧，或者说再一次陷入了令人不能满意的境地。管理者亏空 1 341 元，并希望得到补偿。人员也有所削减，但到 1877 年，已有 12 个月未支付租金，不得不把临水区域以 1 万两白银售予怡和洋行。该洋行最初对水手之家十分友善，之后也提供了许多帮助，所以读到泰泊打算将该洋行告上法庭，不免令人难过，理由显然是因为支付临水区域的钱款不足。

1867 年，温思达曾说除非保证不成为公众的负担，否则不得解职水手。在上海，这就意味着将负担转移给了水手之家。困顿的水手来到上海，此事无法阻止——有时不得不从街上抓人送回家乡。在这些事务上，泰泊的经验和警惕给他助益良多。1874 年，麦华陀建议为水手办理健康证明时曾提到，每年大约要雇用、解职 1 000 名水手。

1869 年，哲美森、帅福礼、玛高温、布彻在虹口由布莱森主持的禁酒联合会上发表戒酒演说。但 1873 年，上海海员戒酒协会（Shanghai Marine Temperance Society）在四川路 21 号 A 开了一处新礼堂，布莱森表示该会始于 1871 年圣诞节，英舰"莱文号"（Leven）的轮机长在山东路拐角中国人的小教堂里和其他一些人聚会，创立了戒酒会（Total Abstinence Society）。日子越美好，事业越顺当，不过有些读者认为设立这样一个协会，圣诞节并非合适的时机。他们除了夏天，每周都聚会，小教堂里很快人满为患，他们的名单上共列有 212 人。新开的礼堂可开会、聚餐、打桌球，另有卧室数间和一间阅览室，共花费 2 000 元。

1874 年，该会在汉口路大教堂的对面取得一处房产，包括卧室在内共 15 个房间。那个时候才有人提到，该会始于虹口，规模很小，后迁往山东路，之

后又搬到四川路。在这里戒酒会与禁酒联合会联系在了一起，之前提到的几次演 332
说就是在这里进行。迁往汉口路 397 号时，很多人宣了誓，其中多数是海员。

　　1875 年，虹口的分会开业后，这个不安于现状的协会又呼吁取得更多资
金，以便在南京路上开辟一处新场所。同年，新礼堂开业，并举行了开业音乐
会。这里以前是大英书信馆。此处每月花费 112.50 两白银，但一些房间也转租
给机务总会（Marine Engineers' Institute）、基督教青年会（Y. M. C. A.）和禁酒
会（Good Templars）。但次年，该会有近 3 000 元债务，而虹口分会因管理不
善不得不关闭。然而，我们看到 1877 年的《北华捷报》质疑，该协会有 1.6 万
元收益以及价值超过 6 000 元的家具，是否发展超出了既定计划。答复是该协
会在水手中的工作颇有成效，据说该协会以每晚一角的价钱将床位借予水手们
住宿。

　　1877 年，我们首次读到禁酒会在戒酒会堂（Temperance Hall）举行晚会。
上海是该会的第四分会，1878 年大约有 150 人出席了该会的周年聚会，其中三
分之二为完全戒酒者。次年，举行了一场"禁酒游行"，由布莱森骑马带领队
伍，禁酒会和全国戒酒同盟（National Temperance League）成员坐马车，英国
领事和工部局总董出席了运动会。当晚有文娱演出，次日举行专门讲道。

　　1880 年，分会成员有 373 名。是年，女士们又在"两艘"港口船只上升起
了禁酒会旗帜，不管这样的仪式意义何在。70 位船长出席了此次仪式。

　　同年有人提议在万国商团中成立一支完全禁酒小队，当时有 18 位完全戒酒
者参加训练。虽然由霍利迪主持举行了一次正式会议，但结果并未有进展。

　　5 月的射击大会设立了"鸦片杯"与"禁酒杯"。后者要求射中 18 次，由
唯一的完全戒酒者蓝宁（Lanning）夺冠。

　　就如事业未竟即去世的人们，社团也会如此。他们或许挣扎求生，却债务
缠身，呼吁求助，最终变卖财产后归于沉寂。然而他们或许已经为了自己的目
标奋斗过，整个社区也经由他们的努力而有所改善。节制饮酒和绝对禁酒的协
会无疑在上海取得了一些成果，所有居民对此都应心存感激。社会风气有所改
善应当归功于这些已经停止运转，甚至因负债而消亡的社团。

第29章

各种各样的公害

我们总是希望疾病或者恶习从地面上消失殆尽，但当疾病得到消灭或减少时，总会发生新的瘟疫，并且是我们的前辈从未遇到过的麻烦。

因此，关于上海的公害，我们认为，我们必须同情前辈们所承受的一切，因为现在的情况要远比从前好许多。咯吱作响的手推车不再惊扰人们神经，和汽车的汽笛声一样，已不对生活和道路主干道造成危险。

但是看看早期那些公害的条目，确实难以应付。靠近西人寓所的棺材、舢板上船民的持续叫喊声、鞭炮铜锣的噪声、溪河里漂浮着各种腐烂的尸体，以及手推车的咯吱声，这些现今已为数不多见的事物在当时被我们痛苦的前辈们所抱怨。以上外籍居民所抱怨的这些内容，现在都变得安静了，人们已免遭工厂汽笛声和有轨电车轰鸣声的骚扰。

最严重的公害是那些会影响健康的，我们已在其他章节中提到一些。令人厌恶的不卫生事情大量存在。当然，之所以会产生恶心的气味，是由于公共厕所稀缺等原因。但是，除此之外尚有其他原因。据1869年报道，位于地平面之下的894所华人房屋发现了令人作呕的液体。詹美生医生指出，虹口巡捕房排出的污水流淌到了虹口医院的地基上。1862年战争期间，几乎每一次的潮汐中都裹挟着漂浮的尸体。北门街（广东路）两边的华人居民把所有的污物都抛扔到马路中央。工部局的一份会议记录中说，街头所发现的死亡和患病的欧洲人的事例应当在查明身份后让各自国家的领事知晓。科格希尔（Coghill）医生提到了洋泾浜作为一条被阻塞的排水沟，对于卫生非常不利。这些都是不卫生公害方面的少数例子。

另外，不饮酒的居民必须忍受酗酒者的众多粗暴行为和醉酒行径。虹口有12家有执照的妓院，特别在周日，只要水手们上了岸，就会出现许多酒鬼，光安息日一天就有9人被巡捕房逮捕。本地无赖，尤其是广东人，施行抢劫和谋杀的规模相当大，贫乏的西人也参与其中。另一种使人更加吃惊的形式叫作"绅士的暴行"——太多香槟所导致的欢闹，结果是油灯被砸碎、窗户被打破等。早期的领事们只能给一些私人的警告，但是巴夏礼宣称，"这些逃避责任的打破油灯者与卑劣的和平村庄的入侵者一样，在所有温和的仁慈行为面前，会混淆真相作出伪证，将难以受到审判"。

（英国）皇家陆军炮兵的一名军官提供了一幅展现当时租界西人低质生活的生动图片，他们时刻处于"皇冠和船锚"掷骰子游戏的抱怨中。他说："诅咒、辱骂、肮脏和可憎的言语，袭击着我们的耳朵，相当粗暴。语言极度粗鲁野蛮，几近唐突下流。"

老旗昌——当然有多种拼法，是一个特别引人注目的地方。旗昌是罗素公司的行名，早先建在外滩，福州路的南边，但是公司也拥有福州路北边的土地，在四川路和江西路之间。数年之后，命名为"老旗昌"。虽然在这部著作的第一卷（第464页）中，老旗昌被说成是位于"华生公司在南京路上位置的正对面"。但对于老旗昌来说，考虑靠近南京路的任何一个位置似乎都不对，也不会通过另一家公司来确定其地址，所以它现在的位置可能已不大为人所知，因为已经过去了五十年。

老旗昌从罗素公司传到沙逊先生，也有一段时期被美国领事馆所使用。之后因作为窃贼的大本营而变得声名狼藉，巡捕除非使用武力否则不能进去冒险。1871年，它被如此描述，"一个罪恶的藏污纳垢的场所，由一个大房子划分为几个小的部分所组成，每一个部分是赌场、鸦片馆或妓院"。它是当时每一件令人厌恶的事情的焦点所在，是一个社会、道德和卫生公害，是租界公平名义下的一块污渍。对于邻居来说，夜晚变得丑陋，他们不可能得到好的休息。领事达文波和地方官员削减了执照数量，制定了新规则，要求该场所应该保持清洁，

334

且午夜时关闭，据此，沃尔夫（Wolff）声明，新规则将使业主资产的数值减少1.5 万两白银。第二年，索恩兄弟抱怨此地的肮脏状况，要求进行一次严格的检查。亨德森医生报告，业主沙逊先生以及他的公司都要求看到这份检查报告。工部局宣布，1871 年，他们已经完成了所有该做的，1872 年，将针对业主采取进一步的法制措施，规范他们的行为。

《北华捷报》1875 年写道，作为一个贼窟，它充满了噪声、灰尘和恶臭，应该被摧毁。

1879 年，在一个巡捕搜捕大楼后，沙逊要求 50 两的赔偿金，但是就像逃脱的赌徒所搞的破坏那样，工部局拒绝支付。

335

这所房屋在 1888 年被拆除，就像"仕女巷"（Maiden Lane）的消失一样而备受世人瞩目。

关于公共卫生，金能亨，一位非常活跃的美国副领事，在 1861 年时说，因为没有提供让中国人可以处置和摆脱垃圾的方法，工部局受到责备。清扫工小车应该每天在县城来回移动，这项开销大约为一个月 800 元。他特别为"无人辩护"的中国人辩护。因而，1863 年，工部局清理了数年来的垃圾堆积，打算用 2 000 元以上的金额来完成处理垃圾的工作。

8 年之后，通过詹美生医生，我们看到了一幅公共卫生状况的图景，可以说是可怕的。他谈到了空气中和水中的危险、有毒的气候影响、不受控制的妓院、低等的烈酒馆、带有人类排泄物的田地臭气、污秽的县城中类似受污染的空气和水，每个支流带着污物进入主河流，满满一大船的垃圾堆积如山，在前滩下水道进出口并不低于矮矮的河水标记。

所有内容显示，1860 年代的上海还没有成为生活甜美、清洁和舒适的模范租界。

至于公共卫生，中国人的文明程度必须称作原始，事实并没有改变，尽管我们本身曾经和他们一样。问题一直都在，即如何去维持一个城市的清洁和卫生，当数百千计的中国人一起拥挤地进入租界时，所带有的不卫生的观念和习惯已成为他们的第二本性，或者我们应该宁可说这就是本性。在最好的条件下，拥有一百万人口的城市排水系统向我们提出了难题，然而上海也有本地人的习惯以及土地的自然特性要考虑。对于从事耕作田地的中国人来说，人粪有巨大的价值，据说在城镇或乡村都无人浪费。1864 年工部局的一个通告声明，粪便已由孙我同（Tsun Wo-tong）和其他人负责收集，次年将此确定为一项每月 505 元的开支。但是，随着每一个尝试都在改进，工部局开始了新的忧虑。上海农民针对给予宁波人的合同提出了抗议。洛雷罗认为这是道台的计划，以反对由于门户开放带来的对中国人的无穷压榨。E. M. 史密斯，看起来像个真正的社会公敌，拒绝将粪便从他的房子中运走，除非经由他自己的苦力。后来，工部局通过私人买卖发现了自己的失败，遂提出一个小额的清除垃圾费用，接着 5 家拥有华籍房屋的洋行表示拒绝支付，因为他们能够自己清除垃圾。由此，在此问题上，法律的威严得以唤起，洪卑宣布，他没有发现任何的官方权威来征收所谓的来自人的公害的费用，他们的粪便不能被工部局运走。他指出，租地人没有批准任何费用，所有的董事能做的事情是制定关于粪肥收集的严厉章程。

336

工部局制定的一条非常明智的规则是，粪肥必须在晚上 9 点至次日早上 8 点之间收集。这条规定在 1921 年没有被强制执行，可能从来就没被强制执行过，然而它可能给耐心的纳税人提供了某种心理上的舒适，他们易于期望一件事情发出指令之后会立即得以执行。这是一种通过建议方式采取的纠正对策。

运送垃圾的船只由于停泊在洋泾浜而成为了一种公害，为了船只可以不被不止一次的潮水耽搁行程，1886 年工部局在疏浚河道方面花了 1 800 两白银。那时征收粪肥的数额是每月 340 元，从每月用于清除污物、清扫街道等的道路清扫费总计 854 元中扣除。

工部局从 1894 年开始强烈要求使用铁桶，但是，木桶更加便宜，承包商于是坚持用木桶。代表恳求董事，中国人"天赐的特色"不应被降级，也要在这样的用具上体现出来，工部局当然同意了他们所提出的要求。

就协约中涉及粪便的各方面问题而言，一位承包了多处粪便处理的老妇人，煽动苦力们罢工，她的目的在于阻止新桶的购置。她被会审公廨传讯，要求一星期之内悔改。

1897 年，有诸多关于收集粪便的不正当行为的抱怨，列出了一份有权承运粪便的 19 家洋行和个人的名单，强烈要求收集工作应完全交由工部局去做，尽管有很多反对意见，但是报刊上和纳税人会议上的讨论最终实现了目标。

清扫街道一天一次，但是清扫之后会有更多的垃圾扔出。出于节约，工部局犹豫再三，但那年还是决定一天清扫两次，每月增加了148两白银的额外花销和一些新的手推车。敞开的提桶用于收集粪肥，如果不遵守规则就会被没收。但是这里又一次出现了难题，会审公廨谳员是个中国人，难以让他理解惩罚这种违法行为的重要性。

受害者们抱怨了许多其他的公害行为，作为管理者工部局尽可能不随随便便就制定规则。但一个关于燃放鞭炮罚款二十分的规则证明，这是徒劳无功的——一个出生和成长于鞭炮声中的中国谳员会有可能执行这样一种处罚吗？咯吱作响的手推车比较容易处理——被没收了。今天更嫌吵闹的汽车没有被没收。这个引起了人们不舒服的想法，认为用一种法律针对富人，而用另一种针对穷人，但是正确的回答——关于提到的另一则公害行为——租界是为了外籍居民。因此，如果西人选择通过自己制造噪声来损害自己的神经，他们可以这么做；但不能因此推导出他们可以被中国人的噪声所驱逐发狂。

敲打铁锤声、锯木头声、沿街叫卖声、蒸汽船的汽笛声、当地剧场的锣鼓声、白银精炼厂的有害烟气、池塘的恶臭、蒸汽轮船的烟气，以上所有这些公害或多或少为工部局所注意。但是对于其中一些，我们仍然加以忍受，除了新的公害以外。1881年，海港里有30艘蒸汽船的汽笛声，既不在港口管理者也不在水警的控制之下。池塘，为洗衣工人所使用，一般在虹口，位于乍浦路即现在昆山广场所在的位置，是一个特别令人讨厌的地方。工部局威胁要填满池塘，除非由主人支付费用，自己完成工作。一个慈善团体有一个公墓靠近靶子场，一天会收到六七具尸体。1878年有人开始抱怨尸体的恶臭。但有一个更坏的例子来结束这个难闻的章节，即一家所谓的"美国人之家"的膳寄宿舍。在15×12×10英尺的空间内有15个铺位，霍乱时期肮脏不堪。1886年，11个病人由那儿送至霍乱医院，另有3个无可救治。工部局感到遗憾，在要求保持清洁以外他们的规则并没有被赋予权力。在卫生一章中，我们提供了这个例子的细节。

如果我们就此结束，也不会留有遗憾，因为文章的主题已经讲完，而我们是否要比前辈们做得更好确实成为疑问。我们一再重复这样的情形，如果某一公害行为已经消失，另一个就会发生，总的来说，所有的事情存在就好像他们开始时一样。例如，1892 年工部局做了一个尝试，通过命令工厂停止使用蒸汽鸣笛召集工人，想要将一些小恶棍驱赶出这个混乱嘈杂之地。这个命令显然被忽视，因为我们发现工部局在两年后依然要求 33 家工厂不要使用蒸汽鸣笛。他们的要求依然徒劳，为此 1899 年发布了一个通告，在该年 8 月 10 日之后禁止面粉厂在越界筑路区域使用蒸汽鸣笛。在这些日子里，一些区域的居民们不得不忍受这样的凌晨折磨，可见工部局有一些事情没有能够完成。

在英国，特别在大教堂关门时，乌鸦可以平添景色的和谐和平静，但是看起来它们搅扰了我们的商业神经。由于射杀乌鸦而受到大概 10 元的罚款，欧弗倍克（Overbeck）先生非常气恼，但是工部局决定，第二年即 1896 年，不应该允许乌鸦干扰商业。接下来的一个抱怨关于教堂场院——它们是乌鸦的自然栖息地，人们本来会想到——在市政场地，工部局继续进行树枝的修剪。只有农村的鸟儿不会来困扰这个商业城市，因为那时的洋行不得不忍受汽车的汽笛声和有轨电车的喧嚷声。

此外，苦力忙于为地基夯土搬运重担时的叫喊声是一种特别的歌声。1899年，工部局尝试阻止这种恼人之事，但是这个合人心意的难题却显示，如果没有吟唱日常的歌曲或号声，苦力们害怕会被杀死，以致他们宁可拒绝更多的报酬而不是停止吟唱，而布劳伊特（Browett）和埃利斯（Ellis）说，除非这些指令（它们用来停止所有的噪声）立刻得到修改，否则他们将采取步骤强迫工部局这样做。

起初，章程中规定，歌声应该是极为柔和的——苦力吼叫起来就像尚未断奶的鸽子，在随后的会议上又被一并禁止。在布劳伊特的抗议后，工部局举行了一次以洋行和建筑师为一方，工部局总办和勘测员为另一方的会议，他们对某个"可行的方案"取得了一致意见。

马，甚至中国矮种小马，是高贵的动物，但在某种情况下，排成行列即成为公害。在早些时候的租界，它们看起来拥有同样多的麻烦，几乎和今天的汽车主人一样。它们需要进行训练，但问题是，在哪儿训练呢？例如九江路（此后改叫打绳路）的居民提出抗议，在下午 5 点到 7 点之间，马的队列"不许占据任何其他的主干道"，曾发生两个苦力被马伤害致死等一些日常事故。由此显示，遛马所带来的危险在那时至少就像今天的汽车一样邪恶，或者马夫像当今汽车司机一样疏忽大意。于是针对早上 9 点以后在公共道路上遛马，工部局发布了一个命令，在租界禁止猛烈地骑马和赶猪前行，马所造成的破坏必须有所限制。起初领事馆路（北京路）很少被用作遛马之地，但是后来一些在上圆明园路和下圆明园路之间被浪费的土地，以及在汉口路和福州路之间（在西端）的老跑马场被允许作为此目的的使用。之后（1869 年），不断有通告送至 30 家洋行和个人手中，宣布邻近演讲厅的多余土地，在倍尔福路（Balfour Road）① 和苏州河之间已用栅栏围起来，作为马的训练场地。

官方的记载非常翔实，显示了当时所能听得见的诸多抱怨，如某人的马正在家中等待安装马鞍，却被警察带走；耆紫薇的马走在从马棚到跑马场的路上，却被牵走等。

339   每个人通常都认为狗是一种公害，除了它们的主人，但是在上海这样的地方，流浪狗和病狗则成为一种普遍公认的公害和危险。

1874 年，狂犬病所引起的死亡似乎已开始唤起工部局采取行动。为此，工部局通过投票，同意出资 50 元处理此事，将染病的或无家可归的狗带至老闸捕房，每只支付 100 文，当然，在那儿它们会被杀死。

但是，1883 年一个中国慈善机构要求，狗应该得到照料，不应被杀死。工部局几经犹豫后表示同意，但要求狗的耳朵要被刺上标记，以便短时间内就能被人认出。收容所靠近县城南门，亨德森医生报告，那儿有 450 只狗，自由饲养，虽然每天会死两三只，但整体依然看起来非常健康。他强烈建议工部局不要放任此地存在。他本人曾亲眼看见一只凶猛的狗撕咬一个成年人和一个孩子，还咬了大概十多只其他的狗。

他的建议曾一度得到实施，但不久越来越多的狗被送到收容所，只有不足 200 只被养在流浪狗收容所，剩下的则被送至郊外。然而，据发现，在西尔斯

---

① 倍尔福可能是巴富尔的另一种译名，故此路又称为"巴富尔路"，是英国领事馆西面的一条小路，位于今圆明园路和今虎丘路之间，后变成一条弄堂。——译者注

（Hills）之家变得不受控制的狗又被送还到租界，这个安排在 1884 年停止。

至 1892 年，鉴于狂犬病案例的数量，工部局宣布，无主的狗将被捕获，7 日之内如果无人认领，即被杀死。这个措施看起来使得人们不得不用一根绳拴住狗的脖子并系上项圈，好像要把它当包裹邮寄出去一样。

那一年，捕获了 4 457 只狗，其中大约 3 700 只被杀。但之后中国慈善协会（Chinese Humane Society）提出了另一个呼吁，该协会由 50 个著名的中国商人所赞助，他们认为除非迫不得已，否则轻易杀生就是一种罪孽。回顾先前的实践，工部局起先否决，然后同意，但以严厉的要求为条件。该协会 1895 年掌管着 1 800 只狗，将它们送至苏州的一个收容所。但是由于兽医报告，工部局 1898 年又一次放弃了这个安排，回归到杀狗的计划中，不过改变了一种方式，以将狗在笼子里溺死代替了射杀。我们注意到，像往常一样，这里"既得利益"依然明显：慈善协会指出，苦力每杀死一只狗可得到 20 分银。

当 1873 年通过车捐的时候，工部局也想尝试实行狗捐，但是失败了；1874 年又想尝试推行一个关于征收狗税的附则，但是此提议并没得到推行。直到 1899 年，修订版附则第 34 条再一次修改规定，要求养狗应申请执照。狗主人要支付 1 元费用，不是税费而是登记费，不登记的狗主人可能要被罚 10 元罚金。还有一个更严厉的措施是派出带有猎枪的万国商团，在凌晨时猎杀流浪狗和不带口络的狗。

340

如果没有规则，上海将会被乞丐淹没。上海本身所带来的财富、外国人漫不经心的慷慨、中国人对于乞讨的观念，这些和租界周边真正的贫困结合在一起，将使它成为兄弟同行们最快乐的去处。但 1856 年采取了一项简便的措施，将他们集中在巡捕房，并运送到浦东。看起来似乎没有理由使他们不折返回来，除非不得不支付船费，如果这样被驱逐数次，必定会让他们感到泄气。当论及这一措施时，《北华捷报》称之为一种"野蛮的实践"，为何有这样的说法，我们并不清楚。

此外，据记载，1868 年，根据米契先生的提议，工部局决定阻止乞丐进入租界。曾有一个明确要为他们开办一家收容所的提案，但由于道台对此不提供帮助，因此工部局又一次将乞丐们送至浦东。第二年，工部局尝试了另一提案，将他们送到县城知县那里接受处理，但他们马上又回来了：一共送去了290个人，其中许多人早在看守带走他们之前就已回到租界。1879年尝试了一个计划，送他们到会审公廨，在那儿发给乞丐们每人100文，以此方式遣散他们！

数以百计的人居住在寺院，其中的一半以此为业，他们中有许多人是犯了小摸小偷的罪，巡捕无权约束他们，这样的事今天也并非没有。

当然，华人和西人都曾努力去救济和缓解那些诚实的穷人的贫困生活。在被小刀会占据以前的一份慈善机构名录中包括"拯救生命机构"：一所弃婴医院、一个提供棺材的协会、一个外乡人公所、数所免费学堂、一个广泛施行各种善举的善堂。官吏和同业公会都是大捐款者，然而，毫无疑问的是，当出现叛乱的时候，每件事情都显得毫无组织，混乱不堪。

早在1849—1850年间，这一贫困的时间段中，雒魏林医生将救济物资分配给大量的受难者们，为他们提供了食物、衣服和避难所。1860年，外国洋行提供了7 325两白银，用于中国难民中不受控制的物资分发。

布彻教长和汤姆森牧师（一个圣公会传教士）于1868年提议专为贫穷的中国人创办一家避难所，由此停止了杂乱的救济行为。结果就是新闸难民营——一幢带有一个大院子和19个房间的大楼，营中提供食物，但是禁止吸烟！之所以这样做，是要让收容者们感觉舒适。关于此避难所的第一个通告声明，401人得以准许进入，有33人死亡，由华人慈善协会为他们提供棺材；截至目前共使用经费1 400元。之所以在界外公开建立这一避难所，就是要以一种人道的方式清除租界内街道上的乞丐。

不幸的是，在三年的实践之后，巡捕宣布，这幢建筑鼓励了乞讨，吸引了窃贼。工部局决定不再采取任何作为，将之留给中国人管理，并归还同业公会等机构之前的捐助。与此同时，愿意雇用被收容者从事一些合适的工作。

所有以上都涉及中国乞丐：但悲哀的是，在租界也有许多贫穷的，甚至一无所有的西人。无疑他们中的大多数都属于下等阶层，很容易沦落为罪犯。他们中包括了"马德拉斯人，口齿含糊不清的黑人和瘦骨如柴、饥肠辘辘的英国人"。他们最简单的工作是在戏院门口向有钱的中国人乞讨，但他们也进行一些小偷小摸，夜晚带着武器徘徊于租界四周，犯下几乎所有的日常盗窃罪，正如我们所记录的那样。有时一帮人会袭击一个本地村庄，或者从中勒索钱财，他们甚至还会在河上抢劫。如 1866 年，曾有 10 个西人乘坐两艘四桨船，从苏州河里的一艘中国船上勒索到 9 000 元。

工部局采取了许多尝试来帮助他们减少公害和不文雅的行为，一直保留着由巡捕定期提交的失业报告，并严厉处理可疑人物。1865 年，"上海救济所有民族贫困外人协会"成立，耆紫薇为会长，布彻为秘书长，但是 18 个月之后因资金缺乏而解散。在巡捕房，一个贫贱的西人总能得到食物和一晚的借宿。

阿查立关于会审公廨的报告（1866 年）夸耀道，通过公廨"粗暴的希腊人、智利人、秘鲁人，诸如此类已被清除出租界"。在隐瞒不受欢迎的英国人数方面，领事馆登记也产生了某些效果。

第30章

社会弊端

　　中国人嗜赌成性全球闻名，即使垂髫稚子有了一文买糖的零钱，也会冒险投入赌局，不是赚取更多，便是输得精光。1864年，租界曾采取严厉措施打击赌博。四年前就曾发布警告，赌徒再犯者将扭送至道台处。然而1864年，工部局财源短缺，又看到法租界的赌场税收可有3万—4万两白银，所以也有人建议可在英租界内如法炮制。道台表示，外国租界里赌场妓院遍布，他原则上同意将这些场所纳入执照管理的建议。当时英租界有赌场106家，虹口有38家。但该道台离任后，继任者话锋一转，要求取缔南京路和老闸区的赌场，并着令发布训诫公告。巴夏礼虽请工部局商讨此事，但他给予道台的答复是涉及租界和平与良好秩序的一应事宜，中方人员并未施以援手，故不能未经事先商议便宣布采取新措施，更何况中方捕快已恶名在外，并不会忠实执行这些措施。他还直言不讳地指出衙门前便是赌徒钟爱之所。道台则表示是南京路上的商人有此要求，赌场大门外有人看守，抢货劫银的匪类颇多窝藏其中。他还友好地表示，租界巡捕若讨厌干这活儿，中方捕快愿意代劳。

　　因此，工部局只得同意打压赌场，然而考虑到全面禁绝并无实效，所以希望首先能通过申领执照的办法以监督管理赌场，同时对于财政收入也有些助益。不管怎样，工部局同意了取缔赌场，但也强调两点：（1）租界内应只用巡捕，工部局认为允许中方捕快在租界内任意行事十分危险；（2）虽然工部局并不希望采取大规模取缔措施，但如果非要这么做，租界和县城必须一视同仁。事实上，法租界靠这些赌场的税收，财政上颇有收益——甚至有人说一年可得 6 万元，也完全不必与中方当局商议，若得不到补偿，别指望他们会放弃现有的权力。而县城里，各处官员从赌场妓院里搜刮财富，一转身又道貌岸然地张贴抵制布告，这已是众所周知的事。不论出于什么目的，工部局坚持要在整个地区执行一致的政策，无疑十分正确。

就工部局雇请巡捕的情况，巴夏礼表示——这一细枝末节问题也显示出这场三方游戏的困境——中方捕快不断在租界内逮捕罪犯，他再次引用了卜鲁斯的话："租界内华人，除受雇于洋人者外，同县城里的华人一样，由中方官员全权管理。"

除了法国领事，其他领事都同意在整个上海地区消除赌博行为，据此道台发布了自 1865 年 1 月 15 日起禁止赌博的文告。人们并未指望法租界也会遵照行事，所以很多赌场只是迁往洋泾浜对岸。然而对岸的洋行店铺请求道台在此地也要禁绝赌博，法国公使也发布了指令，法租界这才与公共租界和县城执行了同一政策。

禁绝赌博最直接的结果是，惹是生非的宵小之徒激增。这些人中许多原来是赌场门卫，也有一些洋人，这些洋人和他们豢养的帮闲都丢了饭碗，便四处偷鸡摸狗。这些人十分熟悉上海的犯罪生活，被捕时都配有精良武器装备，他们仅仅是因为缺少技巧和经验，才没有成为真正令人望而生畏的歹徒。

大家不要以为赌场就此销声匿迹。1876 年，工部局"根据收到的消息"告知巡捕房督察长，对赌场盯得还不够紧。不过，彭福尔德表示并没有赌场在警方不知情的情况下开张。工部局接到的这些报告，不过是试图损害那些拒绝收受贿赂的广东籍探子。

1878 年，彭福尔德和福勒又遭传唤，原因是在突击搜查一栋聚众赌博的住宅时，殴打了一位西班牙公民。1879 年，斯却林报告称，一个当时小有名气的流氓，是赌博帮派的头领，挖去了竞争对手的眼睛，后被知县释放，目前住在高昌庙（Kao Chang temple）里。赌徒大多是广东人，四周有人望风，一旦巡捕有所行动便会发出警示。如工部局所预言，由此赌场被迫转入地下秘密进行，与工部局成不两立之势，而申领执照管理本可将其置于阳光之下，利于监管。

344

赌场乃窃贼的栖身之所，威胁着租界的和平安宁。而之后另一种形式的赌博——彩票，虽也败坏人心，但危害稍小。

1871 年，彭福尔德报告称共有 11 家彩票行。经领事团同意后，工部局宣布所有公共彩票店铺必须关闭，否则将在本国的法庭面临起诉。有两三件案子提上了英国和葡萄牙法庭，如此一来这项非法买卖便基本禁绝，只有一种吕宋票①还在发售，因为西班牙领事拒绝执行禁令。

因此这款彩票一时成了独家经营，在上海一个月的销售量达到 10 万元，盈利为月总销售额的 25%。其他彩票自然迅速死灰复燃，"曾经全面禁绝的非法生意"很快又像以前一样欣欣向荣了。

1871 年的领事团会议宣布博彩有害无益，应遭禁止。1879 年，这份会议记录被寄送葡萄牙总领事，并希望一位名为罗萨里奥（Rosario）的葡萄牙人关闭其彩票行，以免面临法律诉讼。次年，这位领事指示其涉足博彩业的国人都必须停止营业。几乎与此同时，道台发布了诚恳而具有实效的文告，禁止出售家具彩票（furniture lotteries），同时还禁止将家禽头冲下携带！

葡萄牙人一直是此项改革的主要障碍，这一点无可否认。葡萄牙与中国未签订条约，所以中国人并不承认该国领事，即使是总领事也一样。葡萄牙人由西班牙人保护，而引人注目的吕宋票也是西班牙人的。工部局与西班牙领事协商，但该领事仅仅建议可以为出售彩票设定几个特定条件，工部局拒绝在此事上如此妥协。令人发笑的是，汉堡彩票不知是出于放肆无礼还是头脑简单，竟呼吁工部局认购！

有一则文告痛斥白鸽票（White Pigeon lotteries）和其他一些彩票，这些彩票是根据吕宋票的中奖号码出票颁奖。还有些彩票叫"家具彩票"，奖品是家具或钱款，葡萄牙人对这种彩票特别感兴趣。这则文告禁止了这些彩票，也不准将吕宋票拆零售卖。

---

① 以前中国把南洋群岛的菲律宾叫作"吕宋"，18 世纪后期西班牙入侵菲律宾，菲律宾成了西班牙的殖民地。战乱使菲律宾经济处于极度困难的境地。为了缓和矛盾，统治当局就试图发行彩票筹募资金，在菲律宾马尼拉发行，可在各地兑奖，这种彩票就被叫作"吕宋票"（Manila lottery）。——译者注

1880 年 12 月，会审公廨谳员在一则文告中申明，已与西班牙和葡萄牙领事 345
商定，所有彩票行，不论中外，一律关闭；代理商将签署以后不再售卖彩票的
保证书。这则文告看来并不十分有效，因为第二年领事们任命了一个下属委员
会，"以报告在租界里限制和组织彩票发售的最佳方式"。1882 年，彭福尔德报
告称，英租界有彩票行 59 家，虹口有 1 家。其中 56 家由中国人经营，3 家为
葡萄牙人开设。有吕宋票及其他各种私人彩票，最便宜的彩票 120 文一张。

1882 年，葡萄牙人的彩票行里发生了一场小骚乱。一个洋人坚持要将一些
彩票兑奖，结果发现数字有短缺，中国人因而要求他去别家彩票行兑奖，遭到
拒绝后，双方发生了争执。有人被带到会审公廨。

一年后，道台给领袖领事写了一封十分中式的信函，表达了他希望禁止中
国人出售吕宋票的愿望。"所幸汝为领事团首领，自然一呼百应。全体领事团成
员定（与我）所想一致，愿助我一臂之力。"之后他又有信函，口气仿佛清廷已
发出禁止出售吕宋票的诏令。

会审公廨对此无能为力，因为呈上的案子都由葡萄牙人主事。而领事团也
表示已尽全力。中方政府有权认为吕宋票为非法买卖予以取缔，并应针对个人
向各自领事提出诉讼——西班牙人无疑会被无罪释放，而英、美、德人则将受
惩戒。此后道台发布文告，宣布除了由两江总督允准发售的江南票，他将对一
切彩票经营提起诉讼。不过，天晓得！三年后，我们看到他依然在说，正采取
措施清除彩票，并请商人不要再以自己的名义支持彩票业。有一家彩票行，顶
着葡萄牙人的名字，使用的却是霍格的产业。

1893 年，工部局起诉高德证券投资公司（Gold Bond Investment Co.），判
决后美国总领事佑尼干（Jernigan）关闭了该公司。这就是一家彩票行。但不久
后，又有两家私人彩票登载广告宣传，工部局再次重申，要求领事们禁绝一切
私人彩票，禁止在租界内售卖任何外国彩票。之后有大量相关函件往来。领事
们指出许多难题在于中国人的本性，在于中国法律将"赌博"与"博彩"区分
开造成的不确定性。"博彩"由民法管理，不受商法或条约约束，因为一般不认 346
为彩票具有真正的价值，所以并未将之视为商品。上海允许售卖由一国政府批
准的彩票，贩售彩票者必须从各自的领事处取得准入证或向工部局申领执照，

并交付一定税款（附则第 22 条）。领事们建议提出三项条款：（1）禁止出售未经任何政府批准的彩票；（2）由一国政府批准的彩票，不得售予禁止贩售彩票国家的公民；（3）允许贩售彩票国家的公民与禁止贩售彩票国家的公民，订立发售已有一国政府批准的彩票合约，并不构成犯罪。最后，巡捕则应谨防未取得领事准入证或工部局执照的贩售彩票者。

值得大家注意的是，领袖领事负有职责撰写这一冗长的解释信，而这位领袖领事是葡萄牙总领事。

工部局在回信中指出，附则第 22 条是正在修订的法规，尚未获得批准，其中也并不涉及彩票。工部局认为领事们的建议并不彻底，因为吕宋票和澳门票（Macao lotteries）都可称为"政府彩票"，但实际上它们和其他彩票一样有害无益。工部局认为应在租界内禁止一切彩票。他们的结论，在我们看来十分天真，或者说表现出他们对上海的历史一无所知。"最简单的办法是请道台张贴一则文告，禁止中国人购买任何彩票，事情便可就此了结。"我们将这段话着重点出，对于这一条建议如此简单乐观，我们深感惊讶。

领事们答复，他们只能请道台出文告，禁止中国人在租界内贩售任何未经中国政府批准的彩票，即使贩售的地点在名义上属于欧洲人。

此后不久，一位名叫格德斯（Guedes）的葡萄牙人因涉足非法彩票被罚款，加上诉讼费用共计 3 000 里斯①。还有一位英籍华人昆阿伦（Kum Allum），是彩票的参股者，被最高法院罚款 10 元，如此一来便确立了英国公民不得与彩票沾边的原则。

这桩无望的事业说到这里，我们得加上一段欢快的音符来结尾。1897 年，工部局对德国代理商经营的一家新彩票行怨声载道。德国总领事施妥博回复说，他将在上海的报纸上刊登一则通知，宣布德国人不准涉足彩票业。

然而，这一社会弊端仿佛夏日上海花园里的野草，永远不能完全铲除，只要园丁稍一走神，必定又繁茂起来。这个主题无疑在下一卷里还要进一步关注。

话题回到普通的赌场。自 1895 年起，紧挨着租界的里虹口②，几乎每日有

---

① 里斯（reis），葡萄牙及巴西的旧货币单位。——译者注

② 旧时将今汉阳路附近称为"里虹口"。——译者注

赌徒打架斗殴。

工部局向巡捕房督察长建议，应将这些人引入租界，然后予以逮捕，但督察长说赌徒的探子们十分精明，这种做法不可能成功。他认为应获得中方当局许可，以便于随时突击搜查。然而由于刚举行了跑马赛，要再等个把月或等到下次跑马开始之前重提此事才较为妥当，免得有人提出尴尬的问题，做出不适当的比较！这一决定也必定会引发这样那样的看法。

道台拒绝授予工部局巡捕一旦发现赌徒便可实施逮捕的普遍权力，但表示将在虹口与新闸建西洋式捕房，配备中外警员的特殊部队。但他也说，赌徒们的组织严密，很难对他们实施突然袭击。领袖领事施妥博表示，道台不能签署拘票，这只能由工部局出具。然而工部局暗示，官员的真正意图并未在文告中写明，而衙役们把赌徒视为合法的收入来源。虽然道台希望工部局巡捕能协助衙门的衙役实施抓捕，但实际并无意义。因为衙役们自己从不实行突击搜查，尤其是在面对全副武装、负隅顽抗的赌徒时；未经衙役陪同不得进行突袭，但要求衙役同行使突袭正规化，却也等于向赌徒通风报信。所以，再加上会审公廨轻判罪行，事态更每况愈下。

另一方面，中方当局在位于吴淞路的一栋房子里逮捕了赌徒，虽然这栋房子有工部局的执照，也缴税。这些人被罚款并遭到痛打。工部局指出，这样的事情若再发生，工部局巡捕和衙役将发生严重冲突，不然工部局将撤出租界内某一地区的全部管理职能，两者必居其一。

妓 院

348

另一大社会弊端，卖淫，也如同赌博一样屡禁不绝。1864 年，道台同意工部局可向妓院和鸦片馆征税，但不久后又说不能"承认"妓院，因为中国成文法律禁止开设妓院。熙华德曾提出应将它们迁去小街后巷，但 1865 年，道台以一则文告取缔全部妓院！据《北华捷报》登载，当时华人居住的 10 063 所房子里，668 所为妓院。除去鸦片馆，每 12 栋房屋中便有一家妓院。

1869 年，会审公廨也张贴布告，"本月"内公共租界里的妓院须一律关闭，命令女子各自回家。这样的布告只能视为类似有轨电车上禁止乘客站在上下客踏板台的警示——都只是发布者自我满足的保障措施。因为仅一个月后，我们看到工部局就提出征收费用的难度。华人收税员不可信——有些人曾因压榨他人被锁系劳役三四个月，得由洋巡捕陪同收税。这则布告将不少妓院老板赶去了法租界，那里可不允许张贴这样的布告。1870 年规定，经常有外侨出入的妓院，妓女每周须做一次身体检查，必要时将送入医院治疗直至痊愈，费用每月收取 5 角。

1869 年 1 月，英租界有妓院 36 家，妓女 107 人；虹口有 61 家，妓女 204 人。第二年统计的数量不足一半，这或许是张贴了布告的缘故，但另一个确定的原因是向加利福尼亚输出了妓女 100 名。当时中国妓院有 424 家，妓女 1 703 人。

首要考虑的问题当然是保护外侨的身体健康以及安全地满足欲望。然而妓女自身的生存状况也获得关注。1878 年，警备委员会接受了法律顾问针对一家鸦片馆的意见，这家店以不道德的目的收容妇女，不愿卖淫的女子会遭受酷刑折磨。工部局若使之停业，这家店是否会向工部局提出赔偿要求？

针对这一社会弊端首次打算采取明确措施，是源于工部局卫生官亨德森医生 1871 年的一份报告。在这份 28 页的报告里，他对事情的现状进行了详细阐述，论证了上海对于水手而言是个十分危险的港口，建议采取严格措施以求有所改善。公济医院呈报了六年的医疗数字表明，接诊性病数量比其他疾病都要多，占所有疾病的 16%，发烧和痢疾的数量紧随其后。大家要谨记，这里统计的是住院病人的数字，而且当然只是外侨。

英租界里妓院和妓女的数量如下：专门接待外侨的妓院 27 家，妓女 92 人；专门接待华人的妓院 382 家，妓女 1 352 人。另有华洋兼接的妓院 35 家，妓女 131 人，且都位于虹口。这些妓院都是最低档的，通常也是水手的流连之所。早前曾有人估算法租界大约有妓院 250 家，妓女 2 600 人，其中仅有 24 家，妓女 90 人，接待外侨。

从健康的角度以现实的眼光来看，大量华人光顾的妓院就不该出现在租界的地界上。县城的城墙内妓院就很少见。不过将这些归结为高尚的道德或是勤政的政府，当然十分荒谬。埃克塞特厅①的演说家或许可以利用这一事实大做文章，就像他们也能证明，若不是面对洋人的刺刀，中国人不会吸食鸦片；或者中国人若非受了西方人毒害，本对赌博一无所知。一切生意，无论善恶，都有面对政府税收和其走卒压榨而陷入困境的危险，妓院也和其他生意一样，在租界里可以享受相对的自由与公平。

然而无论如何，要想针对这类妓院提出控告几乎不可能，原因是"既得利益"。有多少财富来自罪恶，西方世界所花费的钱财又有多少沾染着东方世界的血泪与糟粕，这些都要到最后的审判之日才能知晓。但若削除这些来源，工部局的财政收入将损失惨重，而要把这些地方都纳入管理，医疗、警方资源也严重不足。

而说到专门接纳外侨和华洋皆接的 62 家妓院，管理起来并不会难度太大。建议妓女必须定期参加检查，患病者强制留院治疗，这样一来当然得建立一家性病医院。

两年前，巡捕房督察长彭福尔德曾筹备建立一处由工部局卫生官管理的"疗养院"，以每月 30 元雇请当地医生走访各家妓院，为妓女检查身体，并将患有性病的本地妓女送往"疗养院"治疗。疗养院位于河南路，运作了大约两年，但后来关闭了，主要原因是先后请了三位当地医生任检查员都徒劳无功。

350

上海的医生们也常有意见分歧。玛高温与亨德森之间曾有一场论战。玛高温认为疗养院里需要一位懂汉语的执业医师，亨德森则坚称，疾病的症状足以说明问题，妓女的陈述通常毫无价值。

亨德森表示性病医院初建需 1 500 两至 1 600 两白银，而当时工部局手头有各妓院小额认捐的 1 100 元，1872 年向纳税人大会要求拨款 1 000 两白银。但此事因遭遇种种难题而搁浅。法方希望能共同合作，但具体事宜还需商讨；亨德森宣称最初选定的房屋十分不合用；金斯密的设计因太过昂贵而遭否决；医院估计一年开支大约需 2 000 两白银；警备委员会称这一计划不具可行性；"所

---

① 埃克塞特厅（Exeter Hall）位于伦敦西敏城河岸街北面，建于 19 世纪中叶，既是基督教青年会的总部，也是圣乐团的演奏大厅，1907 年拆除。埃克塞特厅因举办宗教性政治集会而著名。——译者注

以事情悬而未决"，直到出现了来自外界的压力。

1875 年 8 月，英国舰队司令赖德就此事致信英国领事，工部局在回信中询问英国政府是否愿意为支持这样的医院做些贡献，如果可以，又能提供多少资金。舰队司令回复，希望工部局莫要放弃目前取得的成果，更应继续推进。他正要启程回英国，会努力让海军部为性病医院的开支每年拨出一定的款项，这将成为他此行的首要职责。

7 月，工部局与英国舰队司令赖德、麦华陀、毕生（Pichon，法国医生）、亨德森以及英舰"大胆号"（Audacious）上的大卫医生（Dr. Davis）会晤。最初连厘否认中方曾同意《土地章程》及其附则，那时的附则中即有涉及妓院的内容。麦华陀指出中方当局在会审公廨中执行了章程的内容，实际上就已经接受了《土地章程》，而针对妓院的内容则出现在以"娱乐场所"为标题的第 34 款中。他不同意将该计划提交给强烈反对以任何形式承认妓女存在的当地政府，但他认为当地政府默许合作或许尚可指望。赖德携大卫同来，作为海军部队承受这一恶果的见证人。赖德认为上海方面的努力若能成功，英国政府会同意拨出款项。

351 这次会晤决定由几位医生制订出让工部局与公董局合作的计划。连厘始终对工部局的法律权利心存疑虑，建议建立医院事宜应悄悄进行，免得纳税人从道德角度提出抗议，而道台也很可能会加入这样的立场。

之后，依照工部局、公董局指示，新性病医院于 1877 年 1 月 1 日成立。起初妓女们宁愿关闭妓院也不愿进医院，有些人甚至离开了租界。但 6 周之后开始有人入院，然后人数逐步上升，到 1879 年 7 月，名单上的人数达到 115 人。工部局和公董局达成共识，每人每月收费 2.5 元，1.5 元给医院，1 元归入市政基金。受检妇女人数未达到 100 人时，医生的薪酬为每人每年 500 元。之后两位医生的酬劳升至每人 600 元，而检查费用降为每人 1 元，由工部局和公董局均分。

詹美生医生在其《海关医学报告》（*Customs Medical Report*）中对医院的工作横加指责，亨德森、詹查雷和加尔（Galle）医生的回信见于 1879 年的《工部局年报》。他们认为詹美生的批评十分无礼，根本不值得回应，而统计数据显示情况正有好转。海军军医报告称，自从建立检查机制后，士兵的健康状况有所改善。但另一方面，有人断言该医院减少海军士兵的疾病，却增加了岸上人员的病况。而金斯密致信工部局称，以他了解的情况，强制检查弊大于利，但他并未得到回应。

1880 年曾有一段短暂时期，法方因为妇女在完全治愈前就可离开医院，而拒绝继续合作。

1879 年 3 月的纳税人大会上进行了一场关于此事极有意思的争论，读来让人希望如今也能有这样的辩论。

詹美生医生认为，按照当时医院所进行的操作，根本没有任何益处。检查不过是给人安全的假象，而且若检查做得漫不经心，这种安全感甚至增加了风险。即使检查得当，谁又能保证是不是有些染病病人只要避开检查就行？若检查发现疾病，这一女子是如囚徒一般限制其自由直至病愈，还是仅给予口头警告便可放行？醉酒的水手还会查看妓女的证件，或者在昏暗的灯光下将其面容与照片对照？他甚至说工部局周到地将这些妓女照片送上军舰，不是劝人禁欲，却是教导水手安全地纵欲。确实，为了外侨的健康，将患病的妓女监禁是唯一的办法，但中方当局是否会同意如此做法？

他更进一步提出，这些检查并未包括所有妓女。日本妓院可免于检查，而有些中国妓院根本无照经营。

白敦引用了英国舰队司令赖德的建议，而总办早把赖德的话抛诸脑后，但找来 1876 年《工部局年报》参考，立刻能找到出处。原话如下："通过与中方当局交涉，要随时关闭妓院不会有任何困难。我毫不怀疑，这种从恐吓威胁中得来的权力能让妓院老板们乖乖地遵守规定。"白敦查问是否曾使用这种威胁检举的办法，虽有些困难也算得到了答案。然后他表示，性病经由男性传播更甚于女性，只是男性不愿自降身份接受检查。他提出建议："在财政预算中为性病医院预留的钱款应全部投入使用，若有一笔相当的资金，应为经常光顾妓院的男子建立身体检查机构。"

然后，雷诺兹接过话题，提到英国舰队司令赖德曾许诺一回到英国，将把为性病医院争取一笔每年的政府拨款作为他的首要职责，对此他嗤之以鼻。英

352

国政府已收回了拨给此地新教教堂的资金，天主教的教堂也没有援助，本地公墓虽有人请愿，也未获拨款。此外，对水手十分有助益的海员教会（Seamen's Church）、戒酒会堂、由英国领事提议为英国公民设立的精神病院，都未获英国政府资金支持。舰队司令本人和工部局定然都心知肚明，这许下的诺言不过是无稽之谈。海军部在浦东的补给站边有大片土地——何不在海军军医的监管下，在那里为中国妇女建一个村落，这样租界里也可少些醉酒水手的丑行。

工部局在其年报中刊印这样的信函，难道未曾想过也会引来其他海上强国效仿。土耳其和日本会希望工部局像为英国士兵一样，为他们的士兵提供特殊服务。"毕竟，英国舰队司令赖德只在上海稍作停留，他也只能如此。"——诸如此类。如此众人各抒己见使这次会议十分有意思。

我们在此花费了大量篇幅阐述这个问题，因为这个话题展现了早期的上海社会政治生活，也是因为，40年后的今天，同样的问题依然争论不休。

第31章

供水系统

黄浦江或吴淞江的水，无论在城市上游或下游，无论涨潮退潮，其卫生状况都不足饮用。淤泥就别提了，或许淤泥本身倒是无害，这里有几百处村庄、几千艘船只的垃圾、大面积用人类粪便当肥料的耕地排出的污水，此外还有县城里的污物。早期租界的污水通过排水沟或管道直接排入外滩外的河道里，而挑水夫就在这里汲水供外侨家庭日常使用。虽然后来采取了一些改进措施，然租界设立40年后才建立供水系统，不免令人愕然。

事实上此事15年前就有人讨论，然而受命研究此事的委员会向工部局建议不要考虑，因为这意味着一笔50万两白银的贷款，此事或许可由私人企业操作，但对于公共资金来说负担太过沉重。

当然这个话题一再提起，一度曾有计划将界河北部的2620英尺河道用作供水。这指的是南京路与苏州河之间的部分。

1872年的纳税人大会上再次提出此事，但同时提出的还有填没外滩涨滩、引入电车、购买韦尔斯桥的问题，提供清洁饮水的计划只能靠边站了。

工部局希望供水系统由某家洋行来建，保留工部局过段时间可回购的权利，于是他们着手登载广告，征集方案以便审核。

1880年，工部局与一新建公司达成协议，德兴洋行（Drysdale，Ringer and Co.）开始铺设管道。用户收费不超过估算租金的5%，工部局有权可于5年后租用，10年后买下该系统。资本得利超过8%的部分将由用户分享。

水塔建于江西路上，供水始自 1883 年 4 月。

若有详细数据能显示洁净饮水对公众健康所产生的影响，将会十分有趣吧。两年前，彭福尔德报告称，巡捕从河浜中取水直接饮用，既不烧煮也未过滤。而亨德森在涉及霍乱的报告中说，未经煮沸的河水是主要的危险源头。因此不难想象，1883 年有净水以后，公众的健康状况将大幅提升，啤酒和烈酒的消耗量也会大减。

一年后，有人认为有必要为华人提供与外侨一样的净水。这一想法或有慈善的成分，但当然也是为自己着想，即出于自我保护。华人卫生状况改善，同样意味着外侨的健康有更大保障。即使今日我们也能看到，华人卫生状况有点滴进步，外侨社区也会受益匪浅。

华人在垃圾污秽中汲水，尽管有人也会烧煮或用明矾净化，但华人的死亡率居高不下却毋庸置疑。唯一对策是请工部局为他们提供公司的净水，仅收取少量费用。起初的提议是询问各国公使，《土地章程》及其附则是否赋予工部局可向华人收取水费的权力，如果答案是否定的，那是否能够基于卫生官的建议，获得此项特权。但最终不必咨询公使，结论是《土地章程》并未赋予此种权力。

而华人本身非但并未大声疾呼要求供应净水，却是为各种不着边际的谣言所困扰，比如水中有毒，或水遭雷击不可饮用，或有人曾在水塔中溺毙，如此等等。会审公廨谳员不得不发布公告解释。

公司经营第一年，工部局时常接到乱收费的投诉。起初工部局拒绝在公司与其用户之间作裁决，除非投诉人愿意承担诉讼费用，否则不会着手处理任何投诉。然而，公司有时收取房屋租金 10% 的费用，随着投诉频繁发生，工部局坚称根据合同条文只能收取房租 5% 的费用，并建议如何解释所谓"普通家庭用水"应通过仲裁确定。这一点公司不能认同，不过却愿意通过仲裁确定 5% 的租金可使用多少水量。公司本身的统计是允许每位外侨成人一天 20 加仑，每位当地仆人 5 加仑，但工部局从未同意设置用水上限。

后来，工部局决定不诉诸法律，但建议投诉方缴纳其房租 5% 的费用，再多则可拒绝，并可上法庭为自己辩护。于是公司做出让步。

市政用水，每日不超过 15 万加仑，工部局同意每年支付 8 000 两白银。

但 1888 年签署新合同，每日 20 万加仑，每年支付 1.25 万两白银，若一年中每日平均水量不超过 15 万加仑，则收费减免 10%。

随着规定时间逐渐临近，工部局开始盘算买下公司全部股份的问题。工部局估价 66 万两白银，考虑收取房租 3% 的水费可得 4 万两白银，足以应付所有用水需求。但 1893 年公司开价 200 万两白银，因此在外侨社区中成一时笑谈，有人甚至为此写了打油诗。

之后市政供水合同续签 3 年。此前合同为每日最大供水量 20 万加仑，每年净付费 1.25 万两白银。然而，工部局发现相对冬季用水量而言，自己付了双倍水费，经过双方大量函件来往，最终新合同确定为半年每日供水 10 万加仑，余下半年供水量翻倍，每 5 000 加仑收 1 两白银。

之后公司声称他们的利润只有 5.4%，而几年后又报称自 1884 年开始经营以来，每年利润为资本的 5.1%，而不是工部局曾认为并提出可由公众分享的 8%。

1892 年，由于供水呈乳白色而引发众人恐慌。与之相反的现象——牛奶淡如水——人们倒是习以为常。有人认为由于管道中输水量大，存水弯或管道死角里沉积了泥沙等杂物，浑浊或可归因于云母。在香港进行检测分析，报告显示是高岭土悬浮水中。水质并非不堪使用，但需过滤。

由此规定每月必须进行水质分析。

第32章

路灯和下水道

最初居民们在泥土路上行走的时候只能满足于用油灯照明。1855 年，道路承包商发现了煤油，便以每月 12 元的价格为租界提供煤油路灯的照明。

首次提及煤气的时间是在 1861 年。一个叫埃德温·皮克伍德（Edwin Pickwoad）的人数年前在夜晚时登陆上海，相较于商行的光亮，他对当时街道上的一片漆黑感到吃惊。1861 年初，他把煤气推荐给居民，并建议建造煤气工程。工部局似乎对此立刻做了预算和规划。

同年，格伦（Glen）和格瑞博（Gribble）两人先后向工部局提出使用煤气的建议。面对竞争，格伦提出他只需要一般的设备及一份参与竞争的保证书，每天能提供 3.5 万立方英尺的煤气，这个工程需要 5 万英镑。当然，第二个人的开价会略少于此。

大英自来火房（Shanghai Gas Co.）由此成立，并由其代理人高易于 1864 年 3 月申请了铺设管道的许可，年底他们还做好准备按照工部局的命令"点亮"所需数量的灯，燃油路灯同时在使用。但是纳税人显然害怕为此必须缴纳的特殊税目，工部局就向 200 名居民进行民调，其中 51 人赞成使用煤气，50 人表示反对，剩下的人不置可否。例如，7 个人表示如果有其他人先同意支付，他们才会支付——这好像提出了一个谜语；6 个人表示完全不想要煤气；3 个人不赞成——我们难以猜测他们的原因；有人认为太贵了，其中一个坦率地说他由于太穷而付不起。工部局然后进行了考虑，如果使用这样的路灯，煤油是否有可能替代燃油，但是煤油的价钱是原来用油的三倍。我们由此断定，租界先前昏黄的照明用的是菜油，或许是天然豆油。

在 1865 年的公共会议上，关于煤气的方案被抛弃，明确继续使用燃油灯照明。但是委员会提出了一个狡猾的方案，工部局应该在他们自己拥有的经费内拨款建一些样灯，以此来转变公众的态度。或许这个主意得到了实施，因为我们发现，1865 年 12 月 18 日，南京路上点亮了第一盏煤气灯，显得"光亮夺目"。6 个月后，签订了一份关于煤气照明的合同，整个租界都用煤气灯，路灯捐的费率确定为房捐的 1.5%，据估计收益是白银 4 000 两。

但并不是每个人都对此满意。在使用燃油灯的日子里，我们可以读到关于"油灯照明是不好的"抱怨，这种灯"微弱且糟糕，只能照明 100 码"。在有煤气路灯的日子里，抱怨的则是"照明费用令人难以忍受，由于我的街道没有照明，我拒绝支付预定征收的费用"。许多人一言不发而享受到了新照明的好处，却让别人付钱。

大英自来火房为外滩安装了一些相当美观的煤气灯，每盏灯花费 61.21 元。然而法租界外滩使用煤气照明要早于公共租界内的外滩。①

大英自来火房在创办之初其财政规划就有问题，不久即陷入困境。有利银行威胁要强制出售其全部资产以偿还 3.3 万两的债务，而公司的资产只有 9 000 两白银。该公司的净收入只够支付所欠债务的利息。但不久它的麻烦得到暂时解决。1867 年公司以 12% 的利率发行债券，但是 1870 年有相当大的呼声强烈抗议它的价格，同时还要面对法国公司的威胁。

1873 年，由于大英自来火房拒绝缩减路灯的费用，工部局指出，鉴于公司拮据困窘的状况，之前曾允许它在占用道路时缴纳象征性的费用，每盏灯每月支付 5 元。现在工部局建议他们向纳税人请求关于如何收效较大且经济节约地照亮街道的指示，并向公司征收占用道路的费用每年 1 000 两白银。

大英自来火房当然反对这个金额。他们说，公司在租界范围内的财产只有虹口的煤气柜和地下输气管，这些设备价值白银 6 万两或者说每年白银 6 000

357

---

① 此处作者搞错，法租界使用煤气照明晚于公共租界。——译者注

两，相较于工部局建议的 1 000 两，360 两才是恰当的数额。此外，他们铺建管道只是为了公众照明的便利，这些地区过去并无居民用煤气。

工部局每月支付每盏灯 3.75 两白银给公司，由公司负责铺设道路，工部局拥有 38% 的股票红利，一些股票持有人是英国的居民，在最后的会议上纳税人的意图是支付 1 000 两，鉴于以上事实，工部局不情愿地接受了 360 两的开价，但却准备以协商方式与公司解决价格问题。然后公司表达了自身的意愿，如果工部局将支付款而不是税款放在首位，他们就降低煤气的价格至每盏灯 3.63 两，直到再一次的纳税人会议才达成协定。

上海能见到的第一盏电气路灯似乎出现在 1878 年，当时毕晓普（J. D. Bishop）设法使草坪大道显出华彩灯光。

关于运用电气为租界照明的主张直到 1882 年才被提出。后来立德禄得到许可使用工部局路灯杆，他竖立了一些标杆作为系统的尝试，比起煤气来要便宜得多。与此同时，瑞生洋行（Buchheister and Co.）向纽约电气公司申请电气设施，工部局告诉他们迄今为止关于选择路灯方面没有达成决议，公司应该能够得到尝试的机会。

6 月，瑞生洋行得到许可，在公家花园的音乐亭内展示了样灯，当然得到了很多的赞美。

该公司接下来得到批准，为广东路的一些华人房屋铺设电缆。上海总会及一些法租界内的居民也想要电灯，工部局同意铺设电缆，条件是在得到通知后需在三个月内将其拆除。

但是两个季度之后电气照明遇到了反抗。上海道台强烈反对。即使现在事情看起来和以往不同，中国人的思想显得如此奔放，然而记住这样的事实仍具有某些重要性。这并不是古老的历史——那个时代的许多民众仍和我们一起生活。事实在于，像以往许多事情所体现的那样，如果租界在这件事情上被中国人所控制，那今天的我们也许就没有电灯了。

上海道台是一个善良好心却满怀忧虑的人，他反对立德禄的规划，原因在于，正如他致信领袖领事所说的那样，他获悉电灯能够杀人、毁坏房屋，或者破坏整座城市。现在所预想的这些麻烦可能会发生，房屋会被烧掉，珍贵的城

358

墙也可能被破坏，成百上千的值钱财产和成千上万的百姓可能会被烧成灰烬。"我，作为道台，和身为领袖领事的你一起管辖此地，我的职责使我有义务采取措施阻止这些事情的发生，你也身怀相同的职责。如果你不终止电气的使用，这个电气的祸患终将会发生。"这份动人、伤感的恳请并非一些不怀好意的幽默作家写出来嘲弄中国人，而是中国官员的函件。当然这封信是诙谐的，但它并非有意如此。如果领袖领事终结电气使用，那就与用她的扫帚反对大西洋的帕廷顿夫人①可有一比。在历史上，这个情节的价值在于，我们今天（1922 年）忧虑却礼貌地宣告我们自己是中国的"客人"（做了房子里所有家务的付了钱的客人是一个比较完美、丰富的描述），中国人强烈希望废除治外法权，中国人急切地参与租界的治理。对于外国人来说，无须表达对这些事情的失望和沮丧，只需记住"客人"一点一滴地获取他的愉悦身份和成为受欢迎的人是多么艰难。我们的历史记载显示，没有事例能够表明中国当局设法努力使客人感觉舒适，改进远离故土、独自生活的外国人的生活条件，好客之道并不真诚恳切。相反，就保留他们自身的权力而言，他们总是适时干预、阻碍、限制、约束。电灯照明的例子——就其自身而言一点也不重要，却极有价值地成了主人对待客人态度方面的一个非常明显、纯粹的样本。

当然，基础科学可能会恐吓道台灵魂的事情并不要紧，实际的麻烦是他禁止租界内的中国人使用电气灯，他们不能购买电气灯，已在使用的电气灯也被移除了。"油灯和蜡烛是非常方便的"，这个家长式的统治者写道。除了派遣信差去警告他的子民们卸下致命的电灯外，他还在所有的当地文件上签发了禁止的通告。

道台被客气地告知，有关电灯的危险是他得到了错误的消息，他的禁令是对"一项合法的贸易买卖条款的干涉"，违反了协定。道台当然让步了，却重申了他所听说的关于电气危险的可怕事情，特别提及了沙皇俄国的叛乱者利用电气破坏圣彼得堡的尝试，以此显出他本身知识更新很快。至于商务事宜，他预言这种生意将永远不会重要。他撤销了禁令，拒绝对任何可怕的结果负责任。

①　帕廷顿夫人（Mrs. Partington），是美国作家（Benjamin Penhallow Shillaber，1841—1890）在主编幽默杂志 *The Carpet-Bag* 时创造出来的一个幽默人物。——译者注

我们认为，电灯在上海有两个反对者，除道台以外，还有大英自来火房，但它只是一个竞争对手——只是竞争者，而非敌人。

和道台一样，这个事件对它而言生死攸关——但是这个危险其实只是关乎大英自来火房的生存。斗争在 1882 年展开，但是大英自来火房却设法以某种方式幸存至今，主要是因为将煤气使用于除照明外的其他的目的。

1882 年的 5 月，大英自来火房表示它的要求或许应在任何关于电灯的确切步骤制定实施之前就被考虑。鉴于公共租界虽有 14 英里长的街区管道，迄今为止却只用于公共照明，因此在投标公共租界的照明方面，他们更占有优势。第二年他们申诉说在困境中，他们被用来支持和帮助对手。他们的处境必定难堪至极。起先人们并不十分信赖电灯，转而使用煤气灯。然而电灯必定成效显著，届时煤气还能用于什么用途，大英自来火房又将如何自处？他们提出了租界照明的条款，但当董事会建议他们在纳税人会议召开时拿出这个条款时，公司做法无利于己，通过威胁的方式坚持表示应由董事会做出决定。

与此同时电灯并没有轻易获得人们的感情。它没有激起人们向往光明未来的信心，它忽闪忽现，时而索性熄灭，为此只好又点燃煤气灯。最初电的价格是煤气的 3.25 倍。由于对应的机械能量不足，电气灯有时只好中断。电灯就算亮了也并不稳定，而停电是如此常见，以致董事会一次又一次地威胁要取消这个协定。为了保证优质的照明，合同上只好增加了一项处罚性条款，而董事会任命毕晓甫作为电灯督察员后，他的报告并不如人意。

最初的主张是从三座塔楼上照亮租界。一座塔楼在英租界，有 250 英尺高，带有八九盏 4 000 烛光 ① 的电灯，还有两座在虹口，带有八盏 2 000 烛光的电灯，另外沿着外滩又增加 20 盏 2 000 烛光的电灯。对于董事会来说，当证实他们每年只需要额外的 3 748 两白银来为外滩、南京路和百老汇路照明，董事会便和电气公司签了一年的合同，公司的秘书立德禄对外宣布，那些道路的照明将于 1883 年 6 月正式开始。

在第 26 卷（1881 年）的《北华捷报》里，我们发现了两篇关于电气照明

---

① 此处烛光是量度光的单位。——译者注

的文章，当时电气照明在西方世界尚处实验性阶段，但却没有只字片言讨论电气照明在上海的可能用途。

1884 年底电气公司要求工部局董事会买下全套设备，然而，如前所说，这就相当于要求一个体面的葬礼。该公司所提供的电气照明总是不让人满意。这个失败部分归因于员工和创办者的经验缺乏，部分则归因于机械使用不当。

1885 年的纳税人会议上，有一些关于这个话题的精彩发言，的确，这会让人们觉得现今的会议同早年的会议比起来是多么无趣。董事会的账目亏空相当严重，因此希望发行公债。出于经济的原因，为了节约大概 5 000 两，制定了一项预算修正案，使得电气公司的合同难以重获新生，后来关于重续先前合同的决议以 4 票之差被否决。除了经济问题以外，董事会宣称该公司没有履行合同的任何一项条款，电灯的亮度远远小于 2 000 烛光，等等，而且，不管单个的电灯还是集中一起的电灯，电灯每次断电都要持续半小时，使交通充满危险。有一次 31 盏灯熄灭，连续两晚如此，而这恰巧发生在法国和中国之间出现龃龉的时候①。事实在于，因为一些热心人，上海过于超前了。当时电灯在西方还没有取得完善，毫无疑问最好要等到电灯在西方取得令人满意的成绩再将其引入远东。

即使电气公司在纳税人会议上已被两次否决，却依然得以幸存。一些没有投票权的纳税人，还有许多中国人，他们向董事会请愿抗议倒退的步伐。一次纳税人特别会议应 27 名选举人的请愿而召开，秩序井然，但是在会上要求取消日常会议的选举权，这是一个不寻常、有疑义的事项。双方自然都有强烈的声响，但结果却是原本以 128 票对 124 票被否决的决议现在则变成了以 151 票对 145 票表示支持。因此价值 1.5 万两的 60 盏灯的合同得以重新开始。毋庸置疑，社区居民作为一个整体，他们的期望推动了上海电气公司的进一步尝试。但是通过在 4 月召开特别会议来取消 2 月常规会议的决议，这种方式则是危险的。

虽然上海电气公司被一个发言者描述为"穷途末日"，但它的年度报告相当不错，且还清了部分债务。不过在 1888 年该公司把它的成套设备等转让给了一

---

① 指 1884 年中法战争时期。——译者注

361

个新的公司，这家新公司继续依照旧的条款为租界提供灯光照明。1889 年铁制灯杆代替了木制灯杆。1891 年，合同改签为每年 76 盏灯，每盏灯花费 210 两。工部局草率发布命令导致的麻烦之一就是关于地下电缆，此后不得不对此做出修改。1892 年规定，除了外滩的电线外，所有的架空电线在当年都必须转入地下。今天，架空的电线或者就像森林一般的接线杆对于交通来说是非常大的妨害，在许多地方，接线杆占据了所有的或几乎所有的狭窄的人行道，行人被迫在阴沟中行走。但或许经常翻开泥土查看地下电缆也依然是个麻烦事。当时，上海电力公司表示反对，这个改变将要花费 8 万两，是他们整个资金的 1.5 倍。工部局意识到自己过于心切了，于是他们首先批准电线可按"它们目前的状况"继续保留，然后宣称他们并不希望制定妨碍电力照明发展的规则，接着声明，如果电线距离建筑物有 7 英尺远的话，他们将感到满意。

362

后来，据估计要把外滩的电线埋入地下，英国人需要花费 7 000 两白银，法国人需要花费 5 000 两白银。

1893 年，工部局以 6.61 万两的价格接收了上海电气公司的整套设备和业务。作为电气技术员，普莱斯（Price）以每月 220 两的薪酬被留任，但他是"一个难以打交道的人"，当他违背合同规定接手外面的工作得到酬金时，他被允许保留这些收入；他知道自己的对外服务不可能会被豁免，极有可能引起麻烦。

当他 1898 年初辞职的时候，工部局决定将电气处（Electrical Department）从测勘部门中分离出来，置于工部局直接控制之下。据一个董事说，如果普莱斯没有辞职，他将不得不因不称职而被解雇。

要像上海这样在淤泥滩上进行建设，同时还面临降雨量很大和人口密集的问题，排水管道和下水道的问题就十分突出，难以解决。当外国人首次占领这里时，这个地方有点像湿地，通过潮汐水道将水慢慢排干，但在成为建筑用地后，每个土地所有者都筑坝割断水道航线，或者进行埋填，他们只是目光短浅地看到地产的价值或其本身的便利，从此以后，便有了池塘和停滞不动的地表死水。

1862 年，一个委员会被指派考虑排水系统的规划，他们提出了两个计划。

一是继续保留边界河浜东边和西边的道路，后来这条河道叫作护界河，并开辟两条和福建路平行的新马路，把洋泾浜和苏州河连接在一起。下水道就挖在两条道路的中间，采用明沟明渠。已经位于福建路（闸路）的下水道要用木板铺盖直到秋季。依靠正确的交叉形排水系统，这些下水道将使河南路以西租界所有地方停滞不动的死水保持清洁，水道东边的部分当季已被充分地排干。整个工程将耗费 3.76 万两白银。

对于整个租界的排水系统，该委员会其实有着另外一个计划，但是没有人打算采用，因为预估支出达 13.2 万两白银。也没有人支持史密斯预算高达 25 万两白银的竞争计划。委员会的第一个计划作为权宜之计得以通过。

一个排水贷款（10% 的利率）和一个排水偿债基金（10% 的利率）提供了白银 18 200 两，一个临时排水贷款提供了白银 31 068 两，但 1863 年的支出是55 451 两白银。

一名叫克拉克（Clark）的市政工程师于 1864 年加入，根据他的看法，目前所采用的这个计划杂乱无章，整体上相当糟糕。既然已经花费了 6.5 万两白银来建设，那他只能竭尽全力继续进行下去，但是他强烈推荐了 "排水干道系统"。这个系统将要投入 25 万两，工部局对此昂贵计划不予考虑。

市政监督员奥利弗接替了克拉克。1870 年，霍锦士非常尖锐地表达了他关于是否真有排水系统计划的疑问。奥利弗解释道，原先的计划是卡莱尔（Carlile）① 提出的，后来由克拉克和他自己做了改进。这个计划已花费白银8 万两，将需要 2.8 万两白银来重新铺设管道。原本料想潮水可用于冲刷排水管道，然而在城市供水系统建立起来后，人们发现冲洗是在夏季由消防栓完成的，一个夏天相当于 800 万加仑的水被使用。然而在一个这么低平的平原上，冲刷也是一件麻烦的事情。1873 年发生霍乱的时候，奥利弗提出用消毒剂配合生石灰进行冲刷。

1881 年亨德森医生呼吁有必要关注下水道通风设备。虽然没有粪便穿行其中，然而从源于这么多本地人口的厨房、洗衣房等地方排出的污水相当污秽，

363

---

① 卡莱尔系工部局第二任道路检查员。——译者注

使不通风的排水管道变得臭气熏天，极不卫生。1873 年，工部局董事会已经尝试了一个带有燃烧木炭发射架的地表通风系统，却并没解决问题，部分出于费用的原因，部分由于交通的干扰。在亨德森的警告之后，如果得到主人允许的话，工部局董事会将在此建筑物里搭建通风井。第一年只有 12 座建筑搭建，后来数字变得越来越多。

《土地章程》附则第六款规定，所有的排水管道应该"装备有合适的防气阀或覆盖物或者通过其他通风的方法，以便防止恶臭"，据报道，在 1865 年所有排水管道的缝隙都用防气阀堵住。早先的八个地方法规都和排水系统有关，但是后来遭到投诉，部分规章不起作用，甚至难以实行。

在 1894 年以前外滩沿线没有市政排水管道，然而后来人们发现附则第二款似乎要求讨论这个问题。鉴于每座房子都有独立的排水系统，最终排出的污水都要汇入河流，因此决定将这些污水都引入东部的一个污水管道，这条管道的建造预计花费 1.1 万两白银。

第33章

电报和铁路

华人对于电报的态度，在显示他们的蒙昧无知以及外国人难以改善在上海的生活这两方面是极具启发性的。

中国电报的历史可追溯到1851年，是年，玛高温医生第一次建议引进电报，而后于1863年再次提出。当时想要打动总理衙门断无可能，但要说服一名道台还有些许希望。一位名为薛斐尔（Schufeldt）的美国将领出面与两江总督商谈此事；在马格里的帮助下，英国领事麦华陀也在汉口尽力协调。但最终玛高温还是放弃了希望——除非清政府能够掌控电报，否则绝无可能引进这项技术。

西方文明在华出现近四分之一个世纪后的1865年，连那士（E.A. Reynolds）① 在上海以东金塘灯塔（Kintoan Beacon）附近，沿浦东至川沙厅之间铺设了第一条直线距离约16公里的电报线路。其用处显而易见，但它一出现即被村民拆毁，连电线杆也在"一夜"间不翼而飞。我们不清楚连那士是倚仗什么权利进行这项工程的，但他似乎并未得到官方许可。审理此事的道台② 回复，除一人因电报破坏了风水而死以外别无线索。按照中国"杀人偿命"的规矩，连那士本该被处死，但道台最终法外开恩赦免了他的死罪。对于领事要求

---

① 连那士，英国公司利富洋行代表。——译者注
② 当时的上海道台是丁日昌。——译者注

图 23　最早运到中国的火车头

重新设立电报线路一事，道台回复说除非得到钦差大臣的许可，否则无能为力，而连那士索赔的要求直到 1882 年也没有解决。

　　1866 年，旗昌洋行得到工部局许可，自法租界外滩金利源码头至美租界旗昌行之间铺设了中国第一条投入使用的电报线路。

　　1869 年，英人商会向领馆申请铺设至金塘灯塔的电报线路，考虑到向清政府提交正式申请可能又会无功而返，商会建议先告知当地居民。前一年在长江口浅滩已发生十起船难，电报的使用将使情况大大改善，且所有的建材已准备就绪。

　　起初道台答复领馆代表，在与外国签订的条约中未涉及引进电报的条款，如准予铺设将伤害国人感情……最终的定论则是"中国绝无可能有电报"。此外，道台还引用总督的话——"无此先例"，并提到电线杆会毁人风水、破坏农业，而最主要的，是有人已因此丧命。这就是当时清廷所持的思想，而此时蒲安臣正为"实现他疯狂的事业"① 代表清廷出使各国。

1869 年，英国领事阿礼国沮丧地认为此事毫无乐观的理由。从前四处奔走的玛高温医生曾得到尽可能推进电报建设的允诺，但最后类似的项目均以失败告终。迄今为止，条约并未起到协商的作用。违背当地人意愿的事项一律不会批准——或许应在这样的背景下重新修订条约。

1870 年，一条连接香港和上海的电报海线开始架设，但这条线路在两地所受的待遇截然不同。在香港，工程进展极为顺利；而在上海，电报的架设则犹如偷渡一般，只能在敌意和怀疑中悄悄进行。清廷规定，电报端线不得上岸，只能设于停泊在领海之外的船只上，电报端线只能在有公司办事处的港口设置，且只能设于港口中的船上，不得上岸。阻止电报进入中国的防备措施，甚至严于预防害虫或霍乱。

这条电报线的上海端线最初设于舟山群岛的威迪欧岛以南 40 公里处，从此处取道郭士立岛至吴淞口。在吴淞口，一条线路由水路上岸接至虹口。该线路原本应设于上海港区边界，但似乎被秘密架设上岸。事实上，整个施工过程几乎都在瞒着中国人秘密进行，麦华陀猜测清廷甚至不知道当时在进行的是什么工程。至少两年以后，新任道台才致函 13 位领事，抗议外国人在吴淞口岸上私接旱线并建立电缆站，要求对方马上拆除旱线，改设在停泊于上海界外的船只上。总理衙门也向丹麦公使投诉涉事公司违反规定，在吴淞口岸上私设电报线。

在这件事上，中国人毫无疑问于法有据，但让外国人如此想要挣脱约束的情况也绝无仅有。电报是如此无害、如此有用，因为中国人幼稚的不喜欢就排斥并阻碍它的使用是荒谬、苛刻的。事实上，十年之后，前文提到的那位曾赦免连那士死罪的道台不顾风水、力排众议，在福州建成了一条电报线路，并惩

---

① 1868 年至 1870 年，蒲安臣代表清政府出使美、英、法、普、俄诸国，进行中国首次近代外交活动。——译者注

图 24　最早运到中国的火车头。1876 年 2 月 14 日首次运行。重 30 英担（不包括车厢）。
由伦敦 Ransomes & Rapier 公司制造。车轮直径 18 英寸，气缸 5 英寸，时速 15 英里

罚了阻挠者，与此同时另一位道台却在破坏吴淞铁路。几年前还有一位道台极力反对引进电灯，另一位道台则努力使本国土地免遭有轨电车破坏。这些事件在今天很容易被人遗忘，但它们确实具有心理学和社会学的研究价值。

就算对中国人有利，电报也不能强加给他们，理亏的领事也不得不寻找理由安抚道台。丹麦、美国及英国领事共同约见了道台，询问此事将如何处理。道台提出必须按照协议处置，且他的责任使他必须如此行事。领事们指出，线路是造在公司的土地上，且现在反对为时已晚。鉴于工程是秘密进行的，这样的理由显然虚伪且无用。道台回复说他不能被前任的失误所束缚。最后，由于道台的抗议已为外界所知，领事们决定起草一份声明，以便让道台从此事中免责。

麦华陀在写给道台的信中提到以下三点理由：（1）根据条约，外国人有使

用电报通信的权利，因为条约中的贸易权也包含设备贸易权，而电报对于贸易来说必不可少；（2）外国人行使权利的合理性，因为电报站和电线杆是建在租界中外国人的私有土地上，领馆无法强行拆除；（3）批准此事的好处在于电报有益社会，这点在英公使威妥玛与总理衙门的协议中已获承认。

在这温和、带有歉意的态度下，新的电报线路又在中国的土地上建立起来。不久以后，外国人得到了在租界内沿吴淞路设立电报线路的许可。由于在河岸上的线路总是损坏，这个巨大进展非常适时。一张 1878 年的地图显示，该线路经过虹口老靶场，穿过 10 余个区并毗邻 22 个村庄。

除了受到官方阻挠，当地人也会制造麻烦。1875 年，大北电报公司一段约 2.4 公里长的线路被偷；1879 年，公司每年付给吴淞路地段的地保 144 元，雇用他们制止当地人对铜线和电线杆的频繁偷窃。

1883 年，会审公廨谳员通过领事寻求警方帮助，保护从招商局到徐家汇的一段电报线。同年，大东电报公司（Eastern Extension）的电报线终于进入吴淞 8 公里范围内，与此同时，大北电报公司从上海到郭士立岛的电报线总长翻了一番。此时，中国对电报的态度也已转变，与俄国的纠葛促使其认识到电报的必要性。

1875 年，轮船招商局（Steamship Merchants Bureau）仿效旗昌公司得到许可，由汉口路的办公楼设置电报线路至虹口的仓库。

1869 年的上海公共租界纳税人会议通过了有关电报的决议，工部局有权授予个人在公共租界内架设电报线路的许可。该项决议并非没有争议，有人认为这些电线有损市容。不过类似的意见最终被实用主义所淹没。工部局起初规定电报线路的年租费用为 5 两，第二年降为每年 1 元。与此同时，工部局自己也开始架设电报。工部局花费 128 英镑连通了三个巡捕房，并从虹口捕房至救火会间拉了一条报警线。预算包括线路维护费 360 两、工部局电报技师毕晓普要求的电报材料购置费 670 两。到 1874 年，公共租界内只留下大北电报公司一条私人线路，使用工部局电线杆架线必须每年向工部局缴纳 50 两费用。除电报之外，一个完整的电气火灾报警系统也建立起来。1877 年，所有这些线路的维护费用为每年 1 500 两，使用工部局电线杆架设私人线路的费用为每年 500 两。

1879 年，"静安寺路斜桥附近"的斜桥总会投入建设，其委员会主席担文向工部局申请在龙飞马车行与斜桥之间设置电报线路，用于火灾报警。该申请得到批准，前提是由毕晓普监督建设工程，但其对于租界内已有电线杆的免费使用申请未获通过。

368

1890 年，大北电报公司、大东电报公司、中国电报总局投诉电力公司（Electric Light Co.）架设的电线离电报线太近，造成信号干扰。工部局拒绝介入此事，建议各方公司的工程师共同讨论解决问题。

自电报之后，电话开始登场。1870 年，大北电报公司获准沿公共租界街道将电报线和电话线结合架设。1881 年，它又获得为电话交换所架设电话线的许可，每年为每根电线杆支付 1 美元。后来此项业务被华洋德律风公司（China and Japan Telephone Co.）接盘。1897 年工部局宣称电话服务非常糟糕并"给公众带来诸多不便"。鉴于电话的实用性，这样的批评实在是很严厉。不过当时电话系统似乎受到全世界的嫌恶却又无法被舍弃。工部局要求改进电话服务，该公司进行了长久的努力。不过由于竞争激烈，他们终究未能收回 14 761 英镑的投入资金。1885 年，每周有 1 612 个电话打出，到 1897 年这个数字升至 18 683 个，使得电话服务更加艰难。造成低效的原因其实在于电话用户，他们不向接线生报电话号码而只说公司名或人名，接电话的速度太过迟缓，或因没挂好听筒而使电池的电量耗光等。在公共租界纳税人会议上，奥贝格（G. L. Oberg）①几乎证明公司在报表上作假，通过对公司的财产、收入及支出做出相当长而精细的评估，声称公司并非没有收回 1.4 万英镑的投资，而是用 2.7 万两投资赚得 1.46 万两，盈利超过 50%。当然，工部局总办鲍德（E. E. Porter）否认了奥贝格某些数字的准确性。

工部局后来进行公开招标，以投标方式决定为期 30 年的电话专营权所有者，并印发了一本小册子，为投标人提供所有必要的信息。

中国第一条铁路是著名的吴淞铁路。但是这条铁路生不逢时，建造时假名托姓，通车时终点站也未到吴淞。

---

① 英商上海华洋德律风公司首任经理。——译者注

在此之前，西方人曾想建造一条通往苏州的铁路。1863 年，27 位在沪商人（多为英商）请求李鸿章准许建设该线路，被李拒绝。

1873 年，铁路用地购置后，怡和洋行着手推进吴淞铁路的建设。《北华捷报》撰文称工程之所以获得特许是因为政府以为要修造的是一条马路，但该报三年后又改称同意售地的道台"实际上知道真相却不干预"，因其"将在铁路完工前卸任"。很有可能更高级别的官员是通过非正式渠道了解此事的。

起初该铁路被认为是有轨车。建造工程并未向北京方面申请许可，因为对方一定会断然否决。一般民众对于铁路是欢迎的，官方却满怀敌意，甚至有人因卖地给怡和洋行而被官府打死。本地报纸《申报》发表文章称怡和洋行在自己购买的土地上修造铁路并不需要得到许可，且明智地评论道："中国有机会利用外国资本修造一条铁路，为何还要抱怨？"

不久，那位道台感到有必要对《申报》所刊文章提出警告，以挽回他的声誉并避免被贬黜。威妥玛撰文对道台的行为表示遗憾，并称这次事件再次证明，外国人在中国官方密切注意下过于急切地行动是十分危险的。他希望本地新闻业不要忘记这一点。

工程筹备在 1875 年 7 月完成。工程总预算为 5 万英镑，每天的营运开销为 20 英镑，另外还发行了面值 20 英镑的股票。每节轨道长 30 英寸重 26 磅。

1876 年 2 月，工程打下了跨过老靶场的第一座桥的第一根桩，人们蜂拥而至围观机车拖运工程材料，靶场训练也被迫暂停。那第一台机车名为"先锋号"，重 2 200 磅。

和过去一样，工程方与当地农民的冲突时有发生。冲突或许源于嫉妒，因为农民们想要工作而不得。江湾站站长甚至还遭到农民的竹篱笆袭击。

同年 5 月，这条线路终于首次被公开承认是铁路。7 月，铁路正式通车，终点至江湾，里程为 4.5 英里。火车名为"天朝大国号"（Celestial Empire），六节车厢，首发共载客 160 人，在 17 分钟内开至江湾。麦华陀在演讲中声称这是中国历史上最重要的日子！可怜的人，可怜的中国！

三个月后威妥玛公使宣布，因撞人事故引发当地民众激愤，火车需暂停营运。肇事火车司机被控过失杀人罪，但案件最后被驳回，火车在停运两个月后重新开通。与此同时，清政府出于其有关主权的考虑，开始进行收购铁路的谈判。这条线路在 1877 年 10 月寿终正寝，"天朝大国号"由"总督号"（Viceroy）火车头牵引着做最后一次行驶。众多华人前往车站观看——殊不知想再看到火车竟要 20 年以后了。随后，这条铁路被认为自己受到铁路公司及李鸿章轻视的新任道台 ① 拆除。

370

在其短暂的运行生涯中，这条短短的铁路线每火车英里开支为 4 先令。中国人的购买价格中包括了这条铁路的建设及初期投入；这笔总支出中，11% 由客运机构承担。

英人商会为阻止铁路的拆除，向领馆提交了一份有 150 人签名的请愿书，请求公使介入调解。虽然他们有充分的理由：人们需要乘火车，铁路提供就业机会并创造新产业，铁路沿线的地产也有所升值；但这些都无法打动清廷，清廷既不想要铁路也不想要电报或任何舶来品，尤其不需要外国人。

铁路的半数股东是华人——显然他们同外国人有交往，并与官方的立场不同，但出于对朝廷的畏惧，他们大多不敢在请愿书上签名。

为了将铁路拆除后的道路作为公共道路投入使用，工部局也做出一番努力——提出支付相关的道路维护费用。但正如传闻所言，道台回复该地块不能回卖给原来的卖主，该道路将作为普通街道使用。

这是很典型的案例，已和其他类似事件一样被人们忘记了。清政府希望从外国人手中取得铁路控制权在预料之中，但原本该在支付大笔费用后继续经营却拆毁它的行为，显示出华人怪异且特有的自负、无知和多疑性格。

那些轻率地认为中国的落后与不久前的西方并无不同的人或许会反驳——铁路在英国也曾有过艰难的时光。但是中国的情况截然不同。1825 年对世界来说蒸汽机车是全新的事物，人们对其心存疑虑情有可原。到了 1878 年，在火车已经除了中国遍及世界各国的情况下，再对其不信任或怀有敌意，只能被认为是愚蠢且无知的表现。

有恒洋行不知何故，提出以每亩 55 两的价格将该路段卖给工部局，但条件

① 指冯焌光。——译者注

是不允许在该路段铺设铁路。根据吴淞站的定位估测该路段长约 8.25 至 9.25 英里，由此估算工部局大约需支付 1.9 万两至 2.1 万两。此处说到"不知何故"是因为有种说法称有恒公司是"被授权的"，另一说法是"清政府通过该公司提出此事"，但道台对这些说法都予以否认。 371

直到 1898 年上海才重新拥有至吴淞的铁路。

此后，在北方造了好几条铁路后，沈道台 ① 任命锡乐巴（Hildebrandt）和一名姓盛的官员作为中外监督建造一条铁路。这条铁路并未遵循原来的线路，据说是为了给官员更多敲诈的机会。1898 年 9 月，铁路建成通车。

前文提到 1876 年的吴淞铁路最初被当作有轨车，其实真正在租界内建造有轨车的提案可以追溯到 1872 年 3 月，当时工部局还被要求出具关于有轨车的需求的意见。包括米契以及立德禄在内的 14 位纳税人在呈给工部局的文件上签名。轨道线路计划由虹口的旗昌洋行宁波码头沿主路连接各沿途码头，之后通往百老汇路，沿公司即将建造的新桥穿过苏州河——新桥将比韦尔斯桥更高，沿英法外滩至旗昌洋行汉口路及天津路码头，在近东门处设终点。其动力"暂且"为马匹。纳税人委托工部局继续深化推进该项目。

上海虹口有轨车公司（Shanghai and Hongkew Tramways Co.）本已开始广告宣传，但下次纳税人会议尚未召开，公司已遭解散。

1873 年，吴淞路有轨车公司希望在租界内建造一条线路，但该项提议遭到了纳税人的激烈反对。大量的不满是由于推动者所遵循的半保密态度，并且他们中的 6 人在 350 张会议选票中手握 140 张选票。人们还质疑纳税人是否有权将公共道路授权给一家私人公司进行轨道建设。另外，狭窄的道路是否适于建设轨道系统也在考虑之列。有人认为这条线路非但不会改善交通压力，反而会使之增加，而且只有华人将从中获利。经过多次讨论，最后用拉丁文提出"暗藏的危险最可怕"——在如今的纳税人会议上我们并不会引述那么多拉丁文——此事随后被提交至一个专门委员会，但委员会并没有提出更多解决方案。

1881 年，怡和洋行宣称如果纳税人允许，将组建一家有轨车公司。在针对

---

① 此处可能作者有误，当时的上海道台是蔡钧。这条铁路即后来的淞沪铁路。——译者注

372 此事召开的特别会议上，发生了许多漫长且有趣的争论。最终，工部局被授权批准组建公司的请求。

领事们做好了支持的准备，而道台也做好了抗议的准备。不出所料，道台依然用"有人会被车撞到"这样的幼稚理由否决此事，这可算是一种创新！他请求领袖领事下令禁止该工程并让该公司放弃他们的计划，"这对外国人和本国人都有好处，并且能够加深中外间的友谊"。领事团最终回复，他们不会干涉工部局的内部事务。

据《北华捷报》报道，该计划还是因为当地人的反对最终流产。在工部局的报告中再无相关内容，而铁路建设也被推迟了几十年。

人力车

人力车（"Jinricshas"或"rickshaws"）——它的名字可能有好几种正确或错误的拼写方法——1874年被引入上海，不久之后便成了一种公害。工部局的财务报表中第一次提到它们是截至1875年4月底的预算中，相关预算削减了1 000两①，因为去年收入只有60两。人力车税一开始为每月2钱，第二年涨到了400文。

人力车于1月首次出现在上海，由于天气寒冷而没有被过多地使用。仅过了几个月，就出现了"人力车乱象"的抱怨，有个人还因为招揽生意而被拘留。18个月后，因车辆受损等原因，工部局不得不将很多执照没收，当时租界警力匮乏，几乎所有的巡捕都忙于在会审公廨对人力车苦力案件做证。关于人力车又脏又颠的抱怨也很常见，逃避执照税收和执照之间的非法交换也很常见。

当然那时充气车胎还未被知晓，人力车也都是二人座的。但在1879年2月之后，只有单人座的人力车才能捐执照，它不能同时载两名乘客，除非用到两名车夫。座位必须是41英寸宽，车篷至少40英寸高。

1875年，有规定每个租界，即法租界和公共租界，限定为500辆人力车。执照颁发了10张，每张对应100辆"东洋车"（Japanese carriage）——一个在

①　按中国银钱换算制度，1两（Tael）=10钱（Mace）=100毫（Candareen）=1000厘（Li）。后中国银两1元（$）=10角=100分（Cent）=1000文（Cash）。"角"没有对应的英文名词。1元=0.72两。——译者注

图 25　二人座人力车

中国仍被熟知的名字。其中 6 张颁发给了一位梅纳德（Menard）先生，他早在 1873 年 5 月就"公布了一张建造小型二轮车的计划，以便使外国人和本地人在租界活动时既舒适又有速度"。他要求一个 10 年的垄断期，但工部局没有同意。

上海马车行（Shanghai Carriage Co.）从日本购得了总价 1 万元的 400 辆人力车，平均每天租出 75 辆，后来上升到每天 150 辆，但这仅够公司的支出。

1877 年 3 月，人力车税增加到 50 分，尽管在同一会议上人们批评 400 文的独轮手推车税对于贫穷的劳力们来说太高了，尽管它们对道路破坏更大。

下一年，人力车数量保持在了 1 500 辆，由于一系列的麻烦，会审公廨谳员在工部局的请求下作出了声明——"再不容忍。一个非常重要的特殊声明。"

1879 年的纳税人会议又将人力车税调到了 1 元，结果收到了一封请愿书，说明人力车车主每车每月只能净挣 500 文。

1882 年，何利德称据他了解，几乎所有的人力车执照都由巡捕中两名重要人物持有。经调查，彭福尔德报告称 180 个本地人持有执照，平均每 21 人拥有一张执照，没有一人超过 50 张。当时一张执照的价值约为 15 元。

374

一个叫毕德维尔（Bidwell）的外国人在 1882 年建议改进人力车管理方式，但和大多数革新者们一样，他无论从普通民众那儿还是官员那儿都没怎么得到支持。工部局坚决维持现状，发放不超过 1 500 张执照。他们在 1875 年人力车刚开始运行时拒绝了建立垄断这样一个诱人的要求。但毕德维尔指出 1 500 张执照实际上就是垄断。执照经常被以 40 元一张的价格转手。工部局在人力车执照上的收入据称 9 000 元一年，而"他的朋友"很乐意多支付 50%。因此，更适合的方法应该是将执照卖给出价最高的竞买人。

在一次纳税人特别会议上决定在现行规章下公示人力车牌照的竞拍者，工部局法律顾问乐皮生对此没有任何异议。于是道台抗议说竞拍牌照将会夺去现有车主们的生计，引发一些问题，也会造成一种令人十分反感的垄断。有时中国人对于垄断的强烈反对是非常出名的。

其间，改革者毕德维尔遭到了粗暴的对待，以至于他不得不向警方寻求保护。他在南京路上被苦力们大声嘲骂，办公室也被包围。那些"垄断者们"威胁要将他杀死，烧毁他的办公室和家，他们还向工部局请愿不要收回他们的执照，他们会很乐意支付所要求的 1.5 元。

本地的人力车车主们向领事法庭请愿，请求下达一个临时、过渡性的命令，保留工部局关于竞拍者的决定。法庭判决称工部局没有权力将执照向新的竞拍者发放。所以工部局决定以 1.5 元的价格，没有数量限制地发放执照来打破垄断，但仅限于合格的人力车，这些人力车车身上将标上一个数字，每月检查一次。车夫们若被发现有不胜任的情况，他们的执照将被收回。

将近年末的时候，人力车车主们向工部局请求恢复限制执照数量为 1 500 份。当时有超过 2 000 辆人力车，没有足够的车夫，人力车雇用率很低而且经常一天赚不到 100 文，他们还呼吁反对每月一检。但是工部局表示拒绝，不过决定将检查改为每季度一次，收取费用也为每季度一次。这引起了一次小小的罢工，那些车主们让人力车在街上停了几天。1884 年，发生了一次抗议车辆每季度检查的罢工。由于时间的逝去，并且那些大车主们几个月都没有领取执照，于是他们屈服退让了。执照继续稳定地增加。但是工部局不止一次颁布了关于车辆和车夫不干净的情况。在一年中因为大量的违法情形，工部局没收了 8 700 张月执照并且暂时作废了 1.79 万多张。1891 年，车主公会抗议说应惩罚违法车夫而不是车主，惩罚方式是暂时吊销几天车夫的执照。这些车主保证有好的人力车，他们的车夫有制服，公会的盈余用于他们的雇员生病时的药品和医生出诊费。

一个中国人写信给工部局，建议由他来建造 200 辆人力车，以绝对宽松仁慈的规定租借，减少车夫们的不满。但是他的建议没有得到支持，正如警方所说的，这只不过是为了从人力车主和车夫那里赚钱。

本书这段历史中关于我们文明中这些谦卑的、有用的、令人恼怒的附属物，就没有更多可说的了。1883 年上海总会每个月付给一个巡捕 10 元，每天 8 小时在总会门前规范人力车交通运输。同仁医院建议向每辆人力车征收 30 文来支持医院的资金费用。不过工部局当然不会同意，这是纳税人的事情。

卡梅伦女士（Mrs. Camern），汇丰银行经理的妻子，在 1887 年试着通过工部局董事会总董为"我的朋友们"——人力车夫寻求庇护。但在上海，以它慷慨大方的名声，类似这样的慈善之家却延迟了 30 年左右。

1889 年，工部局拒绝特批供外国人乘坐的改良式人力车。然后，在第二年，由于车夫们的脏乱，有人建议应当强制人力车车主们为车夫提供制服。在工部局看来，要这样做唯一的办法就是降低当时的执照花费。

1892 年，人力车确实得到了改进，当时一家公司引进了一种带星形轮、橡胶胎、防水挡板、升高了的车篷的人力车。车夫在潮湿天气里有了防水布料的外套，并且被禁止吸食鸦片、吃洋葱和大蒜，车费也更高了，在升到 74 文之后，年内又跌到了 54 文，因为公众并没有像他们所期望的那样认可他们。

买办以及其他人发行票券代替现金使用——必须记住的是现在我们所使用的漂亮整洁的铜制硬币当时还没有出现。1898 年，工部局发现有 25% 的车夫会遭受到勒索敲诈，因此决定自己发行票券，每张收取 1 文。那一年执照数量上升到了平均每月 4 308 张。

1896 年，一个中国人向工部局提出，每月支付 7 000 元获得人力车执照的垄断，按 3 年 4 000 张，每车每月收取 25 分，多于当时工部局收取的费用。给予垄断那是不可能的，因为工部局只能针对在纳税人会议上通过的执照收取费用。

第35章

学校与教育

　　工部局于 1891 年才开始在上海开办自己的学校。早期这里的外国孩子非常少。1886 年，共济会创办了共济会学校（Masonic School），但 1888 年在运作中遇到了很大的困难，学校委员会发现学校已有 1 200 两的债务，就想让共济分会（Lodges）偿还并募集更多的资金，但看来共济分会并未做出积极的回应，因为《北华捷报》报道："当一切过后，还指望共济会的支持或乐善好施是不明智的"。当时有一场气氛活跃的会议，会上金斯密与傅兰雅（Fryer）① 各持己见，态度坚决。学校以每月超过 225 两或如达拉斯所说的 127 两的亏损继续运转着。有人提议将学校移交给达拉斯夫妇，在多次争吵后，该提议获得通过，而同时，一些影子权力也在学校委员会中保留了下来。

　　然后学校就变为"上海西童公学"（Shanghai Public School），由兰宁（J. Lanning）任校长。1890 年上海公学请求纳税人会补助 1 000 两使它更有保障，并提出尽管该学校"现在或曾经"是一所共济会学校，但事实上它是一所对所有孩子开放的公共学校，它不会将那些好学生拒之门外，也不会强求那些真正贫穷的学生交纳学费。在兰宁的管理下，学生数量从约 54 名增加到 94 名。补助事宜被全票通过，次年学校再次得到了补助，但一项将补助提升到 2 000 两

---

　　① 傅兰雅（John Fryer），1839—1928 年，英国人，圣公会教徒、翻译家，单独翻译或与人合译西方书籍 129 部（绝大多数为科学技术性质），是在华外国人中翻译西方书籍最多的一人。清政府曾授予他三品官衔和勋章。——译者注

的决议案却无人附议。兰宁在报告中竭力主张建立一所有工部局保障的充分高效的无宗派学校。一年后，他提出将学校交工部局接收，组成后来工部局西童公学的核心部分。

小文惠廉（Boone. Jr）[①]早在一年前就提议工部局应建造一所学校，但事实上我们可以追溯到十三年前，当时《北华捷报》就已建议建造一所严格意义上的非宗教的公共学校，但建议西人社团应通过认购股份的方式来筹集资金。

让我们回到1892年的纳税人会议。有人建议将以往的1 000两补助改为3 000两，有人反对说这不是一所完全的公共学校，因为它设置的一些规定限制了一些学生入学，有人建议应拿出一份接收该学校的适当方案。在以后冗长的讨论中，有人质疑《土地章程》是否赋予了工部局以那样的方式去花钱的权力，而兰宁则陈述说三年来他一直以自己的责任心在管理学校，将自己的每一分钱都花在了学校上，但这并不是他个人的投机事业，而是相信只要坚持下去，正如他所希望的那样，这所学校最终会成为一所真正的公共学校。

纳税人会议批准了学校申请补助的费用，得到投票表决许可后，工部局可自由决定不超过3 000两的补助。

在这年的晚些时候，工部局接管了学校的管理，并任命了一个委员会，付了整笔的3 000两，次年变成4 000两。学校名称仍用"上海公学"，学校只是变成了一所走读学校，并向所有阶层的孩子开放，学校委员会保留拒收或开除那些有损学校利益的学生的权力。

1893年，工部局与共济会学校基金会签订了一份协议，这样共济会的财产就能为公众所用。作为回报，四名共济会的孩子被免费接收入学。兰宁继续担任校长，当时学校有164名学生，工部局希望学校能尽快地自立起来。

当时的校舍在北京路河南路路口。在1893年召开的纳税人会议上，有人提议通过发行债券募集资金来建造一所学校，作为公共租界成立五十周年庆典的一部分。在第二年的纳税人会议上，在五十周年庆典结束后，投票通过了学校的建造资金为4.5万两，并讨论了三个选址：一处在北京路，6亩半，费用4万

---

① 疑为小文惠廉（William Jones Boone. Jr），1846年生于上海，1884年接任美国圣公会江苏教区主教并接替施约瑟担任圣约翰书院主任，1891年在上海去世。——译者注

两，另一处在江西路大教堂的对面，只有 3 亩，第三处位于蓬路（Boone Road）与乍浦路路口，10 亩，费用约 2.6 万两。讨论结果一致同意最后一个选址。建造这所学校的投标价为 13 413 两，作为一个明智而又多虑的例子，学校的墙体被建造得足够牢固，以能承受将来可能需要建造的二层楼，另外又花了 2 000 两用柏油碎石铺砌操场。

新学校于 1895 年 3 月开放。

以上更多讲述的是有关欧洲和美国孩子的教育，但早在 1882 年的纳税人会议上，金斯密就已提出任命一个教育委员会来调查租界内的整个教育问题。租界内有 200—400 个孩子，其中 100 名孩子因为贫穷而得不到教育，他们中有一些是中国人，一些为欧洲人，另一些为欧亚混血儿。他建议教育委员会应有一笔钱并以投票的方式来决定资助一些贫困机构，但一份修正案并未采纳他这个建议。在讨论中，巴尔福强烈反对在将来的任何一个学校中将欧亚混血儿童与欧美儿童放在一起。

该教育委员会与工部局会面，并建议工部局从欧亚混血儿学校的理事那里接收学校。

早在 1869 年，《北华捷报》就已指出西人社团有职责向欧亚混血儿童提供住宿制学校，并平等对待他们，不让他们在纯种白人面前有自卑感。

次年，邦尼夫人（Mrs. Bonney）在环境优美的虹口波特兰广场街（Portland Place）7 号为欧亚混血儿童开办了一所学校。学费为走读生一季度 12 元，寄宿生 50 元（包含西餐）或 30 元（包含中餐）。

一年后，汉璧礼提供了一所有 10 个房间的房舍，显然是为此目的而建造的，他筹集了大约 1 000 两用于提供资助，并任命了一个以盖德润（Gundry）为名誉秘书的学校委员会，吉尔夫人（Mrs. Gill）负责该校。当时学校有 12 名寄宿生、20 名走读生。1876 年，学校由伯尔夫人（Mrs. Burr）负责，学校委员会呼吁工部局给予帮助。

1882 年，汉璧礼提出将学校移交给工部局，条件是学校应专供欧亚混血儿童使用，并将之称为"汉璧礼欧亚混血儿学校"（Hanbury School for Eurasians）。

正如上文提及的，教育委员会建议应接受这个提议，工部局即在预算中为

379

此立项 2 500 两。接着在纳税人会议上展开了一场热烈的讨论，宗教问题被拉了进来。天主教学校的设施虽然齐全但对租界中欧亚混血儿童的新教徒父母的帮助却甚少。

随后的一届工部局董事会认为不能马上实施该计划，但同意每月尽量满足所需的资助，但不会超过 60 元。当教育委员会的委员们因此威胁要辞职时，当时还未准备为学校担起任何责任的工部局只得同意每月付 100 两作为资助，尽管相当长的一段时间内实际所付费用只有 80 元，后又变为 100 元。

学校大多数时间都由兰宁夫人（Mrs. Lanning）掌管，直到 1889 年之后，"欧亚混血儿学校"与新成立的"儿童之家"合并为"汉璧礼养蒙学堂"，工部局接收了学校财产移交托管契约，契约规定应设一个管理委员会，其中四名成员由工部局任命，八名成员通过召开一次学校捐款者公开会议决定。当时汉璧礼还规定了学校的财产应用于欧亚混血儿及其他儿童的教育。

从那时到现在，工部局每年对教育的补助持续自然地增长。如果不想完全深入细究的话，1888 年与 1898 年两年的数据就足以说明问题。

1888 年学校补助情况如下：

法国孤儿院·······································1 000 两

欧亚混血儿学校·································873 两

　　　　　共计·································1 873 两

1898 年支出情况如下：

汉璧礼公学·······································1 500 两

法国孤儿院·······································1 000 两

圣芳济学校·······································1 500 两

上海公学···4 000 两

添置设施的特别补助··························3 500 两

　　　　　共计·································11 500 两

位于虹口的圣芳济学校创办于 1874 年，比上海公学或汉璧礼学校创立的时间更早，学生也更多。1893 年，耶稣会的神父第一次请求补助，纳税人会同意了请求，补助了 1 500 两。截至 1893 年，圣芳济学校已接收了 875 名学生，四分之一为英国人或美国人。309 名受慈善捐助的男童中，80 名英美学生付很少的学费或根本不付学费；在提供教学的同时，学校甚至还提供食物与衣服给一些学生。在没有怀疑学校的办学效率，也无视一项"无足轻重的修正案"中所规定的"要给其他每个学校同等的补助"的情况下，纳税人会议没有讨论宗教信仰问题，而是以该机构正在做着有价值的工作并需要帮助为由投票通过了补助。

几年后，该学校从耶稣会的手中转到了圣母小昆仲会（Marist Brothers）手上。1897 年，学校提出要求将补助增加到 2 500 两，但工部局以其他同样值得补助的机构会因此要求更多而予以拒绝，而当年的预算显示预计赤字为 12 万两。

1897 年的纳税人会议上发生了一场重要的讨论。之前上海公学的学校委员会刚于这年的二月份发通知给欧亚混血儿童的父母，告知他们在本学期结束后将不再接收他们的孩子。

学校委员会的行动依据源于上文提到的规定，他们有权开除那些被认为有损学校利益的学生。除此之外，他们还辩解说，工部局接收学校并任命他们成立一个委员会的目的，就是给欧洲孩子创造一个高层次的公学。尽管西人社团每年付出资金以维持学校尤其是欧亚混血儿学校的运行，但当他们投票通过给上海公学大笔资金时，大家并不认为他们是打算要给那个阶层更多的帮助，因此学校委员会认为这是在实现纳税人的愿望，即将欧亚混血儿童从学校中分离出去。

原来的共济会学校似乎是没有混血儿童的，但在 1887 年兰宁将它接收过来后，就开始招收混血儿童——这也可能是出于学校经费需要考虑的被迫举措。他也招收中国学生，毫无疑问，这在上海公学中引起了不快。

另一方面，同一规定中宣称学校是"为各阶层的孩子"开办的，这对学校委员会"有权开除那些有损学校利益的孩子"的理由是一个反驳。因此，尽管个别对其他人造成危害的学生可以被开除，但学校委员会无权对整个阶层这么干，而学校委员会对此做法的回答再次是"所有的阶层"不意味着"所有的国籍"，而仅仅是指欧洲孩子中富人与穷人皆可入学。

经过长久的讨论后，几个决议和修正案被提了出来，问题集中到了简单的一点，即混血儿童应不应该入学。最后，以大多数票通过了一项修正案："允许目前在上海公学就学的欧亚混血儿童继续上学，并将继续招收欧亚混血儿童入学。"

学校教育委员会成员随即辞去了职务，一个新的委员会被任命。

干了不到一年，新的学校教育委员会也闹起了辞职。他们要求工部局给予3 500两的特别补助，认为这对于办学效率是必需的——学校需增加一名校长及添置更多的设施。工部局并没有马上回应，而是想要确保这笔补助是最后一笔，以后将不再会有新的申请。工部局建议有能力且愿意支付的学生家长应全款支付学费，而每年4 000两的补助费应资助更贫困的学生，尤其是那些工部局职员的子女。学校教育委员会反对如此区分费用，认为富裕一点的学生家长只要他们愿意总会无偿捐助的。当工部局拖延答复后，学校教育委员会抱怨工部局明显不信任他们并提出准备辞职，工部局就此做出了让步并投票通过了特别补助。

第一届上海剑桥地方考试于1899年7月举行。

至于租界内华童的教育，要稍晚于本卷我们要叙述的时期，但荣誉应归功于应得的人，不仅要授予那些最后将之推向成功的人，也要将之授予那些更早就呼吁或建议但当时未获结果的人。

颜先生 ① 于1892年就建议工部局应开设中国学堂或补助已有学堂以使穷人也能接受教育，但工部局拒绝了这个建议。早在1897年，慕维廉就请示过补助华人教育的决议是否能得到支持，但工部局的看法是否定的。

1899年，事情发生了转机，这一年李提摩太（Timothy Richard）②、福开森

---

① 即颜永京，1838—1898年，中国基督教圣公会早期的华人牧师之一，武昌文华书院和上海圣约翰书院的开创者之一，教会教育界公认的华人领袖，最早进入教会教育高层的中国人。——译者注

② 李提摩太（Timothy Richard），1845—1919年，1845年出生于英国南威尔斯，英国浸礼会传教士。1870年来到中国，最初在山东、东北一带传教，1886年11月移居北京。1890年7月，应李鸿章之聘，在天津临时任《时报》主笔，次年10月，到上海接替韦廉臣为同文书会（广学会）的督办（后改称总干事）。1902年，受聘为山西大学堂西学书斋总理，往来于上海、太原之间。1916年5月，辞去广学会总干事的职务回国。——译者注

（J. C. Ferguson）① 和卜舫济提出了一个计划 ②，这一计划在 1900 年 1 月被工部局批准通过并于第二年提上纳税人会议议程。但学校的历史留待我们在下一卷中再去讲述。

1898 年，第一所本地华人女子学校 ③ 开办，学校开设在一所具有艺术气息的优美建筑内，纯粹的中国样式，就在靠江南制造局这一边的地方。学校有 16 名学生，由几个华人女子组成的委员会管理。在"著名"的反改革派人物刚毅视察后，该校不得不在一年后关闭。

---

① 福开森（John Calvin Ferguson），1866—1945 年，加拿大安大略省人，1886 年毕业于波士顿大学，获文学学士学位（1902 年获哲学博士学位）。1886 年来华，先在镇江学习汉语，次年来到南京。1888 年，美国美以美会在南京创办汇文书院，福开森出任首任院长。1896 年出任南洋公学监院，直到 1902 年。他先后在上海办《新闻报》《英文时报》《亚洲文荟》。——译者注

② 指设立专收华人子弟的华童公学的计划。——译者注

③ 指经正女学，是近代第一所中国人自办的女校。——译者注

第36章

压 榨

在对中国事务的任何记述中，可能都会有冗长且看似无用的一个章节——"压榨"。我们所能够做的就是从上海纪事中多举几个真实存在的例子。

它不像给小费、嚼口香糖、酗酒、诅咒，或者其他类似情况，仅仅是简单的过错、公害或咒骂，如果没有它们，生活会更滋润。它是社会、政治以及经济生活中普遍而必要的附件。在母国，所有的服务人员和铁路搬运工都会讨要小费，即在他们获得工作酬劳之外仍期望，甚至要求支付额外的钱。甚至偶尔会有一两位高尚的政治家被发现用秘密而阴暗的手段获得钱财。可是在中国，这样的诅咒如同我们呼吸的空气一样总跟随着我们。清道夫、厨子、店主、官方的仆人、官员自身，无论地位高低，均在一个行贿、腐败和压榨的世界中生活和行动，少有例外。

1857 年，《北华捷报》报道称，王专员已从道台和商人那里取得 4.3 万两以及 5 万担粮食。1861 年，两名商人在军需的名义下每人被压榨 4 万两，其他人则被征收 1 000 两，尽管一些商人为逃避征收已逃至宁波。老闸捕房的中文翻译也因进出赌场被牵连，涉及对赌场要求每月上交 20—40 元的勒索。很长一段时间里，一项非法税收或者说压榨在老闸捕房辖区征收，主要用于巡捕的保护费。工部局以警告的形式决定，违法者将罚款 1 000 元且晓谕当地社区。工部局 1866 年称知县要求戏院提早关门不过是因为他想找茬敲诈戏院未果。知县衙门里的一个人因为压榨妓院老板获刑 100 大板、14 天枷刑，而另一个人遭 14

天监禁。艾伦领事在镇江口的报告中显示，一包布匹经历 100 英里的运输后将额外支付 12% 的费用。

当然，还有许许多多的压榨案例。得不到任何报酬的衙门差役（如同伦敦许多服务员得不到任何小费），通过威胁或诬告强迫商人、平民百姓出钱，这大概就是所谓的敲诈勒索。当厨师在为主人买东西时索取佣金，这是最纯粹、最简单的勒索。一个官员上交给北京的少于他所接收到的数额或一个军官的薪酬是他所领导部队被欠薪总额的两倍时，这也许就是所谓的贪污或挪用。中国当局在租界内征收名目繁多的税收时，他们往往宣称具有合法权力。我们不需要假设他们是出于良心或爱国主义或伤害对外贸易的愿望，他们只是希望用各种借口索取更多而已。尽管卜鲁斯曾武断地认为道台可随意征税，但对于工部局而言，这些税收均为非法，属于压榨。商品税一览表明，征收范围从一包钻头 1.05 两到一箱提花奥尔良呢 5.75 两，从一打手帕 50 分到一打布料 20 分不等。汉口路漂亮的市政机构由法租界会审公廨谳员任日常监督，主持办公室事务，其他官员分别来自各贸易界。

该机构在每一座直达英租界的桥旁边，以及在河南路每一个十字路口都设分支机构。检查人员遍及每一个商行门口，任何一包商品从外国仓库搬运都必须获得许可证和盖章。所有商品均无例外，甚至在马路上卖一只鸭子都需要支付少额税金，交易者的记录本要求对政府检查者公开。

卜鲁斯也许会称它为合法征税，无论何种名称的压榨行为，都将被视为工部局以及整个西人社区的恶臭行为。我们不能怀疑他们反对邪恶、强烈愤怒的坚定斗争。

至于仅仅是暂时性的索取，例如因为应对叛乱需要资金，又或者因为基于对条约误解而产生焦虑，试图维护金融权益，此类压榨也许甚至能从西人那里获取一丝同情。但是，众所周知的是，它是一种负面的、根深蒂固的社会毒瘤，是最卑鄙的虚伪。正如《北华捷报》所云："道台谴责赌博，但是他的手下一窝蜂地去赌场索贿并允许赌场开门营业；知县谴责不道德，但银子从每一位妓女口袋里流出来。"

1871 年，知县试图压榨当地各商行，迫使他们在租界中开业前须找出四个担保人。但工部局准备了一个声明，称"除了工部局授权的征税者，人们无需支付税款和各种压榨给任何人"。至于此类事件与领事团的关系表露无遗，五名董事希望不经领事允许就把声明张贴出去，另外两名董事认为应该允许领事团表达意见。无论如何操作，可以确定的是，另外一种意见可能改进了声明的表达方式，因为该声明（正如其译文）暗示各种压榨可支付给工部局人员！

1880 年，又报道了一则案例：有一人在租界里开设商店，因未给玻璃行会（Glassblowers' Guild）支付 200 元而被逮捕。

当然，工部局的本地雇员们也在实施压榨行为，只不过是要担上风险且无法被赞同。1882 年，一条排水管要价 268.16 两，这被视为勒索而拒绝支付，此时承包商来了，说他开的账单是 198.51 两。办公室录事起初否认此事，之后承认与承包商串通做了改动——承包商当然不承认此事。每一个外国人机构中都有诸如此类的小麻烦，无论是洋行还是厨房，而且调查总会产生相反的谎言；所以对这些事情放任不管比去设法纠正它们要更为省心。

在何利德的观点中，已经考虑到这一点，他认为在所有的部门中压榨随处可见。他说，许多当地人纷纷逃避房捐，只有一部分人是因为"太穷了"。鸦片捐由彭福尔德信任的人征收，包括彭福尔德房客的租金也由其负责。但是何利德说，在许多情况下，征税仅是所有在使用的路灯的半数，另一半由收税员和店主分享。彭福尔德是巡捕房督察长，他的工作得到工部局高度赞扬，他也可能被欺骗——许多外国人都觉得自己的厨师是诚实的，尽管怀疑其他每一个人的厨师。

按照何利德所说，当铺从不允许检查账目，尽管当铺税收应与营业额成一定比例。没有人关心对酒家的征税，工部局对当地妓院 120 名女性每人征收 1元，尽管真实人数为该数字的 3 倍。最后，尽管工部局中有一些优秀人选适合做巡捕，但彭福尔德却不聘他们，宁愿招聘最蠢笨的人。彭福尔德与其他任何巡官都未曾巡视查看当地巡捕是否履行职责。何利德确信，工部局在这些事项上每月损失数千元，他认为应该调查此事。

1882 年，有这样一个实例：巡捕房杨翻译卷入一宗敲诈妓院门童案。

从关于上海地方官职位的声明中，我们可以得出结论坐上这个职位就仿佛从粪土中跃上了宝座。1900 年的声明表示该职位价值 4 万两，甚至 5 万两，其中三分之一到了省级官员手中，三分之二交到北京。正如一名华人所言，在这种体制下，"怎能不压榨呢"？

到了当下即该章节书写时（1921 年），当地和外国的出版机构正讨论灾难救济金问题，可见时光流逝和政府更替，都没有减弱这个国家性祸害。

第37章

工部书信馆与验看公所

　　像上海其他机构一样，书信馆也有它自己的变迁。在我们所论述的时代，大约1860年，上海邮政来自"邮政终点站"的香港，由英国领事馆兼办。但是这份工作业务繁重，领事馆的工作人员人数少且超负荷工作。密迪乐走后，麦华陀接手，1861年4月，领事馆颁布了一则通告，通知停止收发信件。香港邮政总局建议上海商人应该把他们邮件所要投递的代理商的名字送去邮局那里。由于上海没有本国官方（邮政）机构，伦敦方面对此展开讨论，那么上海究竟应该就此成为香港邮政总局的分局还是采取独立呢？前者的地位虽得到官方认可，却要和领事馆发生关联。问题是，上海需要这样一个书信馆吗？那些有代理商在香港的公司或商人不需要，然而其他的洋行或商人则需要。其实并不是硬要强加给他们——事实上如果不设立书信馆的话，殖民政府会减少很多的花费。如果需要设立，上海方面将有什么建议呢？或许工部局将会由此建立书信馆。所有以上这些想法皆来自香港的执行邮政局局长。

　　麦华陀很快摒弃了上海自己设立书信馆的想法，建议雇员在领事馆官员的监督下从事手工操作。副领事琼斯估计每年的成本是400英镑，他很乐意为如此多的薪水而工作。麦华陀愿意为代理商暂时保留手中的信件，但他认为除了领事馆外还应有两个房间以供使用。香港邮政总局提供250英镑，多于财政部关于此用途所拨款的100英镑，且认为上海工部局应该分担费用。香港邮政总局对扶持上海邮政并不感兴趣，很想摆脱掉这个差事。工部局表示愿意支付费用，但不是在这种条件下。书信馆的安排此时只是一个权宜之计。

在 10 月份的时候，有人被派遣来负责这个"信件机构"。原本期待他会被安顿在领事馆，事实也的确如此，直到其他事项得到安排。唯一可永久利用的地方是古老的领事监狱，经过一些改动可将其变成一个令人赞叹的书信馆。然而，领事馆两个初级职员都完全拒绝做任何关于分类整理信件的事情。

无论怎样精确安排，似乎都让每个人产生了不快。《北华捷报》1863 年称，工部局一年支付了 2 500 元给这个对大家没有多少用处的机构，而且还损失了所有当地印花税的税收。工部局抱怨香港邮政总局上海邮政代办所① 经营管理不善，工作人员数量不足且薪津低廉。他们考虑要解除这个侵犯他们权益的协定，并要求对方返还已支付的 2 500 元的一半金额。这是一件非常规的事情——工部局年报中却有所记载："南方的当局者……以惯用格式解释，他们不能接受和一群没有法律地位的人保持关系。"虽然对于工部局来说，这样的斥责可能并不十分罕见，我们仍然记得即便是随处可见、无足轻重的公共雇员，也会装腔作势地显出自己高人一等。"人，骄傲自大的人，用一点草率的权力装扮自己的人"，带来了很多笑料的同时，也令人不快。

数月之后，7 月，工部书信馆被法国邮政商再次提起讨论，立刻被批准重建。对于在外埠或日本有分行的商行来说，年缴邮资是 55 两，在外埠无分行的商行则是 48 两；对非订户的个人和商行则每盎司信件交付 4 分银。有时候很难支付这笔费用，因为外国人友好地邮递了这么多的东西满足中国人的需求，轮船代理商们也免费转交信件而不是拒绝或送去书信馆。邮票以 100 英镑的价格从英国定制，1866 年 3 月开始投入使用，面值以墨西哥银元而非银两为准。第二年重新制定了一项协议，工部书信馆开始和大英书信馆在同一个屋檐下合署办公，可以给予互相帮助。当下并不值得进一步追随历史，除了讲述在平常过程中的两个代理商失和的事情外，工部书信馆指控香港邮政总局故意曲解协定中的内容对上海不利。

1866 年，温思达说道，正如规则所认可的那样，工部书信馆并不在市政事

① 即大英书信馆。——译者注

务涉及范围之内，却表明了工部局在提高公众福利方面的担忧。1871 年议定终止。

1889 年发布了相关规定，邮票只能售卖给有实际需要的居民，不能售卖给此地或其他任何地方的集邮者，但 6 个月后这一规定即被废除。伦敦邮票交易商由此收到了大量的需求订单。鉴于邮票在设计、流通或发行纪念邮票时产生的种种变化只是集邮家们的兴趣所在，这些人数量非常少，因此我们在此省略这些细节。

389

同一年制定了新规定，所有的邮资必须预先支付，订户制被废除。这一措施是必要的，因为订户会为非订户发送邮件——某些时候是免费的，但是在一些情况下，竟然要收取钱款来实行！俱乐部和饭店也只支付平常的年度订购款，却同时习惯于为非订户和访问者转递邮件。因为任何人都可以往信箱里投寄没有贴邮票的信件，书信馆不能够辨别这些信件来自订户还是非订户，只能全部投递到他们的目的地。

大清邮政局大约于 1896 年开始出现，从通商口岸开始，并准备向全国发展。英国和日本政府被要求撤销他们的邮政机构，工部局也被征询是否要撤销书信馆。商会和地方纳税人都认为立刻关闭并不是明智之举，但是当然他们将不得不和别人一样照办。当一个真正的国家性邮政系统建立起来的时候，工部书信馆便会自然地被它吸收同化。

1897 年，上海各轮船公司通知工部书信馆，除了寄往中国各通商口岸的中国邮局的邮件外，他们不能再载运任何的邮件。纳税人让工部局来决定移交的过程，工部局便制定了一份移交协定，1897 年 10 月，属于工部书信馆的工作人员以及除了邮票以外的整套邮政体系被移交给大清邮政局，土地和建筑不包括在内，设备和贮存品以公平的价格进行了交易。

从此，工部书信馆消失了，什么也没有留下，除了大约两百万枚未用的邮票，这些邮票曾收到 600 英镑的收购报价但被书信馆拒绝了。

关于其他在上海的书信馆，除了延续至今的以外，就没什么好说的了。如果德国书信馆没有被第一次世界大战摧毁的话，至少可以算一家。它是值得进行评说的，因为 1899 年大英书信馆由于糟糕的经营管理而遭到大量严厉的批评，与之相比，在德国书信馆，人们往往能得到礼貌关照并且收费更为低廉。

位于北京路上的大英书信馆于 1874 年重建。工部局被要求对此处免税，因为公众享受到了将他们的信件在香港进行整理分类的便利。但是这个要求没有得到同意，因为使用香港邮票就已相当于对分类整理付费了。

工部局验看公所

1865 年，警备委员会报告说，他们已经设立了一个针对仆役的验看公所（Registration Office），诚挚地希望所有的外国人联合起来制订一个成功的规划。尽管现在偷窃可能和当时一样平常，但我们很难期望如今的工部局能够坚持检查外国人的厨师和苦力，当然也不会表达这样的希望。

这个计划是要所有的外籍雇主派送他们的佣人去登记验看。每个佣人都有自己的一张对开登记表，内有佣人的照片以及他们的个人品质等情况。尚未有雇主的佣人可以自己注册，并提供个人信息。雇主对于他们想要的雇员向公所提出申请，以及递送对于被解雇的佣人的任何不满。在第一次登记验看时，厨师要支付 1 元，苦力和年轻男仆支付 50 分，等等。

通知书在一段时间后发出，力劝雇主不要雇用未经验看的仆役，验看员实际上会亲自在外国商行的周围观察。到 1866 年 1 月，仆役验看的数目是 869 人。然而当时的局面是混乱的，可从以下事实推论而来，当年轻男仆是 371 名和苦力 403 名时，厨师只有 55 名。

有人也许已经假设，这样一个机构将得到所有管家的热情支持，并大幅提升普遍满意度。但是经常被抱怨的冷漠不久就摧毁了这个机构。数年之后，据报告，只有 3 个仆役在两年里进行过验看，五年间的年均收入只有 30 元。所以验看公所终止了。

30 年后的 1896 年，在《北华捷报》上有通讯涉及验看公所这个主题，恰如又一个 30 多年后的 1921 年，该报纸经理胡跑（Hu Pao）向工部局询问他们是否会为佣人开设一个验看公所，如果不开，他申请许可自己来开办，采纳任何工部局想要建议的规则。他收到的答复是，工部局没有意图来开办这样的一个公所，也不会反对申请者自己开办。

390

随着中国人的潮涌而入，有必要通过对受人尊敬的群体发放通行证来有效控制罪犯数量。第一条措施似乎是在 1862 年 1 月，当工部局宣布"在本月 25 日后，巡捕将会得到指示去逮捕（并解送至中国当局）任何一个在晚上十点和次晨六点之间在市政限制区的街道上被发现的中国人。"任何形迹可疑的外国人也会被逮捕。通行证还颁发给外国人的佣人，因此我们发现英国领事馆申请了 20 张，一个叫作乔丹（V. P. Jordan）的先生拿到 150 张。在年末，"宵禁"的时间由十点改为八点，但史密斯提出了一个请求，反对这种限制，因其对中产者来说很苛刻，这个变动没有实施。

海关的 8 个翻译员大概已经将一整年的漫长夜晚都花费在了家里，他们在 1863 年 1 月申请通行证，"既然他们由地位尊贵的当地人出具了负责任的担保书，因此得到了批准，但是以前不会这样"。

通行证一开始似乎是免费发放，但是自 1863 年起开始收取 1 元手续费。通行证按季度发放，除了知名中国商行的雇员外，每张通行证都需要居民担保，据此工部局每年大约收入 8 000 两。

从 1864 年 1 月 1 日开始，这个制度扩展至虹口。无论多么必要，它总让人觉得很厌烦。平均每天都有 5 个原本清白的中国人因为没有通行证被整夜拘留。当 1865 年此制度被废除的时候，人们对此感到相当满意。

1866 年 4 月举行了一次关于在繁殖季节保护猎物的会议，一个"运动协会"大约就此成立。我们发现，这一"保护猎物协会"（或是"运动协会"的别称）建议设一个禁猎的季节，即 3 月 1 日至 10 月 1 日，成员们在此期间既不狩猎也不进行动物交易。该会的会费是 1 元，就如何小心翼翼地对待庄稼和彬彬有礼地对待当地人方面都做了非常好的规定。库珀（T. T. Cooper）提出建议，必须要有执照才能出售猎物。

1867 年 3 月，该协会成功地得到了一个声明，即由上海道宣布了禁猎季的来临。但是这个友善的人，明显不是一个爱好狩猎运动的人，也将特权延伸至青蛙，因为它们吃昆虫。

同年 9 月，一个巡捕没收了两只菜场上出售的野鸡，买主想将它们要回。正如买主所言，当时尚没有法律能够阻止外国人从当地人手中购买商品——况且卖家才是被告，更不要说野鸡已经被杀死了，不应浪费。与此争议相反的是，1869 年制定了一项命令，在 10 月 1 日之前出售的猎物应该全部销毁。9 年后，一位会审公廨谳员拒绝继续惩罚卖家，因为他认为，外国买主也是违法者。

虽然和保护猎物没有多少联系，但在 1870 年据菜场稽查员报告，他有理由相信，菜场上供应的许多野生家禽是死于麻醉剂中毒，因而不适宜食用。问题指向卫生官亨德森医生，但我们对此没有更多信息。

1883 年有人建议，除了用于狩猎游戏的鸟类之外，其他的鸟儿应该通过上海道台的声明而得到保护，但工部局反对与道台接触——他们也许害怕这位之前已提出保护青蛙的道台接下来会提出要保护老鼠，然而针对诱捕鸟类的行为，工部局自身也向巡捕发布命令，要保护雏鸟，尽管一个月之内该命令就变得形同虚设。

到了 1899 年，清政府已经进一步要求禁止出口野鸡皮毛了。芜湖或九江曾有一个皮毛清理工厂，为了每只几分的利润，将处于繁殖期的鸟类成百上千地猎杀。据称，仅在汉口，半年间就有 4 万张皮毛出口。"保护猎物协会"对各国领事馆提出了抗议，领事馆便签署声明发至该国公使，他们对总理衙门的抗议最终导致了这一出口的禁止。

392

第38章

代理投票及工部局印章

代理投票问题已经产生了很多的麻烦。某些土地承租人发了财后就回家了，将投票权委托给其他一些人。1866 年的《北华捷报》称：所有的投票者将缺席，这只是个时间问题。这似乎在假设所有的土地承租人都会变得富有，然后回家。这美丽的预言事实上并没有实现。

毫无疑问，这是令人生怨的事情。那些在家中过得轻松悠闲并在上海有着巨大租金收入的人，能操控此地的局面，以多数票压倒在此地辛勤劳作的实干者——这些事可能涉及的都是当地事务，诸如养狗许可证或电力照明之类。

代理投票的另一个坏处在于不仅出国在外的缺席者，而且那些懒于参加或漠不关心纳税人会议的人，都可以把投票权交给另外一些出席者。在不知道具体的讨论事项，也没有经过辩论之前，这些缺席者的票就已经被拉拢和转移了。

在 1866 年或 1867 年，霍格和耆紫薇以持有 71 份投票权中的 51 票成功通过了《土地章程》第十八条。1871 年，狄思威持有 55 票。甚至工部局董事会总董也曾正式收集过（代理票），而且并未表明这些投票将会如何使用。然而在这一事件中，这些票只是用于保护公众，以反对某个持有 34 份投票权的人。在1873 年的纳税人会议上，一项决议以 147 票的多数通过，其中 122 票是由 4 个人投出，而当时占少数的 139 票的投票人则基本都在现场。第二年，一个纳税人依靠持有的 60 份代理投票权否决了对矮马、马车、狗征税的提案。在讨论苏州河北岸筑堤案时，是少数持有代理投票权的人否决了现场六分之五的人，这一场景令人痛心。

由此而产生的不满导致 29 名土地承租者向领事寻求对这一问题的帮助，但领事团（Board of Consuls）并不赞成他们的反对意见。

1875 年，《土地章程》的第十九条款被作了大幅度的修正。除了因出国和生病而不在场的代理投票外，纳税人会议不再承认其他代理投票。

以 1881 年为例，居住者投票人数为 255，有资格的代理投票数为 148。

工部局印章

工部局印章在其能被制作得使人满意之前似乎出现过许多麻烦。

最初，工部局印章是一枚圆形的图章，直径为 2.5 英寸，以平板英文字 "Municipal Council of Shanghai" 围成一圈，中间有 8 个汉字 ①。这一名称在 1855 年被使用，尽管在文件中也能找到 "委员会" 之类的用词。

1868 年，约翰斯顿总办提请工部局董事会注意，称需要一枚合适的印章，并且暗示工部局工程师奥利弗可以准备一枚设计图案。设计方案提交并获通过后，董事会同意马上在伦敦制作这枚印章。1869 年 6 月，这枚印章被首次在会议记录上使用。

在 1870 年的纳税人会议上有人提出了新的印章事宜，使这一件事产生了些许不确定，麦华陀说他相信现在正在使用的印章源自金能亨。总而言之，会议认同这枚印章是不合适的，鉴于其他国家也开始加入进来，而印章上只显示出英美法三个条约国的旗子。郝碧梧支持这个决定，因为德国国旗在这枚印章上没有位置。唯一提出的反对意见是说旧的印章花费了 177 两。当时确实有经济节俭的氛围，因而会吝惜这样一笔支出。最终决定设计新的图案。在第二年的会议上这些设计被展示出来，其中有一个设计得到认可并获提名。但是也参与了竞争的金斯密说，所有的设计均毫无价值。他提议在有一个令人满意的设计出现之前，还是应当使用旧的印章。印章的铭文 "Progress" 在下，上方是舢板和宝塔，这带来了一些欢乐。金斯密的修改提议获得了通过。

---

① 8 个汉字为 "寓沪西人工部公局"。——译者注

　　选定的设计是由奥利弗经手。因为我们已经知道，1870 年，"原来的那些设计样本向工部局展示出来，工部局从中挑选出了一个，奥列弗作了一些改动之后完成了修改设计"。《北华捷报》称，"奥利弗先生的设计美妙。它是一枚四等分的盾状物，一列火车对着一座塔，一艘轮船对着一条舢板，下面是'Progress'"。

　　我们如今已经知道，这枚印章并未投入使用。

第39章

一些人物的个人简介

我们已经说了不少市政府的事，现在可以转向一些与市政当局无关或由其间接处理的事情。为了在我们的记述中稍作停顿，这里会插入一些人物的简介。在19世纪的后半叶，这些人在上海留下了或多或少的深刻印记，如今只成为一些支离破碎的记忆。当然，除了这些人之外，肯定还有一些其他人的名字也应该被纳入进来。

阿查立1855年来到中国，当时他在英国领事馆任翻译，隶属于海军上将西摩（Admiral Seymour）。1858年，他被指派押送总督叶名琛 ① 前往加尔各答，这使他对中国人的思想有了更加深刻的洞察。之后，他又在广州、厦门、汕头做了一段时间的翻译，在那里他目睹了一些反对海盗的战役，而后于1861年被派往上海。在上海期间，他在两方面做出了卓越的贡献。第一，他在1864年担任了会审公廨的首任陪审官，外交部名单称他为"联合法官"，这是他的才能所在。这个机构早期的成功与他的老练、活力和才智是分不开的，他对正义的热爱、他的独立自主在这种困难的尝试中鼓舞了信心。

1867年他离职的时候，道台提议从公廨基金中拿出1 000两以"奖励他的热情和能力"。不过，阿礼国认为他接受这份礼物是相当不明智的。首先，额外

---

① 叶名琛，1807—1859年，字昆臣，湖北汉阳人。1852年被委任为两广总督兼通商大臣。1858年，在广州保卫战中被英法军队俘虏，后被解往印度的加尔各答。——译者注

的工作并不等于额外的薪资；其次，酬金不能来源于外部的机构，否则会降低这份工作的分量。（此事后又在国内提及）

除了在领事馆担任翻译外，他还在土地管理办公室任职。在他任职前的 14 年里，土地管理署总共颁发了 200 张道契，而他任职后的前两年就颁发了 500 张道契。

令他感到自豪的第二件事情是，他先后协助贺布、士迪佛立镇压叛党。他参加了所有的远航任务，并被委派了很多重要的工作。例如，在白齐文阵亡后，他负责安排"常胜军"的事务。他或许是英国海军将领能够使用的唯一的优秀翻译人员，这当然不仅是因为他懂口语，而且还因为他的机智和对中国人思想的了解。这段时间他和戈登的联系也非常密切。

但是一直以来，至少在他被派往会审公廨以前，他都只能领取他担任翻译的酬劳。

1874 年 11 月，他被派往高等法庭工作了一段时间。

1884—1887 年，他在上海担任代理领事。在此之前，他曾在其他一些港口做过几年领事。1892 年，他卸任了广州总领事的职务，并获封圣迈克尔及圣乔治高级勋爵 ①（《中国大百科全书》将之误印为 1862 年）。此时他的健康状态已不允许他接受被派往暹罗（Siam）担任公使的任务，这个职位是由普力罗司伯爵（Lord Rosebery）提议的。而后，他的任职地点从曼谷（Bangkok）换为北京，这一决定显然也是经过深思熟虑。

他是英国领事馆最强壮、最有能力的领事之一，大胆无畏，但据说太有个人想法、太坚决，为了取悦公使威妥玛而强烈地反华。他也许比威妥玛更了解中国人的个性。他爱憎分明，言语刻薄，机智聪慧。

他还是上海西人爱美剧社（Amateur Dramatic Club）的创始人和热情支持者，在社交圈上非常受欢迎。不过，糟糕的健康状况对他而言是一个极大的阻碍，尽管如此，他还是以"吉普森"（Chrysolite Gypsum）的双关艺名参加演出。

他的写作风格简洁明朗，他关于讨伐叛乱的报告以及在会审公廨的工作

---

① K. C. M. G.，为"Knight Commander of St. Michael & St. George"的缩写。——译者注

记录读起来都非常精彩。他写的一些关于民法的论文，可以作为外国人和当地人的基本法典来使用。他还写了《关于中国刑法注释和评论》（*Notes and Commentaries on Chinese Criminal Law*）一书，并因此书而名声大噪。此外还写了一些关于中国玄学的论文。

在上海有以他和温思达命名的小马路——位于苏州河以北，租界的最西边地界，但是现在很少有居民能说出这些马路的具体方位。

琼斯则是一位完全不同的人物，事业发展也迥然不同，更不能说他在上海历史上产生了深远影响。然而将他的经历与阿查立作对比——关于上进学徒和懒惰学徒的经典比较，仍然是一件非常有价值的事情。

工作了 11 年之后，温思达替琼斯请求晋升，说琼斯有能力、经历丰富、热情且非常乐于助人。琼斯自己声称，他比阿查立资历深，阿查立作为代理领事的任命应该再作斟酌。威妥玛的答复至今来看仍很有价值和教育性，他说，阿查立虽任职晚了几个月，但是在对比了俩人的中文资格后发现，琼斯没有充分利用机会学好中文，其实在广州和宁波他原本可以和其他人一样有机会好好学习中文。1856 年和 1859 年，威妥玛曾为此事告诫过琼斯，但是都没有产生作用，现在琼斯要为此付出代价。虽然中文的进步并不是晋升的唯一基础，但却非常重要。一个有翻译能力的领事能做两个人的工作，这样就能节约一个人的薪水开支。琼斯的例子向学生们说明了一旦有了"现在还年轻，还不用急着学中文"的想法，那是非常危险的。

不能晋升就意味着收入无法增加，琼斯的财政日益紧张。1866 年，他担任高级助理时，温思达表示由于高等法庭接管了无遗嘱资产的管理，琼斯从中收益减少了 200—300 英镑。如今琼斯已经在此工作了 11 年，但每年 500 英镑的收入比刚加入银行工作的年轻人还要少。温思达查阅了琼斯的家用开支，数字显示在给家里人提供了体面的生活之后，琼斯每年亏空 200 英镑。

如果我们在同一年读到"由于琼斯的健忘，没有提交遗产中的一些钱款，一堆问题接踵而至"这样的话，我们一点也不会觉得奇怪。梅博阁受命起诉琼斯，次年琼斯因挪用了死者的遗产 1 600 两而被判有罪。温思达说道，还有件事与琼斯被判有罪也有或多或少的联系——"琼斯先生是共济会团体某一分支的一名公务人员，该机构和虹口当地的居民有很多联系。那里有这样一个共识，拿一些政府的钱款是轻微而可原谅的过错。"

E. M. 史密斯在上海的发展历史上占有举足轻重的地位，在记录中，他名字出现的频率高得惊人。不过，虽然他拥有雄厚的资产，社会也没有充分的理由需要感激他，工部局也觉得没有必要用他的名字来命名哪怕是一条最小的后街小巷。

当他意识到在商人和银行之间需要有人穿针引线时，就开始担任证券和金银掮客。后来，他投资了中国的房地产经营，在 1860—1862 年间大赚了一笔，成为租界地产的神话。

他的名字最早出现在 1856 年工部局董事会会议记录上。当他改变了穿越伦敦会建筑道路的走向后，工部局不得不请阿礼国明确工部局对道路和租界边界所享有的权力。坐落在河南路靠近洋泾浜的"史密斯菜场"，很长时间内都是当时租界唯一的菜场。据描述，1856 年时这里的情况相当糟糕。E. M. 史密斯从那年开始就致力于将静安寺路拓宽到 25 英尺宽，每 10 英尺需要花费 10 元。他较早就开始反对各类征税，并且一直未曾间断；他不允许工部局的清道夫晚间在他的地块上搬运粪便，而是倾向让自己雇佣的苦力去做；他反对巡捕在他的道路上巡逻，因为他有自己的欧洲警卫。1864 年，他恶言侮辱工部局，并出拳重伤了工部局的工程师克拉克。不过，因为他道了歉，所以没有被监禁，但是大约有 35 份有案可查的信件记录了包括本次事件在内的一些争端，很多都是一些鸡毛蒜皮的小事。岁月的流逝也没有让他变得更成熟，1871 年，他亲自去工部局办公室质疑马车行的税收问题。他对工部局总办的态度是如此的盛气凌人，工部局觉得有必要请他不要再来，可以通过信件陈述事宜。1877 年，因为对土地评估有不满情绪，他拒绝在得到令人信服的说法之前支付土地税，并要求亲自上门向工部局董事会总董解释此事！

1872 年，他命令下属打通了松江路，声称这是他的个人地产，然而巡捕却认为这是公用财产。尔后发生了一场混战，E. M. 史密斯和他的警卫被捕，并被

398

带到巡捕房。一个月后,亨德森提醒工部局注意,E. M. 史密斯在南京路尽头建造的池塘在天气炎热时会影响租界的卫生状况。

多项记录显示他还参与了其他事情,其中有些还颇具建设性。例如,1862年他建议为加强租界防卫,应该建一扇塔楼大门,并配以相关法令;同时开挖一条从洋泾浜到苏州河的沟渠。此外,他在一次租界纳税人会议上提出了五条建议,其中一条提议是纳税金额在 1 000 两或以上的人都应该享有一票投票权。

在那个高物价、高房租的年代,他的庞大资产究竟价值几何,至今无人知晓。后来的和平时期,他的资产大幅缩水,其收入都不足以支付他所承担的预付款的利息,这些后来由银行本身直接接管。他返回家乡,情况好转后又回到上海,并很快又成为一个有钱人。虽然他很富有,但也难逃一死。事实上,他在 1878 年时已经开始负债,不过高额的地租收益让他很快翻身。据说,他月收入有 7 000 两,年收入有 2.2 万英镑。他在英国立的遗嘱存在争议,有人说他晚年有些神志不清。

他终身未婚,他的思想在某种程度上也被其孤单落寞、不太友善的性格所影响。

读者们或许会对这个资产显赫、闷闷不乐、无足轻重的人物有自己的思考。不过,更为蹊跷的事是,他死后被公布真实名字是皮彻(Pitcher),而不是 E. M. 史密斯,我们也不知道这是为什么!

399

霍格,这个名字对所有的居民来说一点也不陌生,霍爱德直到 1920 年才逝世,成为最年长的居民。1857 年他来到上海,1860 年与自己的两位兄弟成为合作伙伴,1873 年因债务问题他们的业务不得不转手给格莱德斯坦斯公司(Gledstanes & Co.)①,合作关系也随之瓦解。但是霍爱德继续经营在上海的生意。1875 年,我们读到了他写给工部局的一封言辞激烈的信件,工部局警告他,如果后续的交流还继续使用这种无理语言,将不再理会。后来,他撤回了这些令人反感的信件。

---

① 该公司名称未能查实。——译者注

1878 年，他宣告破产，他的债务情况是：欠法国银行 1 589 英镑，欠曼彻斯特（Manchester）9 344 英镑，欠两名中国人 5 789 两白银。不过，在这之前，他已经为哥哥和自己分别购买了价值白银 14.7 万两、6 万两的丝绸。后来，他获得了巨大的成功，在当地的很多家公司中变得异常积极活跃，特别是与他合作了 50 多年的自来火房。

早期的时候，他还是万国商团骑巡队（Shanghai Mounted Rangers）的成员，即后来的上海轻骑队（Light Horse）。虽然从未在工部局任职，但他还是为上海社会作了很多贡献，并与很多重大问题有着密切的关系。

他在抛球场享有一份股权，并对那块土地享有部分权益，这个将在"运动"一章作介绍。他在韦尔斯桥梁公司（Wills' Bridge）也有 5 股份额，因为霍格兄弟是该公司的代理人。

密迪乐是英国驻上海领事。

他性格怪异，动不动就发火，且非常喜欢说教。

对他而言，有一件非常不利的事情将被永远记录在案，那就是他对太平天国的同情。这已不是简单的宗教问题，而是个政治问题。他认为联军的成功已经严重地动摇了清政府的执政基础，所以应该与新政权、未来帝国的管理者——太平天国建立良好的关系。虽然在某一阶段看来这个建议是明智的，但是联军还是决定在压制清政府的同时也应该给予他们支持。可能是由于他的这种想法，密迪乐被调离上海去了牛庄。

他是一个没有什么大智慧的人，这点在其他章节所讲到的他与海关的关系就可以看出来。他抱怨说英国领事馆的权威已经被贬低、被无视了。他说的这些是有些道理的，但是听起来却像是在发牢骚。一个有能力且明智的人会为了坚持自己的想法而据理力争，但同时也会与工作上的竞争对手保持良好的关系。但是有人评判说，他和李泰国没有太大的差别。

他写了大量的文章却没有努力投身到办公室的日常事务中，为此他常受到公使的严厉责备。他给卜鲁斯的公文开头就抱怨超负荷工作，缺少助手。他的身体素质较差，个性独特，非常固执己见，让他管住自己的舌头和笔头，是一件不可能的事情。

要是想进一步了解这个奇怪的人，就必须跟着他去牛庄。密迪乐手下有一位名叫贝蒂（Beatty）的下属，此人自己也有官司缠身。1867 年，贝蒂向阿礼国控诉了密迪乐一堆令人发指的罪行。此处的记录并不表示这些说法是可信的。

贝蒂说密迪乐野蛮、残忍、愤世嫉俗、傲慢自大、自负等。在牛庄，密迪乐被各国人士视为凶猛危险的野兽，遭人嫉恨，如果密迪乐没有全副武装的话，中国人也许早就将他碎尸万段了。我们得知中国人被踹、被伤害和侮辱，仅仅是"因为洋人官员要缓解自己的不开心"。一位旅店老板被手枪击中脸部，一位喇嘛因为"洋大人"路过时拒绝退到沟里而被鞭子抽脸，仆人们被踢倒然后被野蛮地踹头，甚至连谋杀的指控都罗列其中。

夸张的指控和激烈的语辞使关注的焦点从被告转移到了原告身上。大家肯定想知道对贝蒂的指控是什么，但这并没有公布出来。贝蒂从香港寄来信函，他拒绝由密迪乐执行此项调查，他认为这样的调查是"一个糟糕且不合时宜的玩笑"。贝蒂说如果不对之前的事情展开正式调查，就应当有一个司法审判证明他的清白。威妥玛曾经建议他与那些指控他的人进行面对面的质询，并说"如果他是有罪的，他不会提出这种要求，若他是清白的，他就会希望这样做"。根据这个标准，无论对于他的指控是什么，肯定是不成立的，他肯定是无罪的。

阿礼国已经仔细地阅读了交给他的文件，"尽管这些文件的内容不堪入目"，但他的想法未曾改变过。贝蒂并没有离开，这个案子被移交到外交部门。他收到 6 个月的薪水，并被建议去寻找新的工作，治愈"邪恶的、无耻的、无节制的乱讲"的毛病，他落到现在的状况就是因为这些毛病。

一份篇幅较长的回复说，穷困潦倒使他变得顺从，他认输了并说除去污名是他余生最重要的目标。我们对他了解不多，无论他是清白的，还是有罪的，这都是一个悲剧。我们甚至不知道指控的罪名是什么。这是在我们历史上为数不多的丑闻之一。虽然这和上海的历史关联不大，但在此处提及是因为这涉及我们当中重要的官员之一。

密迪乐是一个勤奋的学者，1847 年，出版了《关于中国政府和人民及关

401

于中国语言等的杂录》（*Desultory Notes*）①，1856 年又写了《中国人及其叛乱》（*Rebellions of the Chinese*）② 一书。

卜罗德 1808 年生于法国圣塞尔旺（Saint Servan）③，1862 年 5 月，在南桥他被太平军枪杀，子弹穿过他的胸膛。因为勇敢和其他一些优秀品质，他备受法国人和英国人的尊敬。在那个时代，上海人很少见到比他的葬礼更加令人印象深刻的场面了。哀荣备至，致哀礼炮鸣响，领事们穿着制服出席葬礼，志愿者也参加了在大教堂的活动。他被安葬在法国领事馆的土地上，在袭击上海城战役中死去的法国士兵都埋葬在那里。

1870 年 12 月，他的纪念铜像矗立在法租界公董局大门前，铜制塑像耸立在花岗石基座上，颇具艺术感和生活化的形象展现了他的坚强性格和优雅举止。碑文上写着"海军陆战队少将，在中国的土地上被叛军所杀害，1855—1862 年"。

戈登将军的名字是查利·乔治·戈登（Charles George Gordon）。虽然在卫三畏多次重印的《中国总论》（*Middle Kingdom*）中，他一直被称作"皮特"（Peter）。他为上海作出了如此巨大且众多的贡献，我们原本可以期望在这个地方找到不少关于他的纪念物。但是有一点非常奇怪，那就是戈登堂设在天津，在上海除了一条以他名字来命名的马路④ 和常胜军纪念碑⑤，没有任何纪念物提醒我们关于他的存在。

1864 年 12 月，他收到了一封由 56 家公司联合签名的信件，其中 12 家是

---

① 此书全名为：*Desultory Notes on the Government and People of China*, *and on the Chinese Language*。——译者注

② 经查此书名有误，应为 *The Chinese and Their Rebellions*。——译者注

③ 圣塞尔旺位于法国东部圣马洛的港市。——译者注

④ 戈登路，今江宁路。——译者注

⑤ 常胜军纪念碑，李鸿章拨银 1 500 两在上海建立。纪念碑原在外滩花园北门外，重建公园围墙时划入园内，它以正方形大理石为基座，基座上为三角锥形碑，碑上镌刻汉文"得胜"二字，共镌刻有 48 名阵亡的外籍常胜军官兵姓名，因华尔列居首位，因而又被称作"华尔纪念碑"。——译者注

非英国公司。领事说："戈登唯一乐于接受的，就是这封信以及中国政府认可公开的其他类似的感谢信。"戈登就是这种性格。但上海有义务将荣誉赋予为它作出如此多贡献的人，1884 年这种疏忽不应该再继续了。

402

即便是在外滩花园的小小纪念碑也花费了 1 500 两白银，这笔经费是由李鸿章划拨的。《北华捷报》称："除了苍白的合理批评，这个社区的良好品位已经被这个毫无价值的建筑物激怒了。这个纪念碑看起来是一个高级的里程碑，或许可以被用作是测量的起点。"

1884 年，戈登壮烈牺牲，纳撒（Nathan）建议建造一个戈登纪念学校。但是工部局说，这需要动员起外侨社区所有人才行。后来社区确实有动员起来，事实是两年内筹集到了 97 英镑，这笔钱寄给了英国的戈登男童院（Gordon Boys' Home）①。这个捐赠和戈登谦逊的性格是相称的，但对上海来说是不光彩的。

众所周知 1880 年戈登又回到了中国，他请中国当局将纪念碑上的感谢信以镀金方式表现，并修葺城墙下方战士们的墓地，工部局对此"没有反对"。

德诺曼（De Normann）先生是 1860 年跟随卜鲁斯②使团进京的一名使馆随员。他和海军中尉安德森（Lieut. Anderson）与巴夏礼等人先行一步，而后也遭野蛮虐待。安德森当时率领 6 名英国人、12 名印度士兵护卫这些人出行。后来两人遭杀害。1867 年德诺曼女士寄送了一块纪念碑到上海，想把它建在她儿子埋葬的地方附近。工部局了解到，把这个碑从上海运到天津费用非常高。但如果说从上海运到天津费用高的话，那么这个墓碑已经千里迢迢从英国运到了上海，所以说这个解释听起来有点让人难以接受。装卸的费用需要 308.27 元，工部局希望死者亲属能够报销他们安放这块纪念碑的花费！工部局认为纪念碑建

---

① 戈登男童院，成立于 1885 年，由英国社会各界捐款为纪念戈登而建立的学校。据说是由维多利亚女王提议并首先捐款。——译者注

② 卜鲁斯，也就是中国近代史上所提到的"额尔金"。英国贵族，伯爵。1811 年生。1857 年 7 月任英国对华全权专使，并率领一支陆海军赴华。1860 年 8 月，攻占天津。10 月，进北京，焚毁圆明园。1862 年调任印度总督，次年，死于任上。——译者注

立在领事馆用处不大，提议建造在公共花园里。但是那些推开窗就能看到花园的人，对此表示强烈反对，因为他们不想有一个墓碑一直在视线之内。所以这块不幸的纪念碑最终被矗立在领事馆前面，至今仍然能看到，尽管可能也没几个路人会停下脚步来读一读纪念两位为国家献生勇士的碑文。事实上在我们当地的指南书上，德诺曼这个名字被写作德摩根（De Morgan）！

马嘉理从上海开始了他最后的旅程，要不是这趟旅行，他和上海这个地方唯一的联系就只是作为一名板球队员而已，但是现在公共花园内矗立了一座关于他的纪念碑。

1874 年 8 月，他拿到了护照和指令，被派往腾冲，并在那里与一个使团碰面——这个使团是由三四名来自曼德勒（Mandalay）① 的英国官员组成，要去考察云南的商贸情况；马嘉理将成为使团的翻译，他被刺杀的故事后来广为人知。

纪念碑是在六年后建造起来的。募集捐款约 1 500 两，在总会展示的 10 种设计方案，最终选定了凯德纳的方案。尊敬英雄通常的做法是建一个我们需要的东西，经过讨论，造一座钟塔的想法得到各方认可。

纪念碑的设计方案已经被确定，下一个问题是，它该被建在哪里？工部局拒绝出让任何一条公共道路的一部分用于修建纪念碑，苗圃花园的地块也不可行，这只是一个花园而已。一年多以后，工部局被告知如果不能确定一个地点，这个纪念碑就必须进入领事馆的场地内。工部局回复说那是个非常合适的地方。然而，最终还是决定将其建立在外滩和苏州路（Soochow Road）交会处。26 名纳税人表示抗议：他们认为这样会占用道路空间，还会影响交通。工部局指出纪念碑离道路的每一边差不多有 40 英尺，只占用公园 4 英尺土地。很多有社会影响的人写信反对这个地点，但是工部局坚称，这个建筑物已经交给了公众，这是公众的财产，应该建在公共道路上。64 名纳税人要求在 1889 年 7 月召开一次特别会议，他们反对道路或者是公园被这样占用，因为占用公园领地是与《土地章程》第六条相违背的。会议主席美国领事贝利（Bailey）投出决定票，

---

① 曼德勒是缅甸的一座城市。——译者注

通过一条修正案：纳税人不能决定法律问题。

1880 年 6 月，格维讷（T. Grosvenor）① 为马嘉理纪念碑揭幕，纪念碑就耸立在外滩和苏州路的分叉口，靠近花园桥。1907 年，钢制外白渡桥建成，这个墓碑也被移到了公共花园里面。

我们应该想想已故的马嘉理，如果他还能有感觉的话，恐怕对于如此对待他的纪念碑，只会感到厌恶而不会心怀感谢。

麦华陀是英国领事馆最成功的人物之一，他的记录读来让人愉快。他是麦都思牧师的儿子，他父亲在当地也颇有声誉。1843 年，他作为英国驻上海领事巴富尔的翻译来到上海。在其他港口城市待了几年后，1860 年，他以驻上海代理领事的身份重新回到上海。1868 年，麦华陀复任代理领事，1870 年，他被委任为驻上海领事。

他成功平定了扬州教案 ②，让此地众人欢欣鼓舞，不过他的大胆举措差点导致他被政府解雇。开放会馆，推动使用转运通行证都是他的功劳。1877 年他退休并获封圣迈克尔及圣乔治高级勋爵。他的名字将会永垂不朽，因为上海公共租界有一条以他名字命名的马路 ③。外侨社区募捐了 1 500 两白银，买了一个装饰盘赠予他作为表彰。他被认为是为数不多的善于用合理方式处理与中国人关系的外国官员。

梅辉立于 1859 年作为初级翻译来到中国，当时他已是一位杰出的语言学家，后来成了一流的汉学家。他的中文著作《中国辞汇》（1874 年）（*Chinese Reader's Manual*）对外国学生来说，是最有价值的读物之一。他还写了《中

404

---

① 格维讷（Thomas George Grosvenor），1842—1886 年，英国外交官，时任参赞署理公使。——译者注

② 1868 年（清同治七年）8 月，英国内地会教士戴德生在扬州强租房屋，设堂传教，激起民愤，投考生员及民众 2 万人奋起拆毁戴德生住所。时任两江总督曾国藩对外妥协，将扬州知府撤职，赔款并立碑保护外国教会。——译者注

③ 麦斯赫斯脱路，即今泰兴路。——译者注

国政府》(1877 年)(*The Chinese government*)一书,并在《中日记录与访问》(*Notes and Queries on China and Japan*)上发表了多篇有关中国的玉米、烟草、棉花等有价值的文章。

1878 年 3 月,梅辉立在上海逝世,年仅 38 岁。

巴恩斯·达拉斯逝世于 1897 年,自 1853 年起一直居住在上海,离开上海的时间仅有 18 个月。来自伦敦的巴恩斯·达拉斯,早年在父亲的裕泰洋行(Dallas and Coles)里负责茶叶经销,1857 年公司倒闭后,他开始经营自己的公司并获得了巨大的成功。1863 年,他带着在上海赚到的一大笔钱回国,这些钱都投资在东方的地产、航运、港口等行业。1864 年的经济大萧条令他损失惨重,回到上海后,他又东山再起,积累更多财富。

从 1857 年到 1863 年,巴恩斯·达拉斯一直担任商会干事。他曾积极倡议建设虹口码头公司和浦东码头公司(董家渡)。他参加过泥城之战,万国商团成立之初就加入其中,1885 年以少校军衔退役。直到去世前几年他一直担任跑马总会(Race Club)总办的职务。

金能亨于 1845 年从美国来到中国,最初是吉第萨德洋行(J. D. Sword & Co.)①的职员,第二年加入旗昌洋行。他于 1875 年离开上海,1889 年在将入侵者驱离自己位于马萨诸塞州米尔顿地区的土地时遭枪击逝世。他非常具有公共精神且精力旺盛,并能为其所代表利益据理力争。他曾担任美国驻上海领事,以及瑞典、挪威领事。

慕维廉,与麦都思、米怜、施敦力(Stronach)兄弟、伟烈亚力、理雅各、湛约翰等同属于伦敦传教会传教士。他于 1847 年到达上海,1900 年在上海逝世。他毕生的工作就是向中国人宣传教义,同时从事一些文学方面的工作。

---

① 此洋行名称未能查实。——译者注

艾约瑟于 1848 年来到中国，在上海生活了 10 年。太平天国运动时期，他 405
回到上海，并与太平军有些接触。他之前一直从事传教工作，1880 年进入海关
工作。从 1889 年到 1905 年逝世，艾约瑟一直待在上海。他是英国皇家亚洲文
会北华支会的创办者之一，热衷学习佛教、道教、文献学。他还是一个多产的
作家，但是文笔有些枯燥和混乱。

莫海德于 1858 年来到上海，在浦东创办了莫海德机器厂（Muirhead's
Engine），这个地方现在被国际棉纺厂所占用。60 年代时，他和其他一些人对
建设董家渡码头非常感兴趣，这是一项非常艰巨的任务。1874 年，他返回家乡，
1898 年逝世。

韩能爵士于 1900 年逝世，年仅 58 岁，当时距离他回国日期仅一个月。
他是伦敦大学的毕业生，1866 年加入法律界，在上海，他比洪卑资历还深。
1871 年，韩能在横滨担任代理法官；1878 年，他在上海任皇家检察官（Crown
Advocate）；1891 年，他同时被任命为总领事和大法官。1897 年，这两个部门
拆分之后，他只担任了大法官。1895 年他被封为爵士。据说他非常友善，从不
树敌。他是"一名天生的法官"，甲午战争期间长江中立就是由他提议并推动
的，对核实升科局 ① 的恶行也出力颇多。他还是一名赛艇运动员，对其他的室
外运动也非常感兴趣，同时在表演上也颇具天分。

玛高温医生来自马萨诸塞州，去世时是上海最年长的外国居民。1843 年，
他以传教士身份来到宁波。尔后回到美国，在南北战争时期曾任从军医师。
1867 年，他又回到中国，试图建造一条穿越白令海峡的电报线路。1879 年，赫
德任命他在海关任职。他的女儿和阿查立结为夫妻。他是一位非常好学的人，
在当地的杂志上发表了很多关于科学主题的稿件。玛高温于 1893 年逝世，享年
79 岁。

———————

① 见第二卷第 415 页。——原作者注

斐伦 ①1899 年离开上海，是公共租界工部局最优秀的总董。他时常被人想起，是因为他的工作和租界扩张有关系，还有就是他把跑马场的内部改成了公共运动场。

406文惠廉父子都曾担任主教。文惠廉 ② 获得医学博士学位后，于 1837 年来到巴达维亚 ③，以美国圣公会传教士的身份向当地人传教，后来去了澳门、厦门。1844 年，文惠廉成为美国圣公会中国教区主教。他花了很多时间在翻译工作上，1864 年在上海逝世。

他的第二个儿子小文惠廉于 1846 年出生在上海县城，在美国受教育后于 1869 年回到上海。1878 年，他成为圣约翰书院（St. John's College）神学系主任，后于 1884 年接替施约瑟（Schereschewsky）成为主教。1891 年，他在上海溺水身亡。

汉璧礼是上海历史上非常有名的人物。1853 年来到上海，经营着公平洋行。尽管他仅在 1865—1866 年担任工部局董事，但他对公共事业十分热心积极。1871 年离开后在门托尼（Mentone）附近定居，在那里他建造了一座有 4 000—5 000 个品种的植物园。那里的生活必定与他在上海有一群商人整天围绕在他身边的生活有着很大的区别。据说，汉璧礼在他的"宫殿"——植物园，接待过维多利亚女王两次，接待过德国的弗里德里克皇帝两次，还接待过威尔士亲王艾伯特·爱德华和公主。他为意大利教育做出了巨大的贡献，因此两次被授勋意大利基督教圣职。

汉璧礼是为数不多的在上海积累了财富，又留下了很多捐赠的人物，关于这个主题我们可以在其他的地方再作评论。但是我们不得不说，汉璧礼公学和

---

① 斐伦于 1898 年 1 月中旬被选为工部局总董，至 1899 年 8 月辞职。他曾于 1898 年 8 月 3 日至 11 月 30 日期间离沪，但职务保留不变。——译者注

② 见第一卷第 443 页。——原作者注

③ 巴达维亚是印度尼西亚首都雅加达的旧称。——译者注

他为意大利教育所做的贡献相比，简直就是九牛一毛。他捐献给公共公园的树和他在门托尼附近花园的树比起来也是少之又少。不过，任何一个有品位、有财富的人都会像汉璧礼一样喜欢华丽的西方，而不是无趣、悲惨的中国。而他花在为皇室提供娱乐或教授意大利年轻人如何射击的这些钱，都是得自上海，这一点也耐人寻味。为了奖励他，租界以他的名字命名了一条道路，不过这样一条道路是无法让皇室成员都称羡的。

1893 年，他再次访问上海，并在当年举行的庆祝上海开埠 50 周年庆典上，捐了 5 000 两白银给上海当地的慈善组织。

詹美生在爱尔兰学习医学，由于年纪太轻最终没有毕业。后来他被派驻日本领事馆工作。1862 年来到上海创办了《上海纪事报》(*Recorder*) 并担任编辑。第二年，成为上海北华捷报社的编辑，盖德润在他手下工作。1866 年，他离开记者行业，两年后在都柏林获得了医学博士学位，后来又回到上海行医，一直到 1895 年 53 岁逝世。他天资聪颖，见闻广博，在写作和表达上形成了自己独特的风格，是一名真正的学者。

费隆 (Robert Inglis Fearon)[1] 于 1850 年代加入美商琼记洋行，后来成为合伙人。最终为了协隆洋行 (Fearon，Low and Co.) 的利益，费隆定居纽约。1897 年在纽约逝世，享年 61 岁。《北华捷报》曾高度赞扬他的人格，说他"可以在上海的英烈祠[2] 中占一席之地"。将上海与英烈祠并提可能也有些不伦不类。虽然他并没有为上海做过很多贡献，但是因为他的荣誉称号，在此我们还是对他作个介绍。据说他在当地戏剧表演界是一位举足轻重的人物，他和他的妻子也是"上海社会的风云人物"。

---

① 见第一卷第 470 页。——原作者注

费隆 (Robert Inglis Fearon)，英国人，美商琼记洋行上海分行协理，1861 年跟随英国海军上将贺布及英国驻华参赞巴夏礼率领的舰队沿长江赴内地考察，为琼记洋行向西发展做准备。1872—1873 年当选为工部局董事，其中第二年任总董。——译者注

② 此处原文为 Walhalla，即瓦尔哈拉殿堂，是北欧神话的主神兼死亡之神奥丁接待英灵的殿堂。——译者注

1891 年，海关总署 4 级助理梅森（Mason）私通中国的秘密组织——哥老会，组织了一场很不像样的叛乱。此事曾小有轰动。他携带着 35 箱武器和弹药前往赤源（Chi yuen），途中被海关总署的警员抓获。他被判有罪且需服刑 9 个月。一些人认为，他只是一个想急于成名的傻瓜；另外一些人认为，他参与了一场真正的阴谋；还有一些人认为，那些更聪明的人为中国政府的利益而利用了他，事件的曝光增加了中国政府的政治筹码。海关总署曾收到过三份警告电报！

很多人对此事都感到反感和愤怒，特别是英国居民，因为县城里哥老会的成员都遭到拷打折磨，而这都是由英国人梅森所为而造成的。

此事后续又热闹了一番：他从领事馆监狱越狱了，然而结局平淡。他奔逃至 300 多码处的浙江路桥附近时，被两名巡捕认出，押解回来。大仲马（Dumas）本人遇到如此情境大概也无计可施吧。在最后宣判时，他没有申请担保，最终被驱逐出境。

土地登记与调查

从全世界土地使用权的历史演变来看，各地都经历过从公有到私有逐渐转变的过程。在英国法律里，君主是土地的最高所有者，其他人都是他的封臣或佃户。只有国家被赋予了土地的所有权，而国家根据共同体为公共福利而提出的条件，将从属权利授予个人所有者。

各种有关集体与个人权利的理论、土地转让的繁复制度或者土地法中的上千处技术细节，并非我们在此关注的焦点。但显然外侨来到像中国这样的文明国家，获取土地为己所用，是在其他各种困难之外又添了一道新难题。必须通过条约制定特别的条例，确立当地获取土地的通则和专门规章，这些做法自然会引发无数难题和变数。

最初的手续很简单。在租界的地界内，只要当地所有者愿意出让，外侨便可占据任何一块土地，并向中国政府支付土地租金。没有人会购下超过自身经营与居住所需的土地，而这块土地也被视为个人动产。

然而，时移势迁，很快购买土地成了投资或者投机，而土地的所有者也不在本地居住。土地或许会被视为不动产，其结果就会是无穷的麻烦和诉讼。

另外，很多土地购于租界之外，有些甚至远在苏州，办理地契、土地转让和登记都会引发问题。《天津条约》本应对此事进行调整。

目前使用的土地转让表单仅限于租界内的土地，但其他地块也在使用。中方当局未表示反对，原因或许是他们的注意力并未落在文件的特定措辞上。然而 1863 年，梅辉立担心中方日益增长的戒心以及将外侨活动限于租界内的意向会引发争端。

另一个重点是这么做让人有机会进行欺诈交易。惯常的程序是收到中方转让地契后，授予盖章认证的地契。这些（转让）地契在中方卖主、地保和牙商签字后，由买方递交。土地若是位于租界之内，一切细节都很容易查证，若非如此，就不可能核实细节。也不要求出示旧地契，很多情况下，由于上海周边地区动荡不安的局势，旧地契已经遗失。因此不诚实的外侨可以轻易地通过地保，设法取得一张标明代表某一地块的地契，其中标注的尺寸并不正确。而他以此从领事馆换取盖章地契后，就可以将土地售予另一位买家，后者购买土地则是基于对领事出具证书良好信誉的信赖。

梅辉立提出的有些难题，经卜鲁斯一纸公文表明完全不是问题，文中声明《天津条约》对于英国公民在中国获取土地的情况未作任何调整。根据条约，他们只能在几个开放港口以及附近地区——比如吴淞——购买或租赁土地。尽管条约规定的开放港口中并未包含这些附属地区的名称，但它们也是港口的组成部分。苏州的投机生意将不受条约保护，而且已有指令这样的交易不予登记，将由中国人根据中国法律颁发和登记地契。

1873 年，哲美森探讨了我们之前提到的问题——外侨购置的土地到底是动产还是不动产。最高法院将其认定为动产。但买卖的各方制作了转让地契，毫无疑问是将土地视为不动产。中国法律显然对于土地和其他财产并不作区分，他们依据卖契转让土地，然后在地区衙门进行登记。若土地售予洋人，则把这条登记条目删除，在道台衙门加入新条目。最初，地契不准转让，除非按照原先支付的价格，转给当地原先的土地所有者。不过这条规定很快成了一纸空文。自 1855 年或更早些时候起，明确同意了土地持有者可自由转让土地。转租给中国人已成寻常事。上海土地所有者与英国土地所有者的处境越来越相像，如果买卖交易中能够解决土地的绝对所有权，那么两者就完全一样了。哲美森建议发布一个简短的枢密令，宣布所有租赁协议以个人身份签订，便可解决这一问题。他还希望将"继承人"一词从我们的地契中删去，因为中文文本中并没有与之对应的说法。

他还提出另一个问题，土地是从政府处租用还是向原先的土地所有人租借。举例来说，当地土地出租人并非真正的土地所有人，若这一点是钱款付清、道台钤印后方才为人所知，这份地契是否将保护外侨租地人的利益免于原告诉讼？地契中还有一处前后矛盾，因为地契文字上显示当地土地所有者为出租人，而名义上的租金却是付给政府。原先的土地所有者不再露面，在不少情况下已无法找到本人。而且若发生没收财产的情况，则是宣布土地收归中国政府所有，而非当地的出租人。

410

大家莫以为这些问题不过是法律上的小争端，它们在当时都是具有重大意义的实际问题。

因此，当时的程序是，若有外侨欲购买土地，中方当局应对当地的地契进行核对，如果一切都合乎程序，则由中方当局通过外国领事馆发放一张不可废除的新地契。但附带条件是，由于要支付政府土地税，所有的变更转让等情况都应在地契上注明，并在原先发出地契的领事馆登记，以免对土地所有权产生疑问，也可避免征税环节的麻烦。

最初的土地登记始于英国领事馆，而且当时预计这些土地都将被占用相当一段时间，所以土地编号都是事先确定。但过了一段时间这一原则就被弃置不用，土地编号与登记号完全一致，仅根据登记时间的先后流水编号。土地编号一旦确定，除非地契确实注销，否则将一直沿用；分租后的小地块在原先土地编号之外加一个字母标识。

然而，在美国领事馆里土地并不编号，仅地契有编号。土地分割、合并、界限变更，便发出新地契，新地契并未提及原地契的编号，由此造成的混乱状况可想而知。在领事馆的登记册，甚至由总领事权威发布的土地清单上，有些地块早就在他国领事馆重新登记，有的甚至在美国领事馆自己的登记册里再次出现。

1869 年在英国领事馆登记的土地和分租后的小地块总共 1 100 宗，美国领事馆约 250 宗，俄国领事馆大约 25 宗，而法方在租界之外登记土地的很少。

尽管英国领事馆使用的登记制度最为完善，然而在实际运用中还有许多不尽人意之处。有些人持有的地产地契有误，而有些地契在人们对其所处位置持

411 有错误认识的情况下被注销了。甚至后来我们还看到一位业主对根据土地登记位于熙华德路上的土地支付税款表示异议，而这块地实际位于东门附近。之后，还是这块 601 号地块的业主要求归还支付多年的税款，理由是未能找到该地块！而科尼利厄·托姆（Cornelius Thorns）展示了两张英国领事馆的地契，其中一张小地块仅占地 1 分，根据地契上显示工部局重复收了两次税！

然而根据金斯密撰写的备忘录，1869 年时土地登记绝对无法对某一地块所在位置和四至边界给出清楚的线索。举例来说，土地的边界可以陈述如下："北面一条路，南面一段河堤，东面为中国租户，西面一条路。"要确定土地的位置常需依赖居民的常识，但显然这样的方法无法持久。

许多地块又从我们的视线中消失，因为它们转手给了中国人。据说，事实上包括虹口在内，租界里所有的土地，一半为当地人所有，且并不登记在外国领事馆的登记册中。英国领事馆直到 1881 年才禁止将土地转让给中国人。

所有这些不合规矩的做法——还有其他的，我们就不提了，随着地产升值愈显紧要，当了解地块所处位置和界限的人离世或者离开上海，我们所能参考的除了土地登记之外，别无他物，争端纷至在所难免。

关于这一点，我们冒着让读者垂涎欲滴的风险，记录下一些土地的价格，十分有意思。

1866 年，嘉维·索伯恩（Jarvie Thorburn）以 450 两白银买入静安寺路上的 23 亩土地，而四明公所附近的 5 亩地以 65 两白银售出。外滩地块的评估价为每亩 5 000 两白银，但也有人对此不以为然，据说最好的地块最高价为 4 000 两白银，而最差地块的价格不超过每亩 30 两白银。值得记下一笔的是，1868 年一块地经转手后以 3 000 两拍卖售出，若干年前其售价为 1 800 两白银。1872 年，格罗姆（Groom）在静安寺路上的地产"The Lawn"，23 亩地外加建筑，以 9 000 两白银售出，奥弗维（Overweg）在徐家汇路上的廊房，以 1 000 两白银售出。在浦东，位于海军船厂（Naval Yard）与旗昌轮船公司码头（S. S. N. Co. Dock）之间的 37 亩土地，其中 1 500 英尺是临水区域，每亩 4 两白银！

金斯密提出建议，尽管土地转让、地契合法性以及所有司法职能的问题，都应留给土地所有者所属国的领事馆，工部局应成立地产处（Land Office），负责该处的官员本人应对租界以及周边区域内的所有土地的所在区域、位置、面积和界限都了如指掌。在领事馆登记土地买卖或地产分割之前，当事人要出具一份证书，表明地产四界等信息已在地产处及时备案、在其平面地图上标明位置并取得编号。该编号也将写入地契，无论这块土地登记在哪个领事馆，此编号都将作为这块土地的识别号。金斯密还提出将一亩确定为 6 600 平方英尺，他的其他建议规则我们就不再赘述。绘制平面地图将方便通过领事馆登记册查找到具体地块，也将避免涉及土地四至的争端，甚至还能减轻各国领事馆的工作。

412

记录显示，地产处始设于 1871 年 2 月，而比例尺为 1 英寸代表 200 英尺的土地平面图也将在英国印刷出版。想到终于完成了一件令人满意的事让我们内心稍感安慰，然而我们继续研读文档，又看到一份 1888 年提出建立地产处的建议！这不免让人气馁，令人怀疑是不是哪里出了错。

我们发现在此期间，俄国领事馆在将土地转让给中国人的过程中出了麻烦，在各国领事馆登记的手续暂停，工部局对土地失去监控，更收不到税款。担文认为，中国人有充分的权利在租界中拥有土地，但他们也必须根据旧的《土地章程》第 10 款和其他人一样赋税，这些纳税手续须通过道台来执行。但工部局委派了高易设法将土地再转手到外侨名下。若此举不可行，工部局将就此事的总体操作原则再与俄国及其他各国领事商议。

另一个难题是，要在土地转手的同时从各国领事馆获取正确的登记信息没有系统的方式。然而，这一点通过专门向各国领事馆提供格式统一的打印表格得以解决。

还有另一种缺陷是，在领事馆登记册和道台衙门中登载着外侨姓名的外侨地契所载地块并未从原来中方的登记中删除，所以土地依然登记在一个中国人名下。除了一纸外国租约，在当地土地管理机构 ① 的登记册中并未记载所有者变更的信息。有人指出一旦英国领事馆失火，转让地契被毁，便损失了一项地

---

① 原文为 "Native Land Office"，应指道台所属管理土地机构，即发放道契的机构。——译者注

产转予外人的证据，而衙门里的记录若再遇不测就可演变成一场大灾难了。

413　　多年后，土地在知县衙门和道台衙门双重登记的做法也给出了解释。据说中国人仅将洋人视为途经此处的旅人，将土地售予他们不过是临时让渡。但也有人说，付出一点"酬金"，知县处登记原先土地所有人的条目可予删除。

如前所述，1881 年 9 月英国领事禁止了将租界土地转让给中国人的做法。

将土地转让给工部局用于公共事业，也引出了一些麻烦。英国领事拒绝接受仅在地契背面签注备忘，多次坚持不论是整块土地或是部分地块，地契后面必须附有转让备忘录，转手双方都须签字。但要拿到地契也会遭遇很多难题，特别是有时候这些地契已经被带回了"家"，而工部局提议，大家若能在领事馆登记时递送正式签署的转让契约，并附上可作参考的平面图，工部局将为一切实际用途提供解答。领事达文波同意这种操作方式，但条件是这么做的同时，决不能损害诚信地持有确凿地契者的任何权利。

当修改《土地章程》委员会于 1881 年集会时，提出的第 13 款内容表明一切皆非应有的样子。条文写道："各缔约国领事与中方当局应向工部局提供，双方土地管理机构登记的租界内所有土地以及土地转让，包括登记所有者姓名在内的详细资料。"

在此之前，1878 年，工部局挑选任命了 7 位租地人组成委员会，仔细考察现行土地转让和登记的规章，以及 1869 年土地估价委员会（General Land Assessment Committee）的建议，即我们之前提到的金斯密撰写的备忘录。工部局认为委员会提交的报告十分有用，不过他们的时间看来是白费了，因为召开纳税人特别会议审议该报告时，只有 76 人出席，而所需法定人数为 129 人，所以会议休会，并且直到 1881 年提出修改《土地章程》为止再没有任何进展。

下一步行动出现于 1887 年，打算"根据 1869 年金斯密的建议建立土地登记制度"！

次年，英国估价员卡勒斯（Carles）指出土地登记制度存在缺陷。当时外侨持有道台衙门发出地契的地块，之前没有勘查测绘的，道台正在采取措施进行勘测。而经英国领事馆登记的地契大约有三分之二，换言之约 1 100 个地块可归为此类。然而勘测工作进行得毫无章法，亦如土地转让之时官员才注意到地

契的存在。这次勘测一方面是为了确定合适的土地税款，另一方面也是为了能 414
拜访未经正式批准而占用如沟渠等土地的业主。租界内有大量土地未经正式转
让手续而作为公共道路使用，在这种情况下，这些土地依然支付税款。在领事
馆提供给工部局的报告中，认为这些道路延伸的土地依然需要征缴税款，这一
做法并不妥当。卡勒斯提出土地勘测若能系统地进行，道台、工部局和土地所
有者都将从中受益，由道路围成的街区地块应首先作为一个整体进行勘测，然
后可以确定每个街区的组成，从而查明其中划为公共用地的面积。这些工作需
要一位称职测量师的协助才能完成。

工部局测量师克拉克也强调了以下事实，转让为公共用地的土地仍然缴税，
而且地块的界限无法核实。他认为就如多年前拟定议事规则时所考虑的一样，
需要建立工部局地产处。上海的历史总是如此重演着。

工部局同意了卡勒斯的建议，并希望地产处的开支可经由制作土地平面图
等收费来偿付。如此一来，各国领事必须同意，若不能同时递交地产处出具的
土地平面图，就不能进行土地转让手续。

此后很可能并未立刻采取任何举措，因为三年后有人说，有时草率随意的
土地转让方式助长了诈骗行为。有些人拿到的是看来手续齐备实际却毫无价值
的地契，但凭借这样的文件他们有时也能成功获得贷款。

甚至直到 1900 年，我们看到工部局的工作依然一筹莫展，因为各国领事
无法达成一致。工部局要求英国和德国领事馆协助，其他领事馆很可能也面临
此种压力，但德、俄、意、美领事出于各自不同的理由都持反对意见。最终，
1900 年，英国领事霍必澜爵士（Sir Pelham Warren）同意自 11 月 1 日起施行新
举措，而工部局总董将尽其所能说服其他国家的领事给出同样承诺。机构定名
为"领事馆册地处"（Cadastral Office）。

1897 年，工部局要求在勘定地块地界以颁发新地契时，须有领事官员到 415
场。这一做法是希望执行《土地章程》第 7 款，但该章程已暂停使用超过 40
年了。

韩能表示他不能改变工作程序，但如果新租用的土地将进行正式勘测，他
将通知工部局。而工部局复函对这一"令人满意的新举措"表示感谢。

在麦雷（Mcmurray）案发生之时，有人提出涉及土地案件要从法律顾问那里得到明确意见实属不易，法律顾问本人也有土地利益牵涉其中，而人们认识到没有过多利益牵扯，对于工部局来说比较有利。

1900 年，会审公廨审了一桩很有意思的案子。霍爱德起诉几个当地人以取得土地所有权，这块地于 1864 年由霍锦士购买，1897 年转让给霍爱德。而他手中持有该土块的道契。1870 年 ①，双方在法庭上同意以 1 800 两白银的购地款和 1 800 两白银的拆除房屋等费用，将土地转给霍锦士。尽管每年都给这些当地人发出请他们搬离的通知，但是上述协议从未真正执行。陪审官包文（Bourne）认为，道契"更确切地说，是由代表中国政府的道台和领事签署的、具有英国君主制诰性质的财产转让契约——一项基于条约规定的公共行政行为。道台'协商同意'，撤销了当地人的土地所有权，并通过道契将这块土地的物权赋予英国公民。若事实确实如此，这个法庭（会审公廨）没有权力宣布道契无效，此举只能在发生错误、欺诈之类的情况下，由道台与领事一致采取行动。基于以上理由，土地应为原告所有。"

然而，也有人提出，由于土地价值已从 1864 年的 300 两白银飙升至 1900 年的 5 000 两白银，理应支付超过原先的 3 600 两白银以作补偿。建议双方庭外和解。

在 1896 年之前，杨树浦捕房（Yangtzepoo Station）附近成立了一特殊机构，称为"升科局"，处理沿江滩地和荒地事宜。"升科"在这里意味着将不赋税的土地变为赋税土地。当然在上海寸土寸金，官员们可以把这些新生的土地卖个大价钱。

不久，该机构因为毫不考虑土地之前的所有权问题，就给沿江滩地等土地颁发地契而背负恶名。当地的卖方出售土地给外侨时，该机构会有人持伪造的土地所有权证阻止转让交易，除非出钱买通他。

如此，我们还读到一位外侨为一块滩地赋税多年，然后道台声称拥有土地所有权，并打算高价把这块地卖给这位所有者，而那些税单是签"错"了。

---

① 原文如此，这一时间有误。——译者注

金斯密似乎曾代表该机构行事，1898 年被起诉，而法院下达了禁止他参与的强制令。有人主张省级当局应对土地事宜置身事外，而韩能任职的英国法庭得出的结论对金斯密不利。之后不久他又输了另一场类似的官司。

工部局打算填了华童公学（Public School）附近的池塘，兴建现在的昆山公园（Quinsan Square）时，金斯密也涉足此事。他受命要价 4.2 万两白银，但与两江总督一番书信往来，颇经过一些曲折后，价格定为 1.5 万两白银，最后全部开支超过 2.1 万两白银。

该机构的这些营私舞弊行为太过恶名昭彰且利润丰厚，升科局的官员们不得不把他们的大半所得上缴上级。据说徐姓主管被迫吐出了其所获利的 20 万两白银。

收集上海早期的地图、平面图和测量图等，将是研究租界史最大的乐趣，且会受益匪浅。十分遗憾没有设立一个能展示这些收藏品的博物馆或图书馆。

当然，人们很快就发现有绘制平面图的必要。早在工部局建立之前，就有了描绘为数不多几条道路的草图。工部局的前任——道路码头委员会定然也有自己未公开发表的平面图。

我们眼前有一份十分有意思的平面图，由 F. B. 尤埃尔（F. B. Youel）绘制于 1855 年 5 月，比例尺为 1 英寸代表 220 英尺。该图显示河南路以西实际上几乎没有筑成的道路——除了南京路、海关路（Custom House Road）和教堂街（Church Road）极短的延伸段之外，根本没有道路，房屋也极少。而河南路以东红色标注的英租界分外醒目。

1861 年，一位土木工程师、总测量师格瑞博向工部局提出为三租界绘制平面图，若预约者众多，则价格定为每份 10 元，工部局提出若干限制条件后接受了这一提议。英国领事馆提出要两份图纸。一个月后，由桑福德（Sanford）中尉向工部局提交了一份地图。当时军方官员绘制了大量地图，但大多涉及整个地区而非仅为租界区域。记录显示，1863 年 11 月，曾进行过一次土地测量，涉及 250 栋外侨房屋和 7 782 栋华人房屋。唯一可表现这次土地测量的技术性质的，是在补充说明中指出，详细的土地测量需时 639 天，若测量概况可在 5—6 个月内完成。有恒洋行曾正式提出以每亩 3 两白银的价格对整个英租界与虹口区域进行土地测量。上海人对金斯密印象深刻，提到他的名字总令人以为这是最近的事，但此次发生在 1864 年。一年后，他们完成了英租界的土地测量，需要支付给他们的账目为 6 824.79 两白银。但天呐！不到两个月，人们就发现地图上错漏百出，工部局表示错处若不修正，他们打算收回已支付的 4 000 两白银。结果引发工部局工程师克拉克与该洋行长时间以来往信函方式争吵不休。克拉克在报告中指责此次测量"极不准确"，特别是涉及外滩的低潮水位标志，他从外滩测量所得的数据为 180 英尺，而地图上将之标注为 125 英尺。此次测量显示英租界占地 3 441 亩，其中 103 亩为泥滩。有恒洋行新地图的比例尺为 1 英寸代表 200 英尺。曾参与各种事务的 E. M. 史密斯，曾借出一缩放仪，借助该工具可从较大地图上缩小绘图。

同时（1864 年 6 月），第 67 军团的杰布（Jebb）少校完成了虹口区域的测量，四周边界为东至虹口港（Hongkew Creek），西至林赛洋行的货仓，南面是苏州河、黄浦江，北面则是流向射击场的小河，即现在的海宁路（Haining Road）。虹口占地 1 240 亩。工部局为这幅地图付给吉勃 2 000 两白银。

提到雷士德先生的大名，似乎又将我们带回了当代的历史，但大约是半个世纪之前，他致信工部局表示十分遗憾退回英美租界的地图，因为他对此无能为力。很可能他原本打算按照登记内容为各地块添入详细信息。"我认为，英租界中所有可以得到的地块都已查明，剩下的土地为中国人所有，而要从他们口中得到任何信息，都绝无可能——虽然我猜想其中或有几块地是由已经回国对这些土地也不再有兴趣的外侨登记。而关于美租界的情况，美国领事馆几乎不能为我提供什么信息，偏远地段的边界已非常模糊，而土地也无人看顾。"这些都十分棘手且令人头疼，"大多外侨拥有的土地四至都未界定，而中国人对探问信息的人深怀疑虑"，他不得不绝望放弃。

一年后，金斯密也写下类似的话："还有一些登记在美国领事馆的地块，我至今还未找到确切的位置。第 19 号、22 号地块看来已经注销，签发了 201 和 202 号新地契，我能发现这一现状，仅仅因为后者的边界描述是按前者照抄的。"他还举出了其他操作失当的行为，尽管熙华德在某种程度上为领事馆开脱，说金斯密的某些评价"与事实不符"，但很明显要完成一份完整的两租界地块平面图十分困难。

目前能够获取的参考信息不完整，把事情弄得难以理解，因此金斯密以400两白银价格，致力于修正测量中的错失。1872年，拥有缩放仪的史密斯写道："以200英尺缩小到1英寸这么小的比例尺，加上租界测量中存在的错误，要达成工务委员会的期望，对我而言殊非易事。"

勒赛尔（H. O. Russell）从伦敦致信工部局，愿意提供上海周边区域的测量图。他声明已通过多个罗盘方位核实租界周边10英里范围，画出了每条河流、桥梁、寺庙和村庄，主要道路和墓区都有标注。所有图纸和各种信息总共要价1000两白银。工部局表示打算购买12份图纸复制件，但这似乎并不足以令这位制图师公开其成果。我们从后来的来信中得知，工部局表示若能重新制图，将2英寸代表1英里的比例尺至少放大为4英寸代表1英里，愿意出200英镑印刷该地图，但对方并未接受这一提议。

1867年，有人说工部局的地图（不管说的是哪一幅）根本没法用。不过阿查立充分利用一份地图，费了九牛二虎之力将其变成土地目录的平面示意图，形成一份简单明晰的地图索引。但要制作一幅准确的平面图真是难比登天。有一位土地所有人拒绝承认自己的土地，而北京路上的另一块土地根本找不着，这可怎么办？在土地交易繁荣时期，大家都贪婪地购买土地，英国领事列出了在英国领事馆登记的土地目录，但有时无从得知一些地块所处的方位，不少土地所有者自己对此也一无所知！不少大块地产握于银行手中，而银行倒闭、个人破产，让事情变得更为复杂。

1882年，工部局张贴广告，请人为测量虹口区域估价，收到了五花八门的报价。沃特斯和戴尔公司提出以1万两白银的价格在两年内完成。菊更斯（L. O. Jurgens）的出价为3 500两白银，18个月内完成，或4 000两白银一年内完成。金斯密要价22 500两白银。爱勒门特（C. Alements）则要根据时限长短，开价6 000—7 000两白银。而福开森报价8 400两白银。这项工作交给了道达尔（Dowdall），价格为7 500两白银。

1896年，金斯密在为中方当局制作一份位于静安寺、卡德路和苏州河之间区域的平面图。他提出以每亩1.5两白银或总价1 500两白银的价格为工部局提

419

供图纸复制件，但工部局认为出价过高，把这项事务委任给了他们的工程师。

工部局与伊斯就苏州河前滩权利的诉讼案，其漫长而曲折的过程十分发人深省。诉讼是为了限制伊斯这位不在本地居住的土地所有者，在未与租地人商议之前不能在其土地上建造房屋，而且工部局还希望能取得在官司结束之前不得建屋的临时禁令。呈报给首席大法官连厘爵士的案情报告在《北华捷报》（1885）上占据了 22 页篇幅。当时该地块为 232 号，大约 30 亩，其中有争议的八九亩土地即现在的华人公园（Chinese Garden）。其中形成苏州路的部分成为公共用地，而工部局主张根据《土地章程》的规定，沙地也属于公共用地。被告辩护首先否定了此地块属于《土地章程》中定义的沙地，其次不承认《土地章程》具有任何法律作用。在此我们就不再记录双方有关高潮位与低潮位的界限问题、"沙地"（beach ground，由麦都思发明的术语）与"前滩"（foreshore）的差别等各种奇思妙想的辩词。伊斯曾出席通过 1854 年修改《土地章程》的会议，既然他当时未提出反对，就可以认为他是接受了这规章。连厘认为现在才来否定章程的有效性为时已晚。他引用并支持洪卑于 1869 年在维尔斯一案中所言："《土地章程》的有效性问题已不必考虑，因为这一点早已确定。"结果判定前滩为公共用地。裁决原告应补偿伊斯筑堤所花费的 2 892 两白银，之后将发布工部局请求的禁令，双方各自承担诉讼费用。工部局寄送了汇票（3 094 两白银，包括 8% 的利息），伊斯向枢密院的上诉被驳回，枢密院支持连厘的判决。

魏拉特代表被告出庭，而工部局法律顾问乐皮生代表工部局。乐皮生要求再加付 600 两白银，引发了他人意见，工部局认为其 1 500 两白银的律师费已足够。最后他多收了 300 两白银，有两位董事投了反对票。

另外值得一提的是，虽然此案于 1885 年 1 月、2 月间审判，但此案尚有前情。在 1881 年 2 月的纳税人大会讨论了涉及这一侵占行为的决议，但这决议最终由一项修正条款取而代之："本次会议指示工部局采取一切措施保护使用前滩的公共权利。"工部局的目的是寻求纳税人对他们已经和即将采取的行动的支持。他们即将采取的行动是将此事诉诸法庭，他们已经采取的行动是在巡捕的保护下派出苦力，拆除了障碍物——一道竹篱笆。数日后，代理人科雷（Cory）会同律师魏拉特带人重修篱笆。有人叫了巡捕，巡捕被人推来搡去，请求增援。

督察长彭福尔德到场，还带了巡官斯却林、福勒。随后发生了一场所有人都加入的大混战，还好只是相互扭打推搡，并未挥拳痛击，最终警方获胜，留下两人看守。伊斯的代理人并未通过总办起诉工部局，而是对总董和警方个人提出诉讼，7 月，工部局支付了 1 500 两白银达成庭外和解。

为此案工部局付给担文 750 两白银。

第41章

其他教育机构

1874 年，麦华陀和其他人建议设立一家华人阅览室。那时正是英国兴起机械学院与廉价读物的时代，因此这一建议多半是出于想要改善底层大众单调沉闷生活的一种想法，或者是当时的一种风尚，而非如中国人认为的是出于传教的热情。或者至少它是将外国机构和方法引入中国人生活的另一种尝试，如同引入中国的主日学校、基督教青年会、童子军（Boy Scouts）及许多教会组织一样。对一名工作者来说，用他习惯的方式工作并将之运用于需要的地方会容易得多，既然这种方式在西方已取得了成功，它必定也会在东方成功。很少有人会足够明智地废弃外来的想法，而去研究中国的思想与文明并发扬本土事物，并去发展可发展的东西而不是引进外来的事物。

不管怎样，在英国的摄政王大街（Regent Street）有一个格致书院（Polytechnic）——我们相信它现在仍存在着，因此，在这里也应该有一个格致书院。"格致书院"这个名称有点难听，但上海对此颇有自己的审美观，难道还有什么名称会比"尚贤堂"（International Institute）、"公共体育场"（Public Recreation Ground）等名称更生硬、更没吸引力的吗？

作为一名领事麦华陀得到了他所请求的援助。两江总督资助了 1 000 两，至年底已募集到了 5 000 两，其中三分之二来自华人。有位徐先生在此事上尤为积极。购买的土地位于北海路（靠近老跑马场的内侧），一幢半中国式的建筑建起来了，李鸿章随手写了一幅题词置于大门的上方。最初只想设立一个阅览室，但后来又举办讲座、机器展览等，并发行了一本科学杂志。傅兰雅（现在是博士）是这项事业的主要发起者。

格致书院开院于 1876 年，亏空 1 000 两，靠抵押借款来弥补损失。

1890 年，财务状况好转，使其足以聘用一名外国"教授"——尽管这种称呼对这名英国人来说是用词不当。科斯莫·伯顿（Cosmo Burton）（一位理学士、爱丁堡皇家学会会员、英国化学学会会员）来书院负责工作，同行的还有他"迷人的妻子"。三个月后，他死于恶性天花。第二年，麦克唐纳继任他的工作。1898 年，由莱曼（Lyman）主持工作，西人与华人都来此作过演讲。

裨治文博士去世后，英国皇家亚洲文会北华支会三年来一直处于休眠状态，至 1864 年才复苏，从那时起，它每年定期发行刊物。有一段时期，它免费租用前任吴道台的房子，后来不得不在共济会礼堂办公，它的博物院与图书馆因此一度无法开设。1870 年 5 月，它租用南京路上的汇隆银行大楼 ① 作为办公地点。

1868 年，英国领事温思达向外交部提议给予亚洲文会一块地皮建房——这块地皮紧挨着监狱，该提议马上得到了同意：亚洲文会可以以低廉的租金使用这块地皮，一旦监狱地块的其余部分出售，这块地的所有权将完全移交给亚洲文会，但如果亚洲文会被解散或大楼没有在三年内造好的话，这块地皮将归还英国政府。

当三年即将过去时，大楼才开始动工建造，亚洲文会尽了很大的努力去筹集资金。辩论社团以能在亚洲文会聚会为条件捐赠了它的结余资金，汉璧礼捐助了 500 两，金斯密免费提供设计图纸，会所于 1871 年以低于 3 000 两的造价建成。由名誉图书馆馆长高第（Henri Cordier）和福士（F. B. Forbes）"一个子、一个子"地募集到的捐款达到 2 700 两。

当然，某个阶层的人们谈及亚洲文会时，总会把它看作基于会员之间相互倾慕而组建起来的一个枯燥乏味的团体，但即便是一个商业团体（除非完全利令智昏），或一个以营利为目的的团体，也很可能会用它的一些聪明才智去研究与之贸易往来的人群的语言、文学与伦理学等。当然，如果说博物院有点让上

422

---

① 此处的英文原文为 the Commercial Bank Buildings，据考证相关背景资料，此处似应指汇隆银行（Commercial Bank of India）。——译者注

海丢脸的话,那么亚洲文会就是为上海增了光,并把上海从别人对她完全沉溺于敛财和娱乐的指责声中拯救了出来。

亚洲文会已做的一项实践性工作必须要在这里提一下:1869 年,亚洲文会派爱莲斯(Ney Elias)勘探黄河的新河道,并在它的杂志上刊登了爱莲斯的考察报告。

亚洲文会图书馆开馆时的馆藏图书是由裨治文与帅福礼 ① 捐赠的,后于 1868 年花了 1 767.50 两买下伟烈亚力 ② 的私人藏书以扩充馆藏,图书馆的第一本书目是由图书馆名誉馆长高第编制的。

像上海这样一个富有的地方却从未有过一个能与之相称、令人引以为傲的博物院,这令许多观察敏锐的人感到迷惑不解。

1874 年,决定建立一座博物院作为亚洲文会北华支会工作的一部分。

工部局最初拒绝提供补助,《北华捷报》说工部局做得很正确,因为"如果他们在向私人机构捐助上开了头的话,他们还停得下来吗?"——这是一个非常无知的评论。工部局本身是持同情态度,只是没有用于此类项目的资金,但它还是在 1878 年的预算中增加了 250 两作为对博物院的补助。

大量的标本被送入博物院,比如麦士尼(Mesny)将军 ③ 在 1868 年至 1878 年间捐赠了来自中国西部的 200 多只鸟和昆虫,还有书籍、手稿与当地制造的物品。但是显然,一名没有配备受过专门训练的助手的博物院名誉院长是挤不出时间使博物院保持水准的。博物院长期处于一种相当糟糕的状态,直到 1897 年它才发现自己处于一种没有院长、自然历史标本正在损坏、标签分离、珍贵物品

---

① 帅福礼(Edward W. Syle),1817—1891 年,美国圣公会传教士,1845—1860 年在上海董家渡创建收容所,亚洲文会北华支会创办人之一。原书第 238 页,即本书第 480 页作者误写为"E. V. Syle"。——译者注

② 伟烈亚力一生著述甚丰,归国前将所藏中西文书籍 718 卷悉捐亚洲文会北华支会图书馆。——译者注

③ 麦士尼(William Mesny),1842—1919 年,英国探险家。生于英国泽西岛,12 岁开始航海生涯。1860 年来中国,初在海关任职,后入清军左宗棠部,并在贵州等地的清军中任顾问,曾被清廷赐予"巴鲁图"称号,并获得宝星勋章。在中国期间,除军事生涯外,他还主编《华英会通》。他精通汉语,足迹遍及中国。1919 年卒于汉口。——译者注

丢失的状况。于是，亚洲文会请求工部局增加对它的补助以聘请一名带薪院长。第二年，亚洲文会任命了一名院长，每月酬金为 75 两。但工部局两次都拒绝了提高亚洲文会历年来每年 500 两的补助标准，并让亚洲文会向纳税人会求助。

一座博物馆，除了要拥有丰富的记录地方自然历史的图片，从而具有教育价值之外，中国人的商业产品在这个商业中心也该拥有一席之地，因为有价值的艺术品及古董保存在这里，可能比放在中国其他任何地方都会更安全，也更便于学生与商人参观。

工部局曾经为建造一座猴屋或在公共花园建此类房子而在它的预算中立项几千两银子，而对于系统研究这个国家动植物群的博物馆，工部局却拒绝拨付同样数额的资金，这看起来有些奇怪。而更奇怪的是，博物院内竟没有一批手工制品的馆藏，供那些对中国贸易感兴趣的人参考、研究与比较。

马士博士于 1888 年就此事写信给《北华捷报》但毫无结果。1893 年，当工部书信馆在出售上海开埠五十周年庆邮票获取巨大收益后，有人建议应将这笔盈利用于帮助博物院，但该建议没有被采纳。

曾经还有过几次想要改善现状的勇敢却徒劳的尝试，我们会在后面的章节再作叙述。

在本书第一卷的第 433 页中，已提及过 1854 年以前的洋文书院（Shanghai Library）的情况，第二年，它以 15% 的利率借给工部局 1 200 元建造工部局大楼，而洋文书院则以每年 300 元租用工部局大楼内的房子。裨治文博士于 1858 年与 1859 年皆报告说洋文书院经济状况很好，购书支出为 250 英镑，但到了 1864 年，由于手中仅有 44 元，书院呼吁更多的支持。这次呼吁一定是非常成功的，因为这一年购书花了 2 000 两，还结余 200 两。1865 年年报显示，洋文书院以 10% 的利率借给工部局 2 000 两，但工部局没有付该年的利息，洋文书院花费在购书等项目上的费用为 1 022 两。由于洋文书院的阅览室几乎没什么读者，有人建议将它和上海总会合并。1871 年 11 月，有人提及洋文书院"被设在总会昏暗的地下室里"，一些私人图书馆已限制了它的资金并削弱了它的利用价值，不久之后，洋文书院搬到了亚洲文会的新大楼内，占用了毗邻亚洲文会房屋的几间屋子，这几间屋子是洋文书院建造的，但它们的产权被转让给了

图26 罗伯特·克劳弗德·安妥巴士先生,上海万国体育会(上海运动事业基金会)创始人。该会成立于1860年11月15日

亚洲文会,条件是:洋文书院在头十年可以免费租用这几间房间,第二个十年每年付租金100两。洋文书院原本想把旧书卖掉,但受到了阻碍,因为这必须得到财产托管人的允许,但十年或二十年后,已经没人知道谁是财产托管人了!

上海总会图书馆的成立使得洋文书院失去了将近一半的会员,处于消亡危险之中的它徒劳地想寻求上海运动事业基金会的帮助,但最后还是被玛高温和布彻接管,并于1879年向公众开放,开放时间是特定的且不收费。工部局以洋文书院应继续免费向公众开放为条件,于1881年给予它250两的补助。自此十年来,工部局每年捐助给洋文书院100两。1891年,洋文书院拥有1万册图书并已完全成为一个公共机构,工部局将每年的补助增加到600两。1894年,在将洋文书院从博物院路搬到南京路后,捐助费又增加到了每年1 000两。1896年洋文书院请求将补助提升到1 500两,遭到工部局的拒绝,而这一请求也未被提交到纳税人会议上。

第42章

总会和跑马厅

上海运动事业基金会（Recreation Fund）、上海总会（Shanghai Club）、上海跑马总会和上海跑马厅（Shanghai Riding Course）之间关系紧密，要将它们其中任何一个单独挑出来做个简要说明都不可能。上海跑马厅曾三易其地。买下第二个跑马厅时，第一个就称为"旧"跑马厅；买下第三个跑马厅时，第二个又称为"旧"跑马厅，而第二和第三个跑马厅也都曾叫作"新"跑马厅。因此除非仔细留意所谓"新""旧"所指的确切年份，读者极易将它们混为一谈。

为了简单明了，我们在此将它们称为第一、第二、第三跑马厅。

第一跑马厅又叫"公园"或"花园"，而南京路就叫"花园弄"。现在要说出它的确切位置已有些困难了。在第一卷（第296页）曾说到它占地81亩，部分位于河南路和四川路之间。还需说明的是它位于南京路以北。但是根据《上海运动事业基金会史》（*History of the Shanghai Recreation Fund*）第178页关于跑马道（Shanghai Driving Course）①的记载，"公园"位于河南路与南京路的西北角。在一张1855年的地图上标注的"公园门"位于现在的天津路（Tientsin Road）上，河南路往西一些。这样看来上面的记载还是正确的。在本书第一卷431页中对这个位置的描述更准确些。在达文特撰写的《上海》（*Shanghai*）中说到一个大教堂建筑，在江西路南京路以南，那里曾是跑马场。这么说西北角

---

① 即静安寺路，今南京西路。——译者注

显然就成了东南角。然而在该书中另一处提及这个大教堂的位置已经是个小教堂。从这些纷繁的说法可以看出,当地标一一消失后,再要了解老上海就不那么容易了。

1854 年随着租界的发展,"某些侨民"看着地价一路上扬,担心"公园"过于拥挤,就在更远些的地方买了一块地,建起了新跑马厅,也叫"新公园",或按我们的叫法是"第二跑马厅"。现在第二跑马厅也已消失,但是读者还是可以在上海的各种规划中看到它曾经的位置:在护界河以东,从南京路一端沿着笔直的西藏路,顺着北海路、海口路和湖北路拐回南京路。南京路北边的部分就不那么清楚了,当然那个时候还没建起来。粗略说起来,大约位于现在的浙江路、芝罘路,远至云南路(Yunnan Road),然后拐回南京路。这是跑马厅,也是赛马场。当时的设施并未考虑驾车,因为那时没有可驾车的路,只有街道,也没有马车。跑马厅的股份是每股 50 元。8 年后,股东们修筑了一条走马车的大道,从现在的南京路直到静安寺,这就是"上海跑马道",后改称静安寺路。之后宁波路等其他道路纷纷建成,"新公园"或叫第二跑马厅就消失于重重民房之中了。我们一会儿再来说跑马厅的故事。

1860 年,有四位审慎的侨民在第二跑马厅中央买了 40 亩地,就在古培先生马厩的对面。这不是为了他们自己的利益,而是为了侨民未来的福祉,他们打算在这里建个永久性的板球场及其他运动场地。那块地花了 2 245.75 元,预计场地设备等还需 2 000—3 000 元才能投入使用。

因此四人决定马上行动寻找援助。约 50 人购买了每股为 50 元的 138 股股份,并接手该土地"为大众休闲娱乐之用,……除非得到持股人的一致同意不得移作它用"。

信托书已备妥,董事会和理事都任命了。募得总金额为 5 365.50 两白银(计 6 900 元),总支出为 4 421.34 两白银。

至此这目光远大的四人,因不像一般委员会那样优柔寡断,已声名远播,但在这里我们必须记下他们的名字,作为永久的荣誉:他们是安妥巴士、惠特尔、希尔德(Albert Heard)和邓脱(Henry Dent)。公共体育场上也该为他们立个纪念碑。

图 27　1881 年春季赛马日第一天

　　在之后一两年里，地价暴涨。1863 年 3 月，董事会决定将这块土地出售，在去年开业的第三跑马厅，就是现在的跑马厅中央再买一块地。董事会提醒股东们，他们所购土地是公益性的，并提出董事会以原价收购，获得股东们一致同意。此后史密斯以 49 425 两白银购得此地。这笔钱用于成立上海运动事业基金。1863 年 11 月，财务总管邓脱以基金中 12 500 两白银，买下了第三跑马厅中央几乎所有土地，共 430 亩。原股东成了新土地的股东。

　　买下土地后，耗资 6 764 两白银修筑板球场。余下大部分资金——33 900 两白银，以每年 8% 的利率借给上海总会，此外还贷款给划船总会（Rowing Club）1 400 两，棒球总会（Base-ball Club）2 000 两。

　　然后，麻烦来了。1866 年，邓脱离开上海后，召开了三年以来的首次股东大会，检视基金财务状况。管理委员会报告说共购置了跑马厅中央全部土地约 460 亩，耗资 1.65 万两白银，其中包括迄今为止的租金以及迁除坟墓和住宅等费用。此时，原先回购土地的 6 900 元还没有支付给股东，邓脱额外购买的约 30 亩土地，还欠着跑马厅业主 3 427 两白银。上海总会的借款包括利息，总

427

额为 34 776 两白银。有人建议为了解决基金会的债务问题，部分借款应马上归还，而且应对余下欠款建立正规的抵押契据，预先确定还款日期。

邓脱原先的用款，由于未获大部分股东同意应属无效，但这次会议也首肯了他的做法。

会上还提出拨款申请，欲在领事馆前土地上建公共花园，以及建造一座教堂的尖顶和一家剧院。同时板球总会（Cricket Club）和轮船总会（Boat Club）也要求资助。

之后的一次会议上，有人提议通过法律措施，收回上海总会的借款，但此提议以 72 票对 42 票未予通过。基金会多次提出交付利息的要求，得到上海总会的答复都是缺乏资金，无力偿还。与此同时，跑马总会也向基金会追讨拖欠的 3 427 两白银。情势非常紧张，因为土地已经租给了板球总会和棒球总会，而且正如洪卑法官所说，诉讼的结果可能是土地归还原所有者或中国政府。

会上的一项决议提出将土地交还跑马总会，抵偿债务，但该决议只有 14 票赞同，未获通过。从官方的来往信函看，最终协议是一旦上海总会偿还借款，基金会将付清跑马总会的债务。也有人说，跑马总会让基金会如此方便行事，是因为基金会买下土地，会拆除其中阻碍跑马视线的房屋。

428   腹背受敌的基金会此时改选了董事会，授权其竭尽所能与跑马总会及上海总会调停此事。然而，经过几个月与上海总会书信来往无果，董事会将此事交予他们的法律顾问梅博阁。此举遭到不少股东反对。上海总会的答复只有一个，他们愿意以总会运营后的盈利支付利息（如果可能还有本金）。基金董事会决定不再采取其他行动，因为不少人既是上海总会的股东也是基金会的股东，基金会即使想采取行动也会被否决。

上海总会一直不曾盈利，除了基金会要求的还款，还面临着其他问题。相比于 1868 年欠债 3 600 两白银，1869 年的情形也并无改善。这些钱要么由股东们自己掏腰包偿还，要不就得关闭总会，卖家具抵偿。股东们不乐意赔钱，会员们也不愿意将每个月缴纳的会费由 4 元提升至 5 元。

从长期讨论的记录看来，基金会借款之时，俱乐部正向巴顿（Barton）协商抵押贷款 3.3 万两白银，但并未完全敲定。若事后收到抵押款项，基金会的借款应该马上就能偿还了。这整桩借款的事看起来一点都不像生意行为，邓脱借款前不曾征询基金会股东的意见，借款后两年半以后才得到付款确认。

在会员大会上，有人试图将两个机构的状况相提并论：例如二者都是服务于公共利益的慈善事业，不过一个获得巨大成功，一个陷于失败；再例如上海总会股东亏损 4 万两白银，基金会的 4 万两白银无法及时收回。格罗姆在会上提出了一些建议，于是大会授权他提出解决方案，供基金董事会审议。该方案发展为上海总会应将总会大楼及其中的设施移交基金会，基金会将偿还其抵押借款（3.5 万两白银）和租地债务，同时放弃偿还借款要求。由于 138 股基金会股份中，有 118 股为上海总会的股东或其代表持有，而基金会由大部分股东操纵，所以这一方案饱受争议之处在于是否还需要还款的问题。除了存疑的还款外，此项提议方案的好处在于，总会大楼价值 4.5 万两白银（曾经值 8.5 万两白银），家具值 9 万两白银，除去巴顿 3.5 万两白银的抵押款，基金会应该肯定可获利 1.9 万两白银。然后将解散总会股东，总会可由会员组织委员会管理。格罗姆估计每年可盈利 6 500 元。

1869 年 11 月 20 日，两家机构分别在上海总会召集会议，两次会议只相隔一个小时。不少人两次会议都出席了。两场会议分别任命了委员会，一个负责出售，一个负责收购。基金董事会还通过了其他决议，其中包括目前先不偿付原股东的 6 900 元，上海运动事业基金会将以时任工部局总董的名义进行财产投资，工部局总董自然是基金董事会成员，以及两家机构都应感谢格罗姆在解决此事中所做的努力。

同年 12 月 17 日，会德丰洋行代表受押人在公共拍卖会上将上海总会大楼售出，格罗姆以 3.5 万两白银为上海运动事业基金会买下大楼。

然而，麻烦还没有结束：麻烦事总是没完没了。

我们先把基金会搁下，再来说说上海总会。上海总会始建于 1861 年，最适合它的选址就是它现在的位置——外滩，在天祥洋行与兆丰洋行之间。马切仁（John Lauclan Maclean）以每年 550 英镑的价格将土地租给上海总会 99 年，由出租人支付地租。预估建造总会大楼需 4.3 万两白银，添置家具设施需 1.2 万两白银。共售出 90 股股份，每股为 100 英镑。虽然预计收益为 9.5%，然而却建议股东们"将在这个荣誉组织中享有优先权，视作他们投资的回报"。

建造总会实际花费 12 万两白银。据 1894 年一家美国报刊报道，这项工程使三家承建商破产，上海总会比华盛顿任何一家俱乐部都豪华。就此事而言，来自美国的赞誉证明此话确非虚言。

然而 1867 年总会不得不关闭了。据《北华捷报》报道，它是远东地区管理最糟糕的机构。其主要问题在于耗费奢靡，疏于管理，除了上海刚开埠时的成功贸易，没有哪家机构能如此经营而获成功。建筑豪华，酒水难喝，会规糟糕，菜肴昂贵却单调。

1870 年，总会会员集会讨论他们未来的发展方向。上海运动事业基金会理事已经买下了总会大楼，总会成员若不能提出令人满意的条款，基金会将不得不出售大楼抵偿债务。此时格罗姆提出方案，内容是由基金会承担债务、开销和修缮总会大楼的费用，同时收取会员会费及上海商会等其他组织租用总会房间的租金；会员可以使用总会的房间和设施，雇员的工资等相关支出费用由总会全权管理；若总会经营亏损，基金会将施以援手，维持其当年收支平衡（估计需 4 500 两白银）。总会同意该方案试行一年。

当年年底，总会居然有盈利，这是多年来经营的首次。有趣的是总董说葡萄酒利润额"庞大"。我们从当年的资产负债表中可以看到，"葡萄酒和烈酒 16 724.84 元、阅览室 72.66 元"。我们不得不想起莎士比亚的福斯塔夫（Falstaff）以半便士的面包，灌下了好多袋的酒 ①，我们高兴地看到如今情况如此不同。

总会的会议中有不少要讨论的主题，但最后通过的决议是以 7 500 两白银赎回总会的家具设施，以每年 1.1 万元租用总会大楼，租约为五年。这些条件都已得到基金会认可。

让我们再回到基金会遇到的困境。在上述的五年租约履约前，基金会就已经在 1870 年总共收到总会付款约 14 113 元。基金会可以考虑偿还自己的债务了。对于跑马总会业主提出其余 30 亩地的还款要求，基金会同意，如果能够获

---

① 福斯塔夫（Falstaff）是《亨利四世》中的人物，原话出于该书上册第二场末。——译者注

得清楚的地契，基金会愿意调整还款额。事情的结果是 1873 年，基金会理事最终全额付款 2 000 两白银，并且同意跑马总会可免费使用内圈跑道进行训练和举行障碍赛。然而那张地契却不是那么"清楚"，它不得不退回道台，用报告中的话说：不能确定该土地存在！

从总会会员处收到的家具设施费用抵偿了部分总会大楼的抵押款。对于还未偿付基金会原股东的 6 900 元，他们想出了一个绝妙的主意。剧院委员会前段时间曾要求基金会资助 7 500 两白银，用于建造兰心大戏院，但那时基金会无力拨款。那么，这个建议就是将公共体育场的股份换为剧院的债券，每年利率 5%，并可比他人的债券优先赎回。1873 年几乎所有的股份都以这种方式赎回了。其中握有 103 股的股东收取了价值 3 862.50 两白银的优惠债券，另外 28 股兑付了现金 1 065.70 两白银，其他 7 股的股东因已回国，"显然此事未获重视"。此后，剧场理事提出需求，借款又追加了 1 500 两白银，每年利率 5%。

公共体育场当年与现今的变化，可从那年的财务账中一窥端倪，因账目中有这样一项：出租土地用于放牧收入 720 两白银。

基金会荣誉总办格罗姆一定十分兴奋而骄傲，他在 1873 年 10 月的报告书中宣布，除去巴顿的抵押款，基金会"不仅摆脱了债务纠纷，而且估计来年可有 3 500 两白银的收益"。

让基金会先高兴着，我们再来说说另一个情况不同的难题。1863 年中国业主以每亩 25 两白银的价格将土地出售给上海运动事业基金会。这个价格自然比农产品产出要高许多，尽管比周边供外侨使用的土地要便宜些。然而这是有条件的。根据麦华陀和买方的理解（麦华陀离开之前，此交易尚未完结），条件是该土地除为休闲娱乐之用外，不得出售或移作他用，否则卖方将每亩加收 125 两白银。不幸的是两份文件对这一问题表述各不相同。中文版用的"得用"二字，威妥玛译为"使用土地（开始土地的使用）"，即需加付费用，还有一处提到是"只要马路公司使用土地"。另一份英文版文件对交易条件的诠释如前述——该土地不得出售或作休闲娱乐以外的用途。数量众多的前业主屡次闹事，要求支付追加费用。第一次是由于 41 亩土地用作了练兵场，接着是因为有些地里种了草，还有 30 亩地建成了障碍赛马场。如此持续了至少有三年。实际上地方法官确曾遭申请人围攻，最终彻底投降，极中国化地提出采取折中办法，每亩加付 25 两白银。然而领事与公使在此事上的立场很坚决，基金会理事也没有经费可随意支付。此事看来再无进展，就此搁置。我们找到最近对此事的明确表态已经是 1868 年 10 月，阿礼国向恭亲王表示，事实与各项证据显示这些付款要求是毫无根据的。然而由于土地它用，直到 1887 年还有提出追加付款要求的迹象。

第二跑马厅的大看台位置接近现在的劳合路，直至 1881 年才拆除。那时称为山雀公园（Tit Park）①，由列贝（Limby）和帕斯莫（Passmore）于 1872 年 5 月租下，四周围着竹篱笆。此处在太平天国之乱时曾驻兵，并遭破坏。场地中放了重炮，堆了沙袋，墙上都是枪眼。跑马总会希望工部局赔偿损失。工部局提出赔偿 250 两白银，跑马厅董事会对此表示十分愕然，要求赔偿 1 565 两白银。他们认为看台同租界里的房屋一样属于私人财产。军队曾占用的房屋获偿每月 30 两白银作租金，另有 500 两白银作修缮费。然而他们没有在这些房屋中放置枪炮，堆积沙袋，墙上也无枪眼，更没有像最近的占用者一样将栏杆或百叶窗帘拆下当柴烧。此事被送至仲裁，莫海德估计损失为 400 两白银，幽默的是马琼（R. O. Major）认为整个看台都不值 600 两白银。最终赔偿款为 463 两白银。

紧邻看台的英国圣公会也因土地和房屋被占作防御之用，要求赔偿，但遭士迪佛立将军拒绝。

据说 1860 年董事会拒绝给予印度拜火教徒从他们的公墓至跑马厅的通行权。至于拜火教徒或其他人为何需从公墓到跑马厅通行的理由并未详解。而且，从地图上看，公墓就在跑马厅内，位于现在的福州路上。

1861 年，上海跑马厅董事会任命了受薪总办和新的理事会——金能亨、索伯、安妥巴士和索恩，并因担心与总会利益抵触而脱离了跑马总会。如前所述，他们修筑了驱车大道，用售出第二跑马厅所得，耗资 1.4 万两白银筑新路，股东分去 43 803 两白银，以 1 万两白银在领事馆前面滩地上建成了公家花园，还

---

① 此公园名称未能查实。——译者注

剩余 2.2 万两白银。随着静安寺路移交工部局，上海跑马厅董事会退出了历史舞台。

但跑马总会还在。为了清楚明了，我们以上海总会为例，总会有会员，也有股东，同样跑马总会并不是第三或现在跑马厅的所有者。跑马总会本身的财产只有跑道内的 30 亩地，买下它是为了拆除地块上的民房，因为这些房屋阻碍了跑马的视线。

跑道内的其他土地都为上海运动事业基金会所有，基金会之后也向跑马总会买下了其余 30 亩地。因此跑道属于股东，股东以每年 700 元的价格将跑道租给跑马总会会员。而跑道以内的全部土地属于上海运动事业基金会。1867 年跑马厅股东获得每股分红 38 两白银。跑马总会常寻机收购股份。经过漫长而艰难的诉讼（这我们之后再详说），跑马总会可选择按原价回购股份，至 1875 年总会回购了 25 股股份中的 17 股。

433

1868 年 1 月跑马总会董事会会议中，时任主席梅博阁宣称"在最后时刻"发现了欠着紫薇 5 500 两白银的债务。据说这些钱是原业主欠下的，而不是跑马总会的借款。这笔借款原先是 1 万两白银，在过去两年中并没有要求付利息。总会逐步归还了借款，最终于 1875 年全部还清。我们还注意到总会将跑马厅用作散步场，每年可以赚 500 两白银。

在这里，即使会惹恼聪明的读者，我们还要一再重复，在通常说法中，跑马厅是包括其围拢的全部土地，但这里该词仅指约 60 英尺宽、1.25 英里长的外圈跑道。如前已述，这部分属于跑马总会。跑道中央所有土地归上海运动事业基金会所有，之后命名为公共体育场。

多年来体育场除了板球场和棒球场外，其余土地并不适合运动。1872 年，有人说那块地不是用于娱乐运动的，倒更容易引起争论：地里没有排水，一到下雨天就成了水乡泽国；最后栽种的畦畦小麦，已经长了十二三年，依然葱茏。

1875 年，土地平整后用于万国商团操练。此时迁出了 50—60 座坟墓，其中工部局支付了一半费用——300 两白银。

其间发生了一场很重要的法律诉讼，跑马总会要求发禁令，禁止板球总会为其凉亭建造高顶。这场诉讼的重要性不仅在于其最终的裁决，而且在于双方辩论的证据中为我们提供了许多事实。若非这场官司，这些事情可能现在都已湮没，难以追寻了。此案于 1874 年 5 月由洪卑爵士审理，魏拉特代表跑马总会出庭，担文代表板球总会。

双方提供的证据自然针锋相对，各不相同——可能只有法官才能弄得清。其中有许多相互矛盾的说法，但以下描述或许可还原某些事实。

434

1861 年，霍锦士致信英国驻上海代理领事麦华陀，提出欲购买 1.25 英里长、60 英尺宽的跑道，共占地约 54 亩。麦华陀与道台商议后，确定中方不能漫天要价。最主要的是跑道中央的地块上不能有建筑物，但可以种庄稼，而且修建跑道不能阻断河道。

这回是一组新股东买下了跑道，与第二跑马厅全无关系。我们之前说过，第二跑马厅有他们自己单独的历史，修筑了静安寺路。买主将跑道租给跑马总会使用。跑马总会声称"他们买下跑马厅时"（这里明显有误），跑道内 466 亩土地的所有人曾承诺该土地只能售予跑马总会，并且土地上不再建房屋。为了取得这项优先权，总会支付了 466 元，换取了一张债券与一纸公告。一年以后，总会发现其中一个村庄（跑马厅里曾有不止一个村庄）阻碍观赛视线，就以900 两白银买下了那 30 亩地及该地块上的约 70 间房屋，并耗资 3 000 两白银拆除了这些建筑。但他们始终未获得该土地清楚的地契，原因是该地块边界不明。

1863 年，上海运动事业基金会买下了跑道内余下的所有土地，但如前所述，当时达成的共识是基金会理事一旦有足够资金，将马上偿还总会钱款。争议在于基金会认为他们购买的土地包括那 30 亩地。总土地面积应为 466 亩，但基金会获得的地契上注明只有 430 亩。多次书信来往后，基金会同意再支付跑马总会 2 000 两白银，条件是要获得土地清楚的地契。但在基金会的印象中，为买下这块地已经是二次付款了。

接着，争议和诉讼的焦点在于板球总会在凉亭上盖高顶的问题。凉亭的位置明显位于那 30 亩地里，板球总会是从基金会租用此地。所以问题是建筑物的限制对基金会理事们是否有效。洪卑法官认为跑马总会对土地上不能建造建筑物有特别要求，而基金会在购买时了解这一要求，故支持永久禁令，驳回板球总会要求，讼费用由板球总会承担。

判决结果由于与公众观点一致，所以颇受好评。

然而，上海运动事业基金会理事们争辩说，直至此案发生前，他们根本不知跑马总会所主张的权利，而且作为基金会理事，他们要防止跑马总会剥夺代表公共利益的财产价值。洪卑法官指出他们不能买卖土地盈利，即使是为基金 435 会盈利，准确地说，他们不是基金会的理事，而是这块土地的理事，他们必须始终保存这块地，既不能出售，也不能造屋，更不能以土地投机。但理事们认为如同售出之前的公共体育场，目的是"为建造更新更大的公共体育场以及其他公共利益，只要其总量能超过新体育场的成本"，这就是新的信托声明。这也证明没有哪块土地是为了永久保存的，一旦价格非常合适就可以考虑出售。他们必须要考虑公众未来的利益。现在只要跑马厅还在向社区中的大部分民众提供休闲娱乐，公共体育场就不能出售，然而跑马厅反倒可以随时出售，同时考虑到已作出的判决，出售时还可能附带此判决中对跑道内土地的权利。因此这些权利是从公众手中转移给了一个私人总会。理事们认为他们原本一直出于好意的付出，现在却成了被迫接受的法律义务，所以他们一致同意上诉，并愿意个人承担上诉费用。

260 人签署了一份抗议上诉的请愿书，但这份请愿书是在上诉完成后才被接收。

洪卑法官认为上海运动事业基金会没有资格上诉，此案仅与板球总会有关，而板球总会对判决没有异议，法庭庭谕对板球总会有效，但基金会理事若欲建造，可以即刻开始。根据枢密院令的第 131 和第 137 节，洪卑法官未准予上诉。

1894 年，工部局董事安徒生（F. Anderson）提出一条宝贵的建议，认为工部局应当考虑向上海运动事业基金会理事们租下整个公共体育场，用于侨民休闲娱乐，其中特别提到本地孩子数量上升的情况。筹备工作很快就进行起来，当时以每年 600 两白银租用场地的龙飞马车行，提前一月通知其终止租约。由于基金会无权免除费用，工部局同意支付相同费用，租约为 5 年。由此，体育场于 1894 年 9 月 1 日正式对外开放，供"孩童"踢足球，打棒球和高尔夫球。

1895 年跑马总会要求使用障碍赛道，认为公众有权使用，但未获工部局批准。基金会理事认为该要求十分无理。

436 　　1898 年，工部局决定公共体育场的游泳总会以北禁止车辆通行，这一决定堵塞了通往上海体育总会（Shanghai Recreation Club）凉亭的行车道路，为建筑此路工部局集资了 300 两白银。自然这一决定引起抗议，甚至有强行通过该路的举动。然而工部局态度坚决，但这坚决态度仅维持了很短时间。当年末，禁行告示撤销。

　　1896 年，有人认为环绕跑马厅北面的河沟既危险又无用，中国人和侨民住处的污水都排入这条河沟，有失租界的体面。然而跑马总会却拒绝工部局填平这些沟渠。

第43章

运 动

今天的年轻一代或许会好奇：没有电影院，当时的人们是如何度日的？当然，上海早期的生活对我们来说似乎是枯燥乏味的，但这是因为现在的我们已被宠坏了。最好、最健康的生活几个世纪以来一直存在着，或许到今天依然存在着，没有现代生活所要求的那种过度娱乐。从1858年的记录中，我们看到了此类休闲活动，如：一次登山之旅，去拜访吴淞友人，清晨在赛马场骑马，黄昏漫步外滩。即便在那时，一年也有两次赛马比赛，那年还有三次大英业余剧社（Amateur Dramatic Corps）的表演。或许现在我们会觉得那很枯燥，但要知道，那时的外籍人口不超过五六百人，那时一定有更多的时间去建立真正的友谊，而对于那些有家庭的人来说，那时的家庭一定比今天的家庭更甜蜜、更神圣。

两年后，有了小猎兔犬比赛，但人数不多的女士却不能参加此项运动。《北华捷报》上说：晚上没有什么智力型的娱乐——让我们想一下我们现在所有的已远远超过了过去！那时只有晚餐聚会，聚会上会有惠斯特（whist）、勃莱格（brag）和马金兹纸牌（muggins）①，走调的钢琴演奏等。至于戏剧，《北华捷报》只提到了"已不存在的"大英业余剧社。

---

① 这三种都是纸牌游戏。惠斯特（whist）类似于桥牌；勃莱格（brag）原意吹牛，因玩时多用诈语而得名；马金兹（muggins）原意傻瓜，是一种纸牌配对或配套游戏，若对手忘记记分，则自己可喊"muggins"而将得分归为己有。——译者注

而到了 1868 年，人们可以沿着徐家汇路、静安寺路和吴淞路骑马或驾马车了，生活由此变得更有乐趣。当时有了台球，一个被评论为馆藏不足且书籍过时的图书馆，而在天气寒冷时还有猎纸游戏、戏剧演出、亚洲文会和辩论活动。现在参与辩论活动的品位与能力也许已不复存在，但早年却经常举办一些十分精彩的辩论会。还有足部猎纸游戏。在上海总会与联合总会都设有滚球场，健身馆兴盛起来，在被教堂大院建造者从守护楼内撵走后，它找到了共济会大楼内的一间房间，年租费为 500 元。足球俱乐部创建于 1867 年，第一场有记录的足球比赛可能是在 11 月份，海军队对市民队。足球俱乐部的会费是每年 1 元。1869 年，C. C. Club① 太超前抑或是太堕落了，竟举行了一场射鸽比赛，有 14 名参赛者。

上海帆船俱乐部（Shanghai Yacht Club）真正的创建仪式在 1870 年 4 月举行，当时有一场游艇比赛（有 7 艘游艇参赛），比赛航线是从公家花园到七英里河段的最上端再返回，时间为 5 小时 9 分钟。有一场帆船比赛（有 10 艘帆船参赛）在同样的航线进行，时间为 5 小时 3 分钟 20 秒。

438

在这样一个英国社团中，板球必然会盛行起来，它在第二个跑马场占据着主导地位。土地被购置并保留作为运动之用，"尤其是为了用作一个板球场"，因此可以说上海运动事业基金会源自板球。在上一章中，我们已看到板球总会是如何于 1874 年与跑马总会打官司，最终输了并支付诉讼费 1 851 两。板球总会向上海运动事业基金会贷款 1 000 两，但不是每次都能支付利息，正如 1880 年，基金会就允许将当年的利息作为给板球总会的捐赠。板球总会还以每年 300 两的价格租用板球场许多年，但不是每次都能马上支付租金。1869 年，板球总会有 95 名会员时，已拖欠了两年的租金。

1874 年，由于一直欠款，板球总会的会费从 5 两上涨为 10 两（这是最初定下的金额），两年后，当它欠运动事业基金会 750 两时，会费再次上涨至 15 两。

在 1866 年，每周一都会举行一场板球总会的周赛，"除非影响到邮件的传

---

① 原文如此，可能作者也不清楚这是哪家总会。——译者注

递"，比赛才会被延期直到邮递结束，这表明那时是多么重视商业。

在叙述运动的历史时，不可能占用很大的篇幅去描述西人社团对娱乐运动所表现出的一贯兴趣，毕竟，板球、棒球，甚至赛马，尽管它们可能十分吸引大众，甚至吸引社团中一些才智超群的人，但不像其他因素那样对上海的发展产生强有力的影响；而即使是最热情的运动爱好者，也不太可能有兴趣想知道哪些马匹得了名次或 40 年前哪个板球投手投中了三柱门，因此我们对这些短暂的喜悦与胜利的叙述也将是简短的。

首场与香港的埠际板球比赛已被记录在本书的第一卷中。第二场比赛是在次年——1867 年，此后的 22 年间没有举行过比赛。以下是七场比赛及比分：

时间	香港队	上海队	比赛地点
1866	430	107 及 59	香港
1867	126 及 82	239	上海
1867	109	200	上海
1889	67 及 80	94 及 55，7 次击中球门	上海
1891	268 及 72，4 次击中球门	180 及 300，8 次击中球门——平局	上海
1892	429	163 及 136	香港
1892	78 及 79	112 及 202	上海

因此，最早的七场比赛中，上海队赢了四场，香港队赢二场，一场平局。第七场比赛值得我们记录，因为正是在这场比赛中担任裁判的特纳（Turner）少校帮助组建了 1867 年的参赛队——这可是在 25 年前啊！也是在这场比赛中，莫尔（A. J. H. Moule）为上海队击中了一个六分。或许这些事不久就会被遗忘，哎！但这次香港队的访问由于一场大灾难而令人永远难忘。香港队乘大英轮船公司的"布哈拉号"（Bokhara）返回时，轮船在澎湖列岛（Pescadores）遭遇台风失事，约有 125 人丧生，在幸存的 23 名乘客与船上的工作人员中，只有两名是香港队的队员。一年之后，一块彩色玻璃窗被安装在圣三一大教堂内，以纪念这次灾难。

在与比赛有关的绝技、有趣的事件或人物中，或许要提到苏珀①，他因将板球投掷了 110¾ 码而成名，而这发生在他成为工部局总办之前。结局悲惨的马嘉理的名字作为一名板球击球手一再地出现。雷士德②给在比赛中击球得分超过 50 分的球员赠送球板——在 1883 年，有 12 个球板就是这样被赢取的，同时他还颁发了其他的奖品。

在莫尔家族中至少有三位成员在该项运动中享有盛名，他们是 W. H. 莫尔（W. H. Moule）、A. J. H. 莫尔和 A. 阿瑟·莫尔（A. Arthur Moule），A. 阿瑟·莫尔是第一个将球击出老看台外的人，这一绝技现在只有泰雅克（Tyack）能够再现。在地方板球赛中另一个伟大的名字是奥曼（Orman），他与 A. J. H. 莫尔一起创造了两次击中球门得分 305 分的记录：奥曼 117 分，莫尔 102 分。除了这次比赛，还记录了一场 1888 年在慕雅德的莫尔队和由牧师组成的霍奇斯队之间进行的比赛，在这场比赛中，慕雅德得 3 分，霍奇斯得 12 分。

1889 年 7 月，一场比赛开赛，但由于天气太炎热而不得不停赛。

上海体育总会成立于 1888 年 6 月，有 80 名会员，并于当年和板球总会开始了它的第一场比赛。第一场全部由华人参加的板球比赛于 1899 年 10 月举行，这些关于板球的记录也必须到此为止了。

赛马，伴随着利益和邪恶，在上海可以说一直是一项疯狂的运动，由此产生的对于饲养牲畜的积极影响不言而喻，中国的小型马"格里芬马"（griffins）被源源不断地从中国的北部平原运来。对于特权阶层来说，这项运动既高尚又令人兴奋，对于那些对赛马了解甚少或一无所知的人来说，它提供了一个精彩的假日，而对于其他的人包括社会底层的人来说，它仅仅意味着是以一种被法律所允许的方式进行的赌博。对于纯粹的哲学家来说，看到一个大商业中心数天内成了马匹的领地是一件有趣的事，在这些可怜的小牲口围着圆形轨道费力

---

① 苏珀（Edward Bennison Souper），1873—1876 年，任上海公共租界工部局总办。——译者注

② 雷士德（Henry Lester），1840—1926 年，是上海租界时代的著名建筑师、房产商和慈善家。1878—1883 年间曾任上海法租界公董局的董事、副总董以及上海公共租界工部局董事。——译者注

奔跑的这几天，人们甚至连一张邮票也不能买了。但这不是上海或 20 世纪特有的情况，在所有的西方国家，公共运动一直是公共假日的一种庆祝方式，而古希腊的奥林匹克比赛项目 ① 在今天，甚至在中国，仍以相同的名义被仿效着。 440

在这里，我们马上会意识到：作为一种共性，新的一代都会为过去的美好时光而感叹。1869 年，有人感叹：在"过去的日子里"，大商行在赛马场提供的午餐菜式极佳，花费慷慨，"香槟砰的一声被打开，嘶嘶地冒着泡，华丽的餐盘锃亮发光；赌注赢时，漂亮的面孔展露笑容"。1881 年，又有人抱怨许多以前兴高采烈的欢乐景象已不复存在，纯粹为了消遣的赛马比赛也越来越少，尽管不得不承认，15 年或 20 年前发生的某些丑闻也确实随之消失了。1896 年，有人再次写道，赛马比赛过去常常是三天的假期，而现在却变成了肮脏交易的三天。"赌金计算器"（totalisator）被看作罪魁祸首，但这是一种打赌的方法，不幸的是，这可以为赛马总会盈利，正如《北华捷报》所说的："运动和赚钱没有得到很好的兼顾。"

早期富裕的商行之间有很强烈的竞争意识，为奖杯竞争激烈，尤其是怡和与宝顺这两家"慷慨的商行"，他们的骑师与支持者穿着醒目——佩戴着蓝色的丝带或红白相间的羽饰。但毕竟，赛马的乐趣不但取决于财富，也取决于天气。马在泥泞中前行，华丽的衣服都弄脏了——最华丽的衣服被留在了家中，潮湿的空气、如注的雨水、阴郁的天空、欲笑又止的脸孔，这些构成了一幅令人印象深刻的娱乐画面。我们看到在 1863 年的美好往昔，大雨砸落在大看台的四周，以至于女士们不能出席观看，甚至中国人都无法费劲地穿越一英里的泥泞地到达跑马场，而在这种恶劣天气下的赛马比赛，对马匹来说是件残酷的事。

过去经常有阿拉伯马、殖民地马、海克尼（车）挽马 ② 及各种类型小型马的赛马比赛，这些小型马被描述为"笨拙、坏脾气、急躁的"，西德尼（Sydney）、帕尔沃（Pailwar）和康罗伯特（Canrobert）是当时有名的马匹，现在常人可能不会记得它们。昂贵的马匹因香港挑战杯赛（颁发的奖杯或许是有史以来最难看的）丰厚的奖金而被引入。我们得知在 1860 年以后，由于印度马

---

① 赛马是古希腊奥林匹克比赛项目之一。——译者注
② 一种英格兰品种的壮实栗色马。——译者注

的引入，有了一种不同种类的小型马，虽然没有说明那到底是一种什么样的马，但可以肯定它们是印度部队的坐骑。

但到 1869 年，大型马不再被允许参加比赛，且只有少数一些比赛向所有的小型马开放。到了第二年，在所有的比赛中，中国小型马只能参加第三天的最后一场比赛，这场比赛也允许日本小型马参加。据说在 1889 年，有人出价 1 万两想买夺得当年冠军的小型马"西风"（Zephyr），但被拒绝了。这使我们想起早期的一次拍卖记录，当时有十几批的小型马被拍卖！

441　　1869 年，12 掌宽的马匹的最低负重为 9 英石，现在的最低负重则更重一些。跑马总会的会员费为 15 两，比赛日的入场费为 2 两，赛马大赛的入场费为 6 两。那年参加比赛的会员有 175 名，但估计第二年就会少一些，逐渐减少的财富与日益的职业化使赛马已不如从前盛行了。

我们不想提任何赛马的巨大成功，对于那些似乎只是对赛马感兴趣的本地读者来说，报纸、档案会给出所有有关马的颜色、比赛时间、骑师、比赛地点及其他的所有细节。至于在跑马场上是赢钱或输钱，那是更私密的事。

关于抛球场、滚球场或壁球场（Racquets Court），总有那么一种神秘感，它们的早期历史并不易被人了解。

或许今天的上海很少有人知道怎样玩抛球，但它和壁球（另一种被遗忘的运动项目）、滚球（这一运动项目生存了下来）一样曾经是一种平常的娱乐。

抛球场经常在早期的记录中被提及是位于"南京路的下首"，位置在南京路河南路转角处，现在我们似乎更应说是在南京路的上首而非下首。

在南京路 49 号一面中国式样的墙壁处开有一扇不起眼的门，此处位于南京路北侧河南路西侧，它是滚球俱乐部（据说是一个入会限制十分严格的俱乐部）的入口，这很可能也是建造于 1857 年的滚球场的入口。

1848 年——这是一个非常久远的日子，在那里有一块地以 165 元的价格被买下并以索尔（R. P. Saul）的名字注册托管。七年后，又以迪肯（Deacon）的名字增购了另一块地，价格为 195 元。前一地块于 1866 年被抛球场占用，第二块地则被壁球场和一些中国式房屋所占用。但是看来当时有一项条款规定这些土地仅限娱乐活动之用，而中国式房屋不恰当地建于此地之上，因此道台可以正当地没收整块地。

霍爱德和另一个人是早期股东的唯一代表——尽管这与 12 年后他破产时的说法不一致。依据麦克连（Maclean）和他们在 1862 年签订的一项协议，他起诉了两名中国人，要求从他们那里收回租金。他的代理人梅博阁说股东们购买这块球场是为他们自己娱乐所用，而壁球俱乐部的干事则写信坚称这块地本来就是打算用于公共娱乐的。两个俱乐部都在关停一段时间后重新开业，老抛球场的股东们已建造了房屋并从中获取了巨大的利益，出租土地和房屋 10 年，每年收取租金 1 000 镑。如果壁球俱乐部早一点知道这桩官司的实情，他们说他们就会要求老地块上的空间而不是正如他们刚做的那样，购买南京路下首的土地并迁到那儿。有人提出要求道台重新收回这块土地然后发行新的"仅供娱乐"的契证。

法庭裁定租户不能质疑他们业主的权利，并命令租金应付到 1867 年 5 月，然后双方应该签订新的协议。

1869 年，我们看到这两个老的运动场地以每年 200 两的价格被租用，并在此成立了一个新的俱乐部。1872 年，有人建议应在这块地上建造一座新的戏院。

当 1878 年霍爱德破产时，显示他在抛球场持有一份股票，并拥有南京路河南路转角处的 3.8.6.3① 亩土地及在此土地上的中国房屋和其他建筑物所有权的十一分之一。当时有 9 个共同所有人，怡和洋行拥有三份股票，其余的每人一份。霍爱德担任代理人，收取的租金为 2 900 两。财产的一部份被租给了滚球场和抛球场，尽管没有正式的租约，只有一份通过书面信函达成的协议。霍爱德不知道这份财产中的其他所有人是如何得到他们的股票的，而他的股票是在他来中国前他哥哥送给他的一份礼物，这份股票之前是别人抵押给他哥哥的。

1888 年，一份由大多数商行和有影响力的居民共同签名的请愿书要求工部局和运动事业基金董事会的受托人保护公众利益，因为"这块地从未打算过供

442

---

① 原文如此。——译者注

私人使用"，于是此事再次被调查，他们聘请担文维护公众的利益，而麦克莱伦则担任他们的干事。

工部局法律顾问乐皮生代表滚球俱乐部已于 1882 年详细调查过此事。他指出当讨论中的土地被购买时，限制建造中国式房屋是当时为整个租界制定的一项永久的规则，尽管后来它成为一纸空文。所有有关索尔的第 78 号地块的来往信件在太平军叛乱时已被烧毁，至于第 135 号地块，已找到了地契的第三份复件，但这毫无价值，因为另外二份可能还存在着。乐皮生认为原始的地块已被这些人以所有权主人的身份获得，而这块地的交易不符合它的公共使用原则，工部局用公众的钱去维护不存在的权利是不公正的。

443　壁球场于 1866 年迁到了"南京路的下首"，并建在现在的老闸捕房南面的地方，这块地花费了 1 960 两；每股 50 两的股票被认购，共筹得 1.2 万两。然而两年后，壁球俱乐部欠债 3 900 两。

1887 年，壁球俱乐部卖给工部局一些空地，共 7.7.0.6① 亩，计银 13 405 两，工部局买这块地的目的是延伸被拼写错了的云南路。1889 年 10 月，我们看到壁球俱乐部将这块地的其余部分卖了 2 万两，由此引起了是和板球总会还是和斜桥总会（Country Club）合并的问题。

上海自行车协会（Shanghai Bicyclist Association）创建于 1897 年，干事是杰克逊（W. S. Jackson）、霍利德（Cecil Holliday）和其他一些人。

---

① 原文如此。——译者注

第44章

剧　院

在第一卷中 ① 已经述及 1858 年组织业余戏剧社（Amateur Theatrical Corps）的情况。那年剧社组织了第三次演出，上演《日久见人心》(Time Tries All)。

1863 年，皇家剧院位于桥街（Bridge Street）近领事馆路（Consulate Road），即位于四川路近北京路。这个剧院有时也用来布道，因为附近还没有联合礼拜堂，尽管当时正在进行推动建设礼拜堂的运动。那年的演出季有家外来剧团上演了《莱翁丝女士》(The Lady of Lyons)，演出完全失败，观众席十分混乱。1864 年 2 月的《北华捷报》上提到有剧团演出"女士不能观赏的"剧目，没有进一步的解释，这个说法让人很难理解，甚至可以说难以置信。然而，女士们在戈蕾葛夫人（Mrs. Greig）那里得到慰藉，甚至可以说被她吸引，去听她戏剧性的朗诵，而皇家炮兵团的业余演员们演了一出戏剧。那年的记录中还提到了葡萄牙业余剧团。

次年，立德禄任名誉总办的"上海浪子剧社"（Shanghai Rangers' Dramatic Club）上演了《圆桌骑士》(Knights of the Round Table)。立德禄在其中扮演斯莫韦德（Smallweed）而受到一致好评。演出后他们在领事馆受到了领事巴夏礼的招待。

1866 年，一位《北华捷报》的通讯记者写道，目前应该花 500 两银子，租

---

① 指第一卷第 49 章《社会生活》。——译者注

个货栈，简单装修后，作为"方便戏剧演出的临时场所"。

同年的一件大事是"上海西人爱美剧社"成立，首届董事会成员有阿查立、格罗姆、梅雷（Merry）、泰特和恩德沃德（Underwood）。剧社的成立受到热情支持，并建议斥资 6 000 两白银建造固定剧院，预想该剧院可容纳 500 至 600 名观众。邓脱愿以每年 250 两白银的价格出租巴富尔楼（Balfour Buildings）①背后的地块。剧院建立后，布景等设备都可以在演出后保存，以备再次使用。而往年那些在货栈中演出的布景等都只得出售，仅前一年在此项上的损失就达 2 000 两白银。

阿查立强烈反对负债开工。这座全木结构的剧院由凯德纳设计，罗勃茨上尉（Captain Roberts）负责工程，耗资 8 098 元，购买家具设备等用去 2 359 元。1867 年，兰心大戏院的报告显示，是年演出季有四场演出，共收入 2 742 元。其他收入还有小额捐款、剧场租给他人演出的租金，以及发行价值 25 两白银的有价凭证，该凭证如基金一样可以赎回。同时决定在演出季结束后，盈余的一半将投资用作保险基金。

此时上海西人爱美剧社和兰心大戏院的董事会成员有立德禄、泰特、科纳（G. R. Corner）和布彻——这个名字出现在这里显得颇为有趣②。

1868 年 8 月《北华捷报》称该剧院"极易着火，非常危险"。1871 年 3 月，晚上 9 点半，排练已经结束，一场大火燃起将剧院全部烧毁。起火后报警和取水都有所耽搁，整个木质结构在一个小时里全部着火，火势甚至逼近了巴富尔楼。剧院并未投保，全部损失约 1.5 万元。

既然我们说兰心大戏院位于巴富尔楼背后，既然那幢宅子都险些受到了大火的波及，既然新建的剧院位于"离原址不远"的地方，那么作为剧社和剧院董事会成员的科纳怎么会在《新兰心大戏院始末》③一文提到 1871 年的火灾时写出"闵行路上的木制剧院"呢？这可能是个小小的笔误，让圆明园路的"明"

①　巴富尔楼，原位于巴富尔路，该楼有南、北两幢，北楼位于现基督教女青年会位置，南楼是现在圆明园公寓处。——译者注

②　Butcher 可能指剧场小贩。——译者注

③　引自达文特撰写的《上海》。——原作者注

字误导了，而新剧院所在的博物院路至今仍被称作诺门路。由此细节可知做勤勉史学家之不易。

不久就有了兴建新剧院的计划，与此同时德国总会（Club Concordia）同意西人爱美剧社在他们的剧院演出。次年在离原址不远的地方找到了两亩地。建造新剧院的预估费用为 21 250 两白银，实际花费自然超出了预算，达到 23 796.72 两白银，还发行了股息为 8% 的债券计 21 675 两白银以及股息为 5% 的优惠债券计 3 750 两白银。凯德纳任建筑师。新兰心大戏院于 1874 年 1 月再次开业，一直使用至今——1921 年。

起初上海西人爱美剧社租用剧院一年，租金为剧社总收入中扣除 2 500 两白银必需开支后的收入额。之后新的协议规定，固定租金为 1 000 两白银，再加总收入的一半，最高可达 2 500 两白银的额外租金。

就舞台演出而言，上海西人爱美剧社的鼎盛时期是 1868 年至 1875 年。

1885 年，据说剧社有一段下滑期，没有任何演出。也有人建议剧社应与斜桥总会合并，后者"显然更为出众"。

446

1876 年 1 月，为医院筹募资金上演了戏剧《门第》(Caste)，这是首次提到有女性参与演出。这出戏在广东路 8 号元芳行（Yuen fong hong）上演，似乎并非由上海西人爱美剧社演出。当年晚些时候，在剧社的第 50 场演出，上演罗伯逊的《学校》时，也有了女性出演。另一件值得记忆的事情是，10 年之前英国领事温思达曾致信工部局，希望警方介入，禁止女性登上中国戏剧舞台，因此举不合法度，亦不符合中国风俗。

对于外国女子登上舞台一事，事后有人不留情面地说这并非"明智之举"，然而这一评论很难说是针对舞台表现还是社会道德的。

如今在演的节目单上囊括了西人爱美剧社曾经演出过的所有剧目——包括开场的短剧共有 200 多出，其中很多剧目在一个演出季中曾多次上演。第 100 场演出是在 1892 年，那段时间平均一个演出季节会上演四场戏。很多人可能都已经不记得了，1891 年该社曾演出过一场剧目，这出戏的名字在 23 年以后变得非常出名——当然不是在戏剧界，这出戏的名称叫作《一纸空文》(A Scrap of Paper)。

年复一年，这些业余演员享受着演出的过程，同时也让成千上万的观众充分享受了观剧的乐趣。此外，他们还热衷于慈善事业。然而由于此类行为多发生于第一次世界大战期间，所以具体情形将在后章叙述。

读到这里，热衷外国戏剧的读者一定渴望了解更多关于演出、演员和化装间里的细节。然而这里似乎没有特别值得一提的名字。业余的演员可能甚至几季都能令观众发笑或激动，之后他们会离开舞台，观众也就淡忘了他们——观众本身也是经常变迁的群体。只有剧社的同僚还会记得他们，有人怀着嫉妒，有人带着遗憾。

然而就历史而言，中国本土的戏院或许比外国剧院更重要。在六十年代早期，英国领事、工部局和知县三方间常有书信往来，其中一个相关的主题就是关闭中国戏院。而中国的戏院老板也打算和地方政府对抗到底，把自己的戏院标上了"英商"或"美商"的牌子。知县认为戏院是窃贼聚集的地方，因此英国领事温思达曾致信工部局，"勒令"这些戏院必须于晚上 6 点关闭。工部局对他人如此干涉其警务工作非常不满，而且此事中国人什么都不做，却让工部局负全部责任，所以他们完全无视地方官员的要求，表示是因为知县难以在那些娱乐场所收取额外的苛捐杂税，才引发那些指控，工部局拒绝剥夺中国百姓的正常娱乐。

温思达否认自己的武断，他认为巡捕房督察也把戏院作为危险因素的源头。他会把工部局的意见转告知县，但其中当然不包括对中国人的诬蔑之词。他认为无论如何戏院冒用外国招牌这样的做法应予制止。

如前所述，1866 年，温思达要求工部局在公共租界范围内禁止女性上台演戏。而道台认为，在法租界境内确有一班女戏子，"男女混杂，演出淫剧，对社会道德危害极大"。据信这些女子是被卖到戏班里被逼演出的。

1868 年，出于维护租界社会道德的极大热情，知县一反长久以来的告令，发布文告，禁止色情歌舞表演。巡捕房督察虽然同意对此种行为应予防止，却说他在英租界五大五小的十家戏院里从未见过色情演出，即使在虹口的一家小剧院里也没见过。

在这里我们还要说，中国的传统道德并非仅在戏院中逐渐瓦解。知县常埋怨尽管有禁止女子入寺上香的明令，现下却有一群女子经常打扮得花枝招展，成群结队地去庙里，好有机会让人瞧瞧，这样的行为应当拘捕和惩戒。这里我们可以看到，与西方人的接触引发了风俗革命的开端，半个世纪以后，这种行为（该叫它开明自由，还是放浪形骸？）更是热火朝天。

我们在 1877 年的档案里可以找到不少关于中国戏院的记录。中国戏院在英租界里有 7 家，都开设于南京路以南，虹口没有。在传教士慕维廉等人的诉讼后，会审公廨勒令其中一家于午夜前关闭。店主要求其他两家戏院也应同遵禁令，否则他的店很快就会倒闭。禁令发出后，巡捕房督察长彭福尔德对于是否有权这么做心存疑虑，要求进一步指示。他在报告里写道，戏院的门票是三角五分至八角钱，八角钱的门票还包括一晚的茶水和水果，时间越晚，门票越便宜。所以午夜关门会让戏院损失一大笔钱，收到"提早闭店"令的两家戏院，每家一晚要损失 50 元，这样两家可能都得关门了。据说每家戏院都请了 80—150 名演员，每人签三个月至一年的合约。在戏剧上的投机买卖常常失败，夏天的时候戏院会把支出费用降到很低。

与此同时，外国剧院和中国戏院，甚至其他举行集会的建筑物都有不少易引起火灾的隐患，因此工部局委派亨利·雷士德和克拉克共同调查此事，并提出报告。两人发现中国戏院的观众出口太少，戏院中的煤气灯安装位置很不安全，其他设施也存在各种危险。戏院只有一扇大门，而且门向内打开，走道上堆满了木头隔板等杂物，戏院没有侧门出口，也没有方便的途径可逃往邻近房屋；地板和廊台都不够牢固，楼梯也不够结实，煤气灯的喷嘴太靠近木制品，两幢建筑间的隔空处塞满了各种物件或垃圾。想到维也纳环形剧院（Ring Theatre）和巴黎喜剧院（Opera Comique）① 发生的火灾，我们很庆幸上海没有发生如此惨剧。

报告中提到兰心大戏院有几扇大门是用锁匙关闭，而不用门栓。然而剧院的董事会傲慢地责问，谁有权力这样检查他们的剧院。他们还通知工部局，他们没有任何义务接受工部局工程师的建议。不过工部局也提醒他们，工部局可

_____

① 此处剧院译名因没有对应中文名称，故采取直译。——译者注

以拒绝颁发演出执照。尽管相隔时间久远，但有必要一提的是，1922年5月，工部局确实责令兰心大戏院在安全维修和整改工作完成前不得开门营业。

报告还提到尽管德国剧院（German Theatre）和中国建筑是隔开的，但是距离太过接近，剧院有几个太平门出口，但楼梯不够坚固。戒酒会堂也存在同样的问题。上海共济会大楼的出口够多，但大楼的背面也应有楼梯，以备前部起火时，可从后方逃生。报告最后建议，以上公共场所应每季度检查一次。

到目前为止，一切都还进行顺利。但是了解人类本性的读者会毫不惊异地发现，当1885年公众的防火意识再次警醒时，又产生了一份类似的调查报告，调查结果是8年前雷士德的建议根本没有施行！至少中国戏院都置若罔闻。好消息是情形没有比之前更糟糕，这点还是值得庆幸的。该报告中称很多大门都向内开启，这一事项需以停发演出执照来予以纠正；许多楼梯和廊台都不安全，有些窗户上还装设了铁栏杆。不过报告很乐观地总结道，如果（假设之中常蕴德善！）1877年的那些建议都能施行，附近能有储水处，那么就不再需要其他措施了。

但是即使熟识人性的读者可能也会有些惊讶了，1892年租界里5家中国戏院的情况"依然与1877年时一样"。此时，颁发的执照中都写明了必须遵守的条款，而且这次规定如果不遵守以上条款，演出执照将不予延期。我们将在后章中继续记述此次努力是否会和之前一样付之东流。

第45章

报　业

　　上海的报业似乎并不引人瞩目。《北华捷报》有着悠久而光荣的历史，但其他很多报纸都像约拿的葫芦蔓那样朝生暮死，想要保持幽默风格更是难上加难。1859 年 3 月，由《北华捷报》社出版的月刊《上海趣事、真相与小说记事》（*Shanghai Chronicle of Fun，Fact and Fiction*）创刊，内容亦庄亦谐，可仅其刊名就够沉闷了。该刊每份五钱，但 3 个月后因"乏人问津而停刊"。《上海每日时报》（*Shanghai Times*）的老板温特（Wynter）将该报资金席卷后逃逸无踪，分毫未留给主笔史密斯。这份报纸仅生存了 6 个月。

　　很多报纸现在都只剩一个名字而已，但无论良莠，也该为它们记下一笔。

　　《上海载记》（*Shanghai Recorder*）①，一度取得成功，但第二年就停刊了。

　　《上海杂志》（*Shanghai Magazine*）、《上海顽童》（*Shanghai Punch*）现在已无迹可寻。创刊于 1866 年的《外滩》（*Bund*）办得不错。

　　1868 年《上海通信报》（*Evening Courier*）②创刊时，上海有 4 份日报，2 份周刊和 1 份双周刊。

　　《北华捷报》是中国最早的本地（英文）报纸。该报经营亏损，办报宗旨是启蒙读者阶层。

　　1870 年周刊《循环》（*Cycle*）创刊，以"耐心关注中国进展"为主旨。据

---

① 又译为《上海记载》。——译者注
② 后该报改名为《上海通信晚报》。——译者注

猜测该报可能由赫德资助。那时正是修改条约和蒲安臣使节团时期。

1871年4月《顽童》(*Puck*)创刊,与此同时《晚差报》(*Evening Express*)停刊。

1872年《中国顽童》(*China Punch*)作为《顽童》的主要竞争对手创刊,但当时的上海似乎还没有足够读者能同时支持两份漫画类杂志。

1873年双周刊《上海新闻》(*Nouvelliste*)停刊;周刊《上海信使》(*Courrier de Shanghai*)取而代之,但出版三期后即停刊。

1873年6月,《晚报》(*Evening Gazette*)创刊,之后与《上海差报》(*Shanghai Courier*)合并。

《字林西报》(*North China Daily News*)自始至终都是工部局的官方报纸,甚至工部局所有公告都由该报独家刊载。就工部局的新闻而言,其他地方报纸都以该报发布为基础。

451 此外还有一份重要报纸,晚报《文汇报》(*Shanghai Mercury*)及其每周专刊《华洋通闻》(*Celestial Empire*)。此报创刊于1879年4月,引人关注的是其创始人之一开乐凯直至1921年还在主持该报。

另有《共和政报》(*Commonwealth*)、《上海回声报》(*l'Echo de Shanghai*)、《进步》(*Le Progrès*)和1895年创刊的《中国差报》(*l'Echo de China*),《中国差报》是远东地区最重要的法文报纸。1877年《社交圈》(*Social Circle*)① 创刊,不久停刊。

1879年创刊的《戒酒联盟》(*Temperance Union*)是一份售价低廉的周刊,每年费用一元。1881年《字林西报》的主笔巴尔福不屑一顾地记述这些"流浪汉小报"和《华洋通闻》的粗俗品质,斥责《戒酒联盟》侮辱了该报本来提倡的主旨。此报由巴拉德、麦基(McKiege)和开乐凯共同经营。据说三人都不是禁酒主义者,但是他们将这张报纸办得具有强烈而狭隘的宗教色彩。

1883年1月,《东方之星》(*Star in the East*)创刊,开始了它疯狂的历程,提供了上海报业一则激动人心的丑闻。莱克斯、巴拉德和开乐凯是这一事件中

---

① 该报未查证到中文名。——译者注

的焦点人物。1885 年 1 月，社区中一位年轻男子身亡，举行葬礼之际，该报发表了一篇有关侨民中有伤风败俗行为的社论。

确实，在当时和现在都有不少人为了死亡抚恤金而采取不道德行为，尽管相信去了"苏伊士运河以东"的年轻人难免堕落成魔鬼，这可能纯粹是迷信。或许 40 年前的上海，生活确实不如现今来得干净。思维正常的人自然不赞成，甚至直言指责这种不道德的行为，最严厉的谴责也不为过。但即使星报社论文章的指责只是泛泛而谈，但它唯恐天下不乱的用词令人厌恶。无论如何，以这样的猜测之词去写一个在社区中大家都认识的年轻人，而且这个年轻人才刚入土，不论其行为善恶自然有亲友为他哀悼，所以这篇文章立刻引起公愤，并很快遭到了报应。

三位责任人被控诽谤罪。因有迹象表明莱克斯并不是该文的作者，故对其的控告被撤销。巴拉德公开道歉，支付 500 元给慈善机构，并承担诉讼费。巴拉德辞去《东方之星》的职务，受雇主限制再也不能在任职期间从事文字工作（难以置信！）。开乐凯亦公开道歉，支付 100 元给慈善机构，并承担诉讼费。

然而惩治措施并不仅限于此。莱克斯和巴拉德都是万国商团成员。有 13 名炮兵因不愿在莱克斯麾下任职而提出辞呈，为此莱克斯的职务被撤销。上海第一泵浦车队（No.1 Company）① 将巴拉德除名。

我们将此事详细记述，因为它是不光彩的"文学轶闻"，或者说是我们的历史中独特的报界不专业现象。近来，报业已失去了先前的尊严和影响力。在现今的报纸上，除去广告，版面中都是电影演出与稍显沉闷的幽默——从无名美国报上截取的普通而含糊的幽默。但是上海报业中谩骂和诽谤并不多见，自从《东方之星》停刊后（该报在此事后自然立即停刊），没有报纸敢重蹈覆辙。

我们要说的另一则报界趣闻与《美国月报》（*Shanghai News-Letter*）有关。1871 年，该报每期都刊载对美国驻华公使镂斐迪批评讽刺的文章。此事引人注目之处在于这些文章据信与美国驻沪领事熙华德有涉。该报由桑恩（Thorne）

452

---

① 上海第一泵浦车队，全称"The Shanghai Fire Engine Company No.1"。1866 年成立，正式注册的外籍队员 60 名，本地队员 40 名，是中国土地上出现的第一个近代消防队。——译者注

应多数美国侨民的需求而创办。他在经营中亏损 2 000 元后，收取了一笔预订费，将报纸转让给了一个由三人组成的董事会，其中一人就是熙华德。据信熙华德对该报有绝对控制权，该报常被称作"熙华德之报"或"熙华德的喉舌"。有人猜想熙华德因为未获得"征朝"① 大权而不满。

但是要知道，尽管那些贬损公使的文章已经存档，今天还能查阅，而熙华德与此是否有关仅限于当时的流言。次年，镂斐迪表示希望最终能澄清熙华德与此无关（看来尚有疑问）。"若确与其无涉，则流言于其不公"。

针对报业的诽谤案尚有几桩，除上述一则稍有趣，余者不赘述。

《北华捷报》与《字林西报》不仅是本市报业的领军者，而且是仅有的持续出版超过 70 年的报纸，所以值得我们特别关注。

《北华捷报》创刊于 1850 年 8 月 3 日，亨利·奚安门（H. Shearman）兼任发行人与主笔。1856 年，奚安门去世后，由康普东（Spencer Compton）继任，5 年后又由马诗门（S. Mossman）接任。1863 年，詹美生担任主笔。次年，同一报社出版的《每日航运和商业新闻》（*Daily Shipping List and Commercial News*）更名为《字林西报》，同时《北华捷报》作为所属周刊继续刊行。1866 年至 1878 年该报主笔为盖德润，1878 年为海单（D.W. Haden），1881 年为巴尔福，1885 年为麦克莱伦，1889 年至 1906 年为立德禄。

1870 年起，《北华捷报》增发《最高法庭与领事公报》（*Supreme Court and Consular Gazette*）。1879 年皮克伍德成为该报发行人。报社原址位于汉口路，1887 年搬至九江路，1901 年迁外滩至今。

① 此处原文 Corean Expedition，指 1871 年美国武装入侵朝鲜王朝的历史事件，即"辛未洋扰"。此事最初由熙华德提议，美国政府接受其提案后，最终任命美国驻华公使镂斐迪率兵前往。——译者注

共济会

1863 年，共济会堂被命名为"规矩堂"，即代表秩序和礼仪的会堂。四海共济会会所（Cosmopolitan Lodge）于 1864 年 12 月由范约翰牧师（Rev. J. M. W. Farnham）①（它的首任牧师）祝圣。当时在上海的共济会分会组织有皇家苏塞克斯会所（Royal Sussex）、北方会所、多斯加（Tuscan）、古老地标（Ancient Landmark）和四海分会，这些分会组织都参加了 1865 年 7 月新会堂的奠基仪式。耆紫薇以 2 万两的价格出售了老会堂的土地，收取 10% 的租金并持有抵押借款，但他拒绝花 2 万两购买属于北方分会的老会堂，他认为这笔钱本就该由北方分会捐助给新会堂。《北华捷报》报道说，不管怎样，直到那时上海仍没有一幢让稍有点见识的人看到它"再不会不寒而栗"的宏伟建筑，但新会堂的建造改变了这种情况。新会堂的平面图由克拉克绘制，花了近两年的时间建造完成，尽管通过凯德纳修改克拉克的图纸节省了支出，但还是花费了 4 万两，这还不包括购地的费用。

1869 年，苏格兰人在远东创建了圣·安德鲁分会（Lodge St. Andrew），但于 1874 年停会。杰默尼分会（Germania Lodge）建于 1873 年，勉强维持了十年后关闭，后又于 1895 年重新开放。

1877 年，创建了地区总会。

---

① 范约翰（J. M. W. Farnham），1829—1917 年，美国基督教长老会派到中国的传教士。——译者注

1882 年，共济会总会（Masonic Club）设立，贾逊是最主要的倡议者，金斯密在成立会上做主持，860 元的股份迅即被认购一空。

1897 年，规矩堂增建了新的部分，奠基仪式在 7 月举行。正如汇丰银行原来凸出的门廊由于两边建筑往前移，变成凹进去的入口一样，规矩堂两边别致的引楼梯也就此消失了。外滩的土地变得如此珍贵，以致所有的建筑必须从它们准确的边界线笔直向上建。华俄道胜银行（Russo-Chinese Bank）因侵占了外滩人行道 6 英寸，而交出银行背面的一些土地作为赔偿。将土地仅用于建一个宏伟的大门，而背后的主体建筑仅高出大门十几英尺，这样的时光已永远不会再现。只有经过对早期照片与版画的仔细辨认后，才能发现这些变化，这类收藏将是非常有意思的。

共济会会员有创办学校的功绩，该校现被称为西童公学男校（Public School for Boys）。

我们将在本书的《教育》一章中加以详叙。

第47章

贸 易

在这样一部作品中，我们没有必要用贸易统计数据等资料让读者感到厌烦，因为上海除了商贸再无其他特质，这一主题可以充斥一整本书。而那些需要数据的人则自然可以去读马士博士等人的作品，或者翻阅每一年度的海关贸易报告。这里只包含可用来显示商业快速增长的统计数字。

我们相信第一卷就已充分探讨了大约到1856年的上海贸易。这一年的贸易情况是，进口总值160万英镑，出口总值1 260万英镑，金银和鸦片帮助贸易取得了平衡。航运船只871艘，货物311 139吨，税额共2 201 860两白银。如此低的进口额是因为叛乱；海盗也很普遍，保护费仅是一种不完全的防护；被俘获的舢板船被扣留在某个码头，直到用赎金赎回；除非发生抵抗，谋杀并不频繁。运输贸易流向外籍船只，但即便对于他们来说，海盗也很危险。一支海盗船队遭到摧毁后，很快就会有另一支出现。罗伯逊领事建议采用小型汽船用于运输贸易。

西班牙本洋最初只在广东使用，在上海墨西哥银元则略有贴水。广东人造成了本洋的虚假升值——高于墨西哥银元30%—40%。领事罗伯逊在广东任职期间，在纯银的基础上将两种货币进行平价，并发布公开声明，使之合法化。在上海，他尝试做相同的事情，也发布了一则声明。然而遭到了鸦片贩卖者和其他利益相关人的反对。商会通过决议，将墨西哥银元作为计账货币，但在它和本洋之间保持着25%的差额。因为巨大的利润，本地银行家都支持后者。

当时阿斯皮纳尔（Aspinall）的失败制造了一场恐慌——这是英国洋行在上海第一次也是唯一的一次破产，普遍动摇了当地人对于洋人的信心。

1857 年 8 月，由于战事，道台要求进行募捐，76 名华商力劝罗伯逊领事应允此事。当权者之所以发起此事，是想"榨出华商的利润"，并间接地让外国人支付战争费用。子口税已经增加。通商章程生效以后，罗伯逊就反对内地贸易税加倍，罗伯逊表示反对，认为从商业的角度来看，这是错误的，而且与条约约定相反。道台坚持商品价格不会上涨——钱来自本地华商的利润。

第二年，银两代替西班牙本洋，也越来越多地使用墨西哥银元。贸易逐渐兴旺，由于华人大批涌入，土地价格大幅上涨。罗伯逊说，他赞同"这些受尊敬的富裕阶层来到我们中间居住，以此作为奖励"。依据他的报告，可以看出，中国人也对职业领事感到非常满意，特别对于英国官员，认为他们从不欺骗，也不尝试利用中国人的弱点，在送至北京的报告中他们被描述为"恭敬守法的人"。需要指出的是，对外国人的诚实品质，中国人的满意是建立在对其有利的事实之上的，但他们却并不打算效仿，也不想要互惠互利。

1862 年，商埠的总贸易额是 37 531 539 英镑，其中 27 012 653 英镑来自对英贸易。1863 年总额是 40 699 667 英镑，其中 25 103 326 英镑来自对英贸易。

然而，1864 年，上海最黑暗的日子开始了。1862 年、1863 年和 1864 年的早期，中国难民成群涌入，更多的建筑开始建设。房地产投资的回报如此丰富，在四五年后获得的是双倍资本。而后苏州被攻陷，太平天国灭亡。难民们抖落脚上的泥土，离开上海回乡了。因此，之前那些以快速的行动通过购买房地产而致富的人（如果这是真的），又以更快的速度成了穷人。一排排被遗弃的房屋随后变得残败不堪。六七块地皮变成了广阔的码头，同时建造了两三个船埠，以及煤气工厂等。据计算，有 50 万英镑的投资毫无回收的希望，同时在空置房屋和闲置土地上的亏损也相差无几。罗伯逊在上述报告中提及，土地在三年前购买时花了 800 元，而后以 5 000 元的价格卖出，但实际情况在 1867 年有所不同，一块地皮在三年前价值 9 万两，此时只能以 1.6 万两卖出。

然而，糟糕的时期和局面并不能仅仅归咎于我们客人的离开。美国内战促使美国洋行输运他们的茶叶到伦敦，必然导致价格的跌落，北方联邦的胜利导致了棉花价格的大幅降低。

这一点对于这片土地的影响是打击性的。人们看起来阴沉、沮丧。大富之家遭到了巨大的损失，不得不动用先辈积累的财富来弥补亏损。交易下降，因为卖家看不到有效使用资金的方式，银行所给的信用贷款资格也越来越少。运输茶叶的价格下降到一吨 30 元，航运业的盈利变得不可能。人们不得不遗弃码头，货栈经营者们悲哀地陷入贫困。英国的茶叶税降到每磅 6 便士，这是希望的第一次闪光。确实，减税被说成"有如神助"，这个虔诚的表达显示出，上海的心灵已被深深感动。

到了 1866 年的中期，外迁已经结束，中国人的数量开始增加，然而法租界和美租界恢复得很慢。

第二年的数字显示了贸易的大幅增长，很大程度上得益于茶叶税的削减。但是 5 月份爆发了一场危机，因伦敦的经济恐慌所引起。11 家当地银行，除 1 家外均为英国银行，有 5 家倒闭，由此导致他们垫款预付的茶叶被强制销售。所有的出口和进口都有大量损失，除了生丝、鸦片和来自海峡的产品。

那是上海贸易最为萧条的一年。但国内的资本家将其视为进入中国贸易的机会，因此一些特定经纪人和行业专家等，成为拥有巨额信贷额度的买办。于是那些刚从破产边缘逃生的人，还有那些不过只奢望着微薄薪水的茶叶生丝稽查员，突然之间就成了货物买手。价格上涨，有节制的人冷漠以对。而后麦加利事件撼动了红茶贸易。这家洋行的茶叶被抛售进入市场，（茶叶）价格几乎降至最低。根基不牢的企业被失败淘汰。

汉口的本地商人似乎通过外国傀儡高价收购茶叶，以此保证市场价格并与合法贸易商相抗衡。这种做法已经众所周知，只有在非常糟糕的商业道德环境中才能持续下去。而麦加利案例表明，即便在当下看来令人尊敬的成就中，商业道德也已经沦落到何等地步。麦加利洋行（Mackellar & Co.）突然倒闭了。他们购买了超过 80 张许可证，茶叶价值 25 万两白银。道台引述了一份商人请愿书中的表述："而这些外国人毫不顾忌地贪污欺诈。"

阿礼国对此感到高兴，因为一些人识别出了贸易萧条的真正原因，并没有将之归于政府的作为或不作为，他可能还希望看见一些对于麦加利经营之道的

457

集体谴责，这使整个外籍商业团体丢脸。但与抨击中国人缺点时的轻快形成强烈反差的是，他们选择了沉默。

1868 年的《北华捷报》进行了总结，说过去的三年是灾难性的，对华贸易已从荣誉和繁荣沉沦到了名声的摧残和连续的破产。我们可以说，商业金融史上的任何时代、任何地方都找不出如此的兴衰变迁。"当历史学家开始对这个世界的偏僻角落作公道评论的时候，在时代的压力之下，如此多的企业倒闭，巨额亏损，洋行和私人投资者因无力偿付债务而破产，这些必然形成中外关系年鉴中最悲哀的章节。"

如果这一章节并不是如预料中的一样令人悲哀，部分是因为，那些黑暗时代已是如此的久远，上海又是如此的进步和发展，就像我们年老时回忆年轻时的悲伤一样，这一灾难已成为一段几乎被遗忘的插曲。可能也有人认为，贪婪、急于致富，特别是富人愈加膨胀的致富欲望，并不能唤起我们的同情。如果一个人在蒙特卡洛赌场倾其所有进行冒险，他的损失并不能使我们落泪。尽管在上海有许多无辜的受害者，但毫无疑问还有一群人是自食其果，且可能借此得到提高。值得回忆的另一点是，灾难产生了净化和滋养的作用。市政支出变得更加节约；洋行发现，给予职员带有特别工作津贴的高薪，是罪恶的行为；德国人开始了他们的经济商业体制，其他国家的人从中汲取了经验教训。随着英国航运的减少，践行"朴素民族"（引用当时的描述）节俭作风的北日耳曼船只增多了。

但是，导致贸易萧条的一个主要原因并未改变——通过中间人经营商业的体制，即买办体制。它始于语言不通——洋人们没有学过中文，华人制造商们也不会说其他的语言，因此双方都是中介的受害者，他们糟糕的洋泾浜英语是沟通的唯一工具，而他们的利益则在于让各参与方保持距离。

他们中有些是正式的雇员，在外国人的公司工作并领取薪水；有些人则是名义上的雇员，同时独立经营着自己的大生意。无论外国雇主给他什么样的职位，中间人在本地生产商面前都表现得好像自己就是洋行的控制人。他卖出买进，给文件盖章，使用洋行的中文标识，声称自己是值得信任的代理和经纪人，并限制其他中国人与其雇主的交流。生产商们因此签订了由中间人制定的合同，他向他们确认一切都已办妥，可以安全发货。而后雇主或许想用此前交易中中间人应付给他的款项来抵扣本次交易的账款；这时中间人就会告诉生产商说他的雇主拒绝支付款项，由此导致反感。

当然，中国商人也通过很多方式利用这个体制获利。商会就曾提及，贫穷无耻的代理商假装成委托人，以及同业公会和中间人之间的联结。

459

阿礼国在这个问题上非常坦率。他说，卑鄙无耻的中间人向两方诈骗，没有法庭能够弄清这种混乱状况。体制才是根本性的错误，为欺诈提供了一切可以想见的便利，同时为维护合法权利带来了最大的不确定和困难。外商不断遭到侵害，然而在任何通过第三方与之做生意的中国商人眼中，他的形象却是一个捣乱者。洋行的买办有时是为另一家做代理，他们有着自己庞大独立的生意，因此，很难弄清每一笔交易的特性。

在阿礼国看来，纠正这些弊病的方法掌握在商人手里，那就是学习语言。无论怎样推动打开中国的大门，都离不开汉语知识。和在口岸一样，内陆的中国人也会团结起来。

很难说这些告诫或苦涩的经历产生了多大影响。无论如何，英国人对学习外语都心怀迟疑，而中文，就算不是特别困难，也没有什么吸引力。即便之后有了迫切需求，但等到他们开始屈尊学习汉语，似乎已经过去半个世纪了——这将在下一卷述及。

时代的境遇使得由旗昌洋行经营的旗昌轮船公司，成为长江上所有轮船的主人，之前的对手们承诺十年不与之竞争。1866 年底，为了购买蒸汽船和建设码头，该公司负债 70 万两，但是一年之内即通过丰厚的运输收入彻底偿还了欠款，积累了储备资金。该公司是美国的，拥有大量的英国资本，中国人也持有股份，因而在推动对美贸易上也饶有兴趣。

1865 年，关于大豆贸易的麻烦开始了，道台刘瑞芬贴出一个通告，清晰地告诉两家华人商行，他们只能雇用本地船只从事贸易："如果本土的沙船在口岸被驱逐、淘汰了，那以后谁来运送进贡的大米呢？"这是一次由相关同业公会发起的停工，使用了威胁的手段。

温思达写信给道台，询问他是否真的发布了通告，认为这有违通商章程的精神。在任何情况下，相反的通告都应该会被公布。刘道台对此予以了否认——公告是在他就任前由别人发布的。但是它没有被撤销，全体华商一致宣告，他们并不敢使用外国人的船只参与牛庄贸易①，虽然很期望这么做。数月过去了，官方对抱怨做了搪塞：道台本身没有违反规则，为何要求他再发布一个新的通告？温思达宣布对此事无法容忍，因此要求对刘道台进行正式谴责。虽然可以确定，这条禁令其实来自更高的当权者。原先的通告最终被推翻，但没有了后续。上海和宁波同业公会为地方官方的贸易保护买了大单，直到两年之后，阿礼国决定，关于牛庄贸易中的任何进一步损失，都要求清政府负责，且给出指示，道台应该正式被告知这一点。

此事有趣之处在于，当洋人缓慢而又诚实地坚持一项条约权利的时候，中国人却在事务得以解决之前，通过违反权利而得到他能得到的所有利益。这就像一个在樱桃树上的男孩，知道自己最终必须跳下来逃跑，却要等到最后一分钟，直到当农民带着梯子来驱逐他。在我们和中国人的关系史上，能找到许多类似的案例。

那一时期还有许多逐渐落入中国人之手的贸易案例。他们完全不参与进口贸易，除非他们能在海外成立代理公司，即便如此他们也绝不可能获得足够的信用额度。麦华陀认为，对于外国人而言，专注于代理业务会比直接从事贸易获得更多的长期利益；因此不应该批评转而从事代理的行为。对于出口贸易，中国人不喜欢自行承担风险，甚至也不愿意支付低廉的佣金。在海岸贸易中，他们的占有份额日复一日地增加——（要知道）他们的经济体制拥有巨大的优势，以及他们的联合之力。

别无他选，俭省为要，善于忍耐——长期专注于此，中国人在生意上愈发精明。他们富有耐心，据说要是一口答应他们提出的条件，甚至会让他们在快活的同时感到失落——这不符合他们认知中预期的情况。在纯粹的外国贸易中，还没有任何分支为中国人所掌控；他们高度评价外国的保护政策，而他们的财富总是被安置在上海——因为有外国人的存在，在这里无论做任何生意都会有

---

① 牛庄是《天津条约》中约定的通商口岸之一。——译者注

更多的信心。因此，大家认为汽船交通是安全的；外国人的存在会限制强盗行为，对满清官员也是同理。

令人惊叹的是，不经过水运，竟然还可以进行内陆贸易。从浦口（南京）出发到北京需要 30 天：按一只动物负荷 150 磅、每天花费 180 文计算，每吨花费 52 两白银或 16 英镑。会再次令读者感到惊讶的是，与外国人交往了 50 年之后，在华北和西部的广袤地区，生活条件依旧是一千年前的老样子。

由赫德提交的关于吴淞江和上海的未来的备忘录引起了更多讨论。这是他的轻率判断。他预言镇江将取代上海的位置，外国人的旗帜将从通商口岸降落，中国人的旗帜会出现在伦敦和利物浦。上海已绝对地控制了贸易，虽然未来的趋势是她会失去这个控制。赫德认为，通过既有的权利或者在上海投资的金钱，长江沿岸通商开放贸易的结果已转向一个错误的航道。

但是有人说，找不到其他完美的地点，上海没有竞争者。在一些其他的口岸，直接的出口和进口贸易最终失败。棉花商品的 90% 来到了上海，大量的茶叶和生丝从上海运出。除非开通铁路，否则镇江也无法成为上海的竞争对手。

当我们写到口岸的管理时，我们必须再次回到本文的主题上。赫德的备忘录表明，做预测是多么不明智。40 多年之后，上海仍然保持着没有竞争对手挑战的繁荣兴旺，而此时的镇江，似乎已经走在了成为无用口岸的途中。

依据 1874 年熙华德发至华盛顿的报告，和华商比起来，洋商及他们有限的特权是处于巨大的劣势之中的。他们向中国人展示了贸易应如何进行，于是，华商便开始从事贸易了。大宗的进口业务和运输贸易可能还留在洋人手中。尽管洋人富有教养、开支更多、不允许定居在中国内地、爱好奢侈浪费，然而以上这些通过出众的智慧、正直的品质和外交事务的知识抵消。直到解除外国人在铺设铁路和开设矿山方面的限制，否则外国人的利益只会变得衰弱。到目前为止，除了创办兵工厂之外，中国人所做的进步之事几乎没有。

1875 年，美国人将他们和中国所有交易额的 4% 支付给了伦敦——包括 2% 的银行佣金、0.5%—1% 的中国和印度的银行手续费、0.5%—1% 的额外债券。

金能亨解释，那些想和中国人进行买卖的纽约商人发现，销售中最大的损失莫过于汇率上的开支，用银元交易也是如此。在中国，没有美国资本愿意支付那些在纽约的预期回收的开支，因为所有在那里的美国人都渴望金钱，随后他发现美国人在联合英国人从事贸易活动。发行贷款、买入汇票需要流通的现款，由于利息损失等，往外汇出现款成本高昂。因此，英国人做这项生意花钱要比美国人少。简单的解释是，英国有充足的盈余资本，且愿意将之借给美国，以将她所需要的东方商品横跨大洋运送回国。"20 或 25 年前，当我首次来到中国生活的时候，知名的公司，特别是其中一家美国公司，从事着兴旺的兑换业务。他们在不知名的公司和英国资本之间扮演中间人，购入前者在伦敦的汇票，通过背书支付前者现金，然后将汇票出售给英国可兑换货币的持有人。当时只有一家英国银行，而它的业务量有时还不及自己下属的某家商行。然而自由贸易极大地提高了商业交易量，吸引了廉价资本，银行的业务也越来越充实，它们不断地降低利率直到商行被完全逐出这个领域，除非业务庞大，否则开出的薪水还不够招聘职员。"他进而认为直接来自加利福尼亚的白银几乎都是英国的财富。而认为美国已经被英国人"搞定"，这是一个似是而非而又肤浅看法。互利是所有商业交易的关键词。与墨西哥银元具有同等价值的美元将会是一个很有价值的补充。期望中国政府的帮助是没有用的，它既无此能力也无此意愿；不能生产自己的钱币，这样的政府无法为外国提供任何帮助。最适合中国人的，莫过于没有政府印记的银币了。但对于政府而言，一开始就不管不顾地将美元融化，会成为一种损失。

一直到大约 1870 年，虽然公司仍然存在，但只有非常少的股票交易。在拍卖时偶尔提供少量的股票，却没有股票经纪人。这个情况逐渐得到改变，1875年，我们读到了当地股票市值的极度萧条——两年之内贬值 50 万两。通过比较的方式，我们可以注意到，到我们关注时期的末尾，1895 年股票增值 1 200 万两，1896 年 436.2 万两，1897 年 283.5 万两，而后 1898 年贬值 250 万两。

第48章

丝绸与盐

一些与丝绸贸易有关的事情值得注意。

1861 年，外国人每大包 ① 丝绸被非法榨取了 5 两和 10 两作为战争税。有关返还这些钱款的要求在 1863 年的审判中得到确认。共有 22 项退款申诉，涉及金额 2.3 万两，然而同年麦华陀认定的数字是 1 190 元、11 571 两，以及 1 203 595 文。而当返款出现希望时，可能更多的赔付要求接踵而至。首要的困难是中国当局想要外贸单证和运输单据作为凭证。这些凭单原来保管在领事馆，1863 年时却全都不见了。翻译平时信誉良好，但似乎在这桩偷窃案中他是有罪的。还应该好好记住的是，注重节俭的政府并未允许配备保险箱！当然，这些凭单丢失也给当地官员一个很好的拖延机会。经过 7 年的谈判和施压，半数赔款在宁波支付了！然后，问题又被提交到北京，在 10 年后的 1871 年，另外 1 万两作为最后的了断支付完毕。但这并不是要求赔付的全部，也不包含任何利息，按 10% 利率计算，累计的利息已超过赔付的总和。《北华捷报》说将赔付请求移交给首都是一个很好的例证，对于英国外交使团的凯旋来说具有讽刺意味。

丝绸交易量自太平天国起义以来迅速减少，1862 年大约为 7.1 万担，1863 年为 3.2 万担，1864 年为 2 万担。

1868 年前后运输丝绸最重要的公司是白兰幕德洋行（Brand, Munro &

① 大包（bale），指大捆，尤指标准量货物如轧棉、干草、稻草、麦秆等捆包。——译者注

Co.）①，然后是惇信洋行、太平洋行、旗昌洋行、沙逊洋行、禅臣洋行和义昌洋行（Skeggs）。怡和洋行应在名单中却未被提到，因它与行会陷入了纠纷。怡和洋行从违约的中间人那里购买货物，会审公廨做出裁决，强迫当事人履行与怡和的合同。这妨碍了贸易和一贯的友好关系。受到威胁的行会联合抵制，直到温思达将事情移交给道台并向他劝说允许私人性质的协会是危险的，这会打乱政府之间关系。随后道台发布了一个禁止恐吓威胁的公告。然而温思达在 7 天内听取了证词，确认需要一个法庭之外的处理才能维护公正，他认识怡和的高级合伙人惠特尔，并且了解他息事宁人的性格。他向惠特尔指出是第三方在进行诈骗，剩下的问题就是损失该如何处理。自然各方都努力保护自己。真正的困难主要是将中间人视作当事人的习俗——正如法官所说，这是一种单边的习俗，外国商人为了便捷坚持如此行事，因为他们以为那是安全的，而丝绸等货物的真正卖家每次跟着中间商站在楼下收钱时，都在默默抗议。温思达谈到这个案件导致了贸易的完全混乱、树立信任的强烈要求和修复旧关系的困难。一种被伤害的感觉从道台向下弥漫到所有的阶层，怡和洋行将遭受损失，他们的行为会受到各种阻碍。在确证了洋行的行事风格后，温思达建议做出妥协。原告可能不值得怡和同情，但他们已经在交易中受到了很深的伤害，因错误而受罪的人未能明辨是非。

惠特尔接受了所有的这些陈述，邀请温思达做调解人，但温思达经过考虑后拒绝了。之后达成协议，亏空额由原、被告双方分担。尽管两家无辜的公司分担了（这些）损失，但那个名叫陈槐（Chee Quai）的恶徒带着他的所得逃之夭夭。正如《北华捷报》所说，这会教育商人们带着更多的疑问去弄清对方的身份究竟是真正的丝绸商还是不可靠的中间商。

有关此案的报道可在 1867 年 3 月的《北华捷报》上找到，它占据了 19 栏。

1873 年时，当茶叶和丝绸行会推行特定的规定时，更多的矛盾出现了。麦华陀拒绝号召英国商人遵从他们没有话语权的规则，上海总商会也表示反对。但是行会坚持而且道台支持他们。中英条约对此并没有涉及，但是中法条约的

---

① 此洋行名称疑似拼写有误，译者认为可能是义源洋行（Brand Co.），因其早期主营业务就是丝茶业。——译者注

第十四条中说："将来中国不可另有别人联情结行，包揽贸易。"可以反对那些以罚金和威胁压迫个体商人的规则。在关系到如行会掌权这样的情况时，看起来无害的规则也会变得具有压迫性。

1888 年，我们有更多纠纷的记录，当时茶叶行会声称一宗茶叶贸易中有异常，抵制太古洋行的船只开往宁波。行会用强迫和劝说等手段使交易停止了三个星期，当地茶商损失了约 20 万两，还不包括苦力和航运的损失。然后，担文举行了一次行会与商会之间的会议，随后茶叶生意重新开始了。

1872 年以后，丝绸贸易由于不讲诚信受到了重创。法国方面对这一变化的报道是，差的丝绸和好的混在一起，或用好的遮盖住差的，还有缫丝厂中的玩忽职守。里昂的商人们抱怨说如果没有更仔细的准备，中国的丝绸将会失去竞争力。质量、分类变得越来越差，有的商人威胁说要放弃中国丝绸，正如他们已经彻底放弃了日本丝绸一样。商人们已经完全丧失了对多数品牌的信心。两个词可以概括与中国的贸易——轻视和欺骗。

两年后，好建议都被完全忽视了：丝绸的织造和包装比以前更糟糕，价值跌了 25%—40%。丝绸的织造应当更加缓慢、仔细，避免将双宫茧混入单茧中缫丝。不应在上等丝包中混入粗糙、肮脏、粗细不一的丝线，不应在复卷的丝绸中掺入糖、油等以增加重量。从这些"不应"中我们可以看出中国人在追求什么——他们总把"下金蛋的鹅"① 慢慢掐死。这里对这些事情的记录对于读者了解丝绸贸易的作用不大——海关报表可以提供关于此事的确切数据。但是更重要的是了解 50 年前的交易方式，由此我们可以判断在半世纪后中国人性格变化的程度或商业道德进步了多少。从这种视角出发，茶叶交易和丝绸交易的历史都是非常有教育意义的。

盐作为政府垄断的事物，在那个时代的租界里是个麻烦事。垄断造成了其被以自身价值的三倍价格出售。私盐可以以政府价格的一半买到。尽管每个人都会从制盐者那里买，但制盐者只能在东门以一斤 5 文的价格卖给政府部门。然后政府又以 12 文一斤卖给零售商。一个有趣、仁慈的异常现象是盲人贩卖私

① "下金蛋的鹅"（the goose that laid golden eggs），出自伊索寓言。作者此处意指中国丝绸商人竭泽而渔。——译者注

盐是被默许的，尽管公众被警告不允许去买。另一件不仁慈的事是，直到 1865 年，每人每月只能买一斤盐。

清朝官员们对在租界实行盐业垄断能走多远抱有怀疑。直到 1866 年，官方试图通过在英租界开四家商店、虹口开一家来推行垄断，并强制妓院购买给定数额。每张许可证要支付 25 万文。大部分贩盐生意是走私者在做，但他们感觉十分安全。工部局尽力抵制走私，支持一名中国人每月以 400 元警方防务费的价格换取专营权，同时此人每销售一斤盐也向当地政府支付 11 文。当他发现某人不从他这儿买盐时，他就搜查了那个人的屋子并找出一些私盐。他在会审公廨提起了诉讼，但发现他支付的 400 元没有给他擅入民宅的权力。他受到了谴责，这个案件被驳回了。

1888 年，租界的盐消费量达到每日 600 担，政府商店的价格为每担 600 文，曾有提议说向工部局支付相当大一笔钱以获取垄断。但在这请求背后隐藏了什么却不明显，这使工部局回想起早些年前关于鸦片厘金的请求。工部局觉得这些事务超出了它的职权。

到 1898 年为止，工部局反对盐业垄断的决心更为坚定，他们拒绝了一家"官盐局"（Chinese Government Salt Office）做出的有关私卖盐的处罚。租界与县城的盐价似乎差不多，因为走私者们与盐道台（Salt Taotai）① 达成共识，共分利润。

同年，信义洋行（Mandl & Co.）的买办提出另一个申请。当地人的意见是反对任何垄断，但给出的一些理由是古怪的，比如，失业的走私者会变成暴徒。这个申请被拒绝了。

这个问题在 1899 年又被提出来讨论，当时通过佑尼干正式申请建立一个食盐销售机构。工部局的回复是，按规定开一家普通的盐店无须申请许可，但是正在采取的措施让每个人都知道，工部局不会授权官员干涉贸易。这个答案表明租界当局变得更有自信了。

在 1902 年和 1903 年，福开森作为商务大臣的顾问在此事上十分固执，但是工部局依然坚持他们的决定并声明不会再作变更。

---

① 此处可能指清朝盐务司署的盐课司大使一职。——译者注

第49章

轮船招商局

轮船招商局创办于 1872 年，50 年后同类公司仍只此一家，它只参与国内贸易。恐怕没有比中日之间的反差对比更显而易见的了，后者在每个大洋中的航线都获得了丰厚的利润和声望。

即使在招商局的初始阶段，它就对中国人的性格有启示意义，它成立的初衷并非单纯而常见的通过贸易使国家富强，其主要特定目的是打击可恨的外国人。

在 1861 年长江航运开通时，各式各样的新老汽船都被买来用于水上航运，许多船只都是中国人和外国人共有所有权。1862 年，旗昌洋行出资 100 万两组建了旗昌轮船公司，后来增资到了 187.5 万两。

10 年后，轮船招商局成立并买了"伊敦号"（Aden），是第一艘悬挂中国国旗离开上海的轮船。招商局是李鸿章上奏清廷建立的，目的是"购买轮船运输漕粮及形成商业运输垄断"。招商局因装载漕粮获取了超额利润，因此可以用其他方面的低廉运费来排挤外国船只，迫使他们将活动领域转移到其他地方。

如今，以公平竞争来抢占外国人沿海贸易的计划当然是合法正当的，虽然我们不能忍受我们的贸易被压制，我们也不能反对中国人在他们自己的海岸线上的合法竞争。我们自己的航海法直到 1854 年才被废除，因为在 1842 年的条约 ① 中没有提到沿海贸易。1844 年，清政府与美国人签订的条约给了美国人此

---

① 指 1842 年中英《南京条约》。——译者注

项权力，因而推及英国。除了粮食和钱币，中国人不能对外国人在中国沿海运输货物的权力有所质疑。

因此到了 1875 年，英国沿海船运进出港贸易量达 3 633 461 吨，占所有外国船舶总吨位的 53%，英国的货物价值为 1 700 万镑。中国人自然也想染指其间。但以此为目的将垄断权给一家公司而伤害到其他国内船舶的做法是有害的，这在中国人中造成了不满。招商局完全由广东人控制，其他省份为什么要支持他们呢？为什么招商局可以垄断漕粮运输而其他船主却要遭受损失？

毫无疑问轮船招商局是官办性质，《字林西报》因此在 1876 年写道："中国旗帜没有用于私有轮船或改进的帆船。"

中国第一次被允许购买汽船是在 1867 年，当时由道台在上海公布了这个有影响力的公告。这些船只和外国船只一样都适用于相同的港口和贸易规则。这个许可当然是给私人的，官方早已为他们自己所用买好了船。但是这一许可并没有被好好利用，因为，像往常一样，人们害怕政府的干预，他们更倾向于让他们的船悬挂外国旗。

1874 年，轮船招商局的船队由 8 艘轮船组成，总吨位 4 349 吨，到 1877 年拥有了 16 艘船只。"给外国人少量的货物和很少的利益，给招商局充足的货物和丰厚的利益"，这就是政策。尽管低廉的运费是由额外的税收支撑着，尽管向北京运送大米的费用是每年 30 万两，但要供养那么多无能的官员，有那么多的错误管理和欺诈，所以招商局在开始几年就是为了生存奋斗，很快沉重的贷款就成为必须的了。它在长江投入船只与上海旗昌轮船公司竞争，1877 年用 200 万两买下了这家美国公司的船只、码头等设施，但这并没有提高它自己的地位。那时它的船队拥有了 34 艘船，资本额达 80 万两。1881 年，当招商局股本中政府所占部分被大幅削减后情况开始好转，每年有 7 万两的开支被砍下。它的船队估值超过 250 万两，码头和其他资产有 140 万两。但是它欠政府的债务有 1 928 868 两，并且还欠着中国的钱庄 624 087 两。到 1881 年，招商局资本增长到了 100 万两，1883 年为 200 万两。

1884 年中法战争期间，轮船招商局由旗昌洋行接收，次年又被赎回。据美国驻华公使杨约翰（Young）① 所言，这是两次真诚的交易，但此事也有很多疑问，杨约翰的声明因其后来在加利福尼亚所作的一个演讲而要稍微打点折扣。

1887 年，看到外国人经营航线盈利，而轮船招商局却未有利润上缴，户部对此感到惊讶，认为是中间人侵吞了其他相关各方的利益。还需要注意的一点是，招商局的船都是旧的，但是新的外国轮船的建造比以前花费更低，而且可以更经济地运行。

1891 年发生了一件奇怪的事情，由于轮船招商局拖欠旗昌洋行租金，威尔金森（H. S. Wilkinson）强占了招商局房屋。但是旗昌洋行正处于破产及对招商局的巨大债务中。100 名苦力第二天重新占领此地，而莫瓦特、工部局总董、捕房督察长带着些人，和一队来自"卡洛琳号"（Caroline）的水手在福州路码头观望了这场斗争。

两年后，旗昌洋行的财产被移交给轮船招商局，并且以该公司的名义在英国领事馆和美国领事馆注册登记。有关费用为 41 万两，其中 10 万两是之前欠李鸿章的，他是真正的买家。这一事件最主要的利益在于中国人因此在外滩获得一席之地，人们担心此事可能会引起滩地权利方面的争端。那块地在领事馆以轮船招商局的名义注册，因为在某种程度上它是一家外国人用自己的名字持有股份的国际性公司，并且保证遵守《土地章程》。

我们已经说过轮船招商局所有的业务活动都在沿海。但在 1879 年时，招商局曾有一两次向海外派出过船只——到檀香山。麦克莱伦曾说有两艘中国船在不同时间去过英国。但值得注意的是中国的海运是无足轻重的。

---

① 杨约翰（John Russell Young），1840 年 11 月 20 日—1899 年 1 月 17 日，美国记者、作家、外交官。杨约翰生于爱尔兰，幼年时随家庭迁居美国费城。他 15 岁时进入新闻界，1865 年移居纽约并开始写作。1877 年，杨约翰受邀随格兰特前总统环游世界，在中国与李鸿章结识。1882 年，在格兰特推荐下任美国驻华公使。1884 年中法战争期间曾充当中法之间的中间人。他卸任驻华公使后，还担任过美国国会图书馆的馆长。——译者注

第50章

内陆水域航行及阿思本舰队

外籍船只——特别是汽船，在内陆水域航行的困境始于 1864 年。商人自然迫切希望能直接接触产区，但遭到反对，理由是这样必定会产生外籍盗贼。

随着叛乱持续，华人希望汽船能进入内陆水域，但在 1865 年 3 月，道台要求这一做法到此为止。温思达不赞成，表示需求依然存在——财物送入内地极不安全，但若有外国人护卫则另当别论。过去三年，汽船一直运送丝绸货品和财物，它们再适合不过，而且条约并未禁止此事。

但有一份广告显示，艾文思（Henry Evans）可以将游艇拖到内陆举行狩猎派对，单程 5 两白银。道台对此表示反对，因为这是像输送货物一船搭送乘客。

1866 年 2 月，他禁止国外制造的船只在内陆水域航行。温思达将"纯娱乐或商务旅行"这一表述解读为包括游艇在内，但用意并非如此。他认为否决理由不过是因为船只都是崭新的、国外的。

但阿礼国坚决支持中方的观点。他表示这种交通方式既未经条约批准，也不符合国际惯例。条约允许商人可去各处游历，但却并未规定他们应如何旅行，他本人并不希望仅仅因为三条小汽船有利可图，便去冒险犯事。

商会声称这"并不是恩惠，而是权利"，对此阿礼国的答复是，条约第 47 款意思相当明确，如此解读与之相抵触。没有哪个西方国家会允许外国船只无限制地在其水域航行，即便这些地方不存在治外法权。而对于"此乃约定俗成的权利"的争辩，以及游艇与汽船不过是动力不同的说法，他表示不论是出于宽容或是木已成舟，没有一个国家会允许以触犯法律的行为来解读法律条文。游船可自由出入不过是当地政府的让步，它们依然触犯条约。汽船是外国船只，可在经条约开放的口岸贸易——任何其他说法都毫无根据——外国政权无法保证对进入内陆的公民进行有效管辖，而且以往的经历表明，自由航行破坏了当地人的和平与良好秩序。此事以后可能会重新考虑。

李泰国和阿思本舰队的故事 ① 对于研究中国历史的学者而言，十分有教育意义。此事在马士的《中华帝国对外关系史》第二卷第二章以及 1864 年中国官方报告第二号 ② 有充分阐述，但它对上海本身的影响是间接的，而且上海的记述中涉及此事的内容也很少。海关总税务司李泰国在上海鼎鼎大名，此人因此事遭解职，并改聘赫德为海关总税务司。舰队抵沪，舰队司令阿思本（Sherard Osborn）很难让船员安心本职，因为中方向这些船员开出高薪待遇，希望其离职加入清廷海军。而后舰队不为中国政府所接收，所有安排都是竹篮子打水，阿思本解散其部署，所有舰只除两三艘开往印度，其余都遣返英国。舰船原本在此地也可轻易售出，但因担心舰只可能会落入"当时盘踞在上海人数众多的流氓和强盗"之手，或落入当时态度十分敌对的日本大名之手，又或者会被美国南方联盟用于攻击美国运输。卜鲁斯指示上海的英国领事，不必阻止清军获取他们想要的武器，并解释为何区别对待。"组成舰队的船只不能给中国政府，因为可以确知如果交给他们，船只会从舰队中分离出来，用于损害他人的权利或被其他国家利用。"事态如此进展真是可惜。

三年后，1867 年 3 月，赫德确认售卖舰队船只收益分别是 47，709，3，10③ 英镑和 8 124 英镑。次月，"香港方面告知阿礼国，出售中英舰队所得收益 114 276 英镑，由他支配"。

---

① 1862 年，清政府经时任广州海关副税务司赫德联络，委托当时正在英国休假的第一任海关总税务司李泰国在英国购置军舰，以形成舰队，当时购买了三艘中型舰，四艘小型舰，包括舰上武器总经费计八十万两。舰队由英国海军上校阿思本为司令，船上六百名军官及水手俱在英国招募。舰队于 1863 年抵达天津，但由于舰队的司令和清政府对指挥权、用人及花费等方面皆出现严重分歧，最终双方解除合约，舰队解散，军舰由阿思本带回伦敦拍卖。事后清廷迁怒李泰国将之解任，改聘赫德为总税务司。——译者注

② 疑为当时的《邸报》或《京报》。——译者注

③ 数字中一般每三位加一个分隔符，此数最后处多加了分隔符，疑有误。——译者注

第51章

黄浦河道局

作为解决义和团纷争的一部分内容，黄浦河道局（Huangpu' Conservancy Board）① 直至1901年才正式建立。这也就是说，在此之前，并没有针对黄浦江及其航道的治理措施和明确政策，有的也仅仅是人们的忧虑和担心罢了。

翻开长达40年的记录，其中充斥着总商会（Chamber of Commerce）对于解决黄浦江问题的决心、呼吁和提醒，充斥着公使的函件，还有清廷当权者的各类花招与说辞——推迟、拖延，乃至失信，凡此种种可见一斑。对于此事，外国人着重强调的一点是：吨位税的征收并不是为了增加收入，而是为了改善水上交通。与之相反，清政府则将此项税收用于军费开支及其他目的，仅抽出非常小的一部分用于诸如灯塔等设施的改善，同时他们又总是以缺少资金为由拖延所有的管理工作。1867年，总理衙门终于同意抽出全部吨位税用于改善沿岸交通及各条约口岸的航道，但事实上这一承诺并未付诸行动。

如何看待上海未来的发展？在这一问题上，罗伯特·赫德爵士并未具备长远的眼光。在某种程度上，这无疑成为阻碍该事件发展的一大障碍，无论从直接还是间接的角度来看，都是如此。他在1874年备忘录中所记述的内容，也仅仅是对于清朝政府未能履行职责所找的一些借口罢了。而实际上，清廷当局的忽视和保守才是横亘在航道管理中的主要问题。赫德理所当然地认为，对于

---

① 该机构根据《辛丑条约》设立，即1912年成立的上海浚浦局前身。——译者注

条约中明确规定的对外通商口岸，其水路的维护是清政府义不容辞的责任。事实上，早在 1873 年，关于是否支持"让上海纳税人来承担黄浦江的管理"这一问题，就迫切地摆在英国公使面前。"清政府是否仍旧拒绝承担他们的责任呢？——即使这样一种责任对所有政府来说都是再正常不过的职能。"他如是想道。在历经 25 年"毫无成果的努力"之后，总商会得出了一个不算太过草率的结论，即"对于试图让清政府对其职责和义务有一个恰当认识的种种努力，只不过是进一步地浪费时间"。它宣称"这些工作必须交由西方缔约国承担，即使这样做可能会削弱清朝皇帝的主权"。

或许现在可以这么说：通过前文的记录来看，我们的行为，通俗一点来说，是在"戳人伤疤"。因而，对于这个已灭亡的政府过去所做的种种妨碍和抵抗，选择遗忘不啻为明智之举。但是，从轻考量的话，有一点我们必须说，在上海历史上从来没有一个时期像当时那样，对于商人和政客富于启示性了。首先，我们应该记得在过去的 40 年中，几乎年年都在为黄浦江的管理问题争论不休，因为这个问题对于上海来说事关生死。其次，一个负责的机构，而不仅仅是一个报刊记者，如上所述表达自己，以绝望的心情要求政府尽守职责。再次，作为解决义和团问题的产物，黄浦河道局的建立，并非像后来所认为的那样，是一个出于忏悔、友好而谨慎为之的举动，实则是作为惩罚强加于清政府之上的。最后，这也完全成了我们的辩解：1921 年，在上海港口委员会（Shanghai Harbour Commission）的调查之后，吴淞港务局（Woosung Port Bureau）向北京抱怨说，黄浦河道局正试图延伸其权力触角，有违中国的独立主权！当现实如此相似，我们又怎能遗忘那样一段过去？在当下时节，若非牢记过往，外国政府或外国商人又怎能如此高效地采取行动？因此，我们要说，黄浦河道局一事，虽然像租界中的电力问题那样相对琐碎，但对那些正视历史经验的人来说，充满了教育意义。

1863 年的记录中可见多起船只失事事故，这些事故不是发生在江中沙洲就是在陆家嘴（Pootung Point）。失事船只包括"利斯莫尔号"（Lismore）、"林贺思公爵号"（Lord Lyndhurst）、"赫勒斯滂号"（Hellespont），等等，上海道台曾承诺销毁船只残骸，但在此后约一年的时间里却未见其有实质性的行动。于是，一艘 1859 年在陆家嘴沉没的船只通过拍卖被两次出售。道台向上一任船主索取了 500 两白银，水线以上的部分被拆除后，孤零零的残骸在 1864 年仍沉睡在江底。除了直接威胁到航行的安全外，比如"利斯莫尔号"事故的发生即归因于此，水下残骸还会引起淤泥的堆积。也可以说，我们的公家花园，原本亦形成于这些水下残骸。此外，外滩防汛墙的长度不一也是引起淤泥堆积的因素之一。同时，苏州河河口指向的是黄浦江的上游方向而非下游方向，这样导致的结果当然就是，一潭死水和大量的淤泥。

1863 年，低水位时期陆家嘴和英国领事馆之间的江面宽度为 2 000 英尺，1864 年为 1 900 英尺，1866 年 1 820 英尺，1875 年为 1 250 英尺，到了 1899 年已不足 1 000 英尺。6 年间，陆家嘴之下 ① 已形成了约 1 000 英尺的土地。10 年间，与海关大楼相对的江面宽度已缩减了 400 英尺。摆在道台面前的是这样一个状况：在低水位时人们可以徒步横渡苏州河，如果不采取必要措施苏州河河口将最终消失。同时，陆家嘴对面不断延伸的沙洲，将使上方的黄浦江变成一个内陆湖。

面对此情此景当然必须做点什么，但除了报告、埋怨、建议之外，再无其他。市政勘测员克拉克告诉工部局，陆家嘴和英国领事馆之间的航道情况正在急剧恶化，1 年之内江面的宽度已缩减了 300 英尺。黄浦江西侧的堤岸也是一大障碍，它必须被改造，以求与黄浦江的涨落潮相契合。此外，鉴于码头过于混乱，克拉克建议用铁制螺旋桩代替木桩，以缩小对水流的阻力，减少淤泥的沉积。同样，英国驻沪领事温思达也在 1865 年发起呼吁，要求关注由蒸汽动力交通工具及码头增加而引起的江体变化，他建议对黄浦江进行疏浚。

修缮的位置不是在上海对岸就是在黄浦江河口，但是不论在哪一边都需要一大笔费用，此事因此被搁置下来。针对此事，11 位领事于 1866 年联名写信给上海道台。他们此举并非是以停止支付吨位税相威胁，尽管之前有过此提议。约四分之一的吨位税被收集起来送至理船厅（Harbour-master's department），其余的款项用作何处各位领事就不得而知了。当然，钱款究竟流往何处大家都心

① 此处指陆家嘴水域往南江海关对岸处。——译者注

知肚明，只是官方如此宣称罢了。他们提议花费 2 万两白银对沙洲进行一次精确的测量。

时间一年年过去却未见任何行动。直到 1870 年，总商会呼吁领事团对沙洲状况给予关注，并建议疏浚。他们说，前往国内、吃水仅 18 英尺的大英轮船公司的货船，在沙洲中搁置时间已达 12 小时，而船上满载着信件及价值高达 160 万两白银的货物。这段航道也充斥着各类未清残骸，"不堪其扰"。此后第二年似乎开展了某种测量，一些战舰指挥官受邀见证。然而，在 1872 年初，几乎所有的上海商行联名写信给税务司，抱怨愈发恶化的沙洲状况。美国公使在报告中写道，虽然赫德已经从英格兰订购了一艘挖泥船，但他本人则对疏浚的价值持怀疑态度，并且认为应该进行一次更为实际的勘测。总商会于 1873 年再次告知领事团：众所周知，黄浦江两岸正在逐渐靠近，上游河段正在变浅已至警戒水位；同时，航道的深度却没有增加，这表明来自长江的水量在减少，潮水冲刷力度减弱，而淤泥堆积的趋势却越来越明显。沙洲管理员，不论这位官员是谁，给出了一组相当详细及清晰的数据，在他的描述中，3—5 月最低位时沙洲是一条东偏南—西偏北向延展的硬泥沙脊，有 300—500 英尺长。大约在 5 月中旬泥沙开始沉积。到 6 月中旬 1 英尺厚的淤泥堆积起来；7 月中旬则有 2 英尺，至 8 月中旬厚度达到 3 英尺。在最高峰时，淤积的泥沙已形成了一个 1 500 英尺长的平地。然后潮水的冲刷开始了，到下一年 3 月泥沙厚度将再次来到最低水平。黄浦江的低水位在夏季和冬季相差有 18 英寸。在夏季，黄浦江水体的沉积物不断增加，其中大部分来自长江，仅有极小一部分源自本身。涨潮时，有 4.5 个小时，潮水会以每小时 5 海里的速度不断冲刷，而在相对平缓的 2 个小时中，泥沙就此沉积下来。在退潮开始前沙洲上的水位已下降 4 英尺，退潮的流速为每小时 2.5 英里至 3 英里，到最后一小时将达到每小时 5 英里并开始冲刷。所有的这些情况仅限于春潮时期。

在对该事务的看法上，再次显示了中国人脑袋里特有的盲目而乏味的保守主义，不仅那些愚蠢的苦力，北京那些位高权重的大臣们也是如此。这个沙洲据说是国家的防御工事，是抵御外敌以自保的天堑，企图破坏它是何其愚蠢！只有深水船才会受阻，本地的船就不会遇到此类情况。要么让外国人放弃使用

475

大船，要么货物被延误——为了外国人的利益而使中国失去一个天然屏障，这实在是太不明智了！

上述情况让人想起了对英法海峡隧道的强烈抵制。但是，相对而言，那次抵制多了一分理智，少了一分伤害，因为它没有在短时间内牵涉到码头业务和商业分支的发展。

1874 年，道台收到了一份当地人准备的报告。报告称，有一个沙洲，因其不断的变化民间将其命名为"神沙"，它自法国煤栈倾斜延伸至林家粮仓，长度为四五里，宽度不明。航道也一直存在，其深度会随着季节和潮汐的改变而发生变化，只有了解情况的人才能找到它。"在历经完整测量和反复考虑之后，我们发现深挖是很不可行的。"即使采用外国机器来疏浚也无济于事。因此，道台轻快地宣称只要知道已有航道的信息就足够了："这样的话，公众的利益将得到改善。"

然而，令人厌烦的外国人甚至对如此高明的结论也不满意。麦华陀写信给道台说，那份由当地人准备的报告显然是出自一个候补县丞及宝山地区地方官之手。他们发现江面开阔、沙洲沉于水下，于是便心满意足地对阻碍物的大小作一推测。整个领事团都认为这份报告充满敷衍之词，内容也不够完整，当然无甚价值。他们要求，运用技术知识再进行一次勘测。

476　　在致恭亲王的急件中，美国公使卫三畏写道，30 位拥有 5—15 年航行经验的船长已经提出证据，证明黄浦江上持续存在着撞击、搁浅的危险。在过去的 3 年中，一家公司已为此花费了 2.2 万两白银的驳运费，另一家则支付了 3.3 万两。恭亲王则在回信中称：虽然 1867 年和 1870 年已分别进行过勘测，但他将下令再开展一次。此外，信中仍然强调了"天然防御工事"的观点。

熙华德和麦华陀围绕 2 000 两勘探援助金一事与道台商讨了 2 个小时。这笔援助预期用于一支由荷兰工程师组成的专业队伍，而当时这些人碰巧在日本。商谈中，道台列举了各种当地的说法和所谓的理论，以此为幌子隐藏自己的真实意图，他宣称如果这次勘测的结果足以支持领事团的观点，那么他会要求当地政府采取行动；他同时辩称，在没有上级的授意下，他不能动用朝廷公款，即使援助资金数目已减少到 1 000 两白银，道台仍旧拒绝。

　　然而，此后不久，道台却送来了 1 000 两白银，接着在 1875 年 6 月艾沙（Escher）、奈格（De Rijke）完成了他们的勘测报告。在报告中，他们写道，黄浦江的排水区域为 11 930 平方英里（泰晤士河为 5 000 平方英里），而且几乎都是泥沙冲击层。因此，河滨中的固体物质是非常少的，并且其中大部分都已在湖泊中沉积下来，黄浦江只能排出清水。在陈家嘴（Black Point）和北港嘴（Pheasant Point）之间有两个航道，一个形成于洪水，一个形成于潮汐。潮汐而非排水，是造成黄浦江低段纵深的主要原因。但是北港嘴减少了潮汐的流入量。上海上游面向潮水的大片区域可以作为潮水的贮存区，为退潮提供强大动力。

　　可以这样说，如果水流能受到恰当引导的话，黄浦江潮汐所携带的强大力量，足以维持航道的正常通行。但是吃水深度 24 英尺的船只能偶尔来到上海，因此所需要的是一条 600 英尺宽的航道，即使在低水位也不应小于 300 英尺。疏浚的结果将是弊大于利。我们的目标是缩小宽度并纵向深挖。但是有一点要注意，北港嘴附近区域必须拓宽。两条航道只需其一。

　　通过这份由艾沙署名、奈格认可支持的报告，我们已经有了一个简要的轮廓。奈格也进一步说道，相比于沙洲问题，河口的航道问题更为重要。疏浚可能使沙洲处于通航状态，但对于长江来说情况却并非如此。只有大范围的专业测试才能起到作用。

　　长江在入海口被崇明岛所分割。北部支流分开了，灌木岛（Bush Island）①之上的南部支流亦是如此。翻看以前的海图作对比，北部的支流似乎在变小，而南部的支流则冲刷掉了崇明岛的部分沙土。变化还在上演，小岛越来越大，在它们之后又有新的岛屿形成，到了最后铜沙浅滩（Tung-sha Banks）变成了巨大的铜沙岛。黄浦江或者吴淞河的储水量主要取决于河口的涨潮，北部航道的扩容将有损于此。长江将一直保有一条开放的航道，但是黄浦江的影响力太小，以致不能确保其获取开放航道的地位。

　　勘测需要花费白银 2 600 两——这当然是"小事一件"：道台和一些私人捐助者给了 2 185 两，总商会出 100 两；剩下的 315 两来自其他捐赠。

①　今长兴岛。"铜沙岛"即今横沙岛。后文的"高夫岛"疑为今开沙岛。——译者注

大家一定还记得：在过去的多年中，当沙洲未发生大的改变时，船型却大大提升——尤其是 1869 年苏伊士运河开放之后。上述情况即是造成困扰引发忧虑的原因。

英舰"艾伦公爵号"（Iron Duke）的亚瑟船长（Captain Arthur）建议封住轮船航道并疏浚帆船航道或者说是西侧航道——奈格后来也是这么做的，而"艾伦公爵号"的海军上尉特瑞西（Lieutenant Tracy）则支持疏浚沙洲的做法。亚瑟的方案其成本将是后者的 30 倍。要疏浚一条在低水位时有 200 英尺宽、20 英尺深的航道，需要 3 艘挖泥船整整工作 5 年。

1877 年，我们有了另一份报告，来自布利吉福德船长（Captain Bridgford）。其中所反映的部分内容不过是对已知信息的重复罢了。他提到，没有其他河流可以像黄浦江那样，有独特的潮汐运动及洪道。而只要潮汐和洪道存在，这些独立的沙洲也会继续留存。高夫岛（Gough Island）附近的河流正处于萎缩状态。如果整个河流的水量转移至其中一条航道，那么沙洲将会淤塞，另一航道也会消失。帆船航道是正确的选择——较之轮船航道，它更短，有着更大的落差，这些使得它能在短时间内形成四五英寻 ① 的深度。整个工程预计将花费 15 万两白银。

1880 年 1 月，总商会声称，有 34 艘船只因沙洲问题而延误了 98 天，其中包括一些吃水深度浅的船。此前，总商会已经提出要求，成立黄浦河道局。他们建议，所有通过海关运输的物品按价征收 1‰ 的浚浦捐，这笔钱将作为河道局的工作经费。他们反复指出，虽然按条约规定，吨位税应用于维持航运的安全，但只有一小部分花在了浮标和照明等设备上，其余都进入了道台的私人腰包。

在之后的 9 年中，关于沙洲问题似乎没有什么值得记录的信息，然而疏浚工作于 1889 年 5 月开始了。当时道台还召开集会，邀请了相关代表人士，花费 10 万余两白银的"安定号"（Anding）挖泥船正式开始工作，当第一桶泥浆上来时，道台向其中掷香槟。人们希望，通过疏浚航道可以达到 400 英尺宽、26 英

478

---

① 1 英寻 =6 英尺 ≈1.8 米。——译者注

尺深。

虽然缺乏有力的监督，但"安定号"的工作仍富有成效，航道的面貌日新月异。1879 年深度只有 16—17 英尺，1890 年则又增加了 2 英尺。之后遭遇了一个干旱的夏季，由于降水量少，沙洲的状况较之从前更为恶化。人们再次催促，要求使用帆船航道，并建议使用蒸汽泵和软管，通过水力来清除淤泥。

毛礼逊在 1892 年提出抗议，反对疏浚。实际上，对于那些质地坚硬水流无法冲走的物质来说，疏浚还是十分有用的。他声称，如果轮船航道被关闭的话，洪水及潮水将顺着帆船航道，形成一个颇有深度的通道，并确信可以使用"多年"。

那一年帆船航道开辟成为黄浦江的主航道，在高水位时有 18 英尺深。同时，由于"飞马号"（Feima）残骸的存在，一条新的航道被开辟。这条航道位于"飞马号"残骸与浦东之间，一条吃水深度为 17.5 英尺的三桅帆船经此被拖走。

澎湖列岛 ① 上大英轮船公司"布哈拉号"的失事部分也是因沙洲而起。因为要穿越沙洲必须保持船身平稳，而"布哈拉号"没有压载水舱导致其在横渡后无法使船尾下降。这一点，据说是导致"布哈拉号"遭遇台风失控的重要原因。虽然船员竭尽全力欲使船身顶风而行，却无济于事。

两年后，马尔托（Emile de Marteau）曾计划从高桥河直切黄浦江河口，以绕过沙洲。但是消息也仅限于此，再无下文。

人们纷纷抱怨道，当示意水量过少时仍有一些船长驾驶船只行驶在沙洲上，如果他们不幸被卡住，那么也就省得再抛锚了。一位这般行事的船长在沙洲上造成了一个 2 英尺高的土堆，如此一来一艘出海的船只可能会在此耽搁一个星期或更久。港务长无权实施任何的规定，但是针对此事他也发布了相应的通知。

没有太大的必要去更多记录这一段历史。"安定号"挖泥船的沉没无疑是一场灾难。有人争辩，如果有河道局存在不至于发生此类事故。事实上，什么都没有。1876 年，艾沙和奈格提交了报告，22 年过去了，并未形成什么成果。

---

① 见《运动》一章。——原作者注

然而，关于上海的黄浦江仍有一些信息需要记录，虽然本章大部分内容都在讨论沙洲问题。

我们已经在前文中呈明：早在 1865 年，人们就可以在低水位时徒步横渡苏州河。因为威胁到了当地贸易，对道台来说这无疑是一次警醒。八年后，工部局、领事团及道台就这一问题进行了商讨。之后又过了两年，工部局提出对苏州河进行清淤，当然是基于清政府当局能解决资金问题的前提下。四年多的时间又匆匆而过，1879 年，工部局拆除浮桥的决定，引发了对苏州河河口淤泥问题的关注。他们得悉当地政府将提供 4 000 两白银用于清理航道，但道台却矢口否认有过此项约定。当时，在苏州河的某些河段，退潮时仅有 3 英尺的水深。

1883 年，领事团提出通过筑堤和扩大公家花园来改善苏州河河口的状况，为此征求清政府的同意。上海一侧的费用将由工部局提供；虹口一侧的费用则由土地所有者支付。道台在回复中建议拓宽苏州河河口，他对亚当森·贝尔在虹口一侧的修筑工作进行了猛烈的抨击，甚至威胁要拆除那些已经修筑好的堤坝。工部局各委员会聚集在一起进行了长时间的讨论，最终就修筑一条堤岸带达成一致意见。

我们知道，1888 年，"安定号"挖泥船在苏州河河口的工程花费了 20 万两——真是一笔巨大的开销。由于缺乏持续的资金支持，该船之后就被闲置下来。

1900 年，数据显示与海关大楼相对的黄浦江面在十年间缩减了 400 英尺，并且淤泥以每年 6 英寸的速度在堆积。为此，人们讨论着这样一个观点，即，上述现象的产生并非是由于单纯的淤泥堆积，而是源于整个黄浦江沿岸所发生的巨变。

第52章

江南制造局

江南制造局由李鸿章和曾国藩于 1865 年创立于虹口。

现址购于 1867 年，并根据需要多次扩充。此处雇用约 1 000 人，制造步枪、引擎和轮船，经费约为 15 万两白银，自上海海关处取得。制造局下设学堂，由林乐知主持。另设翻译馆，傅兰雅曾参与其中，此人同时在北华捷报馆负责编辑一份中文报纸。

在麦克莱伦的《上海史话》(*Story of Shanghai*) 一书（第 64 页）中描述了当时创建已逾 20 年的江南制造局，其中文字颇富激情。看来西方国家兵工厂能做之事，此处也毫不逊色。对此，我们或许也无须多言。又经过 30 多年对制造局及其他中国兵工厂的大量投入，眼见陆海两军现状，心思缜密的读者当然心知肚明。

1872 年，一艘大型护卫舰下水，1875 年是一艘双螺旋桨浅水重炮舰，1893年制成一门 50 吨火炮，读到此处我们不禁要问此地用途到底为何？和翻译馆一样，还不会爬行就想奔跑。牛顿的《原理》(*Principia*) 是首先打算翻译的数部著作之一；到 1889 年，翻译馆已耗费 20 多年"劳神费力地准备了一本标准条目的百科全书"。中方译者欠缺外来知识，外方则监管不力，翻译的作品必定十分呆板。我们记得有一个段落告诉学生，可将 "hsi ssu k'ei ssu p'en hsi" 放入硝酸，能证明银币中含有铜合金。我们发现这几个字的意思是一枚"六便士"！前来咨询我的几位学生几乎从未见过六便士银币，甚至墨西哥银元都不曾见过。

但若译者稍花些心思，至少将这按音直译却又难以理解的六便士改成一毛硬币，整个句子便易于理解了。

举出此例不过是说明，相对当时早期的条件而言，选择著作的规模太过宏大。当时的人过于乐观地以为出版大批书籍，或某位官员订购大批著作分发，便意味着大规模启蒙教育。然而订阅大批外国作品让外侨沾沾自喜，也给他理由申请更多资金，在更高级的官员眼里此景颇为悦目，而且若书籍分发于一省内都无人阅读，那也没什么损害。当时更有以打折的价格买500份东西，却以全额收取1000份价钱的情况。但我们所指只是旧时的一些不良行为，现状无疑已截然不同。

1897年，江南制造局内设造币厂。

第53章

英侨登记

要求英国居民在领事馆登记并支付一定费用，此举一直令英人颇为反感。

1866年1月，洪卑制定了这一措施，并向工匠收费1元，其他人5元。1868年起向不缴费者发出法院传票，补交费用便不再罚款。次年，人们提出如此"强行征收"是否还要继续，而且领事馆官员自己是否缴费？麦华陀向公使报告，不满情绪正愈演愈烈，25人拒绝缴费者遭到起诉，然而同时，他坦承自己认为领事无须登记，所以至今并未登记缴费，但公使建议他应登记，所以他马上照此办理。《北华捷报》的脱泰尔（Tootal）拒绝支付罚款，结果被没收了一把椅子，公开拍卖筹得12元，否则将在他家中留守法警。律师乐皮生挑战法院逼迫其付款的权利，被罚10元并负担诉讼费用。他上诉至高等法院败诉后，又威胁要向枢密院上诉。

麦华陀不喜这项制度，表示他不得不亲自上门烦扰他人，敦促其付款以避免法律诉讼，但遇到的抵抗态度十分坚决。反对理由不一而足，向个人征税总招人厌恶；税款每年必征、区分绅士与工匠未免荒唐、他国居民不缴此税亦获保护，最后，英人缴税也未获保护！麦华陀认为此举太过武断，要求每年登记也无必要。若一人于11月到达上海，必须缴纳5元税款，明年1月再交一次，若12月3日抵达则逃过一劫，这未免荒唐也不公平。他认为所有人都统一收取1元已足够。"有位工匠曾在一马车上炫耀其家庭尊贵，也声称承受着这一元税款的压力，同时一位人所共知的贫穷绅士暗示他亦无法承受这高额收费。"

当时的商会主席米契拒绝付款，遭罚款 10 元。洪卑表示，他打算拒绝审理未登记英人的诉状，并从乐皮生（法庭上为米契辩护的律师）开始，如若他执意"让自己不快"的话 ①。

483　　有关此案，威妥玛解释说，所谓"将不予承认与保护"，所指乃是在法庭上的诉讼事宜，但若危及此人的生命或财产，"依我看来"没有哪位领事可以拒绝提供保护。但他也补充说，某人因未支付税款收到传票，添了许多麻烦后，若以妥协告终且免遭罚款，这也是不被允许的。

米契拒绝支付罚款，虽有扣押财产的判令，但其房屋中所有财产为洋行所有。于是签发逮捕令，因其拖欠债款将入狱两月。为此，他支付了包括诉讼费用在内共 12.50 元，此事证明了威妥玛言之有理。

1874 年，不满情绪又起，有人提出谁又有权将整个社区划分出 5 元与 1 元的群体？也有人提出该枢密令是否合法。

当年共申请了 60 张法院传票。

此后，征收该项税款时多少总有些怨言，直到 1893 年费用统一调整为 2 元。

---

① 原文如此。——译者注

第54章

中　立

1842 年，英国人在取得吴淞之后，兵不血刃就占领了上海。这番做法，法国在 1884 年、日本在 1895 年大约都可做到。那么上海又为何能够避免侵袭、处于自由地位呢？我们以前说是尊敬的"客人"跑到别人家里做了所有的家务劳动，这里也许能添上"客人"同时也将无助的"主人"从偷盗抢杀中拯救出来。众所周知，撇开经验、警告和大量时间的准备工作不谈，青岛是怎么样像一只熟透了的桃子一样极轻易地落入了德国人之手的。若非事关外国人的在华利益，几乎任何的军事力量都能随时吞并上海。实际上完全出于外国人的自身利益考虑，外国军队才将它从太平天国手中挽救了出来。服务于外国人利益的外交活动一次又一次地使上海从外来侵袭中得到庇护。它之所以能够享受到战争中的中立地位，不得不感谢它的这些非法入侵的"客人"。正如太平天国叛乱期间当地人为了安全聚集到外国租界一样，在战争和革命时期，他们也总是将租界当作最安全和最和平的地方。无疑他们非常感激租界。

有关中立的问题首次出现在 1874 年，当时中国有可能对日作战。日本已经足够进步地承认愿受国际规则约束，并避免采取危及租界的行动。但是上海贸易的问题则是另一回事。据建议，日本人可以将铁甲舰开进扬子江，或沿着镇江南下占领苏州。江南制造局也可能引起敌人的强烈兴趣，租界从而会陷入危险。领事们一致认为中国和日本应该制定一项协议使上海保持中立。显而易见中国将从中获利，至于日本人为何应停止袭击这个脆弱之地则不甚明朗。然而，毕竟难题得以解决，没有引起战争且非常及时，因此没有必要再提前面的那个协议。

下一个类似的麻烦出现在 1884 年，当时法国和中国正处于事实上的战争状态，上海当然会感到恐慌。不幸的是，一如既往，许多当代故事都把中国置于了荒谬可笑的角度。用鱼叉武装的当地队伍在吴淞村庄到要塞之间建造了一道城墙屏障，在城区的防御工事上架置了一门生锈的古代大炮；还在黄浦江中放置水雷，买来大量的铁索制成围栏，以保护进行要塞防御的船队，停泊在原地的"凯旋号"（Triomphante）① 轻易就可将之摧毁。就连平底的中国式舢板船也装载石头，以阻塞吴淞口。对此，公共租界强烈反对这一切的发生，以至一家孟加拉报纸对外来者这一蛮横专制的新事例非常愤慨："我们认为，吴淞作为中国的一个镇，由这些中国律师② 来阻止吴淞港口的战争是极为荒谬的建议。"

道台"认为安定民心是重要的"，对即将建立的军事志愿队伍作出了指令。虹口地区的广东商人建议向工部局提供一支 1 000 人的上海商团军队。每家商号抽出二三人，一旦发生骚乱，可出动保护民众，平时则继续从事本身的和平职业。工部局当然拒绝同意，巡捕和万国商团足够满足这一需要。但是行会一再请愿。以前有一个华人队的传说，他们守则的第一条就是"一旦遇到战事，队伍就马上解散"③。这些广东商人的动机也与此有点类似，尽管有租界巡捕和万国商团，他们也"不能坐视不理"。他们的意图是建立一支商团队伍（非职业化），"为的是打出名号，就能让恶人心生畏惧……只要有这样一支队伍，参与的商家会感到安全，或许这支队伍根本就没有机会出动"。工部局无动于衷，仍然回复没有必要建立商团军，不能批准。中国人一贯在新闻报纸和舞台上遭到嘲弄，我们虽然对此强烈反对，然而不能否认这次他们是有点成为笑柄了。

---

① 凯旋号（Triomphante），法国军舰。1869 年在法国罗什福尔建造，1877 年下水，1879 年服役。该舰排水量 4 585 吨，配有火炮及鱼雷发射器。参加过 1884 年中法战争。——译者注

② 原文为"Chinese lawyers"，当时在中国的律师只有少数的外国人，可能是指原先有律师身份而现在掌控工部局董事会的一批人。——译者注

③ 暗讽华人遇到战争或危险率先逃跑，不能履行职责，且将职责转嫁给外国人。——译者注

他们的荒诞不经表现如下：根据当地报纸报道，孤拔（Courbet）① 已死了37 次，法国损失人数总计达到 160 万人。

商会要求召开一个公共会议来表达公众对于战争的感觉，后来又再三数次恳请工部局支付账单——719.46 元，其中大多数用于电报，而这一要求也一而再再而三地被拒绝。

1884 年 8 月，在福州遭到炮击的那天，法国总领事宣布使上海处于中立地位，全权公使巴德诺（Patenôtre）② 随后给出保证，中国在上海和吴淞地区维持现状，法国人将不会进攻这些地方。

1894 到 1895 年间，当日本和中国处于战争时也有一次相似的免除战争的经历。在战争行动开始之前，日本政府应英国外交部的要求避免采取任何针对上海的好战挑衅的军事行动或类似的行为。

一次非常有趣的领事会议讨论了洋泾浜以北租界地区的中立。领袖领事华德师 ③ 先生已用法文草拟出一份代表租界立场上的备忘录，并建议将之放入致北京喀希尼（Cassini）④ 公使的信中。美国、德国和英国领事没有签名。

备忘录主张，清朝皇帝只是租界地区名义上的业主，不是租界所覆区域的君主。但是，正如韩能所说，就他所知，英国政府从未做出这样的声明。华德师的实际要求是，租界应该被看作中立的区域。三个月前的一次领事会议曾致谢韩能为保护上海中立所作的努力，他认为，对于领事和租界当局来说，目前华德师的建议将会被证明非常的不便利。举一个例子，这一建议也包含了制止

———————

① 孤拔（Anatole-Amédée-Prosper Courbet），1826—1885 年，法国的海军将领。曾任法国殖民地新喀里多尼亚行政长官，后率领远征军出兵越南阮朝，促成法属印度支那殖民地的建立。1884 年中法战争期间任法国中国海舰队司令，于中法战争期间击败清帝国南洋水师，一度攻占台湾基隆，并试图封锁台湾海峡，最后攻占澎湖并将所部由台湾方面转移至澎湖。1885 年 6 月因病在《中法新约》签订后两天死于澎湖妈宫（现澎湖县马公市）。——译者注

② 巴德诺（Jules Patenôtre des Noyers），1845—1925 年，法国外交官。早年在法属阿尔及利亚任教，1871 年成为外交官，1873 年—1876 年在波斯任职，1880 年任驻瑞典公使。1883 年 9 月由外交部部长提名到中国任职，1884 年任法国驻华公使。次年与李鸿章签署《中法新约》。——译者注

③ 华德师（Joaquim M. T. Valdze），时任葡萄牙驻上海领事兼领袖领事。——译者注

④ 喀希尼（Count. A. P. Cassini），时任俄国驻华公使。——译者注

中国军队通过租界的职责，但若中方采取强硬举措，巡捕和万国商团亦无力阻止军队通过。再者，如果不能成功地制定这一中立宣言，日本人会有理由放弃自己已经做出的维护上海和平的许诺。除了在制止封锁黄浦江方面已经所做的事情外，如果我们再要求中国人多做一些事情，一旦他们拒绝，日本人就有理由认为事件的处境已经改变。韩能还提到，尽管华德师认为拒绝中国军队在租界行军的做法，在某种程度上与日本人不去袭击上海的看法相关联，他自己只是简单地把"现在"看作"一直"，就整件事情本身而言，这是对租界内和平和良好秩序的威胁。

我们所看到的韩能的这些想法，显示了他在对待租界事务方面的处事方式是多么公正。大量的讨论紧随而来，在此过程中，法国总领事被询问到法国政府关于租界主权的看法，然而吕班（Dubail）① 先生并不愿意回答这个问题。

形势值得进一步深思熟虑。从外方的角度来看，外国人采取中立时，租界却被置于危险当中是不可能的。另一方面，日本人不仅在袭击租界方面会被阻止——这点毫无疑义，而且他们也无法得到上海县城或江南制造局。在游戏的开始，他们就不得不放弃有价值的部分。中国人再次接受了这个非常有益的保护，而不用付出任何代价——更或说是还从中得利了。他们在使外国人感觉欢迎或舒适愉快方面无疑无所作为，阻挡、骚扰、侵犯、欺骗和自负在彼此的买卖交易中留下痕迹，然而中国人依然乐意在面对压力时通过这种令人讨厌的存在方式寻求庇护。除了国际交往外，日本还能对上海发动一次沉重而有效的袭击，而对中国来说，尽管再不能丧失更多的脸面了，仍可能会使当地百万人沦落为穷人。

1900 年的动乱则体现了另一个不同性质的问题，属于我们下一卷的内容。

---

① 吕班（Pierre René Dubail），1845—1931 年，法国外交官。1876 年来华任职。后在法国中央政府部长办公室政策事务所及罗马、魁北克任职。1893 年 5 月 8 日任法国驻上海总领事。同年 10 月初，至北京任使馆署理公使。未几回沪。1894 年 5 月，升任署理驻日本公使。8 月回任。1896 年离职。1897 年任职于驻北京公使馆。后又在乌拉圭、日本任职。1902 年回北京，1905 年任驻中国全权公使。——译者注

第55章

普鲁士

普鲁士领事馆在上海的历史中颇引人注目，这本是意料中的事，但其作用并非利于和谐融洽。首先有斯塔多夫（Stubbendorff）一案。此人欠一华人7 500两白银，普鲁士领事表示无权逼迫其付款。埃姆斯希望逮捕此人以防其离开租界。然而工部局无能为力，并表示在普鲁士公使李福斯缺席之时处理普鲁士公民事务恐有隐患。但普鲁士公使馆秘书表示："普鲁士领事不能以权力有限为由，拒绝行使司法审判职能。"之后此案由剌多威男爵（Baron von Radowitz）审判，判决对斯塔多夫有利。

1858年，《北华捷报》的一位通讯记者表示："德国人较少粗暴对待当地人，故他们更信任德国人。"这一说法令人震惊。

1866年，普鲁士领事德登贲写道，根据旧《土地章程》，他无权强制房屋租户直接支付房捐和土地税。他表示："我有责任告知您，我认为工部局即将采取的措施，已超出职权范围，完全属违法，我将向工部局的每一位董事追究责任。"这是因为两家德国洋行收到威胁，将"取消工部局提供的一切便利"。工部局表示遗憾："这些人想享受福利，却要他人付出代价，而领事居然包庇这样的公民逃避惩罚。"

1867年，工部局要求普鲁士代理总领事批准工部局的征税工作计划，得到的答复说这一要求逼迫他就一些他宁愿保持沉默的微妙问题作出表态。而普鲁士公使馆与总领事馆在此已有5年，"将约束在这个港口居住的德国人的"《土地章程》从未经普鲁士当局批准，对此他表示诧异。在授权准许征税的《土地章程》由普鲁士政府正式批准之前，他不能向其国民征税或同意征税。而且，档案还记录了"工部局诉泰源洋行"一案，"争辩"称不管怎样租地人无权向租户征税。而且，《土地章程》第10款写明："各国领事应……召集一次租地人大会。"工部局仅要求英美领事召集会议，而"我，和其他不那么招人喜欢的同事一样"只是收到会议通知而已，诸如此类。

489

这是尊严问题，——或有人称之为"暴发户的尊严"。看来民族自尊心倒不妨碍其国民来上海享受他人用血汗金钱换来的成果。

德登贲的来信也得到答复。温思达和美国领事孟恩威理（Willie P. Mangum）召开会议之前曾邀请普鲁士领事。"如您能在市政事务中同我们一样出一份力，我们将非常乐意。"德登贲表示，"只要工部局与德国当局之间的法律缺陷依然存在"，他就只能拒绝。对此温思达和孟恩威理耐心解释，《土地章程》作为中方政府与三个缔约国的公使达成的协定而具有约束力——这是一项国际协约，工部局不过是选定的执行机构。对于《土地章程》，新缔约国本可以将自己置于与旧缔约国一样的地位，固有模式是向中方政府及各缔约国代表知会，已同意加入原协定，由此正式承担其责任并享有其权益。他们不知普鲁士公使馆与总领事馆建立之时为何没有如此操作。

然而一年后要求他征税时，德登贲写道："工部局的权力来自与中国签订条约的各国政府，我永不能认可工部局有权向一国政府或其代表征收税款。……我不反对支付一些钱款作为自发的贡献……"

第56章

日本人

在我们提到的上海日侨人数远远超出别国侨民的那一年 ①，工部局在日侨居住区开始雇用日本巡捕，自此他们有了自己的警察，并有一名日侨在工部局（董事会）占有席位，而在日本港口的华人则没有这样同等的地位。实际上，尽管我们在这一章节中对于上海日侨可叙述的并不多，但这少量的也是最有意义的。从与西方国家的交往情况来看，这两个国家很相似：都敌视外国人，都受到西方国家的暴力侵害。事实上，中国人更占一些优势，因为上海开放于第一次鸦片战争后的 1842 年 ②，而日本则是直到额尔金在第二次鸦片战争期间到达北京（并于 1858 年）到江户后才和英国通商的 ③。1861 年，英国大使在日本首都受到了袭击，对国际惯例的无知或许是他们早期的某种借口，但有着 40 年对国际关系更多学习与实践的中国人在 1900 年竟还会犯下规模比之大得多的暴行，我们该说些什么呢？ 50 年前还是如此相像的两个民族，今日地位却大相径庭，这是否与他们互相之间或是与世界其他国家有关，这确实是一个谜。

1862 年 6 月，第一艘日本船来到上海，这是一艘向英国购买的商船，原名

① 指 1915 年。——译者注

② 指清政府在鸦片战争中失败后被迫于 1842 年 8 月 29 日同英国政府签订《南京条约》，开放广州、福州、厦门、宁波、上海五口通商，而正式宣布上海开埠是在 1843 年 11 月 17日。——译者注

③ 指 1858 年英国使节额尔金和江户幕府签订《日本国大不列颠国修好通商条约》后，日本开始与英国通商。——译者注

"休战号"（Armistice），后更名为"千岁丸"（Zensai Maru），他们花 3.4 万元买下它用于在该港口做当地贸易的快运。这艘船处于一个类似委员会机构的管理之下以获取各种商业、统计及地理信息。麦华陀发现他们对海关雇用英国国民的原因等十分地好奇，一名随从秘书记下了所有的谈话内容，他们宣称他们纯粹是出于商业目的，一点都没有政治目的。

鉴于后来的发展，我们认为以上的每一句话都"表明了许多"。

11 年后，进入上海的不再是商船而是一艘日本铁甲舰，完全由日本人指挥和驾驶，我们得知这给地方当局留下了深刻的印象，我们也完全相信这是真的，但我们无法得知这种印象的本质是什么。看起来，中国似乎并不担心，尽管最近的两次战争被打掉了一些傲气，但在中国看来，日本只不过是一个人口不多的小国。无论怎样，中国人总能靠着自己的无能和尖叫得到外国人的纵容与帮助，而外国人出于自己的利益，也总会尽力使中国人不受损害，就像现在仍在这么做的。但我们知道这种印象对激发中国人奋发图强不起什么作用，正如半个多世纪以来，有着良好秩序与卫生状况的外国租界对于当地城市的肮脏污秽毫无作用一样。看到那些船只，中国本应对被这样一个其所藐视的民族超越而感到羞耻；本应对假如日本变得强大而其自身依然衰弱将会怎样感到担忧。我们之所以满怀愤慨地写下这些都是因为最近发生的一些事情，在世界大战中，日本能以一支舰队横扫海上，而中国有的只是苦力劳工。1898 年，中国无法保住青岛，到了 1914 年仍然无力收回青岛。日本这么做主要是为了社会和其自身的利益①，而中国只会发出可怜的哀号："属于我的"，要全世界援助其反抗取代德国占领其领土的强国。

熊熊的火焰在法国人的胸膛中燃烧了 40 年，哀悼的黑纱装饰着代表失去了的斯特拉斯堡（Strasburg）②的雕像。中国人是否曾表现出如此强烈的要收回青岛的愿望呢？直到落入日本人手中，中国才期望寻求协约国的帮助。唉！太遗

---

① 指 1914 年日本侵占青岛这件事。——译者注

② 斯特拉斯堡（Strasburg），法国城市，1871 年普法战争结束后，根据《法兰克福条约》的规定，该市并入新成立的德意志帝国，在第一次世界大战中德国被击败，该市又被法国索回。——译者注

憾了!

这儿要指出的是，我们并不是要评判此事的对或错，我们谈论的只是中国的无能，除了谈论其主权问题，无法有更多作为；我们是因为看到日本在上海获得的重要地位才有感而发。

有必要在以后的书中再写一些这方面的内容，而现在我们叙述的仅仅是日本影响的开始。最初工部局决定对日侨强制实行第 37 条细则，即禁止在租界中携带武器，但后来允许日本官员在向捕房登记后可以佩剑，那是在 1870 年。三年后，日本领事要求赋予所有那些在日本可佩剑的人士（包括几乎所有的武士）佩剑的特权，工部局同意他们的要求并且不用再在捕房登记。

我们叙述的这一时期可记录的已所剩无几。1884 年，日方要求工部局允许两名隶属于日本领事馆的警察可穿着特别的制服去协助解决涉及日侨卷入的任何纠纷。当一名华捕必须处置日本海员或一名锡克巡捕必须管理华人时，总会存在语言上的障碍。然而，工部局却不能支持这种改革愿望，因为其他国家领事馆也会提出同样的要求，而由各国不同的巡捕一起处理纠纷将会给工部局捕房的管理带来混乱。 492

上海日侨人口如下：

1870 年	7 人
1876 年	45 人
1880 年	168 人
1885 年	595 人
1890 年	386 人
1895 年	250 人
1900 年	736 人

1890 年人口的减少主要是由于大批的妇女返回了日本，原因不明，而 1895 年人口的进一步减少当然是中日之间战争的结果。

当战争迫近时，日本政府应英国外交部的要求承诺不得对上海及其邻近地区采取敌意的军事行动。道台发布公告要求所有在上海的日侨去知县衙门登记，但实际上当时所有日侨都离开了租界。

第57章

贵宾与盛宴

　　来访的贵宾中需要挂出国旗接待的并不多，我们仅在此简单罗列。1869 年维多利亚女王的次子爱丁堡公爵 ① 到访。此后是 1879 年到上海的格兰特将军 ②，遗憾的是在他逗留期间还发生了伤亡事故。艾伯特·维克多王子和乔治王子 ③（现国王乔治五世）在 "巴坎蒂尔号"（Bacchante）做海军学员时，于 1881 年 12 月途经上海。1890 年，康诺特公爵 ④ 及公爵夫人来访。其他名人访客还有 1880 年来

---

　　① 爱丁堡公爵（Duke of Edinburgh），即阿尔弗雷德·艾伯特（Alfred Ernest Albert），1844—1900 年，是英国维多利亚女王与阿尔伯特亲王的次子。1856 年开始进入皇家海军服役，历经多年晋升，1893 年成为英国海军元帅。——译者注

　　② 格兰特将军（General Ulysses S. Grant），1822—1885 年，美国军事家、政治家，由于在南北战争中战绩卓越，1868 年成功当选第 18 任美国总统。在连任两届的八年任期内政绩平平。1877 年 3 月卸任后，于 5 月开始携妻环游世界。1879 年格兰特成为第一位来到中国的卸任美国总统，并在天津与当时清朝北洋通商大臣李鸿章会晤合影。——译者注

　　③ 艾伯特·维克多王子（Prince Albert Victor），1864—1892 年，是英国国王爱德华七世与亚历山德拉皇后的长子，维多利亚女王的孙子。乔治王子（Prince George），1865—1936 年，艾伯特的弟弟。乔治仅比艾伯特小 17 个月，因两人年龄相近便一起接受教育。1877 年，两人一起进入 "威尔士亲王船舰" 开始军事训练。1879—1882 年服役期间，两人在家庭教师的陪同下，搭乘 "巴坎蒂尔号" 进行为期三年的环球航行，游历了美洲各国、南非、澳大利亚、埃及、日本和中国等地。1910 年，乔治王子继承王位，称乔治五世。——译者注

　　④ 康诺特公爵（Duke of Connaught），即阿瑟亲王，全名阿瑟·威廉·帕特里克·阿尔伯特（Arthur William Patrick Albert），1850—1942 年，是英国维多利亚女王与阿尔伯特亲王的第三子，曾经担任多种军事职务及加拿大总督（1911—1916 年任职）。1879 年 3 月，与德国皇室的旁支成员路易斯·玛格列郡主成婚。——译者注

上海的卡拉卡瓦国王 ① 和普鲁士海因里希亲王 ②，普鲁士亲王还于日后再次到访。

除此之外还有其他盛宴。女皇即位 50 周年，庆典（1887 年）引发的热情并不高涨。纳税人都不置一词，委托工部局全权操办。根据财务报表统计，工部局共耗资 494.26 两银子，确实不算奢华。1897 年，女皇即位 60 周年庆典倒是一番胜景。工部局并未作为官方出面，这无疑是因为它所代表的租界已经是国际性的，也因为工部局无须出面，这一庆祝活动应是英国领事和英籍侨民的事。然而，工部局的档案中记载着此次欢庆确是各国侨民共享，街上灯火通明，彩旗飞扬。

同样，每年 7 月 4 日和 7 月 14 日的美国和法国国庆日也不仅由两国侨民各自庆祝，而是各国侨民共同欢度。

---

① 卡拉卡瓦国王（King Kalakaua），1836—1891 年，是最后一位实际统治夏威夷王国的君主。1881 年，他旅游考察世界各国移民事务，欲借此增进外交关系，同时研究其他各国统治者如何治理国家。他先后访问了美国、日本、中国、暹罗、缅甸、印度、埃及、意大利、比利时、德国、奥匈帝国、法国、西班牙、葡萄牙和英国，并与多国君主及元首会晤，是世界上第一位进行环球旅行的国王。——译者注

② 普鲁士海因里希亲王（Prince Heinrich of Prussia），即阿尔贝特·威廉·海因里希（Albert Wilhelm Heinrich），1862—1929 年，是德国皇帝腓特烈三世的第三个孩子，威廉二世皇帝的弟弟。海因里希亲王在 15 岁时便成为德国海军军官，1914 年第一次世界大战爆发后，任波罗的海舰队最高指挥官。1878—1880 年，曾进行环球旅行。1880 年 4 月抵沪时，道台刘瑞芬曾在豫园设筵款待。清朝著名海派画家吴友如还绘制了《豫园宴请德国皇孙图》，此画现藏于上海市历史博物馆。——译者注

中英译名对照表

人　名

A-pak　阿北

A. Arthur Moule　A. 阿瑟·莫尔

A. Darby　A. 达比

A. F. Strachan　斯特拉钦

A. G. Dallas　达拉斯

A. Holtz　霍尔茨

A. J. H. Moule　A. J. H. 莫尔

A. Perceval　鲍思孚

A. Thorne　脱恩

A. Wilson　威尔逊

A. Zimmern　齐默恩

Abbe Huc　于克

Adam Smith　亚当·斯密

Adams　亚当士

Adamson Bell　亚当森·贝尔

Adamson　阿达姆森

Adler　阿特勒

Admiral Jaures　若勒斯上将

Admiral Ryder　赖德上将

Admiral Seymour　西摩上将

Agnes Goodwin　安娜·戈德温

Albert Heard　希尔德

Albert Sassoon　阿尔伯特·沙逊

Alcock　阿礼国

Alexander Hamilton　亚历山大·汉密尔顿

Alexander Wylie　伟烈亚力

Allen　艾伦

Allen Catchpole　艾伦·卡其包尔

Allum　阿林

Alphonse de Bourboulon　布尔布隆

Anderson　安德森

Andrew Holtz　安德鲁·霍尔兹

Annecke　安讷克

Anson Burlingame　蒲安臣

Antrobus　安妥巴士

Archdeacon Moule　慕雅德会吏长

Arkwright　阿克赖特

Arthur Sassoon　阿瑟·沙逊

Arthur Smith　阿瑟·史密斯

Arthur Smith　译员史亚实

Asculapius　阿斯克勒庇俄斯

Aspinall　阿斯皮纳尔

Assam　阿萨姆

Atkinson　阿特基森

Aulick　奥利克

Bailey　贝利

Ballard　巴拉德

Barnes Dallas　巴恩斯·达拉斯

Baron von Radowitz　剌多威男爵

Barton　巴顿

Basil Lubbock　巴兹尔·卢伯克

Baylies　贝莱士

Beatty　贝蒂

Beechey　比奇

Bell　贝尔

Bidwell　毕德维尔

Bishop Moule　慕稼谷主教

Bishop Williams　韦廉臣主教

Bisset　比赛特

Bland　布兰德

Bob Allen　鲍勃·艾伦

Bonham　文翰

Boone Jr.　小文惠廉

Borlase　博莱斯

Bourne　包文

Bowman　鲍曼

Boyce　博伊斯

Boyd　博埃德

Bradford　弥俄礼

Breck　柏赖克

Brenan　壁利南

Brewer　布鲁尔

Bridges　布里奇斯

Bridgman　裨治文

Brock　布劳克

Brodie A. Clarke　克拉尔克

Bromley Eames　爱莫斯

Brooke Robertson　罗伯逊

Browett　布劳伊特

Browne　卜罗恩

Bruee　卜罗斯

Bulkly　巴尔克利

Bullocks　帕罗克斯

Butcher　布彻

Butel　布特

Butterfield　巴特菲尔德

Butzow　布策

C. A. Fearon　C. A. 费隆

C. Alements　爱勒门特

C. Dowdall　董戴尔

C. H. Head　熙德

C. J. Ashley　阿什利

C. K. Stribling　司百龄

C. M. Birrell　比勒尔

C. O. Liddell　里地

C. P. Blethen　布莱森

C. Rawson　罗信

C. Thorne　索恩

C. White　怀特

Caine　凯恩

Caldecott Smith　史密斯

Calder　卡尔德

Camajee　卡码杰

Cameron　工部局董事凯麦隆

Cameron　正巡官卡梅伦

Candida　甘弟大

Captain Arthur　亚瑟船长

Captain Bridgford　布利吉福德船长

Captain Roberts　罗勃茨上尉

Carles　卡勒斯

Carlile　卡罗尔

Carolus Ⅲ　卡洛斯三世

Carolus Ⅳ　卡洛斯四世

Carroll　大副萨诺尔

Carroll　领事馆翻译卡罗尔

Carter　卡特

Cartwright　卡特籁特

Cassini　喀希尼

De Rijke　奈格

Denny　丹尼

Derby　德比

Dew　迪尤

Dewsnap　杜纳普

Dick　狄克

Dick Swiveller　迪克·斯维勒

Dick Turpin　迪克·特尔宾

Dorcas　多加

Dore　多尔

Dowdall　杜达尔

Dr. Boone　文恒理医生

Dr. Burge　伯奇医生

Dr. Davis　大卫医生

Dr. Henderson Jr.　小亨德森医生

Dr. Henderson　亨德森医生

Dr. J. Taylor Grant　泰勒·格兰特医生

Dr. Main　梅滕更医师

Dr. Nelson　纳尔逊医生

Drouyn de Lhuys　路威

Drummond　担文

Dubail　吕班

Dudgeon　威厚阔

Duer　邓厄

Duke of Connaught　康诺特公爵

Duke of Edinburgh　爱丁堡公爵

Dumas　大仲马

Dunman　杜曼

E. A. Reynolds　连那士

E. Cunningham　金能亨

E. E. Porter　鲍德

E. H. Thomson　汤姆森

E. Jenner Hoqq　霍爱德

E. M. Moses　E. M. 摩西

E. M. Smith　E. M. 史密斯

E. Shellim　E. 塞里姆

E. V. Syle　帅福礼

E. Webb　韦伯

Eames　埃姆斯

Earl Russell　罗素

Earl Stanley　斯坦利伯爵

Ed. Langley　兰利

Ed. Webb　韦布

Edan　爱棠

Edkins　艾约瑟

Edmund Burke　伯克

Edmund Hornby　洪卑

Edward Hall　爱德华·豪

Edward Harper Parker　庄延龄

Edward Ⅰ　爱德华一世

Edward Ⅲ　爱德华三世

Edwin Pickwoad　埃德温·皮克伍德

Elgin　额尔金

Eliang　怡良

Elias Sassoon　伊利亚斯·沙逊

Eli Whitney　伊莱·惠特尼

Elliot　义律

Ellis　埃利斯

Emens　伊孟思

Emile de Marteau　马尔托

Escher　艾沙

F. Anderson　安徒生

F. B. Forbes　福士

F. B. Johnson　约翰逊

F. B. Youel　F. B. 尤埃尔

F. D. Hitch　希契

F. E. Wright　雷德

F. H. Balfour　巴尔福

F. M. Gratton　格拉顿

F. Moutrie　马尔瑞

F. Nicolson　尼克尔森准男爵

Fabris　法勃雷

Fajard　法雅

Falstaff　福斯塔夫

Farbridge　法布里齐

Fat Jack　胖杰克

Ferdinand Ⅶ　斐迪南七世

Fish　余飞

Fittock　费托克

Fitz James Stephen　斯蒂芬

Fitzroy Kelly　凯里

Fitzroy　费士莱

Flint　洪仁辉

Forrest　富礼赐

Forrester　法尔思德

Fortune　福钧

Fowler　福勒

Frederick the Great　腓特烈大帝

Frederick Ward　华尔

French　弗仁切

French Syndicate　弗雷恩·西恩迪开特

Fryer　傅兰雅

Fuller Pilch　富勒·皮尔奇

Fulton　富尔顿

G. B. Dixwell　狄思威

G. B. Robinson　罗宾臣

G. F. Steward　斯特瓦德

G. H. Preble　普莱贝尔

G. J. Morrison　毛礼逊

G. L. Oberg　奥贝格

G. Morrison　莫里森

G. R. Corner　科纳

G. Tradescant Lay　李太郭

Galle　加尔

General de Montauban　孟斗班将军

General Staveley　士迪佛立将军

General Ulysses S. Grant　格兰特将军

George Balfour　巴富尔

George Smith　乔治·史密斯

George T. Staunton　小斯当东爵士

George Wingrove Cooke　柯克

George Ⅰ　乔治一世

Georg Ⅱ　乔治二世

Giles　翟理斯

Giquel　日意格

Glass　格拉斯

Glen　格伦

Godeaux　葛笃

Goebe　戈比尔

Goodnow　古纳

Gordon　戈登

Gore-Booth　戈尔布思

Gouilloud　库约

Graf zu Eulenberg　艾林波伯爵

Graham Anderson　格兰汉姆·安德森

Granville　格来维尔

Gray　管风琴制造商加利

Gray　旗昌洋行格雷

Gribble　格瑞博

Groom　格罗姆

Gützlaff, Karl Friedrich August　郭士立

Gubbay　古培

Guedes　格德斯

Guest　格斯特

Gundry　盖德润

H. A. Burgevine　白齐文

H. A. Holcomb　霍尔库姆

H. C. Hodges　霍奇斯

H. E. Hobson　好博逊

H. H. G. Rhein　雷伊

H. M. Faithful　费斯福尔

H. Magnica　马哥尼亚克

H. O. Russell　勒赛尔

H. P. Wilkinson　维金生

H. S. Wilkinson　威尔金森

H. Shearman　亨利·奚安门

Haas，Ritter von Joseph　奥国驻沪总领事夏士

Halahan　哈拉翰

Hale　外科医生海尔

Halliday Macartney　马格里

Hall　罢市领导者霍尔

Hall　豪船长

Hammersmith　汉默史密斯

Hampden　哈姆顿

Hanbury　汉璧礼

Hannen　韩能

Harbour　哈波

Hargreaves　哈格里夫斯

Harriet Martineau　马蒂诺

Harris　哈里斯

Harry Smith Parkes　巴夏礼

Hart　哈特

Harvey　哈维中尉

Harvey　领事哈维

Harvie　哈维上尉

Harwood　哈华托

Havelock　哈弗洛克

Hawks Pott　卜舫济

Hayes　小海斯

Heard　何德

Heen Ling　咸龄

Henri Cordier　高第

Henrietta Alcock　亨丽特·阿礼国

Henry Dent　邓脱

Henry Evans　艾文思

Henry Fessenden　亨利·费信登

Henry Kellett　凯利特

Henry Keppel　凯帕尔

Henry Pottinger　璞鼎查

Henry Reeve　亨利·利夫

Henry Thomas Buckle　巴克尔

Hildebrandt　锡乐巴

Hills　西尔斯

Hire　指挥官海尔

Hobson　合信

Hobson　霍布森

Hockley　贺克莱

Hodges　霍奇斯

Holland　奥伦

Holliday　何利德

Holliday　霍利迪

Holmes　霍姆斯

Holtz　霍尔茨

Hooper　胡珀

Hope　贺布

Hoppius　郝碧梧

Horatio Nelson　霍雷肖·纳尔逊

Horatio Nelson Lay　李泰国

Horatius　贺雷修斯

Hornby　霍恩比

Hugh Gough　郭富

Hugh Hamilton Lindsay　林赛

Hughsten　霍格斯

Humphrey Marshall　马沙利

Hunter　亨特

Hu Pao　胡跑

Hygeia　海吉雅

I. K. Brunel　布鲁·内尔

Ilipu　伊里布

Ince　伊斯

Ira Tracey　杜里时

Irons　艾隆斯

Iveson　伊伏生

J. A. Allen　爱勒恩

J. C. Ferguson　福开森

J. C. Roberts　罗勃斯

J. C. Smith　史密斯

J. D. Bishop　毕晓普

J. D. Clark　开乐凯

J. E. Brine　布莱恩

J. E. Judah　J. E. 犹大

Keswick　耆紫薇

Keying　耆英

Kidd　基德

Kidner　凯德纳

King　金大卫

King Kalakaua　卡拉卡瓦国王

Kingsmill　金斯密

Kingwo　金格沃

Kinnear　金尼尔

Kirk　科克

Kishen　琦善

Kraus　克劳斯

Kum Allum　昆阿伦

Kuper　固伯

L. Dent　颠地

L. O. Jurgens　菊更斯

L. Richardson　理查德

Laguerre　辣厄尔

Latourette　赖德烈

Laurence Oliphant　俄理范

Lawrance　雷来恩斯

Lawson　雷森

Legge　理雅各

Lester　雷士德

Lewis Carr　贾流意

Lieut Anderson　海军中尉安德森

Lieut Sanford　海军中尉桑福德

Lieutenant Tracy　特瑞西上尉

Limby　列贝

Lindsay Anderson　林赛·安德森

Little　立德禄

Liu-Ko　刘韵珂

Livingstone　利文斯顿

Lobingier　罗炳吉

Lockhart　雒魏林

Lord Aber deen　阿伯丁勋爵

Lord Rosebery　普力罗司伯爵

Lord　罗德

Louis Napoleon　路易·拿破仑

Louis Philippe　路易·菲利普

Louis XIV　路易十四

Loureiro　洛伦索

Low　镂斐迪

Lowder　洛德

Lt. Colonel Montgomerie　蒙哥马利中校

Lueder　吕德

Lyman　莱曼

M. Barthemy　巴萨米

M. Brenier　白来尼

M. Buissonet　皮少耐

M. de Lagrene　剌尊尼

M. Herbet　赫伯特

M. Kaufman　考夫曼

M. Lannoy　兰瓦

M. Lemaire　李梅

M. M. Meynard　梅纳

M. M. Moses　M. M. 摩西

M. Mauboussin　穆布孙

M. Montingny　每文体尼

M. S. Gubbay　M. S. 加贝

Macandrew　麦克安德鲁

Macartney　马格里

MacClatchie　麦格基

Macdonald　麦克唐纳

Macgowan　玛高温

Mack　麦克

Maclean　麦克连

Maclellan　麦克莱伦

Macleod　麦律得

Major Turner　特纳少校

Malcolm　工部局会计马科姆

Malwa　马尔瓦

Mangum　孟恩威理

Maniquet　马尼凯

Pearson　海员之家负责人皮尔森

Pearson　皮尔森船长

Penfold　彭福尔德

Percebois　佩斯布瓦

Percival　柏色伏

Pere Aymeri　埃梅里

Peter Maclean　麦克连

Peter Parker　伯驾

Peter　皮特

Philip Ammidon　阿弥敦

Philip Currie　柯里

Pichon　毕生

Pickwoad　皮克伍德

Pitcher　皮彻

Pitman　皮特曼

Plutarch　普鲁塔克

Pond　庞德

Pope Hennessy　波普·轩尼诗

Price　普莱斯

Prince Albert Victor　艾伯特·维克多王子

Prince George　乔治王子

Prince Henry of Prussia　普鲁士海因里希亲王

Prince Kung　恭亲王

Probst　普罗布斯特

Protet　卜罗德

Purdon　白敦

R. D. Cheetham　奇塔姆

R. D. Sassoon　R. D. 沙逊

R. Francis　弗朗西斯

R. Gubbay　R. 加贝

R. J. Farbridge　法布里奇

R. M. Campbell　坎贝尔

R. M. Martin　马丁

R. M. Moses　R. M. 摩西

R. O. Major　马琼

R. P. Saul　索尔

Raffles　莱佛士

Rawson　罗森

Regina　雷吉纳

Rehfues　李福斯

Rehoff　列霍夫

Reid　李大卫

Reme　雷美

Remi　雷米

Rennie　连厘

Rev. A. H. Rowland　罗兰牧师

Rev. A. J. Bamford　班福德牧师

Rev. C. E. Darwent　达文特牧师

Rev. C. J. Symons　西蒙斯牧师

Rev. E. H. Thomson　汤姆森牧师

Rev. E. Reeves Palmer　里夫斯·帕默牧师

Rev. Issachar J. Roberts　罗孝全牧师

Rev. J. M. W. Farnham　范约翰牧师

Rev. J. Stevens　史蒂文斯牧师

Rev. J. Thomas　托马斯牧师

Rev. L. H. Gulick　久利克牧师

Rev. T. R. Stevenson　史蒂文森牧师

Rex　莱克斯

Reynolds　雷诺

Reynolds　雷诺兹

Rhodes　罗德斯

Ricci　利玛窦

Richard Daft　理查德·达夫特

Richard Henry Hall　理查·亨利·豪

Richard Phoenix　菲尼克斯

Robberds　罗伯兹

Robert F. Scott　罗伯特·F. 斯科特

Robert Hart　罗伯特·赫德

Robert Inglis Fearon　费隆

Robert Peel　皮尔

Robin Hoods　罗宾汉

Robinson　乐皮生

Robt A. Mowat　莫华特

Thomas Linklater　汤姆斯·林克莱特

Thomas Taylor Meadows　密迪乐

Thomas Wade　威妥玛

Thom　罗伯聃

Thorburn　跑马厅理事会成员索伯

Thorne　《美国月报》创办人桑恩

Thorne　洋行商人索恩

Thou. Augustus Gibb　T. A. 吉布

Timothy Richard　李提摩太

Tootal　脱泰尔

Trautmann　川曼

Treasure Jones　琼斯

Tronson　屈隆荪

Tsun Wo-tong　孙同我

Tucker　塔克

Tudor Davies　德都德

Turner　蓝皮书见证人丹拿

Twigg　戴惠克

Twombley　脱勃雷

Tyack　泰雅克

Tyau　刁敏谦

Ulysses Grant　尤利西斯·格兰特

Underwood　恩德沃德

V. P. Jordan　乔丹

Valdez　华德师

Vansittart　范西塔特

Vicomte d'Artot　阿尔托子爵

Vignale　棉拏里

Virgil　维吉尔

W. A. P. Martin　丁韪良

W. C. Milne　美魏茶

W. F. Mayers　梅辉立

W. G. Stronach　施维祺

W. H. Carter　卡特

W. H. Lay　李蔚海

W. H. Moule　慕莫尔

W. H. Pownall　波纳尔

W. H. Seward　西华德

W. Handyside Tapp　泰朴

W. Hogg　威廉·霍格

W. Jardine　威廉·渣甸

W. J. Boone　文惠廉

W. Knapp　科纳普

W. M. Dowdall　多德尔

W. S. Jackson　杰克逊

W. S. Wetmore　华地码

W. W. Parkin　帕金

W. W. Vacher　瓦彻

Wadman　瓦德曼

Wagel　魏格尔

Wainewright　魏拉特

Walter Henry Medhurst　麦都思

Waters　维特斯

Watson　屈臣氏

Watt　瓦特

Webb　韦伯

Welch　威尔切

Wells Williams　上海文理学会卫廉士

Wells Williams　韦尔斯·威廉姆斯

Wells Williams　卫三畏

Wetmore　魏德卯

White　瓦尔特

Whitfield　惠特菲尔德

Whitlow　怀特罗

Whittall　惠特尔

Whitty　维特

Will Adams　威尔·亚当斯

William Bradford Reed　列威廉

William Hogg　威廉·霍格

William Jones Boone　文惠廉

William Pitt　威廉·皮特

Williams　威廉姆斯船长

Williams　威廉姆斯水手

William Ⅳ　威廉四世
Willie P. Mangum　孟恩威理
Willsher　威尔舍
Wills　韦尔斯
Wilson　威尔森
Winchester　温思达
Wolcott　吴利国
Wolff　沃尔夫
Wong Kong-chai　黄光彩

Woodruff　沃德卢夫
Wood　伍德
Woods　沃德斯
Wyatt　怀特
Wynand　韦耐德
Wynter　温特
Young　杨约翰
Young J. Allen　林乐知
Zachariae　詹查雷

机构名

Adamson, Bell & Co.　天祥洋行
Agra Bank　阿加剌银行
Alliance Co.　安联公司
Amateur Dramatic Club　上海西人爱美剧社
Amateur Dramatic Corps　大英业余剧社
Amateur Theatrical Corps　业余戏剧社
American Baptist Missionary Union （广州）美北浸礼会
American Bible Society　美国圣经会
American Board of Commissioners for Foreign Missions　美国公理会
American Presbyterian Press　美华书馆
American Protestant Episcopal Mission　美国圣公会
Ancient Landmark （共济会）古老地标（会所）
Anglo-Chinese College　英华书院
Anglo-Chinese School　中西书院
association of owners　车主公会
Astor House　礼查饭店
Attorney-General　香港律政司
Balfour Buildings　巴富尔楼
Bank of England　英格兰银行
Baptists　浸信会
Baring Brothers　巴林银行

Barnet & Co.（Tunsin）　惇信洋行
Base-ball Club　棒球总会
Benjamin Bungalow　本杰明平屋
Birley, Worthington & Co.　祥泰洋行
Bisset & Co.　长利洋行
Blain, Tate & Company　公道洋行
Board of Consuls　领事团
Board of Work　工务处
Boat Club　轮船总会
Bower Hanbury & Company　公平洋行
Bowling Alley　滚球场
Bowman & Co.　宝文洋行
Boyd & Co.　祥生船厂
Boy Scouts　童子军
Brand，Munro & Co.　白兰幕德洋行
Brewer's Shop　普鲁华商店
Brick & Saw Mill Co.　上海砖瓦锯木厂
British and Foreign Bible Society　英国及海外圣经公会
British Board of Trade　英国海外贸易局
British Post Office　大英书信馆
Buchheister & Co.　瑞生洋行
Bungalow　廊房
Butterfield & Swire　太古洋行
Butterfield & Swires' wharves　太古码头

Cadastral Office 领事馆册地处

Camajee & Co. 广南洋行

Camajee's Canton Garden 广东花园

Camp Hotel 礼总会

Chamber of Commerce 总商会

Chartered Bank 渣打银行

Chess Club 国际象棋会

China and Japan Telephone Co. 华洋德律风公司

Chinese Cotton Cloth and Yarn Administration 上海机器织布局

Chinese Garden 华人公园

Chinese Hospital 中国医馆

Chinese Humane Society 中国慈善协会

Church Missionary Society 英国圣公会

Church of Our Saviour 救主堂

Churton and Company 乔顿公司

Clewer sisterhood 英国克卢尔姐妹会

Club-house 英国总会

Club Concordia 德国总会

Collins 科林斯邮轮公司

Committee of co-operation 协防委员会

Committee of Roads and Jetties 道路码头委员会

Committee of the Chinese Evangelisation Society 中国布道会

Committee of the Sailor's Home 上海水手之家委员会

Consul's Court 领事法庭（领事公堂）

Cory's 科里洋行

Cosmopolitan Lodge 四海共济会会所

Council's Wharfage Dues Office 工部局码头捐办公室

Country Club 斜桥总会

Court of Reference 上诉法庭

Cricket Club 板球总会

Cunard 冠达邮轮公司

D. Sassoon and Co. 老沙逊洋行

Dallas and Coles 裕泰洋行

Defence Committee 防卫委员会

Dent & Co. 宝顺洋行

Deutsche Bank 德国银行

Dirom, Gray & Co. 裕记洋行

Donaldson's Commercial House 唐纳森商务会所

Drysdale, Ringer and Co. 德兴洋行

E. D. Sassoon & Company 新沙逊洋行

Eastern Extension 大东电报公司

Electrical Department 电气处

Electric Light Co. 上海电力公司

Endicott's Garden 恩迪科特花园

English Police Court 违警法庭

Esang Hong 义升行

Evangelical churches 基督教福音派教会

Ever Victorious Army 常胜军纪念碑

Ewo 怡和码头

Farnham's 耶松船厂

Fearon, Low and Co. 协隆洋行

Finance Committee 财务委员会

Fire Association 火险公会

Fire Brigade 火政处

Fives Court 抛球场

Fletcher & Co. 吠礼查洋行

Fogg & Co. 丰裕洋行

Fogg's 兆丰码头

Frazer & Co. 公懋洋行

Free Christian church 自由基督徒教堂

Freemason Lodge 共济会会所

Garden Committee 公园委员会

Gas Works 自来火厂

General Hospital 公济医院

General Land Assessment Committee 土地估价委员会

German Church 德国教堂

Germania Concert Room　日耳曼尼亚音乐厅

Germania Lodge　杰默尼分会

German Theatre　德国剧院

Gibb，Livingstone & Co.　仁记洋行

Gibb's　仁记洋行码头

Glassblowers' Guild　玻璃行会

Gledstanes & Co.　格莱德斯坦斯公司

Gold Bond Investment Co.　高德证券投资公司

Good Templars　禁酒会

Gordon Boys' Home　戈登男童院

Grand Master of Freemasonry in China　共济会中国总会

Great Eastern Railway Company　英国大东铁路公司

Gutzlaff Hospital　体仁医院

Hall & Holtz　福利公司

Hanbury School for Eurasians　汉璧礼欧亚混血儿学校

Hanseatic League　汉萨同盟

Harbour-master's department　理船厅

Health Department　卫生处

Heard & Co.　琼记洋行

Heard's Garden　何德花园

Her Majesty in Council　枢密院

Hogg Brothers　兆丰洋行

Holliday，Wise &Co.　义记洋行

Holy Trinity Church　圣三一堂

Home for Seamen　海员之家

Home Guard　民团

Hongkew Hospital　虹口医院

Hongkew Recreation Ground　虹口娱乐场

Hongkew wharves　虹口码头

Hongkong and Shanghai Bank　汇丰银行

Hookaand Ladder Company　钩梯队

Horse Bazaar　龙飞马车行

Horse Exercising ground　练马场

Horticultural Society　上海园艺社

Howard's Wharf　霍华德码头

Huangpu，Conservancy Board　黄浦河道局

Imperial Maritime Service　海关税务司

Inman　英曼邮船公司

International Cotton Mill　国际棉纺厂

International Institute　尚贤堂

J. D. Sword & Co.　吉第萨德洋行

Jardine，Matheson & Co., Ld　怡和股份有限公司

Jardine's　怡和洋行

Jesuit mission　耶稣会

John Company　英国东印度公司

Johnson & Co.　庄生洋行

Kingsmill　有恒洋行

L. P. O.　工部书信馆

Land Office　地产处

Lane & Crawford　泰兴洋行

Law Officers of the Crown　皇家检察官

Light Horse　上海轻骑队

Linchia granary　林家粮仓

Literary and Scientific Society　上海文理学会

Lock Hospital　性病医院

Lodge St. Andrew　圣·安德鲁分会

Lodges　共济分会

London Missionary Society　英国伦敦会

Loyd's　劳埃德公司

Lyceum Theatre　兰心大戏院

Mackellar & Co.　麦加利洋行

Mackenzie & Co.　隆茂洋行

Mackenzie, Richardson & Co.　麦李洋行

MacVicar & Co., Canton　广州麦克威克洋行

Mandl & Co.　信义洋行

Marine Engineers' Institute　机务总会

Marine Hospital　海军医院

Marist Brothers　圣母小昆仲会

Masonic Club　共济会总会

Masonic Hall　上海共济会大楼

Masonic School　共济会学校

Medical Missionary Society　教士医学会

Mercantile Bank　有利银行

Messres. Watson & Company　屈臣氏洋行

Messrs. Fogg & Company　梅瑟·福格公司

Messrs. Gilman & Company　太平洋行

Messrs. Kupferschmid & Dato　上海泰兴行

Messrs. Lindsay & Co.　广隆洋行

Messrs. Lindsay & Co.　林赛洋行

Mi-ho-loogns　灭火龙队

Miller's Bungalow　米勒平屋

Mission to Seamen　水手布道会

Mixed Court　会审公廨

Mohammedam Cemetery　伊斯兰公墓

Morrison & Gratton　玛礼逊洋行

Morrison Education Society　马礼逊教育协会

Mortuary Chapel　公墓教堂

Muirhead's Engine　莫海德机器厂

National Temperance League　全国戒酒同盟

Naval Hospital　海军医院

Naval Yard　海军船厂

New Drill Hall　新操练会所

New Park Committee　新公园委员会

"New" Theatre Royal　"新"皇家剧院

Ningpo Joss-house　四明公所

North-China Herald　上海北华捷报社

North China Branch of the Royal Asiatic Society　英国皇家亚洲文会北华支会

Northern　（共济会中国）北方（会所）

Northern Presbyterian Church of the United States　美国北长老会

Nursery Garden　苗圃花园

Office of Interpreter　翻译处

Official's house　会防公所

Old Rifle Butts　虹口老靶场

Olyphants　同孚洋行

Olyphant's hong　同孚商行

Oppert & Co.　泰源洋行

Oriental Banking Corporation　丽如银行

Osborn Flotilla　阿思本舰队

P. & O.　大英轮船公司

P. & O. Jetty　大英轮船公司码头

P. F. Richards & Company　礼查洋行

Pasteur Institute　巴斯德研究院

Pharmacie de I'Union　回春堂

Plague station　瘟疫隔离站

Polytechnic　格致书院

Public Garden　公家花园（外滩公园）

Public Health Laboratory　公共卫生实验室

Public Recreation Ground　公共体育场

Public School　华童公学

Public School for Boys　西童公学男校

Purvis & Co.　伯维公司

Quinsan Square　昆山公园

Race Club　跑马总会

Racquets Court　壁球场

Ranger's Dramatic Corps　上海浪子剧社

Rawson Company　和记洋行

Recreation Fund　上海运动事业基金会

Registration Office　验看公所

Reid & Company　履泰洋行

Reiss & Co　泰和洋行

Reiss Brothers　瑞斯兄弟公司

Remi, Schmidt & Cie.　利名洋行

Rifle Club　打靶总会

Rowing Club　划船总会

Royal Fire Insurance Company　皇家火险公司

Royal Horticultural Society　英国皇家园艺学会

Royal Sussex　苏塞克斯会所

Rue du Consulat　法租界市政厅

Russell & Co.　旗昌洋行

Russell's Ningpo Wharf　宁波码头

Russo-Chinese Bank　华俄道胜银行

S. S. N. Co. Dock　旗昌轮船公司码头

Sailor's Homes　上海水手之家

Sassoon　沙逊洋行

Sayle's　些厘公司

Say Zoong's stables　善钟马车行

Schnellhass & Co.　元亨洋行

Seamen's Church　海员教会

Seamen's Hospital　海员医院

Shanghai and Hongkew Tramways Co.　上海虹口有轨车公司

Shanghai Bicydist Associaton　上海自行车协会

Shanghai Cargo Boat Guild　上海货船同业公会

Shanghai Carriage Co.　上海马车行

Shanghai Chanber　上海商会

Shanghai Club　上海总会

Shanghai Dock Co.　上海船坞公司

Shanghai Gas Co.　大英自来火房

Shanghai General Chamber of Commerce　上海总商会

Shanghai Harbour Commission　上海港口委员会

Shanghai Hospital and Dispensary　上海医院及诊疗所

Shanghai Library　洋文书院

Shanghai Local Volunteer Corps　万国商团

Shanghai Marine Temperance Society　上海海员戒酒协会

Shanghai Mounted Rangers　万国商团骑巡队

Shanghai Public School　上海西童公学

Shanghai Rangers' Dramatic Club　上海浪子剧社

Shanghai Real Property Association　德和洋行

Shanghai Recreation Club　上海体育总会

Shanghai Riding Course　上海跑马厅

Shanghai Yacht Club　上海帆船俱乐部

Shantung Road Hospital　山东路医院（仁济医院）

Shooting Committee　狩猎委员会

Shroff Shop　盘验所

Sibbald and Johnston's Hospital　仁济医院

Siemssen　禅臣洋行

Sisters of the Charity of St. Vincent de Paul　圣文生·保罗仁爱会修女团

Skeggs　义昌洋行

Smith, Kennedy & Co.　公易洋行

Society for the Diffusion of Useful Knowledge　在华实用知识传播会

Southern Baptist Convention　美国南浸信传道会

Southern Methodist Episcopal Mission　美国南方监理会

St. Bees College　圣比斯学院

St. Clement Danes　圣克莱门特·戴恩斯教堂

St. John's College　圣约翰书院

St. Luke's Hospital　同仁医院

St. Saviour's　美国教堂救主堂

Steamship Merchants Bureau　轮船招商局

Ta chi　泰记钱庄

Telge, Nolting & Co.　泰来洋行

Temperance Hall　戒酒会堂

Temperance Societies　禁酒联合会

Thorne's　元芳洋行

Tit Park　山雀公园

Total Abstinence Society　戒酒会

Town Hall　市政厅

Triad Society　三合会

Tug & Lighter Co.'s　拖船和驳船码头

Tun Chun Tang　敦春堂

Turner's　华记洋行码头

Tuscan　共济会多斯加会所

Union Church　新天安堂

Union Club　联合总会

Vale & Co.　威尔洋行

Victoria Nursing Home　维多利亚疗养院

Volunteer Club Library　万国商团俱乐部图书馆

Watch Committee　警备委员会

Weihaiwei Brethren　威海卫兄弟会

Wheelock & Co.　会德丰洋行

Whitfiedd & Kingsmil　有恒洋行

Wilck & Mielenhausen　景昌洋行

Wills' Bridge　韦尔斯桥梁公司

Wolcott, Bates & Co.　森和洋行

Woosung Port Bureau　吴淞港务局

Works Committee　工务委员会

Y. M. C. A.　基督教青年会

Yacht Club　游艇总会

Yangtzepoo Station　杨树浦捕房

Yokohama Speie Bank Ltd.　横滨正金银行

Yuen fong hong　元芳行

Yu Kee　裕记行

Zollverein　关税同盟

路　名

Alabaster Road　阿拉白司脱路

Avenue Edward Ⅶ　爱多亚路

Balfour Road　倍尔福路

Bamboo Town Road　竹镇路

Barrier Road　界路

Boone Road　文监师路

Bridge Street　桥街

Broadway　百老汇路

Bubbling Well Road　静安寺路

Burkill Road　白克路

Canton Road　广东路

Carter Road　卡德路

Chaoufoong Road　兆丰路

Chapoo Road　乍浦路

Chefoo Road　芝罘路

Chekiang Road　浙江路

Church Road　教堂街

Consular Row　领馆街

Consulate Road　领事馆路

Custom House Road　海关路

Dixwell Road　狄思威路

Foochow Road　福州路

Fukien Road　福建路

Gnaomen（Museum）Road　诺门路（博物院）路

Gnaomen Road　诺门路

Haining Road　海宁路

Hanbury Road　汉璧礼路

Hoihow　海口路

Honan Road　河南路（界路）

Hongkong Street　香港街

Hongque Road　虹口路

Hoopeh Road　湖北路

Jessfield Road　极司非尔路

Kiangse Road　江西路（教堂街）

Kirk's Avenue　宽克路

Lloyd Road　劳合路

Loukuan Road　老关路（竹镇路）

Maiden Lane　仕女巷

Maloo　马路

Marknam Road　麦根路

Military Roads　军用道路

Minghong Road　闵行路

Mohawk Road　马霍路

Museum Road　博物馆路

North Honan Road　北河南路

North Shanse Road　北山西路

Pakhoi　北海路

Paoushun Road　宝顺路

Park Lane　花园弄

Quangsee Road　广西路

Quinsan Road　昆山路

Range Road　靶子路

Raul Brunat Ar　宝昌路

Regent Street　摄政王大街

Ropewalk Road　打绳路

Rue Consulat　公馆马路

Scott Road　施高塔路

Seward Road　熙华德路（现长治路）

Shakloo Road　福建中路

Shanghai Driving Course　跑马道

Shekloo Road　石路

Siccawei Road（Rue Sicarei）　徐家汇路

Siking Road　泗泾路

Soochow Road　苏州路

Starvation Row　饥饿街

Szechuen Road　四川路

Temple Road　庙街

Thibet Road　西藏路

Thorburn Road　韬朋路

Tientsin Road　天津路

Winchester Road　文极司脱路

Woochang Road　武昌路

Woosung Road　吴淞路

Yuenmingyuen Road　圆明园路

Yunnan Road　云南路

地　名

Abyssinia　阿比西尼亚

Algiers　阿尔及尔

Amherst Rocks　阿美士德礁

Amoy　厦门

Anking　安庆

Antwerp　安特卫普

Ariadne Rocks　阿里亚德娜礁

Asia Minor　小亚细亚

Balaclava　巴拉克拉瓦

Bamboo-town　竹镇

Bangkok　曼谷

Barrier Gate　界门

Batavia　巴达维亚

Battery Creek　炮台浜

Beluchis　俾路支

Birmah　缅甸

Black Point　陈家嘴

Block House Island　木屋岛

Bonin Islands　小笠原群岛

Borneo　婆罗洲

Bremen　不来梅

Bristol　布里斯托尔

Bubbling Well　静安寺

Bund　外滩

Bund Bridge　外滩桥

Bush Island　灌木岛

Calais　加来

Calcutta　加尔各答

Canon Street　景隆街

Cawnpore　坎普尔

Changchow　常州

Chapoo　乍浦

Che-lin，Cho-lin　柘林

Chefoo　芝罘

Chi-pao，Tsi-poo　七宝

Childers Rock　查尔斯德礁

Ching Kiang Pu　镇江浦

Chinhai　镇海

Chinkiang　镇江

Chi yuen　赤源

Chow-King Canal　周泾浜

Chusan　舟山

City of Reeds　芦城

Dangerous Rocks　危险礁

Defence Creek　护城河

Defence Creek　护界河

East sands　东沙

Flanders　佛兰德

Formosan Straits　台湾海峡

French Bund bridge　法租界外洋泾桥

Galle　高尔

Garden Bridge　花园桥

Gas Works Bridge　煤气厂桥

Glasgow　格拉斯哥

Gough Island　高夫岛

Gutzlaff Island　郭士立岛

Hai-Shang　海上

Half-way Point　半途角

Hamburg　汉堡

Hankow　汉口

Harvey point　哈维角

Honan Road Bridge　河南路桥

Hongkew Creek　虹口浜、虹口港

Hongque　虹口

Hua-ting-hai　华亭海

Huang-tu　黄渡

Huchow　湖州

Hutu　沪渎

Java　爪哇

Jerusalen　耶路撒冷

Kajow，Kao-ch'iao　高桥

Kao Chang temple　高昌庙

Kaochiao Creek　高桥河

Kashing　嘉兴

Kintoan Beacon　金塘灯塔

Klondyke　克朗代克

Kongwan　江湾

Kuling　牯岭

Kun-shan　昆山

Lancashire　兰开夏

Levant　黎凡特

Li Chia Chang　李家厂

Lisbon　里斯本

Lombardy　伦巴第

Loochoos　琉球

Lorraine　洛林

Louza Bridge　老闸桥

Louza　老闸

Lu（Lau）　娄县

Lyon　里昂

Malacca　马六甲

Manchester　曼彻斯特

Mandalay　曼德勒

Mei-li　梅里

Mentone　门托尼

Millwall　米尔沃尔

Minghong　闵行

Mirs Bay　大鹏湾

Muddy Flat　泥城

Na-jow（Nan-ch'iao）　南桥

Nantao　南市

Nantsin　南浔

Newchwang　牛庄

North Shola　北滩

Norwich　诺里奇

Novgorod　诺夫哥罗德

Paddy Bird Grove　"林荫道"

Pai-ho-kang，Pao-kong　白鹤港

Paisley　佩斯利

Paoshan Point　宝山角

Pedra Branca　新加坡海峡白礁岛

Persia　波斯

Pescadores　澎湖列岛

Pheasant Point　北港嘴

Pootung Point　陆家嘴

Portland Place　波特兰广场

Putoo　普陀山

Racecourse　跑马场

Rugged Is.　崎岖列岛

Saddle Island　马鞍岛

Saigon　西贡

Saint Servan　圣塞尔旺

San Ka Doo　曹家渡

Seven-mile Reach　七英里河段

Shang-yang　上洋

Shen-kiang　申江

Shihpoo　石浦

Si-kiang　西江

Siam　暹罗

Sicily　西西里岛

Sin-i-hsien　信义县

Sinza　新闸

Soochow Bridge　苏州河桥

spirit sands　神沙

Spitalfield　斯毕塔菲尔德

Stone Bridge　石桥

Strasburg　斯特拉斯堡

Swatow　汕头

Taylor's bridge　泰勒桥

The Point　陆家嘴

Tientsin　天津

Tinghai　定海

Trefancha　翠芳宅

Tsi-dong, Hsiao-tang　肖塘

Tsung-ming Island　崇明岛

Tsungming　崇明

Tung-sha　铜沙

Tunkadoo　董家渡

Tzeki, Tzu-chi　慈溪

Video　威迪欧岛

Wang-chia-tzu（Wong-ka-tze）　王家宅

Wenchow　温州

Whampoa　黄埔

Will's bridge　韦尔斯桥

Woosung Creek　蕰藻浜

Wu Sing Ding　湖心亭

Yangtzepoo Station　杨树浦捕房

Yeddo　江户

Yu-yao　余姚

舰船名

Aden　"伊敦号"

Ameilia　"亚美利亚号"

Anding　"安定号"

Anglona　"盎格鲁那号"

Antelope　"羚羊号"

Argonaut　"阿尔戈号"

Ariadine　"阿里阿德涅号"

Ariel　"精灵号"

Aristides　"阿里斯蒂德号"

Armistice　"休战号"

Ashuelot　"舒洛特号"

Audacious　"大胆号"

Bacchante　"巴坎蒂尔号"

Belleisle　"伯尔莱号"

Bittern　"麻鸭号"

Blenheim　"伯兰汉号"

Blonde　"布朗底号"

Bokhara　"布哈拉号"

Bombay　"孟买号"

Canton　"广州号"

Carodlne　"卡洛琳号"

Celestial Empire　"天朝大国号"

Childers　"奇尔特号"

Clio　"克里欧号"

Colorado　"科罗拉多号"

Columbine　"哥伦拜恩号"

Confucis　"孔夫子号"

Conwell　"康沃尔号"

Cornwallis　"皋华丽号"

Couleuvre　"水蛇号"

David Brown　"大卫·布朗号"

Dido　"戴窦号"

Dido　"迪多号"

Eamont　"埃蒙特号"

Eliza Stewart　"伊利萨·司图亚特号"

Empress of China　"中国皇后号"

Encounter　"恩康脱号"

Enterprise　"企业号"

Espiegle　"爱司匹格号"

Euphrates　"幼发拉底河号"

Euryalus　"欧里阿勒斯号"

Falcon　"猎鹰号"

Far East　"远东号"

Feima　"飞马号"

Flamer　"佛莱默号"

Folkstone　"福克斯顿号"

Fury　"狂怒号"

Gambia　"冈比亚号"

Gem of the Nith　"尼斯宝石号"

George the Ninth　"乔治九世号"

Geyser　"喷泉号"

Harriette　"哈里特号"

Hellespont　"赫勒斯滂号"

Hertha　"海拉号"

Highflyer　"高飞号"

Hornet　"大黄蜂号"

Imperieuse　"伊姆佩利尤斯号"

Iron Duke　"艾伦公爵号"

James Baines　"詹姆斯·贝恩斯号"

Jamessina　"詹姆森号"

Jardine's　"怡和号"

Jardine　"渣甸号"

John Dugdale　"约翰德格代尔号"

Jupiter　"木星号"

Kajow　"高桥号"

Lady Mary Wood　"玛丽伍德夫人号"

Leven　"莱文号"

Linnet　"林纳特号"

Lismore　"利斯莫尔号"

Lord Amherst　"阿美士德勋爵号"

Lord Lyndhurst　"林贺思公爵号"

Macedonian　"马其顿人号"

Maingay　"梅恩吉号"

Margaret Mitchell　"玛格丽特·米歇尔号"

Maria　"玛丽亚号"

Marine　"海洋号"

Mazeppa　"马济伯号"

Medusa　"麦都萨号"

Mercury　"墨丘利号"

Midas　"弥达斯号"

Modeste　"摩底士底号"

Monocacy　"蒙诺卡赛号"

Nemesis　"复仇女神号"

Nimrod　"猎师号"

North Star　"北极星号"

Paoushun　"宝顺号"

Pearl　"珍珠号"

Phlegethon　"狱火号"

Pioneer　"先锋号"

Plover　"普洛弗号"

Pluto　"冥王号"

Plymouth　"普利茅斯号"

Proserpine　"普洛塞尔皮娜号"

Quickstep　"快步号"

Rainbow　"彩虹号"

Romance of the Sea　"浪漫之海号"

Rose Standish　"玫瑰墨盒号"

Rose　"玫瑰号"

S. S. Caliph　"哈里发号"

Sarah　"莎拉号"

Savannah　"萨凡纳号"

Sea Witch　"海巫号"

Sir Herbert Compton　"康普敦爵士号"

Sirius　"天狼星号"

Spartan　"斯巴达号"

Spec　"斯柏克号"

Starling　"欧椋鸟号"

Styx　"冥河号"

Sunbeam　"日光号"

Susquehana　"萨斯奎哈纳号"

Tenasserim　"谭那萨林号"

Thomas Crisp　"汤玛士·克里斯普号"

Triomphante　"凯旋号"

Viceroy　"总督号"

Vixen　"维克森号"

Wave　"海浪号"

William the Fourth　"威廉四世号"

Winchester　"温切斯特号"

Wynand　"怀纳德号"

Yangtsze　"扬子号"

Zensai Maru　"千岁丸"

Zephyr　"西风号"

审校后记

出版社经过审稿，终于排出了校样，这几年中，责任编辑章斯睿看稿非常仔细，提出了许多问题，副总编唐云松对这部译稿也非常重视，仔细审读，精心修改，花了大量精力。2020年，当我获悉朱华教授翻译的两卷本《上海史》已由上海书店出版后，我不免担心，我们这部译稿是否还能继续出版。没想到唐云松副主编给我的答复十分坚决：不影响原来的出版计划。他还明确表示，要更用心地做这本书。唐主编的回答很使我感动，使我心中的一块石头落地，但是压力仍是存在。朱华是上海史研究资深专家，在许多方面他比我们有优势，我们因为多人参与翻译，各人的翻译和知识水平、工作态度参差不齐，完稿过程中急于求成的心态等，都给译稿的质量留下隐患。正如唐云松副总编所说的，做这么重要的上海史著作翻译，马虎不得，有些问题是绕不过去的。你若在翻译过程中打马虎眼，对一些问题想蒙混过关，最后还得花大力气去解决。这也是我在审校时感受最深的体会。

多年前我曾经具体负责上海市档案馆所藏原上海公共租界管理机构工部局董事会全部会议录翻译稿出版，译作字数达700万字，也许是因为参与翻译和校对的人员都是熟悉老上海历史、英文水平很高的"老法师"，故我在审校过程中，对出版社提出的许多疑问的处理并没有感到特别困难和烦心，但这部《上海史》出版，其难度确实非同一般。多年来对一些疑难问题，虽通过集体研讨来解决，但仍有一些问题让你心里不踏实。由此我深切体会到，要保证译稿的质量，必须对上海租界历史细节有深入的了解，要熟悉有关人物，以便能正确判断和区别在各种场合出现的这些人物的不同身份。当然，最关键的，是必须对原著中那些表达复杂和背景简略的内容作透彻的理解和把握，而不是想当然。另外，尽管是翻译历史著作而不是撰写学术著作，但是如何按照学术规范来做好基础工作，以此来保证译稿的质量，也给我留下很深刻的印象。正因为我们在一开始对学术规范性工作的重要性没有引起高度重视，以致到最后不得不花很多功夫来补做工作。

在同张新、石磊一起花一个多月时间处理完校样中需要处理的问题后，我终于松了一口气。虽然从开始翻译到即将出版连头带尾花了11年时间，但是能够做成这样一件事情，也值。在此之际，首先还是要感谢朱金元先生，没有他的鼓励和策划，便没有此译稿的问世。其次要感谢上海贝叶图书有限公司老总华谊，是他提供了启动资金，为我们开展翻译提供了方便。同时要感谢原来参加《工部局董事会会议录》译稿审校工作的杜志杰女士，为我们解决翻译中遇到的疑难问题提供了帮助；感谢王培英女士，为此书翻译期间进行的研讨活动提供了周到的后勤服务。当然，必须衷心感谢我们团队的所有人员，她（他）们克服各种困难，用业余时间完成了各自承担的任务。最后，要衷心感谢上海社会科学院出版社唐云松副总编、章斯睿责任编辑和有关审读人员等，为此书出版所作出的巨大努力。

马长林

2021 年 5 月 20 日

出版说明

　　自 1843 年开埠以来，上海从一个沿海县城走向一个国际化大都市，逐渐成为中国的经济中心、贸易中心和金融中心，引起了海内外人士的关注。从近代以来，有关上海的记录和研究就层出不穷。

　　在众多西方人留下的文字中，两卷本的《上海史》(*The History of Shanghai*) 可以说是 20 世纪初较为重要的历史资料，不容研究者忽视。这两本书系上海公共租界工部局出资聘请英国人兰宁（George Lanning）、库龄（Samuel Couling）撰写，先后于 1921 年和 1923 年出版，具体情况可参见本书"翻译前言"。

　　本书使用了大量工部局档案和近代报刊资料，出版后被学界认为具有很高的史料价值，长期以来被研究者们广泛征引。

　　然而，由于此书受工部局资助，且作者又是 19 世纪末 20 世纪初的英国人，写作立场自然有所偏颇。例如，作者所谓的"上海"主要是指上海租界，即公共租界，对华界和法租界着墨不多；作者在评述小刀会起义和太平天国起义等事件时并不公允，而是站在殖民者的立场，对当时中国人和清政府带有某种"文明人"的优越感，甚至是种族主义的偏见。这些须请读者批判使用。

　　为反映当时历史情境，出版者保留了部分今天看来不合规范的表述，例如对清政府的称呼，并且保留作者因为时代局限和认知局限产生的偏见。对于某些路名，出版者也按照当时的称呼予以保留，并做注说明。译者翻译时也力求用符合当时语境的词语，以贴合本书历史背景。

　　本社长期致力于出版上海史相关论著，曾承担上海市第一轮方志出版的重任，近年来也出版了《晚清上海史》(裴昔司)、《上海法租界史》(梅朋、傅立德)、《上海史：通往现代之路》(白吉尔)等深受读者好评的上海史专著。此次出版，本社尊重译者的意见，删去原著前二十八章和近代上海不太相关的论述，并将原著两卷本合二为一。

本书翻译难度很大，例如书中出现的各种专业名词有人名、地名、机构名、道路名、官职官衔、书报名等。出版者处理这些历史专名时，不能直接译出，须参考相关工具书找出对应的中译名，有些还要参考历史文献。故，部分专名翻译和现行通用规范译名存在不一致的情况。译者和出版者已尽己所能，力求统一，并注释说明。此外，本书作者引经据典，多用西方文化典故，译者和出版者也已尽力说明。限于水平，书中难免存在理解有误，或有不当之处，还望读者批评指正。

2023 年 4 月

图书在版编目(CIP)数据

上海史：全二卷／（英）兰宁(George Lanning)，（英）库龄(Samuel Couling)著；张新等译.— 上海：上海社会科学院出版社，2023
ISBN 978 - 7 - 5520 - 3240 - 6

Ⅰ．①上… Ⅱ．①兰… ②库… ③张… Ⅲ．①上海—地方史 Ⅳ．①K295.1

中国版本图书馆 CIP 数据核字(2021)第 256342 号

上海史(全二卷)

著　　者：[英]兰宁、库龄
译　　者：张新、李燕、徐新华等
审　　校：石磊、马长林等
责任编辑：章斯睿
特约编辑：杨潇
特约校对：赵晶
封面设计：周清华
出版发行：上海社会科学院出版社
　　　　　上海顺昌路 622 号　邮编 200025
　　　　　电话总机 021 - 63315947　销售热线 021 - 53063735
　　　　　http：//www.sassp.cn　E-mail：sassp@sassp.cn
照　　排：南京理工出版信息技术有限公司
印　　刷：上海雅昌艺术印刷有限公司
开　　本：710 毫米×1010 毫米　1/16
印　　张：50
插　　页：4
字　　数：789 千
版　　次：2023 年 8 月第 1 版　2023 年 8 月第 1 次印刷

ISBN 978 - 7 - 5520 - 3240 - 6/K · 645　　　　　　　　定价：268.00 元